都市交通の
ポリティクス
バンコク 1886〜2012年

柿崎一郎 著

口絵1　黎明期の市内軌道　バンコクの市内軌道事業は，外国人による経済活動の一環として始まった。1888年に最初の馬車軌道が開通し，1893年にはアジアで最初に電車の運行を開始した。その後ナラーティップ親王らがタイ資本による市内軌道事業に参入したが，最終的に外国企業に買収された。この間，政府は当初の自由放任主義を徐々に改め，市内軌道への規制と利益配分への要求を強化していった（第1章参照）。

出所：Carter [1988]

口絵2　市内軌道とバスの競争　当初は市内軌道がバンコク市内の大量輸送手段の地位を独占していたが，1910年代以降近郊鉄道とバスが新たな都市交通手段として出現した。とくに，市内軌道とバスの競合は顕著となり，1932年の立憲革命後は経済ナショナリズムの影響もあり，外国企業の市内軌道事業に対する風当たりは強くなった。他方で，近郊鉄道は免許期間の終了により国営化され，都市交通手段としての機能を低下させていった（第2章参照）。

出所：FN [1994]: 46

口絵3 渋滞する道路に並ぶ民間バス　第2次世界大戦後に市内軌道事業も国営化が行われ，軌道系大量輸送手段はすべて国営となった。しかし，国営化後も積極的な投資はなされず，1950年代末からの「開発」の時代の自動車優先政策の下で市内軌道は全廃され，バンコクの都市交通はバスのみに依存する状況となった。バス事業は多くの民間事業者によって賄われていたが，サービス向上と低廉の運賃を維持するためにバス事業の統合計画が何度も浮上した（第3，4章参照）。

出所：Sternstein [1982]: 116

口絵4 バンコク市内を走る様々なバス（戦勝記念塔・2002年） 1950年代から何度も構想されたバス事業の統合は，ついに1975年に政治判断により国営企業への統合という形で断行され，翌年新たな公団に移管された。しかし，実際には従来の民間バスを寄せ集めたものであり，公団は設立当初から赤字経営に悩まされることとなった。このため，冷房バスなど新たなサービスも始まった一方で，民間に一部のバス運行を委託するなど，再び民営化の方向に戻りつつあった（第4, 5章参照）。

出所：筆者撮影

口絵5　バンコク初の都市鉄道 BTS（国立競技場・2002 年）　道路状況の悪化から，バンコクでは軌道系輸送手段の復活が必須となっていった。1970 年代に最初の都市鉄道整備計画が策定され，1990 年にようやく事業者に免許を交付するまでに至ったものの，結局頓挫してしまった。他方で経済ブームの中で2つの都市鉄道計画が浮上し，国鉄が管轄したホープウェル計画は同様に中断されてしまったものの，バンコク都が管轄した BTS は 1999 年にようやく開業に漕ぎ着けた（第 5 章参照）。

出所：筆者撮影

口絵6　エアポート・レールリンクの急行電車（マッカサン・2010年）　2001年に成立したタックシン政権の下で，都市交通はポピュリスト的政策への道を歩み，都民に「夢を売る」ための廉価な運賃による短期間での大規模な都市鉄道整備構想が幾度となく披露された。しかし，計画が二転三転するのみで，具体的な動きはほとんどなかった。タックシン政権が唯一推進したのが新国際空港へのアクセス鉄道であったが，開業が大幅に遅延したのみならず，開業後も様々な問題を抱えている（第6章参照）。

出所：筆者撮影

目　次

| 序章 | **序　章　都市交通研究の意義** | 1 |

【のりものずかん】本書に登場する主な都市交通手段　18

| 第1章 | **軌道系輸送手段の導入**（1880〜1900 年代） | 29 |

　　第 1 節　外国企業による市内軌道の導入　31
　　第 2 節　軌道事業へのタイ人の参入　40
　　第 3 節　近郊鉄道の成立　46
　　第 4 節　市内軌道事業の統合　54
　　第 5 節　政府の市内軌道政策　62
　　小　括　66
　　　市内軌道網を補完した定期船　68

| 第2章 | **競合の発生**（1910〜1930 年代） | 71 |

　　第 1 節　市内軌道の復活と拡張　73
　　第 2 節　近郊鉄道の都市鉄道化への模索　85
　　第 3 節　バスの出現　95
　　第 4 節　市内軌道への逆風　107
　　第 5 節　外国企業による都市交通事業の限界　112
　　小　括　123
　　コラム2　バスの切符　125

i

目 次

第3章 主役の交代（1940〜1950年代） 127

第1節　戦時中の都市交通　129
第2節　停滞する軌道系輸送手段　139
第3節　バス国営化計画の浮上　149
第4節　運輸省によるバス事業統制　159
第5節　軌道系輸送手段からバスへ　169
小括　178
コラム3　半世紀続いたバスの路線番号　180

第4章 バス事業の統合（1960〜1970年代） 183

第1節　軌道系輸送手段の消滅　185
第2節　バス統合計画の出現　200
第3節　バス運賃値上げ問題　211
第4節　バス統合計画の実現　221
第5節　バスによる都市交通の限界　228
小括　237
コラム4　「復活」するパークナーム線　239

第5章 軌道系輸送手段の復活（1970〜1990年代） 241

第1節　都市鉄道計画の浮上　243
第2節　統合後のバス事業　252
第3節　3つの都市鉄道計画　266
第4節　バス事業効率化への模索　278
第5節　停滞する都市交通　288
小括　297
コラム5　国鉄の通勤列車　299

目次

第6章 混迷する都市交通政策（2000年代） 301

第1節　タックシン政権の都市鉄道政策　303
第2節　迷走と対立　310
第3節　バス事業の主導権争い　322
第4節　クーデター後の都市交通政策　333
第5節　「売夢政策」の限界　357
小　括　367

コラム6　暫定開業した淡赤線　369

第7章 都市交通史が語るもの 371
―― 統制の強化と政治化 ――

第1節　輸送手段の変遷　373
第2節　統制の強化　381
第3節　都市交通の政治化　388
小　括　396

コラム7　「歩く」ようになったバンコクの人々　398

終章　総括と課題 401

附　表　411
注　439
引用資料　499
引用文献　502
引用ホームページ　510
あとがき　511
事項索引　515
人名索引　525
地名索引　527

iii

図・表・写真一覧

図

図 1-1	市内軌道の営業収入の推移（1891〜1910 年）	34
図 1-2	市内軌道会社の配当率の推移（1891〜1910 年）	35
図 1-3	バンコクの市内軌道網の整備（1900 年代）	43
図 1-4	バンコク近郊の鉄道網（1930 年）	48
図 1-5	近郊鉄道会社の経営状況の推移（1893〜1910 年）	53
図 1-6	近郊鉄道会社の営業収入の推移（1893〜1910 年）	54
図 2-1	市内軌道会社の純益の推移（1911〜1941 年）	75
図 2-2	市内軌道会社の配当率の推移（1911〜1934 年）	75
図 2-3	バンコクの市内軌道網（1930 年頃）	80
図 2-4	近郊鉄道会社の営業収入の推移（1911〜1941 年）	87
図 2-5	バンコクのバス路線網（1925 年）	100
図 2-6	バンコクのバス路線網（1939 年末）	105
図 2-7	近郊鉄道会社の経営状況の推移（1911〜1941 年）	115
図 3-1	バンコクのバス路線網（1943 年）	136
図 3-2	バンコクの市内軌道網（1955 年）	141
図 3-3	近郊鉄道の国営化後の収支状況（1946〜1960 年）	145
図 3-4	バンコクのバス路線網（1953 年）	153
図 3-5	バンコクのバス路線網（1955〜1956 年）	165
図 4-1	メークローン線の収支の推移（1961〜1975 年）	189
図 4-2	メークローン線改良計画	190
図 4-3	市内軌道の廃止過程（1960〜1968 年）	197
図 4-4	首都電力の市内軌道事業収支（1958〜1968 年）	198
図 4-5	バンコクのバス路線網（1960 年）	204
図 4-6	バンコクのバス路線網（1965 年）	213
図 4-7	バンコクのバス路線網（1970 年）	220
図 5-1	バンコクの都市鉄道整備計画路線（1982 年）	245
図 5-2	バンコクのバス路線網（1977 年）	255
図 5-3	バンコク大量輸送公団の収支（1977〜2000 年）	260
図 5-4	バンコクのバス路線網（1988 年）	265
図 5-5	バンコクの都市鉄道網と整備計画路線（2000 年）	267
図 5-6	バス台数の推移（1986〜2000 年）	281
図 5-7	バス路線数の推移（1986〜2000 年）	282
図 5-8	バスの 1 日平均利用者数の推移（1990〜2000 年）	285

図・表・写真一覧

図 6-1　バンコクの都市鉄道網と整備計画路線 (2005 年末)　308
図 6-2　バンコク都の BRT 計画 (2004 年)　326
図 6-3　バス台数の推移 (2001〜2011 年)　329
図 6-4　バス路線数の推移 (2001〜2011 年)　329
図 6-5　ディーゼル油価格の推移 (1998〜2012 年)　330
図 6-6　バンコク都市鉄道マスタープラン (2010 年)　341
図 6-7　バンコクのバス路線網 (2008 年)　364
図 6-8　都市鉄道の 1 日平均利用者数の推移 (2000〜2012 年)　365
図 6-9　バスの 1 日平均利用者数の推移 (2001〜2011 年)　366
図 7-1　都市交通の管轄機関の変遷　389

表

表 1-1　市内軌道免許条件の概要　32
表 1-2　市内軌道開通年月日 (1888〜1910 年)　33
表 2-1　バンコクの人口 (1912・1930 年)　78
表 2-2　市内軌道開通年月日 (1911〜1941 年)　81
表 2-3　近郊鉄道の列車運行本数　86
表 2-4　近郊鉄道の電化の推移　87
表 2-5　バンコクのバス路線 (1925 年)　98
表 2-6　バンコクのバス路線 (1939 年末)　103
表 3-1　市内軌道の営業状況の推移 (1942〜1950 年)　130
表 3-2　バンコクのバス路線の新設 (1940〜1943 年)　135
表 3-3　バンコクのバス路線 (1953 年 9 月 1 日)　151
表 3-4　バンコクのバス路線 (1955 年 6 月 24 日)　162
表 3-5　バンコクのバス路線 (1956 年追加分)　168
表 3-6　事業者別・路線別のバス運行台数 (1957 年 6 月)　176
表 4-1　市内軌道の路線別運賃収入の推移 (1958〜1966 年)　194
表 4-2　市内軌道の廃止年月日　195
表 4-3　バス運賃の推移 (1976 年まで)　216
表 4-4　市内軌道の路線別切符印刷枚数の推移 (1960〜1966 年)　230
表 4-5　バンコクの市街地人口の推移 (1912〜1970 年)　231
表 4-6　事業者別・路線別のバス運行台数 (1965 年 1 月)　235
表 5-1　バス運賃の推移 (1976〜2000 年)　262
表 5-2　高速道路公団と首都電鉄公団の都市鉄道計画の変遷　291
表 5-3　バンコクの人口と自動車登録台数の推移 (1970〜2000 年)　295
表 6-1　タックシン政権時代の都市鉄道整備計画の変遷　312
表 6-2　都市鉄道計画対象路線の変遷　314

表 6-3	バス運賃の推移（2001〜2012 年）	331
表 6-4	バンコク都市鉄道マスタープラン（2010 年）	339
表 6-5	都市鉄道開通年月日（1999〜2013 年）	350
附表 1	市内軌道会社の経営状況の推移（1889〜1910 年）	412
附表 2	市内軌道会社の経営状況の推移（1911〜1941 年）	414
附表 3	近郊鉄道会社の経営状況の推移（1893〜1910 年）	416
附表 4	近郊鉄道会社の経営状況の推移（1911〜1941 年）	418
附表 5	近郊鉄道の国有化後の営業状況（1946〜1975 年）	420
附表 6	首都電力の市内軌道の営業状況（1958〜1968 年）	422
附表 7	バンコクのバス路線（1960〜2008 年）	423
附表 8	バンコク大量輸送公団の営業状況（1977〜2011 年）	434
附表 9	バス台数の推移（1986〜2011 年）	435
附表 10	バス路線数の推移（1986〜2011 年）	436
附表 11	バスの 1 日平均利用者数の推移（1990〜2011 年）	437
附表 12	都市鉄道の 1 日平均利用者数の推移（2000〜2012 年）	438

写　真

口絵 1	黎明期の市内軌道
口絵 2	市内軌道とバスの競争
口絵 3	渋滞する道路に並ぶ民間バス
口絵 4	バンコク市内を走る様々なバス（戦勝記念塔・2002 年）
口絵 5	バンコク初の都市鉄道 BTS（国立競技場・2002 年）
口絵 6	エアポート・レールリンクの急行電車（マッカサン・2010 年）
写真 1-1	サイアム電力の経営者と従業員　37
写真 1-2	市内軌道の電化開通　39
写真 1-3	保存されている旧ターチーン鉄道の蒸気機関車（科学博物館・1993 年）　51
写真 1-4	サイアム電力とタイ軌道の電車（チャックラペット通り）　55
写真 1-5	サイアム電力の消防隊　59
写真 2-1	パークナーム鉄道の長距離用電車　89
写真 2-2	黎明期のバス　97
写真 2-3	ソーンテオ型のバス　121
写真 3-1	第 2 次世界大戦後に投入された日本車輌製のパークナーム線用電車　133
写真 3-2	ヤオワラート通りを走るサームセーン線の電車　143
写真 3-3	通運公団の新型バス　157
写真 4-1	ウォンウィアンヤイ駅に停車中のメークローン線のディーゼルカー（1990 年）　187
写真 4-2	最後まで残った環状線の電車（バーンファー橋）　199

凡　例

写真 4-3　保存された市内軌道の電車（ワンブーラパー・1994 年）　201
写真 4-4　12 系統のバス　215
写真 4-5　ナーイ・ルート社のバス　225
写真 5-1　プラポッククラオ橋の都市鉄道用の橋梁（2012 年）　247
写真 5-2　大量輸送公団に新規投入されたバス　253
写真 5-3　洪水の中を走る大量輸送公団管轄のソーンテオ（1983 年）　259
写真 5-4　ソーンテオを改造して作られたミニバス　261
写真 5-5　ホープウェル社が持ち込んだモデル電車（フアラムポーン）　273
写真 5-6　建設中の BTS の高架線（ラーチャダムリ通り・1996 年）　275
写真 5-7　民間委託バス（プット橋・2012 年）　279
写真 6-1　地下鉄の電車　305
写真 6-2　民間委託の NGV バス（クローンサーン・2012 年）　343
写真 6-3　バンコク初の BRT（サートーン・2010 年）　347
写真 6-4　BTS 延伸線のチャオプラヤー川橋梁を渡る電車（タークシン橋・2012 年）　351

凡　例

1：1939 年までは，仏暦の年号は西暦の該当年（543 年前）の 4 月から翌年 3 月までの期間となり，1940 年は 4 月から 12 月まで，1941 年以降は暦通りとなる。なお，政府機関の予算年度は，1960 年までは暦通り，61 年が 1 月～9 月となり，62 年以降は前年 10 月～9 月までとなる。
2：引用文献で年が（　）内に示されている場合は，その年度分の該当文献であることを意味する（例：SYB (1930/31)：タイ統計年鑑 1930/31 年度版）。
3：引用資料で（OE）と記しているものは，オンライン版を意味する。
4：表中で数値が空欄になっている場合は，原則として該当する数値が存在しないことを，一の場合は 0 を，0 の場合は四捨五入して 0 になることを示す。
5：タイ語の地名や人名の日本語表記は，原則として長母音と短母音の区別を行っているが，バンコクのように日本語で一般的に広く流布している語はそのままにしてある。表記は，理論上の発音に近い音をカタカナで表わしているため，有気音，無気音の差異など，区別されていない音もある。なお，バンコクの南の都市名サムットプラーカーンについては，通称のパークナームが用いられることが多く，かつての鉄道もパークナームを駅名にしていたことから，パークナームに統一してある。
6：本論中で用いられる略称は以下の通りである。
　　BMCL: Bangkok Metro Public Company Limited.
　　BMTIP: Bangkok Mass Transit Implementation Plan.
　　BOOT: Build-Own-Operate-Transfer.

凡　例

BOT: Build-Operate-Transfer.
BP: Bangkok Post.
BPWR: Bangkok Post Weekly Review.
BPYEER: Bangkok Post Year-End Economic Review.
BRT: Bus Rapid Transit.
BT: Bangkok Times.
BTO: Build-Transfer-Operate.
BTS: Bangkok Mass Transit System.
BTSC: Bangkok Mass Transit System Company Limited.
BTSG: BTS Group Holdings Public Company Limited.
BTWM: Bangkok Times Weekly Mail.
CBCT: Communication Based Train Control.
CMLT: Commission for the Management of Land Traffic, Office of the.
CSFB: Credit Swiss First Boston Company Limited.
DBI: DB International GmbH.
DCR: Diplomatic and Consular Reports on Trade and Finance, Siam.
DN: Dailinius.
FN: Faifa Nakhon Luang, Kan.
IN: Ikhon Nius.
KK: Khamanakhom, Krasuang.
KPS: Khao Pracha Samphan.
KSB: Khonsong Chamkat, Borisat.
KSMK: Khonsong Muanchon Krungthep, Ongkan.
KT: Krungthep Thurakit.
KTB: Kan Khonsong Thang Bok, Krom.
KTM: Krungthep Mahanakhon.
MTA: Mass Transit Authority.
LRT: Light Rail Transit.
NA: National Archives of Thailand.
NEDB: National Economic Development Board, Office of the.
NESDB: National Economic and Social Development Board, Office of the.
NGV: Natural Gas Vehicle.
NT: Nation, The.
OE: Online Edition.
PCC: Prachachat.
PCK: Phuchatkan.
PCT: Prachachat Thurakit.
PPP: Public Private Partnership.

凡　例

PSO: Public Service Obligation.
PTT: PTT Public Company Limited.
RFM: Rotfaifa Mahanakhon, Ongkan.
RFMT: Rotfaifa Khonsong Muanchon haeng Prathet Thai, Kan.
RFT: Rotfai haeng Prathet Thai, Kan.
RGI: Railway Gazette International.
RKB: Ratchakitchanubeksa.
RKMK: Rabop Khonsong Muanchon Krungthep Chamkat, Borisat.
RSP: Rapsong Sinkha lae Phatsaduphan, Ongkan.
RSRS: Royal State Railways of Siam.
SC: Sathiti Charachon.
SK: Si Krung.
SN: Sayam Nikon.
SNK: Samnakngan Nayobai lae Phaen Kan Khonsong lae Charachon.
SNR: Samnak Nayok Ratthamontri.
SR: Sayam Rat.
SRSW: Sayam Rat Sapda Wichan.
SRWR: Siam Rat Weekly Review.
SWPT: Sathaban Wichai Phua Kan Phatthana Prathet Thai.
SYB: Statistical Yearbook of Thailand.
TIC: Thai Information Center.
TM: Thai Mai.
TPP: Transport and Traffic Policy and Planning, Office of.
TPT: Thang Phiset haeng Prathet Thai, Kan.
TS: Transport Statistics.
TSK: Than Setthakit.
URMAP: Urban Rail Transportation Master Plan.
UTDC: Urban Transportation Development Corporation.

序 章
都市交通研究の意義

(1) はじめに

　2000 年代に入って，タイの首都バンコクにおける都市交通[1]の利便性は急速に向上し，他の中進国のメガシティー[2]とも十分比較可能なレベルまで到達した。2006 年に開港したバンコクの新たな空の玄関口であるスワンナプーム空港に到着した旅行者は，2010 年 8 月に開業した空港アクセス鉄道であるエアポート・レールリンク (Airport Rail Link) の電車に乗れば，約 30 分で市内に到達できる。終点のパヤータイ駅は 1999 年末に開業したバンコク大量輸送システム (Bangkok Mass Transit System: BTS)[3]と呼ばれる高架鉄道の駅に直結しており，これに乗り換えればビジネス街のシーロム通り，中心繁華街のサイアム (サヤーム)，そして日本人が多く住む高級住宅街のスクムウィット通りまで電車のみで行くことができるようになった。他に地下鉄も 1 線存在し，2013 年末におけるバンコクの都市鉄道距離は，エアポート・レールリンクを合わせて計 85km である[4]。平日の都市鉄道の利用者数は 2012 年の実績で 1 日平均約 89 万人となっており，都市鉄道の利用は着実に定着している[5]。

　しかし，都市鉄道が開通するまでのバンコクは，若干の水上交通を除いてはすべて道路交通のみに依存した状況であった。筆者が初めてバンコクを訪れたのは 1983 年のことであり，以後 3 年間にわたってバンコクで生活した。既にその頃には，バンコクの交通渋滞は世界でも最悪と言われていた [Pendakur 1984: 34]。当時中学生であった筆者が公共交通手段を利用する機会はそれほど多くはなかったが，青とクリーム色に塗られて系統番号が書かれたバスは時々利用したし，ソーンテオ (Songthaeo) と呼ばれるトラックを改造したバスも，同じ塗装と同じ系統番号で運行されていた。

　その後，1991 年に 1 年間バンコクに滞在したが，その時もバスが事実上唯一の都市交通手段という状況は変わっていなかった。相変わらず青とクリーム色に塗られたバスが主役を占めていたが，赤とクリーム色に塗られ，運賃体系も割高な新型バスが増えてきたことと，冷房バスが以前より増加した点が異なっていた。大通りを走っていたソーンテオは一掃され，代わりにその車台を利用して作られた緑色のミニバスが大型バスに交じって走っていた。交通渋滞はさらに深刻となり，7～8km 離れた大学に通うのに 1 時間以上もかかるような状況であった。1997 年に 1 年間滞在した時も状況は全く変わらず，この時はタイ国鉄 (Kan

Rotfai haeng Prathet Thai, State Railways of Thailand）の運行する在来線の近郊列車を使って通勤し，混雑する道路を極力回避した。

　このように道路交通のみに依存した都市交通の限界が露呈したバンコクであったが，それを是正するための都市鉄道がなぜ存在しないのかということが，中学生時代からの筆者の大きな疑問であった。1980年代半ばにおいても，バンコクでモノレールを建設する計画があるという噂は聞いていたし，新聞などでそのような報道がなされる場合もあったが，実際には全く進展しなかった。1991年に滞在した時には，後述する国鉄の在来線を利用して鉄道の高架化と都市鉄道の導入を目指すホープウェル計画[6]が浮上し，ようやくバンコクにも都市鉄道が出現するのかと期待したものであった。しかし，結局は一部の橋脚のみが完成したところで建設は頓挫し，実現には至らなかった。1997年に滞在した際にこの遅々としたホープウェル計画は完全に止まってしまったが，他方でBTSの高架線の建設工事は佳境に入っていた。そのために交通渋滞はさらに悪化していたものの，間もなく都市鉄道がようやく実現するという期待感が存在した。

　そして，1999年末のBTSの開業は，それまで事実上道路交通のみに依存していたバンコクの都市交通にとって大きな転機となった。にもかかわらず，その後の都市鉄道網の整備が遅々として進まなかったことも，筆者の抱いた疑問の1つであった。それまでの道路依存型の都市交通に欠けていた定時性を備えた都市鉄道は，相対的に高い運賃設定にもかかわらず，着実に利用者を増やしていった。2004年には1990年代後半から建設が始まった地下鉄も開通し，都市鉄道の総延長は40kmを越えたものの，その後の整備は非常に遅々としていた。おりしも2001年に成立したタックシン（Thaksin Chinnawat）政権がこの頃から盛んに都市鉄道網の早期整備を謳い始め，2010年までに総延長300kmもの都市鉄道網を整備するとの「夢」が売られ，「売夢政策（Nayobai Khai Fan）」なる語も出現した[7]。しかし，実際には具体的な進展がほとんど見られぬまま推移し，2013年末の時点でようやく85kmの都市鉄道が完成したに過ぎなかった。

　さらに，1999年末まで軌道系輸送手段が全く存在しなかったバンコクであったが，実はかつて市内軌道や近郊鉄道が存在していたことも知るに至った。中学生の時にタイの歴史を若干勉強し，そこでバンコクにかつて市内軌道が存在していたことを知った。実際に後述するバーンコーレーム線が通っていたチャルーン

クルン通りでも，市内軌道のレールが残されているのを見て驚いたことがある。また，タイで最初の鉄道の開通にしても，1893年にバンコク〜パークナーム間が開通したと書かれている場合と，1897年にバンコク〜アユッタヤー間が開通したと書かれている場合があり，前者の鉄道が既に廃線になっていることも知っていた。もっともその路線が都市鉄道化への道を模索していたことは知る由もなかったが，交通渋滞の激しいスクムウィット通りに並行するこのような鉄道がなぜ廃止されてしまったのかについては，不思議に思っていた。そして，どちらについても当時得られる情報源がほとんど存在しなかったことも不満であった。

このように，筆者がバンコクで生活した時にバンコクの都市交通について抱いた数々の素朴な疑問が，本書のそもそもの出発点であった。

(2) 輸送手段の変遷に関する研究

都市交通を対象とする研究は，交通地理学，交通経済学，交通工学，歴史学，政治学など数多くの学問分野において行われてきたが，ここでは筆者の問題関心に即して主として交通地理学，歴史学，政治学の視点から行われた都市交通の史的展開と交通政策の変容に関する先行研究を対象に議論の動向を分析する[8]。

都市交通を研究対象とする際に，最も欠かせないのが輸送手段の変遷に関する研究である。これはすなわち都市交通史に関する研究であり，どの時代にどのような輸送手段が出現し，その位置づけがどのように変遷していったのかを解明するものである。この場合，先進国と非先進国[9]において変遷の仕方が異なり，先進国の場合は市内軌道，近郊鉄道，都市鉄道（地下鉄）といわゆる軌道系輸送手段の変遷のみに焦点を当てる事例が多くなるのに対し，非先進国では軌道系輸送手段が一時断絶する場合が多いことから，市内軌道・近郊鉄道，バス，都市鉄道の順に変化していく事例がほとんどである[10]。例えば，ディック（Howard Dick）とリンマー（Peter J. Rimmer）による東南アジアの交通と都市に関する研究では，シンガポール，バンコク，マニラなど東南アジアの主要7都市の都市交通の歴史が概説されており，若干の差はあるものの多くの場合，市内軌道，バス，都市鉄道の順に新たな輸送手段が出現し，場合によっては旧来の輸送手段が新たに出現した輸送手段によって完全に代替されたことが明らかにされている［Dick & Rimmer 2003］。ブラジルのサンパウロの事例を取り上げたバラット（Josef Barat）

も，第 2 次世界大戦前に整備された近郊鉄道と市内軌道から，戦後のバスの発展を経て都市鉄道である地下鉄の導入へと至った輸送手段の変遷の過程を説明している［Barat 1990］。

そして，非先進国の都市交通を扱う場合に必ず取り上げられるものが，パラトランジット（Paratransit）と称される先進国に見られない形態の輸送手段の存在である。パラトランジットとは私的交通手段（Private Transport）である自家用車と「伝統的」な公共交通手段（Public Transport）の中間のような存在であり，レインバック（Thomas R. Leinbach）とチア（Chia Lin Sien）はミニバス型，ハイブリッド型，タクシー型の 3 つに分類している［Leinbach & Chia 1989: 202-204］[11]。ミニバス型は通常の路線バスと同じく決められたルートを運行するもので，16 人乗り未満の小型車両を用い，バンを使用したバスや上述したソーンテオもここに含まれる。ハイブリット型はミニバス型と同じような車両を用いるものの，運行ルートは決まっておらず乗合タクシーに近い形態のものである。そしてタクシー型はいわゆる賃貸車両であり，古くは人力車から進化して三輪自転車，自動三輪車と形態を多様化させ，近年はバイクを用いたいわゆるバイクタクシーも見られる。なお，パラトランジットという用語が一般的であるが，中間公共交通（Intermediate Public Transport），二次的都市交通（Secondary Urban Transport），非公式交通（Informal Transport）という語を用いている場合もある［Hilling 1996, Pendakur 1984, Vasconcellos 2001］。

このパラトランジットは基本的に民間の小規模事業者が運行するもので，正式な運行許可を得ていない非公式な輸送手段である場合が多く，事業者に対する統制は運賃面以外では緩いことが多い［Armstrong-Wright 1993: 25-29］。先進国ではこのような形態の輸送手段は存在しないことから，「伝統的」公共交通の概念からは排除されるものであり，非先進国政府や先進国のコンサルタントはその役割を軽視する傾向があった［Leinbach & Chia 1989: 221-226］。ところが，1970 年代にクアラルンプールでミニバスを路線バスとして運行する提案が世界銀行からなされ，実際に 400 台のミニバスを 17 路線に運行して成功を収めたことから，公共交通は公営[12]で大型車両を用いるべきであるという先進国の「神話」が否定された［Pendakur 1984: 31-32］。この後，パラトランジットの役割を重視しようという動きは非先進国において高まり，例えばジンバブエの首都ハラレでは

1988年以降政府が規制緩和を行ったことで民間のミニバス運行が許可され，ミニバスが従来のバスサービスが対処できなかった需要を吸収し，利用者を急増させた［Simon 1996: 112-114］。マニラではジープニーと呼ばれるジープを改造したパラトランジットが依然として市民の主要な足となっており，インドネシアのスラバヤやバンドゥンではパラトランジットとの競合によってバスが消滅した［Leinbach & Chia 1989: 201］。

　このように，パラトランジットの重要性が強調されてきたが，それに疑問を呈する議論も出てきている。確かに「伝統的」交通手段は公営で行われていることが多く，その場合非効率な運営と低廉な運賃から赤字経営を強いられ，何らかの形で補助金を受けていることがほとんどである［Armstrong-Wright 1993: 17-19］。これに対し，パラトランジットは民営であり，収支が合わなければ事業から撤退することから，赤字経営を続けることは現実にはありえない。これは人件費の低さのみならず，小型車両を用いることによる車両の維持費が安いことも影響している［Ibid.: 13-15］。しかし，市場原理に基づくパラトランジットの運行は自由競争を招き，やがて独占状態を招いて最終的にはバスの状態の悪化，台数の減少などサービス低下をもたらすという指摘も存在する。例えば，ヴァスコンセロス（Eduardo A. Vasconcellos）はバスサービスの改善に成功したブラジルのクリチーバではパラトランジットのような「違法」バスの出現はなかったとし，非公式交通手段の市場参入は否定すべきであるとの立場を打ち出している［Vasconcellos 2001: 144］[13]。ヒリング（David Hilling）もパラトランジットの優位性を認めつつも，「伝統的」交通手段との連携や相補性を考慮した両極端の中間点が最良であろうとの見解を示している［Hilling 1996: 222-224］。このように，パラトランジットをめぐっては，ヒリングの言葉を借りると公式・非公式論争が存在しているのである。

　また，先進国の「伝統的」交通政策の中で最後の切り札とされる都市鉄道についても，非先進国においては消極的に評価される場合もある。例えば，トムソン（J. M. Thomson）らによる非先進国の21都市における都市鉄道の比較研究においては，都市鉄道は非先進国にとっては莫大な投資となるので，まずはバスレーンや軽量鉄道（Light Rail Transit: LRT）などの低コストの解決策を遂行すべきと主張している。他方で，巨大都市においてはやがて都市鉄道の導入以外に選択肢がな

くなるとして，都市鉄道は財政的には採算は合わないものの経済的には便益が得られると結論付けている［Thomson, Allport & Fouracre 1990］。バニスター (David Banister) もクリチーバやボゴタなど南米におけるバス高速輸送システム (Bus Rapid Transit: BRT) を利用した都市交通の整備を根拠に，バスのほうが軌道系輸送手段よりも輸送力が低いという「伝統的」理解を見直し，軌道系輸送手段が多額の資本と運営コストを要することからも，BRT による安価で弾力的な公共交通手段の実現が重要であると結論付けている［Banister 2005: 201-204］。

このように，非先進国における都市交通に関する議論は，先進国の都市交通に関する常識，すなわち「伝統的」交通政策に異議を唱えるものが中心である。極端に言えば，パラトランジットと BRT が非先進国型の都市交通の主役となるべきであるという主張であるが，これについては反対論も存在することから，対象となる都市ごとにその適応性について慎重に検討される必要がある。とくに，バンコクのようなメガシティーにおいてもこの議論が適応するのかどうかについては，興味深い点である。

(3) 都市交通政策に関する研究

一方で，非先進国における交通政策の問題を中心に取り扱った研究は，意外に少ないのが現状である。具体的な事例としては，香港の都市交通政策を扱った梁 (C. K. Leung) が代表的であり，1990 年代初めまでの時期を 4 つの時代に区分し，それぞれの時代の交通政策の変遷を管轄機関の設置や都市交通計画の策定という側面から説明している［Leung 1993］。また，バラットのサンパウロの事例も同じように管轄機関の設置を中心に交通政策の変遷を考察しており，最終的に包括的な管轄機関を設置したものの，結局内部対立から解体されてしまった経緯を明らかにしている［Barat 1990］。

より一般的な議論としては，ヴァスコンセロスの公共交通供給サイクル (Public Transport Supply Cycle) に関する議論が，都市交通の統制という側面からは非常に示唆的である［Vasconcellos 2001: 133-139］。彼は交通事業の民営化を扱ったゴメズ＝イバンズ (J. Gómez-Ibáñz) とメイヤー (J. Meyer) が提示した公共交通供給サイクルを取り上げ，その修正版として市場経済の中での競争が顕著な「過激サイクル」，公営企業の設置を起点とした「公営企業サイクル」，ブラジルの事例を参考

とした「無責任サイクル」の3つを提示した[14]。いずれも南米の事例から政府の統制の強弱と公営か民営かという運営方法の違いを連動させて都市交通政策の変遷を模式化したもので，大きく分けると民間企業への統制強化による公営化と，公営企業の効率低下に伴う民営化という相反する2つの流れが根底に存在していることを示している。

　また，都市交通政策と政治との関係を具体的に取り扱っている研究も非常に少ない。例えば，楊 (Rikkie Yeung) による香港の都市交通の研究では，1970年代の地下鉄計画が出現した際に，地下鉄を政治家の「おもちゃ (Political Toy)」にしてはならないとして，運営会社に運賃決定権を付与して政治の介入に伴う採算性を無視した廉価な運賃に陥らないように定めたうえで，他の非先進国で見られるような補助金の支出を行わずに地下鉄を商業ベースで運営してきたことを明らかにしている [Yeung 2007]。ソウルの都市交通史を概説した藤田崇義は，ソウルの都市鉄道が通勤者への政策的な配慮から低運賃を採用しており，近年出現した民間の都市鉄道の運営事業者が低運賃・高金利のジレンマを抱えていると説明している [藤田 2012: 238-240][15]。先進国の事例ではあるが，北河大次郎によるパリの地下鉄（メトロ）建設の事例も，国，県，市の主導権争いなど，都市交通整備と政治との関係を詳細に描き出している [北河 2010]。香港の事例は政治の介入を回避した例であるが，実際には非先進国の多くの都市では政治の介入が都市交通政策に影響を与え，何らかのデメリットを与えたはずである。にもかかわらず，この両者の関係，言い換えれば都市交通の政治化という問題に直接焦点を当てた研究は，現状ではほぼ皆無であると言っても過言ではないのである。

　このように，非先進国の都市交通に関する研究では，先進国で用いられてきた「伝統的」交通政策に対して疑問を呈するものが多く，その結果パラトランジットやBRTの役割を強調するものが増えている。しかしながら，個々の輸送手段の導入がなぜ行われたのか，そこにはどのような政治的圧力がかかっていたのかについて，具体的に明らかにした研究は非常に少ないのが現状である。すなわち，都市交通の発展をマクロな視点から鳥瞰する研究は数多くあるものの，その背景や具体的理由をミクロな視点から詳細に追求した研究が欠けているのである。

序　章　都市交通研究の意義

(4) 偏ったバンコクの都市交通研究

　バンコクの都市交通に関する研究も同様で，マクロな視点から鳥瞰した研究は若干存在するものの，ミクロな視点からの実証研究は全く存在しないのが現状である。そして，資料的制約のためか，一部の時代と一部の輸送手段に研究の偏りが見られるのが特徴である。

　市内軌道については若干の研究が存在するが，いずれも時期的には黎明期に偏っており，ラーマ5世王期（在位1868～1910年）以後の状況について触れたものはほとんど存在しない。代表はクアクーン（Kuakun Yunyong-anan）のラーマ5世王期の陸上交通に関する研究であるが，やはり時期的には1900年代までに限られ，しかも概説の域を抜けていない［Kuakun 1977］[16]。また，バンコクの事始め的な一般書においても，例えばその代表であるサグアン（Sa-nguan Ankhong）は市内軌道の黎明期には触れているものの，サイアム電力（Siam Electricity Co. Ltd.）の話に偏重してそれ以外の路線はほとんど触れておらず，しかも1910年代以降の状況もほとんど言及していない［Sa-nguan 1986］[17]。そして，市内軌道が国営化され，最終的に廃止されるまでの状況については，研究例が皆無である[18]。

　一方，都市鉄道については研究例が最も豊富であるが，やはりマクロな視点から都市鉄道計画を鳥瞰している研究が中心となる。都市鉄道整備の概略についてはナラ（Nara Khamanamun）とカムロップラック（Khamroplak Suratsawadi）の研究がその代表であり，いずれもこれまでの都市交通の発展史にも言及しているが，やはり概説の域を脱してはいない［Nara 2004, Khamroplak 2000］[19]。政策面については，アンガー（Danny Unger）が後述する3つの都市鉄道計画について言及し，整備の遅れの要因として汚職，あいまいな計画，計画間の連携の欠如を挙げ，頻繁な政権交代と政策変更が問題であると指摘している［Unger 1998］[20]。また，タックシン政権下での都市鉄道計画の変遷については，クリアンサック（Kriangsak Charoensak）とサーマート（Samat Ratchaphalasit）が批判をしている［Kriangsak 2007, Samat 2007］[21]。どちらも学術的な研究ではないが，バンコクの都市交通政策に具体的に言及した貴重な書籍である。

　これに対し，最も研究例が少ないのは，バスに関するものである。市内軌道と近郊鉄道と同様に，黎明期の状況についてはサグアンなどの事始め本に若干の記述があるが，学術的な研究例は皆無である。1976年にバンコク大量輸送公団

(Ongkan Khonsong Muanchon Krungthep, Bangkok Metropolitan Transit Authority)[22]という国営公団が成立した後の時期については，チャールニー（Charuni Khongkun）の研究など，研究例が全く存在しないわけではない［Charuni 2006］。しかし，1930年代から公団成立までの状況については，先行研究はおろか，概説書にもバスに関する情報はほとんど記載されていない。このため，この間にバス事業がどのように変遷し，政府がどのように政策を変えていったかについては，全く明らかにされていないのが現状である。

　このように，バンコクの都市交通に関する研究は非常に偏りがあり，19世紀末から20世紀初頭の黎明期の市内軌道と，1970年代以降の都市鉄道整備に関する研究は若干存在するものの，その間を埋める研究がほとんど存在しないのが実情である。さらに，筆者の問題意識の根底にある，都市交通の整備がなぜ遅れたのかという疑問に対する答えを含蓄している先行研究も，ほとんど存在していない。アンガーは都市鉄道整備の遅れの要因について言及しているが，彼が指摘する3つの要因がどのように作用して計画が遅れたのかについては触れられていない。また，タックシン政権の都市鉄道政策を批判したクリアンサックとサーマートにしても，タックシン政権の都市鉄道政策の特徴と，そのような政策を採用した背景については十分説明していない。単に実現可能性の低い計画を立てたのみならず，なぜそのような計画を立てたのかを解明することが，筆者の抱いた疑問点の解明にとって重要であると考える。

(5) 分析視角 ── 都市交通の統制と政治化 ──

　以上のような筆者の問題意識と先行研究の動向を踏まえて，本書ではバンコクの都市交通史を明らかにした上で，それがどのような政策の下で行われてきたのかを分析することを目的とする。対象期間としては，最初の市内軌道が開通した1880年代後半から2012年までとする。この分析にあたり，筆者は都市交通の統制と政治化という2つの分析視角を設定する。

　第1の都市交通の統制については，政府の都市交通政策の変遷の過程と，その背景を明らかにすることが主要な課題となる。先のヴァスコンセロスの公共交通供給サイクルと同様に，タイにおいても都市交通が民間企業の事業として始まった事例は多く，やがて政府の統制の強化を経て公営化されてきた。しかし，問題

序　章　都市交通研究の意義

はそのような統制の強化が何を目的としてなされてきたのかである。このモデルにおいては，民間企業による競合が政府の統制を強化し，統制の強化による「うまみ」の減少がサービス低下を招き，最終的に公営化されると説明されていた［Vasconcellos 2001: 133-134］。実際にバンコクではどのような理由から統制が強化されたり緩和されたりしたのか，あるいはどのような理由から公営化が指向されたのかを分析することが，重要な作業となる。

　第2の政治化については，このような都市交通政策の変遷が，政治的な意図によって行われている可能性を解明するものである。香港の都市鉄道整備において，それが政治家の「おもちゃ」とならないような施策を講じたという例があったが，都市交通は都市の住民にとって非常に関心の高い問題であり，とくに自家用車を持たない庶民にとっては重要な役割を果たすことから，都市交通問題が政治化する可能性は十二分にある。その場合，採算性を無視した都市交通の低廉な運賃設定が具体的な施策となり，ポピュリスト的政策とも捉えられるものであった[23]。実際に，バンコクにおいても都市交通が政治家の「おもちゃ」になっており，それが都市交通整備の遅れや，都市交通問題の深刻化に大きな影響を与えている。このため，どのような理由で都市交通が政治化し，それが都市交通政策にどのような影響を与えたのかを分析することが，もう1つの重要な作業となる。

　なお，本書における都市交通をめぐる主要なアクターは民間事業者，中央政府，地方自治体（地方政府）となるが，地方自治体について若干の補足が必要であろう。バンコクにおける地方自治体は，1937年に設置されたバンコク市（Thetsaban Nakhon Krungthep）と，それを継承して1972年に設置されたバンコク都（Krungthep Mahanakhon）となる。前者は通称テーサバーンと呼ばれるものであり，範囲はチャオプラヤー川東岸に限られ，西岸にはトンブリーという別の市が設置された。また，地方行政体としての県も同時に存在し，東岸はプラナコーン県，西岸はトンブリー県となっていた[24]。後者はそのトンブリーを含む範囲を有し，2つの県とその中に存在する市を統合した特殊な地方自治体であり，1985年以降は知事の公選制が施行されている［永井 2003: 281-282］[25]。

　また，本書で取り上げる都市交通は公共交通手段のみを対象とし，自家用車などの私的交通手段は除くこととする。さらに，公共交通手段にはタクシーなど賃貸車両も含まれるが，本書では決められた路線を定期的に運行する公共交通手段

のみとし，具体的には市内軌道，近郊鉄道，バス（一部パラトランジットも含む），都市鉄道を対象とする。バンコクでは定期船も都市交通としての機能を発揮しているが，本書では対象外とする[26]。これは，水運についてはほぼ一貫して民間事業者が行ってきたことから，利用可能な資料が限られていることと，先行研究も全く存在せず，事始め本から得られる情報も非常に限定されることから，その史的展開を概観することさえも現状では不可能なためである。

(6) 資料の所在

　バンコクの都市交通に関する研究例が少なく，しかも黎明期と最近の都市鉄道に偏りが見られる背景には，資料面での制約が存在する。現在の都市交通については新聞記事を始めとして多様な資料が利用可能であるが，それ以前となると利用可能な資料は公文書，年次報告書，新聞記事に限られてくる。しかしながら，都市交通に関する公文書は意外に少なく，民間企業によって運営されていた時期には年次報告書から得られる情報も少ないのが現状である。そして，タイにおいてはとくに歴史系研究者が公文書以外の資料を熱心に探さないことから，公文書が欠如している時期や輸送手段に関する研究がおろそかとなるのである[27]。

　公文書については，タイ国立公文書館（Ho Chotmaihet haeng Chat, National Archives of Thailand: NA）の王室官房（Krom Ratchalekhathikan）文書と運輸省（Krasuang Khamanakhom）文書（Kho Kho.）が中心となる。王室官房文書は省庁ごとにファイルが分かれており，市内軌道とバスについてはラーマ5世王期には首都省（Krasuang Nakhonban）ファイル（Ro. 5 No.）に，近郊鉄道については土木省（Krasuang Yothathikan）ファイル（Ro. 5 Yo Tho.）に収められている。首都省は1922年に内務省（Krasuang Mahatthai）に統合されるため，市内軌道とバスに関する文書はラーマ7世王期（在位1925～1935年）には内務省ファイル（Ro. 7 Mo.）に移る[28]。一方，土木省は1912年に運輸省に改称されることから，ラーマ6世王期（在位1910～1925年）は運輸省ファイル（Ro. 6 Kho Kho.）となり，さらに1926年には商業省と合併して商業運輸省（Krasuang Phanit lae Khamanakhom）となることから，ラーマ7世王期（在位1925～1935年）は商業運輸省ファイル（Ro. 7 Pho.）となる。ただし，バスに関する資料は非常に少なく，市内軌道についてもラーマ5世王期は充実しているものの，以後は少ない。近郊鉄道に関する文書もやはりラーマ5

世王期が最も多く，以後は少なくなる。これが，市内軌道や近郊鉄道に関する研究が黎明期のラーマ5世王期に集中する主要な要因である。なお，王室官房文書を継承した内閣官房（Samnak Lekhathikan Khana Ratthamontri）文書（[2] So Ro., [3] So Ro.）にも，主として1930～1940年代の資料が存在する。

運輸省文書は，1940年代後半から1960年代前半までの資料が中心で，配下の部局ごとにファイルが分かれる。都市交通に関するものは，大臣官房（Samnakngan Palat Krasuang）ファイル（Kho Kho. 0202. 2），運輸局（Krom Kan Khonsong）ファイル（Kho Kho. 0202. 3），鉄道局（Krom Rotfai）（国鉄）ファイル（Kho Kho. 0202. 9），通運公団（Ongkan Rapsong Sinkha lae Phatsaduphan, Express Transportation Organization）ファイル（Kho Kho. 0202. 11），輸送社（Borisat Khonsong Chamkat, The Transport Co. Ltd.）ファイル（Kho Kho. 0202. 13）に含まれており，近郊鉄道に関する資料が鉄道局ファイルに含まれるほかは，いずれもバスに関する資料となる。この時代にはバスに関する資料がかなり豊富に存在するにもかかわらず，上述のようにこれまで研究が全くなされていなかった。これは，バスに関心を持つ研究者がいなかったことと，王室官房文書や内閣官房文書以外の資料が利用されにくいからに他ならない[29]。なお，この時期の市内軌道の管轄は内務省となることから，市内軌道に関する資料は含まれない[30]。

他には，1960年代後半から1970年代後半までの国際協力に関する文書が大蔵（財務）省（Krasuang Kan Khlang）の財政経済事務所（Samnakngan Setthakit Kan Khlang）文書（[1] Ko Kho, [2] Ko Kho.）に存在し，黎明期の都市鉄道計画やバス改良計画に関する資料が含まれる。また，最近利用可能になったバンコク都文書（Ko Tho Mo.）には，少ないながらも1960年代初めのバンコク市によるバス統合計画に関する資料が存在している。それでも，公文書資料は1970年代末で終わり，時期によって文書が非常に少なかったり，全く存在しなかったりする場合もあることから，公文書資料のみで都市交通の史的展開を明らかにすることは極めて困難である。

このような公文書資料の不備を補完するものが，年次報告書と新聞資料である。公的機関の年次報告書の資料的価値は柿崎 [2000]，Kakizaki [2005] において証明済みであるが，都市交通は民間事業者が開始した事例が多いことから，都市交通研究の面では利用できるものは多くない[31]。主なものは，市内軌道を管轄した

首都電力 (Kan Faifa Nakhon Luang, Metropolitan Electricity Authority)，国営化後の近郊鉄道を管轄した国鉄，バス事業に従事した通運公団と輸送社，1976年に成立したバンコク大量輸送公団，初期において都市鉄道を管轄した高速道路・都市鉄道公団 (Kan Thang Phiset haeng Prathet Thai, Expressway and Rapid Transit Authority of Thailand)，それを継承した首都電気鉄道公団 (Ongkan Rotfaifa Mahanakhon, Metroplitan Rapid Transit Authority) となる[32]。しかし，国鉄以外は現存しているものが限られており，戦前に比べれば戦後の時期には年次報告書から得られる情報量も少なくなる[33]。このため，鉄道研究に比べれば，年次報告書の資料的価値は低いと言わざるを得ない。

また，黎明期の市内軌道や近郊鉄道の運営会社の年次報告書も存在するが，これらは株主総会に提出するための財務諸表の意味合いが強く，公的機関の年次報告書に比べれば営業面での資料的価値は低い。また，若干の現物が公文書館に保管されているものの，すべてが網羅されているわけではない。しかし，当時株主総会が行われると新聞で年次報告書の内容や株主総会での議論が報道されることが多く，現物がなくても純益や配当率などの数値が得られることから，かなりの期間にわたって時系列データが利用可能となる。他に入手可能な情報が限られていることから，民営時代の市内軌道と近郊鉄道については経営的な側面からも分析を進めることになる。

新聞資料については，戦前は主に『週刊バンコクタイムズ (Bangkok Times Weekly Mail: BTWM)』，戦後は『サヤームニコーン (Sayam Nikhon: SN)』，『週刊サヤームラット (Sayam Rat Sapda Whichan: SRSW)』を中心に都市交通に関する記事を集め，1990年代後半からはタイで発行されている種々の新聞のオンライン版を利用している。公文書館資料や年次報告書が利用できない時期については新聞が唯一の資料となることも少なくなく，また新聞からしか得られない情報も少なからず存在することから，新聞資料も極めて重要である。しかしながら，情報の探索にはきわめて膨大な時間がかかることから，新聞資料を活用した先行研究も非常に少ない。

最後に，統計面の資料の所在について触れておく。都市交通の研究を行う際には，事業者の経営状況を示す数値以外にも，車両の台数，路線数や路線距離，利用者数を示す資料が必要となる。しかし，このような情報は民営時代には記録が

得られないことが多く，公営化された後のみ利用可能となる[34]。例えば，市内軌道の利用者数については，1940年代の一時期と首都電力の発足する1958年以降しか得られない。また，バスについてはバンコクで登録されたバスの台数に関する統計は1930年代から得られるものの，バンコクの路線バスとして運行されているバスの台数は，1976年のバンコク大量輸送公団の成立以降でないと判別しない。ただし，1990年以前の公団の年次報告書はほとんど残っていないことから，実質的には1990年代以降の数値しかまとまったものは得られない。バスの利用者数も同様で，1988年以前の数値は現状で把握できない[35]。他方で，2003年度分からバンコク都が発行している交通統計 (Sathiti Charachon: SC) には，都市鉄道や水運も含めて都市交通に関する統計が網羅されており，現在は簡単にこれらの統計が得られるようになった。このため，まとまった統計が得られない時期については，断片的な記述に依存せざるを得ない。

(7) 本書の構成

本書は以下計7章で構成される。このうち，最初の6章で1880年代から2000年代までの都市交通の史的展開と都市交通政策の変容を時系列的に考察し，最後の第7章で総括する形となる。

第1章「軌道系輸送手段の導入 (1880〜1900年代)」では，1880年代に計画が出現する市内軌道と近郊鉄道について，ラーマ5世王期の1900年代末までの具体的な計画の進展と政府の対応を分析することが主要な作業となる。上述のように市内軌道については研究例も比較的多いが，実際には基本的な事実でさえ十分に解明されていない。近郊鉄道については，この時期にはまだ都市鉄道化への動きは見られないものの，都市間鉄道として開業した後の経営状況が，その後の都市鉄道化への動きと連動していた可能性は高い。

第2章「競合の発生 (1910〜1930年代)」では，ラーマ6世王期からラーマ7世王期を経て立憲革命後の人民党政権期までの時期を取り扱い，バスの出現，近郊鉄道の都市鉄道化，そして市内軌道とバスの競合が主要な論点となる。1910年前後に出現したバスはその後急速に路線網を拡張させ，1920年代末くらいから市内軌道との間に競合が発生する。また近郊鉄道もバンコク市内の都市内輸送への参入を模索し，新たな顧客の獲得を目指すが，免許に対する政府の方針がこ

の動きに影響を与えるようになる。そして，市内軌道とバスの競合が発生することで，事業者側も政府も新たな対応に迫られるのである。

第3章「主役の交代（1940～1950年代）」では，タイが第2次世界大戦に巻き込まれる1941年から第2次ピブーン（Plaek Phibunsongkhram）政権が崩壊する1957年までの時期を対象に，軌道系輸送手段からバスへと都市交通の主役が交代していく過程を取り扱う。戦争による燃料や部品の不足でバスの輸送力が大きく減少し，一時的に市内軌道や近郊鉄道の役割が高まった。しかし，戦後は軌道系輸送手段が完全に停滞したのに対し，バス事業は大きく成長していった。このため，この章の主要な課題は，軌道系輸送手段の停滞の背景を探るとともに，バス事業に対する政府の方針とその変遷を解明することとなる。

第4章「バス事業の統合（1960～1970年代）」では，1957年のピブーン政権崩壊後の「開発」の時代と，1973年にそれが終焉した後の3年間の「民主化」の時代を対象に，この間の都市交通の状況と政策の変遷を解明することとなる。サリット（Sarit Thanarat）が始めた「開発」の時代には，バンコク市内から近郊鉄道の一部とすべての市内軌道が消え去り，事実上バンコクから都市交通としての軌道系輸送手段は消滅することとなった。他方で以前から計画が浮上していたバス事業の統合が検討され，最終的に「民主化」の時代にそれが達成されることになる。この時代に都市交通の政治化という側面が浮上することから，都市交通政策の変容がこの政治化という問題とどのように関係していたのかが，この章での主要な論点となる。

第5章「軌道系輸送手段の復活（1970～1990年代）」では，1970年代後半から1999年末の最初の都市鉄道の開通までの時期を対象に，統合後のバス事業の問題と都市鉄道計画の浮上に焦点を当てて都市交通政策の変容を解明する。1976年に国営公団として統合されたバス事業であったが，統合後も問題は山積し，公団は赤字経営を強いられた。他方で深刻化する交通問題の解決のために1970年代に都市鉄道計画が浮上したものの，計画の進展は遅々としており，実現までに約30年を費やしていた。このため，バスの統合がなぜバスサービスの向上に結び付かなかったのか，なぜ都市鉄道計画の実現は大幅に遅れたのか，これらの疑問に対する答えを探すことが，本章の主要な作業となる。

第6章「混迷する都市交通政策（2000年代）」では，2001年に成立したタック

シン政権期から 2012 年までを対象に，この間の都市交通政策の変遷とその背景を分析する。都市鉄道計画の浮上から実現までに長時間を要したが，その後の都市鉄道網の拡張も非常に緩慢としていたことは上述した通りである。その背景には頻繁な政策変更が存在していることは間違いなく，そのような政策変更がなぜ起こっているのかを明らかにすることが重要な作業となる。また，バスについても様々な計画が浮上したものの，政治的対立からこちらも実現が遅々としていた。このような問題の根底にはやはり都市交通の政治化という問題があることは間違いなく，その関係性を考察することも本章の主要な論点となる。

　そして，最後の第 7 章「都市交通史が語るもの―統制の強化と政治化―」では，これまで見てきたバンコクの都市交通の史的展開と都市交通政策の変遷を踏まえて，上述した 2 つの分析視角から総括を行う。バンコクの都市交通の「通史」をまとめることが分析の上での前提であったことから，最初にバンコクにおける輸送手段の変遷を総括して，他都市との比較を行うとともに，非先進国の都市交通研究で強調されてきたパラトランジットと BRT の有効性の議論を再検討する。次いで，政府の統制と都市交通の政治化という 2 つの分析視角に基づいて，バンコクの都市交通政策史の特徴を分析する。とくに，政府がなぜ都市交通への統制を強化させたのか，なぜ都市交通が政治化の道を辿ったのかという 2 つの疑問に迫ることが本章で最も重要な論点となり，それが最終的に筆者の抱いた疑問点への答えになるのである。

本書に登場する主な都市交通手段

①市内軌道（路面電車）

路面電車を模した電気自動車
（チャトゥチャック・2011年）
出所：筆者撮影

　市内軌道は道路上に敷設された鉄道のことであり，人力を用いる人車軌道，馬を用いる馬車軌道，蒸気機関を動力源とする蒸気軌道，内燃機関を動力源にする内燃軌道，そして電車を用いる電気軌道に分けることができる。バンコクの市内軌道は当初馬車軌道であったが，その後電車に代替された。一方，1908年にバンコクの南のプラプラデーンで開業した軌道は内燃軌道であり，こちらはガソリンカーが運行された。いずれもタイ語ではロット・ラーン（軌道車）と称され，鉄道を意味するロット・ファイ（火車）とは区別されていた。

　バンコクの路面電車は，すべて2軸車であった点が特筆される。これは道幅が狭かったりカーブが急であったりしてボギー車（4軸車）の運行が難しかった
ためと思われ，輸送力の増強には2両連結で対応した（写真3-2参照）。大半の路線では電動車が動力のない付随車を牽引し，終点で付随車を付け替えて運行していたが，一部の路線では終点に入換をする線路がなく，電動車を2両連結して運行していた。また，これらの電車は大半がオープンデッキの車両であり，運転台がデッキにあるのみならず，客席にも窓はなく，雨が降ると防水シートを降ろして雨が侵入するのを防いでいた。この伝統は現在のソーンテオや急行船に引き継がれている。近年かつての路面電車を模したロット・ラーンと呼ばれる電気自動車がバンコクの旧市街地などで運行されており，これが当時のオープンデッキの路面電車の雰囲気を今に伝えている。

本書に登場する主な都市交通手段

②近郊鉄道（郊外電車）

現在のメークローン線
（マハーチャイ・2008年）
出所：筆者撮影

　近郊鉄道は都市とその近郊を結ぶ鉄道であり，当初は蒸気機関車を利用する蒸気鉄道として開通し，その後電化されて電車の運行が始まる場合と，最初から電気鉄道として開業する場合がある。タイの場合は，パークナーム，メークローンの両線とも前者のタイプであり，当初はどちらも一部区間のみを電化したが，パークナームへの鉄道は最終的に全線電化した。いずれもタイの官営鉄道と同じくメートル軌を採用しているが，チャオプラヤー川西岸に建設されたバーンプアトーン鉄道は軌間750mmの軽便鉄道であり，蒸気動力と内燃動力のみが用いられていた。

　この近郊鉄道で運行されていた電車は，2種類に分けられた。1つは市内軌道と同じオープンデッキの2軸電車であり，パークナーム鉄道のフアラムポーン～クロントゥーイ（一部パーンナー）間の市内区間と，メークローン鉄道の電化区間で用いられていた。一方，パークナーム鉄道の全線を運行する電車は大型のボギー電車となり，電動車が付随車を連結して3～4両編成で運行していた（写真2-1参照）。最初の電車はオープンデッキ型であったが，第2次世界大戦後に日本製の密閉型の電車も導入された（写真3-1参照）。なお，これらの電車もタイでは「ロット・ラーン」と呼ばれていた。これらの郊外電車は1950年代末までにバンコクから消え去り，近郊鉄道として残ったメークローン線にはディーゼルカーが代わりに導入された。

19

本書に登場する主な都市交通手段

③都市鉄道（通勤電車）

BTSの新型車両
（スラサック・2011年）
出所：筆者撮影

　都市鉄道は都市内輸送に従事する鉄道のことで、いわゆる通勤電車のことを指す。近郊鉄道として発足した鉄道が、その後の都市化の進展で都市鉄道化したものと、地下鉄のように最初から都市鉄道として建設されたものに分けられる。モノレールや新交通システムなど通常の鉄道以外の軌道系交通手段も、都市内輸送に従事するものはこの範疇に含まれる。タイの都市鉄道はすべて最初から都市鉄道として建設されたものである。

　最初の都市鉄道は1999年末に開通したBTSと呼ばれる高架鉄道であり、2000年代末から延伸区間も開通した。このBTSはタイで最初のロット・ファイファー（電車）であり、英語ではスカイトレインとも呼ばれている。次いで2004年に開通したバンコク初の地下鉄は、単にロット・ファイ・ターイディン（地下鉄）と呼ばれている（写真6-1参照）。そして、2010年に開通したエアポート・レールリンクは空港アクセス鉄道であり、厳密には近郊鉄道の範疇に入る（口絵6参照）。BTSや地下鉄と比べて運行間隔は長く、また急行電車が運行されている点が異なっている。いずれの鉄道も標準軌（1,435mm）を採用しており、メートル軌（1,000mm）の在来線よりも軌間は広い。電化方式は、BTSと地下鉄は直流750Vの第3軌条方式、エアポート・レールリンクは交流2.5万Vの架空線方式となっており、後者は最高速度が時速160kmの高速鉄道でもある。

本書に登場する主な都市交通手段

④サームロー

通勤客を乗せる
ミゼット型サームロー
(テーウェート・2010年)
出所：筆者撮影

　サームローはタイ語で三輪車の意味である。公共交通手段ではあるが，決まった路線を運行しないいわゆる賃貸用の車両であり，タクシーの仲間である。サームローの祖先は日本発祥とされる人力車であり，タイでは1933年に初めて自転車を改造したサームローが出現したとされている。当初はサイドカー形式であったが，やがて運転手の後ろに乗客が乗る形態に変化した。また，やや遅れてバイクを改造した自動三輪車も出現し，やがて人力車を駆逐してバンコクにおける賃貸用車両の主役となった。

　しかし，サリット政権下でバンコクの美観を向上させるため，交通渋滞の元凶の1つとされたサームローの運行が1959年末をもって禁止された。これによって従来型のサームローは消滅し，これらの車両は地方都市へと移転したが，新たにダイハツの「ミゼット」を改造した3輪自動車が賃貸用に導入された。これが現在バンコクの名物ともなっている「トゥックトゥック」と呼ばれる三輪タクシーとなっており，サームローという名称も依然として用いられている。このような三輪タクシーは，東南アジアには様々な形態のものが存在する。

　通常サームローには乗客が3人まで乗車できるが，中には無理に5～6人が乗り込んでいる場合も見られる。サームローは貨物輸送にも用いられ，市場で買い出しをした店主が食材を満載して店に向かう光景もよく見かける。

本書に登場する主な都市交通手段

⑤バス（大型バス）

日野製の公団直営の赤バス
（ウォンウィアンヤイ・2012年）
出所：筆者撮影

　ここでのバスは，いわゆる箱形の車体を持った大型バスを意味する。バンコクのバスの起源は1910年前後であり，当初はソーンテオ型のものが中心であった（写真2-2参照）。箱形の車体を持つバスとしては，1953年に通運公団が導入した日産製のバスが最初であると思われる。その後は箱型バスが主流となり，車体も大型化していった。多数の民営事業者がバスの運行を行っていた時代には会社ごとに調達した多様なバスが走っていたが，1976年にバンコク大量輸送公団が設立されてからは，バスの車種は減少した。公団直営バスは日本のいすゞ，日野，三菱などの大手メーカーによって大量に納入されたもので，各社の規格型の車体が採用されている。一方，民間委託バスは地元のメーカーが車体を建造しており，外見は野暮ったく形態もさまざまである（写真5-7参照）。

　バンコクのバスは普通バスと冷房バスで運賃が異なっており，さらにそれぞれ車種によっても運賃が変わるので，運賃体系は複雑であるが，普通バスは原則として均一運賃である。近年の石油価格の高騰により，民間委託バスは急速に天然ガスバス（NGVバス）への転換を進めており，普通バスは無骨な車体のバスを改造して対応しているが，冷房バスは中国からの規格型のNGVバスが急増している（写真6-2参照）。NGVバスは普通バスがピンク，冷房バスが黄色に塗装されることになり，バンコクのバスの色彩をさらに増やすことになった。

本書に登場する主な都市交通手段

⑥ソーンテオ

ピックアップ型のソーンテオ
(タークシン橋・2012年)
出所：筆者撮影

　ソーンテオはトラックを改造したバスである。トラックの荷台の両側にロングシートを配置し，屋根を設けて客室としている。乗降は後部に取り付けたステップを介して行い，混雑時にはこのステップに乗客が立つこともある。ソーンテオは「2つの列」という意味であり，その座席配置から命名されている。ソーンテオは旅客輸送のみならず貨物輸送にも用いられ，地方ではロングシートの間のスペースに荷物を積み込んで貨客両用で使われたり，あるいは荷物を満載してその上に乗客が座り込むこともある。

　バンコク市内のソーンテオは赤色に塗装され，小型のピックアップトラックか中型の2トントラックを改造したものが中心である。中型トラックの場合は荷台に車掌が乗っている場合もあるが，大半は運転手のみのワンマン運転を行っており，乗客は荷台後部から下車した後，助手席側から運賃を支払う。バス停は存在せず，どこでも合図をすれば止まる自由乗降バスとなっている。ソーンテオも大型バスと同じく決められた路線を運行しており，それぞれ4桁の路線番号も書かれている。ソーンテオの路線は大型バスの通らない小路内で路線が完結している場合が多く，バス路線のフィーダーとしての役割を果たすものである。運行本数も比較的多く，奥が深い小路では利用者も多い。一部はすでにミニバスが運行されている路線もあり，将来的にはミニバスやバンバスに移行していくものと思われる。

本書に登場する主な都市交通手段

⑦ミニバス

新型のNGVミニバス
（ウォンウィアンヤイ・2012年）
出所：筆者撮影

　バンコクでは，ソーンテオを改造した小型バスをミニバスと呼んでいる。1970年代半ばにバンコクの民間バスを統合して最終的に大量輸送公団が設立されたが，その過程で一時的にバス不足が生じ，地方から多数のソーンテオが流入してバスの代役を務めた。大量輸送公団がそれらのソーンテオを管轄下に置いて委託バスとして運行を継続させたが，そのうちの大通りを走るソーンテオが1986年にミニバスに改造させられることになり，翌年から運行を開始したものである。すなわち，トラックの車台をそのまま用い，車体のみ箱形のものに載せ替えたうえで元の事業者が運行を継続したのである。これらのミニバスは緑に塗装され，大型バスに交じって公団のバス路線を運行していた（写真5-4参照）。

　車体は改造したものの元のソーンテオ所有者がそのまま運行を行っており，運転手や車掌の態度が悪いと利用者の評判は良くなかった。大量輸送公団もミニバスの大型バスへの転換を試みたものの，結局実現はしなかった。また，車両の老朽化も問題となり，何度か車体の更新を行わせたものの，中には車歴が50年近くに達するミニバスも存在した。このため，大量輸送公団は2010年2月をもって従来のミニバスをすべて廃止させ，所有者には新たな小型NGVバスの運行のみ認めることにした。従来よりも若干車体の大きいこれらのNGVバスはオレンジに塗装され，相変わらずミニバスと呼ばれている。

本書に登場する主な都市交通手段

⑧マイクロバス

BTSのフィーダーバスに転用された
マイクロバス
（スラサック・2006年）
出所：筆者撮影

　バンコクでマイクロバスと呼ばれているバスは1993年から運行を開始した小型冷房バスであり，大量輸送公団が民間事業者と共同で新たなサービスを提供することを目標としていた。当初は都心でのビジネス客を顧客とする予定であったが，実際には増えつつあった郊外の新興住宅地と都心を結ぶ比較的長距離の路線が設定された。このマイクロバスの特徴は全員着席の定員制を採用したことで，運賃は当初20バーツ均一と冷房バスよりもやや高い水準であったが，自家用車で通勤していたような中間層の利用を想定し，高レベルのサービス提供を目指していた。

　このバスは当初利用者を順調に伸ばしたものの，やがて似たような顧客層を狙ったバンバスによって市場を奪われ，最終的にバンコクから消えて行くことになった。1999年末のBTSの開業もマイクロバスにとっては逆風となり，2000年からBTSが運行を開始したフィーダーバスには余剰となったマイクロバスの車両が転用された。その際に座席もBTSと同じロングシートとなったが，塗装はマイクロバス時代と同じであった。最終的にマイクロバスとしての運行は2005年頃までに終了し，2006年にはBTSのフィーダーバスも廃止されて，マイクロバスはバンコクから消えた。なお，その後メトロバスと称する小型の冷房バスが運行を開始し，現在もマイクロバスの後継者として細々と運行されている。

本書に登場する主な都市交通手段

⑨バンバス

大量輸送公団管轄のバンバス
（モーチット・2012年）
出所：筆者撮影

　バンバスはバンを利用したバスであり，1990年代半ばころから急速に広まってきたバスである。当初は郊外の住宅地と都心を結ぶ路線で運行が始まり，原則として起点と終点を直結するルートで運行し，途中は無停車であったことから，従来の路線バスに比べて所要時間の短縮も図られた。また冷房も完備し，車両の構造上立席もあり得ないことから，マイクロバス並みの快適性も確保した。このため，バンバスがマイクロバスを圧倒することになり，やがてバンコク市内の各地でバンバスを目にするようになった。タイでは通常のバンを意味するロット・トゥーと呼ばれている。バンコク市内のみならず，現在ではバンコクと地方を結ぶ中距離の路線にもバンバスが進出している。

　このバンバスは当初違法状態で運行を始めたが，2000年からバンコク市内のものは大量輸送公団の統制下に置かれ，ソーンテオと同様に運行する路線が決められている。運行本数も比較的多いが，起点では満席にならないと発車しないことが多く，閑散期には客待ちに時間がかかることもある。原則として途中無停車ではあるが，実際には路線バスの各停留所に停車して区間利用者を拾う場合もあり，少なからぬ数のバス利用者がバンバスに流れている。しかし，ソーンテオと同じく個人事業者の資質に依存する面が多く，安全面の課題が多い。とくに高速道路経由のバンバスでスピードの出し過ぎによる事故が多発している。

本書に登場する主な都市交通手段

⑩ BRT（バス高速輸送システム）

駅に停車中のBRT
（アーカーンソンクロ・2010年）
出所：筆者撮影

　BRTは，道路の中央部に市内軌道のような専用の走行路を整備してバス専用路とすることで，バスの速度向上と安定的な運行を目指すシステムである。都市鉄道のように改札を設けて切符の購入による乗車を行う形態が一般的であり，円滑な乗降のため高いプラットホームを設置して，バスのステップも解消している。輸送力は都市鉄道よりは劣るものの，都市鉄道並みの定時制を確保しながら，都市鉄道よりもはるかに安い費用で導入できるのがメリットである。日本でも2011年の東日本大震災で被災したJR線の一部をBRTとして仮復旧している。

　バンコクのBRTは2010年にようやく開業し，現在BTSのフィーダー線として1線が存在する。バスは中国製のNGVバスを用い，当初は連接バスの導入が計画されたが，費用面から普通の冷房バスに変更された。走行路は道路の中央にBRT用の車線を上下1車線ずつ確保し，縁石を設けて一般車が侵入しないように仕切ってある。途中のチャオプラヤー川を渡るラーマ3世橋や数ヶ所ある陸橋は一般車との共用となっており，信号待ちと共用区間での渋滞がBRTの定時運行の妨げとなっている。このため，所定では片道30分の区間で倍の時間がかかることも珍しくない。利用者を増やすために10バーツ均一の特別運賃を2013年5月まで継続し，さらにその後5バーツに割り引いたものの，利用者数は1日1万6,000人程度と低迷した状態が続いている。

第1章
軌道系輸送手段の導入
（1880〜1900年代）

バンコクの市内軌道は1888年に馬車軌道として出現し，1893年にはアジアでは最初に電車の運行が開始された。一方，1893年にタイで最初の鉄道として開通したパークナーム鉄道は，当初は都市間鉄道として建設されたものの，1910年代から都市鉄道としての機能を模索し始め，電車の頻繁運行を開始していくことになる。いずれも外国人の資本家を中心とした外国企業によるビジネスとして位置付けられ，それに対抗するためにタイ資本によるタイ軌道（Rot Rang Thai Thun Chamkat, Siamese Tramway Co. Ltd.）という市内軌道会社が1900年代に参入を果たすことになる。しかし，この会社は結局失敗し，外国企業であるサイアム電力に経営権を握られてしまうことになる。

　市内軌道の黎明期については，数少ないバンコクの都市交通史に関する研究の中でも先行研究は多いほうであるが，いずれも概説の域を出ていない。序章で述べたように，最も学術的な研究であるクアクーンでさえも，市内軌道についての記述は概説の域を脱していない［Kuakun 1977］。ラーマ5世王期に限れば公文書館資料も比較的豊富にあるが，彼女の研究はあくまでも陸上交通に関する研究であり，市内軌道の扱いは相対的に小さい。事始め本の代表であるサガンも，サイアム電力については比較的多く言及しているものの，タイ軌道についてはほとんど触れていない［Sa-nguan 1986］。他方で，近郊鉄道については鉄道史研究において必ず言及されているが，これを都市交通として捉えた研究は皆無である。

　このため，本章では，ラーマ5世王期（在位1868～1910年）におけるバンコクの都市交通の変遷を，市内軌道と近郊鉄道の成立過程に焦点を当てて解明する。1880年代後半から始まる市内軌道整備の歴史を明らかにした上で，政府が市内軌道をどのようにみなし，どのような政策を打ち出したのかを分析することを目的とする。以下，第1節で外国企業による最初の市内軌道の整備について，第2節で市内軌道事業へのタイ人の参入と，それによる外国企業との確執について考察する。次いで第3節で近郊鉄道の成立過程を解明し，第4節で市内軌道事業での外国企業の巻き返しと政府側との対立を考察し，最後の第5節で政府の市内軌道政策を分析する。

第 1 章　軌道系輸送手段の導入（1880〜1900 年代）

第 1 節　外国企業による市内軌道の導入

(1) 最初の市内軌道

　バンコクにおける市内軌道事業は，外国人のビジネスの一環として始まった。同じく近代的交通手段である鉄道については，1870 年代にその導入をめぐる噂がバンコクでも流れ，1880 年代に入るとイギリス人によるモールメイン〜雲南間の鉄道構想が出現するなど，鉄道をめぐる議論が政府内でもなされていたが，市内軌道についてはその痕跡がない[1]。管見の限り，政府内で市内軌道が初めて話題に上るのは，1886 年 3 月にストックホルム駐在の名誉領事ジョンソン（Axel Johnson）が駐フランス公使代理プラ・ダルンラック（Phra Darunrak）に対してバンコクで市内軌道建設の噂があるので自分が協力したいと伝え，それが当時の外務大臣テーワウォン親王（Krommamun Thewawong Waropakan）に知らされた事例であった[2]。

　その翌年に当たる 1887 年 5 月 5 日に，タイ政府の水路学技師であったイギリス人ロフトス（Alfred John Loftus）と海軍副司令官であったデンマーク人リシュリュー（Commodore de Richelieu）が，政府からバンコク市内の市内軌道 7 線を建設する免許を公布された[3]。この免許の条件は表 1-1 に示した通り，交付後 3 年以内に第 1 線を着工し，5 年以内に完成させることとなっていた。最初に建設される第 1 線は，チャオプラヤー川東岸沿いに延びる当時バンコクで最長の道路であったチャルーンクルン通り（ニューロード）に沿って，南のバーンコーレームから王宮傍のターティアンに至るものであった[4]。この免許では市内軌道は単線と規定されており，以後建設される市内軌道もすべて単線となる。

　この 2 人が市内軌道免許を認められた経緯は不明であるが，おそらく 2 人とも政府のお雇い外国人であったことから信望もあったものと思われる。後述するように，2 人はこの前年にバンコクから東のチャチューンサオと南のパークナームへの鉄道の免許も得ていた。しかし，市内軌道の免許は翌月にはこの 2 人からシッグ（Henry Sigg）というイギリス人に譲渡され，彼が設立したバンコク軌道会社（Bangkok Tramway Co. Ltd.）が建設することとなった[5]。2 人が免許を得た時点で，免許を譲渡することは既に決まっていたものと思われ，2 人ともこの会社の取締

31

表 1-1 市内軌道免許条件の概要

会社名	路線名	免許日	免許期限	道路使用料	着工期限	竣工期限	事業の買収	備考
ロフトス＆リシュリュー	市内軌道7線	1887/05/05	50年間	なし	3年以内（第1線）	5年以内、第2線以降7年以内	交付後20年以降	
サイアム電気鉄道	サームセーン線	1900/07/25	40年間	収入の2.5〜4%	6ヶ月以内	2年以内	交付後12年以降	
タイ軌道	市内軌道4線	1904/04/01	1949年末	1,200〜5,000バーツ/マイル	6ヶ月以内	18ヶ月以内	随時	保証金1万バーツ/マイルを供託
パークラット軌道			1949年末	400〜1,200バーツ/マイル	6ヶ月以内	30ヶ月以内	交付後12年以降	免許案
メーナーム・モーターボート	パークラット軌道	1907/05/07	1949年末	600〜1,000バーツ	6ヶ月以内	18ヶ月以内	1920年以降	
サイアム電力	アッサダーン、ラーチャウォン、サームセーン延伸線	1907	1949年末	3,000バーツ/マイル	N.A.	N.A.	N.A.	軌道敷設道路への散水、軌道から300フィート以内の消防

出所：ロフトス＆リシュリュー：NA Ro 5, No. 21/2, サイアム電気鉄道：NA Ro 5, No. 21/25, タイ軌道：NA Ro 5, No. 21/40, NA Ro 5, No. 21/78, メーナームモーターボート：NA Ko To. 5/53, サイアム電力：BTWM 1907/09/02 より筆者作成

第 1 章　軌道系輸送手段の導入（1880～1900 年代）

表 1-2　市内軌道開通年月日（1888～1910 年）

社名	路線名	区間	距離(km)	開通年月日	備考	出所
サイアム電力	バーンコーレーム	ラックムアン～バンコクドック	5.0	1888/09/22	1894年電化	BTWM 1909/04/19
		バンコクドック～バーンコーレーム	4.0	1890	1893年5月電化	BT 1891/12/02
	サームセーン	フアラムポーン～バーンクラブー	8.6	1901/11/24		BTWM 1901/11/23
		サパーンルアン～フアラムポーン	0.5	1910/10/20		BTWM 1910/10/21
	アッサダーン		0.5	1907		NA [2] So Ro. 0201.63.2/8
	ラーチャウォン		0.8	1907		NA [2] So Ro. 0201.63.2/8
タイ軌道	フアラムポーン	フアラムポーン～プラスメーン	4.4	1905/10/01		BTWM 1905/10/02
	城壁		7.2	1905/10/01		BTWM 1905/10/02
	ドゥシット	チャックラペット～発電所	4.8	1905/10/01		BTWM 1905/10/02
	ドゥシット延伸	コースア～サームセーン運河口	2.4	1905/10/01	1910年1.6km廃止	BTWM 1905/10/02
計			38.2			

注：斜字は概数である。

役に就任している。会社は起点を若干変更して王宮前広場東側のラックムアンから舟形の仏塔で知られるワット・ヤーンナーワー付近のバンコクドックまでの約5km から建設を開始し，1888 年 9 月 22 日に開業させた（表 1-2 参照）[6]。この市内軌道がバーンコーレームまで全通するのは，1890 年末のこととなる[7]。

　この市内軌道は，馬が牽引する馬車軌道であった。このような馬車軌道は東南アジアの各都市でも既に導入されており，バタビア（ジャカルタ）の 1869 年を筆頭に，マニラでも 1881 年には開通していた［Dick & Rimmer 2003: 68］。バンコクの馬車軌道は馬を 8 頭つないで牽引し，途中で馬の付け替えも行っていた［Sa-

33

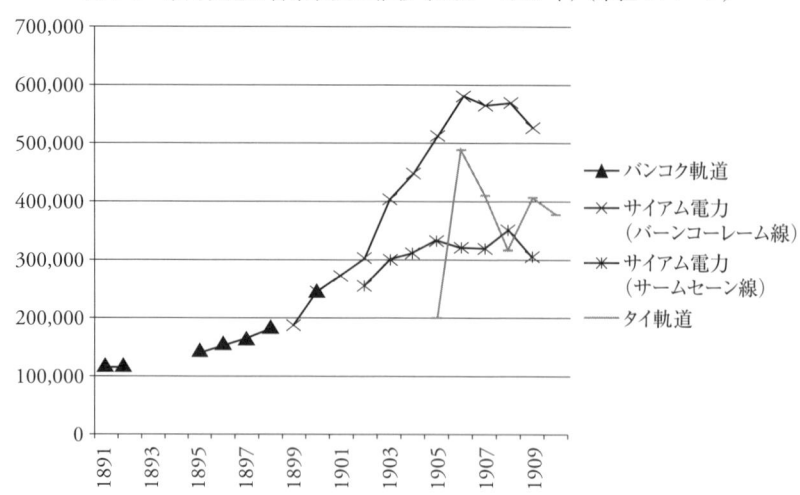

図 1-1　市内軌道の営業収入の推移 (1891〜1910 年) (単位：バーツ)

凡例：
- バンコク軌道
- サイアム電力 (バーンコーレーム線)
- サイアム電力 (サームセーン線)
- タイ軌道

注 1：サイアム電力は軌道事業収入のみを示す。
注 2：タイ軌道の会計年度は 1907 年までは仏暦基準 (4 月〜翌年 3 月) となり，1908 年は 4 月から 12 月まで，以後は西暦基準となる。
出所：附表 1 より筆者作成

nguan 1986: 81]。しかしながら，ヨーロッパやアメリカと異なり高温多湿の東南アジアでは馬の疲労が大きく，馬車軌道の効率は良くなかった。それでも，1891年 6 月の運行本数は旧開通区間と新開通区間でそれぞれ 129 本と 56 本となっていた[8]。図 1-1 のように同年の営業収入も約 12 万バーツであり，株主への配当率も図 1-2 のように 1892 年には年間 10％ に及んでいた。

(2) 市内軌道の電化

馬車軌道の効率を上げるためには，馬に代わる動力源の導入が必要であった。最初に用いられたのは蒸気機関であり，小型蒸気機関車が客車を 1〜2 両牽引する形の蒸気軌道が東南アジア各地でも用いられるようになった。東南アジアの蒸気軌道は 1882 年のバタビアでの導入に始まり，1880 年代だけでもラングーン (ヤンゴン)，シンガポール，スラバヤで出現した [Dick & Rimmer 2003: 68]。バンコクでもこの蒸気軌道への代替が検討される可能性もあったが，さらに新たな技術が導入されることになった。それは，1887 年にアメリカで実用化されたばか

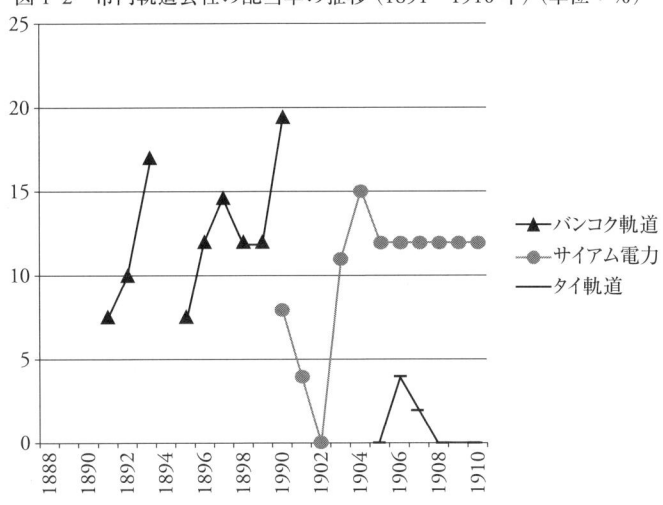

第 1 章　軌道系輸送手段の導入（1880〜1900 年代）

図 1-2　市内軌道会社の配当率の推移（1891〜1910 年）（単位：％）

凡例：バンコク軌道／サイアム電力／タイ軌道

注 1：配当率はボーナス分を含むが，サイアム電力のボーナスは定額払いのため除いてある。ボーナスの額は附表 1 を参照。
注 2：タイ軌道の会計年度は 1907 年までは仏暦基準（4 月〜翌年 3 月）となり，1908 年は 4 月から 12 月まで，以後は西暦基準となる。
出所：附表 1 より筆者作成

りの電気軌道であった[9]。

　この電気軌道の導入に重要な役割を果たしたのは，デンマーク人技師でバンコク市内軌道の事実上の創設者ともいえるウェステンホルツ（Aage Westenholz）であった。彼はコペンハーゲンで土木技術を学んだ後に 1885 年末にバンコクに到着し，バンコク軌道の建設に従事した[10]。そして 1891 年にアメリカを訪問して電気軌道技術を学び，帰国後の株主総会で電化の提案を行った[11]。彼はバンコク軌道の輸送力の増強には電化が必要であり，試験的に新開通区間のみを電化すれば 3〜4 万バーツで済むと説明した。彼はアメリカで既に電化設備の納入業者との交渉を行っており，値引き交渉も済ませていた。
　彼の電化計画は株主総会で承認されたが，その後発電所の能力向上などを理由に費用が膨らみ，当初認められた予算 5 万バーツを 8 万バーツに増やさざるを得なくなった[12]。このため，彼に対する批判も噴出したものの，電化計画は進展して 1893 年 2 月 21 日には最初の電車が運行された[13]。同年 5 月には電化区間

35

全線での運行が開始され，バンコク軌道の約半分の区間が電気軌道となった[14]。これは東南アジアで最初の電気軌道であるばかりでなく，日本も含めアジアで最も早い電気軌道の出現であった[15]。

　電化のメリットは，明らかであった。1893年の電化開業直後の状況では，1ヶ月の運行経費は馬牽引の1,390バーツから926バーツへと低下し，電化区間の収入比率は電化前の42%から49%に増加したという[16]。この電化が成功したことから，会社は続いて残りの区間の電化も進め，1894年前半までに全線での電車運行を開始した[17]。全線電化後のバンコク軌道の営業状況もさらに好転し，図1-1のように営業収入も1900年には1891年の約2倍に当たる24万バーツにまで増加した。

　このように，バンコクはアジアに先駆けて電気軌道技術を導入し，タイが積極的に近代的技術を導入した1つの証拠のように捉えることも可能ではあるが，実際にはタイ政府はこの電化計画に対して全く関与していなかった。この時期の政府側の電化計画に対応する動きを示す史料は管見の限り全く見当たらず，あるのは1892年に会社の国籍をイギリスからタイに移すと話が浮上した件に関するもののみである[18]。バンコク軌道の免許では何らかの動力源を用いた機関車を用いることは記載されていたが，電気動力を使用することはまだ想定されてはいなかった。この電化の担い手はあくまでもウェステンホルツであり，彼の先見の明が実現させたものであった。

(3) サームセーン線の建設

　バーンコーレーム線は電化されて発展を遂げていたが，この線に続く市内軌道網の拡張はなかなか実現しなかった。1887年の市内軌道7線の建設免許では，免許公布後7年以内に7線全線を完成させることになっていたが，実現の目処は立たなかった。1893年12月にはリシュリューが免許による竣工期限が間もなく切れるとしてその延長を政府に求めたが，おそらく政府はそれを認めなかったものとも思われる[19]。このため，以後の市内軌道の延長に際しては，新たな免許の申請が必要となった。

　ウェステンホルツは，1895年にフアラムポーンから現在中華街として知られるヤオワラート通りを経由してサームセーンに至る市内軌道建設を政府に申請し

第1章　軌道系輸送手段の導入（1880〜1900年代）

写真 1-1　サイアム電力の経営者と従業員
中央がウェステンホルツ

出所：FN [1994]: 30

た[20]。ヤオワラート通りは1892年から建設が開始された新道路であり，当時申請を受けた土木大臣のピッタヤラープ親王 (Krommamun Phitthayalap) は市内軌道を通すべきではないと主張していた[21]。その後しばらく進展がなく，1900年1月に入ると首都大臣のナレート親王 (Krommaluang Naret Worarit) とウェステンホルツがサームセーン線の免許について交渉している件を王に報告する文書が現れる[22]。この時点でウェステンホルツはサームセーン線の他にバンコクの城壁沿いを一周する城壁線の建設も申請していたが，ナレート大臣が交渉の過程で城壁線を外すよう求め，彼もこれを了承していた。また，ナレート大臣は最初の免許は政府が得るものが少ないとして，収入の一部を道路使用料として政府に支払うことを求めた[23]。このような進展の遅れは，ヤオワラート通りの開通の遅れによるものと想定される[24]。

こうして，1900年7月25日にようやくサイアム電気鉄道 (Siam Electric Railway) に対してサームセーン線の免許が公布された。この免許はバンコクの市内軌道としては2件目となったが，免許の条件は最初の免許よりも厳しくなった。表1-1のように，免許期限が40年に短縮され，着工期限が6ヶ月以内，竣工期限が2年以内とより短くなったばかりでなく，道路使用料を政府に毎年支払うことになったのが大きな特徴であった。これにより，政府は営業収入の2.5%から4%を毎年受け取ることとなり，市内軌道事業からの利益を配分されることとなった[25]。このような免許条項は，インドにおける市内軌道免許を参考にしたとされている[26]。

サームセーン線の建設は免許取得後直ちに開始され，1901年11月24日に開通した。この市内軌道はパークナーム鉄道のバンコク側の起点フアラムポーンとサームセーンのバーンクラブーを結ぶ8.6kmのものであり，最初から電気軌道として建設された。バーンクラブーの終点はチャオプラヤー川の船着場となっており，水運との連絡が考慮されていた。図1-1から分かるように，後述するタイ軌道の影響が現れる1906年までは順調に営業収入を増やしており，バーンコーレーム線に比べれば少ないものの，営業状況は順調に推移していた。また，この市内軌道は自前の発電所を持たず，サイアム電力から電力供給を受けていた。

これは，ウェステンホルツが自ら経営に乗り出していたサイアム電力にバンコクの市内軌道事業を統合する意図を反映してのことであった。ウェステンホルツ

第 1 章　軌道系輸送手段の導入（1880〜1900 年代）

写真 1-2　市内軌道の電化開通

出所：FN［1994］: 31

は1895年にバンコク軌道の経営を退き,ランシット運河の水門建設やバンコク～ペッブリー間鉄道建設などに従事していたが,1898年には失敗したタイ人の配電事業を継承して設立されたサイアム電力の代表取締役に就任していた[27]。彼はサイアム電気鉄道の名義でサームセーン線の免許を得たものの,実際にはサイアム電力への統合を前提としており,バンコク軌道も統合した上でサイアム電力がバンコク市内の配電事業と市内軌道事業を一元的に運営することを考えたのであった。その背景には,未熟な配電事業を好調な市内軌道事業で支えようとの意図もあった[28]。

彼は1900年11月に政府に対してこの合併の許可を求めており,政府内部では配電事業の安定化のためにもこの統合を認めることは決めたものの,3事業で異なる免許を公布しており,それぞれの免許期限や政府の得られる利益が異なっていたことからその調整に手間取った。結局,1901年11月9日に会社は政府との間に新たな契約を結び,すべての免許期限を1949年末までに統一した[29]。これによって,バンコクの市内軌道事業はサイアム電力の下に統合され,さらなる繁栄が期待されるはずであった。

第2節　軌道事業へのタイ人の参入

(1) タイ軌道の成立

バーンコーレーム線,サームセーン線共に外国人による市内軌道事業として開始され,両社を統合したサイアム電力もデンマーク籍の外国企業であったが,バンコクの市内軌道事業が順調に推移し,それなりの収益を上げていることが分かると,タイ人も市内軌道事業への参入を画策した。それは,ナラーティップ親王 (Krommaphra Narathip Praphanphong) らによるタイ軌道計画であった。

ナラーティップ親王はラーマ5世の異母弟であり,1892年の省庁再編時に大蔵副大臣に就任した。しかし,親王は自らの地位を利用して不正を働いたことが露呈してすぐにその職を辞することとなり,以後政界を離れ精米業,水田開拓,林業などの事業に乗り出すこととなった［Thawisin 1983: 58-67］[30]。さらに親王は鉄道事業にも関心を抱き,1896年にはウェステンホルツが失敗したバンコク～

ペッブリー間鉄道免許を譲り受けたものの，うまくいかずに翌年売却し，1901年にはプラバート軌道の免許も獲得した[31]。

そのナラーティップ親王は，サンパサート親王（Krommaluang Sanphasat）らと連名で1903年4月にバンコクでの市内軌道建設計画を王に申請した[32]。この市内軌道計画はフアラムポーンからバムルンムアン通りを経由して城壁に至り，城壁沿いに反時計回りにほぼ一周してから北進して新たに建設中のドゥシット宮殿方面へ向かう14.6kmの路線であった。この路線はかつてウェステンホルツがサームセーン線の建設の際に同時に申請した城壁線とルートは酷似しており，1903年1月にはサイアム電力の名義で城壁線，フアラムポーン線，ウォーラチャック線の建設も申請されていた[33]。この路線はドゥシット方面の路線を除けばナラーティップ親王の計画と全く同一であり，事実上ナラーティップ親王らが競合して申請したものであった。

ナラーティップ親王らはタイ人の手によるタイ国籍の会社での運営を強調して許可を得ようとしたが，結局は双方が政府に対して支払う道路使用料の額を引き上げ，政府はより有利な条件の会社を選ぶという構図になった[34]。サームセーン線は年間の営業収入の2.5～4％を道路使用料として支払うものであったが，ナレート親王は定額制をウェステンホルツに打診したところ，1マイル当たり1,000バーツの道路使用料が示された[35]。これを聞いたナラーティップ親王側は1,200バーツを提示し，ウェステンホルツがさらに2,000バーツに引き上げるという形で，道路使用料は徐々に引き上げられ，最終的にナラーティップ親王側が5,500バーツを提示した時点で入札競争に決着が付いた。

実際にはナラーティップはウェステンホルツが最後に提示した価格5,000バーツでの合意を求め，一部ルートの変更から全体としてはサイアム電力のほうが政府への道路使用料の支払い総額は高くなることとなったが，1903年7月7日の大臣会議でどちらに認めるか検討した結果，テーワウォン親王と内務大臣のダムロン親王（Kromphraya Damrong Rachanuphap）の双方がナラーティップ親王に認めることで合意し，ナラーティップ親王のタイ軌道に免許を公布することになった[36]。その後免許案の作成に時間がかかり，免許の公布は1904年4月1日のこととなった[37]。

タイ軌道の免許条件はサームセーン線よりさらに厳しくなり，表1-1のよう

に道路使用料は公道上が1マイルあたり5,000バーツ，ドゥシット宮殿方面の会社が整備する道路では1,200バーツと定額制のものとなり，さらに竣工期限を18ヶ月以内に短縮したほか，期限内に完成させるための担保として1マイル1万バーツの保証金を供託することとなった。路線も当初の計画とは若干変わり，図1-3のようにフアラムポーン線，城壁線，ドゥシット線と区別され，新たにドゥシット延伸線も加わり，距離も計18.8kmとなった。発電所はパドゥンクルンカセーム運河口のワット・テーワラートクンチョーンに設置することになり，免許交付後ただちに工事が始まった。請負業者との対立で予定より工期は延びたが，何とか竣工期限内に完成させ，1905年10月1日に全線で営業を開始した[38]。

(2) トンブリーでの市内軌道計画

これまでの市内軌道計画はすべてチャオプラヤー川東岸のバンコクで出現したが，西岸のトンブリーでも同様の構想が出現してきた。1898年にはプラヤー・ルッティウォン（Phraya Rutthiwong）らタイ人官僚がバンコクヤイ運河沿いに軌道を建設する計画を立て，既に国王の許可も得ていると報道された[39]。この時点で彼らが政府に公式に免許の申請を行った痕跡はないが，1902年には彼とプラヤー・ノンタブリー（Phraya Nonthaburi）の連名でタラートプルー～チャオプラヤー川（チャオプラヤー・ラッタナボーディン邸）までの3.6kmと，途中で分岐してバンコクヤイ運河口（ワット・カンラヤーンミット）への支線1.7kmからなる2線の軽便鉄道の建設を申請してきた[40]。

この申請はその後許可されたようであるが，前者の路線は当時建設されていたターチーン鉄道のルートと近接することから，ターチーン鉄道側が反対の意向を示し，建設に着手できずにいた[41]。このため，2人は政府との交渉を円滑に進めるために，王族であるナラーティップ親王を仲間に加えた。彼らはタラートプルー軌道会社を設立し，ルートを図1-3のようなタラートプルー～チャオプラヤー・ラッタナボーディン邸間とワット・カンラヤーンミット～バンコクノーイ駅間の計10kmに延伸したうえ，当初の蒸気動力による軽便鉄道から電気軌道へと変更することを提案した[42]。1904年5月の大臣会議で国王は彼らの提案を認めたが，ダムロン親王は先に会社を設立させるべきではないとし，計画の変更を前提に改めて会社設立の申請を出すよう返答することにした。

第 1 章　軌道系輸送手段の導入（1880〜1900 年代）

図 1-3　バンコクの市内軌道網の整備（1900 年代）

出所：表 1-2 より筆者作成

ナラーティップ親王は，このタラートプルー軌道をタイ軌道が買収することを考え，タイ軌道の1904年9月の臨時株主総会で当初計画線の延伸線となるドゥシット延伸線，タラートプルー線，そして次に述べるパーククレット線の建設のための増資を提案した[43]。採算性の面からタラートプルー線については慎重論も出され，とりあえずすべての延伸計画が承認されたものの，翌年2月の臨時株主総会では政府の承認が得られたドゥシット延伸線のみを先に着手することとし，その他は当面見合わせることが取締役会より提示された[44]。この理由として，会社側はタラートプルー軌道の創始者の中にタイ軌道への合併を反対するものがいることを挙げていたが，実際には着工したタイ軌道線の竣工期限内の完成が危ぶまれる中で，新たな新線建設に向ける余力がなくなったことが主因であろう。

　この後，ナラーティップ親王はパーククレット軌道の建設に傾倒することとなり，タラートプルー軌道は一向に進展しない状況となった。これを見かねたプラヤー・ルッティウォンらは，かつて農業大臣を務め，ナラーティップ親王と同じくビジネスに傾倒していたチャオプラヤー・スラサックモントリー（Chaophraya Surasakmontri）を巻き込んで再び計画を前進させることになった。1907年6月には，スラサックモントリーの名前で再び政府に対して軌道建設のための会社設立の許可を求めた[45]。これに対し，ダムロン親王は大臣会議の場において，トンブリーではまだ道路整備が進んでいないことから，将来政府が道路整備を行った後に改めて市内軌道建設を許可すべきであると主張し，これが会議で承認された[46]。これにより，トンブリーでの市内軌道計画は完全に頓挫してしまった。

(3) パーククレット軌道を巡る攻防

　タラートプルー軌道はナラーティップ親王が後から関与した事例であったが，パーククレット軌道は親王が当初から構想したものであり，タイ軌道と同じくウェステンホルツのサイアム電力と免許をめぐり争うこととなった。最初にこの軌道の建設構想が打ち出されたのは，タイ軌道の免許が公布された直後の1904年5月のことで，タイ軌道とは異なりナラーティップ親王側が先に提案したものであった[47]。これはタイ軌道のドゥシット延伸線からチャオプラヤー川東岸を北上してパーククレットに至る約20kmの軌道であり，当初は蒸気軌道として建設する計画であった。このパーククレット線の延伸も上述のタラートプルー軌道と

第 1 章　軌道系輸送手段の導入（1880〜1900 年代）

同じくタイ軌道の株主総会で検討されたが，1905 年 2 月の臨時株主総会では政府の許可がまだ得られないとの理由で延期されている[48]。

　1905 年 10 月にタイ軌道が無事開業すると，ナラーティップ親王はパーククレット軌道の件について免許の可否の回答を政府に督促した。これに対し，国王はサイアム電力のサームセーン線の免許に含まれている，将来政府がサームセーン通りを延伸する際には会社に軌道敷設権を与えるとの条項に抵触しないか，また官営鉄道の北線との競合が発生しないかを検討するよう指示を出した[49]。このため，首都大臣のナレート親王は総務顧問ストローベル（Edward H. Strobel）に検討を依頼したところ，サイアム電力の免許については会社側と交渉して先に結論を出す必要があるとの回答を得たが，官営鉄道との競合については否定した[50]。

　ナラーティップ親王はウェステンホルツと免許の件については合意済みであるとしていたが，実際にはサイアム電力側がナラーティップ親王と同様の条件でサームセーン線のパーククレットへの延伸を申請してきた。ナレート親王はナラーティップ親王に対して軌道のみならず並行する道路を全区間にわたって建設することを求めていたが，ウェステンホルツは当初この道路整備費を 1 マイルにつき 4 万バーツ支援し，後にこれを撤回し計 20 万バーツの道路整備費を提供すると提案し，合わせてサイアム電力をデンマーク籍からタイ籍に変更する計画があることを伝えてきた[51]。これは，先のタイ軌道の免許交付をめぐってサイアム電力とナラーティップ親王が競い合い，最終的にサイアム電力が敗れた要因の 1 つが会社の国籍にあるとウェステンホルツが考えたためであった。

　このままでは再び両者の入札競争となることから，ナレート親王は調停を試みることとなり，ナラーティップ親王に対しルートを予定より東側にずらすことを求めたものの，親王はこれを認めなかった。結局タイ軌道がドゥシット延伸線の一部をサイアム電力に譲渡し，サイアム電力のバーンクラブー以北への延伸はタイ軌道が認めない限り行わないとしたものの，免許から 5 年以内に親王がパーククレット延伸線を開通させられなければサームセーン線の免許事項を復活させるとの案を作成した[52]。これは，ナラーティップ親王側に有利な調停案であり，ウェステンホルツの同意が得られたのかは甚だ疑問である。

　ナレート親王は表 1-1 のような免許案も作成しており，免許公布が間もないとの噂も流れたが，結局この免許案が陽の目を見ることはなかった。新聞報道で

45

は1906年半ばにパーククレット軌道の測量や工事が始まり，資材も搬入され始めたとされているが，おそらくすぐに頓挫したものと思われる[53]。1906年10月にナラーティップ親王はパーククレット軌道の免許の件を再び督促するが，管見の限りこれが親王側の最後の対応であった[54]。これ以降パーククレット軌道の話は立ち消えとなるが，それはタイ軌道の営業成績が振るわず，ナラーティップ親王の資金繰りが悪化したことが主因であると思われる。もしこの軌道と，並行する道路が建設されれば，バンコクで最初の市外へ伸びる道路になったはずであるが，その実現は1930年代に持ち越されることとなった[55]。

第3節　近郊鉄道の成立

(1) パークナーム鉄道の開通

　パークナーム鉄道は，タイで最初に開通した民営鉄道であり，タイで最初の鉄道でもあった。この鉄道はバンコクと約20km南に位置する都市パークナームを結ぶものであり，チャオプラヤー川の河口（パークナーム）とバンコクを短絡する交通路でもあった。バンコクの市内軌道免許を得るロフトスとリシュリューに対して，1886年9月13日に先にこの鉄道の免許が交付され，1893年4月11日にようやく開業に漕ぎつけた。この鉄道の建設に7年弱もの時間を要していることについて，従来は建設資金の調達が難しく，ラーマ5世が出資することでようやく建設の目処がついたためと説明されてきた[56]。

　しかし，実際にこの鉄道の建設が遅延した理由は，もう1つの路線建設を優先したためであった。パークナーム鉄道の免許は1886年9月に交付されているが，ロフトスとリシュリューは3線の鉄道・軌道建設免許を申請していた。それはすなわちバンコク～バーンマイ（チャチューンサオ）間，バンコク～パークナーム間の鉄道2線と，前述した計7線からなるバンコク市内軌道計画であった[57]。これら3計画の免許案は同時に作られており，バンコク～バーンマイ間はパークナーム鉄道と同じ日に免許を交付され，バンコク市内軌道は上述のように1887年5月5日付で交付されていた[58]。

　免許後しばらくは動きが見られないが，1889年9月に両鉄道建設のための会

第1章　軌道系輸送手段の導入（1880～1900年代）

社設立会議が開かれ，免許人のほかテーワウォン親王，ダムロン親王などタイ側の政府要人も出席する中で社名がブーラパー鉄道に決まる[59]。その後11月の会議ではこの鉄道を標準軌で建設することに決め，当初想定していたメートル軌での建設より費用がかかることからバンコク～バーンマイ間を優先することに決まった（図1-4参照）[60]。すなわち，この時点でブーラパー鉄道はまずバンコク～バーンマイ間を建設することに決めたのである。この理由について，将来の輸送量の増加を見越してビルマや日本のように後悔しないためとの説明がなされていた。すなわちこの鉄道は将来東方へ延伸されてトンレサップ湖方面へ至り，バッタンバン，シエムリアップや東北部のウボン方面とバンコクを結ぶ役割が付与されていたことから，標準軌へと換えたのであった［DCR (1890): 42-44］。

　会社は1890年9月から建設趣意書を公示して株式の販売を開始したが，同じ頃政府は鉄道局を設置し，バンコク～コーラート間の官営鉄道の建設を推進し始めたことから，資本金136万バーツの調達は芳しくなかった。このため，ロフトスとリシュリューはブーラパー鉄道とは切り離してパークナーム鉄道会社を設立し，バンコク～パークナーム間鉄道を推進させようと試みた[61]。ブーラパー鉄道の反省から，この鉄道は当初の計画通りメートル軌に戻し，バンコク～パークナーム間の電信線敷設の際に一部整備した道路上に建設されるいわゆる軌道（Tramway）の形態を取って，建設費の節約に努めた[62]。その結果，資本金は40万バーツとブーラパー鉄道の3分の1に押さえられたが，それでもラーマ5世が半額を出資することでどうにか資金調達ができた状況であった。

　無事に資金が集まったことから，パークナーム鉄道は1891年7月に着工式を行って鉄道建設に着手し，1893年1月14日にはパークナーム側で最初の試運転を行った[63]。そして，同年4月11日にラーマ5世の臨席の下で開通式を執り行い，着工から1年9ヶ月で開通したのであった。1日3往復の運行本数でしかなかったものの，この鉄道は営業的にも成功して，後述するように開業初年度から十分な純益を生み出していた。このため，リシュリューらは再びバーンマイへの鉄道計画を画策するが，当初の免許が失効したために再申請を行ったものの，他にも申請者がいたことから2者の競合申請となり，最終的には政府が自ら東線として建設することとなった[64]。その後もパークナーム鉄道の延伸計画は何度か出されたものの，いずれも政府の許可を得るには至らなかった。

47

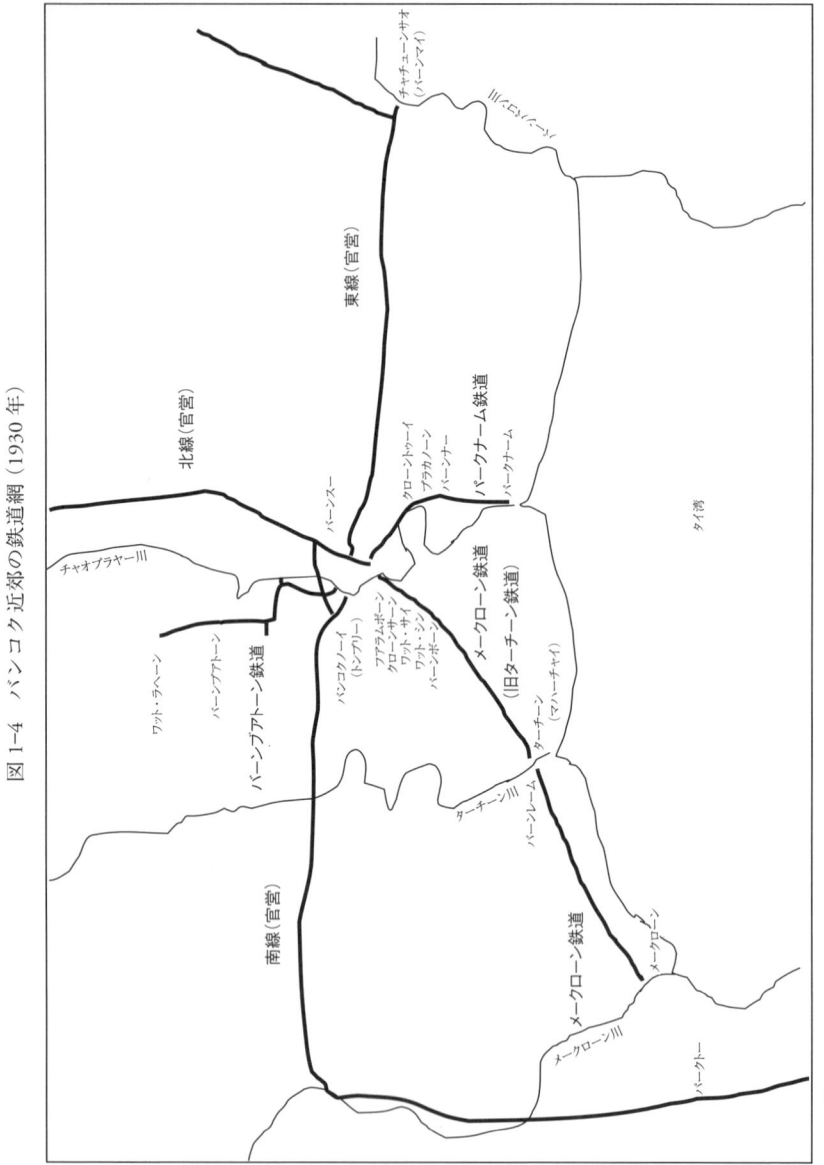

図1-4 バンコク近郊の鉄道網（1930年）

出所：筆者作成

(2) ターチーン・メークローン鉄道の開通

パークナーム鉄道の成功に刺激され，バンコクの西側でも鉄道計画が浮上した。これが，1896年10月にポルトガル副領事ザビエル（L. M. Xavier）らが申請したバンコク～クローククラーク（ターチーン）間鉄道であった。クローククラーク[65]はターチーン川東岸の河口近くに位置し，漁港としても有名であった。この申請に対し，ラーマ5世は最近鉄道建設の申請が多いことから，パークナーム鉄道のように政府側が不利にならぬようにすべきであると否定的な意見を述べており，大臣会議でも賛成と反対の両論が出たという[66]。

その後，この鉄道計画は他の計画と共に1899年6月の大臣会議で審議され，ラーマ5世が示した幹線は官営で建設するという方針には抵触しないことから，資本金と調達状況を報告するよう指示を出すことに決まった［柿崎 2000: 129］。これに対し，ザビエルから十分な資金が確保できる旨が報告されたことから，最終的に政府は1901年5月17日に免許を交付した[67]。ただし，パークナーム鉄道の免許交付時と比べて，民営鉄道への警戒がより強くなっていたことから，後述するように免許の条件はパークナーム鉄道より厳しくなっていた。パークナーム鉄道の免許交付時とは異なり鉄道局が既に存在していたことから，免許案は鉄道局が作成し，それを政府側が一部修正のうえ使用していた。

免許交付に伴い，ザビエルらはターチーン鉄道会社を1902年末に設立し，直ちに建設工事に着手した[68]。この線は総延長33kmでパークナーム鉄道の約1.5倍の距離であり，しかも使用できる道路もなかったことから全区間で築堤を建設する必要があった。パークナーム鉄道は起点のバンコク市内も含め，道路の路肩を使用したために用地買収はほとんど不要であったが，ターチーン鉄道は起点側も含め全線において民地の買収が必要となり，これに時間を要することとなった。当初の予定では1904年11月の開業を目指していたが，市街地での用地買収が遅れて予定通りの開業は困難となった[69]。結局1905年1月4日に多数の王族を招いて開業式を行い，バンコクに新たな近郊鉄道が誕生した[70]。会社設立時の資本金は100万バーツであったが，総工費は約110万バーツとなり，パークナーム鉄道に比べてはるかに高くついた[71]。列車運行本数は1日3往復であり，パークナーム鉄道と同一であった。

ターチーン鉄道の建設が進む中，この鉄道の延伸線の計画が浮上した。それが

ターチーン～メークローン間鉄道計画であった。これは1904年8月にプラヤー・ワイヤユッティウィセート（Phraya Waiyayutthiwiset）が申請したもので，ターチーンからメークローン川河口のメークローン（サムットソンクラーム）へ至るものであった[72]。ターチーンの起点はターチーン川西岸にあたり，ターチーン鉄道の終点とは船で連絡することになっていた。この時点で政府の官営鉄道主義はかなり煮詰まっており，許可する民営鉄道は官営鉄道の支線に当たるような軌道に限ることになっていた［柿崎 2000: 130-131］。しかし，官営鉄道の支線ではないものの，この路線も幹線には当たらず，既存のターチーン鉄道の延伸線と見なされたことからとくに問題はないとされ，発起人がターチーン鉄道の経営陣と同じことから将来両者が合併するかもしれないとの懸念も，ラーマ5世はとくに問題ないとの意向を示し，1905年4月の大臣会議で許可することに決まった[73]。

これに伴い，1905年6月10日に免許が交付され，同年中に工事が始まった[74]。この間も使用可能な道路はなく用地買収が必要であったが，ターチーン鉄道のように市街地での買収はなかったことから建設工事は迅速に行われ，1907年7月12日にバーンレーム（ターチーン川西岸）～メークローン間34kmが開通した[75]。この間の運行本数は1日2往復であり，ターチーン川の渡船でターチーン線の列車に連絡していた。合わせて，この日をもってターチーン鉄道と旧メークローン鉄道が合併し，新メークローン鉄道として経営統合された。この合併は政府側も予測していたものであったが，実際には合併の承認を求める申請が合併後の1907年末に出されたことから，事後承認の形を取った[76]。それでも，両線の免許は統合されなかったことから，旧ターチーン鉄道と旧メークローン鉄道区間で免許の終了日が異なることとなり，後に問題となるのであった。

(3) 開業後の営業状況

パークナーム鉄道，メークローン鉄道とも当初は運行本数も非常に少なく，都市間鉄道の側面が強かったが，経営的には順調に推移していた。パークナーム鉄道の建設趣意書によると，旅客需要は片道あたり1日180人を想定しており，この旅客数でも年間10％の配当は十分達成できると計算していた[77]。当初の3等運賃はバンコク（フアラムポーン）～パークナーム間の全線で50サタン（0.5バーツ）であったものと想定され，1893年の開業後3ヶ月間の平均収入が1日

第 1 章　軌道系輸送手段の導入（1880～1900 年代）

写真 1-3　保存されている旧ターチーン鉄道の蒸気機関車（科学博物館・1993 年）
　　　　　その後 2002 年に再訪した際には，全面灰色に塗られて屋外に放置されていた

出所：筆者撮影

237バーツであったことから，単純計算すると利用者は474人，1列車平均79人であったことになる[78]。実際に，図1-5を見ると，パークナーム鉄道は1890年代に7～9％程度の配当率を実現させており，1901年以降は10％以上の配当率を維持していた。

　パークナーム鉄道では，旅客輸送のみならず貨物輸送の需要もある程度想定していた。パークナームはチャオプラヤー川河口に位置することから，バンコクへ魚を輸送する漁船が通過するため，バンコクへの鮮魚輸送に鉄道が利用されることを期待したのであった。建設趣意書の想定では，1日当たり177トンの貨物輸送が見込まれ，トン当たり1バーツの運賃とすると計177バーツとなり，旅客収入と同程度の収入が見込まれるものと想定していた[79]。しかし，実際には貨物輸送量は微々たるものでしかなく，主要な収入源は旅客輸送となった。1895年上半期の営業収入を見ると，旅客収入が2万6,479バーツであったのに対し貨物収入はわずか870バーツでしかなかった[80]。その後若干貨物収入の比率は増加するが，1923年上半期でも旅客収入が12万7,397バーツに対し貨物収入が1万3,452バーツと，貨物収入はせいぜい10％程度でしかなかった[81]。

　メークローン鉄道も，基本的な状況は同じであった。最初に開通したバンコク（クローンサーン）～ターチーン間の運賃水準は判別しないが，パークナーム鉄道よりも距離は約1.5倍長いことから仮に3等運賃を75サタンとすると，開業初年度の1905年の年間旅客収入が8万2,338バーツ，1日あたり約225バーツとなり，1日あたりの利用者は約300人となる[82]。旧ターチーン鉄道の建設趣意書では営業収入がパークナーム鉄道の倍になると見込んでいたが，実際にはパークナーム鉄道よりも利用者は少なかった[83]。図1-6を見ると，1910年頃のパークナーム鉄道の営業収入が約15万バーツで，メークローン鉄道が約30万バーツとなっていたことから，メークローンまで延伸後にようやくこれが実現したことになる。それでも，パークナーム鉄道に比べれば収益性ははるかに悪く，図1-5のように開通後の配当率は5％程度しかなかった。

　ただし，貨物輸送面ではメークローン鉄道のほうが重要性は高かった。ターチーンはバンコク周辺で最大の漁港であり，運河経由の船で鮮魚がバンコクに多数輸送されていた。このため，鮮魚輸送の需要はパークナーム鉄道よりもはるかに高かった。開通初年度の1905年の貨物収入は2万6,867バーツと旅客収入の約3

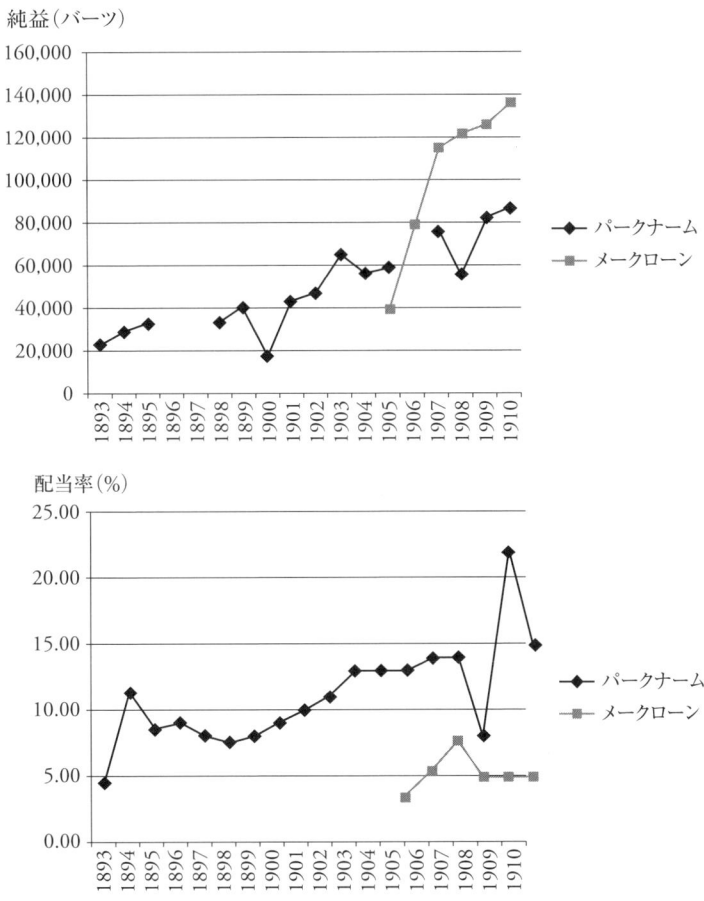

図 1-5　近郊鉄道会社の経営状況の推移（1893～1910 年）

純益（バーツ）

配当率（％）

注：メークローン鉄道の 1907 年上半期まではターチーン鉄道の数値である。
出所：附表 3 より筆者作成

分の 1 を占めており，その後 1921 年には旅客収入 19 万 4,799 バーツに対し貨物収入が 9 万 5,504 バーツと全体の約 4 割を占めていた[84]。ただし，鮮魚輸送は季節によって異なり，輸送量が多くなるのは乾季の 11 月～4 月ころであった。また，漁獲高は年によって異なるため，貨物収入は年による増減が激しかった[85]。

このように，両鉄道とも初期の営業状況は順調であり，メークローン鉄道のほうが貨物収入の比率が高かったものの，やはり旅客輸送が主流の鉄道であった。

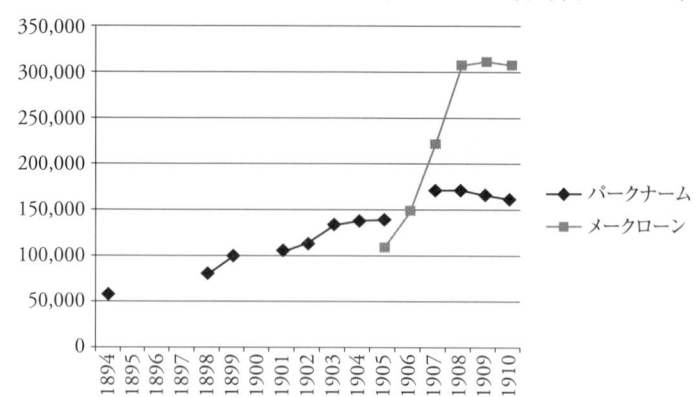

図1-6 近郊鉄道会社の営業収入の推移（1893〜1910年）（単位：バーツ）

注：メークローン鉄道の1907年上半期まではターチーン鉄道の数値である。
出所：附表3より筆者作成

このため，都市間輸送の需要増が期待できなくなると，バンコク市内の都市内輸送にも参入して，短距離利用者を多数獲得する方策，すなわち都市鉄道化を模索するようになる。

第4節　市内軌道事業の統合

(1) タイ軌道の買収

　ナラーティップ親王のタイ軌道の出現まではバンコクの市内軌道事業を一元的に担ってきたサイアム電力であったが，新たな軌道会社の出現は競合を招くことになった。とくに影響を受けたのはタイ軌道の路線に近接しているサームセーン線であり，図1-1のようにサームセーン線の営業収入はタイ軌道の開通後1907年にかけて減少していた。ウェステンホルツは1906年初めの時点でサームセーン線の収入が年間3〜5万バーツ減収となると予想していた[86]。実際にはそこまで落ち込むことはなかったものの，それまで順調に推移してきたサイアム電力の市内軌道の営業状況も，タイ軌道との競合によって水を差されることとなった。
　ウェステンホルツは，このような不毛な競合を避けるためにナラーティップ親

第 1 章　軌道系輸送手段の導入（1880～1900 年代）

写真 1-4　サイアム電力とタイ軌道の電車（チャックラペット通り）
　　　　ごくわずかではあるが，双方の電車が並行する区間があった。左がサイアム電力のサームセーン線，右がタイ軌道の城壁線

出所：FN［1994］: 42

王と競い合ってタイ軌道の実現を阻止しようと尽力してきたが，いよいよタイ軌道に免許が公布されることが濃厚となると，彼はタイ軌道を将来買収することも念頭に置くようになった。1904年2月の株主総会の場で，彼はタイ軌道が資金調達に失敗すればサイアム電力に市内軌道敷設権が廻ってくるとの期待を示しつつも，もしタイ軌道が開業にこぎつけた場合でも，その経営状況が良ければ協調路線を見出すことは容易であり，悪ければ経営権を買収して不要な競合を避ければよく，サイアム電力がより多くの社債を発行できるようになる1908年がそのタイミングとして相応しいとの見解を示した[87]。

ウェステンホルツの見通しは，実際に的を射たものとなった。タイ軌道の営業成績は振るわず，ナラーティップ親王は苦境に陥ることとなった。先の図1-1から分かるように，タイ軌道の営業収入は1906年に49万バーツに達したものの，翌年は41万バーツに減少し，年度が仏暦から西暦に変わった後の1909年もほぼ同じレベルであった。この不振は路線の採算性の悪さにも起因しており，1907年の営業距離1kmあたりの収入を比較すると，バーンコーレーム線が6万3,115バーツと最も高く，次いでサームセーン線が3万7,558バーツであったのに対し，タイ軌道は2万2,064バーツに過ぎなかった。さらにタイ軌道は高額の道路使用料を支払うことから純益が大幅に減少し，1906年の純益は2万952バーツに過ぎなかった[88]。このため，タイ軌道の配当率も低いものとなり，先の図1-2のように1907年までは何とか2％の配当を維持したものの，以後無配当に陥っている。

このようなタイ軌道の採算性の悪さによって，ナラーティップ親王はついにタイ軌道の株式を一部手放すことになった。1907年8月にナラーティップ親王は政府に対し，タイ軌道の経営が思わしくなく，各所から集めた資金に対する利子の支払いも難しく，株式を売却してそれに充てたいもののサイアム電力の社長代理を務めるヤコブセン（W. T. Jacobsen）しか引き取り手がないので，3,400株を1株170バーツで彼に売却したいと許可を求めてきた[89]。すぐに開かれた大臣会議では，これはサイアム電力による事実上のタイ軌道の合併であろうとの判断がなされ，株式の売却は認めるものの経営統合は国籍をタイ籍に変更することが条件であることを確認した[90]。これによりサイアム電力はタイ軌道の株式6,250株の過半数を占めることとなり，タイ軌道の経営権の獲得に成功した[91]。ダムロン親王はかつてタイ軌道が倒産したりウェステンホルツに買収されたりする可能性を

第 1 章　軌道系輸送手段の導入（1880〜1900 年代）

示唆していたが，それが現実のこととなったのである[92]。

　タイ軌道を傘下に収めたサイアム電力は，タイ軌道の経営建て直しに乗り出した。タイ軌道の社長にはウェステンホルツが就任し，サイアム電力の発電所から配電することや本社機能の統合などで経費の節約を行い，また競合によって引き下げられていたドゥシット線とサームセーン線の運賃を元の水準に戻した[93]。しかし，折からの不況と 1910 年のドゥシット延伸線の一部廃止によって営業収入は増加せず，タイ軌道はしばらく苦戦を強いられることとなる[94]。サイアム電力のタイ国籍への変更については，ウェステンホルツがデンマークで株主に説得を試みたもののうまくいかず，結局実現しなかった[95]。このため，タイ軌道の経営権はサイアム電力に握られたものの，会社自体はこの後も存続した。

(2) 市内軌道網の拡張

　サイアム電力はタイ軌道を傘下に置いた後も，さらなる市内軌道網の拡張を指向したが，その影には配電事業の一部権益の損失が存在した。サイアム電力はバンコク全域での配電権を有していたが，1906 年に入ると政府は独自の発電所を建設することを計画し始めた。当時整備中であったドゥシット庭園や離宮での電力需要が高まっており，ドゥシットに新たな発電所の設置を計画したものであったが，サイアム電力にとっても離宮は大口消費施設であったことから，難色を示してきた[96]。会社によると，現在会社が存続していられるのは王宮での電力消費があるからであり，ドゥシット庭園や離宮での電力供給がなくなると年間 3〜4 万バーツの減収になると主張し，ウェステンホルツはもしバーンラムプー運河，マハーナーク運河以北の配電権を返納するならば，代わりに市内軌道 2 線の延伸を許可されたいと求めてきた[97]。

　これに対し，政府側は配電権の返納と市内軌道の延伸は別個のものとするよう求め，サイアム電力側も合意したことから，1906 年 5 月に将来政府が発電所を建設すれば，サイアム電力は通告から 6 ヶ月後に上述の区域の配電権を返納することが決められた[98]。その後，1907 年中にサイアム電力は配電権返納の条件であった市内軌道の延伸や待避所の増設を認められた。当初の要求とは若干異なったが，内訳はラーチャウォン通りの市内軌道と船着場整備，バーンコーレーム船着場整備，アッサダーン通りの市内軌道と船着場整備，フアラムポーン付近での

57

400mの市内軌道延伸,バーンコーレーム線とサームセーン線の待避所の増設であった[99]。

　ラーチャウォン通りとアッサダーン通りでの市内軌道はそれぞれ短距離の支線であり,双方の終点の船着場と既存の市内軌道を連絡するフィーダー線であった(図1-3参照)。フアラムポーンでの延伸は1905年から会社が許可を求めていたものであり,当時はパドゥンクルンカセーム運河の西岸で終わっていたサームセーン線を東へ延ばし,パークナーム鉄道のフアラムポーン駅前を通過してサパーンルアンに新設する車庫まで延伸する計画であった[100]。これらの延伸線のうち,ラーチャウォンとアッサダーンの支線は1907年中に完成し,フアラムポーンの延伸は1910年10月に開通となった。

　ただし,これらの延伸線の建設のために,会社は上述の配電権の返納のみならず,新たな負担も強いられることとなった。それは会社の市内軌道が敷設されている全道路での散水と,市内軌道から300フィート(約90m)の範囲内の消防作業の無償請負であった。当時の道路は未舗装であり,馬車や人力車の増加で粉塵が増してきたことから,定期的な散水が必要であった。また消防については,当初のバーンコーレーム線の免許から火災の際の消防隊の輸送の便宜については決められているが,サイアム電力も発電所の火災に備えて消防隊を設けていたことから,その任務を沿線の一般火災にも対応させたものであった。この散水と消防については,かつて城壁線の敷設免許をめぐってサイアム電力とナラーティップ親王が競い合っていた時代に,サイアム電力が道路使用料の引き下げの代替として示したもので,1907年の延伸線の免許で初めて設けられたものであった[101]。この代わりに,道路使用料は定額制ながらタイ軌道よりも安い1マイル3,000バーツとされた。

　サイアム電力が船着場に接続する支線を建設した理由は,チャオプラヤー川や運河網の水運との接続を図って市内軌道利用者をさらに増やすためであった。1906年にウェステンホルツはメーナーム・モーターボート社(The Menam Motor Boat Co. Ltd.)を設立し,サイアム電力の市内軌道に接続させる航路を開設した[Wright & Breakspear 1994: 192]。この会社はサームセーン線の終点バーンクラブーから北のパーククレット方面,バーンコーレーム線の終点バーンコーレームから南のパークラット(プラプラデーン)方面への船を運航した[102]。さらに1909

第 1 章　軌道系輸送手段の導入（1880～1900 年代）

写真 1-5　サイアム電力の消防隊
後に消防電車が並ぶ

出所：FN [1994]: 26

年4月にはモーター輸送社（The Transport Company "Motor," Ltd.）からバンコクヤイ運河の航路を買収し，ラーチャウォン，アッサダーン支線の終点とタラートプルーを結ぶ航路も開設した[103]。このような水運網は，市内軌道のフィーダー線としての機能を果たすこととなった。

ウェステンホルツは，さらにフィーダー線の水運に接続する軌道の建設を申請した。1906年8月に彼はパークラット運河沿いの軌道建設許可をナレート首都大臣に求めた[104]。この軌道はパークラット運河の北側出口とプラプラデーンの町を結ぶ1.9kmの軌道で，バーンコーレームからの水運と接続させてプラプラデーンとバンコクの間の輸送条件を改善する目的があった[105]。彼は道路整備費8,000バーツと年600～1,000バーツの道路使用料を支払うことを認め，政府もタイ国籍のメーナーム・モーターボート社に免許を公布することで合意した[106]。この軌道は1907年5月に免許が公布されて翌月から工事が始まり，1908年5月16日に開業した[107]。パークラット軌道はタイで初めて内燃動車（ガソリンカー）を一般営業用に導入した事例であり，バンコク市外で開業した最初の軌道でもあった[108]。

(3) 輸送力の増強

利用者の増加に伴い，既存の市内軌道の輸送力増強も課題となっていた。バンコクの市内軌道はすべて単線のため，電車の運行本数を増やすためには上下電車の交差を行う待避線の増設が必要であった。バーンコーレーム線では当初15分間隔で電車が運行されていたが，1898年には待避線を増やして7分間隔で運行できるよう工事を行っていた[109]。その後利用者はさらに増加し，サイアム電力は1905年8月からバーンコーレーム線の一部区間で電車の2両続行運転を開始した[110]。当初は1本おきに続行運転を行ったが，もしすべての電車を続行運転とすれば，単純計算では輸送力が倍増することとなった。

ところが，首都省衛生局（Krom Sukhaphiban）の土木技師で市内軌道監査官を務めていたフランス人のマホティエール（L. R. de la Mahotière）が続行運転は道路を往来する車両や公衆にとって危険であると主張し，輸送力増強には付随車を連結した連結運転を導入するよう求めたことから，会社は3ヶ月間試験的に連結運転を行った[111]。これに対し，ウェステンホルツは試験期間の終了後，連結運転は

第 1 章　軌道系輸送手段の導入（1880～1900 年代）

ブレーキの点で問題があるとして従来通り続行運転を行うか，さもなければ単行運転に戻して運行間隔を増やすための待避所の増設を求めた[112]。このため，1906 年 2 月の大臣会議では続行運転を継続することを認めた[113]。

　この後，マホティエールは 2 度にわたり続行運転を止めるようナレート首都大臣に忠告したことから，政府は待避所を従来の 30ヶ所から 38ヶ所に増やすことを認めることになった[114]。これはラーチャウォンとアッサダーンの延伸線の免許と同時に許可されたもので，会社は待避所の増設を行い，続行運転は原則として中止した。それでも，会社はバーンコーレームからの牛肉輸送用の電車の続行運転を認められており，車庫に出入りする際の続行運転も続けていた[115]。ところが，1908 年 2 月の春節時に利用者が多く会社が続行運転を行ったことが明らかとなると，政府はすべての続行運転を中止するよう要求してきた[116]。

　これに対し，ウェステンホルツは免許では続行運転を禁止する条件は付けられていないとして，禁止する根拠を示すよう主張した[117]。彼は続行運転を行っているのは 1 日 6 両のみであり，これまで 20ヶ月間混雑した道路で続行運転を行ってきて特段問題はなかったとして，もし政府が続行運転を禁止するのであれば，改めて免許で与えられた権利を再確認せざるを得ないであろうと対決姿勢を示した[118]。旧知のダムロン親王に対しても，サイアム電力はこれまで政府の便宜を得て順調に成長してきたように思われるが，実際には軽微な許可を得るのに配電権の喪失や散水や消防業務の負担など様々な犠牲を強いられてきたと会社の窮状を訴え，これ以上統制が強まれば政府との新たな事業は難しくなるであろうと警告した[119]。

　結局，ウェステンホルツは政府との法的闘争を回避し，付随車の導入で対処することとなった。前回の試験導入時との変更点は不明であるが，1908 年 9 月から付随車の導入を本格的に始め，最終的には従来の続行運転と同じく 1 本おきに 2 両連結の電車を運行することとしたのであった[120]。これによってマホティエールとの対立も解消され，輸送力増強も実現することとなった。この単線での 2 両編成の電車による運行形態は，以後廃止されるまでバンコクの市内軌道の根幹をなすこととなる。

第5節　政府の市内軌道政策

(1) 利益分配要求の高まり

　19世紀末からバンコクには市内軌道と近郊鉄道という2つの軌道系輸送手段が出現したが，後者はまだ都市間鉄道の機能しか有していなかったことから，都市交通の役割を担っていたのは市内軌道のみであった。その市内軌道に対する政府の方針は，初期においてはとくに確固としたものは存在しなかった。市内軌道は公共交通手段かつ大量輸送手段であり，当時のバンコクでは初めて出現したものであったが，政府の認識は不十分であった。このため，当初は市内軌道事業への免許についても条件は非常に緩やかであり，政府側の監督体制も全くと言ってよいほど整備されていなかったが，市内軌道事業が経済的に成功し，利用者も増加してくると，政府の放任姿勢は改められることとなった。そのベクトルの方向は，政府への利益分配と統制の強化であった。

　利益分配の強化は，先の表1-1から分かるように道路使用料の徴収と強化という形で現れていた。当初のバーンコーレーム線の免許では，道路使用料については触れられておらず，会社は事実上無償で道路上に線路を敷設することが可能であったが，1900年のサームセン線の免許では道路使用料は営業収入の2.5～4％という形で規定され，毎年政府に自動的に利益が分配される仕組みが形成された。道路使用料は次のタイ軌道の免許において定額制に変わり，最大で1マイル当たり5,000バーツという高額のものとなったが，1907年のアッサダーン線，ラーチャウォン線では同3,000バーツに減額された。

　このような道路使用料の高騰は，政府側の意図もさることながら，サイアム電力とタイ軌道，すなわちウェステンホルツとナラーティップ親王の市内軌道事業をめぐる入札競争の結果であるとも言えよう。当初ウェステンホルツが提示した道路使用料は1マイル当たり1,000バーツであったが，ナラーティップ親王との価格引き上げ競争の結果，その5倍の5,000バーツにまで引き上げられたのであった。サームセン線の1907年の道路使用料は約8,000バーツであり，マイル換算すると1マイルあたり1,480バーツであった。つまり，わずか数年で道路使用料は3倍以上高くなったのであり，政府も期せずしてより多くの利益分配を得る

こととなった。タイ軌道は道路使用料と車両登録料で政府に年間5万バーツ支払わなければならなかったが、これは政府が会社の資本総額の8%の配当を得たのと同じことであり、対する株主への配当率が多くても年4%しかなかったことを考えれば、政府への利益分配は会社の経営を大きく圧迫していたことが分かる[121]。

　この入札競争は、政府側がよりよい条件の側に免許を交付するという競争主義の賜物であり、かつての徴税請負制度での入札を髣髴とさせるものである。しかし、道路使用料が高すぎた結果、皮肉にも競争を勝ち抜いたナラーティップ親王は苦境に陥り、ウェステンホルツによって救済されることとなった。これによってバンコクの市内軌道事業は事実上再びサイアム電力の独占状況となり、競争主義による政府のさらなる利益分配要求は難しくなった。それでも政府は依然として高額の道路使用料を要求し、1907年の延伸線の免許では道路使用料こそ3,000バーツに減額されたものの、会社は別に全線の散水と消防を無償で行うこととなった。このため、経済的見地から見れば、バンコクの市内軌道事業は当初ほどの利益は期待できなくなった。先の図1-2に示される先発組のバンコク軌道やサイアム電力と後発組のタイ軌道の配当率の大きな格差が、それを端的に物語っている。

(2) 規制の強化

　市内軌道事業が開始された当初は、政府の監督体制も十分に確立されていなかったが、やがて市内軌道事業の経済性が認識されると、様々な面において規制が強化されることとなった。表1-1の免許条件を見ると、着工期限と竣工期限が最初の免許ではそれぞれ3年と5年であったものが、サームセーン線以降は着工期限が6ヶ月以内に、竣工期限も路線の総延長に応じて18～30ヶ月と短縮されていることが分かる。将来の政府による事業買収についても、当初は免許交付後20年以降にされていたが、後に原則12年以降に短縮されている。上述の道路使用料も規制強化の一例であるし、他にも市内軌道建設時の橋梁整備を会社に義務付けるなど、全体的に免許条件が厳しくなっていった。後述するように、民営鉄道の免許についても、同様に免許条件が厳しくなる傾向が見られた。

　電車の登録も義務付けられ、毎年政府に登録料を支払う必要も生じた。最初の

バーンコーレーム線の免許でも，将来バンコク市内の車両に税金を課す際には，電車には通常の車両の2倍以内の税金を課すとされていたが[122]，1905年6月より馬車法（Phraratchaban-yat Rot Chang）が施行されると，馬車のみならず電車も登録されることになった。電車の登録料は最も高額の第1種馬車の2倍の24バーツとされ，会社側は新たな支出を強いられることとなった[123]。1908年からサイアム電力で付随車が導入されると，ウェステンホルツは常に使用するわけではない付随車の登録料を電動車の半額にするよう求めたが，首都省はこれを認めず，代わりに半年ごとに登録する車両数を変更することを認めた[124]。

市内軌道の運行状況への監視も，お雇い外国人の技師を通じて強化されていった。最初の免許においても，市内軌道の建設の際には図面を作成し政府の技師の許可を得ることとされていたが，実際に誰がその任務についていたかは分からない。1899年には土木省土木局（Krom Yothathikan）の技師アレグリ（C. Allegri）が市内軌道検査官としてバーンコーレーム線の線路を一部補修するよう指示を出したとの新聞記事があるが，この頃から市内軌道を技術的側面から監督する体制が整備されたものと思われる[125]。その後上述したマホティエールが活躍することとなり，市内軌道の整備状況や運営状況について頻繁に口を出すこととなった。管見の限り彼が市内軌道に関与し始めるのは1905年頃からであり，ナレート親王も市内軌道会社から路線の延長や待避所の設置などの申請が入ると，彼に調査させるようになった。

民営鉄道の場合も当初は同様に監督体制が整っていなかったが，官営鉄道を建設するための鉄道局が1890年に設置されると，鉄道局が民営鉄道の運営状況を監督するようになった。市内軌道の場合は，大半が既に存在していた公道上に敷設されたことから，その管轄は道路を管理する首都省衛生局とされたのであった。マホティエールは必ずしも市内軌道の専門家ではなく，道路整備や建築など市内での土木技術に関わる全般を担当していたことから，ウェステンホルツとの続行運転をめぐる見解の違いのように会社側と意見が対立することもあった。それでも，政府はお雇い外国人に依存せざるを得ず，技術的な面では彼の意向がそのまま政府の市内軌道政策へと反映された。利益配分のみならず，政府側の規制の強化も，市内軌道事業の「うまみ」を減退させることとなった。

(3) ビジネスとしての市内軌道事業

このように政府は市内軌道事業からの利益分配を求めたり，市内軌道事業への規制を強化したりしたものの，政府は市内軌道事業をあくまでも民間によるビジネスとして認識していた。すなわち，政府は市内軌道事業への統制は強化していったものの，自ら市内軌道事業に乗り出すという意志は存在しなかったのである。それは，自ら鉄道局を設置して鉄道建設を推進し，最終的に民営鉄道をすべて否定して官営鉄道主義を採用した鉄道の事例とは根本的に異なっていた[126]。

鉄道の場合に官営主義を採用したのは，当時の民営鉄道が外国資本によるものであり，外国人が鉄道を通じて利権を獲得することで政府の主権が脅かされることを警戒してのことであった。とくにラーマ5世王期は帝国主義の嵐が吹き荒れる時代であり，鉄道を利用した非公式帝国主義がタイの独立を脅かすことを危惧していた[127]。このため，当時認められた民営鉄道は，パークナーム鉄道やメークローン鉄道など短距離の局地的な鉄道しかなく，バンコクと周縁部を結ぶような幹線はすべて官営で建設された。

しかし，バンコクの市内軌道については，政府は最後まで官営主義を採用しなかった。当初のバーンコーレーム線の時代はパークナーム鉄道のような局地鉄道と同じように認識されたのであろうが，1906年にダムロン親王が民営鉄道はすべて禁止して官営で建設すべきであると発言した後も，市内軌道については相変わらず民間会社に免許が出されていた[128]。すなわち，政府は市内軌道にたとえ外国資本が関係していようとも，あくまでも局地的なものであり，その権益が国家の主権を脅かすほどの危険をもたらすことはなかろうと考えていたのである。鉄道の場合は沿線の土地使用権や鉱山・森林の開発権が付随していたり，政府が嫌った配当率の保証を要求したりする事例が多かったが，市内軌道ではそのような不利な条件はなく，逆に道路使用料などの形で政府に利益がもたらされた[129]。

また，市内軌道の公共性から官営主義を採用するという可能性も，当時はまだ存在しなかった。1900年10月にチャルーンクルン通りのバンク・レーン入口（バーンラック付近）を通過した人の数は1日平均9,081人であり，うち電車の乗客は2,742人と歩行者の4,266人よりは少ないものの，人力車の1,323人や馬車の427人よりは圧倒的に多かった[130]。電車利用者の比率は郊外に行くほど高くなることから，大量輸送手段としての市内軌道の重要性は既に確立されていたは

ずである。それでも政府は市内軌道の公共性よりも，むしろ電車が道路上を走行することで，道路を通行する他の車両が不便を被ることを心配していた。市内軌道は政府に利益をもたらす「金の卵」ではあっても，公共性を持つ大量輸送手段であるとの認識はまだ全くなかったのである。

このため，市内軌道事業に政府が直接乗り出すことはせず，外国資本であろうとも民間による市内軌道の運営は容認し，むしろそこから得られる経済的利益に期待したのであった。確かにナラーティップ親王のタイ軌道のようなタイ企業による経営のほうが望ましかったものの，それを保護育成することはせず，最終的には過大な利益分配の要求によってその芽を潰してしまった。当時の市内軌道事業は，公共性の高い大量輸送手段というよりも，むしろ民間によるビジネスとして，外国人による他のビジネスと同列に認識されていたのであった。

小　括

本章では，バンコクの市内軌道の黎明期であるラーマ5世王期を対象として，市内軌道と近郊鉄道の整備過程の解明と政府の市内軌道政策を分析することを目的とした。1887年の市内軌道7線の免許公布を皮切りとする市内軌道整備は，当初は外国企業によるビジネスとして始まり，アジアでは最も早く1893年には電車も導入した。1900年には第2線となるサームセーン線の免許も獲得したが，免許の条件は以前より厳しくなった。その後ナラーティップ親王らタイ人が市内軌道事業に参入し，外国企業であるサイアム電力のウェステンホルツと新たな市内軌道免許の獲得をめぐって競い合った。

その結果，ナラーティップ親王のタイ軌道が免許を獲得したが，競合の結果高騰した政府への利益分配の負担が大きく，トンブリーやパーククレット方面への新線の整備はおろか，タイ軌道の維持さえ難しくなり，会社はサイアム電力の傘下に買収されることとなった。サイアム電力に対する政府の風当たりも強くなり，会社は路線網の拡張や輸送力の拡充を画策するものの，代償として配電権の一部返還や散水，消防など新たな業務を請負う結果となった。

一方，近郊鉄道の整備も1880年代半ばから民営鉄道としての計画が浮上し，

先行したブーラパー鉄道計画が進展しない中で，より距離の短いパークナームへの鉄道がようやく1893年に開通して，タイで最初の鉄道となった。政府の官営鉄道主義の影響で以後の民営鉄道の建設は制限されるが，バンコクからターチーンを経てメークローンに至るメークローン鉄道が1907年までに全通した。当初はどちらも都市間鉄道としての機能しか持っていなかったが，都市間輸送の需要をすべて取り込むと，やがて新たな収入源を求めて都市内輸送への参入を模索することになる。

　この時期の政府の市内軌道政策を分析すると，当初の放任主義から利益分配と統制の強化へと移行してきたことが判明した。市内軌道事業が予想以上の利益を生んだことから，政府は道路使用料の名目で営業収入の一部を手に入れることなり，外国企業とタイ企業の競合の中でその額は急増した。また免許条件をはじめ，電車の登録の開始や，市内軌道監査官による市内軌道事業への規制強化を行い，利益分配とあいまって市内軌道事業のうまみは減退されていった。それは政府が市内軌道をあくまでもビジネスの1つと見なした結果であり，バンコク市内での重要な大量輸送手段となったにもかかわらず，政府がその公共性を認識するまでには至らなかったのである。

コラム1
市内軌道網を補完した定期船

　バンコクはかつて「東洋のベニス」と呼ばれてきたように，水運の盛んな都市であった。この水の都で本格的な道路整備が始まっていくのは19世紀半ばのラーマ4世王期以降であり，中でも東のクローントゥーイに至るトゥロン通り（現ラーマ4世通り）と南のバーンコーレームに至るチャルーンクルン通りの2つの道路が，バンコクで最も長距離の道路であった。このうちの，前者に並行してパークナーム鉄道が建設され，後者の上に市内軌道のバーンコーレーム線が敷設された。ラーマ5世王期に整備された市内軌道網の範囲は，いわば当時の道路網が到達した範囲でもあった。

　このため，市内軌道に接続する形で，郊外と市内軌道のターミナルを結ぶ定期船が運行されていった。バーンコーレーム線の終点のバーンコーレームが南のターミナル，サームセーン線の終点バーンクラブーが北のターミナルで，チャオプラヤー川を往来する定期船はこれらのターミナルを起点に路線網を伸ばしていた。チャオプラヤー川西岸のトンブリーへは中心部のラーチャウォンやアッサダーン支線の終点から同様に定期船が就航し，川を横断して運河網に入り込んでいた。バンコクの南のプラプラデーンに出現したパークラット軌道は，このような定期船でバンコクの市内軌道網と接続しており，市内軌道と定期船を連携させた都市交通網が整備されていた。

チャオプラヤー川の急行船（テーウェート・2010年）

出所：筆者撮影

　これらの定期船はその後の道路整備によるバス網の拡張の中で消えていったが、バンコクが「水の都」から「陸の都」へと変貌を遂げる過程で、今度は道路混雑が深刻化していった。このため、1960年代末からチャオプラヤー川での急行船の航行が再開され、その後1990年からは市内から東に延びるセーンセープ運河でも運行が開始された。いずれも混雑する道路交通の代替手段として脚光を浴びるようになり、バンコクの重要な都市交通手段として機能している。筆者がバンコクに滞在する際にも、いつもこのチャオプラヤー川の急行船を利用して宿舎と公文書館の間を往来している。バスと異なり毎日ほぼ同じ時刻で運行しており、所要時間もバスよりはるかに速く、古き良き時代の景観の残る河岸の景色を楽しみながらの通勤が可能である。2011年の平均利用者数はチャオプラヤー川が約3.6万人、セーンセープ運河が約5.2万人となっており、「水の都」の伝統が現在でも生き残っている。

　なお、現在のチャオプラヤー川の急行船も、都市鉄道網を補完する役割を果たしている。BTSのタークシン橋駅がちょうど急行船の船着場の隣に位置しており、通勤・通学客のみならず、チャオプラヤー川沿いの観光地を訪れる観光客も電車と船を乗り継いで移動しているが、仮設駅であるタークシン橋駅の廃止計画が実行されると乗換が不便になろう。

第2章
競合の発生
(1910～1930年代)

1910年にサームセーン線の延伸線が開通した後，バンコクの市内軌道網の拡張はしばらく停滞するが，市内軌道会社の経営状況が好転すると郊外へ向けての新線建設が浮上し，1920年代後半にはその総延長は約50kmに達した。また，この時期にはラーマ5世王期に出現した近郊鉄道が都市内輸送に参入し始め，市内軌道のみならず近郊鉄道も都市交通の役割を担うことになった。さらに，1920年代からバス路線の開設が本格化し，やがて市内軌道や近郊鉄道との競合も発生するようになった。

　この時期の都市交通の状況を解明する上での主要な論点としては，近郊鉄道の都市鉄道化と，軌道系輸送手段とバスとの競合の発生の2つが挙げられる。当初は都市間鉄道としての機能しか有していなかった近郊鉄道が，新たに都市鉄道としての機能を持つことで事業の採算性を向上させようと，電化による電車の頻繁運行を開始した。しかしながら，最終的にその都市鉄道化の動きは停滞することになり，近郊鉄道が完全な都市鉄道として機能するまでには至らなかった。このため，一時は都市鉄道としての機能を高めつつあった近郊鉄道が，なぜそれを達成することができなかったのかを解明することが課題となる。

　軌道系輸送手段とバスとの競合については，政府側の認識を解明することが主要な課題となる。軌道系輸送手段は外国人の事業と見なされていたが，バス事業者は自らタイ人の職業であると主張し，1932年の立憲革命後のナショナリズムの高まりを利用して優位な地位を確保しようとした。他方で，政府側は市内軌道の事業者から利益供与を受けており，それを簡単に断ち切ることも難しかった。また，新たに地方自治体として市の設置が進められ，市内の交通事業は市が管轄すべきであるという制度論も出現していた。このため，両者の競合は単なる事業者間の競合ではなく，政府の方針が重要な意味を持っていたのである。

　このため，本章ではラーマ6世王期から第2次世界大戦にタイが巻き込まれるまでの期間を対象に，都市交通とその政策の変遷を考察していく。以下，第1節では市内軌道の状況を考察し，第2節では近郊鉄道の都市鉄道化への模索を解明し，第3節でバスの出現とその拡大について確認する。そして，第4節で市内軌道とバスの競合の過程を捉えたうえで，第5節で外国企業による都市交通事業の限界とその要因を分析する。なお，この時期にはチャオプラヤー川西岸にバーンブアトーン鉄道という軽便鉄道が開通するが，都市鉄道化への動きが見られな

かったことと，利用可能な情報が非常に少ないことから，本章では扱わない[1]。

第1節　市内軌道の復活と拡張

(1) 市内軌道会社の業績回復

　1900年代のサイアム電力とタイ軌道との免許獲得競争によって政府への道路使用料の支出が増大し，市内軌道事業の「うまみ」は以前より低下した。タイ軌道の買収によって会社間の競合はなくなったものの，政府への利益提供や政府による規制の強化はそのまま存置された。タイ軌道の開業によりサイアム電力の市内軌道利用者の増加も伸び悩み，バンコク北部での配電権の返納もサイアム電力の将来性に陰を落としていた。実際に，1910年には市内軌道収入が落ち込み，1904年以来最低の水準を記録していた[2]。その後1911年の稲作が不作であったことから，翌年の市内軌道利用者が減少し，市内軌道収入は低迷を続けた。さらに，ラーマ6世の命により1911年から衛生局が発電所の建設に乗り出したことから，1906年に合意した配電権の返納が現実のものとなりつつあった[3]。

　そのような状況の中で，1912年9月にサイアム電力にベルギー資本が参入するとの報道が新聞でなされた[4]。これはベルギーのシンジゲートがサイアム電力の株式1万株を購入する目処がついたため，バンコクでも株式の購入の準備を進めているというものであった。当時会社の株式は2万5,000株発行されていたことから，最低過半数を確保すれば株主総会での主導権を握ることが可能であり，会社をベルギー籍に変えることも可能であった。シンジゲートはブリュッセルの市内軌道会社の専門家をバンコクに派遣し，サイアム電力の市内軌道の状況を調査させていた。専門家によれば，バンコクの市内軌道の問題点は全線が単線であることで，もしベルギーが経営権を握った際には最初に行うべきことは市内軌道の複線化であった[5]。

　このベルギー資本参入の背景には，サイアム電力の立役者であったウェステンホルツの会社の先行きに対する懸念が存在した。ベルギー勢がサイアム電力の株式調達の目処をつけたのは，ウェステンホルツの所有する株式の買収交渉が進展したためであった。彼は売却に応じる意向を示した理由について，会社の将来性

が危ういことと，政府が発電所の建設に着手したことの2点を挙げていた[6]。とくに政府の新発電所について，政府側はサイアム電力との競合はないと約束したものの，口約束であるため今後どうなるか分からないと懸念を示しており，1900年代後半から高まっていた政府への不信感が頂点に達した結果であると捉えられよう。

結局ウェステンホルツの株式売却は実行に移され，1913年には会社の株式の過半数をベルギー勢が握ることになった[7]。とくに大きな経営方針の変更はなかったが，最優先で行うとした市内軌道の複線化については結局実現しなかった。それでも市内軌道収入は1913年以降ようやく上昇に転じ，1913年に40万5,880バーツであった市内軌道事業の粗利益は1915年には44万6,494バーツまで上昇した[8]。懸案の政府のサームセーン発電所の操業に伴う配電権の喪失は，会社にとってそれほど大きな痛手とはならなかった。図2-1のサイアム電力の純益額を見ても，1912年に60万バーツ台に下がってからは順調に増加し，政府の発電所が操業を開始した1914年にもとくに純益が減少することはなかったことが分かる。バンコクでの順調な電力需要の拡大と，新たな発電設備の導入など会社側の経費削減の努力の結果，ウェステンホルツが危惧したほどの採算性の悪化は発生せず，会社の業績は再び好転していったのであった。

一方，サイアム電力以上に深刻な不振に陥っていたのは，タイ軌道であった。1906年の49万1,760バーツを頂点に営業収入はその後低下の一途を辿り，サイアム電力も利用者の減少に悩まされた1912年には30万6,333バーツと最盛期の約6割まで減少した[9]。この結果，タイ軌道の純益も大幅に減少し，1912年には3,176バーツとなった（附表2参照）。株主への配当金も1908年から無配となっており，図2-2のように1911年には3％の配当を行えたものの，その後2年間は再び無配となっていた[10]。

タイ軌道の業績が悪化した1つの要因は，1910年にドゥシット延伸線の一部を廃止したためであった。ドゥシット延伸線はドゥシット庭園の拡張のための新たな城壁建設の障害となるとして政府から撤去を求められ，1910年にバイポーン（現ウートーンナイ）通り以北が廃止された。会社は代わりにバイポーン通り経由でサームセーン通りに至る代替ルートを建設し，サイアム電力のサームセーン線との接続の便を図ったが，この一部区間の廃止によって利用者が減少した。

第 2 章　競合の発生（1910〜1930 年代）

図 2-1　市内軌道会社の純益の推移（1911〜1941 年）（単位：バーツ）

出所：附表 2 より筆者作成

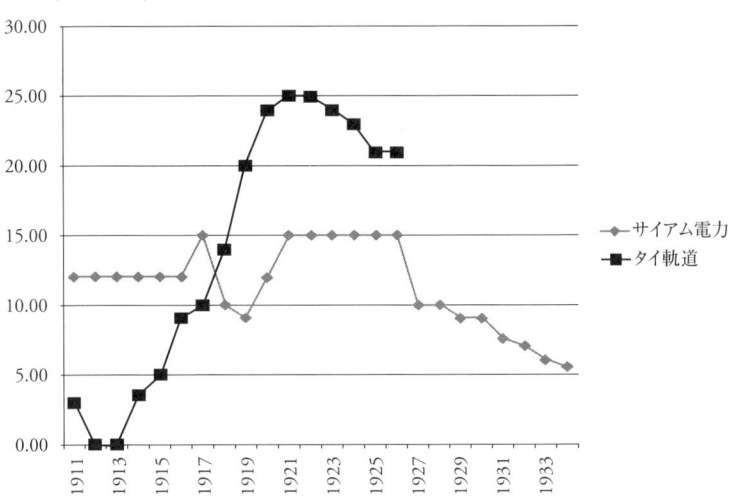

図 2-2　市内軌道会社の配当率の推移（1911〜1934 年）（単位：％）

注 1：タイ軌道の配当率にはボーナス分を含むが，サイアム電気は定額払いのため除いてある。なお，1935 年以降の配当は定額払いとなる。詳しくは附表 2 を参照。
注 2：サイアム電力の 1922 年度はボーナス分は不明である。
出所：附表 2 より筆者作成

さらに根本的な要因は，前章で述べた通り政府に支払う道路使用料の高さであった。タイ軌道の支払う道路使用料は年間に公道で1マイル当たり5,000バーツ，ドゥシット方面の会社が新たに整備した道路上で1,200バーツであり，1913年の時点で年間4万6,906.8バーツに達していた[11]。サイアム電力の1907年に免許を交付された新線も定額の道路使用料となっていたが，その額は1マイル3,000バーツとタイ軌道に比べて格段に安く，タイ軌道の道路使用量が突出していた。このため，運賃収入が減少する中で高額の道路使用料が毎年一定額控除されることから，会社の純益額は非常に少なくなったのであった。

　このため，会社は業績改善のための「秘策」として，政府に対して道路使用料の変更を求めた。1913年にナラーティップ親王らの連名で，王に対して現在の1マイル5,000バーツから収入の5％ないし7.5％での道路使用料の支払いに変更してほしいと申し出た[12]。彼らはその理由として不作による利用者の減少，ドゥシット延伸線の一部廃止による収入減，人力車の競合の激化を挙げており，ヨーロッパでも定率制の道路使用料が一般的であるとして収入の5％ないし7.5％の定率制の使用料に変更するよう求めたのであった。定率制に変更すると，会社の収入が最も良かった1906年の時点でも，道路使用料は5％で2万4,588バーツ，7.5％で3万6,882バーツとなり，定額制よりもかなり安くなった。

　ラーマ6世が変更を容認したことから，会社は1914年4月から定額制の道路使用料を年7.5％の定率制へと変更した[13]。代わりに会社は市内軌道が通る橋を改築する際には応分の費用負担を認めるなど，政府側からの若干の要求を受け入れることとなったが，この道路使用料の引き下げは会社の業績改善には大きな効果をもたらした。タイ軌道の純益は1914年以降急増しており，1918年には10万バーツを越え，1921年には20万バーツを突破した（附表2参照）。配当率も急激に上昇し，図2-2のように1914年以降配当が復活したのみならず，ボーナス分を含んだ配当率は1919年には20％に達し，最も高い時期には25％の高配当を実現させていた。道路使用料の低下のみならず利用者の増加に伴う収入の増加も業績改善に貢献しており，1912年には約30万バーツまで落ち込んだ営業収入は1919年には55万6,707バーツまで増加していた[14]。会社の営業収入の増加によって道路使用料も順調に増加させており，1919年には4万1,553バーツと定額制の時代よりも約5,000バーツ少ない状態にまで回復していた[15]。

(2) 市内軌道網の拡張

バンコクの市内軌道網の拡張は，1910年のサイアム電力サームセーン線のファラムポーン～サパーンルアン間の延伸をもって一旦中断されるが，バンコクの市街地の拡張はその後も続いていた。最初に開業したバーンコーレーム線やサームセーン線は当時のバンコク市街地の範囲を超えてそれぞれ南北の郊外へと伸びていたが，それらの例外を除けばバンコクの市内軌道の大半は旧市街に位置していた。1910年頃の時点でバンコクの市内郡 (Amphoe Chan Nai) とされていた範囲は，北はサームセーン運河，東は官営の北線，東線，メーナームへの貨物線，南はパークナーム鉄道からサートーン通りを経てバーンコーレーム線に沿った一帯，西はチャオプラヤー川沿いとタラートプルー付近までに限られており，その中でも北方のドゥシットや東方のパトゥムワン (サパトゥム) 方面は開発途上であった。

表2-1は1912年と1930年のバンコクの市内郡の人口を比較したものである。郡の区割りは1912年のほうが細かいので，1930年のものに統一して比較してある。これを見ると，1912年の人口はいわゆる旧市街地にあたる三環濠内の郡に人口が集中し，その外に位置するバーンラック，ドゥシット，パトゥムワン，バーンタワーイの人口は計5万8,266人とプラナコーン県側の合計値の30％に過ぎないことが分かる[16]。このうちバーンラックとバーンタワーイは，三環濠外ではあるものの1864年に開通したチャルーンクルン通りとその上を走るバーンコーレーム線が縦貫し，市街化もある程度進んでいたが，それ以外の2郡はまだ新開地であった。

ところが，1910年代以降バンコクの市街地が拡大し，三環濠を越えて，とくに北と東に向けて広がっていった。この結果，1930年にはこの4つの郡の人口は合わせて18万3,561人となり，プラナコーン県側の合計値に占める割合は44％にまで上昇していた。プラナコーン側の人口増加率を見ると，最も増加率が高かったのは三環濠の東側のパトゥムワンであり，次いで北側のドゥシット，チャルーンクルン通り沿いのバーンラック，その南のバーンタワーイと，人口増加率の高い郡はいずれも三環濠外に位置していたことが分かる。なお，トンブリー側で最も増加率が高かったのはチャオプラヤー川沿いから西へ入ったタラートプルー付近を含むバーンイールアであり，西側でも市街地の拡大が同様に見られた

表 2-1　バンコクの人口（1912・1930 年）（単位：人）

県	郡	1912	1930	人口増加率（%）
プラナコーン	プラナコーン	55,098	80,834	47
	サムパンタウォン	38,996	67,669	74
	バーンラック	20,414	59,712	193
	ポムプラープ	29,847	58,454	96
	ナーンルーン	13,557	28,692	112
	ドゥシット	10,703	33,004	208
	パトゥムワン	10,773	46,206	329
	バーンタワーイ	16,376	44,639	173
	計	195,764	419,210	114
トンブリー	バンコクノーイ	13,328	20,647	55
	バンコクヤイ	9,910	13,542	37
	バーンプラット	8,147	15,128	86
	バーンイールア	3,881	15,776	306
	クローンサーン	23,520	24,221	3
	ブッカロー	5,981	10,270	72
	計	64,767	99,584	54
総計		260,531	518,794	99

注 1：郡は 1930 年を基準とし，中心部（プラナコーン 8 郡，トンブリー 6 郡）のみを対象としている。
注 2：1912 年には具体的な居住地が判別しない船上居住者が別に 10 万 4,961 人存在する。
出所：1912 年：NA Ro. 6 No. 27/3，1930 年：Porphant [1994]: 335 より筆者作成

ことが分かる。

　さらに，この表 2-1 には含まれていないが，それまで市外郡（Amphoe Chan Nok）と見なされていたバーンスー，プラカノーンの各郡でも人口が増加しており，1930 年の時点でそれぞれ 3 万 5,838 人，2 万 7,846 人の人口規模を有していた [Porphant 1994: 335][17]。まだこれらの郡の大半は水田が広がる地域であったものの，前者はサームセーン，ラーマ 5 世通り沿いに，後者はパークナーム鉄道沿線のクロートゥーイを中心に市街地が広がりつつあった。中でも，バーンスーには鉄道の駅の北西にサイアムセメント社のセメント工場が 1915 年に操業を開始し，新たな労働市場が形成された。バンコクの市街地は，当初設定された市内郡の範囲を超えて，着実に拡大していたのであった。
　このような市街地の拡大を受けて，1925 年にサイアム電力とタイ軌道がそれ

第 2 章　競合の発生（1910～1930 年代）

ぞれ新たな市内軌道の建設を申請してきた。当初申請した路線は，サイアム電力がサームセーン線の延伸であるサパーンルアン～ウィッタユ間，タイ軌道がバーンラック～プラトゥーナーム間，ヨッセー～ラーチャプラソン間，ドゥシット～バーンスー駅間の 3 線であった[18]。このうちサームセーン線の延伸とタイ軌道の最初の 2 線が従来の市内軌道網の東側に延びるものであり，最後のバーンスー駅への路線は北へ伸びるものであった。すなわち，この市内軌道延伸計画はパトゥムワン，ドゥシット，バーンスー方面への市内軌道網の拡張を意図したものであり，バンコク市街地の拡大方向と一致するものであった。

このうち，タイ軌道のドゥシット～バーンスー駅間のみが，まだ市内軌道整備が必要な時期に達していないとして却下されたが，それ以外は延伸が承認された[19]。タイ軌道のバーンスーへの延伸線が却下されたことを受け，代わりにサイアム電力がサームセーン線の北側の延伸線となるバーンクラブー～バーンスー駅間の延伸を急遽申請した[20]。これについては許可されたことから，図 2-3 のように計 4 線の市内軌道の新設が実行に移されることとなった。表 2-2 のように，シーロム線のシーロム通り上のバーンラック～サーラーデーン間が 1925 年末にも運行を開始したものと思われ，サームセーン線の東への延伸，シーロム線の残りの区間，バーンスー線と相次いで開通し，1929 年 2 月のパトゥムワン線の開通で全線が開通した。なお，パトゥムワン線の開通が遅れたのは，起点のヨッセー付近のラーマ 1 世通りと鉄道との踏切の立体交差化が進められていたためであり，1929 年 2 月に鉄道を跨ぐカサットスック橋が完成したことで，ようやく運行を開始できたのであった。なお，このカサットスック橋はバンコク市内で最初の鉄道と道路の立体交差であった。

これらの市内軌道の延伸は，発生しつつあったバスとの競合対策の側面もあった。後述するように，1907 年からバンコクで運行を開始したとされるバスは徐々に路線網を拡大しつつあり，1925 年の時点では計 12 の路線でバスが運行していた[21]。既存の市内軌道に完全に並行する競合路線は存在しなかったが，バスは主として市内軌道の到達していない地域と市内を結んでおり，間接的に市内軌道の利用者を奪うことにもつながった。このため，市内軌道側は残る免許期間が 25 年に迫ったにもかかわらず，従来と同じ免許条件も受け入れた上であえて新たな路線の延長を行ったのであった[22]。しかし，市内軌道が延伸された区間について

79

図 2-3　バンコクの市内軌道網（1930 年頃）

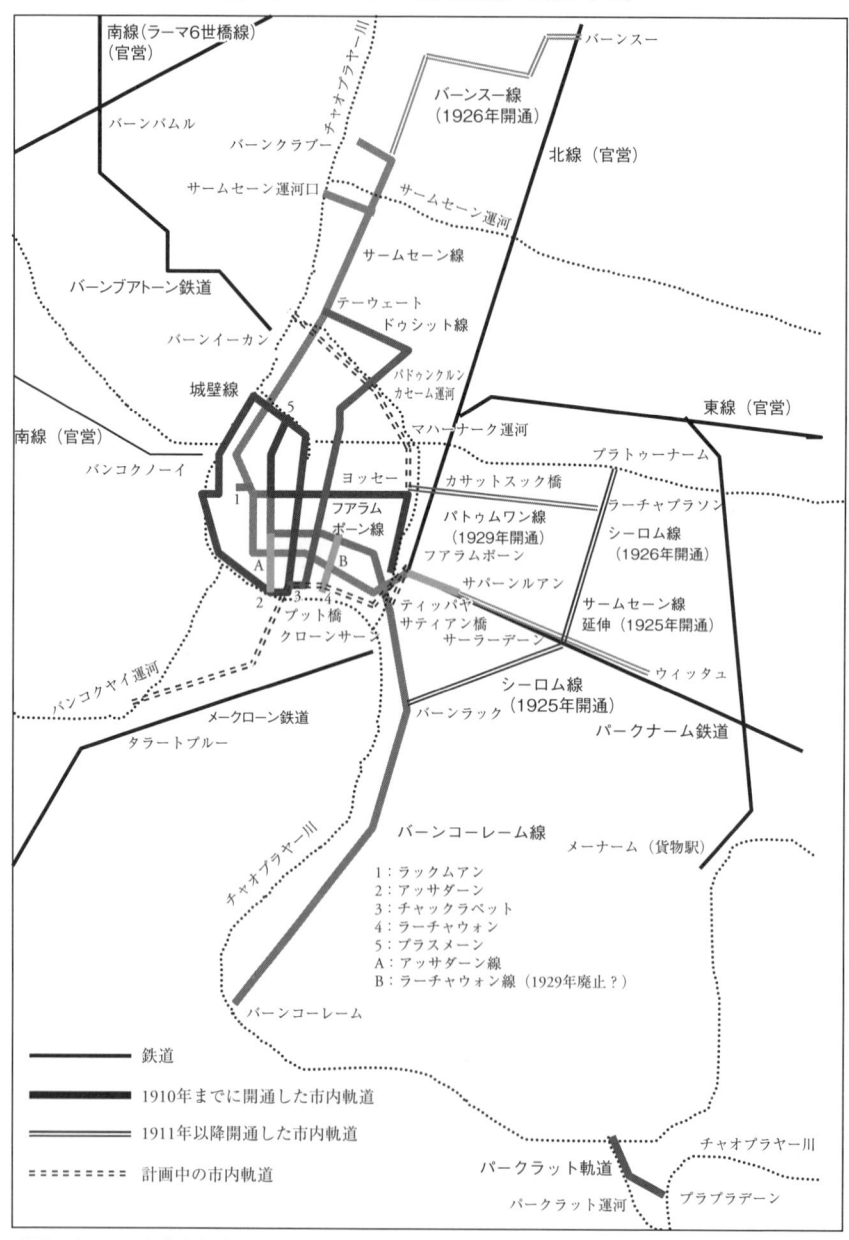

80

第 2 章　競合の発生（1910〜1930 年代）

表 2-2　市内軌道開通年月日（1911〜1941 年）

社名	路線名	区間	距離(km)	開通年月日	備考	出所
サイアム電力	サームセーン	ウィッタユ〜サパーンルアン	2.5	1926/01/01		BTWM 1925/09/03
	バーンスー	バーンクラブー〜バーンスー	4.0	1927		BTWM 1927/05/04
タイ軌道	シーロム	バーンラック〜サーラーデーン	2.3	1925 末		BTWM 1927/03/12
		サーラーデーン〜プラトゥーナーム	2.2	1926/03/31	1940 年 1.7km 廃止	BTWM 1926/03/03
	パトゥムワン	ヨッセー〜ラーチャプラソン	2.5	1929/02		BTWM 1929/03/08
計			13.5			

は，既にバスが運行されていたことから，市内軌道の延伸が直接的な市内軌道とバスの競合を引き起こすこととなった。

　なお，サイアム電力のサームセーン線のウィッタユへの延伸には，パークナーム鉄道との合意が必要であった。パークナーム鉄道の免許では競合する鉄道や市内軌道の建設を政府が認めないことが明記されており，1906 年にサイアム電力がサームセーン線を延伸してフアラムポーン〜クロントゥーイ間のラーマ 4 世通り上に市内軌道を延伸したいと申請をした際にも，政府はパークナーム線に近接しすぎるとして許可しなかった[23]。1910 年にフアラムポーンからサパーンルアンの新車庫までサームセーン線が延伸されたが，この延伸に対してもパークナーム鉄道からはクレームがついた。

　このため，パークナーム鉄道と並行するラーマ 4 世通り上の市内軌道の延伸は極めて困難であったが，パークナーム鉄道の全線電化計画がこれを実現させることとなった。次に述べるように，パークナーム鉄道は 1910 年代から一部区間で電車の運行を開始し，1920 年代に入って全線の電化を計画したものの，政府が免許期間の延長を認めなかったことから自力での新規投資に躊躇した。これに対

81

し，サイアム電力はパークナーム鉄道の電化設備への投資を自ら行なったうえで賃貸（サブリース）する代わりに，パークナーム鉄道に並行してウィッタユまで市内軌道を延伸することと，従来フアラムポーン～クロートゥーイ間で運行していたパークナーム鉄道の電車運行区間をウィッタユ～クロートゥーイ間に短縮することを提案した。パークナーム鉄道がこれに合意したことから，ウィッタユへの延伸はようやく実現し，サイアム電力がフアラムポーン～ウィッタユ間の電車運行を独占することに成功したのであった。

(3) 市内軌道会社の統合とさらなる延伸計画

前章で見たように，サイアム電力は早くからタイ軌道の合併を狙っていたが，1907年に買収した後も会社は別組織のままであった。その理由は，タイ軌道がタイ籍の会社であることから，合併のためにはデンマーク籍のサイアム電力をタイ籍への変更することが必須条件であったためである。サイアム電力のデンマークの株主がそれに難色を示したことから，長らく合併は実現できなかった。1913年にベルギー資本が入ったことでベルギー籍への変更も可能となったが，即座にベルギー籍への変更はなされなかった。

その後1919年にサイアム電力がタイ籍への変更を政府に打診しており，タイ側もこれを承認する旨を伝えていた［Wipharat 1992: 198-199］。これを受けた当時農業大臣のラーチャブリー親王（Krommaluang Ratchaburi Direkrit）は，会社がタイ籍への変更を求めている理由として，デンマークでの課税を逃れることと，サームセーンの政府の発電所の完成以後不利な状況に置かれている会社の状況を打開するためと説明していた。しかし，タイ側が変更を承認したものの，この時にはタイ籍の変更はなされていなかった。おそらく，税法上の理由で会社はデンマーク籍を他所に移す必要に迫られたものの，結局最大株主が存在するベルギー籍へ移行したものと思われる。

最終的に，サイアム電力とタイ軌道の合併は，1927年に実現することとなった。この年の1月の大臣会議で，商業運輸大臣であるカムペーンペット親王（Krommaluang Kamphaengphet Akkharayothin）がサイアム電力から会社がタイ軌道を合併してタイ籍に変更する計画があることを伝えていた[24]。親王はこの合併と国籍変更については問題ないとし，免許については変更を行わないことで合併を認

めることとした。親王は会社が国籍を移す理由について，ベルギーでの課税強化を回避するためと説明していることから，やはり直接的な契機は登記国における税負担の増加を回避するためであったことになる[25]。

　この合併により，バンコクの市内軌道事業は完全に1つに統合され，サイアム電力の運営に一元化された。実際には旧サイアム電力とタイ軌道を合併して，新サイアム電力へと移行する形を取っており，旧会社の株式はどちらも規定された比率で新会社の株式へと交換された[26]。このため，会社の名称も従来の Siam Electricity Co. Ltd. から Siam Electric Cooperation Ltd. へと変更された。1927年の市内軌道事業の収入は239万6,651バーツにのぼり，図2-1の1927年から翌年にかけてのサイアム電力の純益も1926年までの2社の純益を合わせたものより増加していることから，経営面でもこの統合は成功であったことが分かる。これにより，かつてサイアム電力の黄色い電車とタイ軌道の赤い電車が見られたバンコクの街並みから赤い電車が消滅し，すべて黄色い電車に統一された［Tho. Phuthao 1989: 86］[27]。

　1927年にタイ軌道を合併したサイアム電力は，さらなる路線網の拡張を計画した。1928年4月にはバーンコーレーム線のティッパヤサティアン橋から建設中のマハープルッターラーム通りを経てフアラムポーンまでと，フアラムポーン線のヨッセーからクルンカセーム通りを経由してテーウェートの船着場に至る2つの路線の建設を申請した[28]。この2区間はいずれもパドゥンクルンカセーム運河沿いの路線であり，既存のフアラムポーン線のフアラムポーン～ヨッセー間と接続してパドゥンクルンカセーム運河沿いにバンコクの旧市街を東から北へと取り囲む路線が構築されることになった。なお，前者の区間については複線で建設することを求めており，もし実現すればタイで最初の複線軌道となる予定であった[29]。

　次いで，1930年にはフアラムポーンからソンワート通りを経て，建設中のプット橋からトンブリー側に渡り，タラートプルーへ至る市内軌道の建設が申請された[30]。この路線はフアラムポーンからチャルーンクルン通りとヤオワラート通りのさらに南に位置するソンワート通りを西へ進んで建設中のプット橋へ至り，橋を渡った上で新たにトンブリー側に整備されるプラチャーティポック通りを経由してタラートプルーまで至るもので，実現すればチャオプラヤー川西岸のトンブ

リー側へ到達する最初の市内軌道となる予定であった。プット橋はチャオプラヤー川の東岸と西岸を結ぶ最初の橋であり，バンコク遷都150周年の記念行事として建設され，1930年に着工されて1932年に開通した[31]。1929年の時点では，この橋の中央に市内軌道の線路が複線で設置されることになっており，電車が川を渡ることを想定していた[32]。

　ただし，この時点で会社は必ずしも市内軌道の建設にはこだわらず，トロリーバスの運行許可でも構わないとしていた。これは1930年3月に首都局（Krom Nakharathon）が会社に対して，チャルーンクルン通りの道路混雑の緩和のために線路の移設かトロリーバス化を求めたためであり，会社側は費用負担の観点から現状の免許の条件では難しいと難色を示しながらも，新たに建設を申請する路線は，1928年に申請した2線も含め市内軌道でもトロリーバスでも構わないとしていた[33]。トロリーバスは電気を動力源とする点においては電車と同じであったものの，通常のバスと同様にタイヤで走行することから線路は必要なく，他の車両と道路面を共有することが可能であった。このため，道路上の交通量が増すと，市内軌道が道路の1車線を占有することが問題視されるようになり，その打開策として市内軌道のトロリーバス化が提案されたのであった。

　これらの延伸計画は，結局実現しなかった。その理由については分からないが，1928年に計画された2線については，既にバスを運行していた事業者から反対の声が上がっていた[34]。1925年に許可された4線も既にバスが運行されていた区間であったが，バス事業者が反対をしたという痕跡はないことから，バス事業者が反対したのは今回が初めてであったものと思われる。反対に，1928年には旧タイ軌道のドゥシット延伸線が一部移設されて距離が短縮し，翌年にはラーチャウォン支線の電車の運行が終了してバスに代替されるなど，市内軌道の廃止も始まっていた[35]。結局バンコクの市内軌道の拡張は1925年に認められた4線計13.5kmの完成をもって終了し，総延長も約50kmに達したものの，以後は縮小へと向かっていくことになる。

第2節　近郊鉄道の都市鉄道化への模索

(1) パークナーム鉄道の電車導入

　当初は都市間鉄道として出発した近郊鉄道ではあったが，新たな需要を開拓するために都市内輸送への参入を試みることとなり，まずパークナーム鉄道が動き出した。パークナーム鉄道における都市鉄道化への動きは，内燃動車の導入に伴うバンコク市内区間の運行頻度の拡大から始まった。1903年の株主総会において，バンコク市内の区間3kmの電化を行って電車を運行することが提案され，取締役会で検討することとなったが，次の株主総会でこれを実現させるためには4.5～5万バーツの社債を発行する必要があるとの検討結果が出され，結局電化は見合わせることとなった[36]。その後，1907年には株主総会でフアラムポーン～サーラーデーン間への内燃動車（モータートロリー）の導入が提案され，再び取締役会で検討することとなった[37]。その後，1908年3月に入るとパークナーム鉄道が内燃動車を発注したとの報道があり，9月初めにこの内燃動車の踏切事故の報道があることから，1908年半ばにも内燃動車が到着し，運行を開始したものと思われる[38]。

　この内燃動車は40人乗りの2軸車で，フアラムポーン～クロントゥーイ間約5kmを片道20分で走行し，最短で40分間隔での運行であったものと思われる（図1-4参照）[39]。表2-3のように，バンコク～パークナーム間の列車は当初1日3往復であり，1903年から4往復に増えたものの，都市鉄道として利用できる状況ではなかった。ところが，この内燃動車が頻繁に運行されるようになったことから，パークナーム鉄道もようやく都市鉄道としての機能を発揮することとなった。ただし，この車両は1909年1月に脱線事故を起こし，鉄道局の技師が調査した結果，旅客用車両としての運行は危険であるとの結論を下したことから，恒久的な利用には問題があったものと思われる[40]。

　このため，会社は電車の導入に踏み切ることとなった。1911年にフアラムポーン～クロントゥーイ間の電化計画が報道され，既に電気軌道を運行していたサイアム電力と同じ方式で電車2両を導入するとされていた[41]。電化工事もサイアム電力が請負い，完成後の電力供給もサイアム電力から配電されることになって

表 2-3　近郊鉄道の列車運行本数

線名	年月日	列車本数 全線	列車本数 一部区間
パークナーム	1893/04/11	3 往復	
	1903	4 往復	
	1909	4 往復	フアラムポーン～クロントゥーイ間 40 分間隔
	1912/05/01	4 往復	フアラムポーン～クロントゥーイ間 15～20 分間隔
	1917	4 往復	フアラムポーン～クロントゥーイ間 15～20 分間隔, フアラムポーン～バーンナー間 60 分間隔
	1926/01/01	4 往復	ウィッタユ～クロントゥーイ間 10 分間隔, フアラムポーン～バーンナー 60 分間隔
	193?	60 分間隔	ウィッタユ～クロントゥーイ間 10 分間隔
メークローン (ターチーン)	1905/01/04	3 往復	
	1914/01/01	4 往復	
	1926/02/13	4 往復	クローンサーン～ワットサイ間 30 分間隔
	1928	4 往復	クローンサーン～ワットシン間 30 分間隔
	1931	4 往復	クローンサーン～バーンボーン間 30 分間隔

注：メークローン鉄道のバーンレーム～メークローン間は開業以来 1 日 2 往復の運行であった。
出所：BTWM 1903/08/07, BTWM 1905/02/27, BTWM 1912/05/02, BTWM 1915/03/04, BT 1925/12/30, BTWM 1926/02/12, BTWM 1928/03/03, SK 1937/01/02 より筆者作成

いた。この電化にかかる費用は 1 万 7,500 バーツとされており，1903 年に検討した際よりも大幅に安くなっていた[42]。電化工事は順調に推移し，表 2-4 のように 1912 年 5 月 1 日より電車の運行が開始された。電車は 2 両となり，バンコク～クロントゥーイ間の中間点で交差することから，運行間隔は表 2-3 のように 15～20 分間隔となった。

　この電化は，会社にとって成功であった。1912 年下半期には，1 ヶ月の電車運賃収入は 1,800 バーツと電化前の 900 バーツに比べ大きく増加したのに対し，経費は月 40～50 バーツ増えたに過ぎなかった[43]。このため，会社は 1913 年 1 月からフアラムポーン～クロントゥーイ間の運賃を従来の 16 サタンから 12 サタンへ，サーラーデーンまで 8 サタンから 6 サタンへ値下げし，これが功を奏したことからさらなる値下げも検討していた。電車の頻繁な運行により，パークナーム鉄道は都市鉄道としての機能をさらに強化することになったのである。

　経営的にも，電化の成果は明瞭であった。図 2-4 は，各鉄道会社の営業収入

第 2 章　競合の発生（1910〜1930 年代）

表 2-4　近郊鉄道の電化の推移

線名	区間	距離 (km)	電化年
パークナーム	フアラムポーン〜クロントゥーイ	6	1912/05/01
	クロントゥーイ〜バーンナー	5	1917
	バーンナー〜パークナーム	10	1926/01/01
メークローン	クローンサーン〜ワット・サイ	7.6	1926/02/13
	ワット・サイ〜ワット・シン	1.0	1928
	ワット・シン〜バーンボーン	2.6	1931

出所：BTWM 1912/05/02，BTWM 1918/02/16，BT 1925/12/30，BTWM 1926/02/12，BTWM 1928/03/03 より筆者作成

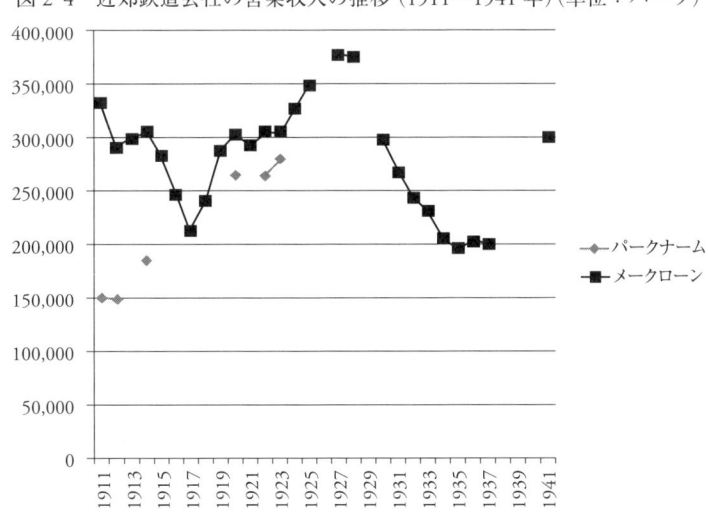

図 2-4　近郊鉄道会社の営業収入の推移（1911〜1941 年）（単位：バーツ）

出所：附表 4 より筆者作成

　の推移を示している。パークナーム鉄道は得られる年が限られているが，この表から 1914 年には収入が 18 万バーツを越えて，1900 年代後半の減少傾向を食い止めたことが分かる。このため，1917 年には表 2-4 のように電化区間をクロントゥーイ〜バーンナー間に延長し，電車運行区間もフアラムポーン〜バーンナー間に拡大した。この新規電化区間の運行本数は表 2-3 のように 60 分間隔と最初の電化区間よりは頻度は低かったが，それまでは蒸気列車が 1 日 4 往復し

87

か運行されていなかったことから，バンコク郊外の利便性は格段に高まったこととなる。この電化も成功し，図2-4のように1920年代に営業収入は20万バーツ台後半まで増えている。1917年度の旅客収入は1万5,000バーツ増加し，うち1万2,000バーツは電車運賃収入の増加によるものであった[44]。これにより全線のほぼ半分を電化したパークナーム鉄道の次なる目標は，全線電化となった。

(2) パークナーム鉄道の全線電化問題

バーンナーまでの電化も成功したことから，パークナーム鉄道は残る区間の電化も計画することとなったが，問題は迫りつつある免許期限であった。パークナーム鉄道の免許期間は50年間であり，その失効期限は1936年であったことから，電化による投資の回収が徐々に難しくなっていった。このため，会社は全線の電化を計画しているので，免許期間の延長を認めてほしいと政府に要求した。最初に会社が政府側に打診したのは1921年7月であり，政府は鉄道委員会（Sapha Kammakan Rotfai）の場でこれを検討することとなった[45]。鉄道委員会で会社の収支状況を検討したところ，会社は免許が切れる1936年を目指して着実に減価償却を行っており，1921年下半期のバランスシートから判断すると会社の保有する株式や預金の総額も18万バーツほどあることから，会社の電化計画にかかる総費用17万バーツは十分に支出できると判断され，免許期間の延長は認めないことを決めた[46]。同時に，免許失効後の扱いについては，政府が買収して国営化すべきであるとの結論にも達していた。

これに対し，会社側は免許期間が延長されない状況での設備投資を危惧し，電化計画は暗礁に乗り上げることとなった。しかし，1925年2月に会社側は再び政府に対し，サイアム電力への賃貸（サブリース）方式による全区間の電化計画を申請してきた[47]。これは，サイアム電力が電車を含む電化設備を設置した上でパークナーム鉄道から資産を借り受け，会社に毎年賃貸料を支払うものであった。賃貸料は初年度が年17万バーツであり，以後年2,500バーツずつ値上げすることとなっており，パークナーム鉄道からしてみれば電化への設備投資は一切かからず，逆に決められた額の収入は確保できるという好都合な話であった。政府側はパークナーム鉄道の免許期限が着実に守られさえすれば構わないとの態度を取り，両者の契約内容を確認した上でこれを認めた[48]。

第 2 章　競合の発生（1910～1930 年代）

写真 2-1　パークナーム鉄道の長距離用電車

出所：RFT［1997］：119

この結果，1925年半ばから電化工事が急ピッチで進められ，1926年1月から全線における電車の運行が開始され，サイアム電力による賃借も始まった。この電化に伴う運行本数は表2-3のようであり，この時点ではフアラムポーン～パークナーム間の電車の運行本数は1日4往復，フアラムポーン～バーンナー間も60分間隔と変わらなかったが，この後1930年代にフアラムポーン～パークナーム間の運行間隔が60分間隔に引き上げられ，バーンナーまでの区間運行がなくなったものと思われる[49]。他方で，市内の電車運行区間はウィッタユ～クロントゥーイ間に短縮され，運行間隔こそ10分間隔となったものの，フアラムポーン～ウィッタユ間は60分間隔のバーンナーやパークナームへの電車しか通わなくなり，大幅な本数減となった。

　実は，サイアム電力がパークナーム鉄道を賃借するようになった背景には，先に見たラーマ4世通りでの軌道延伸問題があった。サイアム電力はパークナーム鉄道の電化を自前で投資し，会社に決められた賃借料を支払うという有利な条件を提示した見返りに，軌道の延伸を実現させ，軌道と競合するフアラムポーン～ウィッタユ間のパークナーム鉄道の電車運行を廃止することとしたのである[50]。ウィッタユ～クロントゥーイ間の電車は市内軌道の電車に接続させて運行することとし，乗り換えの必要はあるものの，事実上市内軌道がクロントゥーイまで延伸されたような状況であった。サイアム電力はフアラムポーンとウィッタユで市内軌道とパークナーム鉄道の線路をつなぐ渡り線の建設も申請しており，市内軌道の電車のクロントゥーイまでの直通運行も視野に入れていたものと思われる[51]。

　パークナーム鉄道の全線電化は，皮肉にもこの鉄道の都市鉄道としての機能を低下させることとなった。1921年に立てられた当初の電化計画では，フアラムポーン～クロントゥーイ間10分間隔，フアラムポーン～バーンチャーク間30分間隔，フアラムポーン～パークナーム間60分間隔と高頻度での電車運行を計画しており，都市鉄道としての機能をさらに高める可能性を秘めていた[52]。しかしながら，実際に実現したものは事実上の一部区間の軌道への代替であり，都市鉄道としての機能を持つ区間は短縮され，クロントゥーイ以遠での運行間隔の短縮もなされなかった。パークナーム鉄道の都市鉄道としての機能は，1912年の最初の区間の電化から1926年の全線電化までが最も高く，この後は低下の一

第 2 章　競合の発生（1910～1930 年代）

途を辿ることになるのである。

(3) メークローン鉄道の一部電化

　一方，メークローン鉄道は当初から一部区間の電化を予定していたが，実現したのは 1920 年代となった。旧ターチーン鉄道の設立趣意書を見ると，バンコク側の 4 マイル（6.4km）は電化して電車を運行することになっており，電気設備と電車の納入はサイアム電力に任せることになっていた[53]。この鉄道が通るチャオプラヤー川西岸のトンブリーは，東岸ほど市街地は広がっていなかったものの，途中のタラートプルー付近まではそれなりの人口が存在したことから，電車を運行しても十分利益が上がると見込んでいたのであろう[54]。タラートプルーへは先に述べたタラートプルー軌道計画も浮上しており，旧ターチーン鉄道とルートが近接しているとして問題にもなったが，結局旧ターチーン鉄道による電車運行も，軌道整備計画も実現しなかった。

　旧ターチーン鉄道では，電化の代わりにパークナーム鉄道と同じく内燃動車の導入により市内区間の運行間隔を向上させようと試みた。1905 年上半期の株主総会の場において，会社側はクローンサーン～ワット・シン間に内燃動車（モータートロリー）の運行を検討していることを表明した（図 1-4 参照）[55]。そして，1906 年には 2 両の内燃動車が到着し，これがタイで最初の内燃動車となったようである[56]。しかし，3～4 人しか乗れないとされていたことから，実際の営業用には用いられず，事業用であったものと思われる。

　メークローン鉄道の電化計画は，1920 年代に入ってようやく具体化した。1925 年に，会社は起点側のクローンサーン～ワット・サイ間 7.6km を電化する計画を申請した[57]。パークナーム鉄道と同じくサイアム電力に電化設備や電車調達を請負わせる計画であり，総工費は約 6 万バーツであった。電車はパークナーム鉄道と同じものを 3 両投入し，2 両で 30 分間隔の運行を行う予定であった。鉄道委員会で検討した結果，とくに問題ないとのこととなり，1926 年 2 月から電車の運行が開始された[58]。これによって，メークローン鉄道も都市鉄道としての役割を付与されることとなった。図 2-4 から分かるように，会社の営業収入は電化後 37 万バーツ台まで上昇し，経営的にも成功であった。

　電車運行が収入増につながったことから，会社はすぐに電化区間の延伸を申請

91

した。1927年4月にはワット・サイ～ワット・シン間1kmの電化が申請され，鉄道委員会でもこれに同意している[59]。この区間は，おそらく1928年中にも電化が完成し，電車の運行が開始されたものと思われる。その後，1931年にはさらにワット・シン～バーンボーン間2.6kmの電化区間の延伸が申請され，同じく鉄道委員会によって承認されており，おそらく同年中にも電車の運行が始まったものと思われる[60]。これにより，計11kmの区間が電化されたこととなったが，図2-4のように1929年の世界恐慌以降，会社の営業収入が大きく減少していることから，電化区間の延伸も会社の営業状況を好転させるには至らなかった。収入減の要因は，魚輸送の減少と，モーターボートとの競合であった[61]。

(4) 近郊鉄道の国営化

パークナーム鉄道の全線電化計画は，結局サイアム電力による設備投資で実現されたが，この時点で政府は免許期間の延長を認めない方針であることが確認された。それでも，政府が免許期間の延長を公式に否定したわけではなかったことから，会社側は免許期間の終了する1936年9月の1年前頃から政府側に打診し始めた。鉄道委員会で検討した結果，免許の延長は認めずに，政府が買収するか，あるいは予算が足りない場合は政府が会社に賃貸させることが提案された[62]。

これに対し，政府はパークナーム鉄道免許検討委員会 (Khana Kammakan Phicharana ruang Sampathan Borisat Rotfai Paknam Chamkat) を設置し，どのような形でパークナーム鉄道の処遇を行うか決めることとなった。委員会で会社の経営状況を検討した結果，年間10万バーツ程度の純益が出ていると見られることから，当時建設が進められていたバンコク～パークナーム間の道路が開通しても年6万バーツの純益は出るであろうとのこととなり，会社に年6万バーツで8年間賃貸すべきであるとの結論に達した[63]。ところが，1936年1月の閣議で，政府が免許の更新を認めない場合には買収する義務があるのかどうかを確認することに決まり，議論は免許条項の解釈へと移ることとなった[64]。

免許条項の確認の結果，必ずしも政府が買収する必要がないことが確認されたが，検討委員会ではバンコク～パークナーム間道路の開通は1937年末か1938年初めであり，もし鉄道を買収せずに廃止させてしまえば利用者が不便を被るとして，会社側と買収価格の交渉に入るよう提案した[65]。これを受けて，1936年3

第 2 章　競合の発生（1910～1930 年代）

月の閣議では会社との買収交渉を行うことを決めたものの，他方で万が一交渉がまとまらなかった時のために内務省にバンコク～パークナーム間道路（現スクムウィット通り）を免許失効時までに完成させることを指示した[66]。すなわち，政府側は極力有利な条件で買収を行うこととし，たとえ買収しなくても道路ができれば鉄道が廃止されても構わないとの態度を示したのである。

　この後の価格交渉においては，会社側が圧倒的に不利となった。会社側は，当初自社の資産とサイアム電力の資産を合わせた計 57 万バーツを買収価格として提示したが，政府がこれを認めなかったことから 50 万バーツに減額して交渉した[67]。これに対し，政府側は 30 万バーツでの買収を提示し，最終的に 35 万バーツを上限と定め，もし合意できない場合は買収しないことを決めた[68]。このため，政府は急遽バンコク～パークナーム間のバス運行を準備することとなり，運行を任された経済省 (Krasuang Setthakan) は配下の航空輸送社 (Borisat Doen Akat Chamkat，詳細は後述) にバスの運行を認めることにした[69]。航空輸送社は急遽バスを調達し，免許が失効する 9 月 12 日からバスの運行を開始することに決めた[70]。バンコク～パークナーム間道路も一部の橋が未完成であったが，どうにか自動車が通行できる状況には整備された。

　このため，会社側は結局政府側の要求を呑まざるを得なくなった。免許失効直前の 9 月 7 日に開かれた臨時株主総会の場において，取締役が政府との交渉過程を説明し，もはや 35 万バーツでの買収に応じるほかに道はないと株主に同意を求めた[71]。結局，この場において提案が承認されたことから，会社側は翌日政府側に買収を受諾すると伝え，パークナーム鉄道は免許期間終了の直前に国営化されることが決まった。時間が限られたことから，9 月 12 日の運行終了を持って会社による営業は終了し，翌日からは従業員は全員継承の上で鉄道局が運行を管轄する形で営業を引き継いだ[72]。こうして，タイで最初の民営鉄道であったパークナーム鉄道は，50 年間の免許期間を経て国営化されたのであった。

　パークナーム鉄道に次いで，メークローン鉄道も免許期間の終了を迎えることとなったが，前章で見たようにメークローン鉄道の免許は 2 区間に分かれていた。すなわち当初ターチーン鉄道として開業したクローンサーン～ターチーン間が 1941 年 5 月に，後から開通したバーンレーム～メークローン間が 1945 年 8 月に終了することになっていた。会社側としては，主要な収入源となっているクロー

93

ンサーン〜ターチーン間を先に買収されてしまうと、残りの4年間は需要の少ないバーンレーム〜メークローン間のみの営業となり経営的にも好ましくないことから、双方の免許期限の中間点である1943年に一括して政府に売却する案を提示してきた[73]。鉄道委員会で検討の結果、双方の免許をそれぞれ12年、8年間延長して、その間に政府の対応を決めるべきであると提案した[74]。会社側は資産価値を103万バーツと見積もってこの額での買収を要求したが、鉄道局で設置した検討委員会は40万バーツと評価し、パークナーム鉄道の時と同じく双方の見解が大きく分かれた[75]。

このため、1941年1月にパークナーム鉄道の時と同じく買収検討委員会が設置され、免許条項を確認して買収の必要性があるかどうか確かめることとなった。ところが、検討した結果、旧ターチーン鉄道の免許では線路(Thang Rotfai)を接収できると書かれており、買収すべきものは車両や建築物などのみとなり、買収額を大幅に引き下げられる可能性が高まったとの結論に達した[76]。会社側は当然反対したが、法制委員会(Khana Kammakan Kritsadika)もこの解釈を正当と認めたことから、双方の対立はさらに深まった。このままでは免許終了までに結論が出ない可能性が高まったが、4月の検討委員会では免許の開始時期について検討がなされ、王の裁可が得られた1902年11月23日から40年間と解釈すべきとの解釈が出され、免許は1942年11月23日まで有効であることを会社側に伝えた[77]。

これによって、会社との買収交渉の期限は1年間延びたこととなったが、結局線路を無償とする件に関しては双方の合意が得られぬまま、1942年の免許失効を迎えることとなった。会社側は仲裁人を立ててこの問題を解決することを主張し、仲裁人による解決を目指すこととなった[78]。それでも、免許失効により列車の運行が止まってしまうことは避けなければならなかったことから、とりあえず鉄道局が資産と運行を引き継ぐ形で双方は合意し、1942年11月24日からクローンサーン〜ターチーンの運行が鉄道局に移管された[79]。

その後も問題の根本的な解決はなされず、1945年8月のバーンレーム〜メークローン間の免許失効も近づいたことから、政府側は1945年7月にかつて会社が提示した価格102万バーツで全線を買収する案を提示した[80]。ところが、会社側はこの間の物価上昇を鑑みて400万バーツでの売却を株主が求めていると主

第2章 競合の発生（1910～1930年代）

張し，妥協点として 200 万バーツでの買収を提示してきた。このため，今回も合意が得られぬままバーンレーム～メークローン間の免許失効日の 1945 年 8 月 13 日を迎え，クローンサーン～ターチーン間と同様に鉄道局が運行を引き継いだ。結局 1945 年 11 月の閣議で 200 万バーツ以内での買収が認められたことから[81]，翌年 5 月に 200 万バーツでの買収で双方が合意した［RFT 1970: 352-353］。

　メークローン鉄道の買収によって，タイに存在した民営鉄道はすべて消滅した。パークナーム鉄道とメークローン鉄道は免許終了まで運行し，国営化されて運行が継続されたものの，残る軽便鉄道のプラバート軌道とバーンブアトーン鉄道は戦時中に廃止されており，免許失効前に消えていた[82]。バンコク市内の軌道を運行していたサイアム電力の免許もこの後 1949 年末をもって失効し，同じく国営化されることとなる。このように，戦前にタイで発生した民間による鉄道，軌道事業は，免許期間の終了と共にすべて国営化されたのであった。

第3節　バスの出現

(1) バス事業の始まり

　タイにおける自動車の導入は，1899～1902 年頃と言われている。サグアンによると，タイで最初に自動車を導入した人物については諸説あったが，彼はこの時期にチャオプラヤー・スラサックモントリーが外国人から譲り受けた自動車が，タイで最初の自動車であったものと結論付けている［Sa-nguan 1986: 62］。その後，ヨーロッパに病気療養のために出かけたラーチャブリー親王がフランスでダイムラー・ベンツ製の自動車を購入し，タイへ持ち帰った上で 1904 年にラーマ 5 世に献上した［Castrol (Thailand) 1994: 15-16］。この後，王族・貴族や外国人を中心に自動車の輸入が増加し，1909 年にはバンコク及びその近隣県で計 401 台の自動車が登録されるに至ったという［Ibid. 29-30］。

　バスについてはプラ（後プラヤー）・パックディーノーラセート（Phra Phakdi Noraset, Loet Setthabut）が創始者であるという説が一般的である。同じくサグアンによると，タイで最初のバスは，1907 年頃にプラ・パックディーノーラセー

トがヨッセー（後のカサットスック橋）からプラトゥーナームへと運行を始めたものであった [Sa-nguan 1986: 67]。このバスは当初は馬が牽引する馬車であったが，翌年フォード製の自動車に代替されたという。一方，チャーリー（Chali Iamkrasin）によると，バンコクでの最初の定期馬車は1885年にチャルーンクルン通りで運行を開始したとされており，2年ほどで市内軌道に代替されて廃止された後に，2代目の定期馬車が1909年にプラ・パックディーノーラセートによってヨッセー〜プラトゥーナーム間で運行を開始したという [Chali 1981: 111-113]。彼は自動車への変更年を1913年としていることから，サグアンの説よりも5年ほど遅くなっている。このように，バスの正確な運行開始年は不明であるが，少なくとも1910年前後からプラ・パックディーノーラセートによって運行が開始されたことは事実であろう。彼は後に自らの名前を冠したナーイ・ルート社（Borisat Nai Loet Chamkat）を立ち上げ，この会社が戦後バンコクの最大のバス事業者として機能していくことになる[83]。

　しかし，実際にはバスの運行計画も，タイ人ではなく外国人が先行していた。タイ国立公文書館の資料から判別する限り，最初にバスの運行を計画していたのは，サイアム電力であった。1905年11月に，ウェステンホルツがサイアム電力の市内軌道のフィーダー線として5つのルートでのバスの運行を申請してきた[84]。また，同じ頃にイギリス人技師グランドウォーター（C. L. Groundwater）が，バーンラック〜王宮前広場間で10分間隔でのバスの運行を申請していた[85]。前者についてはサイアム電力の市内軌道の延伸とともに申請されていたものであり，市内軌道と水運との連絡のためのフィーダーバスを短区間で運行するものであったが，バスの運行については途中で立ち消えとなっていた。後者については市内軌道のバーンコーレーム線と完全に並行する路線であり，首都大臣のナレート親王はバンコクの道路は狭いのでバスの運行には向かないとの回答を準備していた[86]。結局，外国人によるバス運行計画は実現せず，プラ・パックディーノーラセートが初のバス運行者となったのである。

　最初のバス路線が開設されてからの路線網の拡張の過程は不明であるが，1925年のバンコクのバス路線の一覧は存在する。これをまとめたものが，表2-5となる。これを見ると，1925年の時点で，計12のバス路線がバンコクに存在していたことになる。運行者はバス事業の創始者であるプラ・パックディーノーラ

第 2 章　競合の発生（1910～1930 年代）

写真 2-2　黎明期のバス

出所：KSMK［2001］: 14

表2-5 バンコクのバス路線（1925年）

運行者	バス台数	区間	運賃	経由地（道路）
タン・ジラーユットコーソン	3～6	ナーンルーン市場～バーンスー郡役所	1区間5サタン、全線20サタン	ラーマ5世
プラ・バックディー・ノーラーセート	5	ヨッセー～プラトゥーナーム	1区間5サタン、全線10サタン	ラーマ1世、ラーチャダムリ
プラ・バックディー・ノーラーセート	4	ヨッセー～テーワカム橋	1区間3サタン、全線6サタン	クルンカセーム
プラ・バックディー・ノーラーセート	3	バーンラック～プラトゥーナーム	1区間5サタン、全線20サタン	シーロム、ラーチャダムリ
プラヤー・チョンラックノーラシン	8	ラピーパットナパーク橋～ウィッタユ	1区間5サタン、全線25サタン	ルアン、ラーマ4世
プラヤー・チョンラックノーラシン	4	チャックラワット～シアンコン小路	1区間5サタン、全線10サタン	ソンワート
プラヤー・チョンラックノーラシン	4	シープラヤー～シーアユタヤー	1区間3～5サタン、全線26サタン	シープラヤー、パヤータイ
プラヤー・チョンラックノーラシン ファナック・サマンラオ	4	スラウォン～サナームマー	1区間5サタン、全線20サタン	スラウォン、アンリードゥーナン、サームセーン、タノン、テーチャワニット
プラ・バックディー・ノーラーセート	2	キアオカイカー～バーンスー	1区間5サタン、全線20サタン	
プラ・バックディー・ノーラーセート	3	ラーンルアン～マッカサン	1区間5サタン、全線20サタン	ラーンルアン、ペップリー、ラーチャプラーロック
サムアーン・アスミットソンクラーム	2	ノーララット橋～キアオカイカー	1区間5～10サタン、全線25サタン	サートーン、ウィッタユ
プラヤー・チョンラックノーラシン	4	サートーン～プルーンチット	1区間5サタン全線20サタン	サートーン、ウィッタユ

出所：NA Ro. 6 No. 8. 4/11 より筆者作成

セートが4路線のほか，プラヤー・チョンラックノーラシン（Phraya Chongrak Norasin）が5線あり，他に1線のみの運行者が3人存在した。いずれもタイ人による運行となっており，タイの経済活動を牛耳っていたと言われる中国人が全く存在しない点が注目される。

　実際の路線は図2-5に示されているように，チャオプラヤー川とパドゥンクルンカセーム運河に囲まれた旧市街ではなく，むしろ東や北の郊外への路線が多かったことが分かる。とくに路線が集中しているのは東方であり，市内軌道のバンコーレーム線，東線，メーナームへの支線で囲まれた範囲内に多くのバス路線が開設されていたことが分かる。この辺りは上述したように人口が急増した地域であり，なおかつ市内軌道がまだ到達していない地域でもあった。北方へもバンスーへ至るバス路線が開設されており，やはり人口が増加していた地域へ至る路線であった。市内軌道と並行するバス路線が，サームセーン通りのバーンラムプー〜バーンクラブー間を除いて皆無のように，この時期のバス路線は基本的には市内軌道がまだ到達していない郊外へのアクセスが中心であった。

　なお，バスの運行については，当初は運行許可に関する規則はとくに存在しなかったが，1930年に交付された自動車法（Phraratchaban-yat Rotyon）によって，特別許可証（Bai Anuyat Phiset）が出されるようになった[87]。鉄道や市内軌道の場合は免許（Sampathan）が出されていたが，バスの場合の免許は，民間が独自に建設した道路（免許道路）上で独占的なバスの運行を行う場合に限って免許が出されており，公道上の路線バスの場合は特別許可となっていた。この特別許可は1年ごとに更新されることになっており，免許のように数十年単位の期間を有するものではなかった[88]。特別許可証の発行元は自治土木局（Krom Yotha Thetsaban）となっており，具体的にはバス運行申請検討委員会（Kammakan Phicharana Ruangrao lae Kham Kho Doen Rotyon Satharana Pracham Thang）が事業者からの申請を検討して，許可するかどうかを決めていた[89]。

(2) 路線網の拡張

　バンコクのバス路線は新たに市街地が拡大していった東方と北方で広がっていったが，当然ながらバンコクの道路網の範囲がバス路線の拡張の限界でもあった。1930年代までバンコクの道路網は外部とは寸断された孤立状態であり，バ

図 2-5　バンコクのバス路線網（1925 年）

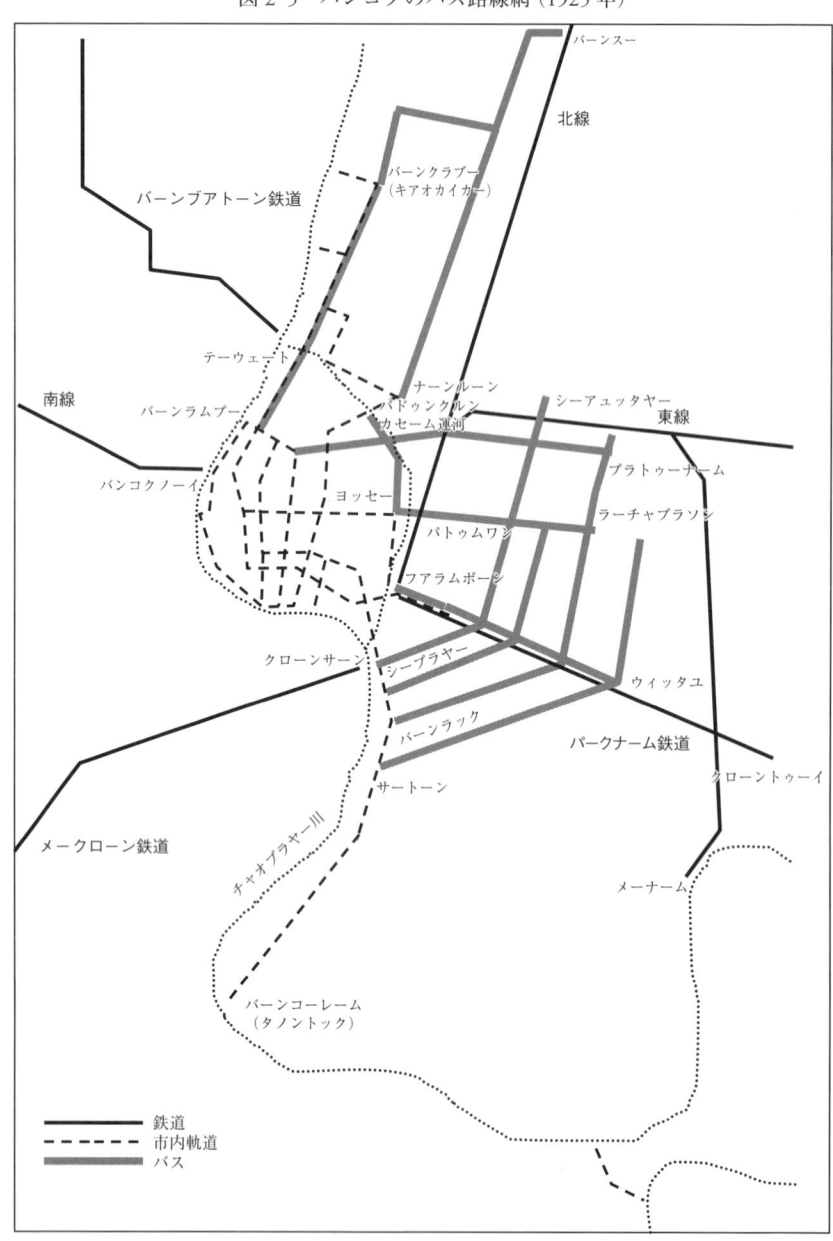

出所：表 2-5 より筆者作成

第 2 章　競合の発生 (1910〜1930 年代)

ンコクと地方を結ぶ交通手段は鉄道と水運しかなかった。このため，バンコクのバス路線は県外へ出ることはできず，バンコクと地方を結ぶようなバスの出現は，そのような道路の開通を待たねばならなかった。さらに，チャオプラヤー川西岸のトンブリー側での道路整備も遅れていたことから，トンブリー側でのバスの出現も 1930 年代に入ってからのこととなった。

　バンコクで最初の県間バスは，パークナームへのバスであった。上述のように，このバスの運行は，パークナーム鉄道の免許が 1936 年 9 月で失効することを受けて，鉄道を買収しない場合の交通手段の確保として急遽運行が決まったもので，航空輸送社がそれを任されることになった。航空輸送社は 1931 年に設立された国営企業で，主に国内の航空路線の運行を行うことを目的としたが，収益改善のための事業の拡大を求め，政府が道路を建設していたバンコク〜ドーンムアン間，バンコク〜パークナーム間のバス運行の許可を求めていた。実際には，1936 年 8 月の株主総会でパークナームへのバス運行についてはバンコク市に任せるので却下されたと説明されていたことから，パークナームへのバス運行の依頼は会社にとって予想外の出来事であったことが分かる[90]。

　パークナームには既にパークナーム鉄道が到達し，1926 年から電車の運行も行われていたが，本数は依然として少ない状態であった。ところが，バスは 15 分間隔で運行を開始したことから，鉄道に比べてこの間の運行頻度は大幅に高まった[91]。パークナームはバンコクの南に位置するサムットプラーカーン県の県庁所在地ではあったが，実際にはバンコクの郊外といっても差支えないような場所であった。このため，バンコク〜パークナーム間のバスは確かにタイで最初のバンコクと他県を結ぶ県間バスではあったが，実際にはバンコクの郊外バスとしての機能も有していた。

　一方，県間バスではないが，ドーンムアンへのバスも同じく 1936 年から運行を開始したものと思われる。これは 1933 年のボーウォーラデート親王 (Phraongchao Boworadet) の反乱を契機に政府が建設を開始したドーンムアンへの道路の開通に伴うもので，バンコクから北へ向かう幹線道路の一部となるものであった[92]。ドーンムアンにはバンコクの空港が存在していたが，この道路が開通するまでは官営鉄道の北線が唯一のアクセスとなっていた。このため，航空輸送社がドーンムアンへのバス運行を申請していたが，空軍クラブ (Samoson Thahan

101

Akat) がバス運行の特別許可を獲得した。実際には空軍クラブが自らバスを運行するのではなく，民間のサイアム自動車 (Borisat Sayam Rotyon Chamkat) 社に運行を委託したが，1938 年 11 月からこの運行もまた航空輸送社に任されることとなった[93]。ドームアンを通る官営鉄道も列車本数は限られていたことから，バスの運行はバンコクとドームアンの間の往来の便を大幅に高めることとなり，もう 1 つの近郊バスとして機能するようになった。

　パークナームに次ぐ県間バスは，ノンタブリーへのバスであった。ノンタブリーはチャオプラヤー川沿いに位置するために水運が利用可能であり，また川の西岸ではバーンブアトーン鉄道も利用可能であったことから，パークナームと同じく道路の重要性はそれほど高くなかった。ところが，1930 年にチャオプラヤー川畔のバーンクワーンに新たな刑務所を設置し，ノンタブリーの県庁もその付近に移設するという計画が出現すると，バンコクとの間に道路を建設する計画も浮上した[94]。このため，翌年バンコクからノンタブリーまでの道路建設のための勅令が出たが，直後の立憲革命の影響もあり，着工は見送られた。その後パークナームやドームアンへの道路整備が優先されたものの，1936 年からの第 1 次道路建設 5 年計画に盛り込まれ，1939 年 11 月にようやく開通した[95]。これを受けてバンコクとの間のバスも運行を開始したが，このバス (29 系統) は表 2-6 のようにノンタブリー市が特別許可を受けていた。ノンタブリーもバンコクの中心街から 20km 程度であることから，このバスも実質的にバンコクの郊外バスであった。このように，1930 年代にバンコクの市街地から地方へと伸びる道路が整備され始めたことによって，パークナーム，ドームアン，ノンタブリーと 3 方向へ至る郊外バスが運行を開始したのである。

　トンブリーでのバス路線の開設は，1932 年に開通したプット橋の建設と連動していた。トンブリー側では道路の整備が遅れ，1920 年代までは自動車が通行可能な道路がほとんどないような状況であった。このため，プット橋の建設に合わせてトンブリー側でも本格的な道路整備が行われることとなり，プット橋からダーオカノーン運河までなど計 10 線の道路が対象となった [Kanokwali 2001: 157]。現在タークシン王像が立っているウォンウィアンヤイ (大ロータリー) も，この時に建設されたものであった[96]。これによって，トンブリーでのバス運行も可能となったが，表 2-6 を見る限りトンブリーのバス路線で最古のものは，12

第 2 章　競合の発生（1910～1930 年代）

表 2-6　バンコクのバス路線（1939 年末）

路線番号	路線	事業者	経由	認可年月日	備考
1	カサットスック橋～プラカノーン	ルート・セータブット	ラーマ1世、バークナーム	1933/03/18	
2	バーンラムプー～マッカサン	ルート・セータブット	ラーマ1世、ベップリー、ラーチャプラーロック	1932/04/28	
3	カサットスック～プラトゥーナーム	ルート・セータブット	ラーマ1世、ラーチャダムリ	1932/04/28	
4	シープラヤー～戦勝記念塔	ルート・セータブット	シープラヤー、バヤータイ	1932/04/28	
5	プラトゥーナーム～シーロム	ルート・セータブット	ラーマ4世（タムリ）、シーロム	1932/12/30	
7	シーヤーン～サーデーン	サノーン・ユワプーン	ナコーンチャイシー、ラーマ6世、ラーチャー	1932/12/30	
8	ラーマ5世像～プット橋	ルート・セータブット	ウィティー、ラーチャプラーロック	1932/10/01	
10	バーンクンプロム～サームイェーク	シーナコーン社	ラーチャダムヌーン、ナーブラーン	1934/07/28	
12	ウォンウィアンレック～ウォンウィアンヤイ	トンブリー市	ウィスットカサット、ナコーンサワン、ルアン、ソムデットチャオプラヤー、ラートヤー	1934/04/21	ナコーントン社から 1939/05/17 移管
14	ブラブポーン～バンコク港	タイ自動車	ラーマ4世、スントーンコーサー	1932/04/12	
15	ブット橋～バーンスー	タイ自動車	チャックラペット、チャックラポン、サームセーン、ラーマ5世	1932/04/13	
17	テーウェート～ビックヤサティアン橋	タイ自動車	クルンカセーム、マハーブルッターラーム、ラーマ4世、ラーマ6世、ラーマ1世	1932/04/13	
20	プララムホーム～バーンクナーム	航空輸送社	バーンナーム道路	1936/07/10	郊外バス
21	バーンスー～ワンラーパー	シーナコーン社	ラーマ5世、ナコーンサワン、マハーチャイ	1932/05/09	
22	トゥロークチャイ～バーンボーンパーン	ブリック・サートゥ	チャン、サーントゥプラディット	1934/05/13	
23	戦勝記念塔/サパーンデーン～ドーンムアン	空軍クラブ	ドーンムアン道路	1936/09/18	郊外バス
24	サーティアン～ダンドック	バンコク市	チャルーンクルン	1938/05	
25	ダーオカノーン～バーンラムプー	トンブリー市	ターウシン、ティーノン	1939/05/17	
26	タラートプルー～ターブラチャン	トンブリー市	トゥクチャイ、プラヤーティボック、バーンモー	1939/05/17	
27	カサットスック～バンコクノーイ駅	トンブリー市	バムルンムアン、マハラッブラチャン、プラチャー	1938/01/21	
28	バヤーマーイ～シリラート	トンブリー市	テーサバーン2	1939/05/17	
29	キアオカイカー～ノンタブリー	ノンタブリー市	バーンクラブー	1939/09/12	郊外バス

出所：NA [2] So Ro. 0201. 66. 3/7 より筆者作成

103

系統の1934年となっており，プット橋を渡って東西両岸を結ぶバスも25系統などが認可される1939年まで存在しなかったことになる。しかし，実際にはそれ以前からバスの運行は始まっていたようであり，サグアンは1933年に中国人が設立したナコーントン社 (Borisat Nakhon Thon Chamkat) がバーンラムプー～ウォンウィアンヤイ間で初めてバスの運行を開始したとしている [Sa-nguan 1986: 68][97]。県間バスと同じく，やはりプット橋と道路ができたことがトンブリーでのバス運行の開始の契機となっていたのである。

(3) 市のバス事業への参入

　バス路線の拡張は，郊外のみならず市内でも進んだ。表2-6のように，1930年代末には計22線のバス路線が開設されており，図2-6のようにバス路線網も大幅に緻密となっていたことが分かる。1925年と比較すると，三環濠に囲まれた旧市街でのバス路線も増えた上，郊外でも路線網が拡大していった状況が確認できる。中でも顕著なのは，市内軌道と競合する路線が増加したことであった。1925年の時点ではバス路線はほとんどが既存の市内軌道と競合せずに棲み分けを行っていたのに対し，1930年代末には大半の区間で市内軌道とバスが同じ道路上を走っていたことが分かる。これは，1920年代に市内軌道が新たに延伸した区間が，いずれも既にバスが運行されていて競合区間となった場合もあるが，多くは逆に従来市内軌道しか存在しなかった区間に新たにバスが参入したことによるものであった。次に見るように，市内軌道を運行するサイアム電力は政府と協定を結んで市内軌道と競合するバス路線の新規開設を抑制しようとしたが，結局効果がないとのことで協定は破棄された。図2-5と図2-6を比較すると，わずか15年の間に急速にバス路線が拡張し，市内全域において市内軌道とバスとの競合が発生するようになった状況が理解されよう。

　バス路線の増加とともに，バスの運行事業者も多様化が進んだ。表2-6を見ると，ルート・セータブット（プラ・パックディーノーラセート）のように1925年から継続してバス事業に参入している人名も見られるが，シーナコーン社 (Borisat Hang Hun Suan Chamkat Si Nakhon) やタイ自動車 (Borisat Rotyon Thai Chamkat) など，この時期になると事業者が会社を組織している事例も見られるようになった。さらに，パークナームへのバスやドーンムアンへのバスのように国営企業や政府機

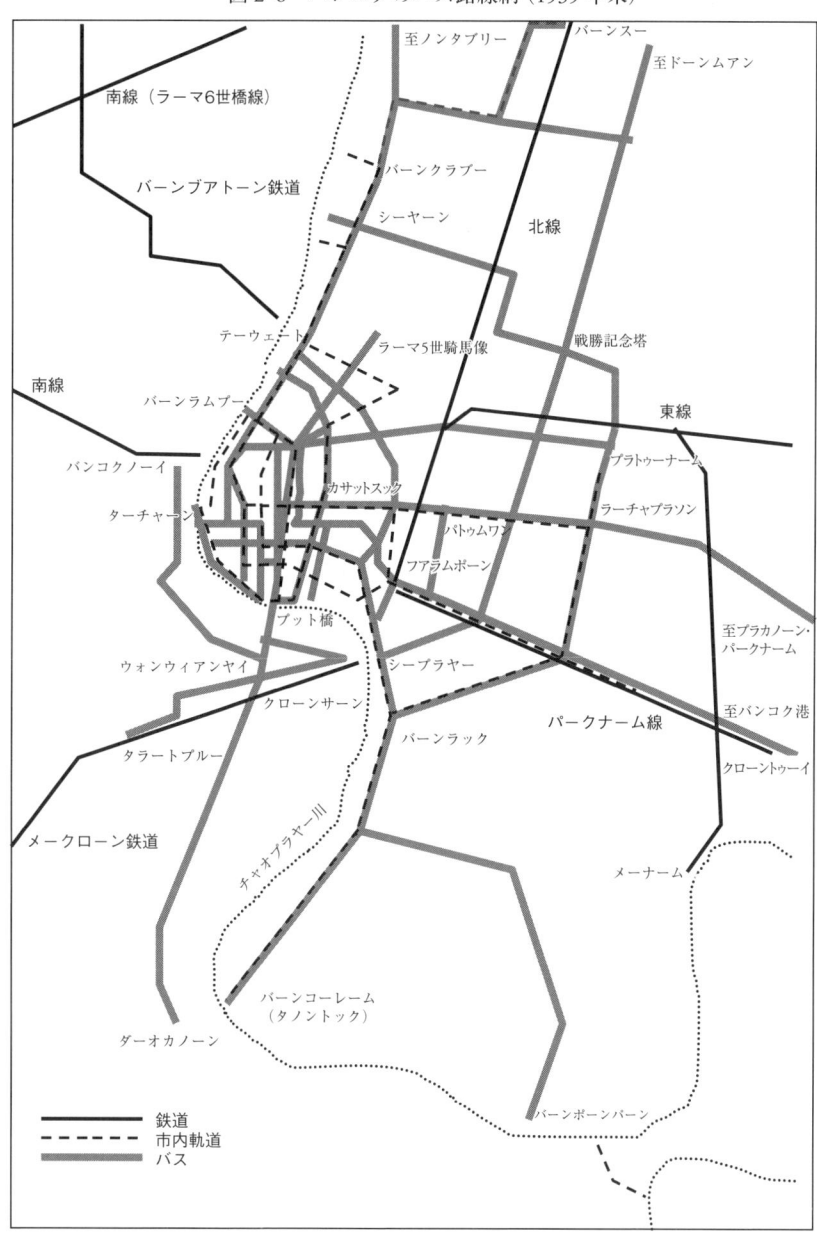

第 2 章　競合の発生（1910～1930 年代）

図 2-6　バンコクのバス路線網（1939 年末）

出所：表 2-6 より筆者作成

105

関が事業者となっている例もあれば，バンコク市やトンブリー市などの地方自治体が運行している路線も存在した。このように，バス路線の増加とともに官民問わず様々な個人や機関がバス事業に参入し，事業者の多様化が進んだのである。

　当初政府は基本的にバス事業への参入についてはとくに制限を設けず，申請があれば先着順に受け付けて特別許可を出すという形で対応してきた。しかし，立憲革命後は地方自治体である市（テーサバーン）にバス運行を任せ，将来的にはバス事業は市に一元化することに方針を改めていった。パークナームへのバスが，一時航空輸送社ではなく市に運行を任せることに決まったのも，このバス事業の市営化の流れを受けたものであった。市は1933年テーサバーン法に基づいて設置されたものであり，1935年に旧来の衛生区（スカーピバーン）を格上げする形で1935年に35ヶ所で設置されたのがその始まりである［永井 2003: 278-279］。市の任務はいわゆる日本の地方自治体の任務と同じく様々な公共サービスの提供であり，その中には当然交通も含まれていた。このため，市を管轄する内務省としては，市が設置された都市においては交通事業，すなわちバス事業は市の管轄とすることを原則としており，バンコクのバス事業も最終的には市が運営することを想定していた。次に述べるように，バスの競合制限のためのサイアム電力との協定を更新してきた背景には，バンコク市の設置による市営のバス事業の開始を待つという意味もあった。

　1937年4月にバンコク市が設置されて，バンコクにおける自治体としての機能を有することになった［Uthai 1980: 175］。後述するようにバンコク市はチャルーンクルン通りでのバス運行を1939年から開始し，バンコクのバス事業に市が参入することになったのである。表2-6を見ると，1938年にバンコク市に対して24系統の特別許可が出されており，その後1939年にトンブリー市，ノンタブリー市にも許可が出されていることから，各市が相次いでバス事業に参入したことが分かる。この表を見る限り，1938年以降は市以外に新規の路線を開設した事業者がいないことから，バンコク市の成立以降は地方自治体へのみ新たなバス路線の開設を認めたことになる。すなわち，都市内のバス事業はそれぞれの市に任せるという政府の方針が，この時点では一応確立されたのであった。

　このように，バンコクのバス事業に参入した業者は，当初の民間のみの状態から国営企業や地方自治体の新たな参入へと変化していった。そして，最終的には

第2章　競合の発生（1910〜1930年代）

バンコク市を始めとする市の設置に伴い，新たなバス路線の開設はすべて市に対して認めるようになったことで，バス事業の市営化が推進されていくかに見えた。表2-6の12系統のように，民間が運行を中止した路線がトンブリー市へ移管されていた例もあることから，民間が撤退したら市へ移管するという原則も確立されていたはずである。この原則を忠実に守れば，バンコクのバス事業もやがて市営に統合されていくはずであったが，実際には市の能力不足からこの後再び民間や新たな政府機関のバス事業への参入が起こり，多数のバス事業者が乱立するという状況に戻っていくのであった。

第4節　市内軌道への逆風

(1) サイアム電力のバス対策

　利用者の増加と道路使用料の引き下げによって，一時低迷した市内軌道事業は1910年代後半以降復活し，1920年代後半には路線網の拡張も実現させたが，1929年に発生した世界恐慌は再び利用者の減少を引き起こし，市内軌道事業に悪影響を及ぼすこととなった。さらに，バスとの競合もより深刻となり，サイアム電力は政府と交渉して競合するバスの運行を禁止するよう求めることとなった。バスとの競合は，1920年代後半に建設した新線で早くも発生していた。これらの新線が建設された道路上では既にバスが運行されていた区間が多かったことから，バスと市内軌道との間での乗客獲得競争が始まった。1927年には開通したばかりのサームセーン線の延伸区間において，運賃を当初の4サタンから3サタンに引き下げたが，これは既にこの値段に引き下げたバスに対抗するためであった[98]。

　さらに，既存の市内軌道についても一部区間でバスとの競合が発生してきたことから，会社は1931年に入って政府に対して道路使用料の引き上げの代わりに，市内軌道に並行するバス路線の開設を認めないようにする協定を結ぶことを提案した[99]。これは旧サイアム電力の路線の道路使用料を従来の1マイル3,000バーツから収入の7.5％に変更し，運賃を1区間6サタンから5サタンへ引き下げ，公務用の電気代を1ユニットあたり2サタン引き下げる代わりに，バーンコー

107

レーム，サームセーン，フアラムポーン線の一部区間での新たなバス路線の開設を政府が認めないというもので，政府の収入を増やして支出を削減することと引き換えに，競合するバス路線の許可を行わないよう求めたものであった。

これに対し，政府は市内軌道事業からの利益分配が増えることと，バス事業者の増加に伴う道路混雑の緩和のために，この申し出を受け入れることにした。当時バスの特別許可は 1 年単位で自治土木局が出していたが，バスの運行許可自体から得られる収入は何もなかった。しかし，市内軌道の場合は道路使用料が得られることから，政府としてはバスよりも市内軌道のほうが儲けとなった。1925年の市内軌道延伸の際にもチャオプラヤー・ヨムマラート（Chaophraya Yommarat）首都大臣は，既にバスが通っている道路での市内軌道延伸ではあるものの，バスとは異なり道路使用料という収入が得られるとして政府の収入が増えることから許可すべきであると王に進言していた[100]。実際に，この契約によって従来年間約 7 万バーツであった道路使用料は 12 万 2,000 バーツと 5 万 2,000 バーツ増加し，一方公務用の電気代の削減額は 1933 年には 2 万 3,293 バーツであったことから，政府の利益は約 7.5 万バーツとなった[101]。

この政府とサイアム電力との協定は，タイ人のバス事業者から非難を浴びることとなった。例えば 1932 年 7 月には市内軌道と競合するバス路線 3 線を申請したプラヤー・テーパハッサディン（Phraya Thepphahatsadin）らが，サイアム電力の市内軌道と競合するという理由で申請が却下されたのは，サイアム電力の道路上での独占を意味し，タイ人の生業機会を奪うものであると，就任したばかりのプラヤー・マノーパコーン（Phraya Manopakon）首相に対して不満を表明していた[102]。この協定は 1932 年の立憲革命前の王政政府によって締結されたものであることから，バンコク市内の交通事業を外国人の手にゆだねておくような旧政権の方針はおかしいと指摘し，外国人を排除してタイ人の就業機会を増やすという新政権による政策変更を期待したのであった。

しかし，この協定は人民党政権下でも継続された。当初の協定は 2 年契約となっており，1933 年に更新された後に，1935 年にも更新の是非が検討された。その結果，内務省はバスの運行を会社組織の形態で行うべきであるとしたものの，まだそのような段階には達していないとして後 1 年間の協定の延長を決めていた[103]。その後もバンコク市によるバス運行計画は進展せず，1936 年に 1 年間の

延長を行い，1937年も半年の延長を行うことに決めた[104]。ところが，サイアム電力側が協定の終了を申し出たことから，1937年3月限りでこの取り決めは廃止された[105]。会社側はその理由として近年増加してきたサームロー（輪タク）との競合を挙げていたが，実際には申し出の直前に行われていた株主総会で政府との協定が意味をなしていないとの指摘がなされたことと，3月20日から市内軌道と競合するモスキトー・バス（Mosquito Bus）が運行を開始したことが主要な要因であったものと思われる[106]。

結局，政府との協定によるバス路線の制限は，会社の苦境を好転させることはできなかった。先の図2-1のように，1928年を頂点にサイアム電力の純益は減少し，1936年には約136万バーツと最盛期の半分近くまで減少した。図2-2の配当率も1934年には5.5％まで低下しており，会社の収益性は明らかに低下していた。会社は政府との契約を解消して道路使用料の引き下げと公務用の電気代の値上げを行って収入増と支出減を目論み，さらにバスとの競合が激しい区間の運賃引き下げを行う形でこの苦境を乗り越えようとしたのであった。

(2) チャルーンクルン通りをめぐる問題

バーンコーレーム線の走るチャルーンクルン通りは，バンコクで最も交通量の多い道路であり，自動車の増加と共に道路混雑が顕在化していた。上述のように1930年には首都局がサイアム電力に対して線路の移設かトロリーバス化を求めていたが，会社は解決策として市内軌道の複線化かトロリーバス化は有効であるとしたものの，そのための設備投資額が膨大となることから，免許終了後の扱いについて合意する必要があるとして，新会社を設立して事業を継承することを薦めてきた[107]。政府がこれに難色を示したことから，バーンコーレーム線のトロリーバス化問題は一旦下火となった。

その後，1936年1月に政府は市内の道路混雑の激しい区間のトロリーバス化を再度要求し，これに対して会社は政府の意向に従うとして，そのための計画案を6月に提示した[108]。この計画案の詳細は不明であるが，政府は会社の提案には賛成しなかった。1930年の時点でも免許期間の延長か免許終了後の買い取りを求めていたことから，今回も何らかの形で政府側の負担を求めたものと思われる。会社はトロリーバス化のための資金として減価償却費を200万バーツほど

留保しておいたが，政府が計画を承認しなかったことから株主に還元することにした[109]。その後1939年にも会社がトロリーバス化を決めたとの記事が出てくるが，実際には何の進展もなかった[110]。

トロリーバス化は頓挫したものの，チャルーンクルン通りでは新たにバンコク市によるバス運行計画が浮上し，会社側は対応に迫られることとなった。上述のようにバンコク市は1937年4月に設置されたが，直ちにバス事業への参入を検討し始め，1938年8月に最初の市営のバス路線としてバーンコーレーム～ターチャーン間でバスの運行を行うことを決めた[111]。この路線は完全にバーンコーレーム線と競合するものであり，サイアム電力は市に対してバスの運行計画を中止するよう求めることにした。具体的には，追加費用なしですべての街路灯を夜間点灯すること，年2万5,000バーツ道路使用料を引き上げること，現在の街路灯用電気代の年2万5,000バーツの引き下げ，のいずれかの代わりに，バーンコーレーム線，フアラムポーン線の全線と，サームセーン，ドゥシット線の一部区間においてバス運行を行わないことを約束し，既に購入契約をしているバスは会社が売却先を探すというものであった[112]。これは以前の政府との協定と似たものであったが，前回は会社の負担額が年7万5,000バーツ程度であったのに対し，今回は2万5,000バーツとはるかに安くなっていた。これはバンコク市内でのサームローの1万台の増車などバス以外の輸送手段との競合も激化し，バスのみの規制では対応できなくなったためであった。

実際には，チャルーンクルン通りの混雑をさらに悪化させるとして，市によるバス運行計画に反対する声も少なからず存在した[113]。しかし，市は会社の提案には応じず計画を予定通り進め，1939年6月よりバスの運行を開始した。サイアム電力も同時にバーンコーレーム線の運賃を引き下げ，バスに対抗することとなった[114]。それでも最大の稼ぎ頭であったバーンコーレーム線での全線にわたるバスとの競合は会社にとって大きな打撃であり，市内軌道事業収入のさらなる減少をもたらした。1920年代後半から始まったバスとの競合は，政府との協定もあり一時はある程度押さえ込むことができたものの，政府の方針に基づくバンコク市のバス事業への参入によって本格的に市内軌道事業に影響を与えることとなった。

(3) 市内軌道会社の労働争議

バスとの競合への対応のみならず，労働者の待遇改善要求への対応も，市内軌道事業の収益性を悪化させる要因となっていった。タイにおける労働運動の歴史はそれほど古いものではなく，1910年の人頭税の徴収に反対した中国人による商店閉鎖や騒動，1916年に人力車の車夫が車両賃貸料の値上げに反対して起こしたストライキなどが，その黎明期のものであった[115]。その後市内軌道においてもストライキが発生し，会社は対応に迫られることになった。

タイにおける最初の市内軌道会社の従業員によるストライキは，1921年に発生したタイ軌道の従業員によるものであった。1921年2月10日朝に，タイ軌道の運転士ら78人がストライキを起こし，ワット・サケートで集会を開いていたところ，不法な集会であるとして警察に逮捕された[116]。彼らは現在の賃金が月平均55バーツであることに不満を抱き，また会社の罰則が厳しく罰金によって月に2.5バーツが賃金から差し引かれる状況の改善を求めてストを行ったと主張した。警察が調停して，従業員に対して職場へ戻ることを教え諭し，会社に対しても従業員の不満点の改善を検討するよう求め，その日のうちに問題は解決した。

その後，1922年12月31日に，今度はサイアム電力の従業員が突然ストライキを決行した。バーンコーレーム線とサームセーン線の従業員ら122人が首都省前に集結し，ボーナスの引き上げなど7項目を要求した[117]。警察が仲介して従業員と会社側と調停を行ったが合意には至らず，翌1月1日に従業員側がさらに6項目の要求を出してきた。1月2日にはストライキは収まり，会社側は1月10日に従業員の要求した項目についての解答を示した[118]。会社側はボーナスの原資を年2万7,000バーツ増やすことなどを認めたが，1月13日にはサイアム電力のみならずタイ軌道の従業員も含めた305人が再びストライキを起こした[119]。内務省では政府，会社，従業員の三者からなる調停委員会を設置して解決しようと試みたが，従業員は職場へ復帰することを拒み，解決は長引いた。会社側は既に従業員の要求を受け入れたとして大幅な譲歩を認めず，職場放棄した従業員を解雇する形で断固対応した[120]。結局1月末には正常な状態へ復帰したが，これによって会社の経費は確実に増加した。

その後ストライキはなかったが，1932年の立憲革命を契機に労働者の権利意識が急速に高まり，ストライキが相次いで発生した。1932年8月には車両賃貸

料の引き下げを求めるバンコクの人力車の車夫によるストライキが発生して，6,000 人の車夫がこれに参加した [Phanni 1999: 108]。その後，市内軌道の従業員にも飛び火し，11 月にはサイアム電力の従業員によるストライキが発生した [Thompson 1967: 615-616]。これは一部従業員の解雇に端を発したものであり，解雇の一部撤回によってストライキは収まったが，会社は就業規定の見直しを迫られることとなった。1933 年 4 月に制定された新たな就業規則では，賃金の引き上げを 5 年ごとに行っていたのを毎年 1 バーツずつ引き上げる形に改め，病欠の場合も有給とするなど従業員の待遇向上がなされた[121]。なお，このストライキの直前の 1932 年 10 月には市内軌道労働者による協会が設立され，労働運動の組織化が図られていた[122]。

このような従業員による労働争議は，もう 1 つの市内軌道事業への逆風となった。ストライキによる運賃収入の減少のみならず，ストライキ終結のための従業員の待遇向上は，会社の支出を増大させることとなった。立憲革命に端を発した労働運動はさらに各所に飛び火し，1934 年にはバンコクの精米所労働者や鉄道局の労働者らもストライキを決行し，市内軌道労働者協会もこれらの活動を支援した。市内軌道の従業員による大規模なストライキはひとまず終結したが，会社は引き続き従業員の不満が爆発しないように待遇向上に努めなければならなかった。

第 5 節　外国企業による都市交通事業の限界

(1) 都市鉄道化できなかった近郊鉄道

バンコクの民営鉄道が結局都市鉄道化の道を歩むことができなかった背景には，政府側の民営鉄道への警戒感と，その警戒感が生み出した民営鉄道側の消極姿勢が存在した。タイは 1880 年代から鉄道建設への道を歩み出したが，その基本は官営鉄道主義であった。タイにおいても民営鉄道計画は数多く浮上したが，そのほとんどが外国人によるものであり，政府は民営鉄道の出現に伴う外国勢力の権益の獲得を非常に警戒していた[123]。それは，中国を始めとする諸外国の事例を反面教師として学んだものであり，民営鉄道イコール外国人の権益獲得とい

第 2 章　競合の発生（1910〜1930 年代）

うイメージが強まった。

　このため，当初はやや寛容であった民営鉄道に対する態度も徐々に厳しくなり，最終的に 1900 年代には民営鉄道はすべて認めないとの方針を打ち出すに至った[124]。当初は国家の安全保障に影響を及ぼしかねない路線であれば政府は民間による鉄道建設を認めたものの，その後 1899 年に政府が建設すべき幹線と統治の利益にならない路線以外に限定して許可する方針へとより制限が加わった。さらに，1901 年に内務大臣ダムロン親王が官営鉄道の支線である軌道（Tramway）以外は民営鉄道を認めるべきではないとの意見を出し，1906 年に親王はすべての民営鉄道は認めるべきではないとの見解を示し，これがそのまま政策化された。すなわち，この時点でタイに置いて民営鉄道が出現する可能性は事実上消滅したのである。

　パークナーム鉄道は，事実上タイで最初に免許を付与された民営鉄道であり，タイで最初に開業した民営鉄道でもあった。一方，メークローン鉄道は，最初に免許を受けた旧ターチーン鉄道区間は 1899 年の方針に基づいて許可されたものであり，その先の延伸区間は軌道以外を認めない時期に申請されたものの，既存線の延長と見なされ例外的に許可されたものであった。このため，パークナーム鉄道とメークローン鉄道では免許の条件が異なっており，その問題が露呈したのは上述したメークローン鉄道の買収時であった。パークナーム鉄道では鉄道設備全体を政府が購入することができるとされていたが，メークローン鉄道では線路については政府が無償で接収できるとされていたのである。すなわち，政府側はパークナーム鉄道の免許では会社側の利益が多くて政府が不利であるとの認識を持ち，メークローン鉄道の免許交付時には政府側の利益を増やすよう条項を改めたのであった[125]。

　このような，民営鉄道への警戒は，列強による植民地化の嵐が吹きぬけていた 19 世紀末から 20 世紀初頭にかけての時期には，十二分にその成果を発揮していた。しかし，その後も新たな民営鉄道の建設計画を認めることはなく，既存の民営鉄道に対しても免許期間の延長などの便宜を図ろうとはしなかった。1920 年代のパークナーム鉄道の全線電化に際する免許期間の延長の申請についても，会社の上げている純益で十分設備投資は償還できるとし，免許の延長は一切認めず，サイアム電力への賃貸契約についても将来サイアム電力が免許延長を主張する可

能性を除去することに専心した。この時期には，民間企業が公共サービスを行って利益を上げることを問題視し，そのような事業は政府が行うべきであるとの認識が強まっていた。

さらに，1932年の立憲革命後は経済ナショナリズムが台頭し，経済活動をタイ人の手に「取り戻す」ことが重視された[126]。その直接の矛先は中国人であったが，西洋人による外国企業もその対象となり，バンコク市内の軌道や配電事業を行っていたサイアム電力を筆頭に，外国企業への風当たりも強まった[127]。その最中にパークナーム鉄道の免許期間が終了することとなったのであり，免許期間の延長は前にも増して期待できなくなった。1936年のパークナーム鉄道の免許失効を筆頭に，1949年末のサイアム電力の免許失効に至るまで，鉄道・軌道以外の水運も含め，公共サービスに従事していた外国企業はすべて政府に買収される事態に追い込まれ，政府による直営事業となったのである[128]。

政府側の民営鉄道への極度の警戒感は，鉄道側の対応を消極化させる要因ともなった。初期においては，会社側もより大きな利益を見込んで積極的な投資を行うことになるが，免許期間の後半に入ると徐々に新規投資に慎重となり，最終的には回収できる見込みのある投資以外は行われなくなる。しかも，免許では最終的に鉄道を買収する際には双方で合意した資産評価額にて買収することが決められていたものの，買収するかしないかを決める権利は政府が持っており，もし買収しないと決断した場合は鉄道事業を他の民間事業者に売却することも叶わず，設備一式はスクラップとして処分する以外に方法はなかった。パークナーム鉄道の全線電化の際に顕著であったように，残る免許期間が限られてくると，免許期間の延長が実現しない限り会社は新規投資に消極的になるのが普通であった。このため，都市鉄道化のために新規投資を行うよりも，現状維持のままでそれなりの収益を上げたほうがむしろ経営的見地からは好ましくなる場合もあった。

図2-7は，パークナーム，メークローンの両鉄道の経営状況を示している。これを見ると，パークナーム鉄道，メークローン鉄道とも数値が得られる年は一貫して黒字を計上しており，おそらく赤字に転落した年はなかったものと思われる。パークナーム鉄道の純益は1900年代までは10万バーツ以下であるが，1913年から10万バーツ台に増えており，これは前年の一部区間電化の効果であると思われる。その後は数値が得られる年は少ないが，免許終了まで一貫して17万バー

第 2 章　競合の発生（1910～1930 年代）

図 2-7　近郊鉄道会社の経営状況の推移（1911～1941 年）

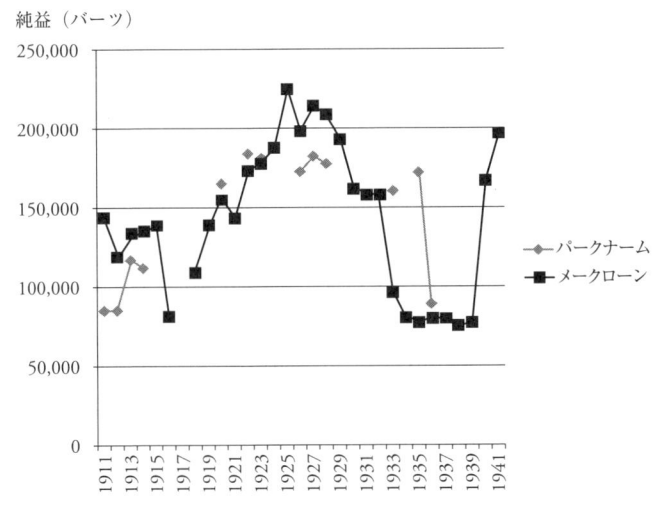

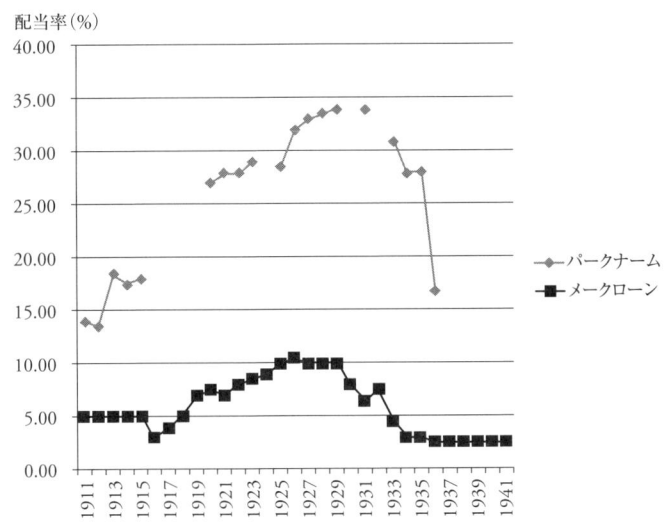

注：パークナーム鉄道の 1936 年は免許期間終了までの数値である。
出所：附表 4 より筆者作成

115

ツ程度の純益を上げていた。

　一方メークローン鉄道は，1907年の全線開通後に10万バーツ台の純益を計上し，当初はパークナーム鉄道よりも多くなっていたが，その後1920年代にはほぼ同じレベルで推移し，1920年代後半の電化の効果も若干現れている。しかし，1929年の世界恐慌以降は一変して純益が減少しており，1933年からは10万バーツ以下に落ち込んでいる。最終的には1920年代のレベルまで回復するが，1930年代の不振は顕著であり，パークナーム鉄道が最後まで恐慌前レベルの純益を確保していた状況とは大きく異なっている。

　また，図2-7には配当率も示されているが，これを見ると両者の間の大きな格差が理解できる。パークナーム鉄道は開業当初から10％前後の配当率を達成しており，1920年代以降はほぼ30％程度の配当率を維持していたが，メークローン鉄道は1920年代後半にようやく10％に達した以外は低いレベルで推移しており，1930年代には過去最低の2.5％を記録することもあった。この違いは輸送需要の違いもさることながら，両者の資本金額の違い，言い換えれば建設コストの違いに起因しており，パークナーム鉄道の恵まれた免許条件が，結果として高い収益率を実現させていたことになる[129]。

　パークナーム鉄道が世界恐慌の影響を受けなかったのは，サイアム電力への賃貸の成果であった。すなわち，この賃貸契約でサイアム電力は最低年間17万バーツの支払うことになっており，世界恐慌による収入減の打撃はすべてサイアム電力が被ることになっていたのである。1926年以降判別する限りのパークナーム鉄道の純益は，すべて17万バーツ程度であることから，サイアム電力への賃借料がそのまま会社の純益になっていたのである。このため，世界恐慌にもかかわらずパークナーム鉄道は高い配当率を維持したのであった[130]。

　確かに，経営的見地から見ればパークナーム鉄道の選択した道は正解であった。株式会社である以上，株主への利益の還元は最も重要な任務であった。しかしながら，この賃貸がパークナーム鉄道の都市鉄道としての機能の低下への第一歩となったことは，前述した通りであった。逆に，メークローン鉄道の場合は1920年代後半から都市鉄道化への新規投資を始めたものの，恐慌後に収益が大幅に悪化し，新規投資はおろか何とか前年程度の収益を確保するのみで免許期間の終了を目前に迎えている。このように，民営鉄道の免許期間が歴然と定められており，

政府側にそれを延長する意思が全く存在しなかったことは，結果としてこれらの鉄道の新規投資欲を減退させ，安易な道へと走らせたのであった。

(2) 外国人の市内軌道事業への風当たり

バンコクの市内軌道事業は外国人のビジネスとして1880年代に始まり，1900年代には新たに設立されたタイ人による会社も参入したものの，間もなく外国籍のサイアム電力の傘下に入り，最終的には1927年にサイアム電力の下に一元化された。このため，市内軌道事業は外国人による事業であるという認識が強まり，やがては外国人が道路上での公共輸送を独占しているとの批判も出されるようになった。他方で，バス事業はその創始者ルート・セータブットがタイ人であり，その後参入した業者も基本的にはタイ人であったことから，タイ人の事業であると言う認識が高まった。すなわち，外国人の市内軌道とタイ人のバスという図式であった。

このため，王政政府時代に結ばれた政府とサイアム電力との間の競合バス路線を認めないという協定が，タイ人のバス事業者から非難されたのであった。立憲革命後に人民党が発表した革命6原則には，全国民の職業保障が含まれており，それまで外国人が牛耳っていた経済活動をタイ人の手に取り戻すという経済ナショナリズム的な発想が根底に存在していた。この原則を根拠に，サイアム電力との間の協定を即座に撤廃し，市内軌道に競合するようなバス路線の開設を彼らに認めることで，タイ人の手にバンコクにおける都市交通事業を「取り戻す」べきであると，タイ人のバス事業者らは主張したのであった。

しかしながら，実際には立憲革命後直ちにこの協定が廃止されたわけではなく，逆に1937年まで協定自体は温存された。その要因の1つはサイアム電力による「見返り」に対する魅力であり，協定を解消することによる年7.5万バーツ程度の政府の利益の減少を憂いてのことであった。もう1つは，バンコク市によるバスの運行を期待してのことであり，協定を廃止して民間のバス路線を多数開設させてしまうよりも，バンコク市がバス事業を行えるようになるまで協定を温存し，将来的にはバンコク市の運営に一元化すべきであるとの判断が存在した。このため，最終的にタイ人の職業を奨励することになるとはいえ，人民党政府はその担い手は民間事業者ではなくバンコク市であるべきと判断したのである。

そして，チャルーンクルン通りに代表されるように，市内軌道が通る主要道路での混雑も問題となってきたことから，政府は市内軌道を撤去してバスに代えるべきであるとの認識を持つようになってきた。これは市内軌道事業を外国人が行っているから廃止すべきであるという経済ナショナリズムに起因するものではなく，あくまでも市内軌道が道路交通の障害となってきたことから浮上したものであった。サイアム電力に対しては，自ら発電した電気を使用することからトロリーバス化を打診したものの，本質的には市内軌道の線路が撤去されれば，トロリーバスであろうと通常の自動車を用いたバスであろうと構わなかった。このため，経済ナショナリズムに伴う外国人の事業への風当たりの強さのみならず，道路混雑の解決のための市内軌道からバスへの転換という潮流も，サイアム電力の市内軌道事業にはマイナスに作用することとなった。

　本質的には，道路混雑の元凶と見なされた市内軌道の存在にも，解決方法が存在した。それは，路面中央に線路を移しての複線化であった。1910年代にベルギー資本がサイアム電力の株式の過半数を獲得した際にも，ヨーロッパでもバンコクのような狭い街路で複線の市内軌道の線路が敷かれている例があることをふまえて，市内軌道の複線化は最優先で行うべきであると考えられていた[131]。そもそもバンコクの市内軌道は道路の片側に敷設されており，電車の交換箇所のみ複線化されていた。道路交通が過密化すると，走行しにくい軌道敷を避けて他の車両が通行したことから，とくに交換所では2車線分の用地が市内軌道に占有されることとなり，道路面積のさらなる減少をもたらしていた。軌道敷の舗装によって他の車両が軌道敷を走行できるようにはなったが，単線の軌道では道路交通と進行方向が異なる場合があることから，軌道敷の使用は限定された。このため，この問題を解決するためには，道路交通の流れに対応した複線軌道を道路の中央に敷設することであった。

　しかしながら，パークナーム鉄道の全線電化計画の際と同じく，サイアム電力の免許期間の終了が近づいてくると，会社は次第に新規投資に慎重になってきた。残りの免許期間が25年を切ったにもかかわらず，1925年の時点では市内軌道の延伸への投資を行ったものの，1930年にチャルーンクルン通りの混雑解消のための市内軌道の移設かトロリーバス化を求められた際には，現状の免許の条件では新たな投資はできないとし，免許期間の延長か免許終了後に政府が事業を継承

する会社を設立することを条件に求めてきた。もちろん，新線建設とは異なり，既存線の改修は投資額に見合うだけの収入増が期待できないことから会社側が躊躇したという事情もあろうが，やはり免許期間の終了が近づいてきたことが，会社側の姿勢を慎重にさせたことは紛れもない事実であろう。

　政府も会社側の提案を受け入れなかったことから，会社側としても免許期間の終了を見越して，免許終了時のリスクを最小限に抑えようと，減資を行うこととなった。1935年に会社は1株100バーツの株式を90バーツに引き下げて，資本金額を2,256万バーツから2,031万バーツに削減した[132]。さらに，1937年に10バーツ，1938年に20バーツ引き下げたことから，1935年から40％も資本金を引き下げたこととなった[133]。サイアム電力より先に免許期間が終了し，1936年に買収されたパークナーム鉄道の例からも，政府は免許期間の延長については全く考慮しておらず，買収の際にも双方の評価額が異なり，最終的に政府によって「買い叩かれる」状況を目の当たりにした。サイアム電力が投資した全線電化に関する資産額も，額面で約30万バーツのところを13万バーツで売却せざるを得なかった[134]。このため，会社は資産額を削減して早めに株主に償還する方法を選んだのであったが，1939年に会社の定款に定められた減資の幅を従来の半分までから4分の1までに改定することを政府に却下されたことから，50％以上の減資は不可能となった[135]。

　結局，免許期間の延長や会社が期待する額での売却は期待できないことから，会社としては免許期間の終了を目指して徐々に新規投資を抑制し，極力株主への償還を行いながら現状維持の状態で免許失効を迎える道を選んだのであった。政府も自ら投資を行って会社の市内軌道事業の継承やさらなる発展を志向する考えは全くなく，バンコク市内の都市交通の将来を任されたバンコク市もバスの運行のみに関心を示し，都市交通の中での市内軌道の位置付けは全く考慮していなかった。このため，バンコクの市内軌道事業は1930年代に入ると完全に停滞し，新たな路線拡張や改良も見られないまま激化するバスとの競合に晒され，以後衰退していくことになるのであった。

(3) バス事業の統制とその限界

　近郊鉄道と市内軌道がいずれも外国人の事業であったのに対し，バス事業はタ

イ人の事業であると見なされた。当初は個人による運行から始まったが，やがて会社として組織化される事業者が出現したり，ルート・セータブットのように多数の路線を開設して事業を拡張したりする者も現れた。やがて航空輸送社や空軍クラブのような国営企業や政府関連機関の参入も見られたが，ナコーントン社のような中国人による一部の会社を除いて，バス事業の担い手はタイ人であった。このため，立憲革命後の経済ナショナリズムに基づく経済政策は，彼らに有利に働くはずであった。

　しかし，既に見てきたように実際には政府は新たに設置される地方自治体である市にバス事業の運行を任せようとし，1938年にチャルーンクルン通りでのバス運行の特別許可をバンコク市に出した後は，民間への新たな許可は出さず，市営バスのみを認めることとなったのである。市によるバス事業は後発であったことから，既に許可を受けて運行している先輩の民営バス事業を直ちに統合することはできなかったものの，長期的には民間のバス事業を市の運営に一元化することが想定されていた。すなわち，バス事業の市営化という方向性は，既にこの時期に出現していたのであった。

　このように，一見すると政府のバス事業に対する方針は，当初の民営主義から市営主義へと変化してきたことが分かるが，実は必ずしも厳格な統制を行っていたわけではなかった。開始時期は不明であるが，1925年の時点でもバス運行者は政府の許可を受けて運行しており，自動車法では自治土木局が発行する特別許可証がバス事業者への運行許可となっていた。自治土木局では新たな路線の開設の申請について，既存のバス路線やサイアム電力との協定を考慮しながら許可するかどうかを決めていたことから，特別許可の交付に当たっては何らかの審査が行われていたことが分かる。

　しかし，バスの運行は，特別許可を受けた事業者以外によっても，「不法」に行われていた。鉄道や市内軌道とは異なり，自動車さえあれば誰でもバスの運行を行うことができることから，許可を得ずに勝手に運行を行うような無許可のバスが別に運行を行っていた。このようなバスはソーンテオあるいはモスキトー・バスと呼ばれており，いわゆるパラトランジットの起源であった[136]。地方で自然発生的に出現したバスは，いずれもこのソーンテオであり，主に地方都市と最寄りの鉄道駅との間で運行を開始していった。バンコク市内でもこのようなバス

第 2 章　競合の発生（1910〜1930 年代）

写真 2-3　ソーンテオ型のバス
　　　　第 2 次世界大戦後の通運公団のバスで，トラック改造型のバスであるが，座席はロングシートではなく前向きとなっている模様

出所：RSP［1987］: 20

は少なからず走行していたものと見られ，正規に許可を得て運行しているバス会社にとっては，乗客を奪う厄介者であった。1937年3月にサイアム電力が政府との協定を解消した要因の1つも，ソーンテオがチャルーンクルン通りで運行を開始して，バスとの競合を防ぐ協定が意味を成さなくなったためであった。

　このソーンテオについても，バンコクで運行されているものについては統制を行うことになった。1937年に自動車法が改訂されることになったが，その際にソーンテオの扱いが問題となった。自動車法の改定案では，ソーンテオが特別許可を受けたバス路線上で運行することを禁止する旨を謳っていたが，国会の審議の場ではソーンテオは貧しい者が運行しており，彼らの就業機会を奪うことになるとして反対の意見も出ていた[137]。最終的にバンコクで運行するソーンテオの所有者は，警察で登録を行った上で，そのソーンテオが廃車になるまでの期間に限って，特別許可を受けたバス路線以外での運行が認められることになった[138]。このような動きは，逆に言えば1937年までは少なからぬ数のソーンテオがバスと競合して運行しており，バス事業者に影響を与えていたことを示すものである。

　一方ではソーンテオの統制を積極的に行っていたかに見えるが，他方では零細事業者であるとしてソーンテオ運行者を擁護するような意見も存在した。1938年に航空輸送社がパークナーム～トラート間でバス運行の期間25年間の免許を求めたが，内務大臣は首相に対して免許を与える際には既に自動車を運行している賃貸自動車（Rot Rapchang）の生業にも考慮すべきであるとして，免許者に特権を与えすぎることに警戒感を示していた[139]。一方ではバス事業を統制して利用者の便を高める必要があるものの，他方で既に参入している零細事業者の生業を奪うことになりかねないとして統制を否定すべきであるとの主張も存在したのである。とくに，これらのソーンテオの零細事業者はタイ人であったことから，タイ人の生業を確保するという点からも無下に運行を禁止させて彼らの仕事を奪うことも憚られたのである。

　結局，政府は一方でバス事業を市の運営に一元化するという統制を試みたものの，他方では許可を得ていない零細なソーンテオ事業者の存在にも理解を示し，統制を緩和する方向に動いた。その結果，バンコクにおいてもソーンテオの運行は続き，やがてその存在感を高めて間接的に市営バスを衰退させる役割を担うこととなる。さらに，生業の確保という点からの「違法」なバスやソーンテオの擁

護は，この後現在に至るまで様々な形で出現することとなり，正規な許可や免許を得た事業者との間での対立を引き起こしていくことになる．すなわち，バンコクにおけるパラトランジットの問題は，既にこの時代に発生していたのである．

小　括

　本章では1910年代から1930年代にかけての都市交通の変遷を，とくに近郊鉄道の都市鉄道化と，軌道系輸送手段とバスとの競合の発生に焦点を当てて分析した．1900年代末から一時停滞した市内軌道事業は1910年代半ばから再び成長し，開業以来不振の続いたタイ軌道もようやく利益を生み出すようになった．1920年代に入るとバスとの競合対策として郊外への新線の建設を行い，1927年にはようやくタイ軌道がサイアム電力に統合された．しかし，さらなる市内軌道網の延伸計画も出されたものの，バス路線との重複によるバス事業者からの反発もあったことから，これ以上の路線網の拡大は実現しなかった．

　近郊鉄道の都市鉄道化はパークナーム鉄道から始まり，内燃動車の導入を経て一部区間で電化を行い，1912年から市内での電車の頻繁運行を開始した．その後，電化区間の延伸を経て1920年代に全線電化を計画したが，免許期間の問題から結局自力での全線電化をあきらめ，サイアム電力のよる設備投資でようやくそれを実現させた．ただし，その過程で市内区間での電車の頻繁運行を廃止して，並行するサイアム電力の市内軌道にその役割を譲ったことから，都市鉄道としての機能は減退した．一方，メークローン鉄道も1920年代に市内区間の一部電化を行って電車の運行を開始したが，世界恐慌の影響もあってそれ以上の進展は見られなかった．どちらも免許の失効を控えて新規投資に消極的となり，最終的にそれぞれ1936年，1945年をもって国営化された．

　一方，バスの運行は1910年頃から民間事業者によって始まり，やがて路線網は拡張していった．当初は市内軌道が到達していない郊外への路線が中心であったが，やがて市内軌道との競合が発生することになり，サイアム電力は政府に便宜供与を行う代わりに競合するバス路線の新設を認めないように求めた．これに対して，民間事業者はタイ人の職業としてのバス事業を育成するよう求めたが，

政府は新たに設置したバンコク市にバス事業を順次任せていくという市営主義を採用し，最終的に市営バス以外の路線開設は認めないとの方針を取った。そして，バスとの競合が激化する中でサイアム電力側も政府との協定を破棄し，バンコク市がバーンコーレーム線と完全に並行するバス路線を開設したことで市内軌道とバスとの競合は本格化したのである。結局，外国企業の事業と見なされた軌道系輸送手段は高揚しつつあるナショナリズムの下では不利となり，どちらも以後衰退への道を歩んでいくこととなるのであった。

コラム2

バスの切符

　バンバスやソーンテオを除いて，現在でもバンコクのバスには車掌が乗務しており，車掌から切符を購入することになる。車掌はクラボークと呼ばれる鉄製の筒を持っており，中央には小銭が，片端にはテープのように巻かれた切符の束が収められている。運賃を受け取った車掌はふたを開けて中央部に小銭を入れ，片端の切符を1枚分引き出し，ふたのさらに外側に付けられている切り口でそれを切り取り，乗客に渡す。切符の周囲に書かれている数字に切り込みを入れる場合もあり，それで乗車したバス停を示していることもある。大量輸送公団の直営バスの切符は金額ごとに色が異なっており，かつては同じ金額の切符でも頻繁に色を変えていたので，たくさん集めると色彩が華やかとなる。一方，民間委託バスやミニバスの切符は直営バスよりも紙質が悪く，見栄えもあまりよくない。バンコクのバスでは日常的に見られるこの切符販売方法は，長距離バスやチャオプラヤー川の急行船でも行われている。

　この小さな紙切れのような切符は，乗客の運賃支払いの証明のためというよりも，むしろ事業者側の運賃徴収の漏えいを防ぐために用いられている。切符には通し番号が振られており，車掌は毎日仕事に出るときに台帳に切符の開始番号を記録しておき，仕事を終えると台帳に最後の切符の番号を記入し，確認を受ける。つまり，その日の運賃収入は，1人分の

バスの切符

出所：筆者撮影

　運賃に切符の枚数，つまり通し番号の進んだ数を乗じれば計算できるのであり，車掌が運賃を着服するのを防ぐことができるのである。また，バスに検察官が乗り込んできて，乗客の切符を確認することもある。その場合にもこの通し番号を見ており，例えば前回乗ったバスの切符を差し出しても，番号がちがうのですぐに分かってしまう。もっとも，そのような場合でも罰金を払わせることはなく，新たに切符を買えばそれ以上のお咎めはない。

　この切符販売システムはどうやら市内軌道が最初に導入し，それがバスに引き継がれたようである。赤字経営に悩む大量輸送公団では，かつて車掌の人件費削減のために運賃箱を設置したワンマンバスを一部路線で導入してみたが，乗客の反応は悪く，すぐに元のツーメン仕様に戻ってしまった。しかし，タックシン政権時代に出現したNGVバス導入計画では，ICカードによる運賃収受を行うことになっており，これが実現すればやがてワンマンバスとなり，車掌による切符の販売も消えていくことになろう。現に，新たに導入されたBRTでは都市鉄道と同じく自動改札を導入しており，切符もICカードを使用しているので車掌は乗務していない。長年見慣れてきたバスの切符も，近い将来バンコクでは見納めになるかもしれない。

第3章
主役の交代
(1940〜1950年代)

1930年代にバスとの競合が本格化した近郊鉄道と市内軌道であったが，第2次世界大戦によってバスの競争力が著しく低下したことから，一時的に軌道系輸送手段の重要性が増すことになった。しかし，戦後市内軌道も国営化されることとなり，既に国営化されていた近郊鉄道とともに以後新規投資は限定され，相対的に停滞していくことになる。

　これに対し，バスはその地位を着実に向上させていくことになるが，必ずしもそれはスムーズに進んだわけではなかった。戦争による燃料や物資の欠乏がバスの運行に大きな影響を与えたのみならず，戦争によるバス事業の疲弊の中で違法ソーンテオの流入が顕著となったことから，戦前の市営主義に基づく市によるバス事業の統合も難しくなった。他方でバス不足の解消のために新規の民間事業者の参入も認めたことから，バス事業者の数は増加し，バスの統制が問題となった。このため，この時期には国営企業によるバス事業の統合が模索されるようになったが，ピブーン政権は最終的に民間事業者寄りの政策に転換し，国営主義から民営主義へと舵を切った。

　このように，この時期のバンコクの都市交通は従来の軌道系輸送手段からバスへと主役が交代する時代であり，軌道系輸送手段の地位の低下と，バス事業の統制を巡る政策の変遷が重要な視点となる。1930年代よりバスの競争力が高まっていたとはいえ，開戦直前までは軌道系輸送手段が都市交通の主要な担い手であり，戦時中にむしろその機能は強化された。ところが，戦後は軌道系輸送手段が停滞するのと対照的に，バスが急激に発展した結果，主役の交代が起こったのであった。この時期の主役の交代が，この後の時代における軌道系輸送手段の消滅に大きく影響したことが想定される。一方，この時代に主役の座に就いたバスも，実際にはバス不足によるサービス低下によって，利用者の不満は高まっており，決して順風に恵まれたわけではなかった。

　本章ではタイが戦争に巻き込まれた1941年からピブーン政権が崩壊する1957年までの戦時中と戦後復興期を対象に，バンコクの都市交通史と政策の変遷を解明する。以下，第1節では戦時中の軌道系輸送手段とバスの状況を解明し，第2節で戦後復興期の軌道系輸送手段の整備が停滞した過程を考察する。次いで第3節ではバス事業の国営化構想の出現に焦点を当て，第4節では運輸省によるバス事業の管轄の開始と，ピブーン政権の民営主義化への政策転換を明らかにし，最

第3章　主役の交代（1940〜1950年代）

後の第5節でこの時期の軌道系輸送手段の停滞の要因を探り，バス事業の国営主義から民営主義への転換と，その問題点について分析する。

第1節　戦時中の都市交通

(1) 市内軌道の状況

　サイアム電力の軌道事業は，1930年代に本格化したバスとの競合によって苦境に立たされていた。とくに，1939年から始まったバンコク市によるチャルーンクルン通りでのバスの運行は，今後の市内軌道事業の行く末にも暗い影を落とすことになった。さらに，1949年末の免許終了を見越した対策も必要となり，会社は1930年代後半から減資を行って徐々に規模を縮小させていた。その過程で，不採算区間の廃止にも踏み切っており，1940年11月にはシーロム線計4.5kmのうち，北側の区間にあたるサーラーデーン〜ラーチャプラソン間1.7kmの営業を止めた[1]。正確な時期は不明であるが，アッサダーン支線もこの頃までに廃止されていた[2]。なお，タイの国名が「シャム（サイアム）」から「タイ」へ変わったこともあり，会社は1939年9月にサイアム電力からタイ電力（Thai Electric Cooperation Ltd.）へと社名を変更した[3]。

　しかし，1941年12月にタイが戦争へと巻き込まれることになると，バスとの競合は一時休止となり，市内軌道が再び優勢となった。これは，戦争による燃料や修理部品の不足や高騰によるものであり，燃料の石油からタイヤなどの消耗品に至るまで，輸入品への依存度が高いバスのほうが市内軌道よりも大きな打撃を受けた。このため，バスの競争力は戦争開始後に徐々に減少し，市内軌道の重要性が再び高まることとなったのである。1940年にはシーロム線の一部区間が廃止されたものの，実際には1939年以降市内軌道の利用者数は増加傾向にあり，戦争開始後はさらに顕著となっていた。1939年の利用者数を100とすると，1940年の指数は130となり，さらに1942年は163，1943年には10月までで238と大幅に増加していた[4]。このような戦争中の旅客輸送量の急増は，鉄道でも見られた。

　表3-1は1941年から1950年までの市内軌道の営業状況を示している。市内

表 3-1　市内軌道の営業状況の推移（1942〜1950 年）

年	電車数 （両）	旅客数 （人）	収入 （バーツ）	支出 （バーツ）	収支 （バーツ）
1942	217	109,446,013	2,113,095	1,089,895	1,023,200
1943	217	156,408,042	3,131,893	1,625,823	1,506,070
1944	217	118,248,666	4,894,882	2,466,614	2,428,268
1945	201	70,913,752	7,306,459	3,815,528	3,490,931
1946	201	96,895,208	13,677,103	8,801,225	4,875,878
1947	201	133,603,685	12,176,848	9,728,119	2,448,729
1948	202	144,373,098	12,489,779	12,151,010	338,769
1949	202	135,347,174	11,447,858	11,136,035	311,823
1950	202	140,518,093	12,056,277	11,768,048	288,229

出所：SYB (1952)：199 より筆者作成

　軌道の営業状況に関する統計は，営業収入や純益など経営状況に関するものしか得られず，利用者数に関する統計はこれまでの期間には全くと言ってよいほど存在しなかったが，ここで初めて利用が可能となる。これを見ると，戦争中の市内軌道の利用者数は 1943 年まで上昇を続け，1943 年には年間 1.5 億人，1 日平均で 41 万人に達していたことが分かる。先の指数から計算すると，1939 年の年間利用者数は約 6,700 万人であったことから，戦前と比べて利用者数は 2 倍以上増加したことになる。1930 年代までの数値が一切分からないので断言はできないが，おそらく 1943 年の数値は過去最高の記録となったはずである。

　このように急増した輸送量も，1944 年は再び減少に転じ，1945 年には約 7,000 万人と 1939 年のレベルまで低下していた。これは，連合軍の爆撃による路線や発電所の被害のためであった。開戦直後にもバンコクへの爆撃があったが，戦況が悪化してきた 1943 年末から再び爆撃が始まり，バンコク市内もその標的となった。市内軌道への影響も散発的には存在したであろうが，最も深刻な打撃は 1945 年 4 月の発電所への爆撃であった。4 月 14 日にワット・リアプのタイ電力の発電所へ爆撃があり，最新の発電タービンが損傷した[5]。これによって，市内軌道の運行は全線で止まり，その復旧が遅れたことが 1945 年の輸送量の減少の主要な要因であると思われる[6]。

　なお，急激な物価の上昇を受けて，タイ電力はこの爆撃による運休を契機に運

第3章　主役の交代（1940〜1950年代）

賃引き上げを申請した。この値上げは従来の最低運賃5サタンを10サタンへと倍増するものであったが、会社は他の輸送手段に比べれば値上げ後も依然として運賃は安いとしていた[7]。この値上げは認められたようであり、表3-1のように1945年は前年に比べて旅客数は大幅に減ったものの、収入は逆に大幅に増加していた。乗客1人当たりの平均収入は1942年の2サタンから1945年には10サタンへ増えていることから、単純計算してこの間に5倍程度運賃水準が上がったことになる。この平均収入は1946年を頂点にその後9サタン程度で推移することから、1945年の運賃水準がその後も引き継がれていたことが分かる。

発電所の爆撃によって減少した輸送量も、1947年以降は再び1億人を超えて推移し、1949年末のタイ電力の免許期間の終了を迎えていた。表3-1から分かるように、収入も1940年代後半には1,200万バーツ程度で推移しており、1942年の時点と比べて大幅に増加したが、支出もそれ以上の速度で増加しており、1948年以降は収入と支出がほぼ肩を並べるようになった。この結果、それまで数百万バーツあった収支（粗利益）は数十万バーツ台に激減し、軌道事業の採算性は大幅に悪化した。この急激な支出の増加についての具体的な理由は不明であるが、おそらくは人件費の高騰などが要因であろう。戦争により旅客数は大幅に増加し、値上げの成果もあって収入はそれ以上に大きく増加したが、急速な支出の増加は軌道事業の採算性を低下させ、結局収支がほぼ均衡した状態でタイ電力の免許期間は終了したのである。

(2) 近郊鉄道の「復活」

戦争によるバスの輸送力低下は、市内軌道のみならず近郊鉄道、とくにパークナーム線の「復活」にもつながった。1936年9月に国営化されたパークナーム線は、その直後に開通したバンコク〜パークナーム間道路のバスとの競合に晒されることになり、収入も伸び悩んでいた。国営化直後の1937年1〜3月の3ヶ月間の月平均収入は旅客5,951バーツ、貨物845バーツであったが、1940年の同期間にはそれぞれ5,023バーツ、669バーツに減少していた[8]。バンコク〜パークナーム間の電車の本数も1時間に1本に増えたとはいえ、並行する道路で運行を開始した航空輸送社のバスが15分間隔で走るほか、非合法のソーンテオも競合する状況の中では、やはり鉄道は劣勢であった[9]。

このため，パークナーム線には早くも廃止の話が浮上することになった。バンコクの新港をクロントゥーイに建設する計画が浮上したことから，バンコク市内と新港を結ぶラーマ4世通りの交通量の増加が想定された。このため，1940年にはパークナーム線のフアラムポーン～クロントゥーイ間を廃止して，ラーマ4世通りの拡幅を行うべきであるという提案が経済省から出された［柿崎2009: 48］。鉄道局長が鉄道局による代替バスの独占運行を認めない限り廃止には反対すると表明したが，この間には既に特別許可を得たバスが運行していたことから，鉄道局の主張を受け入れることは難しく，結局この時点では将来の鉄道の廃止を閣議決定するに留まった［Ibid.: 407］。パークナーム線の廃止計画は免許失効の直前にも浮上したが，国営化直後にも再び現れることになったのである。フアラムポーン～クロントゥーイ間は当初の建設費を節約するために軌道の形態をとり，道路（ラーマ4世通り）の片側に線路を敷設したことから，道路拡張のために鉄道を廃止すべきとの意見がこの後も何回か浮上し，最終的にこれを理由に廃止されることになる。

このように国営化後の状況は決して順調ではなかったが，戦争が始まってバスの競争力が低下すると，パークナーム線の重要性が高まり，一時的に都市交通としての機能を再び強化することになった。開戦直後の状況は不明であるが，1942年には記録的な洪水のために，一時的にパークナーム線の運行は止まっていた。1942年11月2日より電車の運行は復旧するが，バンコク～パークナーム間に1日6往復の運行のみで，ウィッタユ～クロントゥーイ間の区間電車の運行はまだ復旧しなかった[10]。その後，11月中にパークナーム線の運行が通常通りに復旧し，バンコク～パークナーム間で1日12往復となることが告示されることから，この本数がそれまでの運行本数の基本であったことが分かる[11]。

ところが，1943年3月から区間列車の運行区間が拡大され，フアラムポーン～クロントゥーイ間に10分間隔で，フアラムポーン～プラカノーン間で1日10往復の運行が開始された[12]。すなわち，1926年のパークナーム鉄道の全線電化以来廃止されていたフアラムポーン～クロントゥーイ間での電車の頻繁運行が，初めて復活したのである。ラーマ4世通りのバスやタイ電力の市内軌道の輸送力低下を補うために行われたものと思われるが，これによってパークナーム線の都市鉄道としての機能が一時的に復活したのである。この列車本数は，前述し

第 3 章　主役の交代（1940～1950 年代）

写真 3-1　第 2 次世界大戦後に投入された日本車輌製のパークナーム線用電車

出所：日本車輌株式会社［1997］: 114

たパークナーム鉄道の当初の全線電化計画とほぼ同じものであり，遅ればせながら20年前の計画がようやく実現したことを意味した。

プラカノーンへの区間列車の運行は，郊外の利用者の便の向上を目論んだものであったはずである。パークナームへの電車を合わせれば1日20往復程度の運行本数となることから，クロントゥーイ～プラカノーン間でも過去最大の運転本数となった。これは1943年以降本格化するバンコク市内の住民の郊外への疎開とも関係しているものと思われ，次に述べるバスについても郊外からの通勤通学の便の向上が課題となっていた。プラカノーン付近は並行するバンコク～パークナーム間道路（スクムウィット通り）とは若干離れてはいるものの，道路沿線ではプラカノーン付近までは市街化が進展してきたことから，パークナーム線の輸送力増強もこれに対応したものと思われる。

他方で，メークローン線のほうは，戦争中もとくに都市鉄道としての機能が高まったという状況は確認されていない。1942年1月の時点では，クローンサーン～マハーチャイ（ターチーン）間の列車本数は開業直後と同じく1日3往復となっており，途中のバーンボーンまでの電車の運行本数は1日27往復とされていたものの，実際には利用者が少ないとして本数は減らされ，運行区間もワット・シンまでに短縮されていたという[13]。この区間の運行は1942年11月に国営化されたが，市街化がパークナーム線沿線ほど進んでいなかったことから，パークナーム線のような都市鉄道としての機能強化はなされなかったはずである。

(3) バスの増強

バンコクのバス路線は，戦争中に入っても拡張傾向にあった。表3-2は1940年から1943年までのバス路線の新設状況を示している。これを見ると，計7線の路線が新たに開設されたことが分かる。図3-1のようにバスの路線網もさらに緻密化し，先の図2-6と比べると，バスが通るようになった道路がさらに増えていた。1930年代末に確立された市営化の方針は若干修正され，民間へのバス運行も許可されていることが分かる。表中の計7線のうち，2線が民間への特別許可が下りた路線であり，35系統も当初は民間へ許可が下りていた。おそらくは，市の能力不足から，増え続ける輸送需要を賄うためには十分なバスサービスを提供できる民間の事業者に対して許可を出さざるを得なかったのであろう。

第 3 章　主役の交代（1940〜1950 年代）

表 3-2　バンコクのバス路線の新設（1940〜1943 年）

路線番号	路線	事業者	経由	認可年月日	備考
9	フアラムポーン〜シンブリー	輸送社	ラーマ 4 世，ラーマ 6 世，ラーマ 1 世，パヤータイ	1940/08/17	地方バス
33	チャックラワット〜プラトゥーナーム	プアク・ユワブーン	ウォーラチャック，ナコーンサワン，ペップリー，ラーマ 6 世，ラーチャプラーロップ	1941/04/03	
19	フアラムポーン〜プラーチーンブリー	輸送社	ラーマ 4 世，ラーマ 6 世，ラーマ 1 世，パヤータイ	1941/09/22	地方バス
35	ウォンウィアンヤイ〜ブッカロー	バンコク市	タークシン，マハイサワン	1942/08/17	ナコーントン社から 1943/07/23 移管
36	戦勝記念塔〜サパーンデーン	ルート・セータブット	ドーンムアン道路，パティパット	1942/11/27	
30	バーンラムプー〜戦勝記念塔	バンコク市	ラーチャシーマー，ラーチャウィティー	1943/10/25	
31	ラーチャウォン〜ナーンルーン	バンコク市	スアパー，ルアン，クルンカセーム	1943/10/25	

出所：NA［2］So Ro. 0201. 66. 3/7 より筆者作成

市営のバス路線も新たに認められていることから，バス事業の市営化という方針が完全に覆されたわけではなかったものの，早くも軌道修正せざるを得なくなっていた。

　また，この表にはシンブリー，プラーチーンブリーへの 2 線の地方バスも含まれていた。1930 年代から本格化したバンコクと地方を結ぶ幹線道路の整備が進展したことを受けて，バンコクから 100km 以上離れた地方都市へもバス路線が開設されることになった。どちらも旧航空輸送社である輸送社が運行を行っており，バンコクの隣接県への郊外バスを除けば初の中距離バスであった[14]。運行ルートは同じく輸送社が運行を請負ったドーンムアンへの郊外バスと同一であったことから，近郊輸送の機能も若干存在したが，ドーンムアンやパークナームへのバ

135

図 3-1　バンコクのバス路線網（1943 年）

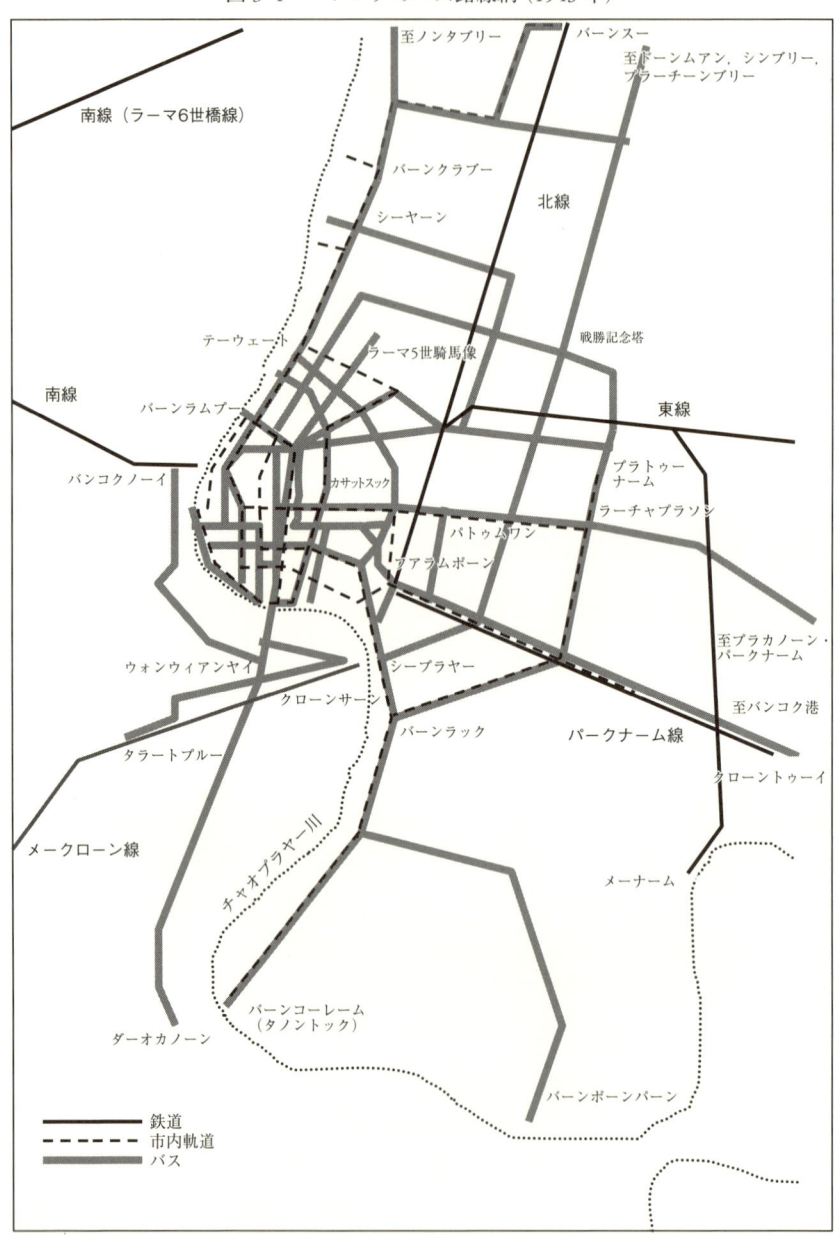

出所：図 2-6，表 3-2 より筆者作成

第 3 章　主役の交代（1940〜1950 年代）

スと比べて本数は非常に少なかったことから、都市間輸送の機能が中心であった[15]。

　戦争が始まると、バスの運行事業者は燃料やタイヤなどの物資の不足に直面し、輸送力を大幅に削減せざるを得なくなった。例えば、輸送社のバンコク〜パークナーム間のバスは、戦前には 1 日 12〜14 台運行していたのが 1942 年 1 月には 8 台に減り、ドーンムアン線でも 7〜9 台が 5 台へと減少していた[16]。これは、タイヤの欠乏によるものであった。1942 年 3 月の時点では、地方へのバスも含めて会社が今後バスの運行を継続するためには直ちに 200 本のタイヤが必要であり、その後も月 80 本のタイヤを交換する必要があるとしていた[17]。また、先の表 2-6 の 1930 年代までに開設されたバス路線のうち、10 系統と 28 系統が 1943 年の時点では運休中となっていたことから、物資不足によってバスの運行が止まってしまうこともあった[18]。このようなバスの輸送力不足が、市内軌道や近郊鉄道の重要性を高める要因であった。

　それでも、民間の自動車が徴用されて公共交通機関への依存度が高まっていたことから、事業者も路線網の拡大を画策し、政府もその動きを推奨していた。1943 年 5 月には、ピブーン首相が内務省に対して、バンコク市内のバスを住民のニーズに十分見合うように拡充すべきであるとし、検討を命じていた[19]。その後、彼は同年 8 月にもバスサービスの改善を訴え、都市内のバスの運行は各市に任せるべきであるとして、同じく内務省に対して検討を命じた[20]。すなわち、一旦は確立されたように見えながら徐々に形骸化しつつあったバス事業の市営化という原則を、再び打ち出したのであった。これに対し、内務省はバンコク市に対して、新たに 4 線のバス路線の開設を検討するよう命じ、24 系統ターティアン〜タノントック線と 1 系統カサットスック橋〜プラカノーン線での区間便の運行を認めると回答した[21]。バンコク市に検討を依頼した 4 線のうち、2 線は表 3-2 の 30 系統、31 系統として開設されていた。しかし、バス事業の市営化については、その後急速な市営化は市の赤字を招くかもしれないとして現状通りの運行を認めることとし、当面は内務省が従来通り監督し、今後市が統制を行う際にも順次行うべきであるとの結論に達した[22]。

　路線の新設のみならず、既存の路線でのバスの台数の増加も不可欠であった。内務省では 2 系統のバーンラムプー〜マッカサン線など計 10 線のバスの台数を

計26台増やす計画を立てて，各事業者に協力を求めた[23]。これに対し，各社は修理に必要な資材を提供してもらえれば増車は可能であるとし，必要な資材の一覧を内務省に提出した。各社の申請した資材はやはりタイヤが最も多く，バッテリーや燃料を求めた会社も少なくなかった。結局，タイヤの調達については内務省が古タイヤを集めた上で国防省（Klasvang Kalahom）に提供し，国防省がこれを鋳造して新タイヤを賄い，燃料は国防省が調達を行うことに決まった[24]。

バス不足を緩和するために，ソーンテオも用いることになった。1937年の自動車法の改訂によって，バンコク周辺でのソーンテオの運行は特別許可を得ているバス路線以外のルートで，その車が廃車になるまで例外的に認められたが，1944年の段階で警察局に登録されていたソーンテオは計49台であった[25]。これらのソーンテオを用いて，朝夕に主要なルートでの輸送力の増強を行うこととし，フアラムポーン～タラートプルー間20台，バンコク～ランシット間3台，バーンクラブー～ノンタブリー10台，カサットスック橋～プラカノーン15台で割り振ることになった。しかし，実際に警察局がソーンテオの所有者に出頭を求めたところ29人しか来なかったことから，予定通りの配分は不可能であった[26]。

さらに，1945年に入るとトラックを利用してバスの代替として運行することになった。1945年4月に閣議で運輸省にトラックを徴用させてバスとして運行することを決めたことから，運輸省は運輸局を通じてラックムアン～バーンクラブー間，ラックムアン～ラーチャプラソン間，ラックムアン～バーンコーレーム間，テーウェート～フアラムポーン間でトラックの運行を開始した[27]。これらのトラックは主に国防省が提供した軍事用のトラックであったようであり，実際の運行はこれらの区間で既にバスを運行していた事業者が担当した[28]。上述のように，この時期にはタイ電力の発電所が爆撃によって操業不能に陥り，市内軌道がすべて運休となったことから，これを代替する目的もあったものと思われる。

このように，戦争によるバスの資材や燃料の不足は，バス輸送の競争力を低下させ，市内軌道や近郊鉄道の重要性を高める結果となった。そして，バス不足解消のための民間会社への新たなバス運行許可の交付は，確立されつつあったバス事業の市営化という方針を後退させることとなり，ソーンテオの活用は既存のバス事業者の権益を侵害していくことになるのであった。

第3章　主役の交代（1940～1950年代）

第2節　停滞する軌道系輸送手段

(1) バンコク電力の市内軌道事業

　戦争によって様々な被害を受けた市内軌道であったが，戦後は急速に復興を遂げ，先の表3-1のように1947年には年間利用者数は1億人を越えた。そして，タイがまだ復興途上にあった1949年末をもってタイ電力の免許期間は終了し，事業は国に継承されることとなった。パークナーム鉄道やメークローン鉄道の事例とは異なり，タイ電力が免許終了を迎えて政府に事業を買収される過程の詳細を示す資料が存在しない。このため，政府との間でどのような交渉が行われたかのかは不明であるが，タイ電力の場合は発電所の存在があることから，それほど不利な扱いは受けなかったものと思われる。バンコクには会社のワット・リアプの発電所と自治土木局（元衛生局）のサームセーン発電所の2ヶ所があったが，サームセーンの発電所も戦争によって被害を受けており，復旧したのは1949年6月のことであった［FN 1988: 22］。このため，会社の発電所は長らくバンコク唯一の発電所として機能しており，パークナーム鉄道のように買収せずに廃止してしまうという選択肢は到底考えられなかった。

　このため，政府はタイ電力の事業を買収し，バンコク電力（Kan Faifa Krungthep）を内務省下に設置して事業を継承させた。最終的な買収額は，おそらく1,128万1,600バーツであったものと思われる[29]。この額は，1930年代に会社が減資を行って最終的に引き下げた資本金額と同じであった。パークナーム鉄道やメークローン鉄道の場合は，鉄道事業を管轄する鉄道局が存在したが，タイ電力の配電・市内軌道事業を管轄する期間が存在しなかったため，政府は新たな組織を設置して事業の継承を行ったのであった。ただし，タイ電力の事業の柱は市内軌道よりもむしろ配電事業であったことから，都市のインフラ整備を担当していた内務省の管轄下に置かれたのである。

　バンコク電力は，事業の継承後に市内軌道事業の整備計画を策定した。この計画には，市内軌道網の拡張のみならず，新たにトロリーバス路線の設置も含まれていた。1951年8月に内務省が提出した市内軌道整備計画には，バンコク市内に8路線計48.6kmのトロリーバス路線を建設することが盛り込まれていた[30]。

これは当時の市内軌道の総延長とほぼ同じ規模のもので，従来市内軌道が到達していなかった戦勝記念塔やサパーンクワーイなど北東方面や，トンブリー側のタラートプルー，ダーオカノーンも含まれていた。このトロリーバス計画のために計92台のトロリーバスの購入が必要であり，総工費は7,350万バーツとされていた。

　他方で市内軌道は一部路線の廃止と，新たな路線の新設，および電車の調達を含んでいた。計画ではフアラムポーン線のヨッセー～フアラムポーン間1.1kmとバーンスー線のサパーンデーン～バーンスー駅間1.9kmを廃止し，シーロム線のサーラーデーン～ラーチャプラソン間1.6kmとプルーンチット線ラーチャプラソン～メーナーム支線踏切間1.1kmの新設が含まれていた。また，タイ電力から継承した電車202両はすべて戦前製で老朽化が激しいとして，新たに100両の電車を輸入する計画も含まれ，市内軌道の整備計画の総工費は5,338万5,170バーツであった[31]。フアラムポーン線のヨッセー～フアラムポーン間は1940年から折り返し運行がなされており，フアラムポーン線の電車はそのままパトゥムワン線に直通していた[32]。シーロム線の新設区間は1940年に廃止された区間の復活であり，純粋な新線ではなかった。最後のプルーンチット線はパトゥムワン線を東に延伸するものであり，図3-2のように当面プルーンチット通り東端のメーナームへの貨物線の踏切までとなっていたが，将来はバンコク～パークナーム間道路（スクムウィット通り）沿いにその先のワッタナーやプラカノーンまで延伸することを計画していた[33]。

　プラカノーン方面への延伸計画は，バンコクの市内軌道網をさらに郊外へと拡大するものであった。スクムウィット通りはパークナーム鉄道の免許終了に合わせて突貫工事で完成させたもので，開通後まだ15年程度しか経っていなかった。それでもドーンムアンへの道路と並んで初の市外へと延びる道路であったことから，沿道の市街化が進んでいた。戦争中の疎開計画も，その動きに拍車をかけたはずである。このため，この道路沿線から市内への通勤・通学客は増加しており，バスの輸送力は不足していた。当時この道路は2車線の対面通行の道路であったが，市内軌道はその外側の使われていない道路用地に敷設することになっていたことから，既存の道路交通に影響を与えない形での輸送力の増強が可能であることを謳っていた[34]。

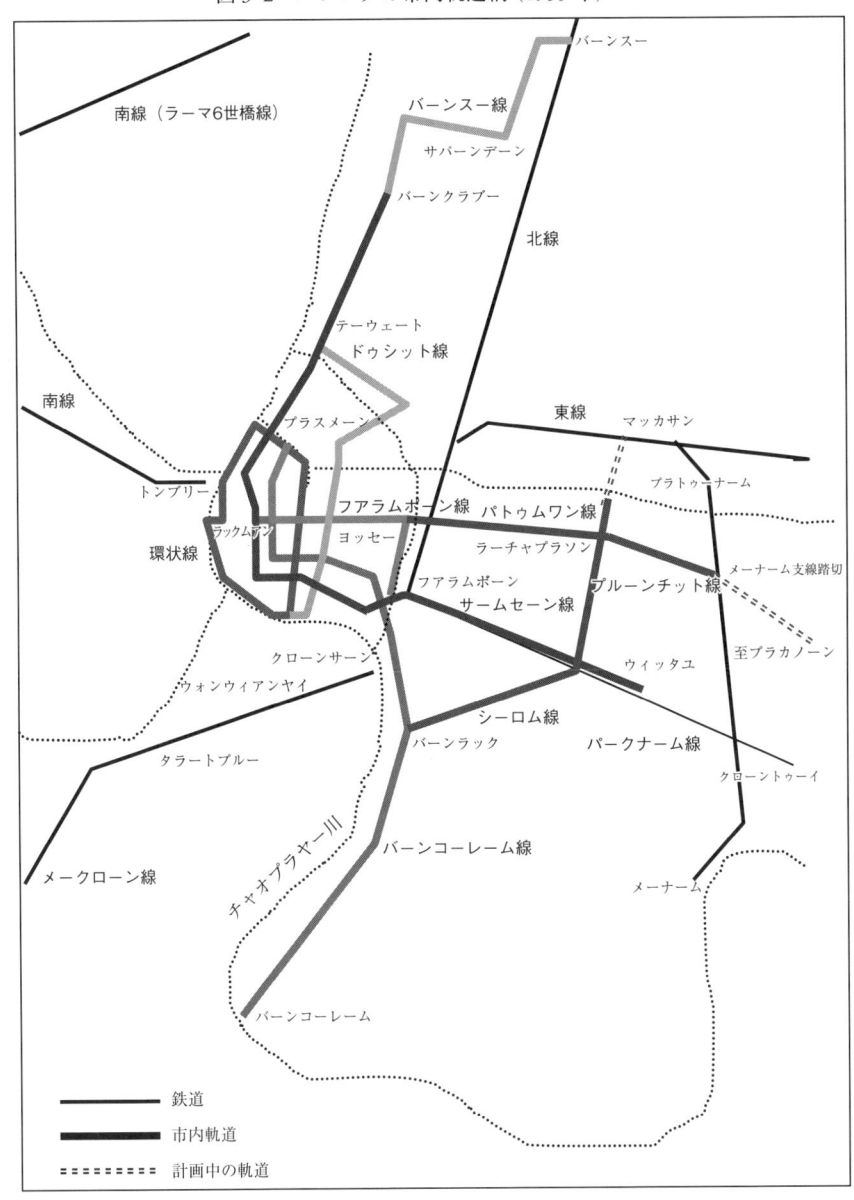

第 3 章　主役の交代（1940〜1950 年代）

図 3-2　バンコクの市内軌道網（1955 年）

出所：NA [2] So Ro. 0201. 63. 2/20 より筆者作成

しかしながら，トロリーバス計画はあまりに規模が大きかったことから，大蔵省が難色を示した。大蔵省は既に1952年度の予算は組んでしまっており，これだけの資金を捻出するのは難しいとした。実際にはバンコク電力が大蔵省から借り入れる形を想定していたのであったが，大蔵省は金額が高額なため長期計画にすることを薦めた。また，1951年11月の閣議では，バンコクの道路は狭く，このような重量の重い車両を走行させるためにはまず道路の整備が必要であるとして，まだ実現不可能であるとピブーン首相が述べていた[35]。このため，結局この壮大な計画は実現せず，トロリーバス計画はまたしても陽の目を見ることはなかった[36]。

市内軌道の延伸については，シーロム線の復活とプルーンチット線の新設が実現した。前者は戦前に廃止となっていた区間の復旧であり，具体的には分からないものの早い段階で復活したものと思われる。後者については1951年には開業したとされているが，実際の営業状況は不明である[37]。プラカノーン方面への延伸が結局実現しなかったのは，メーナームへの貨物線との交差に対して国鉄が難色を示したためと思われる[38]。他にも1957年の時点ではプラトゥーナームから北に700m延伸してマッカサンに至るラーチャプラーロップ線も同年中に開通予定とされていたが，実際に工事が行われた痕跡はない[39]。

トロリーバス計画が頓挫したことから，フアラムポーン線とバーンスー線の一部区間の廃止は行われなかった。しかし，バンコク電力はこれとは別にサームセーン線の2つの支線であるスコータイ離宮～サームセーン運河口間0.5kmとバーンクラブー～バーンクラブー船着場間0.3kmの廃止を1951年に申請しており，どちらも1951年末に許可された[40]。前者は旧タイ軌道のドゥシット延伸線の末端部分であり，後者はサームセーン線の最初に開通した区間の北端部にあたり，チャオプラヤー川の水運への連絡線であった。この2区間の廃止をもって船着場へ連絡する市内軌道はすべて廃止となったことから，水運と市内軌道との連絡もすべて消滅したことになる。

バンコクでの市内軌道の拡張はほとんど実現しなかったが，バンコク電力は地方都市での市内軌道の導入計画を策定した。最初に選ばれたのはロップリーであり，1955年に5.5kmの路線が開業した[41]。これはバンコクでのトロリーバス化計画に連動して，一部区間の市内軌道の廃止で不要となった電車を地方で再利用

第 3 章　主役の交代（1940〜1950 年代）

写真 3-2　ヤオワラート通りを走るサームセーン線の電車

出所：Nawaphon［2007］：114

143

することを目的としており，もし成功すれば次いでチエンマイ，ラムパーン，コーラート，ソンクラーなどでも導入する予定となっていた[42]。ロッブリーの市内軌道は西の旧市街と東の新市街を結ぶ路線であったが，バスとの競合で営業状況は芳しくなかった。結局，バンコク電力の地方での市内軌道運行計画はロッブリーのみで終わった。

(2) パークナーム線の停滞

　戦時中に一時的に都市鉄道としての機能を復活させたパークナーム線であったが，戦後は再び市内軌道やバスとの競合に晒され，停滞の道を歩むようになった。1943年に始まったフアラムポーン～クロントゥーイ間の電車の頻繁運行がいつまで続いたかは分からないが，少なくとも1945年4月のタイ電力の発電所の被害によって，電車の運行は一時止まったはずである。そして，戦後はフアラムポーン～クロントゥーイ間，あるいはウィッタユ～クロントゥーイ間のいずれにおいても，電車の区間運行が行われた痕跡はなく，おそらくフアラムポーン～パークナーム間の電車の運行のみが継続されたものと思われる。例えば，1952年にバンコクを訪問した高田隆雄は，パークナーム線は朝6時から夕方18時まで2時間ごとに運行されていたと述べており，区間運行については言及していない［高田 1952a: 40-41］。

　このような状況の中で，パークナーム線の営業状況は好転しなかった。図3-3をみると，1954年までパークナーム線の収入は増加傾向にあるが，以後は徐々に減少していることが分かる。それでも，1958年までは100万バーツ台の収入を確保していたが，問題は支出の急増に伴う赤字であった。パークナーム線は1952年から赤字に転落しており，年々その額が増えていた。この要因は，1951年に鉄道局が国鉄に改組したために，従来大蔵省が支出していた税金や従業員の生活費補助などを自前で支払う必要が生じたのと，1952年に従業員の賃金の改定や福祉基金の設立を行ったためであった［RFT (1951): 10，RFT (1952): 98］。このように，パークナーム線の経営状況は1950年代に入り悪化の一途を辿り，1950年代末には年間70万バーツもの赤字を生み出す状況となっていた。

　1950年代に入ってパークナーム線は赤字経営となったものの，国鉄ではパークナーム線の近代化を行ってこの状況を脱却しようと考えていた。パークナーム

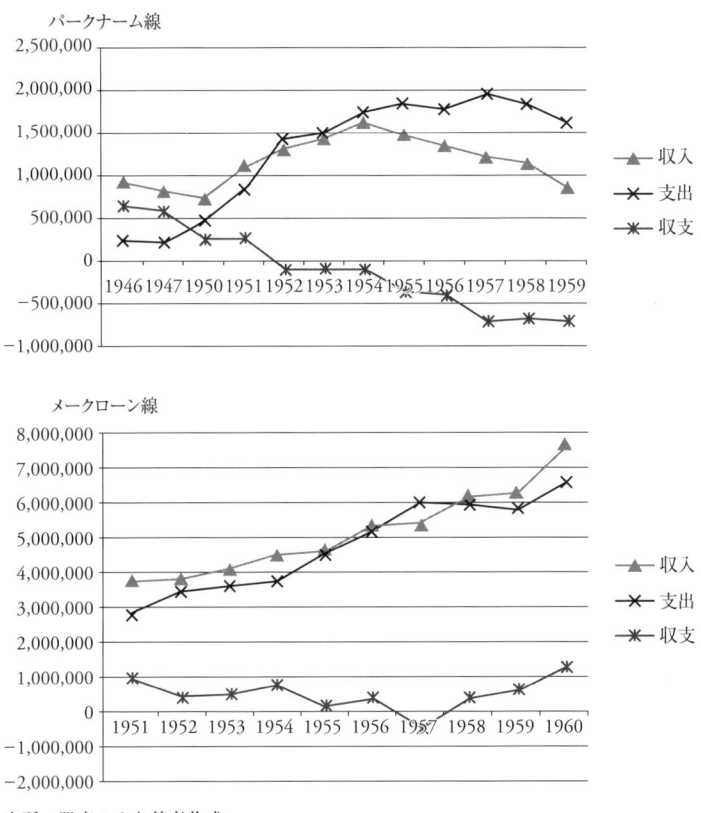

第 3 章　主役の交代（1940〜1950 年代）

図 3-3　近郊鉄道の国営化後の収支状況（1946〜1960 年）（単位：バーツ）

パークナーム線

メークローン線

出所：附表 5 より筆者作成

線の列車本数は戦前よりも少ない状況であったが，その要因は電力不足であった。パークナーム線の電力供給は会社時代と同じくバンコク電力のワット・リアプの発電所に依存していたが，電力供給が少ないので電車本数の増加を妨げていた[43]。このため，1954 年の時点で国鉄では自前の発電所を建設して，十分な電力を確保した上で電車の運行本数を増やすことを検討していた。その後翌年には国鉄が 500KW の発電機を購入し，マッカサン工場に設置してパークナーム線に電力を供給する予定であるが，電力不足の解消の目処はついたものの，電車を 3 編成走らせるには車両が不足しているとの報告があった[44]。

　国鉄では，結局電車による運行を改め，ディーゼルカーを導入してパークナー

145

ム線のサービス改善を行うことに改めた。パークナーム線へのディーゼルカー投入計画は1960年からの国鉄の5年計画に盛り込まれ，老朽化した電車と電気設備の代わりにディーゼル化によって列車本数を増やそうと考えた[45]。次に述べるメークローン線も電車に代わってディーゼルカーの運行を開始することに決めたので，パークナーム線も同様の施策を行って対応しようと考えたのであろう。これによって具体的にどの程度列車本数を増やす予定であったのかは判別しないが，少なくとも都市間鉄道としての機能を高めることにはなったものの，市内での運行頻度を高めて都市鉄道としての機能を高めることは想定していなかったのであろう。

また，パークナーム線には延伸計画も存在していた。1952年4月には，ピブーン首相がパークナームからバーンプーまでの鉄道の延伸を検討するよう運輸省に命じていた[46]。バーンプーはパークナームの南東約10kmに位置し，戦前に首相の命で設けられた海浜保養施設が立地していた。このため，この保養施設へのアクセスとして，彼は鉄道の延伸を計画したのであった。また，パークナームからチョンブリー方面への延伸計画もあり，パークナーム線が東部方面への幹線の一部となる可能性も存在した。1953年には政府がパークナームからチョンブリーを経てチャンタブリーへ至る鉄道の建設を決定し，翌年に着工して1959年までに完成させるという報道があった[47]。正式に国鉄の新線建設計画にこれらのパークナーム線の延伸が盛り込まれたことはなかったが，少なくとも1950年代半ばまではこのような延伸計画が時々浮上していた。

結局，電車やディーゼルカーの増発も，チョンブリー方面への延伸も実現しなかった。パークナーム線の市内区間の運行頻度は高まらず，一時的に復活した都市鉄道としての機能は失われ，都市間鉄道としての役割のみを担うこととなった。しかし，戦後の自動車の復興により自動車との競合は戦前以上に過酷となり，パークナーム線の利用者は着実に減少していったのである。

(3) メークローン線の発展

メークローン線は，1942年にバンコク側のクローンサーン～マハーチャイ間が，1945年にバーンレーム～メークローン間がそれぞれ国営化され，メークローン鉄道の事業を政府が継承した。当初メークローン線の営業は，旧会社を継承す

第3章　主役の交代（1940～1950年代）

る形で官営鉄道の運行とは別組織のメークローン鉄道公団（Ongkan Rotfai Sai Maeklong）が行ったが，1951年に鉄道局が国鉄に改組されたことから，メークローン線の運行も国鉄に移管されることになった。しかし，国鉄では組織を統合すると管理系統が複雑になるとして，1952年にメークローン線事業所（Samnakngan Rotfai Sai Maeklong）を設置して，対応することになった[48]。その後，1955年にこの事業所が国鉄に統合されたことで，ようやくメークローン線の管轄は一元化された。

　国営化後のメークローン線の営業は，順調に推移していた。図3-3から分かるように，メークローン線の収入レベルは1951年の時点でもパークナーム鉄道より大幅に多くなっており，1960年までに倍増していることが分かる。1920年代前半にはパークナーム鉄道とメークローン鉄道の営業収入がほぼ同じ程度であったことを考えると，この間にパークナーム線の収入がいかに伸び悩んだかが理解されよう。その主要な要因は，道路との競合の有無にあった。メークローン線は平行する道路が全く存在せず，1952年にサムットサーコーン（マハーチャイ）とバンコクを結ぶ道路が開通したものの，鉄道よりも迂回路であり，道路状況も悪かった[49]。このため，パークナーム線とは異なり，メークローン線は一貫して収入が上昇しており，ほぼ毎年黒字を計上していた。それでも，1955年に国鉄に統合されたことで，パークナーム線の場合と同じように経費が増え，収支は悪化していた。

　このため，パークナーム線よりもメークローン線の近代化はより重点的に進められた。1950年にはクローンサーン～マハーチャイ間の全線電化を計画し，そのために電車の購入を予定していたが，電力調達に問題があるとして蒸気機関車，客車とディーゼルカーの購入に代えていた[50]。このうち蒸気機関車2両と客車6両を利用した急行列車が1953年8月からクローンサーン～マハーチャイ間で運行を開始し，以後この間の列車本数は増加していくこととなった[51]。その後，1957年にはディーゼル機関車も2両調達し，翌年には本線用のディーゼル機関車2両と客車7両が移管された［RFT 1970: 355］。その結果，1957年末にはクローンサーン～マハーチャイ間の列車本数は急行4往復，普通3往復となり，長らく1日2往復の運行が続いたバーンレーム～メークローン間でも1日3往復が運行されていた［RFT (1957): 79］。車両の増備とともに，レールや橋梁の交換も

147

行われ，クローンサーン〜マハーチャイ間の所要時間は会社時代の 80 分から 45 分に短縮された［RFT 1970: 356］。

他方で，パークナーム線とは異なり，市内区間の電車の運行も続いていた。戦時中と同じく，1952 年の時点での電車の運行本数は 1 時間に 1 本程度であった［高田 1952b: 7］。1950 年に全線電化計画が白紙となった時点では，この電車の代替用としてディーゼルカーの購入が計画されていたが，おそらく実現しなかったものと思われる。しかし，1955 年にはメークローン線に電力を供給する河底ケーブルが故障し，電車の運行ができなくなった[52]。これを機に電車の運行は廃止することになり，本線から移した旧日本軍が持ち込んだ内燃動車に電車の付随車を牽引する形で代替し，新たにディーゼルカー 6 編成を発注した[53]。新たに購入したディーゼルカーは 1959 年から運行を開始し，戦前の電車と同じくクローンサーン〜ワット・シン間に 30 分間隔で運行した[54]。

このように，メークローン線には積極的な投資が行われ，その結果旅客収入も順調に増加していった。自動車輸送との競合など条件は違うものの，パークナーム線と比べてみれば，メークローン線への積極的な投資が新たな旅客需要を発生させたことは明らかである。すなわち，車両の投入による列車本数の増加や，線路の改良によるスピードアップを行えば，利用者の増加は十分見込まれ，新規投資を上回る収入増が期待できたのである。1955 年に国鉄に統合されて一時的に収支が悪化したが，その後収支は改善して 1960 年には 100 万バーツを越える黒字を計上していたことを見れば，メークローン線への積極的な投資が成功したことは疑いもない事実であろう。

ただし，この時期のメークローン線への投資は，都市鉄道としての機能強化というよりも，むしろ都市間鉄道としての機能強化であった。クローンサーン〜ワット・シン間の頻繁運行区間も，結局戦前のレベルに戻っただけであり，それ以上の運行間隔の短縮は実現しなかった。むしろ，1 日 3 往復しかなかったクローンサーン〜マハーチャイ間の都市間輸送のほうが，列車本数の面でも所要時間の面でも大幅に改善されていた。この時期の軌道系輸送手段の中では最も発展したメークローン線であったが，都市鉄道としての機能は高まらず，戦後復活するバス路線網の拡充により，むしろ都市交通としての重要性を減らしていくことになった。

第3章 主役の交代（1940〜1950年代）

第3節　バス国営化計画の浮上

(1) バスの復興と新たな問題

　戦争によって疲弊したバンコクのバスであったが，戦後もバス不足は続いていた。戦後旧日本軍が使用していた軍用トラックが連合軍から払い下げられるなどの新たな自動車の供給もあったが，戦時中に酷使したバスの老朽化も激しく，増え続ける需要に対して十分なものではなかった[55]。戦時中からバス不足に対応するためにソーンテオやトラックの運行で急場をしのいでいたが，戦後もその状況が直ちに改善されることはなかった。このため，特別許可を得ている各事業者とも十分なバスサービスを提供することはできず，不足分はソーンテオやトラックが補っていた。放出された旧軍用トラックなどを購入した者は，競ってソーンテオに改造してバスとしての運行を開始した。このため，バンコク市内ではソーンテオの台数が著しく増加し，既存の事業者による合法的に運行されるバスは少数派となった。例えば，バンコク市が特別許可を得て運行していたチャルーンクルン通りのバスは，戦後はソーンテオに圧倒されることとなり，一時は市のバスが完全に消え去った時期もあった[56]。1947年の時点でこのチャルーンクルン通りを走行するソーンテオは少なくとも100台に上り，完全に輸送の主役を担っていた[57]。

　ソーンテオの増加は，不足する輸送力を補う役割は果たしたものの，サービス低下という問題を引き起こした。ソーンテオの運行者は利益の追求のみを行い，サービス改善への努力を怠っていた[58]。ソーンテオの運行者は大半が1〜2台しか所有しない零細事業者であり，ソーンテオ間での統率は全く取れていなかった。このため，ソーンテオ同士での乗客の奪い合いが起こり，1人でも多くの乗客を乗せて収入を増やそうと定員以上に乗客を詰め込み，乗降口にぶら下がって乗車する光景も普通に見られた。運行回数を増やすために高速で走行し，交通ルールも無視していた。ソーンテオの状態も悪く，もし車両の状態を厳しく検査すれば，チャルーンクルン通りで運行していたソーンテオのうち，規定を満たすものは50台にも達しないような状況であった[59]。このようにソーンテオは急増したものの，依然としてバンコクのバス事業は需要が供給を大きく上回っていた。

顕著なバス不足は，さらなる新規事業者によるバス事業への参入を招いた。例えば，テーウェート～スラウォン線を運行しているピーラ・バス（Borisat Rotme Phira Chamkat）は，1947年からこの路線の運行を行っていた[60]。シーロム～バーンラムプー線を運行しているブンポン社（Borisat Bunphong Chamkat）も，同じく戦後バス事業に参入した[61]。表3-3は1953年のバス路線を示しており，この時点で計17の事業者がバスを運行していたことが分かる。1943年の時点での事業者は計10社であったことから，この間に多数のバス事業者が参入したことになる。しかも，次に述べるようにバンコク市はバス事業から撤退しており，トンブリー市も2つの路線を他の民間事業者と協同して運行する状況まで縮小していることが分かる。すなわち，戦前に規定されたバス事業の市営主義は完全に消え去り，バス運行が可能であれば事実上誰でも特別許可を得ることができたのである。

道路網の拡張に合わせて，バス路線の延長も若干見られた。図3-4は1953年のバス路線網を示したものである。この図を見ると，市内から郊外へ伸びる郊外バスは，北はパーククレット，西はバーンケーへと到達していたことが分かる。図3-1の1943年の時点では北はノンタブリー，西はタラートプルーまでしか到達していなかったことから，この間に郊外バスがさらに北と西へ拡張されたことを意味する。これは国道の延伸に連動しており，ノンタブリーからパーククレットへ至る国道（後の国道306号線，ティワーノン通り）は1941年に開通していた。一方バーンケーはマレー半島を南下する幹線道路（後の国道4号線，ペットカセーム通り）上に位置しており，1949年にはバーンケーまでの区間が開通していた。なお，この時期にはパークナームへのバス路線はバンコクの市内バスとは認識されていなかったようであり，図3-4にもパークナームへのバス路線が示されていないが，パークナームへのバスも戦前と同様に運行されていた。

このように，バス路線は確実に拡張していたものの，無許可のソーンテオの増加と多数の新規事業者の参入は，バスの統制の必要性を高める結果となった。このため，戦前に一時模索されたバス事業の市営化という形でのバス事業の統合計画が，形を変えて再び浮上することとなった。

(2) 国営によるバス事業統合計画

1930年代に市の設置に伴ってバス事業の市営化が始まり，バンコク市やトン

第 3 章　主役の交代（1940～1950 年代）

表 3-3　バンコクのバス路線（1953 年 9 月 1 日）

路線番号	路線	事業者	経由	備考
1	外環状線（右回り）	ナーイ・ルート	パヤータイ、ラーマ4世、ヤオワラート、サームセーン、パティパット、パホンヨーティン	戦勝記念塔起点
2	外環状線（左回り）	シーナコーン	パホンヨーティン、パティパット、サームセーン、ヤオワラート、ラーマ4世、パヤータイ	戦勝記念塔起点
3	バンスー～ワンブーパー	シーナコーン	ラーマ5世	
4	プラカノーン～パーククローンタラート	ナーイ・ルート	スクムウィット、ペップリー	
5	クローントゥーイ～シープラヤー	旧チャルンクルン線運行者	ラーマ4世	
6	ダーオカノーン～サオチンチャー	中央バス、トンブリー市	プラチャーティポック、プット橋	
7	タラートプルー～サオチンチャー	トンブリー市、旧タラートプルー～ププラムポーン線運行者	プラチャーティポック、プット橋	
8	ウォンウィアンヤイ～ウォンウィアン7・22	シールアン	プラチャーティポック、プット橋	
9	マッカサン～バーンラムプー	ヤーンヨン保険	シーアユッタヤー、ラーチャダムヌーン	
10	シーロム～バーンラムプー	ブンポン	シーロム、ラーマ1世	
11	スラウォン～デーウェート	ピーラ・バス	スラウォン、パヤータイ、ピッサヌローク	
12	内環状線（右回り）	タイプラティット	パヤータイ、ラーマ4世、クルンカセーム、サームセーン、ラーチャウィティー、クルンカセーム、ラーマ4世、パヤータイ	戦勝記念塔起点
13	内環状線（左回り）	赤バス	パヤータイ、ラーマ4世、ラーチャウィティー、サームセーン、クルンカセーム、ラーマ4世、パヤータイ	戦勝記念塔起点

151

路線番号	路線	事業者	経由	備考
14	シーヤー〜ターブラチャン	シーナコーン	ナコーンチャイシー、ラーマ6世、ラーンルアン	
15	バーンケー〜ウォンウイアン レック	バーンケー輸送	バンコク〜ナコーンパトム道路	
16	ラーチャウォン〜プラッブラーチャイ		ラーチャウォン、パムルンムアン	
17	サームイェーク〜バーンケンプロム	旧クローントゥーイ〜フアラムポーン線運行者チャイワナパン	ウイスットカサットスック	
18	クラブー〜ワット・ポー	ナーイ・ルート	ラーチャシーマー	
19	バーンクローンラー〜ラーマ5世騎馬像		ラーチャダムヌーン	
20	ターディアン〜タノントック	通運公団	チャルーンクルン	変更なし
21	フアラムポーン〜バンタット トーン		バンタットトーン	
22	ターディアン〜ドーンムアン		バポンショーティン、サートーン、ウィッタユ	
23	サートーン〜ラーチャブラブン		サームセーン	
24	ターチャーン〜ノンタブリー	輸送社	サームセーン	変更なし
25	王宮前広場〜ノンタブリー市		サームセーン	変更なし
26	王宮前広場〜パークレット	輸送社	サームセーン	変更なし

注：備考欄の変更なしは、原資料において路線の変更がないと記載されていたものである。
出所：NA Kho Kho 0202. 3. 5/1 より筆者作成

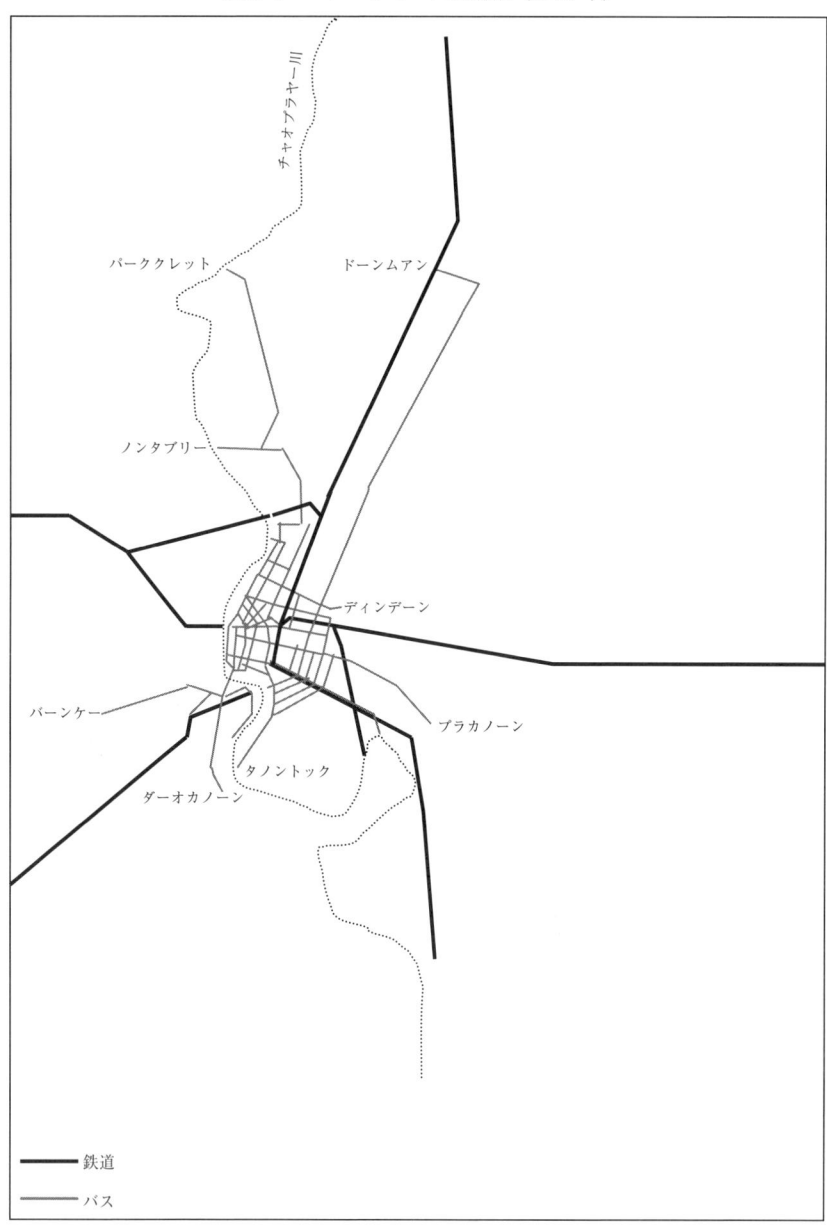

第 3 章　主役の交代（1940〜1950 年代）

図 3-4　バンコクのバス路線網（1953 年）

出所：表 3-3 より筆者作成

153

ブリー市などがバス運行を行うようになったが，戦争によってこれらの地方自治体によるバス運行はほぼ壊滅した。このため，戦後浮上したバス事業の統合計画は，政府が新たな公社を設置してバス事業を統合するという国営主義となった。

1952年3月に，内務大臣が閣議にバス運行公社の設置計画を提案した[62]。これは政府がバス事業を担当するバス運行サービス公社 (Ongkan Borikan Doen Rot) を設置してバンコクのバス運行を担当するもので，まずチャルーンクルン通りなど重要な路線から運行を開始すべきであるとしていた。内務大臣はその理由として，現在市が若干のバス路線を運行しているものの十分ではなく，そのため民間の零細事業者が多数参入しているものの，利益ばかりを追求するために乗客の利便性や安全性がおろそかにされているためと説明していた。公社の設立のために大蔵省から5,000万バーツを借りて資本金とし，他にも毎年の国家予算から資本支出を求めていた。内務省ではこの公社の設置のための設置法案も策定し，併せて閣議に提案していた。

これに対して，閣議では運輸省にこの案を検討させることに決めたことから，運輸省が検討を行い，同年8月にその結果を閣議に報告した[63]。運輸省は，同年5月6日の閣議で貨物輸送については通運公団が，旅客輸送については輸送社がそれぞれ全国で輸送を任せられるとの原則を確認しているとして，もしこれを変更しないのであれば輸送社にこの任務を任せるべきであると結論付けた。そして，検討の結果，1,500万バーツの予算で輸送社に80台のバスを建造させてチャルーンクルン通りで運行し，現在走行中のソーンテオは買収の上でチャルーンクルン通り以外の路線にて運行させる案を提案してきた。

通運公団は1947年2月に設置された公社であり，当初の任務は駅構内での貨物の積み降ろし業務であった [RSP 1987: 19][64]。その後，荷主に代わって貨車の手配や輸送を請負う請負輸送や，トラックによる自動車輸送も開始し，1951年からは東北部での長距離バスの運行も開始した[65]。さらに河川水運や沿岸水運にも参入し，鉄道以外の陸運と水運を一手に引き受ける唯一の公的機関として，政府機関関係の輸送を中心に急速に事業を拡大させていった。一方，輸送社は航空輸送から始まった国営企業であったが，業務拡大のためにバス事業への参入を画策し，パークナームへのバス運行を皮切りに県間バスの運行も拡大させていった。戦後政府は輸送社の航空輸送を切り離したが，代わりにタイ船舶社 (Borisat Rua

第 3 章　主役の交代（1940～1950 年代）

Thai Chamkat）の水運事業を統合したことから，輸送社の主要な任務はバスと船の運行となった[66]。

　そもそも内務省が新たな公社の設置を提案したのは，バス運行に関する権限を有している機関がいずれも内務省下に置かれていたためであった。バス運行の特別許可は内務省下の自治土木局が出しており，バスの運行を管轄することになっていた市も内務省下に置かれていた。このため，内務省では自らの配下に新たなバス運行のための公社を設置することを提案したのであった。これに対し，運輸省は既に配下に通運公団と輸送社という 2 つの機関を有していたことから，閣議決定を根拠にこれを活用することを提案したのであった。いわば，内務省と運輸省の間でのバンコクのバス事業という新たな利権の獲得競争でもあった。

　この運輸省の案が 9 月 10 日の閣議で承認されたことから，輸送社によるバンコクのバス事業の統合が始まるかに見えた。しかし，1953 年 1 月 7 日の閣議で，輸送社ではなく通運公団がこのバンコクのバス事業を担当することに急遽変更となった[67]。その理由については，単に通運公団は資金的余裕があるためとしか書かれておらず，詳細は不明である。これによって運輸省が根拠とした 1952 年 5 月の閣議決定は結局守られず，新たに通運公団という政府機関がバンコクのバス事業に参入することとなった。

　この突然の政策変更の背景は不明であるが，当時輸送社が赤字体質からの脱却に苦労していたのに対し，通運公団は急速に事業を拡大させていた。1947 年初めの時点で会社はバス部門，船舶部門でそれぞれ 100 万バーツ以上の負債を抱えており，バスも 1 日 5～6 台しか運行できない状況であった[68]。とくに老朽船を抱え，かつ民間船との競合が激しかった水運の採算性が悪く，輸送社の収支は 1950 年まで赤字会計であった[69]。そして，1952 年 5 月の閣議決定で主要バス路線は政府が直営で行うことが決まったことから，輸送社ではそのためのバスの増備を進める必要があった[70]。このため，輸送社に長距離バス路線の整備とともにバンコクのバス運行も求めることは，会社の能力を越えていた可能性もある。

　一方の通運公団は，順調に事業を拡張しており，本来は輸送社が行うべきはずの長距離バスの運行も開始していた。その背景には，当時公団長を務めていたプラマーン（Praman Adireksan）の存在が大きかったものと思われる。彼は 1948 年 9 月から公団長を務めており，1957 年 9 月のクーデターでピブーン政権が崩壊す

155

るまでその座に就いていた [Praman 1997: 35-38]。そして，1952年3月から1955年4月まで彼は運輸副大臣も務めており，通運公団も彼の管轄下にあった。このため，バンコクのバス事業も通運公団に廻ってきたものとも考えられる。

(3) 通運公団の参入

　通運公団によるバスの運行準備は，急ピッチで進められることになった。バスは100台の新車を日産から購入することになり，既存のバスやソーンテオは極力買収することとなった[71]。バンコク市のバスについては21台を購入することになり，平均1台3万バーツで購入したが，民間のソーンテオは4件ほど売却の打診があったものの，買い取り価格が低すぎるとしてすべて売却を撤回したという[72]。結局，チャルーンクルン通りで走行していた100台以上のソーンテオは別の路線で運行を行うこととなり，表3-3のように5系統クロントゥーイ～シープラヤー間が与えられた。1953年6月末までにほぼすべてのバスが到着する見通しがついたことから，通運公団では7月からチャルーンクルン通りでのバス運行を開始した。このバスはおそらくバンコクで初めてのいわゆる箱型のバスであり，それまでのトラックの車台に国内で建造した車体を載せたバスとは一線を画したものであった。ただし，後部座席の換気が悪く乗客からは暑いと苦情が出ていた[73]。

　次いで通運公団はクロントゥーイ～タラートプルー間のバス運行を計画し，役員会も1954年5月にこの路線の運行を承認した[74]。実際には表3-3のように，この路線に重複するタラートプルー～フアラムポーン間とクロントゥーイ～フアラムポーン間のソーンテオ運行者がそれぞれ7系統と17系統を与えられていたことから，1953年の時点で既に通運公団の運行が想定されていたはずである。次に述べる1955年の路線改編では通運公団がこの路線を獲得したほか，さらにターワースックリー～チャックラワット間も追加して計4つの系統を担当することになった[75]。

　さらに，通運公団は民間会社との合弁会社の設置も進め，バス事業の拡張を図ることになった。1954年に設置したローソーポー自動車運行社 (Borisat Ro So Pho Doen Rot Chamkat) がその第1号であり，バンコクから南部方面へ向かうバス会社と合弁する形で県間バスの運行を開始した[76]。翌年には同様に東部ローソー

第 3 章　主役の交代（1940〜1950 年代）

写真 3-3　通運公団の新型バス

出所：RSP［1987］: 32

ポー自動車運行社（Borisat Ro So Pho Doen Rot Tawan-ok Chamkat）も設置し，バンコクから東部方面へ向かうバスの運行も開始した[77]。これらのバンコクと地方を結ぶバスは本来輸送社の任務であり，通運公団は明らかに輸送社の領域を侵害していた。バンコクでもトンブリー側のバスを運行していたプラナコーントンブリー輸送（Borisat Phranakhon Thonburi Khonsong Chamkat）が内部で対立していたことから，運輸局の斡旋により通運公団が経営に参加する形でバス運行を継続することになり，ローソーポー・ナコーントン社（Borisat Ro So Pho Nakhon Thon Chamkat）が設立された[78]。

しかし，このローソーポー・ナコーントン社が通運公団の拡張政策に終止符を打つことになった。そもそも通運公団が経営に参加することになったのは，プラナコーントンブリー輸送が零細バス所有者の寄り合い所帯で満足なバス運行を行っていなかったことが要因であり，当初計画ではローソーポー・ナコーントン社の株式の7割をプラナコーントンブリー社の株主に所有させることになっていた[79]。しかし，株式の価格面で折り合いが付かず，結局大半の株主が通運公団との合弁会社への参加を拒否した。結局免許はローソーポー・ナコーントン社に出されたものの，プラナコーントンブリー輸送のバスも運行を継続し，二重状態となった。

これに対し，運輸局では現状のまま双方に運行を継続させることを認めたものの，プラナコーントンブリー輸送のほうは通運公団の撤退を求めた。会社側は通運公団が民間の生業を奪ったのはチャルーンクルン通りに次いで2例目であるとし，ローソーポー・ナコーントン社は実際には通運公団のバスを借りてきて運行しているに過ぎないと批判した[80]。結局，プラマーンが通運公団の撤退を指示して，1956年6月18日をもってローソーポー・ナコーントン社のバスの運行は中止された[81]。この撤退には政治的な側面があり，新聞紙上で政府が民間の職業を奪うことに対する反対の声が高まったことへの対応でもあった[82]。

通運公団によるバンコクのバス事業統合の試みは，民業圧迫への批判の声を受けて結局中止されてしまった。ローソーポー・ナコーントン社の問題を受け，1955年の閣議で通運公団のバス事業の拡張を中止するよう決めてしまった[83]。具体的には，通運公団がバス事業を拡大していることに対して国民は賛同しておらず，国家の安定のためにも通運公団が現状以上にバス路線を拡張することを中

第3章　主役の交代（1940〜1950年代）

止させ，現在運行している民間の事業者に対しても，新たに参入を希望する事業者に対してもバスの運行を認め，政府も積極的にそれを支援することにしたのである[84]。この頃からピブーン首相は緩和政策を進め，政党活動を自由化するなど「民主化」を推進していったことから，それまで抑圧されて表に出てこなかった国民の政府に対する批判も高まることとなった［柿崎 2007b: 201］。その批判の声に謙虚に耳を傾けることが，近い将来行われる総選挙の際に有利になるであろうと，ピブーンは考えたのであった。

これによって，政府によるバンコクのバス事業の統合という国営主義は結局頓挫し，バス政策は再び民営主義へと回帰することになった。通運公団の拡張主義にも終止符が打たれ，バンコクのバス事業こそこのまま維持されるものの，地方のバス事業は合弁会社によるものも含め，1960年代初めまでにすべて廃止されることとなる。

第4節　運輸省によるバス事業統制

(1) 運輸統制委員会の設置

長らくバス事業を統制していたのは内務省であったが，1950年代に入って運輸省がその任務を負うこととなった。前章で見たように，当初は内務省の自治土木局に置かれたバス運行申請検討委員会がバス運行の特別許可を出すことになっており，その根拠は1930年に交付された自動車法であった[85]。この委員会はその後公共サービス統制委員会（Khana Kammakan Khuapkhum Satharanupaphok）の下に統合されたが，自治土木局の管轄であることに変わりはなかった。1948年に首相がバス運行に関する権限を警察局に任せるよう決めたことから，バス管轄に関する業務は自治土木局から警察局へ移管された[86]。

警察局の下で委員会はバスの統制に関する検討を行い，以下のような問題点があることを確認した[87]。すなわち，これまでのバス会社は名前に会社という語を用いてはいるものの，実際には自動車所有者の寄り合いに過ぎず，ブローカーの役割を果たす会社がバス運行者から収入の一部を吸い上げており，バス同士の競争を発生させていた。また，戦後バス会社は路線を極力市街地へ到達させようと

競い合い,郊外の利用者の少ない地域への路線の延長には消極的で,市街地の発展を阻害していた。これらの問題を解決するために,委員会では特別許可を与えられる事業者は真の会社組織であることと,特別許可の期間を5年間とし,3年間の猶予期間内に規格に合ったバスにすべて代替することを原則とした[88]。

　この案は1953年9月からの路線改編に合わせて実施することを想定していたが,実際にはこれに間に合わず,後から許可を出すことで当面は事業者に運行を継続させることになっていた。しかし,1954年1月に運輸省が新たに策定した運輸法 (Phraratchaban-yat Kan Khonsong) が施行されるので,内務省によるバス管轄計画を中止するよう閣議に提案し,これが承認された[89]。これによって,バス管轄の任務は内務省から運輸省へと移り,運輸省下の運輸局が実際の任務を行うことになった。この運輸局によるバス事業の管轄は,前述した1952年5月6日の閣議決定において,陸上輸送の管轄は運輸局が行うことに決まったことを根拠としたものであった[90]。これもプラムアン運輸副大臣の時代の施策であり,運輸省と内務省との間でのバス事業を巡る利権獲得競争の第2弾ともいえるものであった。

　内務省側で検討していた統制案は結局陽の目を見ることはなかったが,運輸省側でもほぼ同様の統制案を策定していた。閣議で決められた陸上輸送の管轄について,運輸局では定期バス輸送,タクシー輸送,輸送業者,トラック輸送,自家用車による輸送の順に統制を行い,定期バスの中でもまずバンコクのバス輸送から統制を行うことに決めた[91]。従来のバス運行申請検討委員会に代わって,運輸統制委員会 (Khana Kammakan Khuapkhum Kan Khonsong) がバス路線の設定や改廃を検討することになり,その委員長には運輸大臣が就くことになった[92]。内容は内務省案とほぼ同じであり,従来の特別許可に代わる免許は会社組織のみに対して与えられること,事業者のみならず車両も従業員も統制の対象となるものであった[93]。

　この運輸法は1954年中に施行されたことから,バンコクのバス事業者は法律に基づいて対応する必要に迫られた。その際に問題となったのは,真の会社組織でなければならないという点であった。上述したように会社の中には単にバス所有者の寄り合いに過ぎないものがあり,社内での統制すら満足に取れていないものもあった。このため,新しい法律では運行するバスの名義がすべて会社名義と

なっていることを条件とした。法律施行後も直ちに法律違反として免許を剥奪されることはなかったが，免許の更新の際には問題となることから，各社では参加しているバス所有者に対して名義の変更を求めることとなった[94]。もしこれを拒めばその所有者はバスを運行することができなくなることから，名義を変更してでも運行を継続する人が当然多数を占めることになり，結果としてバスの名義変更を強制されたようなものであった。

このような名義変更の事実上の強制は会社側に有利となることから，会社のブローカーとしての機能をさらに高め，バス所有者との間の対立を引き起こす場合もあった。例えば，フアラムポーン～ランシット間でバスを運行していたバス所有者らは，会社組織になっていないとして表 3-3 の 1953 年 9 月のバス路線改編の際には運行許可を得られなかった[95]。このため，彼らはミットソンスーム商会 (Borisat Mit Songsoem Kan Kha Chamkat) という既存の会社組織を借りて免許の申請を行い，1955 年のバス路線改編の際には後述する表 3-4 のように 34 系統フアラムポーン～ランシット間の免許を獲得した。しかし，当初名義を借りる際に月 2,100 バーツで合意した会社へ支払う見返りの額が，免許獲得後には 5,500 バーツにまで跳ね上がった。同じような会社による搾取は他社でも見られ，バス所有者からの苦情が運輸局や運輸統制委員会に寄せられていた。

(2) 路線網の改編

1954 年に運輸法が施行された段階では，運輸統制委員会が直ちに路線網の改編を行うことはなかったが，路線の改編自体は委員会で検討中であるとしていた[96]。そして，1955 年に入って委員会は新たなバス路線案を提示した。路線は表 3-4 のように計 35 線であり，大半が既存の路線を踏襲したものであった。この表の備考欄で変更なしとされているものは基本的に表 3-3 のバス路線を継承したものであり，旧路線番号が記されていないものは，表 3-3 の 1953 年 9 月の改編以降バス路線が変わったものの，1955 年の改編の時点では変更がなかった路線である。また，旧 15 系統と旧 17 系統も起点や終点が一部変更されたのみで，実質的には同じ路線である。このため，実質的には変更されるのは 11 の路線に過ぎなかった。

この改編によるバス路線網を示した図 3-5 を見ると，この改編は郊外バスの

表3-4 バンコクのバス路線（1955年6月24日）

路線番号	路線	事業者	経由	備考
1	タラントック～サーティアン	通運公団		変更なし、旧20
2	プラカノーン～バークローンタラート	サーイ・ルート		変更なし、旧4
3	モーチット～チャックラウォット	シーナコーン	パティパット、サームセーン、プット橋	
4	タラートプルー～ワット・トライミット	通運公団	プラチャーディポック、プット橋、ヤオワラート	
5	バーンスー～ワンラムパー	シーナコーン		変更なし、旧3
6	ブッカロー～王宮前広場	ローンポー・ナコーントン		変更なし
7	バンケー～王宮前広場	バーンケー・ルート		旧15
8	モーチット～プット橋	ナーイ・ルート	パホンヨーティン、シーエッケヤー、ラーンルアン	
9	タラートプルー～バーンラムプー	トンブリー自動車		変更なし、旧7
10	ダーオカノーン～王宮前広場	トンブリー輸送	プラトゥーナーム、パトゥムワン	変更なし、旧6
11	マッカサン～プラトゥナーム	ナーイ・ルート		変更なし
12	ターディンデーン～経済省	チャクワナパン		旧17
13	ワット・テーワラート～ウォンウィアン7・22	シリミット		
14	シーヤーン～クローントゥーイ	シーナコーン	戦勝記念塔、プラトゥーナーム、ラーチャプラソン	
15	シーロム～バーンラムプー	ブンポン		変更なし、旧10
16	テーウェート～スラウォン	ビーラ・バス		変更なし、旧11
17	サートーン～バーンラムプー	ヤーンコン保険商事		変更なし、旧9
18	ラーチャウィティー～シープラヤー	タイターウォーン	戦勝記念塔、パトゥムワン	

第3章　主役の交代（1940～1950年代）

No.	路線	運営	経由	備考
19	トンブリー駅～サオチンチャー・トライミット	トンブリー連合輸送		変更なし
20	クローントゥーイ～ワット	通運公団		変更なし、旧8
21	ウォンウィアンヤイ～ウォンウィアン7・22	シールアン		
22	ターワースックリー～チャッカラパット	通運公団	ラーマ4世	
23	テーウェー環状線（右回り）	赤バス	ラーチャダムヌーン、プット橋	
24	テーウェー環状線（左回り）	タイプラティット	クルンカセーム、ヤオワラート、ターブラチャン	
25	チャルーンポン環状線	タイプラムルン輸送	ターブラチャン、ヤオワラート、クルンカセーム	変更なし
26	ミーンブリー～サパーンクワーイ	ムーンブリー輸送		変更なし
27	バーンカピ～パークラッター	ムアン・ノンタブリー自動車輸送社、サムットプラーカーン輸送、シントゥミット	ラートプラーオ、サパーンクワーイ	
28	ファラムポーン～パークナーム	輸送社		変更なし
29	ファラムポーン～ドーンムアン	輸送社		変更なし
30	ターチャーン～ノンタブリー	輸送社		変更なし、旧24
31	ターチャーン～パークラッター	ノンタブリー市		変更なし、旧26
32	パークラッター～王宮前広場	バーンブアトーン輸送		変更なし
33	パトゥムターニー～王宮前広場	ミットトンスーム商会		変更なし
34	ファラムポーン～ランシット	サハーイヨン		変更なし、旧22
35	ドーンムアン～戦勝記念塔			

注1：備考欄の変更なしとは、原資料において路線の変更がないと記載されているものである。
注2：備考欄の旧路線番号は、表3-3の時点の路線番号であり、筆者が判断したものである。ただし、若干路線が延伸されている場合も含む。
出所：NA Kho Kho 0202.3/65 より筆者作成

さらなる拡充を伴っていたことが分かる。図3-4と比較すると，新たにパトゥムターニー，ランシット，ミーンブリー，バーンカピにバス路線が到達しており，市内の路線網も若干追加されていた。これらのバス路線は，道路が新たに開通したというよりも，むしろ既に無許可でソーンテオが運行されていた区間に新たにバス路線を設定した側面が強かった。例えばランシットへのバスは，上述したように1953年以前から運行されていた。ミーンブリーやバーンカピへの道路もそれぞれ1946年と1949年に開通しており，その直後から同じようなソーンテオが運行を開始していた。

この改正案に対し，バス事業者は極力現在担当している路線を変えてほしくないとして，反対の意向を伝えてきた。バス会社側は自分たちで路線案を策定し，運輸統制委員会に提出してきた[97]。この案はバス路線のみではなく，運行する事業者も決められていたことから，事実上バス会社による運行希望路線の意思表示であった。もし受け入れられない場合はストライキを行うと会社側は警告したが，運輸大臣も会社側の意向を極力尊重するよう求めたことから，委員会では極力会社案を尊重する形で委員会の作った路線案を改訂し，1953年3月に官報で告示した［RKB Vol. 82-22: 693-706］[98]。最終的に，会社側は表3-4のような事業者の割り振りで同意したが，新設された路線を誰が担当するのかで最後まで利害が対立していた。

この改編でバス事業者数は計26社となり，1953年の時点で確認できる17社と比べてもさらに増加していた。これは先に述べたような零細バス所有者が統合することで新たなバス会社が多数設立された結果でもあり，フアラムポーン～ランシット線のようにそれを見越したバス路線も設定されていた。また，この改編によってトンブリー市もバス事業から撤退し，市営のバスはノンタブリー市のみとなっていた。トンブリー市も免許獲得に前向きであったが，自ら所有するバスがなかったことから，これまで運行していた会社に任せることになったという[99]。実際に，表3-3の時点でもトンブリー市が運行していた6系統と7系統はいずれも民間バス会社との共同運行になっており，既に民間バスが運行の中心を担っていたものと思われる。残るノンタブリー市についてもやはり民間バスの寄り合い状態であったようであり，1954年に市がパーククレットへのバス運行許可を得た際にも，実際に運行する民間のバスとの間に対立が発生したことから，

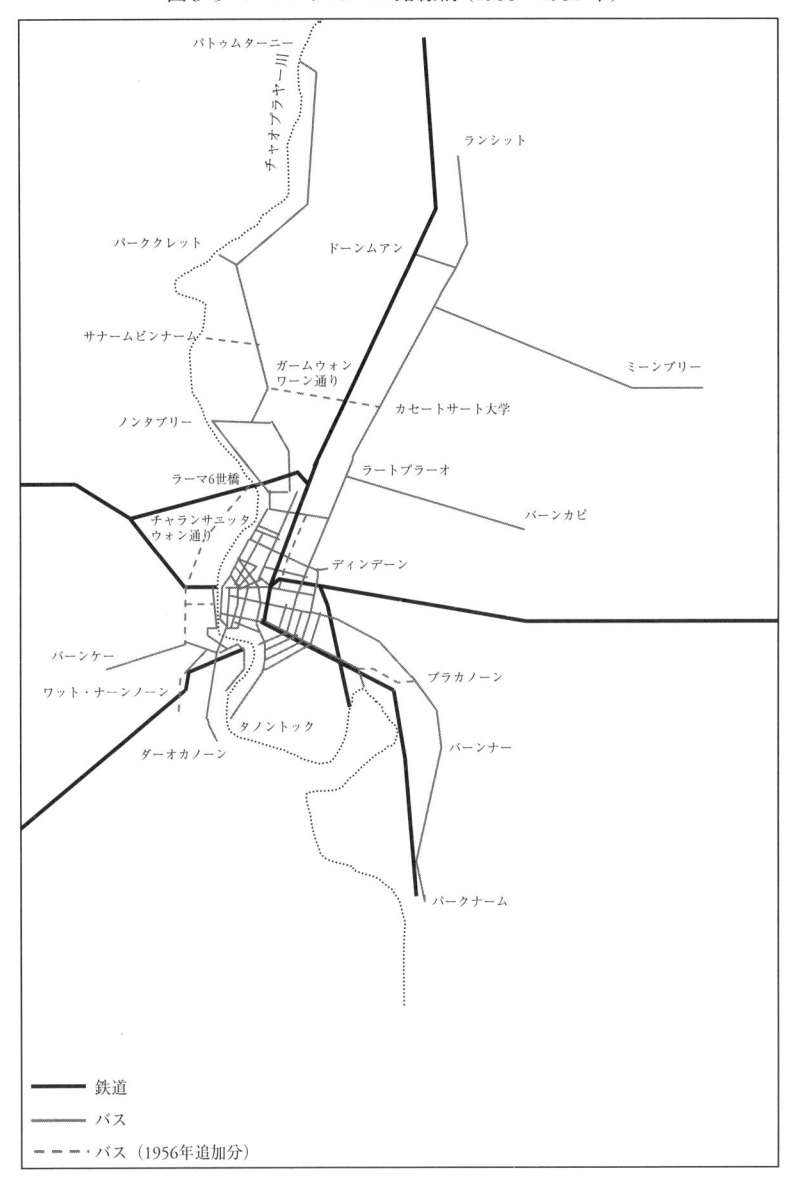

第 3 章　主役の交代（1940〜1950 年代）

図 3-5　バンコクのバス路線網（1955〜1956 年）

```
―――― 鉄道
―――― バス
―――― バス（1956年追加分）
```

出所：NA Kho Kho 0202. 3/65, NA Kho Kho 0202. 3. 4. 1/13, RKB Vol. 72-22: 693-70, Vol. 72-94: 2912-2916 より筆者作成

通運公団に代わりにバスを運行するよう求めていた[100]。1953年にはバンコク市も撤退したように，当初拡充を目指していた市営のバス事業はほぼ消滅したことになる。

(3) 頻繁な路線変更

このように運輸省の下で行われたバス路線の改編は1955年6月24日から実施されたが，すべてのバス事業者の要望を満たしたものではなく，変更の要望が相次ぐこととなった。事業者からの要望は，バス路線の免許を得られなかった事業者による新規路線の設定と，免許を得られた事業者による路線の変更とに分けられた。

前述のように，1955年の時点でのバス事業者は計26社と1953年の時点よりも増えていたが，それでも免許を得られなかった事業者が存在した。例えば，バーンカピ～ラートプラーオ間でバスを運行していたサーマッキータム社（Borisat Samakkhi Tham Chamkat）は，1955年の路線改編で1つもバス路線を確保できず，一部重複する27系統を運行することになったムアン・ノンタブリー自動車（Borisat Rotyon Muang Nonthaburi Chamkat）に対して合併を申し入れたものの，バス名義の変更や登録料の支払いを求められたことから断念せざるを得なかったので，独自に運行できる路線を与えてほしいと要求していた[101]。同じく免許を得られなかったマッカサン自動車（Borisat Rotyon Makkasan Chamkat）も，バスを他社に貸して生計を立てているものの，賃貸料から経費を差し引くと手取りはわずかしかないと主張し，自社で運行できる路線を希望していた[102]。

免許を得られた事業者の中からも，他社との競合により採算性が悪くなったと主張して，バス路線の変更を要求する声が上がっていた。例えば，25系統を獲得したタイバムルン輸送（Borisat Thai Bamrung Khonsong Chamkat）は，路線改編以後バンタットトーン通りでナーイ・ルート社のバスと競合するようになったことで打撃を受けたとして，より収入の見込まれるウォンウィアン7・22（7月22日ロータリー）～ワッタナー間への変更を求めてきた[103]。サーマッキータム社が合併を求めたムアン・ノンタブリー自動車も，27系統の利用者は朝夕以外には少なく，しかもバーンカピからの乗客は大半がラートプラーオで他社のバスに乗り換えるとして，終点をバーンクラブーからプラトゥーナームへと変更してほしい

第3章　主役の交代（1940〜1950年代）

と要求してきた[104]。1955年9月初めの運輸統制委員会の場では，このようなバス路線の変更を求める声が既に13件上がっていることが報告されていた[105]。改編後わずか2ヶ月強でこれだけの変更要求が出されていたということは，やはりバス会社の不満が高かったことを意味している。

　他にも利用者や政府機関からのバス路線の新設や変更の要望も多かったことから，結局運輸統制委員会では新たな路線の設定を行うことになり，1955年12月に官報で告示した［RKB Vol. 72-94: 2912-2916］。新たに設定された路線は表3-5の計14線であり，既存の35路線と合わせるとバンコクのバス路線は計49路線となった。図3-5に点線で示されている区間がこの追加によって新たにバスが運行するようになる道路を示しており，カセートサート大学から西へ進むガームウォンワーン通りや，1953年に復旧されたラーマ6世橋からトンブリー側を南下するチャランサニッタウォン通りなど，新たにバス路線が開設される道路も少なからず含まれていた[106]。どちらの通りも既にそれぞれ1941年，1955年に全通しており，ソーンテオが運行されていた。

　このようなバス路線の追加について，運輸局では利用者から寄せられた苦情や新聞の投稿，議員や政府機関からの要望を元に検討し，最終的に運行する事業者も念頭に置きながら路線を決めたとしていた[107]。しかし，実際には事業者側の要望が色濃く反映されていた。例えば，38系統のワッタナー〜ウォンウィアン7.22間は上述のようにタイバムルン輸送が25系統の代わりとして要求した路線であり，実際にこの会社が免許を獲得している。46系統プラカノーン〜ウィッタユ間はシーナコーン社が14系統の終点をクロントゥーイからプラカノーンへ延伸したいと申請したことに対応したものであり，延伸ではなく新規路線の開設という形で同社に免許が与えられた[108]。49系統のターチャーン〜サナームビンナーム間も，輸送社が新設を要求していたものであった。

　また，新規事業者の参入もこの新規路線の開設によってある程度実現された。表3-5の路線の運行免許を獲得した事業者のうち，6社が今回新たに免許を獲得した事業者であった。この中には，上述したサーマッキータム社とマッカサン自動車も含まれていた。当時新規にバス事業に参入したいと希望を出していたのは計24社に上っていたということから，実際に免許を得られたのはその4分の1に過ぎないことになる。それでも，これによってバンコクのバス事業に参加する

167

表 3-5　バンコクのバス路線（1956 年追加分）

路線番号	路線	事業者	経由
36	バーンクラブー〜ウォンウィアン 7・22	シリミット	サームセーン，ウィスットカサットスック
37	ウォンウィアンヤイ〜マハーナーク	マッカサン自動車	プット橋
38	ワッタナー〜ウォンウィアン 7・22	タイパムルン輸送	スクムウィット，ラーマ 1 世，バンタットトーン，ラーマ 4 世
39	ドーンムアン〜王宮前広場	サハーイヨン	パホンヨーティン，ペップリー
40	ラーマ 6 世橋〜ウォンウィアンヤイ	ヤートミット	チャランサニッタウォン
41	ラーマ 6 世橋〜プラーンノック	サハワッタナキット	チャランサニッタウォン，プラーンノック
42	プラーンノック〜ターブラ	シーボーリカーン	プラーンノック，チャランサニッタウォン
43	ワット・ナーンノーン〜パーククローンサーン	ワッチャナクン	ウターカート，トゥートタイ
44	パティパット〜王宮前広場	シーナコーン	ラーマ 6 世，ラーンルアン
45	カセートサート大学〜サパーンカーオ	サーマッキータム	ガームウォンワーン，プラチャーラート
46	プラカノーン〜ウィッタユ	シーナコーン	ラーマ 4 世
47	ウィッタユ〜ターチャーン	ヤーンヨン保険商事	ラーマ 4 世，パヤータイ，ラーマ 1 世，バムルンムアン
48	サームミット〜農業省	ナーイ・ルート	スクムウィット，ラーマ 1 世，バムルンムアン
49	ターチャーン〜サナームビンナーム	輸送社	サームセーン

出所：NA Kho Kho 0202. 3. 4. 1/13 より筆者作成

　事業者数は計 32 社となり，バス事業者数は増加の一途をたどっていた。
　さらに，会社側から出てきた収支悪化に伴う運賃値上げ要求を回避するために，1957 年に入ると各社から申請が相次いでいたバス路線の一部変更も大規模に行われた。1957 年 3 月の運輸統制委員会では，利用者の便宜を図ることにもなり，会社の経営悪化を救済するためにもなることから，正当な理由があれば路線の変更を認めることを決め，すでに要求の出されていた計 17 線の変更を認めた[109]。この中には，上述したムアン・ノンタブリー自動車の 26 系統の終点をバンク

第3章　主役の交代（1940〜1950年代）

ラブーからウィッタユへ変更することも含まれていた。さらに，その次の6月に行われた委員会でも計20線の変更が認められており，合わせて計37線の路線が変更されたことになった[110]。この2回にわたる路線変更によって，およそ3分の2の路線が当初の路線を変更することになり，事業者側の要求が事実上そのまま受け入れられていた。

このように，1955年に輸送社によるバス事業の拡張を中止し，民間のバス事業者を育成することを重視したことから，民間事業者寄りの政策が採られることとなった。しかし，後述するようにバス問題は一向に改善されず，やがて政府の民間事業者を優遇する方針への反発が出るようになる。また，新規事業者の中には規定されたバスサービスを行うことのできない会社も存在したことから，それが市民のバスに対する不満を増長させる結果ともなった。

第5節　軌道系輸送手段からバスへ

(1) 軌道系輸送手段の地位低下

この時代は，鉄道と市内軌道という軌道系輸送手段からバスへと，バンコクの都市交通の主役が交代する時代であった。鉄道は都市交通としての機能が低下し，むしろ都市間鉄道としての機能を高める傾向にあり，市内軌道は若干の路線の新設や廃止もあったものの，基本的には現状維持の状態が続いていた。他方でバスは大幅な路線網の拡充を実現させ，バンコク市内のみならず郊外への路線網も着実に拡張させていった。このため，ネットワークの拡大という観点からは，軌道系輸送手段が現状維持であったのに対し，バスは明らかに拡張傾向にあった。

利用者数から見ても，軌道系輸送手段の比重低下は明らかであった。先の表3-1のように，1942年の市内軌道の利用者数は年間1億900万人程度であり，1950年の時点でも1億4,000万人程度であったが，1960年には6,300万人まで減少していた[111]。この間の路線長は約50kmでほとんど変わらなかったことから，市内軌道の利用者は純粋に半減したことが分かる[112]。鉄道については，次章で見るようにパークナーム線が廃止直前で1日約3,500人，メークローン線も1960年代初めの時点で約8,000人でしかなく，市内軌道の1日平均約17万人と

169

合わせても，20万人に達しなかった。対するバスについては1960年の数値しか出てこないが，この時点で年間約2億人，1日平均約55万人の利用があった。バンコクにおけるバスの登録台数は，1941年の451台から1960年には1,993台まで増加していることから，この間のバス利用者数の増加は少なくとも4倍はあったことになる［SYB (1940-44): 390, SYB (1963): 224］。利用者数から見ても，この時代に軌道系輸送手段とバスとの間で主役の逆転が見られたのである。

　軌道系輸送手段とバスとの地位の逆転は，両者に対する投資の差から現れたものであった。1945年のメークローン鉄道，1949年末のタイ電力の国営化をもって軌道系輸送手段はすべて国営となっており，国鉄とバンコク電力が運営を行っていた。双方とも既存の路線網と輸送力を維持するための投資は行っていたが，新たに輸送力を増強したり，路線長を拡張するだけの投資は行えず，現状維持の状態が続いていた。唯一積極的な投資が行われたといえるのがメークローン線ではあったが，こちらは都市交通としての機能強化よりも，むしろ都市間輸送の強化を目指すものであった。

　このように国営の軌道系輸送手段への投資が抑制されたのは，当然ながら政府の方針が背景として存在した。政府はこれらの鉄道や市内軌道をさらに拡張する意思を持たず，都市交通の拡充は道路整備とバスの運行によってまかなえばよいと考えていた。パークナーム線とメークローン線の都市鉄道化も全く検討されず，どちらも当初の建設目的であった都市間鉄道へと回帰していった。トロリーバスや市内軌道の拡張計画もバンコク電力によって策定されたものの，結局予算は計上されず，計画は棚上げとなった。1930年代からその必要性が認識されていた既存の市内軌道の線路の道路中央への移設や複線化も全く検討されず，市内軌道の持つ構造的な問題もそのまま放置された。このような軌道系輸送手段への消極的な対応は，結果として軌道系輸送手段の競争力を低下させることとなり，やがて1960年代にバンコク市内から事実上軌道系輸送手段を全廃させることになるのである。

　軌道系輸送手段への政府の消極策は，近郊鉄道と市内軌道がどちらも管轄する機関の主要な事業とはならなかったことにも起因している。たとえ政府が軌道系輸送手段に対して消極的でも，管轄する機関がその発展に熱心であれば，新たな投資計画が実現した可能性はある。しかし，国鉄にしてもバンコク電力にしても，

第3章　主役の交代（1940〜1950年代）

バンコク市内の軌道系輸送手段は主要な事業ではなかった。国鉄にとってはバンコクと地方を結ぶ幹線での輸送力増強が最優先の課題であり，パークナーム線やメークローン線に大々的な投資を行う意思は全く存在しなかった。国鉄の主要な任務は都市内輸送ではなく都市間輸送であり，都市間輸送の主役であった鉄道輸送の輸送力をいかに増強して増大する需要に対応するかが最優先の課題であった。バンコク電力にしても主役は配電事業であり，市内軌道はあくまでも脇役でしかなかった。このため，国鉄やバンコク電力が積極的に近郊鉄道や市内軌道への投資を推進することはなく，一時的に投資計画が浮上したとしてもすぐに立ち消えとなってしまった。

(2) 民間主導のバス事業の発展

これに対して，バス事業の拡大は基本的に民間主導で行われたことから，需要の拡大に対応する形で急速にバス路線網が拡大していった。1930年代後半にはバス事業の市営化という方針が定められ，新規路線は原則として市営に限られるようになったが，開戦によるバスや燃料の欠乏が，結果として市営化の原則を有名無実化してしまった。既存の事業者の輸送力が減少する一方であったのに対し，需要は逆に高まる状況であったことから，民間のソーンテオがその隙間を埋めることとなった。このように，戦争によってバス事業が再び民間へと開放されたのであった。

戦後も既存のバス事業者の輸送力は簡単には回復せず，非合法のソーンテオをさらに増やすこととなった。ソーンテオは既存のバス路線で運行を行ったのみならず，1940年代以降急速に郊外へ向けて拡張していった道路網を利用して，郊外へも活躍の場を広めていった。この過程で市営のバスは存在感をさらに低下させていった。戦争中に行われた市内からの住民の疎開も，これらの郊外へのソーンテオを活発化させる要因であったものと思われる。やがてこれらのソーンテオが合法的な運行を求め，政府に対してバス路線の開設を求めていくことになるのである。他方で，市営のバスはますますその存在感を低下させ，最終的にはノンタブリー市以外はバス事業から撤退してしまうことになった。

このように無許可のソーンテオがバンコク市内で幅を利かせるようになると，政府側からもバス事業の統制を行うべきであるとの認識が再浮上してくることと

なった。市によるバス事業が事実上失敗したことから，今度は国営によるバス事業の統合が計画されたのである。そして，内務省と運輸省の間での競争の結果，運輸省がバンコクのバス事業を管轄することになり，当初内務省側から浮上した国営のバス統合計画は，運輸省下の通運公団によって担われることになった。通運公団はバンコクのバス路線の代表ともいえるチャルーンクルン通りでのバス運行を開始し，その後も運行路線を拡張していった。他方でバス事業の統制も内務省から運輸省へと移管され，運輸局下に設置された運輸統制委員会が，バス路線の開設や運行事業者の決定の権限を担うようになった。

しかし，ピブーン首相の方針変更により，通運公団によるバンコクのバス事業の拡大は否定され，民間事業者の保護と育成へと転換した。すなわち，国営主義から民営主義への転換であった。その背景には，通運公団によるバス事業の拡大は民業圧迫であるという新聞や住民の反発があった。首相は市民の不満の種は極力取り除き，来る総選挙に向けて準備をしようと考えていたのである。この結果，1955年後半からは民間事業者の意向がバス政策に反映されるようになり，民間の要求に応じる形で新たな路線の設定や既存路線の変更が進められていった。

民間事業者の側も，首相の意図をうまく利用し，自らに有利な路線の獲得や変更を行おうと対応していた。彼らは直接首相に対して自らの要求を伝えることで，首相の権威の下で運輸統制委員会に圧力をかけることを狙っていた。例えば，先のタイバムルン輸送は1955年7月に運輸統制委員会に対して路線の変更を申し出ていたが，その後首相に対しても同様の訴えを出しており，首相書記官事務局 (Samnakngan Lekhathikan Nayok Ratthamontri) 経由で運輸省に会社の要求を検討するよう指示が出ていた[113]。マッカサン自動車も首相に対して直接陳情を行っており，その結果1956年に新規に14線を設置する際には，首相書記官事務局から配慮するよう求められていたことを理由に，運輸統制委員会はこの会社に37系統を任せることにしたという[114]。このような首相に直接訴えかける戦略は道路整備の際にも見られ，首相の命で新たな道路建設が道路局 (Krom Thangluang Phaendin) に事実上命じられる事例が存在していた［柿崎 2009: 71-74］。

このようなピブーン首相の温情主義的ともいえる政策は，結局仇となって帰ってきた。タイバムルン輸送は首相への陳情の成果もあって1956年に38系統を新たに獲得したものの，従来からの25系統ともに満足なバスの運行がなされず，

1957年6月には38系統が1日1〜2台，25系統が全く運行していないという状況となっていた[115]。これは，会社は希望通り新たに38系統の運行を開始したものの，収入は増えずに赤字がかさみ，債権者から破産を訴えられたことから参加していたバス所有者がみな抜け出したためであった。マッカサン自動車も同様であり，免許を得た37系統は本来25台のバスを運行しなければならなかったが，1956年9月の時点でも5台しか運行できていなかった[116]。その後この路線のバスは完全に運休となり，会社側はバスの調達に尽力していると説明したことから，運輸統制委員会では同年12月までの運行再開を条件とした[117]。しかし，結局バスの調達に失敗し，会社は免許を剥奪されてしまった。

(3) バスサービスへの不満の発生

ピブーン首相の国営主義から民営主義への政策変更は，結果としてバス事業者の数を増やし，バス事業の統制をより難しいものとした。バス事業者の数は1956年の時点で32社まで増加し，戦前からの規模の大きなナーイ・ルート社やシーナコーン社とともに，事実上バス所有者の寄り合い所帯であったタイバムルン輸送のような零細事業者もバス事業に参入した。その結果，会社間の格差も拡大し，バスサービスは低下する一方であった。利用者のバス会社への不満はそのまま政府へと向かうこととなり，ピブーン首相の温情主義はそのまま市民の不信感となって彼に戻ってきた。

バスサービスに対する不満の中で，最も多かったのはバスの混雑であった。その多くはバスの運行本数の少なさであり，運輸統制委員会が規定する台数を満たしていないことによるものであった。例えば，タイターウォーン社（Borisat Thai Thawon Chamkat）の18系統ラーチャウィティー〜シープラヤー線では，途中に学校や政府機関が10ヶ所もあるにもかかわらず会社がバスを15〜20台しか運行しないことから混雑が激しく，とくに朝のラッシュ時には途中からの乗車は困難であり，毎日遅刻してしまうとの苦情が出ていた[118]。この系統については他にも多数苦情が寄せられているとして，運輸局では会社に対して指導を行ったことから，バスの台数は若干増加された。運輸局長は，1955年6月のバス路線改編直後の時点で，バス運行が規定通りになるまでに4ヶ月の猶予がほしいと述べていた[119]。

しかし，1957年の時点でも，バス不足の問題は一向に解決していなかった。表3-6は，同年6月の時点での路線別の規定運行台数と実際の平均運行台数を示したものである。これを見ると，全体での運行規定台数は1,333台であったのに対し，実際の運行台数は981台しかなく，充足率は74％でしかなかったことが分かる。最も充足率が低いのは，上述したタイバムルン輸送の38系統の12％であり，規定では25台運行しなければならなかったのにわずか3台しか運行していなかった。次いでヤートミット社（Borisat Yatmit Chamkat）の40系統の14％，サーマッキータム社の45系統の17％が続いており，いずれも1956年に新規に路線を獲得した事業者であった。苦情が多発したタイターウォーン社の18系統もこの時点で充足率は50％であり，運輸局の指導によって一時はバスを増やしたものの，また元のバス不足の状態に戻ってしまったことが分かる。

　全体的な傾向としては，新規参入した零細授業者の充足率が低くなっていた。表3-5で1956年に新規に路線を獲得した事業者6社の中で，最も充足率の高いのは43系統を運行するワッチャナクン社（Borisat Hun Suan Watchanakun Chamkat）の73％であり，次が41系統のサハワッタナキット社（Borisat Saha Watthanakit Chamkat）の53％という状況であった。しかし，大規模事業者ほど充足率が高くなるわけではなく，戦前から存在したナーイ・ルート社とシーナコーン社の充足率は，全路線の平均を見るとそれぞれ73％，68％しかなかった。国営の輸送社と通運公団の充足率も同様であり，それぞれ54％，64％と平均を下回っていた。逆に100％以上の充足率を達成していた会社はいずれも1路線しか担当しておらず，小規模事業者といえども規定通りの運行ができている事業者も存在した。このことから，事業者の規模は必ずしもサービスレベルとは関係がなかったことが分かる。

　それでも，1956年に新規に路線を獲得した事業者がことごとく充足率が低かったことは，明らかに事業者の選定に問題があったことを示している。1955年12月に王宮前広場で行われた意見表明会（Kan Aphiprai Khwam Khit-hen）の場において，新規14線のバス運行事業者の選定の際に賄賂が渡されていたとの非難が出されていたが，結果から見るとそのような疑念が浮上してもやむをえない状況であった[120]。賄賂が実際にあったのかどうかは定かではないが，上述したように恣意的な事業者の選定が行われたことは紛れもない事実であり，その結果をめ

ぐって落選した事業者からの抗議も存在した[121]。

さらに，1957年に入って相次いで認められた路線の延伸も，バス不足に拍車をかけていた。政府側はバス事業者の運賃値上げ要求を回避し，事業者の不満を抑えるために路線の変更をほぼ無条件で認めていたが，事業者はそれに伴うバスの台数増加を怠った。このため，路線延伸後にバスの運行間隔はさらに伸びることとなり，利用者の不満がさらに高まることとなった。ピブーン政権崩壊後ではあるが，1957年10月21日付の『サヤームニコーン』紙では，以下のようにピブーン政権のバス問題についての不満が記されていた[122]。

> ……さらに，2月の選挙で（ピブーンの）マナンカシラー党政権が「黒い票」で勝利すると，権力を得た方が大臣の座に付き，バスの台数が増えていないにもかかわらず，選挙戦で彼を支援したバス会社の路線延長を認めた。このため，混雑と住民の苦痛は増えるばかりである。なぜならバスの台数が不十分なためであり，長いこと待ってようやく来たバスは，2台並んでやって来る。運輸省の統制下でのバス運行状況は，公共の利益とは程遠く，免許の条件に完全に違反している。それでもバス会社は依然として「気分次第」で事業を行えることから，国民は統制を行う者がバス事業者と何らかの関係を持っているのではないかと疑ってしまうのである……。

このように，ピブーン政権のバス事業者に対する温情主義は，最終的には利用者の不満をさらに高めるものとなり，当初の目的とは全く正反対の結果をもたらすことになった。そもそも彼は政府に対する批判をかわすために国営主義を転換し，民営主義へと舵を切ったのであった。表3-6の輸送社や通運公団のバス運行状況を見る限り，国営によるバス事業が決してバスサービス改善への秘策ではなかったことは明らかである。しかし，民間によるバス事業を奨励するとしても，単に事業者側に有利な施策を行うだけでは利用者の満足は得られなかった。バス路線の延伸にしても，運賃値上げという利用者の反発が予想される施策を回避することが目的ではあったが，結果としてさらなるサービスの低下として利用者の不満を増長してしまった。

1950年代に入ってからは，1953年にそれまで1kmまで20サタンであった運賃を30サタンに引き上げた以外には運賃値上げは行われなかった[123]。実際には通運公団のチャルーンクルン線で全線均一50サタンの均一運賃とするなど，路

表3-6 事業者別・路線別のバス運行台数（1957年6月）

事業者	路線番号	路線	距離(km)	運行規定台数(台)	実際の運行台数(台)	充足率(%)	備考
赤バス	12	ディンデーン〜ブラップラーチャイ	15.8	28	24	86	路線変更
	23	デーウェート環状線（右回り）	12.0	25	24	96	
	計		27.8	53	48	91	
クロントゥーイ商事	13	クローン1〜ディンデーン	8.0	12	9	75	新線
サーマッキータム	45	カセートサート大学〜サパーンカーオ	23.8	12	2	17	
サハハーイヨン輸送	39	ドーンムアン〜王宮前広場	32.0	20	20	100	
サハワッタナキット	41	バンコクノーイ〜バーンラムアー	10.4	15	8	53	路線変更
サムットプラーカーン輸送	52	サームイェーク〜パークナーム	28.0	30	20	67	
シーナコーン	3	ウォンウィアンヤイ〜モーチット	14.7	40	30	75	路線変更
	5	バーンスー〜チャックラウァート	9.8	36	30	83	路線変更
	14	シーヤーン〜クロームトゥート	13.0	40	25	63	路線変更
	44	モーチット〜王宮前広場	12.0	22	13	59	路線変更
	46	プラカノーン〜サームヤーン	9.3	14	6	43	路線変更
	計		58.8	152	104	68	
シーポーリカーン	42	プラーンノック〜ワンブーラパー	10.0	10	5	50	路線変更
シールアン	21	サムレー〜チュラーロンコーン大学	9.0	25	25	100	路線変更
シリミット	36	ラーク6世橋〜ワット・パトゥムコンカー	11.7	24	20	83	路線変更
シントゥミット	28	プラームポーン〜ワット・サケート	27.0	30	15	50	路線変更
タイターウォーン	18	バーンクラブーエー・ワット・サケート	13.1	30	15	50	運休中
タイバムルン輸送	25	チャルーンポン環状線	5.2				
	38	ピアーンウェート〜ウォンウィアン7・22	13.2	25	3	12	路線変更
	計		25.0	25	3	12	
タイプラディット	24	デーウェート環状線（左回り）	12.0	25	28	112	
チョンノンシー輸送	35	チョンノンシー〜ウィッタユ	4.2	6	5	83	新線
通運公団	1	サナームルアン〜ターディアン	10.5	95	60	63	
	4	タラートプルー〜ワット・トライミット	7.3	50	30	60	
	20	クローン1〜ワット・トライミット	7.3	30	24	80	路線変更
	22	キアッカーイ〜チャックラウァート	10.2	12	5	42	路線変更
	計		35.3	187	119	64	
デーバニラミット	27	バーンカピ〜ウィッタユ	23.8	10	9	90	

176

第 3 章　主役の交代（1940～1950 年代）

トンカコーン輸送	10	ワット・ナーン〜ノーン〜ラーチャダムヌーン・スタジアム	11.6	30	22	73	路線変更
	50	ポム・プラチュンチョーム〜クラオン〜ウォンウィアンヤイ	29.5	12	10	83	
	計		41.1	42	32	76	
トンブリー自動車	9	タラートプルー〜サーナーセーモ	10.2	40	34	85	路線変更
トンブリー連合輸送	19	トンブリー駅〜ダーウェー	9.3	30	33	110	路線変更
ナーイ・ルート	2	プラトゥナーム〜パーククローントラート橋	17.8	50	41	82	路線変更
	8	ラートプラオ〜ワットボー	13.6	30	23	77	路線変更
	11	マッカサン〜ワット・ボー	10.6	30	18	60	路線変更
	48	プラカノーン〜ワット・ボー	15.0	37	26	70	路線変更
	計		57.0	147	108	73	
ノンタブリー市	32	バーンクラビット〜王宮前広場	25.5	30	30	100	
バーンケーン輸送	7	バーンケーン〜ノッパワン	13.0	28	21	75	路線変更
ビーラーブラドーン輸送	33	バーントゥーニー〜王宮前広場	47.2	16	20	125	
ビーラ・バス	16	バーンクラブラー〜スラウォン	10.6	29	32	110	路線変更
プラナコーントラブリー輸送	6	プッカローター〜カセーム	10.9	24	18	75	
プンポン	15	バーンマイ〜バーンラムプー	14.8	42	35	83	
ミーンブリー輸送	26	ミーンブリー〜サパーンカーオ	37.5	15	14	93	
ミットサンスーム商会	34	ランシット〜プラトゥーポーン	32.3	35	23	66	
ヤートミット	40	バーマ 6 世橋〜ウォンウィアンヤイ	15.0	14	2	14	
ヤーンヨーン保険商事	17	ワット・ラーチャシンコーン〜ターチャーン	16.5	46	45	98	路線変更
	47	サパーンダム〜土地局	11.8	25	19	76	路線変更
	計		28.3	71	64	90	
輸送社	29	ターチャーン〜ドーンムアン	35.0	28	12	43	
	30	ターチャーン〜ノンタブリー	16.5	11	7	64	
	31	ターチャーン〜パークレット	30.5	9	6	67	
	49	ターチャーン〜サナームビンナーム	23.0	10	7	70	
	51	ターチャーン〜パークナーム	31.5	24	12	50	
	計		136.5	82	44	54	
ワッチャナクン	43	バーンランティアン〜サパーンモーン	10.8	22	16	73	路線変更
	37	ウォンウィアンヤイ〜バーンナーク	6.0				事業者選定中
			859.3	1,333	981	74	

注 1：備考欄の路線変更は、表 3-4 または表 3-5 の時点から路線が一部変更になった路線であり、新線は全面的に路線を変更したものである。
注 2：50～52 系統は表 3-5 の路線追加後に再追加された路線である。
出所：NA Kho Kho 0202.3.4.1/25 より筆者作成

線によって運賃設定は異なっていたが，運賃値上げによる利用者の反発は回避してきた。この後，低廉なバス運賃の維持とサービス向上という背反する問題が，さらに大きな政治問題と化していくことになるのである。

小　括

　本章では，戦時中から戦後復興期にかけてのバンコクの都市交通の変遷を，軌道系輸送手段の停滞とバス事業の統制と緩和という側面から分析することを目標とした。それまでバンコクの都市交通の主役の座を維持してきた軌道系輸送手段は，戦時中にバスの競争力が低下したことから一時的にその地位を向上させた。しかし，戦後市内軌道が国営化されると，市内軌道にも近郊鉄道にも積極的な投資はなされず，現状維持の状態が続いた。その要因は，近郊鉄道にせよ市内軌道にせよ，新たに管轄することになった政府機関の主要な事業ではなかったことと，そのためさらなる近郊鉄道や市内軌道の発展よりも，むしろ消極的な現状維持を指向したことにあった。その結果，軌道系輸送手段の発展は見られず，相対的にその地位を低下させることになった。唯一の例外はメークローン線であり，国鉄による積極的な投資が利用者の増加を招いたが，これはむしろ都市間輸送の増強を主眼とした施策であった。

　他方で，バス事業の市営化は戦争によって頓挫し，戦後は民間事業者の新規参入が活発化した。内務省はバス事業の国営化による統合を計画したが，主導権を奪った運輸省は最終的に通運公団による統合を模索し，新たに通運公団がバンコクのバス事業に参入した。しかし，ピブーンが政治的思惑から民間事業者への緩和政策をとることになり，通運公団によるバス統合計画は中止して，逆に民間事業者の利益を代弁するような政策を採用した。ピブーンはそれによって選挙戦を有利にしようと考えたのであったが，結果は逆でさらなるバスサービスの低下は利用者の不満を高めただけであった。

　このように，軌道系輸送手段がすべて国営化されたことと，管轄した国鉄とバンコク電力にとって都市交通事業は主役ではなかったことから，新規投資は抑制されることとなり，これが次の時代に軌道系輸送手段がほぼ消滅する要因の1つとなっていくのである。一方，ピブーンが民間事業者を優遇して選挙戦を有利に

運ぼうと考えたように，バス事業が政治問題化したのもこの時代が最初であった。バスの政治化はこの後の時代にさらに顕著となり，政治的な思惑からバス事業の統合が改めて推進されていくことになるのである。

コラム3

半世紀続いた
バスの路線番号

　現在用いられているバンコクのバスの路線番号の起源は，前述した1955年のバス路線の改編時の番号にある。例えば，1系統のタノントック～ターティアン間の路線はチャルーンクルン通りを走破する路線であり，現在でも全く同じ区間で運行されている。2系統のプラカノーン～パーククローンタラート間の路線はパークナームへの道路（現スクムウィット通り）から市内に乗り入れる路線であり，現在は起点がさらに南のサムローンに延伸されたものの，途中の経路は全く変わっていない。路線番号が一般的に用いられるようになったのも，1955年の改編以降のことであると思われる。

　この後も路線の改編は行われていくが，利用者の混乱を避けるために改編の際には原則として既存のバス路線の番号の変更は行わず，廃止されて番号が空いたときに限って新規路線を設定してきた。このため，この後一貫して存続してきた1系統や2系統のようなバス路線は，半世紀以上にわたって同じ番号を維持してきたのである。この間何回か抜本的な路線網の改編を行う計画も出現し，新たな路線番号を旧番号とともに掲示したこともあったが，利用者の反発からすぐに撤回されてしまった。半世紀もの歴史を持つバスの路線番号は，もはや簡単に変更できないほどの「伝統」になってしまったのである。

　実際の利用者の多くは，普段自分が利

1955年からほとんど変わらないルートを走る3系統のバス
（ウォンウィアンヤイ・2012年）

出所：筆者撮影

用するバスの番号しか覚えていない。バス停には通過するバスの番号が掲示されていたり，バスの路線番号を記入した地図が掲げられている場合もあるが，何番のバスがどこに行くという基本的な情報は書かれていない。バス自体にも起点と終点，そして主要な経由地は表示されてはいるが，とくに経由地は細かく書かれているので，バスが止まった時にでもじっくり読まないと，自分の行きたい所を通るのかどうか判断がつかない。このため，どのバスに乗ればいいか分からない場合は，どこに行くには何番のバスに乗ればいいかと他の客に聞くことになる。バスの路線に詳しそうな顔をしていたためかは分からないが，筆者もよくバスを待っているときに路線を聞かれたものである。

しかし，後述するように現在のバスの路線数は計220以上に増加し，さらにこれとは別にソーンテオとバンバスの路線もそれぞれ100以上あることから，とてもではないがすべてのバスの路線など覚えられない。都市鉄道の開業後もバス路線網はほとんど変化せず，都市鉄道とバスの接続も不便なままである。このため，抜本的なバス路線網の改編が必要なのは間違いない。問題は，その際にこの複雑化した路線番号をどのように改編するかである。時代に即した路線の改編を行いながら，極力路線番号の「伝統」を守ることが求められよう。

第4章
バス事業の統合
(1960〜1970年代)

1957年のクーデターによってピブーン政権が崩壊した後，タイは「開発」の時代に突入し，経済発展のための様々な開発が推進されることになった。バンコクの都市交通にとって，この時期の大きな変化は，大量輸送手段としての軌道系輸送手段の一時消滅と，バスがその役割を一手に引き受けるようになったことであった。

　バンコク市内の近郊鉄道と市内軌道は，戦後新たな積極的な投資はなされずに推移し，バスの存在感が徐々に高まる状況であったが，「開発」の時代に入ってサリットが両者を道路混雑の元凶と認識したことで，急速に衰退への道を歩むことになる。その背景には，軌道系輸送手段は道路交通を阻害する「邪魔者」でしかなく，都市における大量輸送手段としては無意味であるという認識が存在した。このため，踏切によって円滑な道路交通を妨げる近郊鉄道と，路面を独占的に占有する市内軌道はその存在を否定され，メークローン線を除いてすべての路線網が消え去ることになる。

　一方のバスは，この間一貫して多数の民間事業者の統合が問題となっていた。ピブーン政権時代の末期には民間事業者を優遇する民営主義へ傾いたが，「開発」の時代に再び公営主義が指向され，一旦はバンコク市による統合計画が推進されたものの，運輸省が後押しする民間事業者の自主的な統合案に代替される。その後，自主的な統合が失敗するとしばらく統合計画は頓挫するが，1968年に入ってバス運賃の値上げが政治問題化すると，運賃値上げを回避するためにも統合は不可避との認識が強まる。最終的に，「民主化」の時代にバンコクのバス事業者は統合され，政府の公団という形に再編されることになる。

　このため，本章では，1957年のピブーン政権崩壊後のサリットとタノーム(Thanom Kittikhachon)による「開発」の時代から，1973年の政変後の「民主化」の時代にバンコクのバス事業が統合されるまでの期間を対象とし，軌道系輸送手段の廃止と，バス事業の統合という2つの点に焦点を当てて，この時代の都市交通の状況と政策の変遷を解明することを目標とする。以下，第1節で軌道系輸送手段の消滅を考察し，第2節でバス統合計画の浮上に焦点を当てる。その後，第3節でバス運賃値上げに伴うバス問題の政治化を取り上げ，第4節で最終的にバス事業の統合が完了するまでの経緯を明らかにする。そして，第5節でこの時代に軌道系輸送手段が全廃となった背景と，バス統合問題が最終的に実現した要因

第4章　バス事業の統合（1960～1970年代）

とその限界について分析する。

第1節　軌道系輸送手段の消滅

(1) パークナーム線の廃止

　対照的な状況を歩んできたパークナーム線とメークローン線であったが，1958年に政権を獲得したサリットの「美観」政策[1]に伴い，どちらもその存続が危ぶまれることとなった。前述したように，パークナーム線については1940年にもクロントゥーイに建設される新港へのアクセス道路としてのラーマ4世通りの拡張のために，フアラムポーン～クロントゥーイ間の廃止が検討されていた[柿崎 2009: 48]。その後，1954年にもバンコク市がラーマ4世通りの拡張を計画し，国鉄にフアラムポーン～クロントゥーイ間の廃止を求めていたが，国鉄では道路混雑を解消するなら並行するバンコク電力のサームセーン線の市内軌道を廃止すべきであるとし，反対の意向を示した[2]。当時はパークナーム線の収支もそれほど悪化しておらず，電力供給を増やせば列車本数を増やせて利用者数も増加すると見込まれたほか，バーンプーやチョンブリー方面への延伸計画も存在していた。このため，1954年の時点ではパークナーム線の廃止は免れたのである。
　しかし，1959年3月に内務省が国鉄に対して，ラーマ4世通りの拡張のためにフアラムポーン～クロントゥーイ間を廃止し，起点をクロントゥーイへ移すよう求めてきた際には，状況が異なっていた[3]。前章の図3-3のように，1955年以降パークナーム線の収入は減少傾向にあり，1957年以降年間70万バーツの赤字経営となっていた。利用者の減少に伴い列車本数も減っており，1959年にはそれまでの1日10往復が8往復まで減少していた[4]。収入減の要因は1954年の廃止計画の際に出された自前の発電所の設置による電力増強と電車の増発が実現しなかったためであり，新規投資が行われない中でパークナーム線の利用者は着実に減少していた。このため，国鉄の会計部では，起点をクロントゥーイに移すと利用者がさらに減少して赤字が増すとして，全線を廃止することを提案していた[5]。
　これを受けて，国鉄では同年5月に内務省と会談し，フアラムポーン～クロー

ントゥーイ間を道路に転用することを認めた上で，クロントゥーイに起点を移すのであれば全線を廃止したいが，最終的には政府の決定に従うと内務省側に伝えた[6]。内務省側は，パークナーム線沿線のサムローン付近に工業地帯ができるので，そのための輸送用にクロントゥーイまで伸びてきている貨物線をパークナーム線に接続し，パークナーム線のクロントゥーイ以南を貨物用として残すことも提案した。しかし，国鉄側はパークナーム線に貨物列車を運行させるためにはレールの交換が必要となり，駅の新設など多額の投資が必要となるとして難色を示し，もし必要なら一旦廃止してから改めて産業用の鉄道を建設すべきであるとした。

国鉄のパークナーム線の廃止容認は，サリットによるバンコク市内の「美観」回復のための，市内の鉄道を廃止して踏切による交通渋滞を解消しようという方針とも合致したことから，結局閣議では1959年末限りでの全線廃止を決めた［柿崎 2009: 132］[7]。減少したとはいえ，パークナーム線の1日の利用者数は約3,500人であり，とくに朝夕のラッシュ時に集中していたことから，フアラムポーンの駅は当面バスのターミナルとして使用し，1日50本のバスをパークナームへ向けて運行することになった[8]。パークナーム線で使用されていた車両のうち，比較的新しい戦後製の電車計13両は一旦マッカサン工場に保管して転用先を探したが，次に述べるようにメークローン線も廃止計画が浮上したことから，結局廃車となった[9]。

これにより，タイで最初の鉄道であったパークナーム線は姿を消し，跡地はすべて道路に転用された。このうち，フアラムポーン～クロントゥーイ間では，パークナーム線の用地のみならず，その南側を並行するフアラムポーン運河も埋め立てる形でラーマ4世通りの拡張が行われた。クロントゥーイからサムローンの先までは旧パークナーム線通り（Thanon Thang Rotfai Kao Sai Paknam）という道路に転用され，その先は並行するスクムウィット通りの拡張用地とされた。パークナーム線の廃止後もサムローンへの貨物線としての復活が何度か議論されたものの，結局実現せずに終わった[10]。

(2) メークローン線の危機

一方，順調に都市間鉄道への発展を遂げていたメークローン線についても，サ

第 4 章　バス事業の統合（1960〜1970 年代）

写真 4-1　ウォンウィアンヤイ駅に停車中のメークローン線のディーゼルカー（1990 年）

出所：筆者撮影

リットの「美観」政策が影響を与えた。サリットは1960年2月の閣議で起点をチャオプラヤー河畔のクローンサーンからタラートプルーへ移すことを決めた[Ibid.: 134]。これは，この間の市街化が進んでいることと，途中のウォンウィアンヤイ付近のタークシン通りとの踏切が交通渋滞をもたらしているため，鉄道を廃止して道路に転用するというものであった。パークナーム線については戦前から廃止の計画が出たことがあったが，メークローン線についてはこれが初めての事例であった。

　1959年に閣議決定された本線のフアラムポーン～バーンスー間の廃止計画とともに，国鉄にとっては「寝耳に水」の話であった。パークナーム線とは異なって積極的な投資が行われており，順調に収入が増加している矢先の出来事であったことから，国鉄では対応策を検討することとなった。メークローン線は他の路線とは接続されておらず，マッカサン工場に車両を入場させる際には，クローンサーンから船でメーナーム貨物駅へと運んでいた。このため，起点のクローンサーンの廃止はこの車両の工場への入場に支障をきたすとして，新たに本線（南線）と結ぶ連絡線を建設するか，線路はクローンサーンまでそのまま残して，営業列車の起点はバスへの乗換の便を考慮してクローンサーンから2km西のウォンウィアンヤイに移すことを提案した［Ibid.］[11]。このため，より費用の安い後者の案が採用されることとなり，1960年末でウォンウィアンヤイ～クローンサーン間は休止され，この間は線路を残したまま道路を整備し，車両の回送時のみ列車が走行するようになった［RFT 1970: 356-359］[12]。

　起点をタラートプルーからウォンウィアンヤイへ移したのは，バスとの接続を考慮したものではあったが，それでもチャオプラヤー河畔のクローンサーンのターミナルが失われたことは，メークローン線の都市鉄道としての機能をさらに低下させることとなった。クローンサーンはチャオプラヤー川の渡船に接続しており，チャルーンクルン通りなど中心街へのアクセスは便利であった。しかし，ウォンウィアンヤイからバスでチャルーンクルン通りを目指すとなると，プット橋経由の迂回路となるばかりでなく，道路混雑により所要時間は大幅に伸びることとなった。にもかかわらず，ウォンウィアンヤイまで短縮後のメークローン線の利用者はさらに増加し，図4-1のようにメークローン線の旅客収入はこの後1972年まで順調に増加していった。

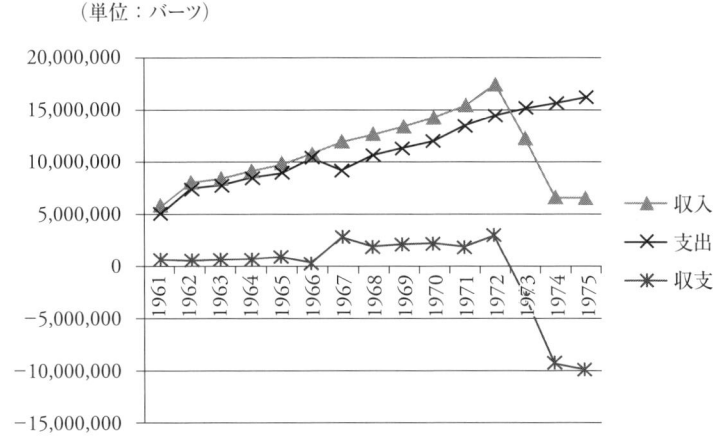

第4章　バス事業の統合（1960～1970年代）

図 4-1　メークローン線の収支の推移（1961～1975 年）
（単位：バーツ）

凡例：収入／支出／収支

注：1961 年は 1 月から 9 月まで，1962 年以降は前年 10 月から当年 9 月までの期間となる。
出所：附表 5 より筆者作成

　ウォンウィアンヤイへの起点の移転後間もなく，今度は全線廃止の危機が訪れた。沿線の住民からメークローン線全線を廃止して道路に転用する要望が出されたことから，1961 年 3 月の閣議でこの問題を検討することが決められた［柿崎 2009: 134］。パークナーム線とは異なり，十分に採算が合うメークローン線の全線廃止は国鉄としても容認しがたいものの，単に拒否することも憚られることから，実現不可能な条件付で廃止を認めることとした。すなわち，利用者が不便を被るとして，鉄道廃止後直ちにバスが代替できれば廃止を認めると回答したのであった。しかし，実際には並行する道路がないことから，これを実現させることは事実上不可能であった。さらに，沿線のサムットソンクラーム（メークローン）県知事も廃止に反対したことから，結局 1963 年 7 月の閣議でメークローン線の廃止は否定され，代わりにメークローン線近代化計画が検討されることとなった［RFT 1970: 359-361］。こうして，メークローン線は起点側の一部区間廃止のみで何とか事なきを得たのであった。
　国鉄では，急遽メークローン線の近代化計画を策定した。その中には本線からの車両の移動や，本線並みへの線路規格の向上が盛り込まれたのみならず，図 4-2 のようにタリンチャン～ワット・シン間の新線建設，ターチーン川への架橋に

189

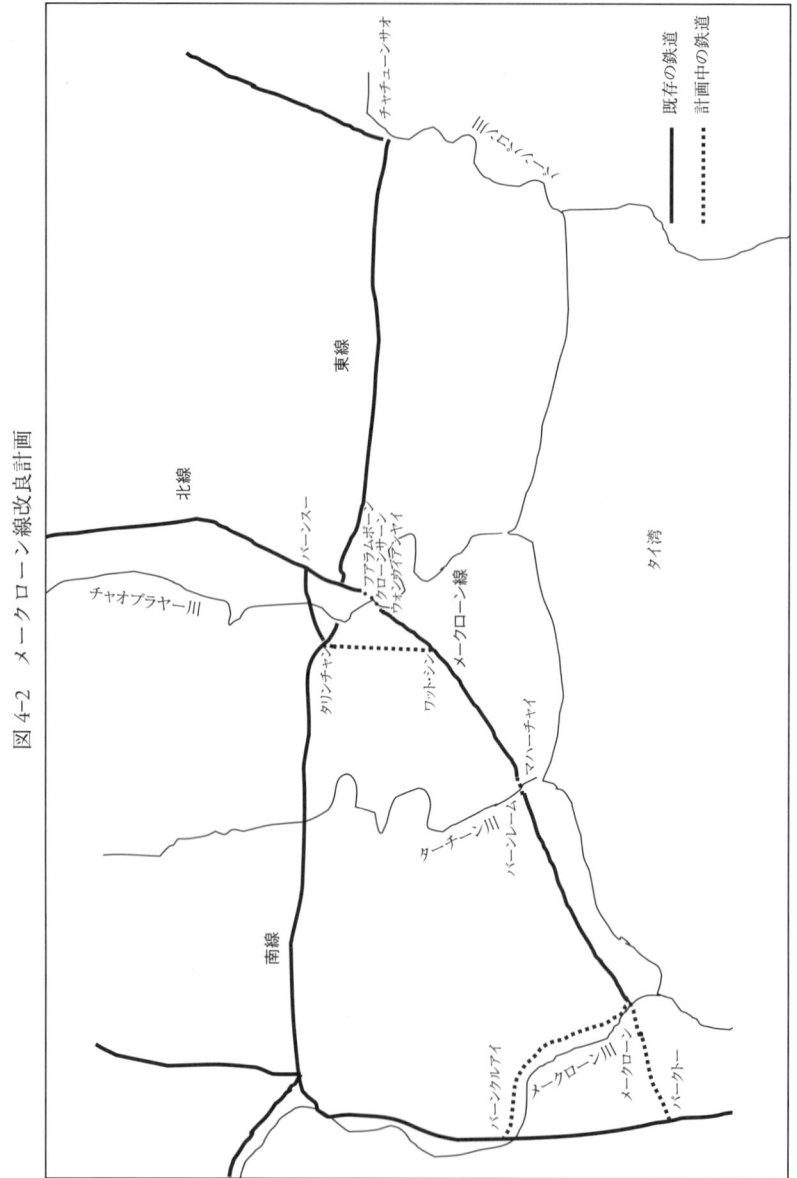

図4-2 メークローン線改良計画

既存の鉄道
計画中の鉄道

北線
東線
南線
チャオプラヤー川
ターチーン川
メークローン川
タイ湾
チャチューンサオ
バーンスー
プラナムポーン クローンサーン ウォンウィアンヤイ
タリンチャン
ワット・シン
メークローン線
マハーチャイ
バーンレーム
バーンカルアイ
バーンパー
川バロム(バーン)

出所：筆者作成

第4章　バス事業の統合（1960～1970年代）

よる2つの区間の連絡，及びメークローンから南線のバーンクルアイへの新線建設も盛り込まれていた[13]。これによって，メークローン線は2ヶ所で本線と連絡し，本線の支線としての機能を担わせることを目標としたのである。しかし，同じ時期にメークローン線に並行するトンブリー～パークトー間の道路建設が計画されたことから，この計画では十分な利益が期待できないとして，国家経済開発庁（Office of the National Economic Development Board）が見直しを求めてきた[14]。

このため，国鉄はメークローン線に都市鉄道と南部へのバイパス線の2つの機能を追加することとして，フアラムポーン～クローンサーン間の新線建設と，メークローン～バーンクルアイ間に代わってメークローン～パークトー間に新線建設を行う形に計画を変更した[15]。これはフアラムポーンから高架線を建設してチャオプラヤー川を渡ってメークローン線に接続させ，終点のメークローンから西に進んで南線のパークトーに出るものであった。これによってメークローン線はバンコクの都市内輸送に参入するのみならず，従来の南線よりも所要距離を約50km短縮する南部へのバイパス線としての機能を担うことになるはずであった[16]。これは，従来の局地的な近郊鉄道が，本格的な都市鉄道かつ南部への主要幹線へと脱却するという非常に野心的な計画であった。

しかし，トンブリー～パークトー間道路計画の進展が，結局メークローン線改良計画を頓挫させてしまった。この道路の事業化調査を行ったコンサルタント会社の最終報告書では，並行するメークローン線の扱いについて，西側のバーンレーム～メークローン間は廃止し，東側のウォンウィアンヤイ～マハーチャイ間は今後バンコクの近郊輸送に活用される可能性があるので当面存置させ，メークローン～パークトー間の延伸も採算が合わないとして中止を提言した[17]。そして，この間の道路建設は世界銀行の借款を利用して1970年から本格的に開始され，1973年4月に開通した[18]。メークローン線改良計画では，ターチーン川とメークローン川の橋梁はこの道路と併用することになっていたが，道路のほうは先に単独の橋を建設してしまった。

トンブリー～パークトー間道路（国道35号線）の開通は，メークローン線改良計画を葬り去ったのみならず，メークローン線の営業にも大きな影響を与えた。メークローン線の全線にわたって並行する立派な舗装道路が整備されたことで，メークローン線の利用者は大幅に減少した。図4-1のように，1972年に1,700

万バーツ近くまで到達した旅客収入は，1974年には600万バーツを下回るまで激減しており，一挙に収入が3分の1に減ったことになる。その結果，メークローン線の収支も1973年以降赤字に転落し，1974年には900万バーツの赤字を計上する事態となっていた。実際に1972年の利用者数は年間402万人，1日平均1万1,000人程度であったが，1973年には年間120万人，1日平均約3,300人と3分の1以下に減少した [RFT (1972): 56, RFT (1973): 49]。とくに，ターチーン川の渡船で連絡する必要があったメークローン方面からの利用者減は甚だしく，渡船の利用者は同じ期間に222万人から13万人へと激減した。

このような道路の開通による急激な利用者の減少は，パークナーム線の事例よりもはるかに大規模であったものと思われ，1958年のフレンドシップ・ハイウェーの開通に伴う東北線の貨物輸送の激減とともに，タイの鉄道が経験した自動車との競合による影響が最も顕著な事例であった[19]。利用者の減少に伴ってメークローン線の輸送力も大幅に削減され，道路の開通前にはクローンサーン〜マハーチャイ間に1日21.5往復，バーンレーム〜メークローン間に11往復あった列車本数は，1976年までにそれぞれ17往復，4往復に減り，ワット・シンまで1日17往復運行されていた区間列車も消滅した[20]。これによって，メークローン線の都市鉄道としての機能は完全に消え去り，都市間鉄道としての機能も大幅に低下したのであった。

(3) 市内軌道の消滅

サリットの「美観」政策は，バンコク電力の市内軌道にも及んだ。1958年8月にバンコク電力と自治土木局の管轄するサームセーン発電所の事業が統合され，新たに首都電力が設立された [FN (1958): 1]。これによって，1914年のサームセーン発電所の操業以来バンコク電力（旧サイアム電力）と自治土木局（旧衛生局）とに二分されていたバンコクの配電事業は一元化されたが，首都電力内での配電事業の重要性はさらに増し，市内軌道事業の比重はさらに低下することとなった。

さらに，1958年9月2日にサパーンルアンにある電車車庫で火災が発生し，多数の電車を消失したことも大きな痛手であった [FN (1958): 22][21]。この火災で電車53両が被災したことから，使用可能な電車の数は215両から162両へと

第 4 章　バス事業の統合 (1960〜1970 年代)

4 分の 1 も減少した。これによって最も大きな影響を受けたのがバーンコーレーム線であり，火災前に比べて運行本数が半分以下に減少したという [Ibid.]。この火災によってどの程度減収となったのかは定かではないが，バーンコーレーム線の運賃収入は明らかに減少していた。表 4-1 を見ると，1959 年のバーンコーレーム線の収入は約 277 万バーツと，サームセーン・バーンスー線の 632 万バーツよりも少ないのみならず，ドゥシット線よりも少ないことが分かる。火災以外の要因もあろうが，前年に比べて 1959 年の収入の総額は 200 万バーツの減収となっていた。

　輸送力を復活させるためには電車の増備が必要であったが，バンコク市内の交通量の増加に伴い市内軌道を撤去すべきであるという意見が徐々に強まってきた。このため，首都電気では市内軌道の復旧に代えて，長らく頓挫していたトロリーバス計画を復活させようとしていた。バンコク電力が発足直後に浮上したトロリーバス計画は実現しなかったが，1955 年にもトロリーバス計画が新聞紙上に出現していた[22]。その後，1958 年には日本とフランスの会社がトロリーバス事業に関心を示し，2 億バーツ程度で導入が可能であるとの見通しを示していた [FN (1958): 23]。これらの会社は単にトロリーバスの販売を目的としたようであり，共同出資による事業化を目指していた首都電気は，結局この計画を中止したようである [FN (1959): 5]。1960 年末には廃止するシーロム線の代替として，シーロム通りから戦勝記念塔までトロリーバスを試験的に運行するとの報道がなされたが，これも結局実現しなかった[23]。これ以後，首都電力によるトロリーバス計画は完全に消えてしまった。

　市内軌道の復旧もトロリーバスの導入も実現せず，結局首都電力の市内軌道事業は消滅へと向かっていくことになった。最初に廃止されることになったのは，パトゥムワン線のヨッセー〜カサットスック橋東側間とシーロム線であった [FN (1960): 9]。前者は隘路となっているカサットスック橋の混雑緩和のため，後者はシーロム通りの拡幅を契機としたもので，表 4-2 のようにどちらも 1960 年中に廃止となった。その後，バンコク市がラーチャプラソン交差点の改修のためにパトゥムワン線の一部区間の廃止を求めたことから，1961 年 2 月にパトゥムワン線全線の運行を廃止した [FN (1961): 1]。これによって，旧タイ軌道が 1920 年代に延伸した区間はすべて廃止された。

193

表 4-1　市内軌道の路線別運賃収入の推移（1958〜1966 年）（単位：バーツ）

年	バーンコールーム	サームセーン・バーンスー	バンコク ドゥシット	バンコク プラムポーン	バンコク シーロム	バンコク パトゥムワン	バンコク 計	ロップリー	総計
1958	N.A.	N.A.	N.A.	N.A.	N.A.	N.A.	18,053,235	710,696	18,763,931
1959	2,767,955	6,321,109	3,465,157	1,761,037	1,124,215	606,174	16,045,647	677,043	16,722,690
1960	3,340,544	6,738,913	3,319,568	1,737,687	1,085,136	596,591	16,818,439	622,892	17,441,331
1961	2,607,082	5,096,418	1,955,848	1,160,330		70,956	10,890,634	406,931	11,297,565
1962	4,015,191	5,692,340	2,412,823	1,480,906			13,601,260	475,557	14,076,817
1963	3,202,215	3,672,553	1,897,477	238,866			9,011,111	70,379	9,081,490
1964	398,483	2,550,559	873,494				3,822,536		3,822,536
1965			639,256				639,256		639,256
1966			513,410				513,410		513,410

注：1960 年までは暦通り、1961 年は 1 月から 9 月まで、1962 年以降は前年 10 月から 9 月までの期間となる。
出所：1958 年：FN (1959): 60、1959〜1960 年：FN (1960): 84-85、1961 年：FN (1961): 57, 59、1962 年：FN (1962): 82, 85、1963 年：FN (1963): 87, 91、1964 年：FN (1964): 110、1965〜1966 年：FN (1966): 119 より筆者作成

第 4 章　バス事業の統合（1960〜1970 年代）

表 4-2　市内軌道の廃止年月日

路線	区間	距離 (km)	廃止年月日	出所
バーンコーレーム	ラックムアン〜アッサダーン	0.3	1962/06/15	FN (1962): 1
	マハープルッターラーム〜バーンコーレーム	5.3	1963/07/31	FN (1963): 4
	アッサダーン〜マハープルッターラーム	3.5	1964/01/14	FN (1964): 4
サームセーン	ワンスコータイ〜サームセーン運河口	0.5	1951/12	NA [2] So Ro. 0201. 63. 2/19
	バーンクラブー〜バーンクラブー船着場	0.3	1951/12	NA [2] So Ro. 0201. 63. 2/19
	ワット・トライミット〜サートーン	3.4	1962/07/31	FN (1962): 1
	サームイェーク〜ワット・トライミット	0.3	1963/05/12	FN (1963): 1
	バーンクラブー〜サームイェーク	7.4	1964/01/14	FN (1964): 5
	バーンクラブー〜サームイェーク	7.4	1964/09/30	FN (1964): 126
バーンスー	バーンクラブー〜バーンスー	4.0	1962/04/30	FN (1962): 1
プラトゥーポーン	プラトゥーポーン〜プラスメーン	4.4	1963/11/30	FN (1963): 1
環状	志願兵像〜ターチャーン	0.3	1963/12/22	FN (1964): 3
	サームヨート〜チャックラペット	0.8	1963/11/30	FN (1964): 3
	チャックラペット〜志願兵像	3.3	1968/09/30	FN (1968): 12
	ターチャーン〜サームヨート	2.8	1968/09/30	FN (1968): 12
ドゥシット	デーウェート〜メーシー	2.9	1963/06/30	FN (1963): 104
	メーシー〜チャックラペット	1.3	1968/09/30	FN (1968): 12
シーロム	バーンラック〜プラトゥーナーム	4.5	1960/12/15	FN (1960): 9
パトゥムワン	ヨッセー〜カサットスック橋東	0.3	1960/10/15	FN (1960): 9
	カサットスック橋東〜ラーチャプラソン	2.2	1961/02/28	FN (1961): 1
計		47.8		

注 1：サームセーン線バーンクラブー〜サームイェーク間の距離はバーンクラブー〜バーンラブプー間に含む。
注 2：プルーンチット線の廃止時期は不明のため本表からは除外している。
注 3：斜字は概数である。

いずれも道路整備を契機とした市内軌道の廃止であったが，サリットの「美観」政策はついに市内軌道を全廃することになった。1961年12月14日の閣議で，バンコクの市内軌道は環状線（旧城壁線）を後世への遺産として「保存」する以外はすべて廃止することに決まった［FN (1962): 1］。このため，翌年から1964年にかけて市内軌道は次々に廃止されていくこととなった。図4-3のように，1962年中にバーンスー線とサームセーン線の東側区間が廃止され，旧タイ軌道の延伸区間に次いで旧サイアム電力が1920年代に延伸した2区間も消えることになった。どちらも，やはり道路整備を契機としての廃止であった。1963年にはフアラムポーン線の全線，ドゥシット線のテーウェート～メーンシー間，バーンコーレーム線のマハープルッターラーム以南が廃止となり，総延長は20kmを切った。さらに1964年には残るサームセーン線のバーンクラブー～サームイェーク間が2段階に分けて廃止され，バーンコーレーム線の残りの区間も廃止された。この結果，1964年9月末をもってバンコクの市内軌道はドゥシット線と環状線の計7.5kmとなった。この時点で旧サイアム電力の路線はすべて廃止され，残るは旧タイ軌道の路線のみとなった。なお，ロップリーの市内軌道も1962年11月末で廃止され，わずか7年間の営業で終わった。

　「保存」されることになった環状線ではあったが，実際にはもはや環状運転はできなくなっていた。図4-3のように，最後まで残った区間は環状線のターチャーン～サームヨート間と志願兵像からドゥシット線のメーンシーまでの2つの区間に分断されていた。これは警察局から廃止を求められたもので，道路交通への影響を緩和するために志願兵像～ターチャーン間とサームヨート～チャックラペット間が1963年末にそれぞれ廃止された［FN (1964): 3］[24]。前者はわずか300mほどの区間ではあったが電車は直通運転を行うことができず，利便性は明らかに低下していた。残る区間で運行される電車もわずか11両に過ぎず，文字通り細々と運行される状態となった[25]。

　首都電力の市内軌道事業は，路線廃止が始まるまでは黒字を維持していたが，1961年以降は赤字会計となった。図4-4を見ると，1960年までは収入が1,800万バーツ程度，支出が1,700万バーツ程度と若干の黒字を計上していたことが分かる。しかし，1961年から収入よりも支出が増加し，一部支出が得られない年があるものの，おそらくはこの後一貫して赤字会計であったものと思われる（附

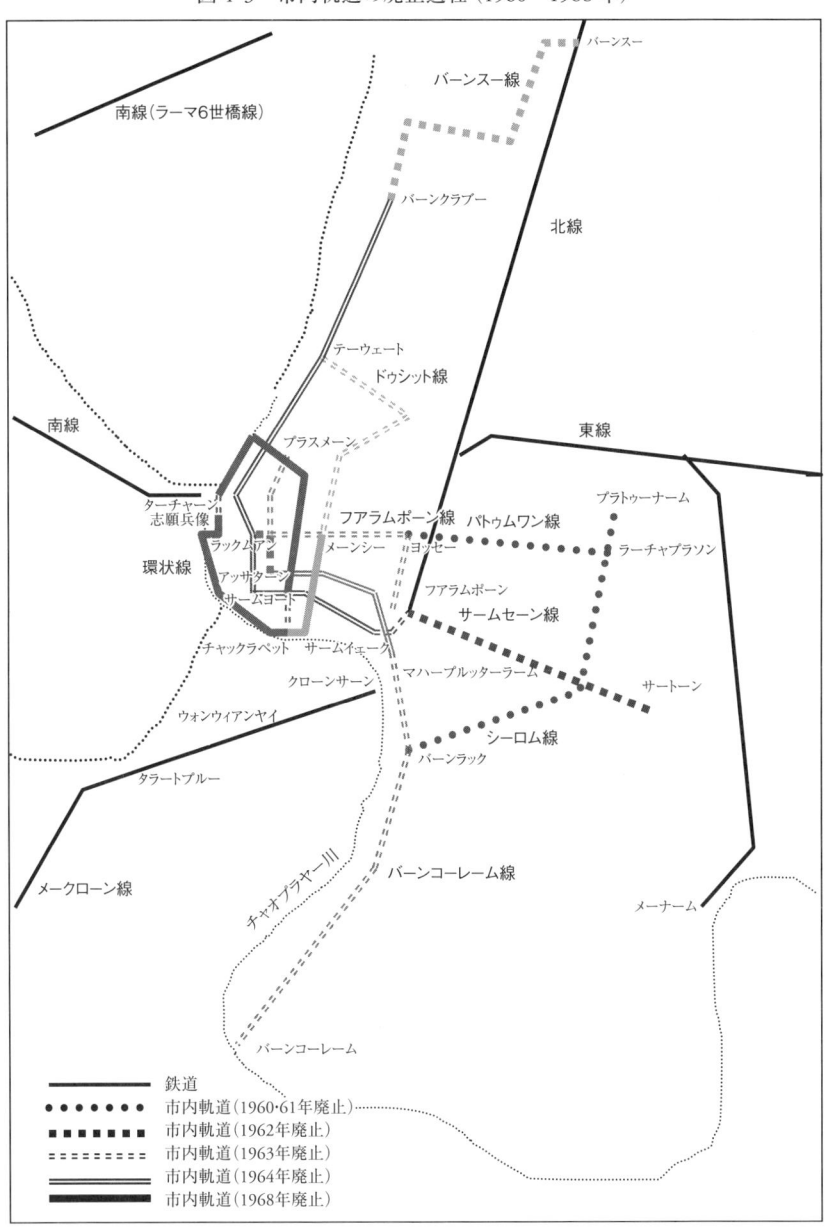

第 4 章　バス事業の統合（1960〜1970 年代）

図 4-3　市内軌道の廃止過程（1960〜1968 年）

出所：表 4-2 より筆者作成

197

図 4-4　首都電力の市内軌道事業収支（1958～1968 年）
（単位：バーツ）

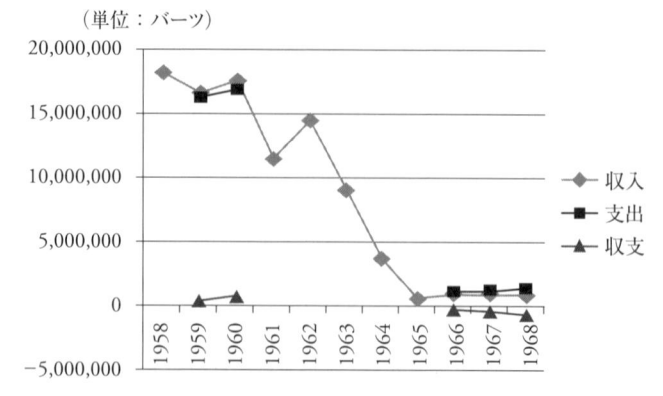

注 1：ロップリーの市内軌道（1963 年廃止）は含まない。
注 2：1960 年までは暦通り，1961 年は 1 月から 9 月まで，1962 年以降は前年 10 月から 9 月までの期間となる。
注 3：1963～1965 年の収入は，運賃，広告収入のみの数値である。
出所：附表 6 より筆者作成

表 6 参照）。環状線の保存区間のみとなってからも赤字基調は変わらず，事業が好転する兆しは見られなかった。プラパート（Praphat Charusathian）内務大臣は月に 1 万バーツの赤字が見込まれるものの，博物館の意味も持たせて環状線を残すと説明していたが，実際にはそれ以上の赤字が発生していた[26]。

　こうして 1964 年からしばらくの間，環状線は「保存」されることとなったが，結局は消え去ることとなった。1968 年 9 月末の運行をもって環状線は廃止され，バンコク市内から市内軌道はすべて姿を消したのであった。1888 年 9 月に最初の市内軌道が開通してから，ちょうど 80 年で市内軌道はその役割を終えたことになる。新聞記事を見る限り，市内軌道の全廃を惜しむような雰囲気はほとんどなかったようである[27]。市内軌道の廃止については，基本的に新聞も賛意を表明しており，廃止反対の声はほとんどなかったものと思われる[28]。環状線の「保存」についても，政府は一時法律を制定してこれを義務付けようとしたようであるが，新聞紙上でその必要はないと反対の声が上がっていた[29]。メークローン線の近郊列車を除けば，これによってバンコクから軌道系輸送手段は消滅し，都市交通はバスのみに依存することになったのである。

第 4 章　バス事業の統合（1960〜1970 年代）

写真 4-2　最後まで残った環状線の電車（パーンファー橋）

出所：FN［1994］: 35

第 2 節　バス統合計画の出現

(1) バス統制の強化

　1955年にピブーン首相が政治目的からバス事業を国営主義から民営主義へと改め，バス事業者への温情主義的な施策が行われたが，1957年9月のクーデターでピブーン政権が崩壊すると，バス事業への統制は再び強化されることとなった。クーデター直後の同年10月の運輸統制委員会では，バス事業者から31件もの路線の新設や変更の申請が出されていた[30]。これについて，委員会では事業者の申請通り変更を認めるようになってから問題が発生するようになったとして，当初のように官報で新規路線を告示してから事業者を募る方式に戻し，すべての申請について小委員会を設置して検討することにした。これによって，運輸統制委員会は再びバス統制を強化することとなり，ピブーン政権末期のような頻繁な路線の変更に終止符が打たれた。

　バス運行台数が著しく少ないなど，免許条件を守っていない事業者に対しても，免許の剥奪という厳しい方針で臨むことになった。1957年10月の運輸統制委員会では，先の表3-6で最も運行台数の少なかったタイバムルン輸送の25系統，38系統の他，次いで状況の悪かったヤートミット社の40系統，サーマッキータム社の45系統の免許を剥奪した[31]。他社についても11社がまだ規定に達していないとし，今後規定台数を確保できないことが確認されたら免許を取り消すとの原則を確認していた。同時に，前政権下で検討されてきたバス事業者への補助金や税の減額措置についても，補助金は政府の財政に影響し，有効に使われる保証はないし，税の減額も法律の改正が必要なため他の方法を検討すべきであるとして，結局中止された。

　その後，11月中にバスを増やすよう猶予を与えたが，それでも改善が見られなかったとして，1957年12月の運輸統制委員会でミットソンスーム商会の34系統，シントゥミット社（Borisat Sinthumit Chamkat）の28系統の免許取り消しを決め，バス運行が中断しないように先に新規事業者を募集することにした[32]。次いで，1958年1月の会議でも運行状態の悪い路線の免許取り消しが検討され，18系統のタイターウォーン社と42系統のシーボーリカーン社（Borisat Si Borikan

第 4 章　バス事業の統合（1960～1970 年代）

写真 4-3　保存された市内軌道の電車（ワンブーラパー・1994 年）
　　　　　チャルーンクルン通りのショッピングモール "The Old Siam" 前に置かれていたが，現在は撤去されている

出所：筆者撮影

Chamkat) の免許も取り消すことに決まり，同様に新規事業者の募集を行うことになった[33]。この会議では，バスの統制を円滑に行うためには事業者数が少ないほうが望ましく，今後は条件を厳しくして極力事業者数を少なくしたいとの意見がポン (Phong Punnakan) 運輸大臣から出された。

さらに，再び国営主義への回帰も見られるようになった。1958 年 5 月の運輸統制委員会では，バス路線が増えて競合区間が増えると利用者の安全が損なわれるとして，免許を取り消した路線に競合路線がある場合には，そのまま廃止してしまうことにした[34]。そして，もし代替できるバス路線がない場合には，政府機関か政府が 50％以上株式を保有する会社に運行を任せることを決めたのである。この条件に当てはまるのは通運公団と輸送社しかなかったことから，この方針は国営によるバス事業の統合を目指すものであった。この結果，会議では希望する事業者のいなかった 22, 40, 45, 49 の各系統と，並行路線がある 28, 38 系統の計 6 路線を廃止し，並行路線のない 34 系統は輸送社に任せることになった[35]。1960 年 6 月末にも 41 系統サハワッタナキット社の免許も取り消され，輸送社に移管された[36]。これについては会社側から苦情が出されており，運輸局がバス運行の改善のための猶予を 90 日間与えたにもかかわらず，20 日間で突然免許が剥奪されたとして，不公平であると訴えていた[37]。

国営主義の実現のために，政府は新たな国営企業の設立も想定していた。1958 年 5 月には，輸送社と通運公団のバス運行部門を買収して，新たなバス運行会社の設立計画があると，輸送社の株主総会の場で運輸局長が伝えていた[38]。この新たな会社によってバンコクのバス会社を統合する計画であったと思われるが，その後この統合の話は立ち消えとなり，次に述べるように輸送社が地方バスの免許を大々的に獲得することになる。その後輸送社に統合させるとの話も出たが，結局 1960 年の免許更新の際にもこの問題は解決せず，最終的に最低限の路線の変更に留めることになった[39]。

この 1960 年の路線改編後の路線数は計 49 線であり，廃止された路線の番号はそのまま飛ばし，別に特別と称された路線が 4 つ追加されている（附表 7 参照）。表 3-6 の 1957 年の時点と比較すると，通運公団の担当路線が 3 線と 1 線減っているのに対し，輸送社は 5 線から 6 線へと増加していた[40]。さらに，特別路線とされた 4 線のうち，バスターミナル間を結ぶ 3 線が輸送社に，チャン通りの路

線が通運公団に任されたことから，新規路線はいずれも国営主義を反映していたことになる[41]。この結果，通運公団と輸送社を合わせた担当路線は計13線と全体の27％を占めることとなった。

　バンコクのバス路線網も，さらに拡張した。図4-5は1960年の路線改編時のバス路線である。先の図3-5と比べると，新たに東のノーンチョークや西のクローンクワーン，バーンクンティアン，南のプラプラデーン，ポム・プラチュンラチョームクラオにもバス路線が到達したことが分かる。ポム・プラチュンラチョームクラオへの国道は1956年に開通し，既にトンナコーン輸送（Borisat Thon Nakhon Khonsong Chamkat）が無許可ながらバスの運行を開始していた。チャオプラヤー川に架かるノンタブリー橋が1959年に開通したことで，パトゥムターニーの市街地へもバスが到達するようになり，従来とルートが変わっていた。この時期にはバンコク市内でも1958年にクルントン橋，翌年にバンコク橋と相次いでチャオプラヤー川を渡る橋が開通しており，前者にはバス路線も設定された。中心部でも住宅団地が建設されていたフアイクワーンへ，新たにバス路線が開設された。

　一方で，1956年の路線追加でバス路線が新設されたガームウォンワーン通りやチャランサニッタウォン通りの一部区間でバス路線がなくなっていた。これは，運行状況の悪い事業者の免許を取り消した後，新たな希望者がなかったために廃止されたものであり，このような郊外ではまだ路線バスを設定するほど多くの需要が存在していなかったことが分かる[42]。

(2) 輸送社による地方バスの統合

　バス運行の国営主義は，バンコクの市内バスのみならず，地方バスにも波及することになった。これまでバンコクと地方を結ぶ県間バスや，地方におけるバスの運行は何の統制もなく自由に行われており，輸送社も県間バスに参入していたとはいえ，他にも多数の事業者が競合していた。1959年の時点で，北線のバスが17事業者により16線，東北・中部線が18事業者により8線，東線が10事業者により7線，東南線が9事業者により16線，南線が8事業者により18線となっていた[43]。とくに，1958年にフレンドシップ・ハイウェーが開通して道路事情が大幅に改善されたバンコク～コーラート間では実に8つの事業者がバス

図 4-5 バンコクのバス路線網（1960 年）

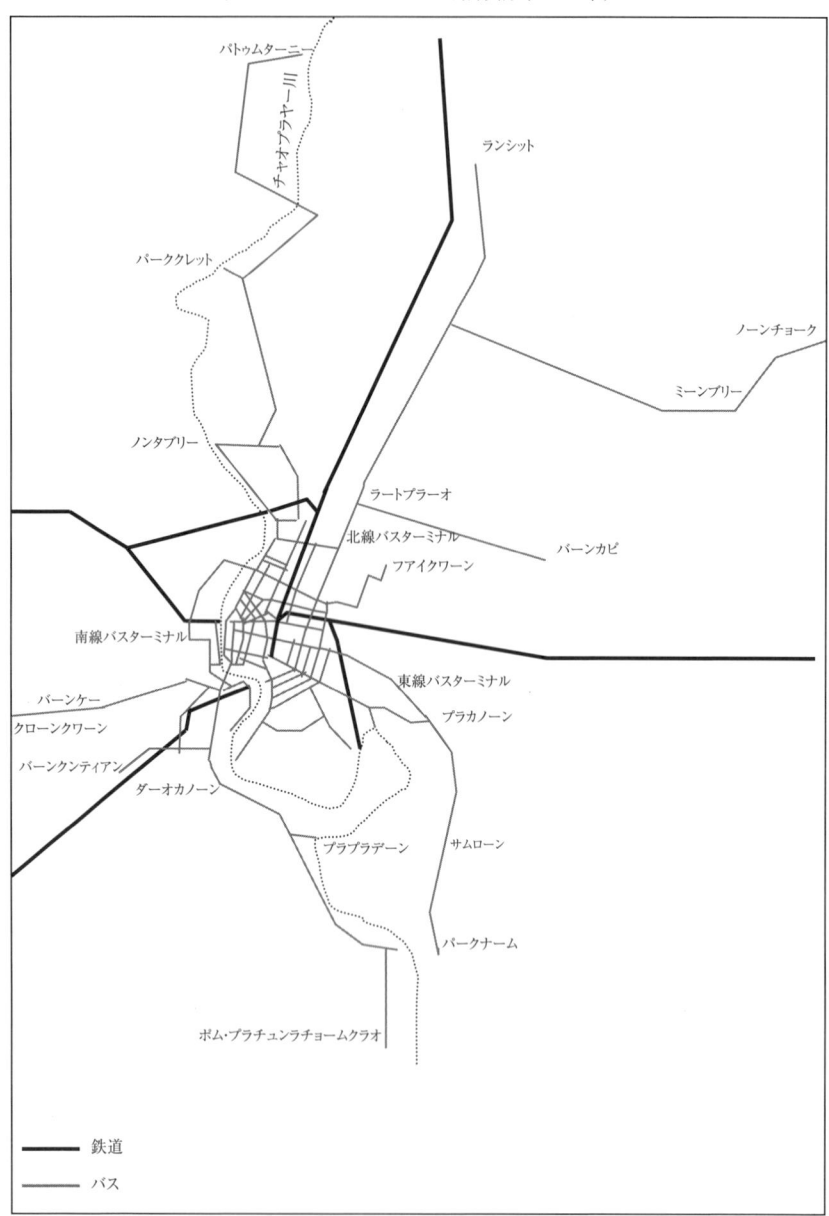

出所：附表 7 より筆者作成

204

第4章　バス事業の統合（1960〜1970年代）

の運行を行っていた。路線数に比べて事業者数が多いことから事業者間の競争が激しく，乗客の奪い合いや速度超過など利便性や安全性の面で問題があった。

　このため，運輸局ではバンコクのバスに次いで，地方バスの統制も行うことになった。具体的には，当初バンコク周辺の5県のみで施行されていた運輸法の対象地域を25県に拡大するものであり，当時バンコクとの間にバスが運行されていたナコーンサワン，コーラート，トラート，チュムポーンまでの範囲を対象とするものであった[44]。基本的にはバンコクのバスと同様に事業者に免許を交付して独占的な運行を認めるものであり，当初運輸局では路線ごとに5つの事業者による組合を作るかたちで統合して免許を与えることを計画していた[45]。さらに，統制も3段階に分けて行い，1959年から3年間で1年ごとにバンコク発着バス，県間バス，県内バスの順に進める予定であった。

　ところが，この計画に対して輸送社がこの25県の全路線の免許を獲得したいと申請してきた[46]。輸送社は既にバンコクと地方を結ぶ県間バスを長年にわたって運行してきたことから，現在運行している民間バスもそのまま運行を続けさせながら，会社がバス運行を一元的に管理すると提案したのであった。これに対し，1959年9月の運輸統制委員会ではこの問題を検討し，提案通り25県内すべてのバス路線の免許を輸送社に出すことに決めた[47]。これは，運輸局の要員もバンコクのバスの管理のみで手一杯で地方バスを監督する余裕はなく，現在運行している民間バスもほとんどがバス所有者の寄り合い所帯であり，基準を満たすような会社はほとんど存在しなかったことから，運輸局の代わりに輸送社に統制を任せようとの判断であった。

　これによって，輸送社の事業は大幅に拡張することとなった。輸送社は1957年から赤字会計となっており，1958年中に赤字の主因であった水運事業を廃止していた[48]。1958年12月の時点で会社のバスはバンコク市内も含めて計11の路線で113台を運行しているに過ぎず，うち会社の所有するバスは84台で残りは民間のバスであった[49]。これに対し，上述した5つの路線で運行している民間バスは800台程度あることから，輸送社が管轄するべきバス台数は大幅に増えることになった。さらに，輸送社が免許を得たのはバンコクと各県，あるいは各県の間を結ぶ県間バスのみならず，県と郡，郡と区や村を結ぶようなすべての県内バスも含まれていた[50]。このため，村と町を結ぶようなソーンテオでさえも，

205

規定された道路上を運行する場合には輸送社の免許下に置かれることとなった。

　この輸送社による25県でのバス免許獲得は，バス事業者のみならず利用者からも非難を浴びることとなった。輸送社が免許を得たとはいっても，実際には自らバスを運行する能力はなく，既存のバス事業者を輸送社の免許の下で運行させるのみであった。このため，バス事業者から見れば，輸送社に手数料を支払う必要が増えたほか，運輸法に基づいて従来の警察局による自動車の検査以外にも運輸局による検査が増え，運輸局発行の免許証も必要となった[51]。輸送社に支払う手数料は運行距離1kmあたり10サタンであり，ペップリー県のあるバス所有者は月の収入700〜800バーツのうち300〜400バーツが手数料として輸送社に吸い上げられるようになったとサリット首相に苦情を申し立てていた[52]。すなわち，バス事業者から見れば，これまでよりも新たな負担が発生し，バス事業からの利潤の一部を輸送社に吸い上げられる結果となったのであった。

　新聞紙上でも，輸送社と政府への批判が相次いだ。例えば，1959年11月18日付『サヤームニコーン』紙に掲載された以下のような記事がその典型である[53]。

> ……輸送社の免許による統制下に入った途端に，バスが運賃値上げを行った。……輸送社がタダで免許を手に入れると，会社はこれまで運行していたバス所有者から免許使用料（Kha Chai Sampathan）を徴収するという規定を定め，それは所有者が従来通りの運賃と乗客数では事業を継続できない額であったので，彼らは苦情を訴えた。しかし，最終的にそれは簡単に静まり，大半の所有者は輸送社の免許の下で免許使用料を支払うことに決めた。なぜなら新たに定められた運賃は従来よりも高く，所有者が輸送社に支払ってもなお十分な利益が見込まれるほどであり，かつ従来よりも利益が大きいと見込まれたからであった。……被害を被ったのは利用者であり，これまでと同じ距離を，色を塗り直しただけの同じバスで，運転手も所有者も変わらないのに，高い運賃を強制されたのである。運賃値上げの代わりに利用者が得たものは何があろうか……。

　輸送社が統制を行っても，サービスの改善は全くなされず，逆に運賃の値上げだけが利用者にのしかかっていたことから，世論は輸送社による地方バスの統合には批判的であった[54]。輸送社のやっていることは単なるブローカーであり，何の苦労もせずに他人から利益を吸い上げる「寝そべって食う虎（Sua Non Kin）」

と批判された[55]。このため，1960年のバンコクのバス免許の更新の際に，一時は地方バスと同様に輸送社による統合も検討されてはいたものの，もはやそれを実行することは困難であった。

(3) バンコク市による統合案

輸送社によるバンコクのバス事業統合が困難となった中で，今度はバンコク市がバス事業の管轄を申し出てきた。1961年2月にバンコク市が内務省に対してバンコクのバス事業の統制を市が行いたいと申請し，同月21日の閣議で市がその計画を立てることが認められた[56]。バンコク市の主張は，以下のようなものであった[57]。すなわち，現在バンコクのバス事業は20以上の事業者が行っていることから，管轄が難しく市も責任が持てず，市は道路の補修などの負担ばかり負っている。しかし，外国では首都のバス事業はいずれも市が行っているか，市の管轄の下で民間会社が行っているので，現在のバス事業を統合して市も出資する新たな会社を設立し，その下にバス事業を統合することを提案したのである。このタイミングで市側がバス事業の統制を申請した理由は分からないが，少なくとも1959年に行われたアメリカの援助による交通調査において，バンコクの最も大きな課題はバス事業者の統合であると結論付けられていたことを根拠としていた[58]。

前年の10月にバンコクのバス事業者に新たな免許が交付されたばかりであったことから，閣議は直ちにバンコク市がバス事業を統合するのではなく，まず計画を策定するよう求めたのであった。これに対して，市はアメリカのDCトランジット社（D. C. Transit System）の支援を得て，市営バス事業計画の調査を行うことにした[59]。これは，1961年6月にチャムナーン（Chamnan Yuwabun）バンコク市長がワシントンの国際会議に出席した際に打診してきたもので，この会社はワシントン市内でバス運行を行っている事業者であった。同時に市側はアメリカの輸出入銀行とも交渉し，バス計画を進めるために総額3.2億バーツの借款を利用したいとの話を伝えてきた。これは同年7月25日の閣議で承認され，DCトランジット社の専門家がバンコクのバス事業の調査に来ることも認められた[60]。

その結果，アメリカからの専門家がバンコクのバスサービスの現状を調査し，バス統合計画を策定した[61]。これは，「バンコク市バスシステム（Bangkok

207

Municipal Bus System)」という新たな会社をバンコク市が 25% を出資して設立し，残りは現在運行している事業者の資産評価額に応じて株式を分配するものであった。新会社は現在運行されている 1,867 台のバスを買収し，状態のよいものは一部補修してから運行し，それ以外は地方で用いるとしていた。他方で 3 年間に計 500 台の新型バスをアメリカから輸入し，DC トランジット社が 5 年間要員を派遣してタイ人従業員の訓練をするというものであった。このための費用として，280 万ドルのサプライヤーズ・クレジットと 1,370 万バーツの輸出入銀行の借款を利用することを想定していた。また，運賃は乗換を認めるとの前提で，現在の 50 サタンを 1 バーツに引き上げることになっていた。

　この統合計画に対して，バス事業者と運輸省側が反対することになった。運輸省側の働きかけで 1961 年 12 月 19 日の閣議でバス統合に関する検討委員会の設置が決まり，運輸大臣がその長となった[62]。その後，翌年 1 月の検討委員会の場で，民間事業者に免許失効までバス運行を続けるか免許をバンコク市に移管するか決断させ，同時に 6 ヶ月以内に事業者が自主的に事業を統合することが可能であれば，その統合計画を策定させることになった。すなわち，運輸省側は市による統合ではなく，民間事業者による自発的な統合を主張したのである。その統合案が十分満足のいくものであれば，市が高額の借款をせずともバス事業は改善できると主張し，市による統合計画を中止させようとの魂胆であった。

　このバンコク市の計画についても，新聞紙上での批判が相次いだ。その批判は市のバス事業計画が輸送社と同じ「寝そべって食う虎」であるとの批判と，市がバス事業を行う能力があるかどうかを疑問視するものであった[63]。市の設立する新たな会社は輸送社と同じ形態となり，結局市がブローカーとなって民間事業者の利益を吸い上げるだけであるという批判も多かった。また，現在市が行うべき公共サービスは多岐にわたるにもかかわらず，いずれも満足に行うことができていないことから，さらにバス事業を追加して行うことなど到底不可能であるとの意見もあった。運賃が 1 バーツとなることについても，それに見合うサービスが提供されるのか疑問視する声があった。実際には輸送社の事例と市の計画では統合の方法が異なっており，市側の計画の内容を誤解していると思われる批判も少なくなかったが，輸送社の悪しき前例があったことから世論はこの計画に批判的であった。

第 4 章　バス事業の統合（1960～1970 年代）

　最終的に，バンコク市の計画は中止されることになった。1962 年 7 月 24 日の閣議決定で，DC トランジット社からの借款は相応しくないとしてこれを中止し，大蔵省の提案に基づいて副首相を長とする検討委員会を設置することが決まった[64]。これは，DC トランジット社からのサプライヤーズ・クレジットの金利が輸出入銀行のものよりも高く，購入するバスの仕様も決めていることから自由競争による国際入札よりも高くつくためであった[65]。この問題について，政府側は既に市に対して借款は輸出入銀行のみに一本化し，DC トランジット社からは技術支援のみに限るよう再検討を求めていたが，市側はそれが困難であると伝えていた[66]。このため，借款の問題が解決しないとして，最終的に市の計画を却下したのであった。

　検討委員会については，公共サービス交通問題解決検討委員会（Khana Kammakan Phicharana Panha Kiaokap Kan Prapprung Kan Satharanupaphok lae Kan Charachon）が設置され，同年 8 月に第 1 回目の会合を開いた[67]。その場において，国家予算の負担を軽減するためにバス事業統合は民間に任せ，1965 年の免許失効に向けて統合を推進させるのが望ましいとの結論に達した。一方，バンコク市は様々な建設事業を行っており，資金的にも人材的にも新たな業務を増やすことは難しいとされ，むしろ道路整備に専念すべきであると指摘された。これによって，市によるバス統合計画は完全に中止となり，民間主導によるバス事業の統合が模索されることになる。

(4) 民間主導の統合の推進

　一方，民間のバス事業者もバス事業の統合を積極的に推進した。上述のように 1962 年 1 月に民間会社がバス事業統合計画を今後 6ヶ月以内に策定すれば，民間によるバス事業の統合を認めることに決まったことから，26 の事業者が共同出資して新たにナコーンルアン輸送（Borisat Nakhon Luang Khonsong Chamkat）という会社を設立した[68]。会社はシールアン社（Borisat Si Luang Chamkat）の内部で対立が発生して規定通り運行できなくなった 21 系統の運行を肩代わりするために設立されたが，今後バス事業を統合していく際の受け皿ともされた[69]。上述の委員会でもナコーンルアン輸送の主導によるバス事業の統合方針が認められ，会社に対して具体的な統合計画を策定するよう求めた。

このため，ナコーンルアン輸送は 1963 年 1 月にバンコクバス統合計画を策定した[70]。この計画では，各社に対してバスなどの資産の売却，賃貸，あるいは委託運行のいずれかの形態を選択させてナコーンルアン輸送に事業を統合するものであり，各社の意向を調査した上で 6 月からナコーンルアン輸送による運行を開始し，12 月までに移管を完了することになっていた。運賃は現状通り 50 サタンとするが 1 回の乗り継ぎを可能とし，バスも順次改良していくほか，年に少なくとも 50 台ずつ新車を投入していくとしていた。資本金は 2 億バーツとし，うち 1.6 億バーツはバスの評価額を想定していた。免許期間は従来の 5 年ではなく 25 年と大幅に延長することを求めていたが，運輸統制委員会では結局 10 年間とすることに決めた[71]。バス路線数も現状の 48 線から 40 線に減らし，郊外線はルムピニー公園と王宮前広場をターミナルとし，市内線に乗り継げるようにするとしていた[72]。

このナコーンルアン輸送の統合案は 1963 年 4 月の閣議で承認され，1965 年 10 月 1 日を期限に統合を完了させることになった[73]。会社の案ではバンコクのバス事業をすべて統合することになっていたため，輸送社や通運公団のバスも統合されることになった。このため，通運公団ではバンコクでのバス事業改良計画を申請したものの予算が配分されず，結局資産をナコーンルアン輸送に売却する方針を決めた[74]。輸送社は地方への路線を極力確保して，バンコクのバス事業がナコーンルアン輸送に統合された際のバスの受け皿にすべきであると検討していた[75]。1963 年 11 月の時点で統合の承認が得られていない事業者は通運公団，ノンタブリー市，タイターウォーン社，シールアン社の 4 社のみとなり，統合計画は順調に推移していると思われた[76]。

しかしながら，このナコーンルアン輸送による統合計画も結局中止されてしまった。1964 年 1 月 14 日の閣議でナコーンルアン輸送に統合するという以前の閣議決定を取り消し，ナコーンルアン輸送は免許更新を行うことが可能な 1 社でしかなく，運行状況のよい会社があれば今後も運行を継続させることを決めたのである[77]。この背景には，バス統合が決まってから事業者が新規投資を抑制し，バスサービスが低下したことに伴う利用者の不満の高まりが存在した。これは，1965 年の免許終了が近づくにつれて，投資を回収できる見込みが少ないとして各社が新規投資を抑えたことから，バスの老朽化によって運行本数が減ったため

第4章　バス事業の統合（1960〜1970年代）

であった[78]。バスの統合も実は難航しており，バス所有者の寄り合い所帯である会社を中心に交渉が進まず，ナコーンルアン輸送が免許を得ている21系統でさえバス運行台数は規定の50％しかなかった。このため，事業者の積極的な投資を促そうと，運輸省が閣議決定の見直しを求めたのであった。

　結局，民間によるバス事業統合計画も中止され，バンコクのバス事業は従来通り28の事業者が担う状況が続いた。このナコーンルアン輸送の統合計画も1963年のサリット首相死去に伴うタノーム政権成立直後に起こっていることから，政治的な思惑も存在したものと思われる。ピブーン政権崩壊後のバス統制の強化はバス事業の統合計画を復活させ，国営主義，市営主義，民営主義の順に次々と統合計画を出現させたものの，結局すべて失敗に終わってしまった。バンコク市内の鉄道廃止や市内軌道の撤去とともに，バス事業の統合もサリットの「美観」政策の現われの1つと捉えられるが，結局サリットの死去とともにそれは立ち消えとなり，バス事業は現状維持に戻されたのであった。

第3節　バス運賃値上げ問題

(1) 路線網の大幅拡張

　1964年1月にナコーンルアン輸送によるバス統合計画が中止されたことから，各社では一時中断していたバス事業への新規投資を再開した。統合計画の中止の際に運行状況のよい会社に対しては今後も事業の継続を認めるとしたが，1963年に運輸局から改称された陸上運輸局（Krom Kan Khonsong Thang Bok）は各社に対して5月の新学期開始までに規定通りのバス運行を求めた[79]。ナコーンルアン輸送以外の会社への免許更新を認めたものの，運行状況の悪い会社に対しては免許の取り消しを行い，状況のよい会社に運行を代替させることとしたので，各社とも免許取り消しに遭わないよう積極的に対応した。同年3月の時点では各社合わせて400台ものバスを増備することにしており，新学期開始に合わせて車体の建造を急いでいたものの，半分ほどしか間に合わないと見込まれていた[80]。バス事業者へのこのような刺激策によって，バスサービスは徐々に改善されていった。

　一方，1965年の免許更新に合わせて，運輸省ではバス路線の改編を計画して

いた。今回はバス路線の大幅な増強が計画されており，当初運輸省では 40 路線を増やすと公表していた[81]。当時のバス路線数は計 45 線であったことから，これはバス路線を倍増させることを意味していた。この路線再編のために，陸上運輸局はプラナコーン，トンブリー，パークナーム（サムットプラーカーン），ノンタブリーの 4 県の学校，官公庁，事業所を対象にバス調査票を配布し，利用者のニーズを把握してバス路線改編に活用することになった[82]。1964 年 6 月までに 20 万枚の調査票を配布したが，学校の回収率は高かったものの官公庁は低く，陸上運輸局では対象を広げてより多くのサンプルを集めようとしていた[83]。どの程度詳細な調査を行ったのかは不明であるが，バス路線の改編に実際のバス利用状況を反映させる試みはこれが最初のことであった。

　その結果，1965 年から適用される新たなバス路線網が策定された。バス路線は計 108 路線となり，当初の予定の 40 線の増加から大幅に増やされた（附表 7 参照）。運輸統制委員会の場での説明では，路線が大幅に増えたような印象を抱かせるが，実際には従来区間運行を行っていた路線を複数の路線に分けた区間が多く，他にも道路の新設や市内軌道の廃止に対応して路線を設定したとのことであった[84]。利用者の調査の結果，全体の 32％がバスを乗り継いでいたことから，この大幅な路線数の増加によって乗換を必要とする人が減少するであろうと見込まれていた。また，これまでになく環状線を多く設定したことも，今回の改編の特徴であった。バスの運行台数も従来の 2,200 台から 2,799 台に増やし，増加したバス路線も 28 の事業者の間で公平に配分することになっていた。

　この路線網の改編は，単に路線数が大幅に増えただけではなく，路線が設定される範囲も大幅に拡大されていた。図 4-6 を見ると，郊外を中心にバス路線が大幅に拡充されていたことが分かる。図 4-5 の 1960 年の状況と比較するとその差は明らかであり，新たにバス路線が設定された区間が多数存在した。例えば，プラカノーンからバーンカピへのバス路線もこの改編で初めてバス路線が設定され，北方のガームウォンワーン通りのバス運行も復活し，その北のパーククレットに至るチェンワッタナ通りにも新たなバス路線が設定された。新道路の開通に伴うバス路線の開通も見られ，1965 年に開通したラートプラーオから鉄道沿いに北上するバイパス（現ウィパーワディーランシット通り）にもバス路線が開設されたほか，1961 年に開通した東へ延びるペッブリー通りの延伸区間（ペッブリー・

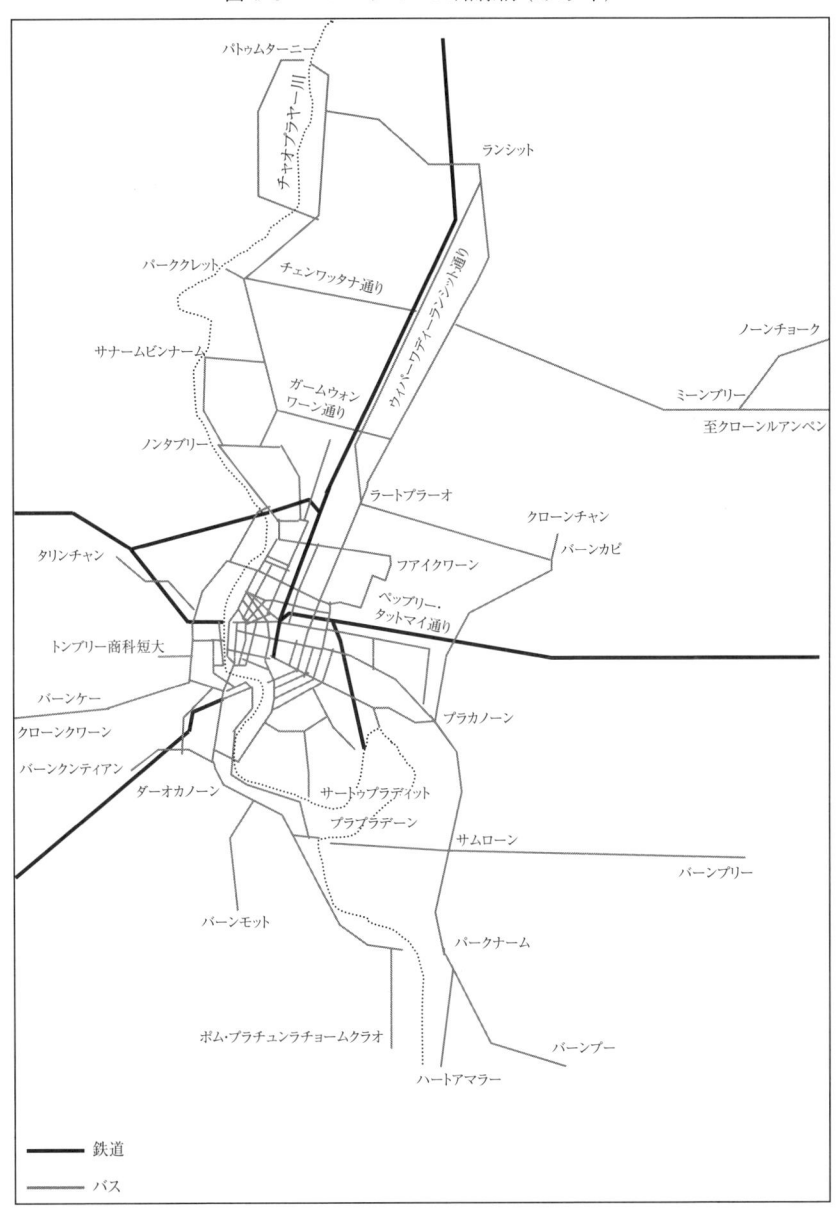

第 4 章　バス事業の統合（1960〜1970 年代）

図 4-6　バンコクのバス路線網（1965 年）

出所：附表 7 より筆者作成

213

タットマイ通り）にもバスが運行されるようになった。

　また，この改編ではノンタブリーやサムットプラーカーン県内で局地的なローカル路線の設定も行われていた。例えば，サムローンからバーンプリー，プラプラデーンへの路線や，パークナームからハートアマラー，バーンプーへ至る路線などは，バンコク市内に乗り入れる路線ではなく，局地的なものであった。これらのバス路線はバンコクの市内バスとしての役割は低く，むしろ県内の郡や区を結ぶ地方バスの側面が強かった。これは今回のバス路線の改編が，バンコクのみならず周辺県も含めた市（テーサバーン）内を対象とする形に改められたためであった[85]。このためにバンコクのバス路線網は大幅に拡充されたのであるが，やや拡張しすぎの感があり，後にこのような周辺県内のみの局地的な路線は削除されることになる。

　この改編は1965年10月1日から行われたが，当初は利用者も新しいバス路線に不慣れなことから，バスを乗り間違えるなどの混乱もあった[86]。また，各事業者が担当する路線が増えたことから，以前より運行本数が減る路線も発生したほか，バスが足りずに運休となった路線も存在した。各事業者に対しては4ヶ月間の猶予が与えられ，この間にバスの建造が行われた。1966年2月の段階でも11線でバス不足のため運休となっており，運行台数も2,550台となっていた[87]。それでも，全体的にはバスの運行状況は改善され，利用者からの苦情も減る傾向にあった。

(2) 運賃値上げと撤回

　1967年に入ると，バス事業者からバス運賃の値上げ要求が出てくるようになった。当時のバス運賃は市内（ゾーン内）で50サタン均一となっており，1959年から用いられていた。表4-3のように，バンコクのバス運賃は1953年と1959年に値上げされており，それぞれ10サタン，20サタンずつ引き上げられて50サタンに達していた。ただし，1959年の値上げは従来の1kmまで30サタンから10kmまで50サタンへと運賃体系の変更も行われており，短距離では値上げとなるものの，逆に長距離の場合は値下げとなった。その後1960年にはゾーン制に変わり，市内に設定されたゾーン内は一律50サタンとなったことから，実質的に値下げとなる路線も存在した[88]。このため，バス事業者から見れば，1953

第 4 章　バス事業の統合（1960〜1970 年代）

写真 4-4　12 系統のバス

出所：KSMK [2001]：14

表 4-3　バス運賃の推移（1976 年まで）

年月日	運賃設定	運賃（バーツ）	備考	出所
	区間制	1km まで 0.20	以後 km あたり 0.10 バーツ	SN 1953/10/07
1953/10/01	区間制	1km まで 0.30	以後 km あたり 0.10 バーツ	SN 1953/10/07
1959/02/15	区間制	10km まで 0.50	10km 以上 1 バーツ	NA Kho Kho. 0202. 3. 4. 1/39
1960/01/10	ゾーン制	0.50		NA Kho Kho. 0202. 3. 6/7
1968/05/01	ゾーン制	0.75		SN 1968/05/01
1968/07/18	ゾーン制	0.50		SN 1968/07/19
1973	ゾーン制	0.75		SR 1978/03/09

年以降実質的な値上げは行われてこなかったことになる。

　バス事業者は，燃料や部品の値上げが著しいとして，運輸省に対して運賃水準の引き上げを求めてきた。これに対し，政府側は当初値上げ以外の方法で事業者を支援すると表明しており，1967 年 8 月にはポン運輸大臣が利用者の負担を増やす前にまず政府が燃料や部品調達の際に支援を行うとしていた[89]。しかし，現状の運賃のままでは，何とか事業を継続することはできるものの，バスサービスのさらなる向上は難しいとして，バス事業者は値上げの要求を続けた[90]。事業者側は均一制の運賃を従来の区間制に戻す形での値上げを提案し，4km までを現状通り 50 サタンとし，その後 10km までを 1 バーツにしたいと申請していた[91]。短距離の利用者にとっては据え置きであったが，4～10km までの区間では 100％の値上げとなることから，利用者も反対を唱えた。

　ところが，運輸統制委員会は事業者側の主張を認め，運賃値上げを容認することになった。事業者は現在のバス 1 台の収入は 1 日 300～400 バーツしかないと窮乏を訴え，運輸統制委員会もその主張を受け入れたのである[92]。ただし，その際の条件として内務省が従業員の待遇向上を求めており，月 300～400 バーツの月給を引き上げるほか，勤務時間を 1 日 10 時間以内とするなどの改善を要求した[93]。実際の値上げ幅については，会社の主張した区間制ではなく，従来と同じゾーン制のままで 50 サタンの運賃を 75 サタンに引き上げることを認めた。この値上げは表 4-3 のように 1968 年 5 月 1 日に実施され，バンコクのバス運賃は 50％の値上げとなった[94]。

第4章　バス事業の統合（1960～1970年代）

　この値上げに対して利用者の批判が噴出し，新聞では連日のようにバス値上げ問題に関する記事が掲載された。総理府によると，バス利用者がタノーム首相に対して値上げ反対の声を多数寄せていた[95]。バス会社は運賃が安すぎるため赤字であると主張していたが，もし赤字であればとっくに廃業していたはずであり，免許失効の際に各社が競って更新を求めるはずはないとして，会社側の主張は間違っているとの主張や，普段バスを利用しないような政治家や役人が値上げを認めるのはおかしいとの意見も見られた。これに対し，値上げを認めたポン運輸大臣はサービスの向上と安い運賃を求めることは両立せず，運輸省が利用者の反対にもかかわらず敢えて値上げを認めたのは，このままサービスが低下すれば利用者はますます困るからであり，25サタンの値上げに反対する声よりも値上げを容認する利用者のほうが多いからであると弁明した[96]。

　当時タノーム首相が外遊中であったが，バス値上げに対する反対の声があまりに大きいことから，5月20日の帰国後直ちにこの問題を検討するための公聴会を開くと表明した[97]。また，新たにバス事業者会計調査委員会（Khana Kammakan Truat Sop Banchi Borisat Rot Doisan Pracham Thang）を設置し，赤字会計であると主張する事業者側の言い分が正しいかどうか再検証を行うことに決めた[98]。一方，運輸省側は批判をかわすために急遽事業者に対して学生運賃の割引制度の導入を要請し，中学3年生まで25サタン，高校生と大学生が50サタンで乗車できる回数券（クーポン）を発売することで合意した[99]。しかし，その間にも事業者や政府の不正を暴く報道が続き，事業者が約束した従業員に対する待遇の向上を怠っており，従業員の収入は値上げ前よりむしろ減ったという報道や，運輸省の高官が親族の名義でバス事業者の株式を保有しているといった告発が相次いだ。

　さらに，6月20日に恒久憲法が公布施行されると，学生を中心にバス運賃値上げ反対のデモも始まった[100]。1958年10月にサリットが「革命」を起こした後，長らく恒久憲法が公布されず，1959年に交付された統治憲章がその代わりを担っていたが，議会制民主主義の下での首相の座を確保したいタノーム首相が，総選挙を見込んで憲法を公布したのである。しかし，その憲法が施行された翌日に学生らがデモを始めたことで，バス運賃値上げ問題は政治問題へと発展していった。他方でバス事業者会計調査委員会はバス事業者の会計を調査し，黒字と赤字の事業者があるとして最終的な決断を閣議に求めた[101]。

これを受けて，7月3日の閣議でバス運賃は従来通り50サタンに戻すことが決まり，バス運賃値上げ問題は終結することとなった[102]。実際には17日の閣議で正式決定をすることになったので，値下げの実施日は表4-3のように7月18日であった。憲法を制定して総選挙を行うことに決めたタノーム首相にとっては，来る選挙で勝利するためには政府批判の芽を早めに摘み取ることが重要であった。政府は選挙を控えて世論に敏感になっており，バス運賃とともに批判の的となっていた豚肉供給の独占制度を完全に廃止し，豚肉の市外から搬入も自由化していた[103]。このため，バス運賃も値上げを撤回することで市民の不満を解消し，選挙戦を有利にしようとの判断が働いたのであった。75サタンのバス運賃は，わずか78日間で終了したのである。

(3) 会社側の不満拡大
　世論の反対によってバス運賃が元通りの50サタンに引き下げられたことは，事業者側から見れば大きな問題であった。バス運賃の値上げに際し，事業者は従業員の待遇改善やバス台数の増加を求められていた。これらの施策は1965年5月の値上げ以降順次行われていったが，それは値上げによる増収を見込んでのことであった。ところが，わずか2ヶ月あまりで運賃の値上げは終了し，収入は値上げ前のレベルに戻ってしまった。にもかかわらず，政府は従業員の待遇はそのまま維持するよう求めたことから，事業者の負担は値上げ以前よりもむしろ増加した[104]。新車の発注も既に行った事業者もあり，サービス改善のための投資もそのまま事業者の重荷となった。

　このため，事業者側は政府に対して支援策を要望することになった。政府側も値上げの撤回を決めた際に，事業者側に対して必要な支援策を取りまとめるよう指示していた[105]。政府側は事業者側からの提案を，国家経済開発庁副長官を長とするバンコク・トンブリーバス事業者運営状況事実調査委員会（Khana Kammakan Suksa Kho Thetching Kiaokae Kan Damnoen Ngan khong Borisat Rotyon Doisan Pracham Thang nai Changwat Phra Nakhon lae Thonburi）で検討することにした。事業者側からの要望は，石油税の減額，バス登録更新料の引き下げ，事業者への低利融資基金の設置，免許期間の10年間への延長，官公庁や学校の始業時間の変更など計15項目に上り，委員会ではこのうち12項目については認めるべきであ

第 4 章　バス事業の統合（1960～1970 年代）

ると結論付けていた[106]。

　これらの施策は，事業者側の収入増よりも，むしろ必要経費の削減を求めたものであった。運賃収入を増やすために長距離路線の区間制運賃への変更も要求していたが，それ以外には収入増のための施策は存在しなかった。このため，事業者側は税金や手数料の引き下げによる経費削減策を政府側に求めていたのである。委員会側もその必要性は認識しており，基本的には事業者側が出した要求の大半を受け入れるよう勧告した。その一方で，バス輸入関税，商業税，所得税，バス検査料の免除，補助金の支出は否定した[107]。

　しかしながら，委員会の勧告にもかかわらず，具体的な施策は迅速には行われなかった。1969 年 1 月に入っても政府側からの具体的な回答はなく，事業者は厳しい経営を強いられていた[108]。バス不足も再び顕著となり，事業者側はその理由を低賃金による運転手や修理工の不足であると主張していた。事業者側は収入を減らす要因として無許可でバス路線と重複して走行するソーンテオの存在も挙げており，政府にソーンテオの統制を行うよう求めていたが，政府側は利用者の利便性を損ねるとして依然として否定的であった[109]。1969 年 3 月には総選挙を経て無事に首相の座を確保したタノームが新政権を樹立し，タウィー（Thawi Chunlasap）が新たな運輸大臣に就任したものの，彼が打ち出したバス事業改善計画にも事業者側が要求した施策は盛り込まれていなかった[110]。彼はバスの混雑緩和のために二階建てバスの導入，立席の増加，乗車口と降車口の分離などの施策を表明したが，決して芳しい評価は得られなかった。

　結局，抜本的な対策が取られないまま 1970 年のバス免許更新の時期を迎え，1965 年のときと同じく基本的には現状維持の方針で更新されることになった。この免許更新後のバス路線は計 90 線となり，1965 年の路線改編時と比べて 18 線も路線が少なくなった（附表 7 参照）。その要因は，環状線の路線番号の設定変更と周辺県の局地的なバス路線の廃止であった。1965 年に多数設定された環状線は，左回りと右回りで路線番号を変えていたが，今回の改編では路線番号を同一としたことから，使用される番号数が減っていた。局地的なバス路線の廃止は図 4-7 の 1970 年の路線網に現れており，図 4-6 の 1965 年の時点と比べると南方，北方，東方の郊外でバス路線が少なくなっていることが分かる。これは，これらの地域での局地的な県内バスがバンコクの路線バス網から外されたためであり，

219

図 4-7　バンコクのバス路線網（1970 年）

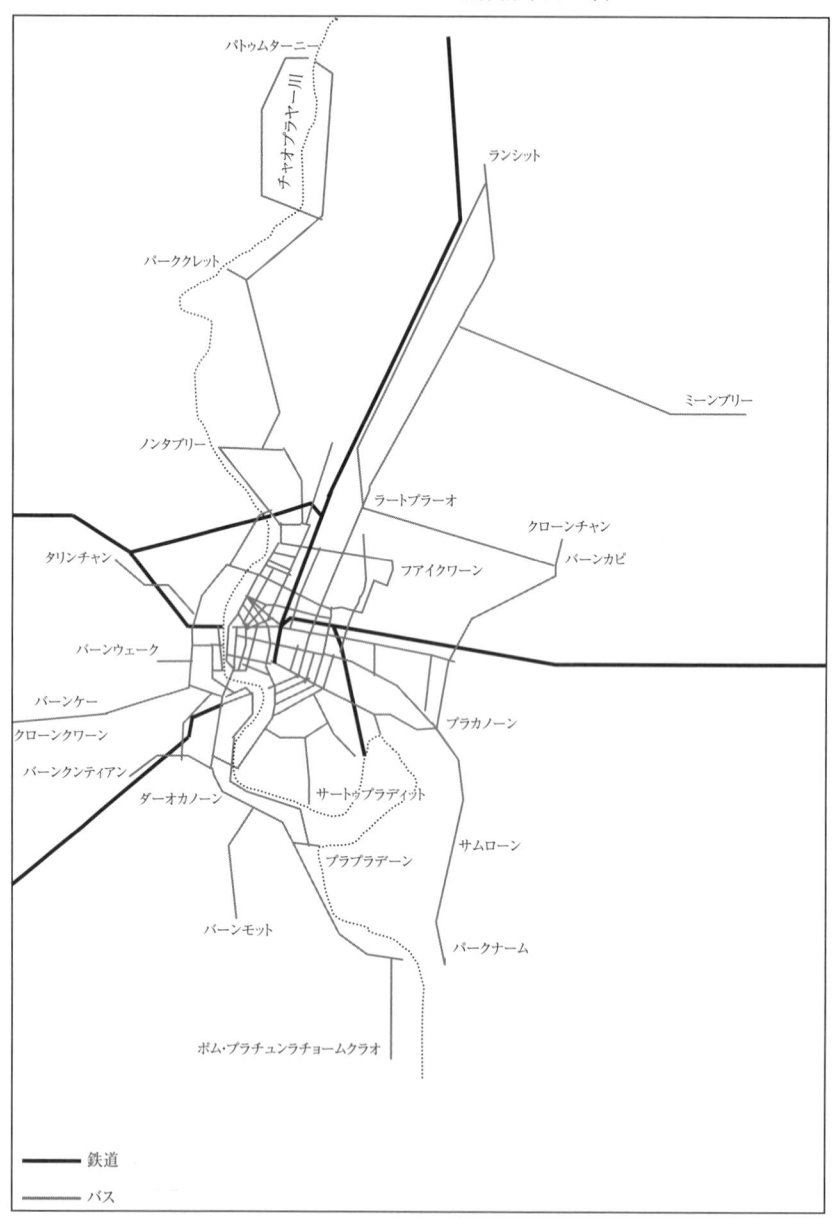

出所：附表 7，RKB Vol. 87-111: 3308-3355 より筆者作成

第 4 章　バス事業の統合（1960～1970 年代）

実際のバス路線は地方バスとしてその後も存続していた[111]。

第 4 節　バス統合計画の実現

(1) 統合計画の再浮上

1968 年の運賃値上げとその撤回後は，バス運賃を現状通り維持しながら事業者の経費節減のための施策が検討されたが，結局浮上してきた案はバス事業者の統合の促進であった。1969 年 7 月に運輸省の命でバス事業改良ワーキンググループ (Khana Thamngan Prapprung Kitchakan Rot Doisan) が設置され，この問題解決のための対策を検討してきた[112]。その結果，運賃を現状のままでサービス向上を図るには運行経費の削減しか方法がなく，そのためには事業者の経営規模の拡大と，政府による事業者への支援の 2 つの施策が必要であるとの結論に達した[113]。経営規模の拡大とは，具体的にはバス事業者の資本金を最低 4,000 万バーツ以上，所有バス台数 200 台以上と規定し，現在存在する規模の大きな事業者が零細事業者を買収するか，あるいは零細事業者がナコーンルアン輸送に統合する形で，事業者数を減らしていくべきであるとした。後者については，政府が基金を設けて事業者に対して低利融資を実施することと，燃料や資材を事業者に特別価格で売却することを提案した。この報告は 1970 年の免許更新前に出されたものの，時間的に余裕がなかったことから，直ちに実行には移されなかった。

その後，バス事業者の統合はかつてのナコーンルアン輸送による統合と同じく 1 社での統合に回帰した。1971 年から行われた西ドイツの専門家によるバンコクの交通問題の調査の中で，バス事業者を 1 社にすべきであるとの提言がなされた[114]。これを受けて，運輸省によりバンコク・トンブリーバス検討ワーキンググループ (Khana Thamngan Phua Phicharana Kiaokap Rotyon Doisan Pracham Thang nai Khet Krungthep Thonburi) が 1972 年 4 月に設置され，政府が株式の 30％を保有するパブリックカンパニーとして事業者を統合すべきであるとの結論を出した[115]。タノーム首相は 1973 年 1 月にバンコクバスサービス改良検討委員会 (Khana Kammakan Phicharana Prapprung Borikan Rot Doisan Pracham Thang nai Krungthep Mahanakhon) を設置し，改めてこの問題の検討を行った[116]。その結果，委員会は

バス事業者を株式会社の形態で1社に統合し，もし参加しない場合は1975年9月末の免許失効までに限ってバス運行を認めることを提言し，1973年9月の閣議でこれが承認された[117]。これによって，バス事業者の統合案はようやく公式なものとなり，定められた期限までに事業者の統合を完了させる必要が生じたのである。

しかしながら，この直後に起きた10月14日事件でタノーム政権が崩壊したことから，政局の混乱の中でバス事業の統合計画も具体的な進展を見せることなく推移した。オイルショックに伴う石油価格の高騰はバス事業者を直撃し，タノーム政権の崩壊前に運賃を50サタンから75サタンへ引き上げたものの，事業者はさらなる運賃値上げを求めた[118]。これに対し，新たに成立したサンヤー (San-ya Thammasak) 政権は値上げを認めず，もし事業者がバス事業を継続できなくなった場合には救済すると表明するに留めた[119]。その後，職業学校の学生によるバス襲撃[120]など事業者を悩ます新たな問題が浮上したことから，1974年8月に入って閣議で新たにバス問題解決委員会 (Khana Kammakan Kaekhai Panha Rot Pracham Thang) を設置し，燃料と人件費の値上げに対応するための支援策を検討することになった[121]。

このようにバス事業の統合計画は遅々として進展しなかったが，期限となっている1975年9月末は着実に近づいていた。このため，事業者側も政府に対して具体的な統合計画の方針を定めるよう要求した。1974年8月に，最大の民間事業者であるナーイ・ルート社の社長ルーサック (Loesak Sombatsiri) がバス事業の売却を表明し，関係者や市民を驚かせた。これは単にバス事業の売却の意思を表明したものではなく，現状のように政府の方針が定まらない中ではバス事業の継続はできないとして，政府に対して統合計画をどのように進めるのかを具体的に示すよう求めたのである[122]。政府はバス事業者を統合すると言っているが，他方で新たにバンコク市内に地方バス路線を設定してその事業者を新規に17社も指定しており，バンコクのバス事業者数は逆に増加していると，彼女は政府の方針を非難した[123]。先のバス問題解決委員会はナーイ・ルート社の事業売却表明を受けて急遽設置されたものであり，政府側に与えたインパクトは大きかったものと思われる。それでも，サンヤー政権は所詮民政移管のための暫定内閣であり，結局具体的な進展は何もないままこの問題は新政権へ引き継がれることとなっ

た。

(2) 統合計画の具体化

　1975年9月末の免許失効までの残り時間は1年を切ったが、統合計画が具体化していったのは1975年に入ってからのことであった。同年1月に下院の総選挙が行われ、紆余曲折を経て3月にようやくクックリット（Khukkrit Pramot）内閣が成立した。クックリット内閣は様々な人気取りのポピュリスト的政策を打ち出したが、バンコクのバスもその対象の1つとされた。それは、月収1,000バーツ未満の貧困者に対する無料バス計画であった。これは収入の少ない貧困層の生活費の低減を意図したもので、対象者に無料パスを発行することでバス運賃を無料とする計画であった。第1段階として政府は学生を対象とした無料バスの運行を計画し、6月2日から実施した[124]。これは学生のみを対象とした専用バスを運行するもので、制服を着用するか学生証を提示した場合に無料で乗車できるものであった。学生利用者に対する支援はこれまでも学生専用バスの運行や学生用の割引回数券の発行という形で行われてきたが、運賃を完全に無料化する施策は今回が初めてであった[125]。これは政府がバス1台につき1日780バーツ支払って事業者に対して委託運行を行ったものであり、受益者負担という観点からの批判も存在した[126]。

　1975年4月に政府はバンコクバス運行改良委員会（Khana Kammakan Prapprung Rabop Kan Doen Rotyon Doisan Pracham Thang nai Krungthep Mahanakhon）を設置し、バス事業者の統合についての具体的な検討に入った[127]。この委員会にはバス事業者の代表も参加して、具体的なバス事業者の統合方法について検討がなされた。既にタノーム首相の時代に株式会社方式での統合という方向性は出されていたことから、既存の事業者がどのような形で統合するかを決めることが課題となった。最終的に中小の事業者を中心としたバス事業者協会（Samakhom Phu Prakop Kan Khosong）の案とナーイ・ルート社の案の2つに絞られ、8月25日の委員会で賛成多数で前者の案が採用された[128]。

　この結果について、ナーイ・ルート社が反対の意向を示した[129]。バス事業者協会の案は、バス運行を管轄する新たな中央会社を設立し、各事業者の従業員はこの新会社に移管するものの、バスの整備や燃料や部品の調達は各事業者の任務

とし，運賃収入は新会社の経費を差し引いて各社に分配するものであった。これは各事業者の自由度を残した緩やかな統合であり，中小事業者にとって有利なものであった。これに対し，ナーイ・ルート社の案はかつてのナコーンルアン輸送による統合計画と同じく，各事業者の資産に基づいて株式を発行するものであり，しかも株式を公開するパブリックカンパニー方式を想定していた[130]。

ナーイ・ルート社はバス事業者協会の案は単なる見せかけの統合に過ぎず，中央会社は輸送社のような「寝そべって食う虎」であり真の統合ではないと批判していた[131]。これに対し，ナーイ・ルート社の案では各事業者の資産によって新会社での株式所有比率が異なり，大事業者がより大きな発言権を得て有利となることから，中小事業者からなるバス事業者協会は反対したのであった。政府は委員会としての結論を出す段階では各事業者の意向を尊重するとして，事業者の代表以外は採決に参加しなかった[132]。このため，票数の多いバス事業者組合の案が採択され，ナーイ・ルート社はその結果に対して異を唱えたのであった。それでも，このまま統合計画に参加しないと従業員が路頭に迷うとして，ナーイ・ルート社は1975年8月30日に事業者組合の案を受諾した[133]。

バス事業者組合は新たな中央会社としてバンコク輸送 (Borisat Krungthep Khonsong Chamkat) を設立し，統合を進めようとした。ところが，バス事業者協会の思惑通りに事は進まなかった。両者の案は国会で審議されることになったが，1975年9月11日に国会はバス事業者組合の案を否決し，代わりにナーイ・ルート社の案を採用することを決議したのであった。このような政治的圧力がうごめく中で，9月15日にクックリット首相がどちらの案も採用せず，新たに国営企業を設立する形で統合することを政治決断した[134]。この背景には，政府の公約である貧困者のためのバス無料化政策を容易に行う目的や，9月末の免許失効の機会を逃すとさらに5年間待たねばならないというタイミングの問題もあった。

結局，政府は1975年9月29日にマハーナコーン輸送 (Borisat Maha Nakhon Khonsong Chamkat) という国営企業を設立し，この会社にバンコクのバス免許をすべて交付する形でバス事業の統合は実現した[135]。会社の株式の過半数は政府が保有し，残りは各事業者の資産に応じて株式を分配することになった。結果としてはナーイ・ルート社の提案に近い形での統合であったが，純粋な民間による統合ではなく，政府が株式の過半数を握って経営権を確保した点が異なっていた。

第 4 章　バス事業の統合（1960〜1970 年代）

写真 4-5　ナーイ・ルート社のバス

出所：KK [1987]: 25

これによって1900年代以来民間主導で行われてきたバンコクのバス事業は国営企業として統合され，以後バス事業は国営事業として継承されていくことになるのである。

(3) バンコク大量輸送公団の成立

マハーナコーン輸送による統合が実現したとはいえ，実際には形だけの統合でしかなかった。1975年9月末に失効したバス免許は一括してマハーナコーン社が得たものの，直前に設立された会社は何も保有しておらず，自らバス運行を行うことはできなかった。また，設立からバス事業の開始までの期間があまりに短かったことから，既存の事業者からの事業の移管も全く行われておらず，事業の継承方法すら定まっていない状況であった。このため，バス運行を継続させるためには既存の事業者にそのまま運行を任せるほかに道はなく，10月以降もこれまでの事業者がこれまで通りの運行を続けた。念願の貧困者向けの無料バスの運行も始まったが，学生向けの無料バスと同じく既存の事業者に委託しての運行であった。

国営企業となったことで，従業員の待遇向上も必要となった。国営企業のほうが諸手当が多いことから，従業員にとっては収入増という好影響をもたらした。しかし，従業員の移管が完了していないにもかかわらず，マハーナコーン輸送側が旧事業者に対して生活費補助手当てなどの支給を立て替えるよう求めたことから，事業者によって対応に差が出た[136]。このため，1975年11月10日にはナーイ・ルート社の従業員がこの生活費補助手当の支給を求めてストライキを行った。ナーイ・ルート社はバンコクで最も古くからある大規模事業者であり，サービスの良さはそれなりに定評があったが，その従業員がストを行ったことは利用者にとっても大きなインパクトを与えた。

既存の事業者の資産の査定については1975年11月から開始されたものの，遅々として進まなかった。資産査定については減価償却も考慮し，車歴5〜7年のバスの評価額は原価の8〜12％にすることなど査定基準が決められ，3ヶ月以内の査定終了を目標としていた[137]。これに対し，事業者側は時間が経つにつれて評価額が下がるとして迅速な査定を求め，12月半ばまでに査定を終えるよう要望を出した[138]。しかし，実際には資産査定は迅速には進まず，マハーナコー

第 4 章　バス事業の統合（1960〜1970 年代）

ン輸送が既存事業者に運行を委託する状態が続いた。結局，1976 年 3 月 1 日にシーナコーン社からバス 305 台を買収して運行を開始したのが最初の事業継承となり，免許後半年経ってようやく自社のバスが運行を開始するという状況であった[139]。4 月末の時点で計 24 社の事業者のうち 6 社を統合し，これによって従業員 2 万人のうち 5,000 人，バス 3,000 台のうち 1,300 台が統合された状況であった [Samrit n.d.: Vol. 1 57]。

統合が進まなかったのは，資産査定が遅れただけではなく，査定された評価額に事業者側が反発したためであった。事業者は自らの利益を最大にしようと，価格交渉の場で極力売却額を引き上げようとした。1976 年 4 月の総選挙でククリット内閣からセーニー（Seni Pramot）内閣に変わり，新運輸大臣となったタウィット（Thawit Klinprathum）は 7 月半ばまでに統合を完了させるとしていた [Samrit n.d.: Vol. 1 86]。しかし，事業者側の姿勢も強硬であり，7 月に入ってタイプラディット社など中小事業者 11 社が首相に対して資産査定方法の見直しを求めていた [Samrit n.d.: Vol. 1 104]。これに対し，政府側も強硬姿勢を採り，7 月 20 日にまだ買収されていないすべてのバスの運行を中止させ，8 月中に資産査定を終わらせ，強引に統合を実現させた[140]。

この間に，マハーナコーン輸送の設立に関する法的根拠が問題となった。バス事業者は政府が 100％出資したマハーナコーン輸送は株式会社としては違法であると訴え，政府もそれを認めざるを得なくなった[141]。このため，政府は急遽新たな組織を設立することに決め，8 月 18 日にバンコク大量輸送公団（以下，大量輸送公団）設立のための勅令を公布した。これによってマハーナコーン輸送は新たに設立された大量輸送公団に事業を継承されることになり，10 月 1 日から大量輸送公団がバス事業を引き継いだ。国営企業という形で統合されたバンコクのバス事業は，最終的により政府の統制の強い公団へと継承されたのである。

このように，マハーナコーン輸送によるバス事業はわずか 1 年間で終了したが，バスサービスの大幅な低下と巨額の赤字の発生という 2 つの問題を引き起こした。旧事業者側はバスの買収交渉を有利に進めるためにストライキを起こして利用者を困窮させ，政府への圧力を高めようとした[142]。また，本来は状態のよいバスのみを購入するはずであったが，マハーナコーン輸送は期限内の統合を実現させるために古いバスの購入も認めてしまった[143]。このため，バスの移管が実

現しても満足に運行できるバスが少なく，購入したバスの65％しか走れなかった。さらに，1976年7月に入って政府が未買収のバスの運行を禁止したことから，バス不足はさらに深刻となった。その代替として多数の無許可のソーンテオが流入したものの輸送力は十分ではなく，利用者はソーンテオが主張する高い運賃に悩まされることになった[144]。

　さらに，マハーナコーン輸送は大幅な赤字会計を強いられることになった。政府は当初会社の資本金として1億バーツを充当し，さらに2億2,920万バーツを積み増したことから，会社の資本金は3億2,920万バーツとなった[145]。しかし，バスと部品の買収に計2億8,690万バーツ掛かったほか，各事業者が立て替えていた国営企業に移管したことに伴う費用8,310万バーツを返済する必要があったことから，事業開始の時点で4,080万バーツの赤字となっていた。また，事業収支も収入が1億9,011万バーツであったのに対して支出が2億8,918万バーツと，計9,907万バーツの赤字となっていた。これらの負債はすべて大量輸送公団に引き継がれ，この後大量輸送公団も一貫して赤字を計上していくことになる。

　結局，このバス事業の統合による利益を得たのは，既存のバス事業者とその従業員であった。バス事業者は実際の資産価値よりも高額の買収額を獲得して，バス事業から撤退する最後の段階で利益を得ていた。従業員は国営企業となることで以前より手厚い給与や諸手当を得られることになり，高収入を実現させた。民間時代には人件費は総収入の30％でしかなかったが，マハーナコーン輸送になってからは49％に増加しており，それが事業収支の赤字の主因であった[146]。他方で不利益を被ったのは政府と利用者であり，政府は多額の財政支出を強いられ，利用者はバスサービスの低下に悩まされたのである。

第5節　バスによる都市交通の限界

(1) 軌道系輸送手段の軽視

　サリットの時代にパークナーム線の全線廃止やメークローン線の一部廃止が行われ，メークローン線の残る区間も廃止が検討されるなど，近郊鉄道に対する風当たりは強くなった。長らくバンコク市内の市民の足として活躍してきた市内軌

第 4 章　バス事業の統合（1960～1970 年代）

道も全廃の方針が決まり，1968 年までにすべて消えていった。どちらもバンコク市内の道路混雑の解消を目指したサリットの「美観」政策に基づいたものであったが，その背景には軌道系輸送手段に対する低い認識が存在した。

　そもそも，パークナーム線に対する政府の認識は 1930 年代の買収時から低く，政府側が提示した買収価格を呑まなければ，鉄道を廃止するとの強攻策を取ろうとしていた。政府は当時建設していた道路の完成時期を早め，バスを運行することでパークナーム鉄道を代替させれば構わないと考えていたのであった。すなわち，パークナーム鉄道の機能は，当時急速に勢力を高めていたバスによって代替できると見なしていたのである。1940 年にはクローントゥーイの新港建設計画のために，パークナーム線を一部廃止することも提案されていた。

　その後，サリットの時代に道路拡張のために再びパークナーム線の廃止が議題に上ったが，この時にはパークナーム線の収支が赤字であるという理由で結局承認されることとなった。当時パークナーム線は 1 日 8 往復しか運行されていなかったが，それでも 1 日の利用者は 3,500 人程度あり，並行するラーマ 4 世通りの混雑も深刻化していた[147]。もちろん，鉄道の廃止はこの道路の拡張のためであったが，従来の鉄道利用者も結局この道路を走行するバスに転移することとなり，一時的に道幅の拡幅で道路混雑が解消したとしても，やがて輸送需要の増加で元に戻ってしまうことや，鉄道は輸送力の増強に対応可能であることは理解されていなかった[148]。

　メークローン線の一部区間廃止や，全区間廃止計画についても，状況は全く同じであった。この線には当時年間 300 万人，1 日換算で約 8,000 人の利用者があり［RFT 1970: 357］，起点のクローンサーンはバスへのアクセスこそ不便ではあったが，チャオプラヤー川を渡船で渡ればチャルーンクルン通りなど東岸の中心街に簡単にアクセスできた。それにもかかわらず，サリットは最も利用者の多い起点側の廃止を命じたのであり，結局バスとの連絡を考慮してウォンウィアンヤイへの起点の移転を行った。全線廃止計画は最終的に回避されたが，サリットの頭の中には鉄道を取り除くことによるバンコクの「美観」の回復のみが存在し，鉄道が大量輸送手段であるという認識が全く存在していなかったことが理解される。

　市内軌道は，近郊鉄道よりはるかに多くの利用者を有していた。切符印刷枚数

表 4-4　市内軌道の路線別切符印刷枚数の推移（1960～1966 年）（単位：千枚）

年	バーンコーレーム	サームセーンバーンスー	ドゥシットフアラムポーン	シーロムパトゥムワン	計	1 日平均（枚）
1960	10,390	24,660	19,610	9,430	64,090	175,589
1961	8,510	18,380	11,400	250	38,540	141,172
1962	12,450	18,310	16,160		46,920	128,548
1963	9,140	8,190	5,550		22,880	62,685
1964	240	3,220	3,070		6,530	17,890
1965			1,820		1,820	4,986
1966			1,470		1,470	4,027

注：1960 年までは暦通り，1961 年は 1 月から 9 月まで，1962 年以降は前年 10 月から 9 月までの期間となる。
出所：1960～1961 年：FN (1961): 62, 1962 年：FN (1962): 88, 1963 年：FN (1963) 94, 1964 年：FN (1964): 114-115, 1965～1966 年：FN (1966): 123 より筆者作成

から推測すると，表 4-4 のように 1960 年の時点で 1 日平均 17.6 万人の利用者が存在していたことが分かる。サームセーン・バーンスー線が最も多いが，バーンコーレーム線の輸送力が 1958 年の火災によって減少するまではこの路線の利用者はこれよりも多かったはずである。路線網の縮小によって利用者数は徐々に減少し，1968 年にはわずか 4,000 人となっていた。これらの利用者の大半はバスへ転移したはずであることから，市内軌道の廃止はバス問題の悪化に直接影響を与えたことになる。

　市内軌道については，道路の片側を単線の軌道が占有するという構造的な問題から，1910 年代から構想されていた道路中央への軌道の移設と複線化を行わない限り，生き残りは難しかった。現在まで市内軌道が残る世界の多くの都市では，市内軌道の線路は道路中央部に複線で敷かれ，軌道敷への自動車の乗り入れを禁止している[149]。前章で述べたように国営化後も市内軌道の抜本的な改良はなされず，旧態依然とした状況の中でサリットの「美観」政策の槍玉に上がってしまった。このため，市内軌道の全廃についてはやむを得ない側面もある。それでも，道路の拡張時に市内軌道を移設して複線化するという選択肢もあったはずである。もし市内軌道を大量輸送手段として認識していれば，旧市街の狭隘な道路上の路線網はともかく，三環濠外の拡張された道路上に市内軌道網を拡張すると

表 4-5　バンコクの市街地人口の推移（1912～1970 年）（単位：人）

年	プラナコーン	トンブリー	計
1912	300,725	64,767	365,492
1930	419,210	99,584	518,794
1947	604,538	177,132	781,670
1960	1,299,528	403,828	1,703,356
1970	1,867,297	628,015	2,495,312

注 1：1912 年は市内 25 地区の人口で，うち地名から判別した 6 地区分をトンブリーの数値としている。ただし場所が確定しない船上居住者（約 10.5 万人）はプラナコーン側の人口に含めてある。
注 2：1930 年は中心部（プラナコーン 8 郡，トンブリー 6 郡）の数値．1947 年以降は市内（テーサバーン）人口である。
出所：1912 年：NA Ro. 6 No. 27/3．1930 年：Porphant [1994]：335．1947 年以降：Wilson [1983]：38 より筆者作成

いう市内軌道の発展計画もありえたのである。

　人口規模から見ても，大量輸送手段としての軌道系輸送手段の存在は正当化されたはずである。表 4-5 はバンコクの市街地人口の推移を表したものであり，これを見るとパークナーム鉄道が電車を導入した 1912 年の人口規模がプラナコーン側で約 30 万人，メークローン鉄道が電化した直後の 1930 年のトンブリー側人口が約 10 万人であったことが分かる。人口規模はその後も拡大を続け，1960 年にはプラナコーン，トンブリー合わせて 170 万人，1970 年には同じく 250 万人の大都市となっていた。道路整備が進んでパークナーム線の輸送量はメークローン線よりも少なくなっていたとはいえ，運行頻度を増やせば都市鉄道としての機能を高めることは容易であったはずである。実際に，次章で述べるように 1970 年代に入って最初に大量輸送手段の導入が計画された区間は，皮肉にもサリットに邪魔者扱いされたパークナーム線のフアラムポーン～クロントゥーイ間であった。

　結果として，これらの軌道系輸送手段が大量輸送手段であると認識されなかったことと，大量輸送手段そのものの重要性が理解されていなかったことが，パークナーム線やメークローン線の都市鉄道化や市内軌道の活用を妨げ，都市間鉄道と化したメークローン線を除いて軌道系輸送手段をバンコクから消し去ることになったのである。この時代に都市鉄道の芽を摘んでしまったことで，バンコクはこのあと 1990 年代末まで道路交通のみに依存する状況となり，都市交通問題は

深刻化の一途を辿ることになる。

(2) バスサービスの政治化

1950年代に入って内務省と運輸省がバス統合計画を巡って主導権争いを行ったり，ピブーン首相が来る総選挙を見込んでバス事業の国営主義を転換したりするなど，バス問題は徐々に政治化する傾向が見られた。サリットとタノームの「開発」の時代に入るとこの傾向はさらに顕著となり，主導権争いや政治判断に伴うバス政策の突然の変更が相次いだ。これらの変更は極めて場当たり的なものであり，説得力のある根拠を欠いたものであった。

内務省と運輸省の確執は，この時代に再燃することになった。ピブーン政権末期に行われた民間事業者寄りの政策は否定され，政府側の統制が強化されたが，さらに輸送社と通運公団のバス事業を統合するバス事業の国営化も再び浮上していた。これは両者を配下に置く運輸省主導の案であり，ピブーン政権時代に一時推進された通運公団によるバス事業の統合計画を復活させるものであった。しかし，同じ頃進められた輸送社による地方バスの統合が世論の批判を招いたことから，この運輸省によるバス事業統合計画は失敗に終わった。

そこに，内務省が巻き返しを図り，バンコク市を前面に出す形でバス事業の市営化を打ち出したのであった。1930年代に市が設置された際にバス事業の市営化は一時推進されたが，戦争の影響で市営のバス事業は衰退してしまった。このため内務省は市に代わって国営でのバス事業統合計画を策定したのであるが，結局運輸省に主導権を奪われたという経緯があった。このため，今回は再び市内の交通事業は市が管轄すべきであるとの原則を持ち出したのであったが，アメリカのバス事業者からのサプライヤーズ・クレジットが問題となり，民間事業者を味方につけた運輸省側の反発もあって結局頓挫してしまった。

運輸省は民間事業者による自主的な統合計画を支持し，ナコーンルアン輸送による統合が進められたものの，結局これも失敗してしまった。その背景にはバス統合計画に伴う事業者の消極策が引き起こしたバスサービスの低下があり，統合計画を中止して利用者の不満を解消しようとの思惑があった。この後内務省がバス事業の管轄を巡って運輸省側と対立することはなくなるが，1970年代に浮上する大量輸送手段と高速道路計画で内務省が主導権を握ることになる。

第 4 章　バス事業の統合（1960～1970 年代）

　また，選挙対策や公約実現のためのバス問題の政治化も顕著であった。ピブーン首相は選挙対策としてバス事業者を味方にしようと試みたが，この時代にはバス利用者，すなわち有権者を味方につけるための施策が行われた。とくに，1968 年のバス運賃の値上げ撤回はその典型例であり，有権者の激しい反発を受けたことで総選挙を目前にしたタノーム政権が利用者側に迎合したのであった。値上げは運輸統制委員会でそれなりの審議を行って決めたことであるから，本来短期間でそれを撤回することは相応しくないのであるが，政府は政治判断でそれを実行してしまったのである。当然ながらバス事業者は反発したが，政府は値上げ以外の支援策を行うと約束することで説得した。1970 年のバス免許更新が事実上現状追認の形で行われたことも，支援策の 1 つであったのであろう。

　さらに，「開発」の時代が終わって「民主化」の時代に入っても，バス問題は相変わらず政治問題であった。クックリット政権は貧困者へのバス無料化という政策を公約に掲げており，それを実行するために事業者に無料バスの借り上げ運行を行わせた。バス事業者の統合案を巡って対立が起きた際に，最終的にどちらの案も採用しなかったのも政治判断からなされたものであり，採用した国営企業案もバス無料化という公約実現にとって相応しい選択肢であった。この決定もバス事業者側よりも有権者側を重視したものであり，その結果設立されたマハーナコーン輸送によるバス事業買収が円滑に進まず，事業者側が反発してマハーナコーン輸送の違法性を訴える事態を招いたのである。

　このように，バスサービスの政治化はバス政策に対する合理性を欠いた政治判断を乱発させることとなり，利用者の受けのよい政策が施行されていくこととなった。低廉なバス運賃の維持や無料バスの運行はポピュリスト的政策と捉えられるものであり，バンコク市内の低所得者層の利益となるものであった。これまで都市交通が政治問題として捉えられることはほとんどなく，ポピュリスト的政策の対象とされたこともなかった。タノーム政権下のバス運賃値上げ撤回がその第一歩であり，クックリット政権のバス無料化政策でさらにそれは進展した。ポピュリスト的政策の下では低廉な運賃や運賃の無料化を行う必要があるものの，民間事業者ではその実現が極めて難しいことから，最終的に国営によるバス事業の統合を実現させたのであった。すなわち，バス事業の統合はバスサービスの政治化によって達成されたのであり，統合の目的も当初の統制の強化からポピュリ

スト的政策の実現のためへと変化したのである。

　しかし，これらの施策が本当に有権者に受け入れられるかどうかは，バスサービスの向上にかかっていた。たとえ運賃が安かろうとも，利用者はそれなりのレベルのバスサービスを望んでいた。それが実現しない限り，これらの政策は全く効果を発揮しないことになる。実際に，タノーム首相が1968年にバス運賃値上げを撤回させたものの，翌年2月の総選挙では彼のタイ国民連合党 (Phak Saha Pracha Thai) はバンコクで民主党 (Phak Prachathippat) に敗れていた[150]。クックリット首相のバス無料化政策も効き目はなく，1976年4月の総選挙ではセーニーの民主党が第1党となっていた[151]。バス問題のみが総選挙での争点ではなかったことから短絡的な結論を導き出すことはできないが，少なくともこれらの施策が為政者側の期待通りには機能しなかったことは事実であろう。

(3) バスサービス向上の限界

　このように，バス問題を巡るポピュリスト的政策が結局効果を発揮しなかった背景には，バスサービスに対する利用者の不満が存在していた。バス不足は一向に改善されず，利用者は混雑したバスに乗らざるを得なかった。バスの状態も悪く，従業員の接客態度も改善されなかった。確かに運賃は低廉に抑えられたものの，「安かろう悪かろう」のサービスが固定化されていった。バス事業者側は低廉な運賃ではサービス向上のための投資が難しいと主張し，結局政府はコスト引き下げのために事業者の統合を推進したのであった。

　実際には，バスの運行台数は着実に増加していた。表4-6は，1965年1月の路線別のバス運行台数を示したものである。この時点での運行規定台数は計1,586台であったが，実際の運行台数は1,665台となっており，充足率は105%と規定台数以上の運行が行われていた。表3-6の1957年の時点での充足率は74%であったことから，この間に充足率は着実に向上したことが分かる。この時期はナコーンルアン輸送による統合計画が中止され，運行状況のよい事業者には免許を更新させるという方針が決まった後のことであったことから，同年9月末の免許更新を控えて各社が規定台数を確保しようとした結果かもしれない。

　それでも，事業者や路線によって充足率に差があり，規定の2倍以上のバスが運行されている場合もあれば，逆に3分の1しか運行されていない場合もあった。

第 4 章　バス事業の統合（1960～1970 年代）

表 4-6　事業者別・路線別のバス運行台数（1965 年 1 月）

事業者	路線番号	路線	運行規定台数（台）	実際の運行台数（台）	充足率（％）
赤バス	12	ファイクワーン～経済省	40	42	105
	23	テーウェート環状線（右回り）	27	26	96
	計		67	68	101
クローントゥーイ商事	13	クローントゥーイ～ブロームパン学校	30	30	99
サハーイヨン輸送	39	ドーンムアン～王宮前広場	34	43	127
サムットプラーカーン輸送	45	パークナーム～サームイェーク	42	63	150
シーナコーン	3	北線バスターミナル～ラートヤー	46	46	99
	5	バーンスー～チャックラワット	40	40	100
	14	シーヤーン～関税局	33	31	93
	44	北線バスターミナル～王宮前広場	25	26	104
	46	プラカノーン～サームヤーン	17	25	148
	計		161	168	104
シールアン	21	サムレー～チュラーロンコーン大学	50	37	73
シリミット	36	バーンソン～ワット・パトゥムコンカー	30	36	120
タイターウォーン	18	ラーマ 6 世橋～シープラヤー	40	48	120
タイプラディット	24	テーウェート環状線（左回り）	27	29	107
通運公団	1	タノントック～ターティアン	84	70	83
	4	タラートプルー～クローントゥーイ	55	37	68
	22	タノントック～ルムピニー	10	12	122
	計		149	119	80
チョンノンシー輸送	35	チョンノンシー～ウィッタユ	7	6	86
テーパニラミット	27	バーンカピ～クローントゥーイ	33	55	166
トンナコーン輸送	10	ワット・ナーンノーン～ラーチャダムヌーン・スタジアム	33	47	141
	20	ターディンデーン～ポム・チュンラチョームクラオ	20	42	208
	計		53	89	168
トンブリー自動車	9	バーンシーチャルーン～サームセーン	42	36	86
トンブリー連合輸送	19	トンブリー駅～テーウェート	39	48	124
ナーイ・ルート	2	バーンナー～パーククローンタラート	53	45	85
	8	ラートプラーオ～プット橋	33	34	102
	11	マッカサン～プット橋	35	34	97
	48	プラカノーン～ワット・ポー	39	40	103
	計		160	153	96
ナコーンルアン輸送	37	サムレー～マハーナーク	15	32	211
ニヨム輸送	42	プラーンノック～サオチンチャー	20	30	150
ノンタブリー市	32	パーククレット～王宮前広場	32	28	88
バーンケー輸送	7	クロークワーン～ノッパウォン	36	51	141
バーンプアトーン輸送	33	パトゥムターニー～王宮前広場	17	28	164
ピーラ・バス	16	バーンクラブー～スラウォン	38	36	96
プラナコーントンブリー輸送	6	ブッカロー～バーンラムプー	30	40	132
プンポン	15	バンコク橋～バーンラムプー	48	50	105
ミーンブリー輸送	26	ノーンチョーク～サパーンカーオ	23		
ヤーンヨン保険商事	17	バンコク橋～ターチャーン	55	45	81
	47	クローントゥーイ～土地局	35	34	96
	計		90	79	88
輸送社	25	ターチャーン～パークナーム	39	56	144
	28	北線バスターミナル～南線バスターミナル	20	7	37
	29	ターチャーン～ドーンムアン	30	10	33
	30	ターチャーン～ノンタブリー	14	23	166
	31	ターチャーン～パトゥムターニー	18	23	128
	34	ランシット～フアラムポーン	30	23	75
	38	北線バスターミナル～エーカマイ	20	18	88
	40	エーカマイ～南線バスターミナル	30	14	46
	41	クルントン橋～バーンラムプー	34	36	105
	計		235	210	89
ワッチャナクン	43	バーンクンティアン～王宮前広場	38	57	150
			1,586	1,666	105

出所：NA Kho Kho 0202. 3. 5/215 より筆者作成

中でも輸送社の担当する路線に充足率が低いものが多く，29系統は33％と最低となっているほか，28系統と40系統も50％を下回っていた。このうち，29系統は輸送社の直営の路線であり，28系統と40系統は民間バスの運行を認める路線となっていたことから，どちらにしても規定通りの運行ができていなかったことになる[152]。通運公団の4系統も68％の充足率と低いほうであったことから，やはりバス事業の国営化がバスサービス向上の解決策とはいえなかったことがこの表からも理解されよう。

しかし，たとえバスの台数を増加させようとも，道路混雑がますます激しくなる中で，実際には規定された運行回数を守ることは難しくなっていった。先の表4-5で示したように，バンコクの人口は戦後一貫して増加しており，1970年には計250万人に達していた。自動車の台数も着実に増加しており，1960年に2万6,170台しかなかったバンコクの乗用車（セダン）数は，1975年には15万4,751台まで増加していた［SYB (1963): 224，SYB (1976-80): 322］。人口増加率に比べて乗用車の台数増加率のほうがはるかに高かったことから，バンコクの道路上の交通量もこの間に大幅に増加したことが分かる。

これに対し，バンコク市内の道路の拡張も自動車の急増には追いつかなかった。1960年頃のバンコクの舗装道路距離は約245kmであったが，1973年にはこれが805kmまで増えたものの，自動車の増加率に比べればその速度は遅かった[153]。道路面積も1973年の時点で11.3km^{2}しかなく，これはバンコク市の面積の4％でしかなかった。国際的には道路面積は最低でも市街地面積の20％は必要であるとされていたが，バンコクの状況はそれにははるかに及ばなかった[154]。1960年代に入ってからペッブリー通りの延伸を行ったり，シーロム通りやラーマ4世通りを拡張したりと，道路の建設や拡幅が積極的に行われていたものの，依然としてバンコクの道路は不足していたのである。

自動車の急増と道路整備の遅れは，ラッシュ時を中心とした道路混雑を引き起こすことになり，それがバス運行回数を減らすことになった。たとえ規定通りのバスの台数を事業者が揃えたとしても，道路が渋滞して所要時間が延びればバス1台あたりの運行回数が減り，結果として利用者がバスを待たされる時間が延びることになる。バスとバスの運行間隔が開けば1台あたりの乗客数も増え，バスの混雑も増長されることになる。たとえバスの台数を増やしたとしても，バスの

円滑な運行が保障されなければ，バスサービスの改善はなされなかった。バスの台数自体が不足していた1950年代にも，長時間バスを待たされて混雑したバスに乗らねばならないという問題は存在していたが，バスの台数は増えたものの道路混雑が深刻化したことから，結局この問題は解決されなかったのである。

さらに，道路混雑の悪化は，低レベルのバスサービスとも関係があった。「開発」の時代には，「開発」の恩恵を被った公務員やホワイトカラー，知識人など中間層と呼ばれる層がバンコクで増加したが，比較的裕福となった彼らの増加が乗用車の急増を招き，バスサービスのさらなる悪化を招いていた。低廉な運賃を維持させられた「安かろう悪かろう」のバスは貧者の乗り物であると認識され，中間層が好んで利用する輸送手段ではなかった。このため，彼らは自家用車を購入して通勤に使用することになり，これが道路上の自動車の増加をもたらしたのであった。この問題は現在に至るまで続いており，都市鉄道が開通してようやく自家用車から公共交通手段へと転換する動きが見え始めたものの，依然としてバンコクの交通問題の根本的な要因となっているのである。

結局，ポピュリスト的政策によって低い運賃に抑えられた中でのバスサービスの抜本的な改善は不可能であり，最終的に政府は民間による事業を国営化してこれを実施しようとしたのである。しかし，バスサービスの改善を妨げる交通渋滞の問題は解決されず，政府は新たな都市交通手段として，道路上に高架の大量輸送手段，すなわち都市鉄道の整備を計画していくことになるのである。

小　括

本章では，「開発」の時代から「民主化」の時代にかけての都市交通の変遷を，軌道系輸送手段の消滅とバス事業の統合という2つの側面から分析することを目的とした。サリットが軌道系輸送手段はバンコクの「美観」を損ねていると認識したことから，パークナーム線以外は比較的順調な経営状況であったにもかかわらず近郊鉄道と市内軌道は窮地に立たされることになり，そのほとんどが廃止されることになった。パークナーム線は全廃され，メークローン線は市内の一部区間が廃止された。一時は約50kmの路線長を有した市内軌道も1960年以降徐々

に廃止され，一時は「保存」されることになった環状線も1968年に全廃され，バンコク市内から市内軌道が消滅した。これによってバンコク市内から軌道系輸送手段はほぼ消え去り，バンコクの大量輸送手段は事実上バスのみとなった。

一方，大量輸送手段の主役となったバスは，再び統合問題に直面することになった。当初はピブーン政権時代の民営主義を修正する形で浮上したもので，バンコク市による統合計画が一時注目を集めたものの，運輸省が推す民間事業者による自主的な統合案が陽の目を見た。その後，バス運賃値上げ問題によって再びバス事業の統合の必要性が高まり，政府は1975年の免許更新をデッドラインにバス事業の統合を実現させることを決断した。しかし，具体的な統合法については最後まで確定せず，急遽決まった国営企業による統合が1975年に実現した。その後，国営企業は新たに設置された公団へと移管され，バス事業の国営化による統合が完成したのである。

このように，長年の懸案であったバス事業の統合が実現したものの，バンコクの交通問題はさらに深刻化し，バスのみに依存した都市交通体系の継続は不可能であった。このため，抜本的にこの問題を解決するための都市鉄道の導入がこの後本格的に検討されることになる。既存の軌道系輸送手段には都市交通としての役割を見出さなかった当時の政府ではあったが，その10年後には大量輸送手段としての軌道系輸送手段の重要性を改めて認識するようになったことは，為政者の先見性のなさを物語っていると言えよう。

コラム4

「復活」するパークナーム線

　1959年末をもって廃止されたパークナーム線ではあったが，そのルートは都市間鉄道としても，都市内鉄道としても相応しいものであった。バンコクと南のパークナームを結ぶこの鉄道は，当初は都市間鉄道の機能しかなかったが，利用者増を目論んで電化を進め，都市内輸送への参入を進めていた。サイアム電力への賃貸と国有化後のバスとの競合によって都市交通としての機能は低下したが，バンコクの市街地の外延的拡大とともに沿線の都市化は進み，都市鉄道として復活する余地は十分存在したはずである。そして，次章で述べるように，パークナーム線の廃止後10年余りが経ったのちに新たな大量輸送手段の導入計画が浮上したが，その中で最も大量輸送手段の必要性が高い区間とされたのが，パークナーム線が以前通っていたフアラムポーン～クロントゥーイ間であった。

　このため，パークナーム線に並行する形の新たな都市鉄道計画が必然的に浮上し，かつてのパークナーム線の駅と同じ名前の駅が出現することになった。最初に出現した高速道路公団の計画では，フアラムポーンからラーマ4世通り沿いにクロントゥーイを経てプラカノーンへ至り，その先スクムウィット通り沿いにパークナーム方面へ向かうルートが構想されていたが，後から出てきたバンコク都のBTS計画が市内からスクムウィット通り沿いにプラカノーンに至る

かつてのパークナーム駅跡にあるモニュメント（パークナーム・2013年）
「復活」するパークナーム駅の位置は若干離れている

出所：筆者撮影

ルートを設定したことから，前者の計画は変更された。1999年末にBTSが開業した時点では，プラカノーン駅とサーラーデーン駅が「復活」したが，2011年にオンヌット～ベーリン（ベアリング）間の延伸線が開通すると，バーンチャーク，バーンナーの各駅も「復活」した。また，2004年に高速道路公団の計画を引き継いだ地下鉄が開通したことでフアラムポーン～クロントゥーイ間にも都市鉄道が「復活」し，サームヤーンなどかつてのパークナーム線と同じ名前の駅がいくつか出現した。

現在ベーリンからパークナームへの延伸工事が進んでおり，数年後には再びバンコクからパークナームまで電車で行くことができるようになる。ただし，新たなパークナームへの都市鉄道は旧パークナーム線とは一部ルートが異なっており，プラカノーン，バーンチャーク，バーンナーの各駅は旧駅よりもそれぞれ1～2km東に位置している。これは都市鉄道のルートが，後から建設されたパークナームへの道路であるスクムウィット通りを経由しているためであり，現在建設中のパークナーム付近では旧線と同じルートを辿ることになる。このようなパークナーム線の「復活」は，旧パークナーム線の廃止がいかに先見性のないものであったのかということを改めて感じさせる。

第5章
軌道系輸送手段の復活
(1970～1990年代)

1960年代にバンコクの軌道系輸送手段はほぼ消滅し，バンコクの都市交通はバスのみに依存する状況となったが，同じころから新たな都市鉄道を導入する計画が浮上してきた。その動きは1970年代に入ってさらに具体化し，新たな管轄機関が設置されて路線も確定した。しかし，同時に計画された高速道路計画が順調に推移したのと対照的に，都市鉄道計画は進展が遅れた。他方で，1980年代後半からの経済ブームの中で新たな都市鉄道計画が浮上し，最終的に3つの異なる機関が管轄する3つの計画が浮上した。いずれも政府機関が免許を交付し，民間企業が建設と運営を行う予定であったが，その後の経済状況の悪化や都市鉄道の地下化政策によって影響を受け，最終的に最初の都市鉄道の開業は1999年末まで待たねばならなかった。

　このような軌道系輸送手段の「復活」の背景には，大量輸送公団に統合されたバス事業の抱える様々な問題もあった。公団が民間事業者から購入したバスは大半が使い物にならず，公団は新たにバスを調達する必要が生じた。また，統合過程で発生したバス不足に便乗して増加した違法ソーンテオの統制も行う必要があり，最終的には車体を改造の上で公団の下で運行する民間委託バスの形式を採用した。さらに，大量輸送公団は設立当初から一貫して赤字経営を強いられ，1990年代に入ると赤字体質の改善のために経営規模の縮小計画が策定され，その一環で民間委託のバスが増加した。マイクロバスやバンバスといった新たなサービスも出現し，バンコクのバスサービスの多様化も見られたが，公団の経営状況は好転しなかった。

　このため，本章では，バンコクのバス事業が大量輸送公団に統合されてから1999年末に最初の都市鉄道が開通するまでの期間を対象に，なぜ都市鉄道計画の実現までに長い時間を要することになったのか，なぜバス事業の統合がうまくいかなかったのか，という2つの点に焦点を当ててこの時期の都市交通政策の変遷を解明することを目標とする。以下，第1節ではバンコクにおける最初の都市鉄道計画の浮上を解明し，第2節でバス事業の統合後の大量輸送公団によるバス問題の解決に向けた取り組みを分析する。次いで第3節で1990年代に3つの都市鉄道計画が浮上して，ようやく都市鉄道整備が具体化した過程を考察し，第4節で新たなバスサービスの発生と大量輸送公団の経営改善のための取り組みを解明し，最終的に第5節で都市鉄道計画の遅延の要因と，バス統合計画の失敗の要

第 5 章　軌道系輸送手段の復活（1970〜1990 年代）

因を分析する。

第 1 節　都市鉄道計画の浮上

(1) バンコクと都市鉄道

　1960 年代に入り，バンコク市内から軌道系輸送手段のほとんどが消滅し，わずかに一部区間を短縮されたメークローン線が近郊鉄道として残るのみとなったが，他方で新たな都市鉄道を模索する動きも 1960 年代半ばから浮上するようになった。管見の限り，最初にバンコクにおいて新たな都市鉄道整備の構想が浮上したのは，1967 年のことであった。同年 1 月にバンコク市長が懸垂式モノレールを導入する構想を立て，ドイツに技師を派遣するとの報道がなされた[1]。その後，同じ年にフランスの調査団がバンコクでのモノレール導入のための調査を行い，計 3 線のモノレール建設を市に対して提案した[2]。このように，バンコク市が都市鉄道計画を最初に浮上させたものの，結局政府の反応は鈍く，計画は立ち消えとなった。

　一方，バンコク市内ではフアラムポーン駅のバーンスーへの移設が 1964 年に中止された後，市内の鉄道と道路の立体交差化が当面の課題となっていた。当初は鉄道を高架化する計画であったが，やがてより費用負担の少ない道路の跨線橋建設に傾き，1966 年には市内 14 ヶ所の踏切に跨線橋を建設することで国鉄とバンコク市は合意した［柿崎 2009: 131］。しかし，踏切を一掃したい国鉄と，踏切は残したままでも交差点の立体交差化を進めたいバンコク市との間の対立が続き，具体的な話は進展しなかった。他方で，前述したようにメークローン線の改良計画の一環としてフアラムポーンから南下してチャオプラヤー川を渡ってウォンウィアンヤイへ至る高架線の建設も計画され，こちらは都市鉄道としての機能を持たせることも構想されていた。

　このような状況の中で，バンコクの道路交通問題は確実に悪化の一歩を辿っていた。政府は 1966 年に陸上交通問題究明計画策定委員会（Khana Kammakan Phicharana Samruat Kaekhai Het Khatkhong lae Wang Phaen Kan Charachon Thang Bok）を設立し，バンコクの交通問題の解決策を検討させることになった［TPT 1982:

243

14]。検討の結果，1969 年にこの委員会は政府に対し，専門家を派遣し都内の交通問題を調査してマスタープランを策定するための援助を西ドイツ政府に要請するよう提言した［Ibid.］。これが実現して，バンコクで最初の本格的な交通問題に関する調査が行われることになった。1971 年から 74 年にかけて，西ドイツの専門家はタイ側の機関と協力して詳細な調査を行い，1976 年 7 月に最終報告書が提出された[3]。

　この調査では，バンコク都内の交通問題を解決するための 3 段階の計画が提言された。短期，中期，長期からなるこれらの計画の中で，1980 年までの目標とされた中期計画に高速道路と大量輸送手段 (Rabop Khonsong Muanchon) の整備計画が盛り込まれていた［Ibid.: 16］。高速道路はクロントゥーイのジャンクションから北のディンデーン，東のバーンナー，西のダーオカノーンの 3 方向へ至る計 27km の路線であり，それぞれ終点で北，東，南へ至る幹線道路に接続し，バンコクを通過する交通が市街地へ流入するのを抑える役割を果たすものであった［Ibid.: 14］。これに対し，大量輸送手段はプラカノーン線プラカノーン～バーンスー間 15km，サートーン線ウォンウィアンヤイ～ラートプラーオ間 20km，プット橋線ウォンウィアンヤイ～クローンタン間 14km の 3 線からなる計 49km が第 1 期線として計画された［TPT (1974): 2］。さらに 1990 年までの目標とされた長期計画には，図 5-1 のような延長線の整備も盛り込まれていた[4]。

　この西ドイツ政府の援助で策定された大量輸送手段計画が，事実上バンコク初の都市鉄道計画となった。ただし，当初からこの計画は都市鉄道の導入を想定していたわけではなく，大量輸送手段の種類としてバス，LRT，普通鉄道 (Heavy Rail) の 3 つの選択肢を挙げており，都市鉄道を導入するための莫大な初期投資費用を削減するためにも，当初は建設する高架線の上にバスを運行し，需要が増えてから鉄道に変えることを勧めていた[5]。建設費を抑えるため，路線は大部分が道路上に設定され，一部は既存の鉄道に沿う形となっていた。多少変更はあるものの，この計画に含まれた都市鉄道計画のルートは現在まで継承されており，後の計画に与えた影響は大きかった[6]。

(2) スカイトレイン計画の進展

　政府は西ドイツの交通調査で中期計画に含まれた高速道路第 1 期線計画と都市

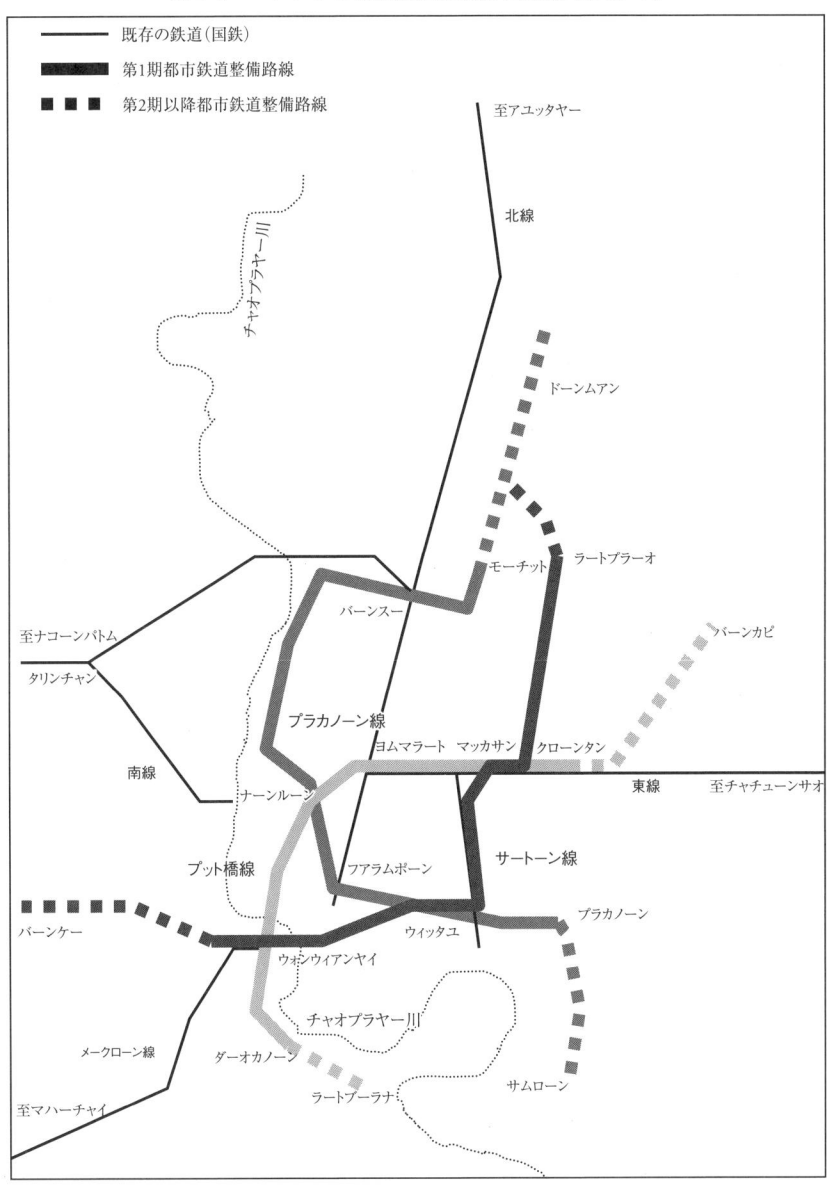

第 5 章　軌道系輸送手段の復活（1970〜1990 年代）

図 5-1　バンコクの都市鉄道整備計画路線（1982 年）

注：第 1 期線は 1980 年に調査・設計が完了した段階のものである。
出所：TPT [1982]：16 より筆者作成

鉄道第1期線計画を遂行するために，新たな機関を設置することになった。この動きは，西ドイツが調査を開始するのとほぼ同時であった。1971年4月に陸上交通問題究計画策定委員会が，通行料金徴収機関設置準備小委員会（Khana Anukammakan Triam Chattang Ongkan Kep Kha Phan Thang）を設置した［TPT 1982: 14］。新たな道路整備を緊急に行うためには，国内外の借款に依存しなければならないことから，先進国のように通行料を徴収して借款を返済する方法を導入する必要があった。しかも，世界銀行などから借款を受けるには，独立した機関の設立が求められた［Ibid.］。

この小委員会は，その後格上げされて準備委員会となり，最終的に1972年11月に高速道路・都市鉄道公団（以下，高速道路公団）の設置が革命団布告として告示された［Ibid.: 15］。この公団の名称は，タイ語では非常に不明瞭である。タイ語の名称に含まれるThang Phisetは直訳すると「特別路」の意味となり，都市鉄道が含まれるというニュアンスはないが，英語でははっきりとRapid Transitと明示されている。当初新たに設置される機関は，通行料を徴収する機関，すなわち高速道路を管轄する機関であったはずであるが，実際に生まれてきた機関は高速道路だけでなく，都市鉄道も管轄する機関であった。

また，この高速道路公団は運輸省ではなく，内務省下に設置された。運輸省下には，道路局，国鉄など国家規模で交通を管轄する機関が属していたが，一方でバンコク都内の道路はバンコク都の管轄であり，都は内務省の下に置かれていた[7]。このため，バンコク都内で高速道路や都市鉄道を担当するこの機関が内務省下に置かれたのは決して不自然なことではないが，結果として地方統治や警察など非常に大きな権限を持つ内務省の地位をさらに高める結果となった。上述したように，バス事業の管轄を巡って1950年代から内務省と運輸省の間の確執が続いており，運輸省がバス事業を掌握してきたが，ここで内務省が再び都市交通事業への参入を果たしたと見ることもできよう。高速道路公団は多額の予算が必要なために，当時内務大臣であったプラパートが自分の配下に置いたという説もあった[8]。

新設された高速道路公団は，西ドイツの調査で中期計画とされた高速道路第1期線計画と大量輸送手段第1期線計画を遂行していくことになるが，実際には高速道路計画が先に進んだ。サンヤー政権下の1974年3月には，閣議で両計画を

第 5 章　軌道系輸送手段の復活（1970〜1990 年代）

写真 5-1　プラポッククラオ橋の都市鉄道用の橋梁（2012 年）
　　　　両側が道路橋となっており，1984 年に完成したものの現在に至るまで放置されている

出所：筆者撮影

高速道路公団が推進することが承認された [Ibid.: 16]。高速道路計画は，経済・土木調査，設計と順調に進み，1977年1月に閣議で着工が命じられた [Ibid.: 17]。バンコクで最初の高速道路は1982年に開通し，1987年までに第1期区間の27km全線が完成した。

　他方で，大量輸送手段計画については，当初は西ドイツの提案に基づいて，バスによる整備を想定していた。世界銀行もバスの先行導入を支持しており，当面緊急性の高いプラカノーン～バーンスー線のクローントゥーイ～フアラムポーン間から高架線を建設すべきであるとしていた[9]。この間はかつてパークナーム線が通っていた区間であり，皮肉にもパークナーム線の廃止からわずか15年で，大量輸送手段の必要性が最も高まった区間となっていた。しかし，高架線へのバスの先行導入については世界的にもほとんど例がなかったことから反対意見も根強かった。このため，1978年に入ってコンサルタント会社に調査を行わせ，導入すべき大量輸送手段を決めることになった [TPT (1978): 12-13]。その結果，会社は普通鉄道が相応しいとの結論を出し，クリアンサック（Kriangsak Chamanan）政権下の1979年1月の閣議でこれが承認された[10]。これによって，大量輸送手段計画はようやく都市鉄道計画となったのである。

　この結果を受けて，高速道路公団は3線の詳細設計（Detail Design）を同じ会社に任せ，1981年に着工するための入札の準備を進めていった。起点や終点の見直しを行って，路線長は計59kmと当初計画より10kmほど伸びることとなった。高速道路公団は借款による建設を想定し，総工費144.8億バーツのうちの40%を政府予算で支出する許可を求めた[11]。しかし，第2次オイルショックの影響などで急速に財政状況が悪化する中で，政府は都市鉄道建設の莫大な費用負担に躊躇することになった。成立したばかりのプレーム（Prem Tinsulanon）政権下の1980年6月の閣議で，都市鉄道の民間による建設と運営を目指すために，政府は国家経済社会開発庁（Office of the National Economic and Social Development Board, 旧国家経済開発庁）に計画を再検討させることを決定した[12]。これは突然の政策変更であり，当時副首相を務めていたブンチュー（Bunchu Rotchanasathian）の意向が強く働いたものと思われる[13]。

　この年の10月にはようやく都市鉄道第1期線の調査・設計が完了したが，政府が民間による建設を目指したため，民間の参入方法に関する検討が終了するま

第 5 章　軌道系輸送手段の復活（1970～1990 年代）

で動きは止まってしまった。ただし，チャオプラヤー川に架かる 2 つの橋梁については，道路橋の建設計画とともに先行して進められることになった。サートーン線とプット橋線はそれぞれ新設されるサートーン橋と新プット橋を通過することになっており，道路橋の建設を担当する土木局の請負業者が一括して都市鉄道用の橋梁も建設することになった[14]。このため，サートーン線のタークシン橋（サートーン橋）の橋脚の基礎と，プット橋線のプラポッククラオ橋（新プット橋）の橋梁がそれぞれ 1982 年，1984 年に完成した[15]。

　1982 年 1 月の閣議で，政府は国家経済社会開発庁が提案した都市鉄道第 1 期線建設について民間への免許形式で建設・運営を行うことを最終的に承認し，同年 7 月には免許に関する条件を公表した[16]。この免許は，民活によって社会資本整備を行ういわゆる建設・運営・譲渡（Build-Operate-Transfer: BOT）方式であり，民間企業が自ら資金調達を行い建設し，30 年間の運営を行った後に高速道路公団に無償譲渡するものであった[17]。政府はチャオプラヤー川の架橋費と，調査・設計費，土地収容費以外は支出せず，車両調達費なども含めた総額は 1980 年から 6 年間で完成するとの前提で約 122 億バーツと高額であった［TPT 1982: 45］[18]。

　これに対して計 15 社が名乗りを上げたが，結局政府の条件をすべて受け入れた会社は存在しなかった［RFM (1993): 63］。免許を得た会社が，建設から電車運行の準備まですべて自ら調達した資金で行わねばならないことから，まずこれだけの資金調達が可能かどうかという点が問題であった。また，30 年間で投資した額に見合うだけの利益が見込まれるかどうかも疑わしいと判断されたのであろう。結局，最初の都市鉄道第 1 期線の建設計画は失敗に終わってしまった。

(3) ラワリン社への免許交付と取消し

　政府は第 1 期線の計画が民間の関心を得られなかった最大の理由は，出資額が莫大なためであると認識し，建設費を抑える方策を検討し始めた。ドイツを訪問したウィーラ（Wira Muksikkaphong）内務副大臣は，ドイツで開発されたリニアモーターを利用した LRT を導入すれば，従来の普通鉄道よりもコストが 3 分の 1 になるとして，1983 年にドイツの企業に導入可能性を調査することを認めた[19]。さらに，1985 年にはカナダ政府の援助で第 1 期線計画が再調査され，路

249

線を一部変更して当初の59kmから38.5kmに短縮した上で，カナダで開発されたLRTであるUTDC (Urban Transportation Development Corporation) システムを採用することが提案された [RFM 1993: 6][20]。バンクーバーでこの頃実用化されたUTDC方式のLRTが「スカイトレイン」と呼ばれたことから，高速道路公団の都市鉄道計画もスカイトレイン計画と呼ばれるようになったものと思われる。

　一方，高速道路公団は都市鉄道第1期線計画を再検討し，1986年5月の閣議で詳細を政府に報告した [KT 1997: 34]。その際に，政府はそれまでの方針を変更し，25%を上限として政府の出資を認めることを明らかにした。さらに，その後9月には高速道路公団が第1期線計画の規模を縮小し，第1期第1次線として，民間に対し免許の条件を公表した [Ibid.]。ここで第1期第1次線とされたものは，プラカノーン線全線と，サートーン線ウィッタユ～ラートプラーオ間の計34kmで，第1期線計画の約60%に規模が縮小されたことになる。

　高速道路公団の再度の公示に対して18社が名乗りを上げ，最終的にカナダのラワリン社 (Lavalin International Inc. and UTDC Inc.)[21]，ドイツ・オーストラリア企業連合のアジアユーロ連合 (Asia-Euro Consortium)，フランス・日本企業連合の仏日連合 (Franco-Japanese Consortium) の3社に絞り込まれた [TPT (1988): 42-43]。しかしながら，今回も高速道路公団の提示した条件を完全に呑んだ会社は存在しなかった[22]。ラワリン社は政府の25%出資を受け入れたが，カナダ政府から8億ドルの低利融資を獲得する条件として政府による非常時の流動性の保証を求めた。アジアユーロ社は政府の25%出資は了承したものの，政府が100%出資の車両リース会社を設置して会社はそれを借り受けて運行する提案なので，結局政府は25%以上の出資と為替変動リスクを負うことになる。仏日連合は25%出資も認めず，政府による全額出資を求めた。

　この3社の中から，1社を選ぶ作業は非常に難航した。当初高速道路公団のコンサルタント会社は，建設費が最も安く建設期間の短いアジアユーロ連合の計画が最も望ましいとしたが，高速道路公団はラワリン社がカナダ政府からの低利融資を獲得しているとしてラワリン社との交渉を開始した[23]。ところが，ラワリン社側が政府の保証の条件を変えなかったことから，1989年12月にアジアユーロ連合との交渉に入ったところ，ラワリン側はカナダ政府から政府の保証を求めなくても良いとの同意を得たと伝えてきた[24]。このため，高速道路公団はアジアユー

第 5 章　軌道系輸送手段の復活（1970〜1990 年代）

ロ連合との交渉を打ち切って，ラワリン社と再交渉し，最終的に同社との契約を決めて 1990 年 9 月の閣議で承認された [Rangsan & Kanlaya ed. 1993: 619]。この間にプレーム政権から次のチャートチャーイ（Chatchai Chunhawan）政権へと政権が交代しており，一連の顛末は政治の介入が原因であったと言われている[25]。

ラワリン社の計画は，先のカナダ政府援助による調査で提案された UTDC 方式であった。高速道路公団とラワリン社は最終的な契約に関する条件の調整を続け，1991 年のクーデター後に成立した第 1 次アーナン（Anan Pan-yarachun）政権下の 1992 年 2 月にようやく高速道路公団からラワリン社に対して免許が交付された [RFM 1993: 6]。これにより，最初の都市鉄道計画がようやく実現に向けて動き出したかに見えたが，ラワリン社は免許に記された期限までに UTDC 方式を買収したボンバルディア社（Bombardier Co. Ltd.）[26]の参加の回答を得られなかった。暴虐の 5 月の後発足した第 2 次アーナン政権は，ラワリン社が免許に違反したとして，同年 6 月にラワリン社への免許を取消した [Ibid.]。結局，都市鉄道第 1 期第 1 次線計画も，失敗に終わったのである。

なお，ラワリン社に免許を交付した直後の 3 月に，様々な機関がそれぞれ独自に高速道路や都市鉄道の計画を策定し，計画間の調整が円滑に行われない状況を改善するために，陸上交通管理事務所（Samnakngan Khana Kammakan Chat Rabop Kan Charachon Thang Bok, Office of the Commission for the Management of Land Traffic）が総理府下に設立された [SNR 1992: 94][27]。陸上交通管理事務所は各機関の調整を行うほか，高速道路や都市鉄道のマスタープランを策定するなど，重要な役割を担うことになる。

高速道路公団による都市鉄道計画の失敗は，曖昧な政府の態度と度重なる政権交代による政策変更によって，参入しようとする民間企業にとって魅力的な投資環境が整備されなかったことが大きな原因であろう。最終段階でラワリン社がボンバルディア社の参加を引き出せなかったことも，その直前の暴虐の 5 月によって投資先としてのタイの魅力が著しく傷つけられたことも影響しているものと思われる。また，投資額が莫大でありながら，政府が民間による BOT 方式に固執し過ぎたことも，民間の参入を阻害する側面を持っていた。

第 2 節　統合後のバス事業

(1) バスサービスの改善

　1976年10月にマハーナコーン輸送を継承する形で成立した大量輸送公団であったが，バス事業をマハーナコーン輸送に統合した際の様々な問題をそのまま引き継ぐこととなり，その道のりは始めから険しいものであった。マハーナコーン輸送が民間から購入したバスは計2,703台であったが，そのうち1,000台以上が故障して使用できない状況であった [KSMK 1985: 5]。その結果，バスの運行台数は大幅に減り，後述するように違法バスが多数流入する結果となった。

　このため，大量輸送公団が至急取り組まなければならない課題は，バスの増車であった。1977年には閣議で計2,500台のバスの購入が認められ，翌年末までにすべて到着した [Ibid.: 17-18]。当時の陸上運輸局の規定ではバスの最低台数は3,500台となっていたことから，これによって必要最低限のバス台数は満たされるはずであったが，実際には民間から購入した旧型バスの稼働率は低く，次々に廃車せざるを得ないような状況であった[28]。一挙に2,500台のバスの投入が実現したものの，バス不足は依然として解消しなかったのである。

　大量輸送公団は1980年に新たに1,640台のバスの増車を認められ，さらに輸送力を増強することになった [Ibid.: 18]。この際には，世界銀行からの支援で雇用されたコンサルタント会社が賃貸でのバスの増車を提案したことから，政府は購入ではなく賃貸によるバスの調達を行った。これは，政府予算への負担を軽減することが目的であったが，後に大量輸送公団の赤字拡大の要因として認識されることとなった。それでも，この2回のバス増車によって，大量輸送公団は4,000台以上の新車のバスを調達することができたことから，バス不足問題は公団移管当初よりは改善されることになった。

　また，大量輸送公団の成立後に，新たに冷房バスの運行も行われることになった。冷房バスの運行は1970年ころから民間により計画が立てられたが，実現したのは1976年7月にマハーナコーン輸送が2路線で運行開始してからであった [Samrit n.d.: Vol. 1 105][29]。その後，大量輸送公団は冷房バスの運行路線を拡大し，冷房バスの増車も行っていった。1977年に購入が認められた2,500台の

第5章　軌道系輸送手段の復活（1970～1990年代）

写真5-2　大量輸送公団に新規投入されたバス
　　　　最初に購入が認められた2,500台に含まれた日野製のバス

出所：KK［1987］：25

バスのうち，200 台は冷房バスであった。1980 年に賃借が決まった 1,640 台のバスも，500 台の冷房バスを含んでいた。

　これらの冷房バスは，普通バスとは別の系統で運行された。1976 年の大量輸送公団設立から翌年までに官報で告示されたバス路線の中に，計 10 系統の冷房バス路線が含まれていることが確認できる（附表 7 参照）。主に郊外と中心部を結ぶ路線が多く，図 5-2 のようにパークナーム，バーンカピ，ドームアン，パーククレット，バーンケー，プラプラデーンといった郊外の拠点から市内へ至る，比較的距離の長い路線網が構築された。冷房 9 と冷房 10 系統以外はいずれもこのような郊外と市内を結ぶ路線であり，郊外の住宅地と市内を結ぶ役割を担っていた[30]。

　冷房バスの導入は，そもそもはバス不足の緩和のためとされていたが，実際には郊外から市内へ自家用車で通勤する層の利用も期待されていた[31]。冷房バスの運賃は区間制で，初乗りが 5 バーツと普通バスの 0.75 バーツに比べれば圧倒的に高かった［Ibid.: Vol. 1 105］。それでも，冷房の効いたバスは快適性に優れ，自家用車による通勤に慣れていた中間層などにしてみれば，自家用車による通勤よりも安く，かつ暑く混雑した普通バスに比べればはるかに優れた環境を提供するものであった。このため，冷房バスの利用者は順調に増加したようであり，従来市内まで自家用車で通勤していた人が，冷房バスに乗り換えて通勤するようになった事例も見られたという[32]。

　このようにバスの増車が進められていったが，実際にはバス不足を解消するために民間バスの運行も継続された。次に述べるように，大量輸送公団のバス不足を解消するためにソーンテオなどの違法バスの運行が続いていたが，公団によって運行を認められた合法的な民間委託バスも存在した。1986 年の時点で，民間委託のバスは普通バスが 734 台，冷房バスが 240 台存在していた。これらのバスは大量輸送公団が指定した路線で運行を行うもので，路線単位で委託を行っていた。路線の免許は大量輸送公団が保持しており，民間バスは公団に手数料を支払う形で公団の路線での運行が認められていた。すなわち，従来通運公団や輸送社が行っていたのと全く同一の形態での運行であり，その意味では大量輸送公団も「寝そべって食う虎」でしかなかったのである。

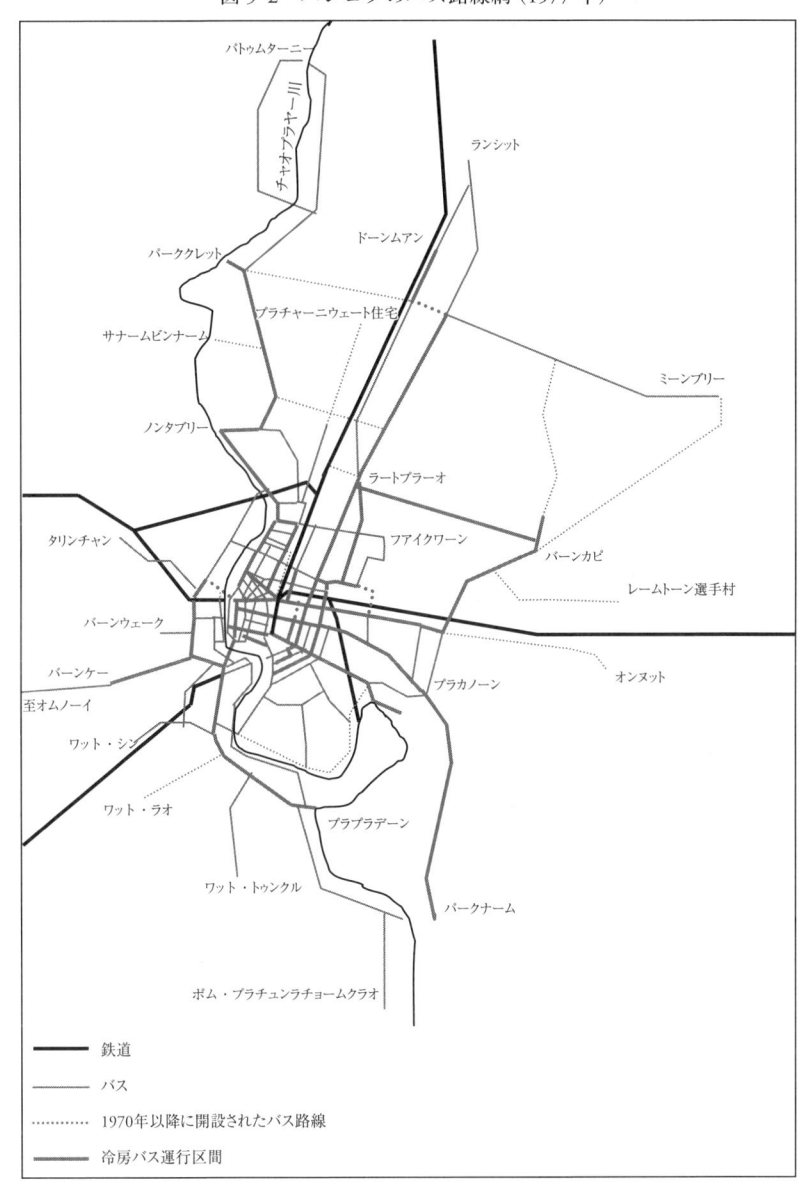

第 5 章　軌道系輸送手段の復活（1970〜1990 年代）

図 5-2　バンコクのバス路線網（1977 年）

注：第 4 種（県内バス）のバス路線は含まない。
出所：附表 7 より筆者作成

(2) 違法バス問題の解決

　1976年にマハーナコーン輸送へのバス事業の統合が行き詰まった際に，政府は移管されていない民間バスの運行を禁止する措置に出たことから，バス不足が深刻となった。このため，違法のソーンテオがその穴を埋めることになり，地方から多数のソーンテオが流入してきて，バンコク市内での運行を開始した。さらに，大量輸送公団の成立後は公団にバスを売却しなかった民間事業者がそのまま従来からの路線でバス運行を継続する事例も発生し，違法バスはソーンテオのみならず大型バスにまで及ぶようになった。このため，大量輸送公団はバスを増車して輸送力を増強するとともに，これらの違法バスを一掃する必要に迫られた。

　違法にバンコク市内で運行するソーンテオは以前から存在し，前章で見たように違法ソーンテオとの競合が民間のバス事業者の採算性の悪化の1つの要因であった。しかし，バンコク市内のバス不足が顕著になった1976年に入ってソーンテオの数は急増し，従来からバンコク市内で運行していたもののみならず，地方からも新たな参入が見られた。これらのソーンテオは勝手に運行しているのではなく，路線ごとに存在するブローカー（Nai Na）に手数料を支払って運行するものであり，ブローカーは警察に賄賂を支払って摘発から逃れていた[33]。ソーンテオ以外の大型バスも含め，1970年代末にはこれらの違法バスの台数はバンコク市内のみで計1万台程度に達したと言われている[34]。

　かつて戦時中から戦争直後にかけてバンコク市内に違法ソーンテオが急増した時と同じように，これらの違法バスの増加は利用者にとっても問題であった。確かに，違法バスの増加は旅客需要に対して大量輸送公団側のバスサービスの供給が追い付かなかったのが主因であり，不足するバスサービスを補う点においては，利用者にとってもその存在は重要であった。しかし，違法バスは陸上運輸局の統制を逃れていたことから，好き勝手な運行を行っていた。例えば，バス停では乗客が満員になるか，大量輸送公団のバスが到着するまでバスを発車させなかったり，夜間は通常1バーツの区間で3バーツも運賃を徴収したり，途中で勝手に運行を打ち切る場合などもあった[35]。このため，利用者はバスが不足するので仕方なくソーンテオを利用している状況であり，バスが増加すれば自然に淘汰されるものと思われていた。

　しかし，4,000台以上のバスの増車にもかかわらず，バンコクのバス不足は依

第 5 章　軌道系輸送手段の復活（1970～1990 年代）

然として解消しなかった。その要因の1つは，市街地の拡大に伴う路線網の拡張であった。1977 年の時点でバス路線は普通バス 99 系統，冷房バス 10 系統の計 109 系統となっており，1970 年の時点の 90 系統と比べても増加していた（附表 7 参照）。図 5-2 のように郊外で新たにバス路線が開設された区間も多く，プラチャーニウェート住宅やレームトーン選手村住宅，オンヌットなど，新たな郊外の住宅地へ至るバス路線が設置されていた。このため，新たに導入したバスは旧来からの路線のみならず，新たに設置された路線でも運行する必要があり，バス台数の増加が直ちにすべての路線での十分なサービス提供を保証するわけではなかった。

これらの違法バスは，結局前述した民間委託バスと同じ形で大量輸送公団に統合されていくことになった。当初陸上運輸局と大量輸送公団はソーンテオを従来と同じくバス路線の設定されていない小路（ソーイ）に戻すこととし，大型バスは民間委託バスとして公団の路線にて運行させる計画を立てていた[36]。地方から来たソーンテオには里帰りを推奨し，バスが増車されて需要が減退していく中での自発的な撤退を期待した。陸上運輸局はバンコク市内での第 4 種（地方バス）の路線設定を進め，大量輸送公団にその免許を付与していった。大量輸送公団はソーンテオをバンコク北部，南部，トンブリーの 3 地区ごとに統合し，その地域内の第 4 種のバス路線で公団の免許の下で運行を行わせることを計画していた[37]。

しかし，すべてのソーンテオを第 4 種の路線に配置するには数が多すぎ，しかもバス路線と重複した大通りを運行したほうが収入も多いことから，一部のソーンテオは小路での運行を渋っていた。このため，バスの状態を改善することを条件に，1981 年から大量輸送公団と同じ運賃で公団の民間委託バスとして大通りの第 1 種バス路線でのソーンテオの運行を認めることとなった［Ibid.: Vol. 2 1048］。これによって，大量輸送公団のバスと同じ系統番号を付け，公団のバスと同じクリーム色と青の塗装となったソーンテオが，大型バスに交じって公団のバス路線で合法的に運行できるようになったのである。1983 年 9 月までに 2,412 台が登録を完了し，残る違法バスは 1,000 台程度まで減少した[38]。

これらのソーンテオは，さらにミニバスへと改造されることとなった。ソーンテオはトラックの荷台に座席を設けたバスであったことから，大通りでの使用は

257

安全面で問題があった。このため，運輸省は1986年2月に第1種路線を走行するソーンテオを対象に，車台のみを使用して車体を箱形の小型バスに乗せ換えることを決定した[39]。この新たなバスはミニバスと呼ばれるようになり，車体は緑色に塗装された。1987年6月末までにソーンテオは車体の更新を求められ，計2,221台のミニバスが7月から運行を開始した[40]。これによって大通りを走る第1種路線からはソーンテオは姿を消し，バンコク市内に残る合法的なソーンテオは小路に設定された第4種路線のバスのみとなった。

そして，ミニバスは最終的に会社組織へと統合されることになった。1989年9月末のミニバスの免許更新に伴って，大量輸送公団は従来のミニバス所有者単位ではなく会社に対して免許を交付することにした [Ibid.: Vol. 3 2193]。これにより，ミニバスの免許はバンコク・ラッタナコーシン自動車 (Borisat Rattanakosin Yanyon Krungthep Chamkat) に対して交付され，形の上ではミニバス運行者の統合が実現した。しかし，元来のソーンテオ所有者によるミニバスの運行はサービス面で問題が多く，大量輸送公団はミニバスを大型バスに更新する形で順次廃止することを希望していた [Somsi 1992: 10-11][41]。

(3) 赤字体質の継続

このように大量輸送公団はバスサービスの改善を進め，違法バスの一掃を推進していったものの，経営状況は芳しくなかった。大量輸送公団はマハーナコーン輸送の赤字を引き継いで設立されたため，当初から赤字会計であった。さらに，図5-3のように1977年以降も事業収支は一貫して赤字となっており，累積赤字は拡大の一途をたどった。このため，1970年代に入って赤字会計に転落した国鉄とともに，大量輸送公団は代表的な赤字体質の公団・公企業の1つとなっていったのである。

赤字の要因は多数存在し，前述したような高額バスの購入や，公企業となったことに伴う従業員の人件費の増加など，マハーナコーン輸送から引き継がれた問題もそのまま継承されていた。バスや車庫の賃借もその要因とされており，1980年に認められたバスの賃借は初期費用を節約することはできたものの，1台1kmの走行につき1.78バーツの賃借料を支払う必要があり，バスが実際に運行できなくても賃借料を払わねばならないなど，契約は貸主に有利になってい

第5章　軌道系輸送手段の復活（1970～1990年代）

写真5-3　洪水の中を走る大量輸送公団管轄のソーンテオ（1983年）
　　　　バンコク大洪水時の様子

出所：筆者所蔵

図 5-3 バンコク大量輸送公団の収支（1977～2000 年）（単位：千バーツ）

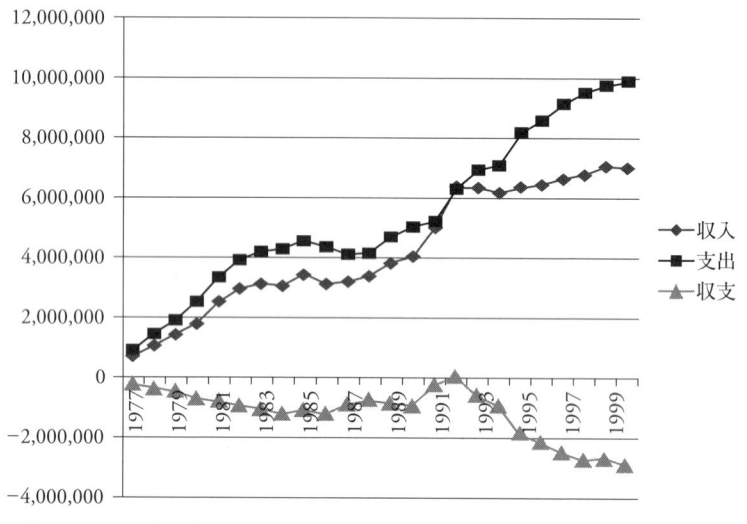

出所：附表 8 より筆者作成

た[42]。また，自前のバス車庫をほとんど保有しておらず，バス車庫や事務所の賃借料も月 400 万バーツに及んでおり，バスも含めた賃借料の高さが必要以上に支出を増加させているとの指摘があった[43]。他にも非効率な経営や汚職など，経費を嵩ませる要因は多数存在していた。

　他方で，収入源は事実上運賃収入に限られることから，低い運賃水準がその足かせとなった。表 5-1 のように，1976 年に大量輸送公団が設立された時点の運賃は 0.75 バーツであり，1973 年にそれまでの 0.5 バーツが 0.75 バーツに値上げされて以来，同じ水準の運賃となっていた。しかし，大量輸送公団が設立当初から赤字経営に悩まされたことから，公団設置後に早くも運賃の値上げが行われることとなった。表のように，1978 年 4 月にはゾーン内運賃が 0.75 バーツから 1 バーツへと引き上げられ，バス運賃は大量輸送公団の設立後わずか 1 年半で値上げされたのである。値上げの理由は，大量輸送公団の赤字経営を一掃するためと説明され，政府は値上げ後 4 か月でバスサービスは見違えるように改善されるであろうと，値上げへの理解を求めた。この時は利用者の大々的な反発はなかったよう

第5章　軌道系輸送手段の復活（1970〜1990年代）

写真5-4　ソーンテオを改造して作られたミニバス
　　　　　現在は新型のNGVミニバスに変わった

出所：KSMK［2001］: 49

表 5-1　バス運賃の推移（1976～2000 年）

年月日	運賃設定	運賃（バーツ）	備考	出所
1976/10/01	ゾーン制	0.75	2 ゾーン 1.25 バーツ	KSMK[1986]: 22
1978/04/01	ゾーン制	1.00	2 ゾーン 1.50 バーツ	KSMK[1986]: 22
1980/08/01	区間制	1.00	10km 以上 2.00 バーツ	KSMK[1986]: 22
1981/03/01	区間制	2.00	10km 以上 3.00 バーツ	KSMK[1986]: 22
1981/03/20	区間制	1.50	10km 以上 2.50 バーツ	KSMK[1986]: 22
1982/11/06	区間制	2.00	10km 以上 3.00 バーツ	KSMK[1986]: 22
1982/11/25	区間制	1.50	10km 以上 2.50 バーツ	KSMK[1986]: 22
1985/02/15	均一制	2.00		KSMK[1986]: 22
1988/02	均一制	2.00, 3.00	赤バス導入	KSMK[2002]: 19
1992/09/01	均一制	2.50, 3.50		SRSW 1992/08/09
1997	均一制	3.50, 5.00	白バス導入，青バス消滅	KSMK (1997): 28-29

注1：運賃は普通バス（非冷房）の運賃を示す。
注2：1988 年以降の運賃はバスの種類によって異なる。

であり，値上げは比較的スムーズに行われた[44]。

ところが，これだけでは大量輸送公団の財政状況は改善しなかった。値上げ直後の 1978 年度の収入は 4 億バーツ以上増えたものの，支出はそれ以上増えたことから赤字幅はかえって拡大していた。このため，1979 年には早くも運賃を 1.5 バーツに値上げするとの話が浮上していた[45]。度重なる値上げは利用者の非難を招くことから，結局は最低運賃を変更しない形での値上げを行うことになった。表 5-1 のように 1980 年 8 月に従来のゾーン制を区間制に改め，10km までの運賃こそ 1 バーツのままとしたものの，10km 以上は 2 バーツとすることで長距離利用者の負担を引き上げた。この区間制への回帰は 1960 年代後半から民間バス事業者が要求していたものであり，大量輸送公団の経営に移ってからようやく実現したことになる。

今回の値上げも目立った反発はなかったようであるが，大量輸送公団となって 3 回目となる 1981 年の値上げについては，利用者から激しい反発が出た。1981 年 2 月に閣議でバス運賃の改定が提案され，10km までの初乗りを 1.5 バーツに値上げすることが認められた[46]。しかし，閣議では値上げ額の最終決定権は運輸省にあるとされたことから，運輸省は 1.5 バーツではなく 2 バーツへの値上げを決め，3 月 1 日から施行してしまった[47]。これは運賃の倍増を意味したことから，

第 5 章　軌道系輸送手段の復活（1970～1990 年代）

利用者の反発は大きかった。学生らは 3 月 3 日に，労働者は 3 月 6 日にそれぞれ集会を開き，バス運賃の値上げ反対を唱えた[48]。直前まで 1.5 バーツへの値上げが報じられていたことから，彼らは従来通りの 1 バーツへの引き下げを求めたのではなく，当初の計画通りに 1.5 バーツにすることを求めていた。この点では，1968 年のバス運賃値上げの際の原状復帰を求める利用者の反対と異なっていた。

最終的には，1968 年と同じく政治判断でバス運賃は引き下げられることになった。表 5-1 のようにバス運賃は 3 月 20 日に 10km まで 1.5 バーツに引き下げられ，利用者の主張通りに改定された。アモーン（Amon Sirikaya）運輸大臣は 2 バーツに値上げすれば大量輸送公団の収支は黒字となるが，1.5 バーツでは 1 日 200 万バーツの赤字が発生するとしていたことから，今回の値上げは大量輸送公団の赤字経営を一掃する目的で行われたものと思われる[49]。実際には運賃の 100%値上げは利用者の激しい反発を招き，結局 50%の値上げにせざるを得なかったのである。2 バーツへの値上げによって赤字経営が黒字経営に転換したかどうかは疑わしいが，大量輸送公団にとって大幅な収入増を実現するための機会は失われてしまった。かつてクックリット政権が無料バスを打ち出した時ほどではないが，依然として安価なバスサービスの実現はポピュリスト的政策のための施策と認識されており，やはり利用者の反発には従ったほうが得策であると考えたのであろう。

表 5-1 のように，この翌年にも大量輸送公団は初乗りの 2 バーツへの値上げを実現させたが，前年と同様の理由ですぐに元の運賃水準に戻されてしまった。他方で大量輸送公団の赤字会計は続き，1983 年には赤字幅が 10 億バーツを突破してしまった。結局，バス運賃の 2 バーツへの値上げは 1985 年にようやく実現することとなり，1981 年以来の 2 バーツの運賃という壁はようやく突破されたのである。この値上げでは従来の区間制が均一制に戻されたことから，長距離の区間では値下げとなる場合も存在した[50]。切符の種類や検札官の数を減らすという経費削減のための意味もあったが，利用者の反発を極力抑える意図もあったものと思われる。

さらに，大量輸送公団では 1988 年に新たなバスを導入したことを契機に，新型バスの運賃を 1 バーツ高く設定した。このバスは自動ドアを設置し，座席数を増やした上に扇風機も設置しており，サービス改善を根拠に従来のバスよりも運賃を高く徴収するものであった。このバスは従来のクリーム色と青色の塗装のバ

263

ス（青バス）とは異なり，クリーム色と赤で塗装された赤バスとなっており，外観上も一目で区別がついた。これによって，新車から間接的な値上げが実現し，表5-1のように1997年までに青バスはすべて赤バスに代替されることとなる。なお，この間の1992年にも0.5バーツの値上げがなされていた。

これらの施策の結果，大量輸送公団の赤字は減少に転じた。図5-3から分かるように1987年以降赤字額は減る傾向にあり，1991年に22億バーツの赤字と赤字額が大幅に減少し，1992年には初めて黒字を計上するに至った。これは，1991年から翌年にかけてアーナン政権が燃料費の補助を行ったことが直接の理由ではあったが，大量輸送公団の赤字経営脱却のための施策の成果も少なからず現れていたはずである［KSMK 2005: 12］[51]。

バス路線網も，1988年のバス路線数は普通バス148系統，冷房バス19系統と，1977年と比べても大幅に拡充された（附表7参照）。バスサービスも新たに終夜運転と1892年以降開通した高速道路経由のバスが加わり，さらに多様化した。バス路線もさらに郊外に向かって延伸され，図5-4のように東方と西方に向けて路線網の拡張が顕著であった。バーンナー～バーンプリー間のように既存の道路への路線の新設もあったが，バーンブアトーン方面やラッチャダーピセーク通りなど，新たに開通した道路へのバス路線の開設が中心であった。また，1982年以降開通した高速道路を経由するバスも1988年には13系統で運行され，1985年から始まった深夜バスも10系統で運行されていた。次に述べるように利用者数を見ても1992年度がピークであったことから，大量輸送公団のバス事業がようやく軌道に乗って最盛期を迎えたのが，1980年代末から1990年代初めということになろう。

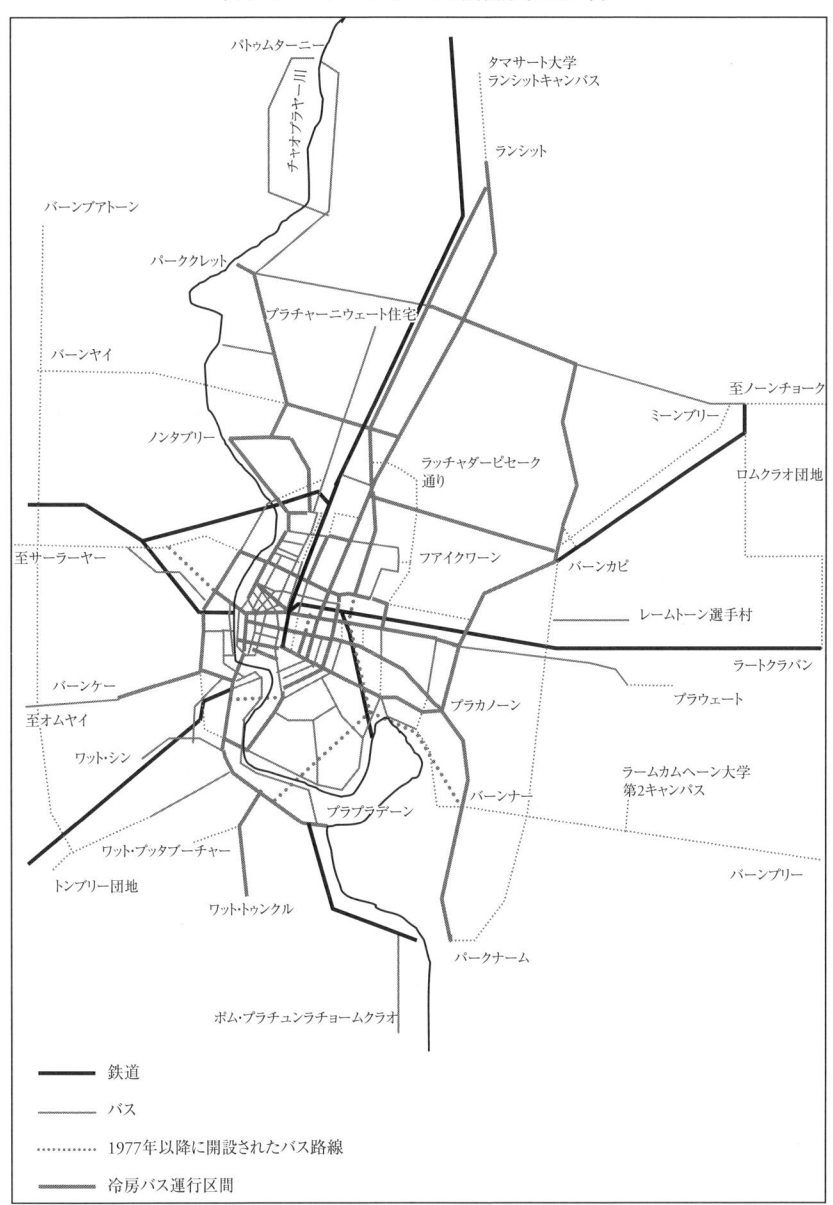

第 5 章　軌道系輸送手段の復活（1970〜1990 年代）

図 5-4　バンコクのバス路線網（1988 年）

注：第 4 種（県内バス）のバス路線は含まない。
出所：附表 7 より筆者作成

265

第3節　3つの都市鉄道計画

(1) 新たな都市鉄道計画の出現

　高速道路公団による都市鉄道第1期第1次線計画が遅々として進展しない中で，全く別の機関による都市鉄道計画が2つ浮上した。それは，国鉄によるバンコク都内の高架道路・鉄道建設計画（ホープウェル計画）と，バンコク都による高架鉄道建設計画（BTS）である。これらは高速道路公団とは無関係に作られた計画のため，高速道路公団の路線と重複する区間が発生することになり，先を越された高速道路公団の第1期線計画も路線を見直さざるを得なくなった。

　最初に浮上したのは，香港のホープウェル社（Hopewell Ltd.）が打ち出した，バンコク都内の国鉄の路線を利用したバンコク高架道路・鉄道建設計画（Bangkok Elevated Road and Train System）である。この計画は，国鉄用地内に3層構造の巨大な高架を建設するもので，1層目は一般道路（ローカルロード）と商店，2層目は現在の国鉄の線路と平行する都市鉄道，3層目は高速道路とするものであった。合わせて国鉄の用地633ライ（約1km^2）を再開発して，不動産事業による利益を得ることも目論んだ。建設は期間30年のBOT方式であり，総工費は当初見込みで800億バーツと莫大なものであった。しかし，国鉄にとっては，土地を提供する以外は何もせず，長年懸案であった都内の道路との平面交差を解消して輸送力を増強できるばかりでなく，年間3億バーツの免許料も手に入るという，非常にうまい話であった［KT 1997: 35, RFT (1994): 41］[52]。

　ホープウェル計画の対象路線は，バンコクを東西と南北に結ぶ2つの幹線が中心であった。図5-5のように，北はランシットからフアラムポーンを通りチャオプラヤー川を渡って南のポーニミットまで34km，東はフアマークからヨムマラートで南北線と交差して西のタリンチャンまで23kmであり，メーナームまでの3.3kmの支線を加えて，総延長は約60kmとなった。このうち，ランシット～ヨムマラート～フアマーク間が最初に着工され，一部区間は1994年に完成予定であった［SR 1992: 46］。

　1990年11月に，当時のモントリー（Montri Hongphanit）運輸大臣とホープウェル社の間でこの計画の免許契約が調印された［KT 1997: 35］。しかし，免許が付

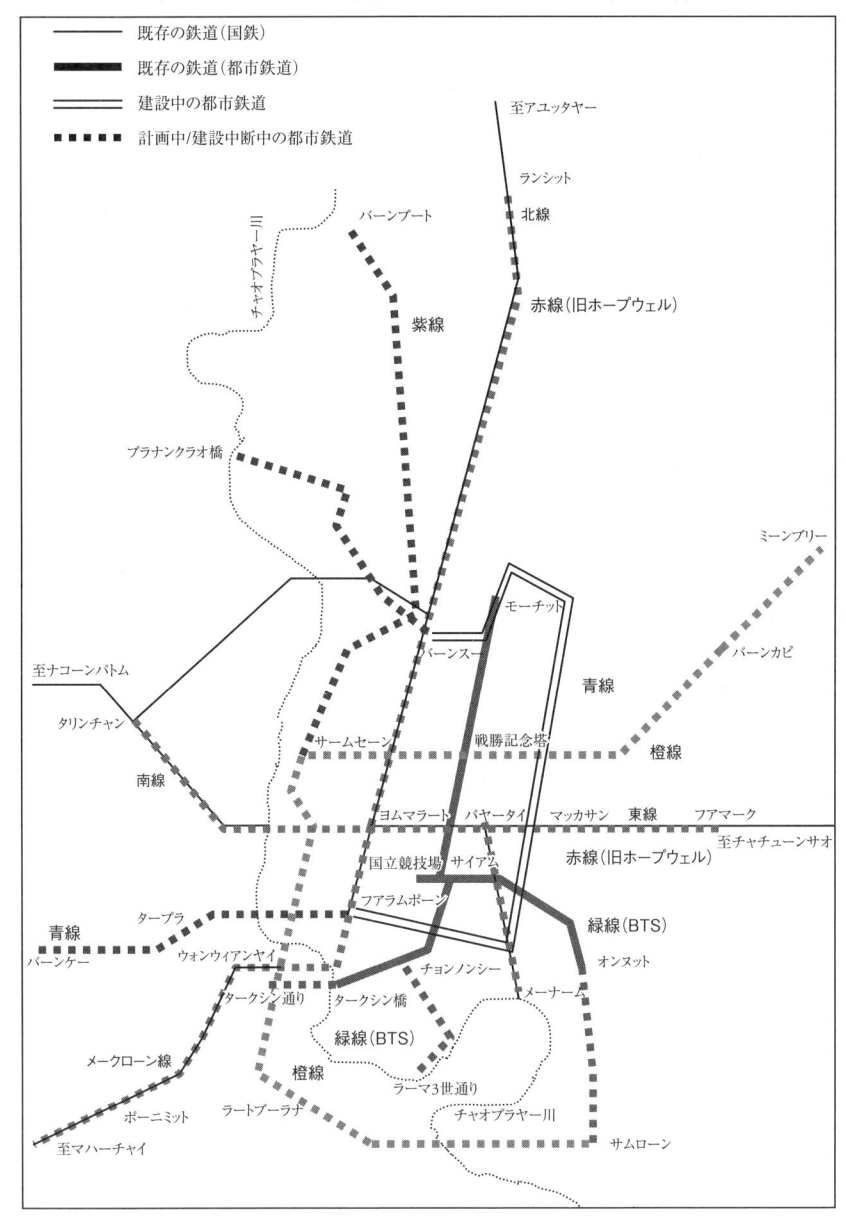

第 5 章　軌道系輸送手段の復活（1970〜1990 年代）

図 5-5　バンコクの都市鉄道網と整備計画路線（2000 年）

凡例：
― 既存の鉄道（国鉄）
▬ 既存の鉄道（都市鉄道）
═ 建設中の都市鉄道
▪▪▪ 計画中/建設中断中の都市鉄道

出所：表 6-2 より筆者作成

267

与された時点ではまだ詳細が何も決まっておらず，免許自体もたった紙4枚の文書でしかなかった [Ibid.]。さらに，この計画は設計と建設を同時に行ういわゆる設計・建設 (Design & Build) 方式を採用したことから，調査や設計も免許の交付後に行われるという，極めて曖昧な計画であった。結局，他の都市鉄道や高速道路計画との調整が必要となり，実際に建設が開始されたのは 1993 年 5 月のことであった [Samrit n.d: Vol. 4 2756]。

次いで，バンコク都による高架鉄道建設計画が浮上した。これは，バンコク都が管轄する道路上に高架の鉄道を建設する計画で，バンコク都内の交通問題の解決策としてチャムローン (Chamlong Simuang) 都知事の時代に出されたものである。当初計画した路線は，スクムウィット線プラカノーン～サイアムスクウェア間 6km と，戦勝記念塔線スラサック～戦勝記念塔間 8.5km の計 14.5km であった [SR 1992: 42]。この路線はホープウェル計画とは異なり，完全に市街地内に完結するものであり，規格も LRT を想定していた。建設方式も同じく期間 30 年の BOT 方式で，当初建設費は 177 億バーツと見込まれていた。

バンコク都は，1991 年 4 月に免許の条件を公表し，関心のある民間企業を募った[53]。関心を示した企業は多数あったが，最終的に選ばれたのは不動産会社タナーヨン社 (Thanayong Co. Ltd.) の子会社であるバンコク大量輸送システム社 (Borisat Rabop Khonsong Muanchon Krungthep, Bangkok Mass Transit System Co. Ltd.) であった[54]。バンコク大量輸送システム社は 1992 年 4 月に，バンコク都から高架鉄道の建設運営免許を交付された [KT 1997: 35]。この計画もホープウェルと同じく設計・建設方式のため，免許交付時に計画の詳細は煮詰まっておらず，着工に漕ぎ着けるまでにはさらなる時間を要すことになった。

最後に，高速道路公団計画のその後についても触れなければならない。1992 年 6 月に政府はラワリンへの免許を取消しとしたが，この時点で高速道路公団による都市鉄道建設に見切りを付け，新たに都市鉄道のみを管轄する機関を設立した。これが，同年 8 月に設立された首都電気鉄道公団 (以下，首都電鉄公団) である [IN 1993: 48]。高速道路公団が内務省下に置かれたのに対し，首都電鉄公団は総理府直属の機関とされた理由は，大きな権限を持つ内務省から都市鉄道計画を解放することで，政治の介入を抑えようとの意図があったものと思われる。バンコク都は内務省の管轄であったことから，内務省は新たな都市鉄道の管轄権を

得たものの,高速道路公団の都市鉄道に関する権限を失うことになった。

首都電鉄公団は,当初全額政府の出資によって都市鉄道計画を推進しようとした。ただし,路線については,高速道路公団の第1期第1次線34kmの路線の一部がホープウェルやBTSの路線と重複したり近接していたため,見直さざるを得なくなった。こうして,首都電鉄公団の第1期線として,図5-5のようなフアラムポーン～バーンスー間20kmの路線が選ばれた。これは高速道路公団のプラカノーン線とサートーン線のそれぞれ一部をつなぎ合わせたものであった。

しかし,1992年9月に第1次チュアン(Chuan Likphai)政権が発足すると,副首相に就任したアムヌアイ(Amnuai Wirawan)が民間の参入を再提案し,1993年1月にアムヌアイを長として都市鉄道計画に民間を参入させる方法を検討させる委員会を設立することになった[Ibid.]。すなわち,かつて1980年に高速道路公団が民間の参入を検討し始めた時と同じ状況にまた逆戻りしたのである。これは,確かにラワリンは失敗したものの,ホープウェルとBTSという民間が100%出資するBOT方式の計画が進展していることから,首都電鉄公団計画も政府が出資しなくても民間に任せられるのではとの期待が再浮上したことによると考えられよう。

検討の結果,再び民間のBOT方式で首都電鉄公団第1期線の建設を行うことに決定し,1994年2月にBTSと同様に不動産会社バンコクランド社(Bangkok Land Co. Ltd.)が設立したムアントーン大量輸送(Muang Thong Mass Transit Co. Ltd.)が建設運営免許を獲得した[RFM (1994): 4-5]。なお,この第1期線はフアラムポーン付近の約600mが地下構造とされたが,会社側はこの条件は受け入れていた[IN 1993: 49]。前回のラワリンの際に比べれば,決定までの時間はかなり短縮され,首都電鉄公団による都市鉄道建設は軌道に乗るかに見えた。

(2) 地下化政策の影響

首都電鉄公団の都市鉄道計画の免許が交付されたことにより,バンコク都内の3つの都市鉄道計画はすべてBOT方式で建設されることになり,紆余曲折はあったもののホープウェル計画は1993年5月に着工した。BTSと首都電鉄公団の計画も相次いで着工されるはずであったが,今度は環境問題を憂慮する市民による車庫建設や高架構造への反対運動が生じ,計画の変更を余儀なくされることに

なった。

　最初に，チョットチョーイ（Chotchoi Sophonphanit）を代表とする環境コミュニティ開発組織「マジック・アイ（Ta Wiset）」が，1993年7月にBTSの車庫がルムピニー公園の土地の一部を利用して建設される予定であることを明らかにした［Bello, Shea & Li 1998: 101-102］[55]。それまでこのような都市鉄道計画の詳細が一般に公開されることはなく，市民はルムピニー公園が車庫に利用されることは全く知らされていなかった。ルムピニー公園は，20世紀初頭にラーマ6世が仏陀の生誕を記念するために土地を下賜して建設した公園であり，バンコク市内でも最大級の公園であった。BTSの線路はちょうど公園の西側を通過することになり，公園の西側の一部を車庫として利用する計画であった[56]。

　王が公園のために下賜した土地に車庫を建設するのは問題であるとの世論は高まり，ルムピニー公園で車庫建設反対集会が繰り広げられることになった。7月22日にはBTS計画の創始者でもあったチャムローン前都知事も集会に出向いて反対派の調停を試みたものの，失敗に終わった［McCargo 1997: 285］。結局，バンコク大量輸送システム社と都はルムピニー公園の利用を断念し，新たな土地を探すことになった。しかし，この路線は既存の市街地内を通過するため適当な代替用地が見つからず，1ヶ月後に当初の終点である戦勝記念塔より約5km北方に位置するモーチットの北線バスターミナル用地を利用する案が浮上した。

　ところが，この土地は管財局（Krom Thanarak）の所有であり，管財局では土地を有効活用するために民間に土地再開発を行わせる計画を立てていた。このため，バンコク大量輸送システム社への土地の賃貸は認めたものの，車庫用地を含む全用地の再開発を1996年にサンエステート社（Sun Estate Co. Ltd.）に認めることになった。バンコク大量輸送システム社とサンエステート社の間で車庫の設置場所を巡って対立が生じ，最終的に両者の間で話が決着するまでにはさらに時間を要した［BPYEER (1996)］[57]。結局，車庫用地がモーチットに決定したことを受けて，1994年3月にBTSは起工式を行い，本線の建設工事を開始した［Samrit n.d.: Vol. 2 783-784］。

　一方，チョットチョーイらは高架鉄道計画の地下化を要求した。1993年10月21日に彼女は主要新聞紙上に広告を掲載し，バンコクの高架鉄道計画を地下鉄計画に変更させるよう市民が声を上げるべきだと主張して，第1段階としてまだ

第5章　軌道系輸送手段の復活（1970〜1990年代）

免許を交付していない首都電鉄公団の第1期線計画を地下化することを要求した [Chotchoi et. al. 1995: 6]。彼女は学識経験者や知識人とともに，政府や都に対して高架鉄道計画の詳細の公表や，市民の意見を聴くための公聴会の開催などを求めた[58]。とくに，ラーマ4世通りがルムピニー公園の南側を通る区間については，既に道路の陸橋が存在し，その上をBTSの線路が越えることから，首都電鉄公団の線路はさらにその上を通過せざるを得ず，この地点で3層の高架橋が交わることになった。このため，チョットチョーイを中心とする市民はルムピニー公園の環境が悪くなるとして，ラーマ4世通りの区間を地下化するよう要求したのである [SWPT 1994: 7-8]。

首都電鉄公団第1期線計画の免許は高架式を前提として1994年2月にムアントーン大量輸送に交付されていたが，都市鉄道のマスタープランを策定していた陸上交通管理事務所は，1994年4月に3つの都市鉄道計画のうち，市内中心部の25km^{2}の区間について地下化すべきであるとの提案を政府に行い，政府もこの地下化案を受け入れるに至った [Unger 1998: 161]。地下化の決定により，ルムピニー公園前を含む首都電鉄公団第1期線の約半分の区間は地下化されることになったばかりでなく，既に着工していたホープウェルとBTSも地下化の問題に直面した。どちらもこの25km^{2}内に一部の路線が入っていたことから，計画を変更して一部区間を地下化する必要が生じたのである。しかし，地下化するにあたっては再設計を行う必要があり，建設費自体の大幅な上昇は避けられず，完成時期も遅れることとなる。加えて両者とも地下化の決定前に免許を得ていただけでなく，既に建設も開始していたため，地下化を強制されれば政府に対し損害賠償を求めることもほのめかした [Ibid.]。結局，同年8月に政府は従来通りの高架式での建設を承認し，中断させていたBTSの建設工事の続行を認めた [Chotchoi et. al. 1995: 8]。

首都電鉄公団については，ムアントーン大量輸送が路線の半分の地下化を了承したものの，これによって増加する費用の補償を政府に求めてきた [KT 1997: 35]。この問題の決着が図られない限り，首都電鉄公団の着工はさらに先送りされることになり，ついに政府は1995年5月にムアントーン大量輸送への免許を取消し，政府が出資して建設することを決めた [Samrit n.d.: Vol. 4 3132]。その後さらに，閣僚の中からも第1期線の全線を地下化すべきであるとの意見も出さ

271

れ，最終的に同年 9 月に，政府は首都電鉄公団第 1 期線全線を地下化することを決定した[59]。この際に，政府が土木工事を行い，民間が電車の調達と運営を BOT 方式で行うという，いわゆる上下分離方式による建設が決定された [RFM 1998: 2]。この方式によって，政府の支出は全体の 80% 程度となり，民間の負担は従来の 100% 出資の BOT 方式よりはるかに少なくなった。

首都電鉄公団では，日本の海外経済協力基金（現国際協力機構，JICA）からの借款を利用することで，首都電鉄公団の支出分約 700 億バーツのうちの 60% を賄うことになり，民間に対しては 25 年間の運営免許を交付する形となった [Ibid.: 4]。この後，土木工事の入札が行われ，建設工事は 1996 年 12 月から開始された [RFM (1996): 15]。ラワリン社，ムアントーン大量輸送と免許を交付しながら着工まで至らずに再出発をくり返したスカイトレイン計画は，地下鉄計画と姿を改めて 3 度目にようやく着工に辿り着いたのである[60]。

他にも，都市鉄道計画は多くの課題を突き付けられた。1995 年 3 月には，チョットチョーイらが都と都知事を相手に，BTS 計画の詳細と住民への影響防止策を公表するよう告訴した [Chotchoi et. al. 1995: 12][61]。翌年には，バンコク大量輸送システム社がプルーンチット通りのマターデイ女学校の教員と保護者から，学校の目の前にチットロム駅ができると環境が悪化するとして反対運動を受けたり，首都電鉄公団がラーマ 4 世通りのドゥシットターニーホテルから，シーロム駅建設工事によって営業妨害を被るとして反対を受けるなど，沿線からの反対運動にも直面した [BPYEER (1996)][62]。それでも，3 計画ともすべて着工したことで，ようやく都市鉄道計画の実現が具体的に見え始めた。

(3) 経済危機から BTS の開通へ

1997 年 7 月のタイの通貨バーツの変動相場制への移行と，それに伴う通貨危機から始まったタイの経済危機は，進展を見せていた都市鉄道計画にも大きな打撃を与えた。国際通貨基金（IMF）の指導もあって政府は財政支出を抑制せざるを得なくなり，民間企業も資金調達が悪化したり，バーツ安による負債が拡大するといった影響を受けた。また，多くを輸入に依存する都市鉄道の建設コストがバーツ安の影響で相対的に高騰したことにより，投資額も当初予想額を大幅に上回ることになった。

第 5 章　軌道系輸送手段の復活（1970～1990 年代）

写真 5-5　ホープウェル社が持ち込んだモデル電車（フアラムポーン）
　　　　　計画の中止後，いつの間にか撤去されていた

出所：RFT (1996): 39

最も大きな影響を受けたのは，ホープウェル計画であった。この計画は免許の交付から建設が開始されるまで3年もかかっていたが，その後の進展状況も非常に遅々としていた。着工が遅れたため，当初の計画通りの完成は当然不可能であったが，政府は最初に着工したランシット～ヨムマラート～フアマーク間を1998年12月までに完成させることを最終条件とした[63]。これはバンコクで第13回アジアゲームが開かれる時期であり，遅くともアジアゲームの観客輸送には間に合わせたいとのことであった。

　ホープウェル計画の遅れは，資金調達の難航がその最大の要因であった。総額800億バーツという巨額なプロジェクトである上，当初見込んでいた国鉄用地の開発による収益も，バブル経済の崩壊によって見込みを大きく下回ることになった。それでも会社は少しでも不信感を拭うため，1996年10月にドイツとイギリスの企業連合から都市鉄道用の車両172両を購入する契約を交わし，見本車両1両をフアラムポーン駅前に展示した［RFT (1996): 39］。

　しかし，通貨危機の発生した1997年7月に入ると，建設工事はすべて中断されてしまった。これまでの完成度は全体で約14％，当初開通予定区間でも19％に過ぎず，期限である残り1年半で最初の区間が完成する状況ではなかった［RFT (1997): 35］。このため，政府は9月30日にホープウェルに対する免許を取消すことを最終的に決めた。免許交付から7年で，この壮大な計画は暗礁に乗り上げたのである。その後，アジアゲームに間に合わせるように一般道路の建設が行われたが，途中まで建設されたホープウェル計画の遺構をどのように活用するかについてはその後も議論が続くことになる[64]。

　首都電鉄公団も同様に影響を受けた。政府は1994年9月に陸上交通管理事務所が策定した都市鉄道マスタープランを承認したが，この際に首都電鉄公団が担当する路線は第1期線とその延長線（フアラムポーン～バーンケー間，バーンスー～プラナンクラオ橋間）からなる青線と，ミーンブリー～サムローン間の橙線の2線が想定されていた（図5-5参照）［RFM (1996): 27］[65]。このうち，青線の延長線と橙線の第1期区間（バーンカピ～ラートブーラナ間）は，1995年4月に首都電鉄公団が事業を遂行することが承認され，マスタープランでは2001年までに着工することになっていた［RFM 1998: 11］。

　この計画は総額2,000億バーツと非常に高額であったため，経済危機によって

第 5 章　軌道系輸送手段の復活（1970〜1990 年代）

写真 5-6　建設中の BTS の高架線（ラーチャダムリ通り・1996 年）
　　　　　当初車庫の建設が計画されていたルムピニー公園の西側

出所：筆者撮影

政府の財政支出削減が必須となると,直ちに計画凍結の対象となった。1997年10月には国家経済社会開発庁が交通関係事業の凍結を公表し,その中に首都電鉄公団の新規着工予定の3区間が含まれていた[66]。このため,首都電鉄公団では当初2003～2005年としたこの3区間の開通予定年を,青線のフアラムポーン以西を2008～2010年,バーンスー以北を2012年,橙線第1期線を2015～2017年へと大幅に遅らせた［RFM (1999-2000): 23］。

　一方,既着工区間の建設も中断の危機に直面した。1998年初めに国家経済社会開発庁は既着工区間の建設を中断するよう勧告した。これに対し,ピチャイ (Phichai Rattakun) 副首相らが海外経済協力基金と交渉して借款の条件を緩和するよう求め,海外経済協力基金側から借款の年利を0.75％に引き下げ,償還期間も当初の25年から40年に引き延ばすという成果を引き出した［BPYEER (1998)］。さらに,国内での資金調達が難しくなった首都電鉄公団は,海外経済協力基金から当初の350億バーツに加えてさらに200億バーツを借り入れようとした。当初政府から80億バーツの削減を求められたものの,翌年9月には首都電鉄公団の希望通り200億バーツの追加融資が実現した［Ibid., BPYEER (1999)］。上述したドゥシットターニーホテルの問題で南側の開通予定は1年遅くなったが,経済危機の影響も乗り越えて2002年末に北半分の区間を,2003年中旬には全線を開通させる見通しがついた[67]。

　経済危機の影響が相対的に最も少なかったのは,BTSであった。バーツの切り下げにより,総費用は当初見込みの435億バーツから552億バーツへと上昇し,1997年中に予定していた株式の初公募も延期せざるを得なくなった［BPYEER (1998)］。それでも,会社は新たな融資を受けて着実に建設を推進し,当初の予定からは3年遅れたものの,1999年12月5日の国王誕生日に合わせて開業する計画を立てるまでに至った。このようにBTSが経済危機の影響をそれほど受けずに済んだ背景として,通貨危機の発生前に融資が開始されていたこと,バーツ建ての借款が全体の約6割を占めていたためにバーツ下落の影響があまり大きくなかったこと,国連の国際金融公社 (International Finance Corporation: IFC) からの融資の獲得に成功したこと,などが挙げられている[68]。

　BTSの建設は順調に進み,1998年10月からは電車の試運転も開始された[69]。そのような中で,最後の障害が発生した。運賃設定と株式売却の問題である。運

第 5 章　軌道系輸送手段の復活（1970〜1990 年代）

賃は当初 1992 年の免許で全線均一 15 バーツとされており，開業時には物価上昇率に合わせて引き上げることが認められていた[70]。その後，路線を延長することが決まった際に，24 バーツとすることが認められたようであるが，1997 年の時点でこれを 30 バーツに引き上げることを都に対して求めていた。さらに，開業まで半年あまりとなった 1999 年 4 月末には，距離に応じて 10〜60 バーツとすることが表明された[71]。

これに対し，都議会の中から高すぎると反対の声が出て，当初の免許に記されているように全線均一 15 バーツとするよう要求が出された[72]。会社側は均一運賃にすると 30 バーツになるので，短距離の利用者の便宜を図るために区間制にすると主張した。最終的には都知事が決定権を持っていたが，議会の反発からなかなか決着が付かず，最高検察庁に判断を仰ぎ，会社側の主張がほぼ認められた[73]。結局，開業 1 ヶ月前にようやく運賃は 10〜40 バーツの区間制とすることで決着したが，この一連の対立の中で，バンコク大量輸送システム社に与えた免許が不備で都に不利であるとして批判が沸き上がった[74]。

一方の株式売却問題は，バンコク大量輸送システム社の親会社であるタナーヨン社がバンコク大量輸送システム社の経営権を失い，免許で決められたタイの会社の持ち株比率が過半数以上（51% 以上）である状況を維持できなくなる可能性が高まったことである。バンコク大量輸送システム社はタイのサイアム商業銀行（Siam Commercial Bank Co. Ltd.）などから融資を受けていたが，その担保としてバンコク大量輸送システム社の株式が利用されていた。ところが，タナーヨン社による返済が滞ったため，銀行側は不良債券の整理のため担保の株式を譲渡し，それを譲り受けた銀行が 1997 年 11 月に 2 億 6,500 万株の競売を行い，香港のクレジット・スイス・ファースト・ボストン社（Credit Swiss First Boston Co. LTD.: CSFB）が落札した[75]。この競売による株式名義の変更が認められれば，タナーヨン社の持ち株比率が 51% から 28% へと下がることになった。

CSFB 社は別にバンコク大量輸送システム社株 2 億 5,000 万株を抱えており，これを開業直後の 12 月 7 日に競売にかけることにしていた。このままでは，バンコク大量輸送システム社の経営権は CSFB 社に握られることになるため，タナーヨン社は譲渡が無効であると裁判所に訴えると共に，次の競売前に株式を買い戻すための資金調達を模索し，ついに開業予定日の 4 日前に買い戻しに成功し

277

た[76]。これによって，タナーヨン社が依然として譲渡を認めていない 11 月の落札分を含めば会社の持ち株比率は 51％となることから，無事に開業に漕ぎ着ける条件が整ったのである。

こうして，1999 年 12 月 5 日にバンコクで初めての都市鉄道が運行を開始した。BTS はバンコクで初めての都市鉄道であるだけでなく，100％民間出資で建設された世界で初の都市鉄道であるとも言われている[77]。路線が都内中心部に限られており，フィーダーバスやパーク・アンド・ライドの整備が遅れていることなどから，開業直後の利用者は当初目標の 1 日 60 万人をはるかに下回る 15 万人程度でしかなかったが，これまで道路交通に一辺倒であったバンコクに新たな移動手段が提供された意義は大きかった[78]。

第 4 節　バス事業効率化への模索

(1) 民間委託の推進

大量輸送公団は設立以降赤字経営を強いられており，サービス向上，運賃値上げ，経費削減など様々な取り組みがなされたものの，1980 年代半ばまでは年々赤字額が増大する状況であった。このため，政府はバス事業の民間委託を拡大し，赤字抑制を図ることになった。

上述したように，民間委託のバス自体は大量輸送公団の設立直後から存在したが，公団から民間へのバス運行の移管が検討され始めたのは 1980 年代に入ってからのことであった。プレーム政権下のサマック (Samak Suntharawet) 運輸大臣は，大量輸送公団の赤字問題を解決するためにバス運行の民間委託を提唱し，彼が設立した陸上交通問題解決委員会 (Khana Kammakan Kaekhai Panha Khonsong Thang Bok) は，試験的に公団の 11 のバス運行管区 (Khet Doen Rot) のうちの 1 つに民間委託バスを集めて運行させ，さらにバス路線の増加に伴って 1984 年に設置予定の第 12 管区についても民間に運行を委託することを提案した[79]。この計画に対し，大量輸送公団の労働組合は反対を表明し，国家経済社会開発庁も反対したことから，結局既存の管区の民間委託は行われなかった[80]。しかし，第 12 管区は民間に委託する形で設置し，バンコク・マハーナコーン輸送 (Borisat Krungthep

第 5 章　軌道系輸送手段の復活（1970～1990 年代）

写真 5-7　民間委託バス（プット橋・2012 年）

出所：筆者撮影

Mahanakhon Khonsong Chamkat) が 1 社で運行することになった。

　民間委託は，既存の路線の移管と新規路線の委託の形で進められた。例えば，1988 年度には公団直営バスが運行していた 7 つの系統を民間に移管するとともに，新設した 4 つの系統も民間委託の形で運行を開始した [KSMK (1988): 35]。民間委託の推進によって，大量輸送公団は運行経費を大幅に節約できるのみならず，委託先の民間事業者から支払われる手数料 (Kha Phonprayot) 収入を得ることが可能であった。例えば，1988 年度に移管した 7 系統については，民間会社と 4 年間の契約を結び，4 年間で計 3,066 万バーツの手数料を得られるほか，旧型バス 168 台の売却代 5,040 万バーツ，バス登録料 8 万 4,000 バーツを加えて，計 8,100 万バーツの収入を大量輸送公団にもたらした [Ibid.]。民間委託によって大量輸送公団はバス運行によって発生する赤字を一掃できるのみならず，手数料などの形で新たな収入を確保することができたのである。1980 年代後半から大量輸送公団の赤字額が減少してきた背景には，このような民間委託の推進による支出減と収入増が存在したのである。

　ただし，「寝そべって食う虎」の典型ともいえるこのような手数料は，民間事業者の非難の対象ともなった。増収を目的に大量輸送公団が 1989 年 4 月からミニバスの手数料を 1 日 40 バーツから 140〜190 バーツに引き上げるとともに，運賃収入の 10% を納めさせるよう決めたことに対して，ミニバス事業者が抗議の声を上げていた[81]。この後も手数料が民間事業者の経営圧迫の根拠とされ，民間委託バスからの運賃値上げの要求が出るたびに，大量輸送公団は手数料を減額する形で運賃値上げを先延ばしすることになる。結局，手数料収入という安易な収入源は，大量輸送公団の赤字経営を抜本的に改善することはできなかった。

　民間委託のバスは，着実にその存在感を高めていった。図 5-6 は，大量輸送公団が管轄しているバス台数の推移を示したものである。これを見ると，公団直営のバス台数は 1991 年が最高であり，以後漸減傾向にあることが分かる。一方，民間委託バスは 1986 年の 974 台から 2000 年には 2,467 台へと 2 倍以上増加しており，1980 年代後半と 1990 年代末の 2 つの時期に増加傾向が顕著であることが分かる（附表 9 参照）。ちなみに，ソーンテオを改造して導入されたミニバスは年々台数を減らして 2000 年には 1,100 台程度と最盛期の半分程度まで減少し，第 4 種路線で運行されているソーンテオも台数は徐々に減っていることが分か

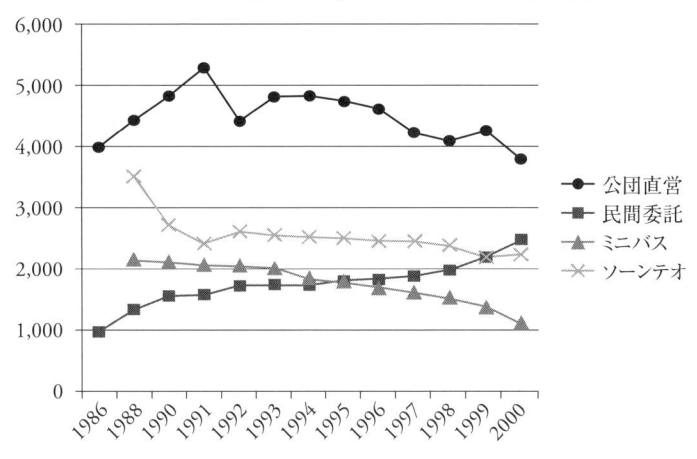

図 5-6　バス台数の推移（1986～2000年）（単位：台）

凡例：
- ●　公団直営
- ■　民間委託
- ▲　ミニバス
- ×　ソーンテオ

注1：年度末（9月末）時点の数値である。
注2：マイクロバスは除く。
出所：附表9より筆者作成

る。

　図5-7の路線数を見ても，民間委託バスの担当路線数は着実に伸びていた。1986年には公団直営のバス路線が121，民間委託のバス路線が28と，公団直営と民間委託の比率は約4：1であったが，2000年にはこれが3：2となったことが分かる。民間委託の路線数の増加はやはり1980年代後半と1990年代末に顕著であり，この時期に民間委託の路線が増加していったことが分かる。公団直営バスの路線数の変化から判断すると，1980年代後半は新規に開設されたバス路線を民間委託とするケースが多く，1990年代末は公団直営の路線を民間に移管するケースが多かったことになる。後者については，後述する大量輸送公団の規模縮小計画と連動するものであった。

　ただし，民間委託の推進は大量輸送公団にとっては赤字経営打開の重要な施策ではあったものの，利用者にとっては芳しいものではなかった。上述したように，民間事業者は大量輸送公団の旧型バスの払い下げを受けて運行する場合が多かったことから，バスの状態は公団直営バスよりも悪いことが多かった。また，従業員の給与体系も公団直営バスよりも低く，従業員の接客態度や運転マナーが劣る

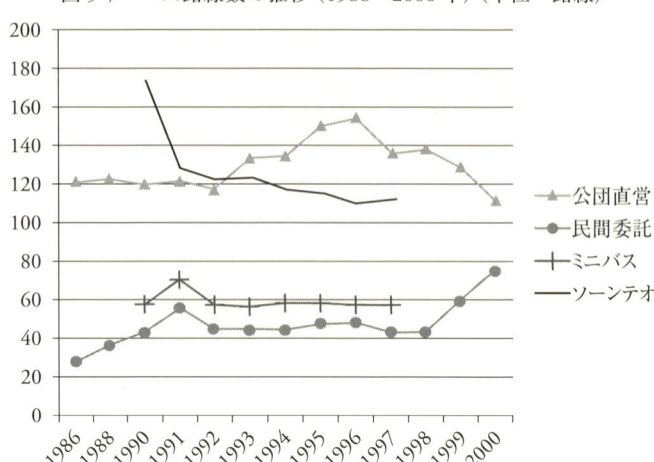

図 5-7　バス路線数の推移（1986～2000 年）（単位：路線）

凡例：公団直営／民間委託／ミニバス／ソーンテオ

注1：年度末（9月末）時点の数値である。
注2：マイクロバスは除く。
出所：附表10より筆者作成

場合も多かった。大量輸送公団が1999年に行った調査によると，利用者の満足度は公団直営バスのほうが民間委託のバスよりも高かった［KSMK (1999): 27-28］。このため，民間委託を拡大すればするほど，大量輸送公団のバス事業への利用者の不満が高まるという問題が存在し，公団は民間委託を推進して赤字体質からの脱却を図るとともに，一定のサービスレベルを維持するという難しい課題に直面していた。

(2) 新たなサービスの出現 ── マイクロバスとバンバス ──

　大量輸送公団の赤字経営を是正するための民間委託化の流れは1980年代後半に強化され，1991年には閣議で大量輸送公団のバス台数を4,000台程度に抑え，民間バスの運行比率を高めることが正式に決められた［KSMK (1996): 39］。このため，大量輸送公団は民間と連携することで新たなバスサービスを提供することになった。これが，マイクロバス計画である。

　この計画は1991年に浮上したもので，民間と共同出資でビジネス街にて小型冷房バスを運行する計画であった。具体的には，資本金2億バーツで大量輸送公

第 5 章　軌道系輸送手段の復活（1970〜1990 年代）

団が株式の 20％，民間が 70％を保有する会社を設立して，バンコク市内の 10 路線で 350〜400 台の冷房マイクロバスを運行するものであった［Somsi 1992: 9-10］。バスは座席数 20 席以内の定員制とし，従来のバスよりも上級のサービスを目指していた。免許期間は 10 年間で，当初の計画では会社が収入の 5％か最低 2,000 万バーツを大量輸送公団に配分し，他に手数料を支払うこととなっていた。これらのバス路線は従来のバス路線とは別個で設定され，特別冷房バス（Rot Doisan Prap Akat Chanit Phiset）という名称が与えられた[82]。

　この計画に対して 3 社が名乗りを上げ，最終的にバンコク自動車設備社（Borisat Bangkok Motor Equipment Chamkat）との合弁でバンコクマイクロバス社（Borisat Bangkok Microbus Chamkat）が設立され，1993 年 4 月から運行を開始した［KSMK (1993): 25］。最初は 1 路線のみであったが，1997 年までに計 35 路線に拡張し，バス台数も 1,200 台となった［KSMK (1997): 57］。路線は主に郊外の新興住宅地から市内を経由して新興住宅地へ至る形で設定され，従来自家用車で通勤していた中間層を主要な顧客と捉えていた。運賃は 20 バーツ均一料金と従来の冷房バスよりも高めであったが，全員着席できることもあって利用者の評判も高く，利用者は順調に増加していった。

　しかし，新たに出現したバンを用いたバンバスが新たな公共輸送手段として出現し，マイクロバスの乗客を奪っていくことになった。これはライトバンを用いた一種の乗り合いタクシーであり，最大で 1 台につき 14 人の乗客を乗せることが可能であった。1990 年代半ばころからバスの不便な郊外の住宅地と市内を結ぶ形で出現し，徐々に市民権を得ていった。これらのバンバスもいわば違法バスであり，ブローカーが警察に賄賂を支払って運行を行うなど，基本的にはかつての違法ソーンテオと全く同一のものであった。バンバスは冷房が完備し，バスの構造上立ち席はありえず，しかも発地と着地を無停車で結ぶ運行が中心であった[83]。このため，マイクロバスと同程度の快適性を維持したまま，マイクロバスより所要時間の短縮が見られたことから，マイクロバスの顧客はバンバスへと転移していったのである。

　このような形で新たな違法バスが出現したことから，大量輸送公団も統制を行う必要性に迫られた。1997 年に大量輸送公団はバンコク都との間でバンバスの運行組合を設立することで合意し，バンバス運行者を統合して公団の下で運行さ

せる方針を立てた［KSMK (1997): 30］。すなわち，違法ソーンテオの時と同じく，大量輸送公団の管轄下に置くことでバンバスを合法化することになったのである。大量輸送公団ではバンバスの運行状況を調査し，1999年度までに計90の路線で運行している3,605台のバンバスを登録した［KSMK (1999): 26］。この結果を受けて，1999年から2000年にかけて計120のバンバス路線が規定され，2000年から大量輸送公団の管轄下でのバンバスの運行が開始された[84]。2001年度には合法化されたバンバスは5,337台に達し，バンコク市民の新たな足として完全に定着した。

　他方でバンバスに顧客を奪われたマイクロバスは，厳しい経営を迫られるようになった。会社は1996年まで赤字経営を迫られ，1997年上半期にようやく黒字経営に転換する見込みが立ったものの，同年半ばの通貨危機によって経営状況は逆に悪化してしまった［BPYEER (1997)］。通貨危機に伴う経済危機によって利用者の減少も顕著となり，1998年1月には免許を得ている38路線のうち16路線しか運行していない状況であった[85]。1999年末のBTSの開業もマイクロバスにとっては逆風となり，運賃の引き下げによる立席客の乗車や，余剰バスによるBTSのフィーダーバスであるシャトルバスの運行を行うなどの打開策に迫られることになる[86]。マイクロバスもバンバスも，小型の冷房バスを用いて郊外に住む中間層の通勤通学需要を賄うという点で共通していたものの，公式な運行許可を得たマイクロバスが非公式なパラトランジットであるバンバスに圧倒されたのは皮肉なことであった。

　そして，これらの新たなバスサービスの発生によって，従来からの大型バスの利用者も徐々に減少していくことになった。図5-8は公団直営と民間委託バスの1日平均利用者数を示したものである。民間委託バスの利用者数についての統計は得られないため，公団直営バスの利用者数を基準に，バス台数の比率を用いて民間委託バスの利用者数を推計している。これを見ると，全体の利用者数は1992年度の563万人をピークに，以後漸減傾向にあることが分かる。中でも公団直営バスの利用者数の減少は顕著であり，1992年の407万人から2000年には281万人まで減少している（附表11参照）。2000年以降は都市鉄道の開通の影響も加わり，バス利用者数はさらに減少していくことになる。

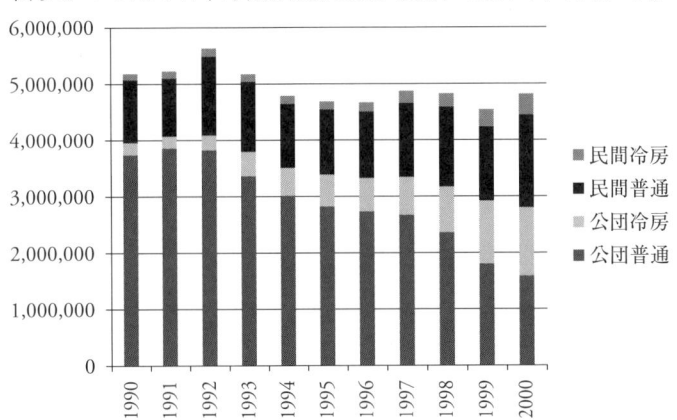

図5-8 バスの1日平均利用者数の推移(1990～2000年)(単位:人)

凡例:
- 民間冷房
- 民間普通
- 公団冷房
- 公団普通

注:民間バスの利用者数は,公団直営バスの利用者数を基準に,附表9の公団直営バスと民間バスの台数比から算出したものである。
出所:附表11より筆者作成

(3) バンコク大量輸送公団の規模縮小計画

　1992年に初めて黒字を計上した大量輸送公団であったが,先の図5-3のように翌年以降は再び赤字経営に転落し,1995年には過去最高の18億バーツの赤字を計上するに至った。このため,大量輸送公団の赤字経営を抜本的に改善する必要性が再び高まり,大量輸送公団の移管と経営規模の縮小を模索することになる。

　大量輸送公団の移管については,バンコク都への移管が既に1980年代から検討されていた。最初にバンコク都への移管の話が浮上したのはプレーム政権下の1981年のことで,プレーム首相がバンコク都のチャオワラット(Chaowarat Sutlapha)知事に対して大量輸送公団の移管を依頼した[87]。これは同年3月の運賃引き上げ騒動の直後のことであり,運賃値上げによる大量輸送公団の赤字経営の解消が難しくなったことから浮上したものであった。しかし,待遇が悪くなることを懸念した従業員の反発もあったほか,バンコク都の財政状況も大量輸送公団の赤字を支えきれる状況ではなかったことから,結局この計画は実現しなかった。その後,1983年にも当時のサマック運輸大臣がバンコク都への移管計画を再披露したものの,やはりそれ以上の進展はなかった[88]。

　その後は上述したように民間委託の拡大による経営状況の改善が模索され,

1991年に成立したアーナン政権下では，大量輸送公団の赤字の抜本的な解消策が講じられた。政府は1991年5月の閣議で大量輸送公団が大蔵省から借り入れている17.96億バーツの返済を免除し，タイ石油公団（Kan Pitroliam haeng Prathet Thai）への燃料費の未払い分と利子27.63億バーツを大蔵省の負担により返済し，さらに毎月610万バーツの燃料費の補助を支給することを決めた［Somsi 1992: 3-4］[89]。これによって，大量輸送公団の債務未払いに伴う利子の支払いはなくなり，図5-3のように1992年度には初の営業黒字を計上できたのである。しかし，1992年6月末で燃料費の補助が終了したことから，1993年度以降は再び赤字経営を強いられるようになったのである[90]。

このため，1990年代後半になると，再びバンコク都への移管計画が浮上してきた。バンハーン（Banhan Sinlapa-acha）政権下の1996年2月には，閣議で大量輸送公団のバンコク都への移管が承認された［KSMK 1998a: 1］。1997年4月には，次のチャワリット（Chawalit Yongchaiyut）政権が閣議で国家経済社会開発庁が提案した公企業の再建計画を承認し，その中で大量輸送公団については民間による事業が可能なため政府の役割を減らす必要があり，至急バンコク都へ移管すべきであると提案されていた［KSMK 1998b: 1］。これに対し，バンコク都のピチット（Phichit Rattakun）知事は移管を歓迎すると表明したが，条件として大量輸送公団の累積債務の一掃や燃料や部品に掛かる税金の減免を求めた[91]。

しかし，総額200億バーツにも上る大量輸送公団の累積赤字を直ちに解消することは難しく，バンコク都への移管は簡単には進まなかった。このため，1998年2月には大量輸送公団に対してバス修理代金の未払い分16.65億バーツの融資を認める代わりに，公団の規模を縮小し民間の役割を増やすための短期及び長期計画を至急立てるよう閣議で決めた［Ibid.: 1-2］[92]。また，翌月には主計局（Krom Banchi Klang）も大量輸送公団に対して今後5年間に大量輸送公団と民間のバス台数比率を2：8にするための計画の策定を求めてきた［KSMK 1998a: 1］。このため，大量輸送公団は規模縮小計画と民間の役割増加計画を策定し，政府に提出することになった。なお，この時点では大量輸送公団の再建計画の内容によっては，先にバンコク都への移管を決めた閣議決定の見直しを検討しても構わないとのことになった。すなわち，バンコク都への移管計画は一時後退したのである。

大量輸送公団が策定した規模縮小計画については，2002年までに公団直営バ

第 5 章　軌道系輸送手段の復活（1970〜1990 年代）

スの比率を 20％に削減するものであり，公団のバスを廃車する代わりに民間委託バスを増やすものであった。大量輸送公団は 1991 年以降バスの耐用年数を 10 年に設定しており，1991〜1992 年に旧型車の代替として計 2,840 台（普通バス 2,040 台，冷房バス 800 台）のバスを購入していた［KSMK (1992): 6］。このため，これらのバスを 2001〜2002 年に廃車とし，代わりに大量輸送公団は 860 台の普通バスのみ調達し，残りは民間委託のバスとする計画を立てたのである［KSMK 1998a: 5］。先の図 5-6 のように，1998 年の公団直営バスの台数は約 4,000 台であり，ミニバスやソーンテオも含めた大量輸送公団が管轄するバス全体の中での比率は約 4 割であった。このうち 2,840 台を廃車とし，代わりに 860 台を増やすと公団直営バスの台数は約 2,000 台となり，比率はちょうど 2 割となるものであった。

　一方，民間の役割増加計画については，上述のような民間バスの比率増加のみならず，公団直営バスの賃借化も含んでいた。賃借バスについては 1980 年に 1,640 台の賃借が認められたのが最初であったが，その後は高額の賃借料が問題となり購入に切り替えていた。しかし，民間の役割増加のために再び賃借によるバスの増備が計画され，1997〜1998 年に車歴 10 年を迎える 895 台の代替としての 797 台の冷房バスと，上述した 860 台の普通バスを賃借で調達する計画とした［KSMK 1998b: 34］。また，これらの賃借バスの保守も民間委託とし，冷房バス 797 台については民間から運賃箱を賃借して設置することにした。これによって，2002 年末までに公団直営バスの台数が 2,000 台に減れば，その 6 割以上が賃借バスとなる予定であった。

　これらの計画は，順次実施されていった。上述したように，1990 年代後半の公団直営バスの台数や路線数の顕著な減少と，民間委託バス台数と路線数の急増は，これら 2 つの計画を実行に移した結果であった。797 台の冷房バスの賃借による導入も実現し，1999 年までに導入が完了した。これらの冷房バスは普通バスの代替であったことから，公団直営の普通バスはこの後大きく減少することになり，普通バスの系統にも新たに冷房バスが運行されるようになった。しかし，1997 年に試験的に普通バス 80 台，冷房バス 30 台に設置した運賃箱については，使用状況が芳しくないとして 1999 年には廃止されてしまった［KSMK (1999): 47］。普通バス 860 台の賃借計画も実現せず，1990 年代初めに導入した普通バ

287

（赤バス）は10年間の耐用年数を越えて使用せざるを得なくなった。そして，次のタックシン政権下に入ると再びバンコク都への移管計画が取り沙汰されることになる。

第5節　停滞する都市交通

(1) 都市鉄道計画の重複

　1970年代から1990年代までの30年間は，新たな都市交通手段として都市鉄道計画が浮上し，以前からの懸案であったバス事業の統合も実現した時代であったが，都市鉄道計画は遅々として進展が大幅に遅れ，バス事業の状況も芳しくなかった。

　都市鉄道計画の遅延については，計画の重複，頻繁な政策変更，莫大な建設費，の3点が主要な要因であった。計画の重複については，多数の機関がそれぞれ独自に都市鉄道計画や高速道路計画を立案して推進していく過程で，計画の重複や相互の連絡の考慮がなされていない事例が多く，結果として「早い者勝ち」となり遅れたものが計画変更を余儀なくされるケースが存在した。これは，各機関の計画を調整するシステムが存在しなかったことが原因であり，この問題を解消するために1992年に陸上交通管理事務所が設立されたのである。

　例えば，西ドイツ調査によって1970年代に都市鉄道第1期線として3つの路線が決められたが，その一部は国鉄の線路用地内に建設されることになっており，とくにプット橋線は路線の約半分が国鉄の東線に重複する形で計画されていた。ところが，高速道路公団の計画が遅々として進まない中でホープウェル計画が浮上し，計画には既存の国鉄線の高架化とともに平行する都市鉄道の建設も含まれていたために，高速道路公団の都市鉄道と重複する区間が出現した。ホープウェル計画に先を越された高速道路公団の第1期線は，結局その後継承された首都電鉄公団の計画で一部路線の変更を余儀なくされ，プット橋線を継承した首都電鉄公団の橙線は東線と並行する区間でより北を通るルートへと変更し，青線も当初メーナーム貨物線に並行に建設する予定であった区間のルートを変更した。

　BTS計画も，同様に影響を与えた。高速道路公団の第1期第1次線は，西ド

第 5 章　軌道系輸送手段の復活（1970〜1990 年代）

イツ調査のプラカノーン線とサートーン線の北半分であった。しかし，BTS 計画ではスクムウィット通り経由でプラカノーンへ至る路線が採用されたため，首都電鉄公団に継承されてからプラカノーン線の東側部分は除外され，サートーン線の南半分も BTS のシーロム線と近接することから外された。結局，元のプラカノーン線の中間部分とサートーン線の北半分を 1 つの路線として，青線のファラムポーン〜バーンスー間のルートが作られたのである[93]。「早い者勝ち」の原則により，歴史は長いが遅々として進展しない高速道路公団 / 首都電鉄公団計画は度重なる路線変更を余儀なくされ，さらに計画が遅れるという悪循環に陥ったのである。

ホープウェル計画については，高速道路においても重複が見られた。例えば，バーンケーン〜ドーンムアン間約 10km は道路局が管轄するドーンムアン有料道路（Donmuang Tollway）と完全に並行しており，バーンスー〜ファラムポーン間 8km では高速道路公団の第 2 期高速道路計画の南北ルートに近接していた。いずれもホープウェル社に免許が付与される段階で，既に計画が具体化していたのであるから，重複は避けられたはずである[94]。高速道路計画ではホープウェル計画が後発であったため，その後検討された見直し案では高速道路は削除されて，都市鉄道と国鉄の高架化のみとなった[95]。

計画の重複は，管轄機関がそれぞれ別の省に属している場合のみでなく，同じ省に属している場合にも発生している。高速道路公団もバンコク都もそれぞれ内務省に属する機関であるし，ホープウェル計画の国鉄とドーンムアン有料道路の道路局も同じく運輸省に属していた。すなわち，計画の重複を避けるための事前の調整は，たとえ同じ省に属している機関同士でも円滑に行われなかったことになる。

このような計画の重複は，都市鉄道を管轄する機関がはっきり決められていなかったことが原因であった。確かに高速道路公団は高速道路と都市鉄道を管轄する機関として設置されたが，高速道路公団のみが都市鉄道の整備を行えるとの規定は存在しなかった。このため，国鉄のホープウェル計画とバンコク都の高架鉄道計画が後から浮上し，どちらも高速道路公団とは事実上何の連携も取らずに，勝手に都市鉄道計画を推進したのであった。それぞれ自らが管轄する用地上での計画であることを根拠としており，国鉄は鉄道用地上に，バンコク都は都道上に

それぞれ都市鉄道を建設する権利を民間事業者に与えたものであった。本来であれば都市鉄道のような大規模な公共輸送手段を監督する機関が1つに限定されているべきであるが，実際には土地の所有権を根拠に複数の機関がそれぞれ民間事業者に免許を発行してしまったのである。1992年に発足した陸上交通管理事務所は，まさにこのような状況を改善する役割を期待して設置されたのであった。

(2) 頻繁な政策変更

頻繁な政策変更も，アンガーが指摘したように都市鉄道計画の遅れの重要な要因であった [Unger 1998: 157-162]。変更された政策は数多いが，それらは2つの大きな問題に集約されよう。すなわち，建設方法と路線の構造である。そして，この頻繁な政策変更により最も大きな影響を被ったのは，やはり高速道路公団/首都電鉄公団の計画であった。

建設方法とは，政府が自ら出資して整備するのか，完全に民間に任せるのか，あるいはその中間を取るのかということである。高速道路公団/首都電鉄公団の都市鉄道計画を振り返ると，表5-2のように政府は実に5回もこの政策を変更したことが分かる。最初に高速道路公団を設立した当初，政府は都市鉄道計画を自ら出資して行う計画であったが，1980年に100％民間出資とすることを決定した。その後第1期線の入札に失敗したため，1986年には25％以内の出資を認めることになり，ラワリン社への免許が付与された。1992年にラワリン社が失敗して計画が首都電鉄公団に移管されてから，一旦は政府が100％出資する方式に改めるが，翌年には100％民間出資に逆戻りし，ムアントーン大量輸送への免許交付に至る。そして1995年の地下化の方針決定とともに，最終的に上下分離方式に決着したのである。

この政策変更の過程を見ると，政府は全く同じことを2回繰り返したことが理解される。すなわち，政府出資→民間出資→共同出資の政策変更のサイクルが2回行われていたのである。政府出資から民間出資への転換は，1回目は第2次オイルショックによる経済不況が，2回目はホープウェル計画，BTS計画と100％民間出資計画が出現して進展を見せたことが原因であろう[96]。民間出資から共同出資への変更は，民間出資方式の失敗がその理由であった。ただし，共同出資については1回目が民間中心であり，2回目は政府中心である点が異なっており，

第 5 章　軌道系輸送手段の復活（1970〜1990 年代）

表 5-2　高速道路公団と首都電鉄公団の都市鉄道計画の変遷

管轄	年月日	計画名	路線数	距離(km)	建設方法	運営方法	備考	出所
高速道路公団	1974/03/05	都市鉄道第1期線計画	3	49	詳細設計（政府直営）	未定		TPT (1974): 1-3
	1982/01/26	都市鉄道第1期線計画	3	59	BOT	免許方式		TPT [1982]: 39-45
	1986/05/27	都市鉄道第1期第1次線計画	2	34	BOT	免許方式	政府が25％出資	TPT [n. d.]: 4
首都電鉄公団	1992/09/08	首都電気鉄道第1次線計画	1	20	詳細設計（政府直営）	検討中		RFM (1994): 12
	1993/09/14	首都電気鉄道第1次線計画	1	20	BOT	免許方式		RFM (1994): 13
	1995/09/12	首都電気鉄道第1次線計画	1	20	設計・建設（上下分離方式）	免許方式	全線地下化	RFM (1996): 13

1 回目は結局失敗している。

　このような政策の変更もさることながら，建設計画自体の見直しがその度に行われたこともさらなる計画の遅れをもたらした。最初の 1980 年の民間 100％出資を決めた際も，国家経済社会開発庁に計画の再検討を行わせており，1982 年に第 1 期計画の入札が失敗した後も，高速道路公団が再び第 1 期計画を検討し，第 1 期第 1 次計画という縮小した計画を打ち出している。このような計画の見直しは，政策変更の度に行われており，再調査や再設計などのために時間や費用の無駄が発生していた。

　路線の構造については，高架化から地下化への変更が大きな問題であった。ホープウェル計画と BTS 計画は，地下化決定より前に免許を取得し，かつ建設も開始していたことからその適用は免れることになったが，それが決まるまでの間，建設は中断された。首都電鉄公団に至っては，当初は路線の半分を地下化することで会社と交渉を行ったが，結局折り合いがつかないまま全線地下化にする計画

へと変更され，免許を取消して上下分離方式を採用するという，2回目の共同出資への変更が行われることになった。

地下化は環境問題を憂慮する市民の声を反映したものであり，世の中の趨勢を考慮すれば決してバンコク特異の選択肢ではない。しかし，少なくとも唐突な決定が都市鉄道計画の遅延を招いたことは事実である。ホープウェルもBTSも地下化に反対し，ムアントーン大量輸送も負担増となる分を補償するよう条件を付けていたが，これは地下化によって建設費が高騰するためである。総工費を比較すると，全線地下式の首都電鉄公団の第1期線は全線高架式のBTSの倍となると見積もられていた[97]。このため，地下化を決断したということは，政府がそれだけの負担増を容認したことを意味した。

(3) 莫大な建設費

頻繁な政策変更の背景には，政府が自らの関与する度合いを1つに決めかねたことがあるが，その大きな理由は莫大な建設費にあった。建設費が莫大なため，政府は民間による建設を指向するようになり，最終的に首都電鉄公団第1期線の上下分離方式による建設が決まるまでその模索が続いた。

1970年代初めに高速道路公団が設立され，高速道路と都市鉄道の建設を管轄することになったが，その際に高速道路計画が先に進行した理由は，一般論として政府が道路整備を鉄道整備よりも優先していたということだけではなく，当時の政府が両者を同時並行して賄えるほどの財政状況ではなかったことも大きな理由であろう。高速道路第1期線計画の総工費は約85億バーツであったが，都市鉄道第1期線の総工費は当初約122億バーツと見積もられていた[98]。1993年当時の見積もりを比較すると，第2期高速道路は1kmあたり6億8,700万バーツかかるが，BTS計画では1kmあたり11億8,000万バーツであり，さらに実際に開業した際には，BTS計画は1kmあたり約23億バーツも費やしていた［SWPT 1993: 7］。

都市鉄道計画の建設費が高くなる理由は，線路の建設費だけでなく車両，運行システム，信号設備などの電車運行設備の調達にも多額の費用がかかるためである。BTSの場合は，土木工事費と電車運行準備費にそれぞれ6億5,000万ドル（約250億バーツ）程度かかっていた［BPYEER (1999)］[99]。先進国で開発された最新技

第 5 章　軌道系輸送手段の復活（1970〜1990 年代）

術を導入する傾向が強いことも，結果として運行設備費の高騰につながっている。また，外国への依存度が高いために，1997 年のバーツ切り下げも実質的に建設費の高騰に結びついた。BTS の開通によって，自動券売機，自動改札機などタイで初めてのシステムが導入されたわけであるが，一方でこれらのシステムは初期投資費用の増加を招いたのである。

　莫大な建設費がかかる一方で，都市鉄道計画は大きな直接収入が期待できない。都市鉄道は大量輸送手段である以上，できるだけ低廉な運賃でサービスを提供しなければならない。すなわち，ビジネスとしては非常に薄利なのであり，薄利がゆえに政府や地方自治体が赤字を補填して運営することも多い。国鉄も大量輸送公団も，運賃を低水準に抑えられており，赤字運営を続けている。高速道路公団の時代に民間による 100％出資を条件とした入札を行いながら失敗したのも，莫大な投資額の割に見返りが少ないと予測した民間が敬遠したのがその原因であった。開業直後の BTS も割高な運賃もあって利用者数は当初見込みを大幅に下回り，借金の利息返済もおぼつかない状況であった[100]。

　莫大な建設費と低レベルの収入は，都市鉄道整備への民間の参入を難しくしているが，この民間の参入に政府が固執し過ぎたことが，結果として計画の遅れを導いたのである。この点から見れば，先に見た 2 回目の政府出資から全額民間出資への政策変更は，大きな失敗であったといわざるを得ない。BTS の状況から見ても，今後はたとえ全線高架といえども 100％民間出資型の都市鉄道が実現することは難しいであろうから，バンコクにおける都市鉄道整備の形としては，首都電鉄公団のような上下分離方式による民間の電車運営への参入が中心になるものと思われる[101]。

　上下分離方式にしても，建設費の大半は政府の負担となることから，政府の財政状況が計画の遂行を大きく左右することになるため，多くの路線を整備するためにはできるだけ安く建設する必要が生じる。より低廉な建設費を目指すためには，地下化政策の再検討を行う必要があろう。都心部の道路が狭く市街地が密集している地域での地下化はやむを得ないとしても，ある程度道幅が広い区間では極力高架構造としたほうが建設費の節約につながる。BTS の高架駅が，駅下の道路の大気汚染を悪化させたとの報告もあるが，駅の構造を変更することにより高架構造の問題を解消し，高架構造をむしろ積極的に利用したほうが，都市鉄道

の円滑な普及につながるものと思われる[102]。地下化政策も，見方を変えれば都市鉄道の莫大な建設費をさらに押し上げる要因ともなったのである[103]。

このように，莫大な建設費が政府の決断を躊躇させ，民間の参入を敬遠させたことが，都市鉄道計画の遅れのもう1つの要因であった。そして，莫大な建設費であるがゆえに，政府は極力出資を抑える方策を模索し，上述のような頻繁な政策変更を招いた。計画の重複も高速道路公団第1期線計画の遅れが原因の1つであり，やはり莫大な建設費に起因するものである。すなわち，バンコクの都市鉄道計画の遅れは，都市鉄道の莫大な建設費とそれに躊躇する政府の消極的な対応が最大の問題点であったと結論できよう。そして，都市鉄道計画の遅延が，バンコクの都市交通をバスのみに依存させる状況を長引かせ，道路混雑の悪化とともに都市交通全体の停滞を招いたのである。

(4) バス統合計画の失敗

1970年代に入って本格的に都市鉄道計画が浮上したものの，その実現は1990年代末まで待たねばならなかったことから，この時期の都市交通はバスのみに依存する状況が続いた。長年の悲願であった民間によるバス事業の統合も，1975年のマハーナコーン輸送による統合と翌年の大量輸送公団への継承によって実現したことから，民間事業者によるバス事業の限界，すなわちバスサービスの向上と低廉な運賃という2つの相反する命題の両立が実現するものとの期待が高まった。

しかし，実際には大量輸送公団によるバス事業は，どちらも十分に達成したとは言い難かった。サービスの向上については，バス台数の増加や冷房バスの導入などで，ある程度は実現した。新型バスを一度に1,000台以上も投入することは民間事業者には不可能であり，民間事業者が自ら車体を建造した雑多なバスに比べれば，大手のメーカーから大量に購入あるいは賃借したバスの状態ははるかに良かった[104]。冷房バスも中間層などの自家用車利用者の転移を狙った新たなサービスであり，従来のバスは低所得者の足であるというイメージを払拭する可能性を持っていた。また，バスの増備に伴って路線網も大幅に拡張させたほか，高速道路経由や深夜運行のバスなど，新たなサービスの提供も行われた。違法ソーンテオへの依存度も徐々に減少し，最終的にはミニバスに改造させることによって

第 5 章　軌道系輸送手段の復活（1970～1990 年代）

表 5-3　バンコクの人口と自動車登録台数の推移（1970～2000 年）

年	人口 （千人）	自動車登録台数（千台）			
		セダン	バイク	その他	計
1970	3,077	128	59	73	260
1980	4,697	220	172	148	540
1990	5,882	598	645	719	1,962
2000	6,355	1,241	1,965	1,290	4,496

注 1：旧トンブリー県も含める。ただし，市街地人口以外も含むため，1970 年の人口は表 4-10 の数値よりも多くなっている。
注 2：セダンの台数は 7 人乗り以下の四輪自家用車の台数である。
出所：人口：SYB (2010): table 1.4．自動車台数：1970 年：SYB (1972-73): 294，1980 年：SYB (1981-84): 311，1990：SYB (1991): 200, 205．2000：SYB (2002): table 5.10, 5.13 より筆者作成

大通りのバス路線からは一掃した。

　肥大化を続けるバンコクにとっては，これらの施策のみでは不十分であった。表 5-3 のように，バンコクの人口は 1970 年の約 300 万人から 2000 年には 635 万人まで増加し，都市規模は大幅に拡大していった。これに対し，自動車の増加率は人口増加率よりもはるかに高く推移し，自動車は 1970 年の 26 万台から 2000 年には 450 万台へと 17 倍も増加している。二輪車（バイク）の増加率は 33 倍と顕著であるが，中間層が通勤に使用する乗用車（セダン）もこの間に約 10 倍増加している。とくにタイが好景気を迎えた 1980 年代後半から 1990 年代半ばまでに自動車台数は急増しており，1980 年から 1990 年までの増加率がいずれも最多となっている。このように自動車台数が人口増加率よりもはるかに高い比率で増えていたことは，通勤時の自家用車利用率もこの間に急増していたことを意味した。先の図 5-8 で見たように，バス利用者数が 1992 年を頂点に減少傾向に転じたことは，バス利用者の自動車への転移が進んでいったことを示していた。

　このような自動車の急増に対して，バンコクの道路整備は当然ながら追いつかなかった。前章で見たように 1973 年のバンコクの道路距離は 805km，道路面積は 11.3km^2 でしかなかったが，2003 年には道路距離 4,149km，道路面積 58km^2 とどちらも 5 倍程度増加していた [SC (2003): 81][105]。高速道路公団の建設した高速道路も 1980 年以降順次開通し，2000 年には 171km に達した [TS (2000): Table 1. 1. 2]。しかし，これだけの道路整備をもってしても，17 倍も増加した自

動車に太刀打ちすることはできず，道路混雑はこの間さらに悪化することとなった。そして，バスも自家用車と同じ道路を共有しなければならないことから，道路混雑の悪化はバスサービスの低下を招き，バスの魅力を減退することとなった。道路混雑によるバスサービスの低下は既に大量輸送公団の成立前から始まってはいたが，その傾向がさらに顕著となっていったのである。結果として大量輸送公団成立後のバスサービスのある程度の向上も，道路混雑の悪化によって相殺されてしまった。

　他方で，低廉な運賃の維持も容易ではなかった。先の表5-1で見たように，1976年に大量輸送公団が発足した時の普通バスの最低運賃は0.75バーツであったが，この最低運賃は1997年には3.5バーツとなっていた[106]。政治的な配慮によって値上げを見直したこともあったが，結局この間にバス運賃は約4.7倍増加していたことになる。これに対し，バンコクの消費者物価指数は1976年から1996年までの間に約3.3倍増加したに過ぎず［末廣編 1998: 225］，バス運賃のほうが値上げ幅は大きかったことが分かる。大量輸送公団成立前の運賃水準が低すぎたこともその要因の1つであろうが，結局バス事業を統合して国営化しても，低廉な運賃の維持は難しかったのである。

　それでも，大量輸送公団の赤字経営を一掃するまでの運賃値上げは実現できなかったことから，この時代にもバスサービスは相変わらず政治問題として捉えられていたことになろう。ただし，クックリット政権時に無料バスを導入した頃よりもその度合いは低くなり，ポピュリスト的政策としての低廉な運賃の維持と，大量輸送公団の赤字体質の改善という相反する目標を到達するための妥協の産物としての最低限の運賃値上げでしかなかった。このため，これだけの運賃値上げを行ったにもかかわらず，大量輸送公団はほぼ一貫して赤字経営を強いられていた。政府が資金調達に便宜を図ることで民間時代には見られなかった大量の新型バスの導入が実現したことは間違いないが，実際にはその代償は大量輸送公団の累積赤字という形で負担となっていった。政府が負債を肩代わりしたことも全くなかったわけではないが，大量輸送公団の赤字体質は結局変わらなかった。

　このため，赤字削減のための大量輸送公団の規模縮小が指向され，その結果民間委託が進むこととなった。委託された民間事業者は利益を確保するために経費の削減を行い，その結果公団直営バスよりも相対的に低いサービス水準にならざ

第 5 章　軌道系輸送手段の復活（1970～1990 年代）

るを得なかった。すなわち，一旦はバス事業の国営化を果たしたものの，結局は再び民営化の方向に転換することになり，大量輸送公団に統合する前の状況へと回帰していったのである。バス統合計画は，事実上失敗に終わったのであった。

小　括

　本章では，バンコクのバス事業が統合されてから 1990 年代末に最初の都市鉄道が開通するまでの期間を対象に，都市交通政策の変遷を解明することを目的とした。1970 年代に入ってバンコクの都市交通は，都市鉄道計画の浮上とバス事業の統合という 2 つの大きな転機を迎えたが，どちらも当初期待されたような成果を発揮することはできなかった。都市鉄道計画はバンコクの交通問題の解決策として浮上し，高速道路計画とともに新たに設立された高速道路公団が管轄機関となったが，政府が莫大な建設費を負担することに躊躇したことから，民間による BOT 方式での建設を目指した。民間企業側の反応は鈍く，結局政府が 25％の負担を認めたうえで再入札を行い，カナダのラワリン社が最終的に免許を獲得した。しかし，結局 1992 年の暴虐の 5 月の影響でこれも失敗した。

　その後，経済ブームの中で 1990 年代に入って新たな BOT 方式の都市鉄道計画が浮上し，国鉄の管轄するホープウェル計画とバンコク都の管轄する BTS 計画が動き出した。高速道路公団の都市鉄道計画を引き継いだ首都電鉄公団も同じ方式を採用し，路線を変更した上で再び入札を行った。しかし，ホープウェル計画は経済情勢の悪化とともに雲行きが怪しくなり，最終的に経済危機の最中に頓挫してしまった。首都電鉄公団の計画は政府の市内地下化計画の影響を受け，上下分離方式の地下鉄方式でようやく着工に至った。そして経済危機の影響を受けながらも BTS 計画はどうにか進展し，1999 年末の開業に至ったのである。

　一方，大量輸送公団のバスについては，統合後のバスサービスの立て直しが急務となっていた。民間会社から買い上げたバスの大半は状態が悪く，公団は多数のバスを購入したり賃借したりして台数を増やした。また，バス統合の過程で発生したバス不足によって多数の違法ソーンテオが流入していたが，これを公団の管轄のもとで運行させることで違法状態から脱却させ，最終的にミニバスに改造

させたうえで営業を継続させた。しかし，公団は設立当初から赤字経営を強いられ，安い運賃体系を維持せざるを得なかったことから，公団の累積赤字は徐々に拡大していった。これを解消するために，民間委託バスの増加による公団の規模縮小計画が策定されたが，これは結果としてバス事業統合前の状態への逆戻りであった。

　このように，都市鉄道計画の進展は大幅に遅れ，バスの統合もさしたる成果は見られず，逆に累積赤字の拡大を引き起こしたことから，この時期のバンコクの都市交通の状況は急増する自動車とそれによる道路混雑の深刻化の中で，確実に悪化していた。そのため，1999年末にようやく開業したBTSはバンコクの都市交通を抜本的に改革する重要な役割を担っており，その後も継続的な都市鉄道網の拡大が求められた。にもかかわらず，この後の時代にも都市鉄道網の拡張は非常に限定され，不毛な計画の披露と変更のみが続くことになるのである。

コラム5

国鉄の通勤列車

　パークナーム線の廃止とメークローン線の一部廃止後は，国鉄が都市内輸送を担うことはほとんどなかった。しかし，メークローン線以外にも北線，東線，南線と3つの路線が乗り入れるバンコク市内では，市内区間のみの旅客需要も若干ながら存在し，朝夕のラッシュ時を中心に市内区間のみを走る通勤列車も運行されていた。このうち，実際に通勤・通学客の利用が多かったのはフアラムポーンを起点に北線のランシットまでと，東線のフアタケーまでで，それぞれフアラムポーンから約30kmの距離であった。このような通勤列車の運行が本格化したのは，1990年代に入ってからであった。

　筆者も1997年4月から1年間バンコクに滞在した際には，東線の沿線のクローンタン駅のそばに居を構え，毎朝東線の通勤列車で公文書館を目指した。当時朝7時台にはフアラムポーンへ向かう列車が4本もあったことから，列車が多少遅れてきてもそれほど待たされることなく乗車できた。隣のフアマーク始発の列車は比較的空いていたが，遠方から来る中距離の列車は混んでおり，時にはデッキにぶら下がっての乗車であった。列車は時速40kmくらいでのんびりと走るが，それでも渋滞する道路を走行するバスよりは早く，かつ排気ガスに悩まされることもなかった。この頃には通勤・通学用に車内をロングシートに改造された車両も出現し，国鉄も増加する

クローンタン駅に到着する朝の通勤列車（1996年）

出所：筆者撮影

通勤・通学客に対応していた。

　利用者の多くは北線と合流するヨムマラートの踏切を越えたところにある停留所で下車し、ラーンルアン通りやピッサヌローク通りのバスへと乗り継いだ。筆者もここで下車し、後者のバスに乗り継いで公文書館に向かっていた。この沿道には官庁街があることから、公務員の利用者が多かったものと思われる。このヨムマラートの停留所は朝には上り列車のみが停車し、夕方には逆に北線の下り列車のみが停車する通勤・通学客のための停留所であった。

　このようなバンコクの通勤列車も、2001年に発足したタックシン政権下では、踏切での道路混雑の元凶と見なされて徐々に本数を減らしていった。朝7時〜9時の間にフアラムポーンに到着する通勤列車の本数は、1997年の時点で北線9本、東線6本であったが、2012年にはそれぞれ4本ずつにまで減少した。東線については2010年に開通したエアポート・レールリンクがその代替を果たしているが、筆者がかつて利用していたクローンタン駅にはエアポート・レールリンクの駅はなく、利用することはできない。この駅の利用者数も、1997年の1日約1,400人から2010年には500人ほどに減ってしまった。ホープウェル計画の頓挫とともに、国鉄の在来線による通勤輸送は確実に衰退したのである。

第6章
混迷する都市交通政策
（2000年代）

1999年末に最初の都市鉄道が開通して，バンコクにもようやく軌道系輸送手段が復活した。この時点では1990年代後半に着工された地下鉄の工事も進展しており，バンコクの都市鉄道網は順調に拡大していくものと思われた。実際に，この時代に数多くの都市鉄道整備計画が出現し，政府は迅速な都市鉄道網の整備を市民に約束していた。しかしながら，2012年までに新たに着工された都市鉄道は約120kmに過ぎず，その結果2013年末までにバンコクの都市鉄道網も計81kmとなったに過ぎなかった。

　一方，赤字経営の続く大量輸送公団の再建については，1990年代末から規模縮小計画に基づいて民間バスの比率を増やしており，バンコク都への移管計画も再浮上していた。2000年代半ばに突如大量輸送公団の復権計画が出現し，事業拡張によって経営再建を行うという方針へと変化した。しかしながら，この計画も結局具体的な進展は見られず，大量輸送公団の経営再建も実現しなかった。

　この時代にバンコクの都市交通の整備が進まなかったのは，頻繁な都市交通政策の変更と，都市交通のポピュリスト的政策化が主要な要因であった。2001年2月に首相に就任したタックシンは，バンコクでの支持層の拡大のために都市交通の整備を大々的に打ち出すことなった。とくに，2005年の総選挙を控えた2004年から都市鉄道網の大規模な拡充を打ち出し始め，「メガプロジェクト」として公約の目玉に据えていった。ところが，選挙での圧勝後もその具体化は一向に進まず，方針は二転三転して混迷していくことになった。バスについても，大量輸送公団に冷房付き天然ガス車両（Natural Gas Vehicles: NGV）バスを大量に導入して，安価な運賃での冷房バスサービスを打ち出したが，こちらも結局実現しなかった。タックシン政権後も政治的対立によって都市交通の整備は遅々として進まず，バンコクの都市交通政策の混迷した状況は続いた。

　このため，本章では2000年代における都市交通の状況を，とくに都市交通政策の変遷に焦点を当てて考察する。具体的には，「売夢政策」と呼ばれたタックシンのポピュリスト的政策が出現した背景を解明するとともに，それがなぜ実現しなかったのかを分析することを主要な課題とする。以下，第1節ではタックシン政権時代の都市鉄道政策の変遷を解明し，第2節で都市鉄道政策が混迷し，政治的対立がそれに拍車をかけた過程を分析し，第3節では同時代のバスの状況について検討する。そして，第4節でタックシン政権以後の状況を確認した上で，

第6章　混迷する都市交通政策（2000年代）

第5節で「売夢政策」の限界と課題について総括する。

第1節　タックシン政権の都市鉄道政策

(1) 消極期（2001年2月～2002年10月）

タックシン政権の都市鉄道政策史を探ると，この間に運輸大臣を担当した3人の大臣の任期ごとに明瞭な傾向が見られる。すなわち，ワン・ムーハマット・ノー（Wan Muhamat No Matha）大臣期が消極期，スリヤ（Suriya Chungrungruangkit）大臣期が積極期，そして最後のポンサック（Phongsak Raktaphongpaisan）大臣期が混乱期と区分される。以下この3期に分けて，タックシン政権の都市交通政策の変遷を概観する。

タックシン政権が成立した2001年2月の時点において，バンコクではBTSが23.5kmの路線で営業を行っており，旧首都電鉄公団を改称したタイ都市鉄道公団（Kan Rotfaifa Khonsong Muanchon haeng Prathet Thai, Mass Rapid Transit Authority of Thailand, 以下都市鉄道公団）が管轄する青線フアラムポーン～バーンスー間20kmの地下鉄が建設中であった[1]。後述するようにBTSの開通直後の利用者数は伸び悩んでおり，当初の1日60万人の利用者数の目標に対し，実際の利用者数は1日15万人程度に留まっており，苦戦を強いられていた。一方，後者は上下分離方式で建設中の地下鉄であり，入札の結果民間のバンコク・メトロ社（Bangkok Metro Co. Ltd.）が運営免許を2000年8月に獲得した[2]。

タックシン政権の初代運輸大臣の時代は，都市鉄道整備に消極的であった。BTSについては，後述するようにバンコク都によるBTSの延伸計画が推進されるが，政府として積極的にこれを支援する動きは見られなかった。都市鉄道公団の路線延伸については，2000年に青線フアラムポーン～バーンワー間延伸の優先順位が最も高いと陸上交通管理委員会（Khana Kammakan Chat Rabop Kan Khonsong lae Characharon）で決めたが［RFM（1999-2000）: 16］，2001年8月には大蔵省がこの線の投資回収率が低すぎるとして見直しを求めていた[3]。これは，BTSの利用者が予想より大幅に少なかったことから都市鉄道の事業予測に対して厳しい見方が増えたことと，進行中の都市鉄道公団の最初の区間の開通も車両

303

購入計画の遅れにより遅延が見込まれたことから,延伸に慎重な意見が強まったことによる[4]。2002年7月には,大蔵省は最初の区間が開通して利用者の状況を確認してから新規区間の整備に着手すべきと主張していた[5]。

　1997年に中断されていた国鉄のホープウェル計画の復活案については,費用が高すぎるとしてタックシン自らが計画を否定した。この計画を復活させるために,国鉄では1999年11月からコンサルタント会社に事業化調査を行わせており,2000年7月に高速道路以外を整備する計画案が示された [RFT (2000): 53][6]。その後,これをベースに作成された計画案が2001年9月に陸上交通管理事務所から提案されると,タックシンは総額400億バーツの計画案は高すぎるとして,代わりに北線のバーンスー～ドーンムアン間を地平のまま複々線化し,そのためにホープウェルが建設した橋脚を撤去する案を提示した[7]。この案に対し,約1,000基に及ぶこの間の橋脚を廃棄するのは資源の無駄遣いであるとの批判が高まり,10月までに方針を変更して橋脚を用いて高架線を建設する方向でまとまり,陸上交通管理事務所に再調査を行わせることとなった[8]。

　一方,この時期にはバンコクの新空港であるスワンナプーム空港の建設が始まったことから,空港連絡のアクセス鉄道の建設計画も浮上したが,当初タックシンはその必要性を否定していた。空港アクセス鉄道計画の起源は,2000年5月に閣議で東線の複線化計画に合わせて空港への連絡線の建設を承認したことであった [RFT (2003): 65]。都心区間は中止したホープウェル計画の路線と重複しており,ホープウェル計画の復活とも関係していた。しかし,2001年9月にタックシンがホープウェル見直し計画を却下した際には,新空港への連絡は当面道路のみで賄うと主張していた[9]。その後新空港の建設が本格化すると,国鉄はターミナルビルの建設と同時に将来のための地下駅の工事を同時に行うことを提案し,2002年9月の閣議で承認された [KK (2002): 134]。結局,地下駅の工事は着工されたが,乗り入れる鉄道の建設は行われなかった。この消極期には都市鉄道整備計画は何ら進展を見せず,建設中の都市鉄道公団の地下鉄建設をめぐる動きしか見られなかった。

(2) 積極期 (2002年10月～2005年8月)

　2002年10月に大規模な省庁再編が行われ,総理府下に置かれていた都市鉄道

第 6 章　混迷する都市交通政策（2000 年代）

写真 6-1　地下鉄の電車

出所：KK (2010): 44

公団及び陸上交通管理事務所を改称した交通政策計画事務所（Samnakngan Nayobai lae Phaen Kan Khonsong lae Charachon, Office of Transport and Traffic Policy and Planning）が運輸省下に配属され，バンコク都を除く都市鉄道関係機関がすべて運輸省の管轄下に置かれることとなった [KK (2002): 54-71]。そして，運輸大臣もスリヤに代わり，都市鉄道政策は従来の消極策から積極策へと変化していった。

スリヤはまず遅れ気味であった都市鉄道公団の地下鉄開業を早めるべく動き出した。当初計画では，この路線は 2002 年末までに一部区間を開通させ，2003 年末に全線開業となる予定であった [RFM (1998): 8]。しかし，運行事業者となるバンコク・メトロ社への免許交付が 2000 年 8 月と当初の予定よりも大幅に遅れ，さらにバンコク・メトロ社の車両調達契約も 2001 年 12 月と遅れたことから，予定通りの開業は不可能となった[10]。このため，スリヤは車両調達契約を受注したシーメンス社（Siemens AG）と交渉し，追加費用を支払えば当初予定の 2004 年 8 月から 5 月に前倒しできるとの回答を得て，バンコク・メトロ社に追加負担を求めた[11]。結局地下鉄の開業は 2004 年 7 月となり，一部区間の先行開業もできなかった。

次いで，スリヤは空港アクセス鉄道に関心を示し始め，2003 年 9 月には国鉄がコンサルタント会社に調査を行わせた [KK (2003): 113][12]。その後タックシンも 2005 年末に開港予定のスワンナプーム空港開業に空港アクセス鉄道の開業を間に合わせるよう要求したことから，2004 年 6 月には早くも閣議で建設が承認された [KK (2004): 117][13]。エアポート・レールリンクと呼ばれるようになったこの計画はその後も急速に進展し，2005 年 1 月にはシノタイ社（Sino-Thai Engineering & Construction Co. Ltd.）などの 6 社連合とターンキー方式での建設契約が結ばれ，2007 年 11 月の開業を目指して着工された [KK (2005): 148]。このターンキー方式は資金調達を民間に任せることで短期間での完成を可能とするものであったが，後述するように拙速な建設は多くの問題を引き起こすことになった[14]。

一方，この時期にはタックシン政権としての最初の都市鉄道整備計画も打ち出されることとなった。2003 年 5 月には，スリヤが今後 10 年間で 100km の都市鉄道を整備する必要があると主張し，その後 7 月に陸上交通管理委員会の会議でタックシンが 130km の都市鉄道を至急整備するよう指示した[15]。これは 1 年以

第 6 章　混迷する都市交通政策（2000 年代）

内に計 5 路線 130km の都市鉄道の建設に着手するというもので，それまで無関心であった都市鉄道網の拡張への方針転換であった。エアポート・レールリンクで採用されたターンキー方式が最初に浮上したのはこの時であり，迅速な建設と資金問題の先送りが可能なこの方式がタックシン政権下でこの後も何度か浮上することになる。

　その後，次に述べる都市鉄道整備マスタープランの見直しと合わせて，計画は拡大していく。2003 年 9 月にタックシンは今後 6 年間で 213km の都市鉄道整備を行うとの構想を打ち出す[16]。その後翌年 2 月には，閣議でバンコク都市鉄道実行計画（Bangkok Mass Transit Implementation Plan: BMTIP）を承認する［SNK 2005: 19］。この計画がタックシン政権の都市鉄道計画の基盤となるものであり，整備対象路線はさらに拡大されて 7 線 292km を 6 年間で整備するというものとなった。そして，総選挙後の次期政権の政策ビジョンとして 2004 年 9 月に発表された「将来のための投資の 4 年間」構想では，この都市鉄道整備計画は 5 つの重点分野の 1 つに掲げられた[17]。

　都市鉄道計画は，さらに拡大することになる。2004 年 12 月には当初の 7 線 292km の計画に加えて，新たに 2 線 62km が付け加わり，計 9 線 354km の規模となった[18]。総選挙でタイ愛国党が圧勝し，第 2 次タックシン政権が成立すると，スリヤは再び運輸大臣を務めることとなった。そして，選挙での公約を前進させるべく，2005 年 6 月の閣議で総額 1.7 兆バーツに上る「メガプロジェクト」構想が承認される[19]。この構想には，教育，公衆衛生，住宅供給，道路整備などが含まれていたが，都市鉄道整備への投資が全体の 25％と最大規模になっていた。

　都市鉄道計画が拡大していく一方で，計画の具体化も並行して進んでいった。最初に動き出したのは，エアポート・レールリンクと紫線のバーンスー〜バーンヤイ間であった（図 6-1 参照）。消極期には青線のフアラムポーン〜バーンケー間が次の着工区間とされていたものの，2004 年に入るとこのバーンスー〜バーンヤイ間の優先順位が上がることとなった[20]。「将来のための投資の 4 年間」構想でも，エアポート・レールリンクと並んで紫線を最初に着工するとされており，2005 年 6 月にはこの間の土地収用地規定勅令が公布され，8 月 19 日には都市鉄道公団が入札告示を行い，資格審査の受付を開始した［KK (2005): 170］[21]。このように，都市鉄道整備は，計画の旗揚げ段階から具体化の段階へと順調に移行す

図 6-1　バンコクの都市鉄道網と整備計画路線（2005 年末）

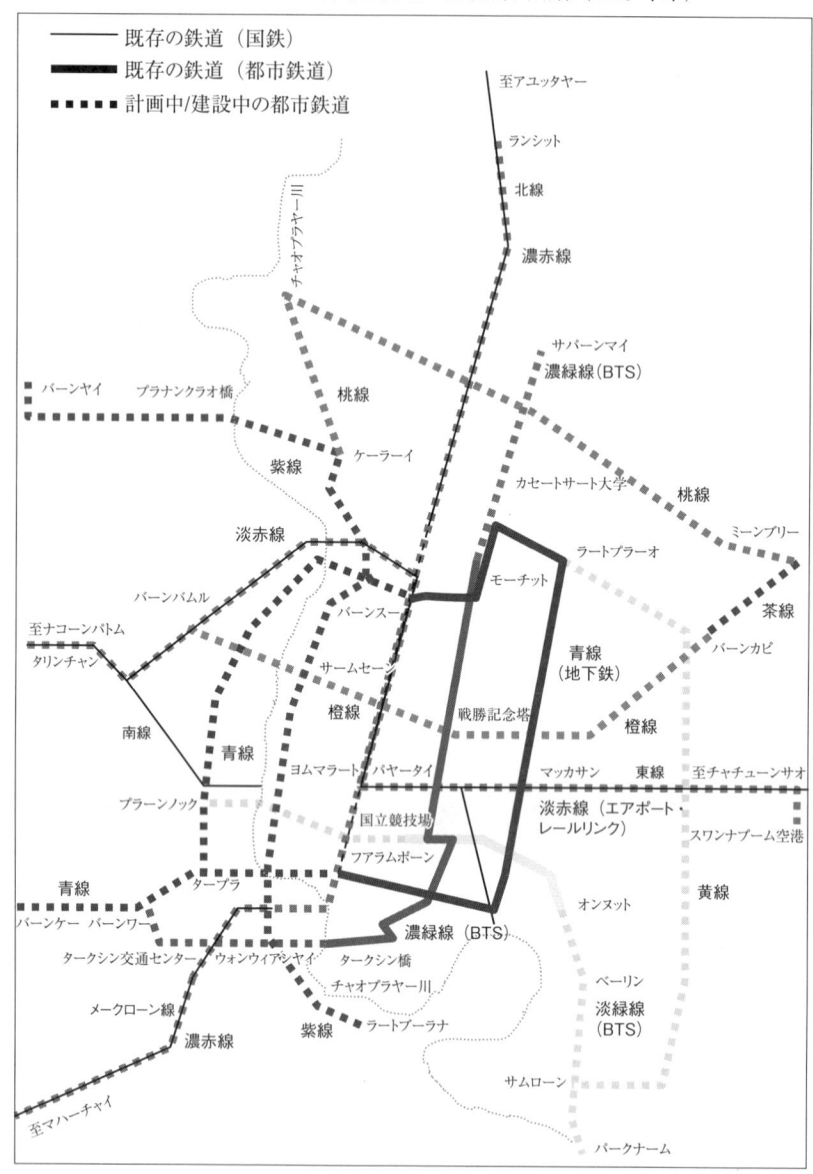

出所：表 6-2 より筆者作成

第 6 章　混迷する都市交通政策（2000 年代）

るかに見えた。

(3) 混乱期（2005 年 8 月～2006 年 9 月）

　ところが，スリヤがスワンナプーム新空港の荷物検査装置調達をめぐる汚職疑惑で運輸大臣を更迭され，新たにポンサックが大臣の座に就くと，順風は逆風に変わり，都市鉄道政策が混乱することとなった。

　8 月 25 日にタックシンは突然都市鉄道計画に含まれる 7 路線のうち 4 線は収支が合わないので見直さざるを得なくなったと発表し，紫線の入札も突如中止された[22]。ポンサックは紫線のバーンスー～バーンヤイ間はルートを変更して鉄道ではなく BRT にすると表明し，他の不採算が見込まれる路線でも BRT で代替する方針を示したが，紫線の着工を控えて沿線で不動産開発を始めていた業者や住民は突然の変更に困惑し，かつ反発した。

　このため，ポンサックは予算の削減によって極力都市鉄道を整備する方法を検討し，ホープウェル復活計画にあたる赤線の在来線線路の削除による建設費の低減や，都市鉄道の駅数の半減や規模縮小などが模索された[23]。そして，他方で連日にわたりルートの見直しや改廃が報道されたことから，国民は次第に不信感を募らせることとなった。10 月にはタックシンとの間で第 1 期計画として 4 線を先行整備する計画でとりあえず合意したが，後述するようにその直後にバンコク都が自力で BTS の延伸線の建設を行うことを表明した。これは都市鉄道整備の方針が一向に定まらない政府に対して，バンコク都が与えた大きな一撃であった。

　これを受けて，11 月に入ってタックシンはメガプロジェクトの実施方法を抜本的に改め，ターンキー方式で国際入札を行うと発表した[24]。これは，12 月 14 日に各国の外交官を招いて行われた「タイ：発展のための協同」計画として大々的に披露され，総額 5,500 億バーツの予算の範囲内で当初計画通りに都市鉄道 10 線 361km を整備するべく，資金源から建設方法に至るまでをパッケージとして広く世界中から公募すると述べた[25]。すなわち，都市鉄道整備のための莫大な資金源の調達が進まない中で，タイにとって最も有利な条件を提示した事業者を選定し，できるだけ安上がりにメガプロジェクトを実現させる方法を募ろうとしたのであった。

　この計画では，2006 年 4 月に入札を行うことになっていたが，新年に入って

急速に拡大した反タックシン運動によって計画は頓挫する。そして，2月24日の議会解散によってタックシン政権は暫定政権化したものの，その後の総選挙のやり直しの確定によってその任期は予定より大幅に伸びることとなった。しかしながら，暫定政権下でメガプロジェクトを推進していくことは困難となったことから，政府は都市鉄道計画のうち一部路線を先行させて進めることとなり，6月6日の閣議で3線70kmの整備をメガプロジェクトから切り離し，先行整備することが承認された[26]。管轄する国鉄と都市鉄道公団は7月から入札告示を行う予定であったが，建設方法の見直しにより日本の国際協力銀行（現国際協力機構）と交渉を始めることとなった。この過程で8月末に遅らせた入札告示をさらに延期させる事態となり，国際協力銀行との交渉が終わるまで当面進展は見込まれなくなった。そのような最中，9月19日夜のクーデターによってタックシン暫定政権は崩壊し，6年弱に及ぶタックシン政権時代も幕引きとなったのである。

第2節　迷走と対立

(1) 都市鉄道輸送マスタープランからバンコク都市鉄道実行計画へ

　このようにタックシン時代の都市鉄道政策は，頻繁な計画の変更がその最大の特徴であった。表6-1のように，2003年以降少なくとも10計画が打ち出されており，小規模の見直しから大規模な変更まで多数に上っている。これらの計画の基盤自体は，2004年2月に承認されたBMTIPであったが，その見直しが相次いだことから政策の一貫性が失われ，混乱を引き起こしたのであった。それでは，そもそもこのBMTIP自体はどのように策定されたのであろうか。
　バンコクの都市鉄道計画は，1994年9月に陸上交通管理事務所によって策定された都市鉄道マスタープラン（Mass Transit Master Plan）がその起源であった。この計画は，表6-2のようにホープウェルを赤線，BTSを緑線，都市鉄道公団の第1期線フアラムポーン〜バーンスー間を青線と規定し，それぞれの延伸線と新たな橙線，紫線の整備によって総計261.5kmの都市鉄道網を整備する構想であった（図5-5参照）[27]。ところが1997年の通貨危機を発端とする経済危機により経済状況は急速に悪化し，ホープウェル計画も完全に頓挫したことから，陸上交通

第 6 章　混迷する都市交通政策（2000 年代）

管理事務所によって新たな都市鉄道輸送マスタープラン（Urban Rail Transportation Master Plan: URMAP）が策定されることとなった。この URMAP 策定作業は 2000 年に開始され，翌年末に報告書が提出された。ここでは，先のマスタープランを土台としながらも路線の変更が行われ，表 6-2 のように赤線，緑線，青線，橙線，そして紫線の代わりに新たに黄線が加わり，青線には環状区間も追加された。

URMAP を基にして，タックシン政権の都市鉄道政策の基盤となる BMTIP が策定されることになったのであるが，ここでさらなる変更が加えられた。それは，路線網の変更と整備時期の繰り上げである。路線網の変更については表 6-2 の通りであり，対象路線の総延長は URMAP の 361.1km に対して BMTIP は 292km と縮小されている。大きな特徴は，紫線が復活して青線と橙線のルートが変更された点である。紫線は南北の，橙線は東西のルートに再編され，青線は環状線の機能を強化されることとなった[28]。

一方，各区間の開通時期については，大幅に繰り上げられた。URMAP では全体を 3 段階に分け，10 年ごとに 2011 年まで，2021 年まで，そして 2022 年以降と 20 年以上にわたる段階的な整備を想定していたのであったが，BMTIP では全区間を 2009 年までに整備することに計画を変更した[29]。このため，黄線のように BMTIP では対象外とされた路線も存在するが，他方では紫線のバーンヤイ～プラナンクラオ橋間のように，2022 年以降に整備とされていた区間が，2009 年までに整備と大幅に繰り上げられる事態も発生した。

結局，タックシン政権の都市鉄道政策の原案は陸上交通管理事務所のマスタープランであり，これを利用して自らの政策に利用したに過ぎなかった。しかしながら，BMTIP の独自性は，ポピュリスト的政策の一環とも捉えられる整備期間の短縮であった。URMAP では都心に近い区間及び放射状の路線から，段階的に 20 年以上の期間での整備を想定していたが，BMTIP では対象となる約 300km の路線をわずか 6 年間という短期間で整備することを目標にした。これが，タックシン時代の都市鉄道整備の遅延の引き金であった。

(2) 計画の肥大化と収縮

BMTIP の成立後も，都市鉄道計画はさらに拡大していくが，その主要な要因は政権への支持拡大への取り組み，すなわち計画のポピュリスト的政策化であっ

表 6-1 タックシン政権時

年月日	計画名	路線数	対象路線 濃赤	淡赤	濃緑	淡緑	青	紫	橙	黄	桃	茶	距離(km)	工費(億バーツ)
2003/07/04	都市鉄道130km整備指示	5			○	○	○	○	○				130	3,000
2004/02/23	バンコク都市鉄道実行計画 (BMTIP)	7	○	○	○	○	○	○	○				292	4,467
2004/09/07	「将来のための投資の4年間」構想	7	○	○	○	○	○	○	○				292	4,800
2004/12/22	都市鉄道計画2線追加	9	○	○	○	○	○	○	○	○	○		354	5,450
2005/06/14	「メガプロジェクト」構想	7	○	○	○	○	○	○	○				293	5,557
2005/10/17	第1期都市鉄道整備計画	4	○	○			○	○					94	1,200
2005/12/14	「タイ：発展のための協同」計画	10	○	○	○	○	○	○	○	○	○	○	361	5,500
2006/06/06	都市鉄道3線先行整備計画	3	○				○	○					70	1,930
2006/08/01	都市鉄道3線先行整備計画 (変更)	3	○				○	○					70	1,454
2006/08/29	都市鉄道10線整備計画	10	○	○	○	○	○	○	○	○	○	○	333	5,700

注：MTAとは都市鉄道機構（Mass Transit Authority）のことで，新たに計画された都市鉄道を管轄す

第 6 章　混迷する都市交通政策（2000 年代）

代の都市鉄道整備計画の変遷

期間	建設方法	運営方法	運賃	備考	出所
1 年以内に着工	ターンキー	免許方式		政府が運賃補塡，紫はプラナンクラオ橋まで，橙はラーマ9世通り〜ミーンブリー間。	BP (OE) 2003/07/05
6 年（2004〜09 年まで）	詳細設計	政府機関一元運営	距離制	交通政策計画事務所のマスタープラン。バンコク大量輸送システム社とバンコク・メトロ社の買収も含む。	TPP [2004]
6 年（2009 年まで）	詳細設計	政府機関一元運営		淡赤線マッカサン〜スワンナプーム（エアポートリンク），紫線バーンスー〜バーンヤイ間を優先着工。	PCK (OE) 2004/09/08
6 年（2009 年まで）	詳細設計	政府機関一元運営	全線均一		PCT (OE) 2004/12/20
5 年（2009 年まで）	詳細設計	政府機関一元運営			NT (OE) 2005/06/14
3 年（2006〜09 年）	ターンキー	MTA による管轄	全線均一	濃赤線バーンスー〜ランシット間，淡赤線パヤータイ〜タリンチャン間，紫線バーンスー〜バーンヤイ間。バーター方式が条件。	PCK (OE) 2005/10/18
3 年（2006〜09 年）	ターンキー	MTA による管轄	全線均一		KT (OE) 2005/12/13
	ターンキー	MTA による管轄	全線均一	濃赤線パヤータイ〜ランシット間，紫線バーンスー〜バーンヤイ間。	PCK (OE) 2006/06/06
	設計・建設	MTA による管轄	全線均一	濃赤線パヤータイ〜ランシット間，紫線バーンスー〜バーンヤイ間。バーター方式も選択肢の1つ	KT (OE) 2006/08/01
	設計・建設	MTA による管轄	全線均一	バーター方式も選択肢の1つ	PCK (OE) 2006/08/30

るための機関である。

表 6-2　都市鉄道計画対象路

都市鉄道マスタープラン（1994年）			都市鉄道輸送マスタープラン（URMAP）（2001年）	
線名	区間	距離(km)	線名	区間
濃赤	ランシット～フアラムポーン（建設中）	27.8	濃赤	ランシット～バーンスー
	フアラムポーン～バーンクンティアン	12.5		バーンスー～フアラムポーン
	計	40.3		フアラムポーン～タークシン交通センター
淡赤	タリンチャン～ヨムマラート	14.0		タークシン交通センター～マハーチャイ
	ヨムマラート～フアマーク（建設中）	16.7		計
	マッカサン～メーナーム	4.0	淡赤	タリンチャン～バーンスー
	フアマーク～新空港	12.3		バーンスー～パヤータイ
	計	47.0		パヤータイ～スワンナプーム
濃緑	ラッチャヨーティン～モーチット	3.1		計
	モーチット～タークシン橋（建設中）	14.3	濃緑	ラムルークカー～ドームムアン
	タークシン橋～ウォンウィアンヤイ	2.3		ドームムアン～ラッチャヨーティン
	計	19.7		ラッチャヨーティン～モーチット
淡緑	国立競技場～オンヌット（建設中）	9.4		モーチット～タークシン橋
	オンヌット～新空港	19.3		タークシン橋～タークシン交通センター
	計	28.7		計
青	プラナンクラオ橋～バーンスー	11.0	淡緑	ピンクラオ～国立競技場
	バーンスー～フアラムポーン（建設中）	20.8		国立競技場～オンヌット
	フアラムポーン～バーンケー	13.0		オンヌット～サムローン
	計	44.8		サムローン～パークナーム
紫	バーンプート～バーンスー	15.6		計
	バーンスー～サームセーン	4.5	青	＊バーンスー～フアラムポーン
	計	20.1		フアラムポーン～バーンワー
橙	バーンナー～ラートプーラナ	17.3		バーンワー～バーンケー
	ラートプーラナ～バーンカピ	31.7		＊バーンスー～タープラ
	バーンカピ～ミーンブリー	11.9		＊タープラ～クロントゥーイ
	計	60.9		バーンヤイ～プラナンクラオ橋
総計		261.5		プラナンクラオ橋～バーンスー
				計
			橙	サムローン～ワンブーラパー
				ワンブーラパー～フアイクワーン車庫
				フアイクワーン車庫～ミーンブリー
				計
			黄	ラートプラーオ～バーンカピ
				バーンカピ～サムローン
				計
			総計	

注：青線の＊は環状区間を示す。
出所：Khamroplak [2000]: 3-52 - 3-53, CMLT [2001]: 7-6, TPP [2004]: ch5-7 - ch5-8 より筆者作成

線の変遷

距離(km)	開通予定年	線名	バンコク都市鉄道実行計画（BMTIP）（2004年）区間	距離(km)	開通予定年
22.7	2011	濃赤	ランシット～バーンスー	22.7	2009
7.5	2011		バーンスー～フアラムポーン	7.5	2008
6.5	2017		フアラムポーン～タークシン交通センター	6.5	2009
28.3	2021		タークシン交通センター～マハーチャイ	28.3	2009
65.0			計	65.0	
14.9	2018	淡赤	タリンチャン～バーンスー	14.9	2008
6.1	2006		バーンスー～パヤータイ	6.1	2008
28.5	2005		パヤータイ～スワンナプーム	28.7	2008
49.5			計	49.7	
14.0	2022以降	濃緑	サパーンマイ～モーチット	12.0	2009
7.8	2014		モーチット～タークシン橋	14.3	開業済
2.9	2005		タークシン橋～タークシン通り	2.2	2005
14.3	開業済		タークシン通り～バーンワー	4.5	2007
6.8	2008				
45.8			計	33.0	
4.6	2021	淡緑	プラーンノック～国立競技場	6.8	2010
9.4	開業済		国立競技場～オンヌット	9.4	開業済
9.0	2011		オンヌット～サムローン	8.9	2007
7.9	2014		サムローン～パークナーム	7.9	2009
30.9			計	33.0	
20.8	建設中	青	＊バーンスー～フアラムポーン	20.8	開業済
9.1	2009		＊フアラムポーン～タープラ	6.5	2009
4.7	2012		タープラ～バーンケー	7.6	2008
13.1	2016		＊バーンスー～タープラ	13.1	2009
			計	48.0	
17.5	2022	紫	バーンヤイ～プラナンクラオ橋	8.1	2009
8.1	2022以降		プラナンクラオ橋～バーンスー	11.6	2009
11.6	2020		バーンスー～サームセーン	5.0	2010
			サームセーン～ラートブーラナ	14.8	2009
84.9			計	39.5	
21.5	2022以降	橙	バーンバムル～サームセーン	4.0	2010
11.9	2019		サームセーン～バーンカピ	19.8	2009
19.9	2014				
53.3			計	23.8	
10.7	2022以降	総計		292.0	
21.0	2022以降				
31.7					
361.1					

第6章 混迷する都市交通政策（2000年代）

た。2004年2月のBMTIPの閣議承認後の4つの計画が，これに該当する。

　2004年9月に発表された「将来のための投資の4年間」構想の中には，都市鉄道整備が主要な5施策の中に組み込まれていた。これは前述のように総選挙を控えた公約の発表であり，都市鉄道政策自体は2月のBMTIPと比べても何ら変更はなかった。しかしながら，実際には直前のバンコク都知事選で野党である民主党のアピラック（Aphirak Kosayothin）が勝利したことを受けて発表されたものであり，バンコクでのタイ愛国党の党勢回復を目論んでなされたものに他ならない。このため，タックシンはアピラック新知事の初登庁の翌日にあえて発表したのであり，しかもバンコク都民の関心を引く都市鉄道整備を全面に押し出した[30]。

　次いで2004年末の都市鉄道計画への2線追加も，同じく総選挙を控えたバンコクでの支持拡大を目論んで行われた。これは黄線ラートプラーオ～サムローン間32kmと桃線パーククレット～ミーンブリー間30kmが追加されたものであり，同時に打ち出されたドーンムアン有料道路の通行料の3ヶ月間引き下げと共に選挙対策と見られていた[31]。「メガプロジェクト」構想も，選挙での様々な公約の具体化のために表明されたものであった。

　そして，2005年12月の「タイ：発展のための協同」計画も，ポンサック新運輸大臣の就任後に起こった計画見直しに伴う国民の支持低下を回復するための起爆剤として打ち出されたものである。80ヶ国の外交官を招いての大々的な発表自体は12月に行われたが，この構想の発表は11月30日に行われていた。これは後述するように政府の非協力に業を煮やしたアピラック都知事がBTSの延伸工事を都が独自に行うことを表明し，12月1日に工事に着手するのに対応したものと考えられる。計画の見直しで政府の朝令暮改が批判される中で，都が都市鉄道網の拡張に乗り出したことで再び劣勢に立たされたタックシンが，再びポピュリスト的政策へと走ったのである。しかも，対象路線に新たに茶線バーンカピ～ミーンブリー間9.5kmが加わって計10線となり，過去最大の規模となった。

　最後の2006年8月の都市鉄道10線整備計画も，まさに選挙対策であった。2006年11月のやり直し総選挙を控えて，8月27日に民主党が「民主鉄道計画」を打ち出した[32]。この案は今後5年間で139kmの路線網を整備するというものであったが，この2日後にタイ愛国党の都市鉄道政策が打ち出されたのである。こちらは再び10線333kmの整備と，全線15バーツの均一運賃を武器にして戦

第 6 章　混迷する都市交通政策 (2000 年代)

いに挑む姿勢を打ち出した[33]。この時期には一方で 3 線の整備を先行させるべく国際協力銀行との交渉を進めていたが，民主党案が出たことで改めて「夢」を売る必要性に迫られたのであった。

一方で選挙対策によって計画が肥大化していったが，他方で現実には計画の完全履行はますます困難となっていった。このため，混乱期において 2 回の計画縮小が行われていた。

1 つは 2005 年 10 月の第 1 期都市鉄道整備計画における，対象路線 4 線 94km への絞り込みである。これは，前述したように 8 月 25 日に突然発表された都市鉄道計画の見直し宣言に端を発する一連の混乱の結果出てきたものである。この見直しの直接の起源は，計画路線 7 線のうち 4 線は今後 30 年経っても黒字化が難しいとの試算結果が公表され，その中に入札告示を行った紫線が含まれていたためであった[34]。また，7 月にこの間の詳細設計が完了した結果，建設費が当初の 460 億バーツから 508 億バーツへと上昇したことも，見直し論に拍車を加えることとなった[35]。

しかしながら，他にも要因が存在した。それは，6 月以降顕著となった紫線沿線の住民による路線の一部地下化要求であった。これはバーンスー～バーンヤイ間の建設路線のうち，道路の狭いバーンスー～ケーラーイ間の地下化を求めるものであった[36]。交通政策計画事務所長のカムロップラックは地下化すれば 80 億バーツ余計にかかり，工期も 3 年延びるが最終的な判断は首相に任せると述べていた[37]。紫線とは関係ないが，8 月にはトンブリー側に建設予定のタークシン交通センター計画に対しても住民が反対を表明する事態となり，都市鉄道計画の遂行に水を差す雰囲気が醸成されていった[38]。

このため，突然の紫線の建設中止と路線の見直しは，反対住民に対する報復措置とも捉えられた。とくに，紫線のルートを変更してバーンスーでなくバーンケーンで接続するとの見直し案が示されたことで，住民が地下化を求めていたバーンスー～ケーラーイ間は鉄道どころか代替の BRT からも見放される可能性が出たのである[39]。この後ポンサックの場当たり的なルートの見直しや計画の変更に関する発言が相次ぎ，政府の都市鉄道政策への支持が急速に低下する。この一連の混乱の結果生まれたものが，第 1 期都市鉄道整備計画であった。これは必ずしも先のメガプロジェクトに含まれる路線の整備を完全に中止するものではなく，優

317

先順位に基づいて建設を推進するという現実路線への転換であった。ところが，この現実的な計画も，再び放たれたポピュリスト的政策の前ではかなく頓挫してしまう。

もう1つの計画縮小は，2006年の都市鉄道3線整備計画である。これは，前回と状況は異なるものの，「夢」を実現させるためにやむを得ず計画を縮小したものであった。2005年末の「タイ：発展のための協同」計画でメガプロジェクトの国際入札を大々的に打ち上げたものの，その後の政治的混乱でメガプロジェクトのスケジュール通りの履行は完全に困難になってしまった。しかしながら，再選挙のことを考えれば計画をすべて塩漬けにしておくわけにもいかず，かといって計画のすべてを暫定政権が推進することには反発もあることから，最も準備の整った3線の整備を先行させることになったのである。これも，現実を見据えた計画の縮小であった。

このように，タックシン政権の都市鉄道政策は，BMTIPを基盤としながらも拡大と収縮を繰り返し，計画のみが一人歩きして具体化の動きは非常に乏しかった。それは，ポピュリスト的政策の結果である実現可能性の低い計画であったことから，ある意味では必然的にもたらされたとも言えよう。

(3) バンコク都との対立

表6-1の対象路線の欄を見ると，計画の縮小時に対象から外される路線が見られるが，全く未着手の橙線以降の路線はさておき，濃緑線と淡緑線は最初に開通したBTSの既存線とその延伸線であることから，当然早期に整備されてしかるべき路線であった。にもかかわらず，政府はバンコク都が管轄するBTSの延伸計画に非常に消極的であり，その傾向は最初から見られた。

BTSの延伸については，2000年2月のチュアン政権時代に閣議でタークシン橋〜ウォンウィアンヤイ（タークシン通り）間，オンヌット〜サムローン間，チョンノンシー〜ラーマ3世通り間の3線の延伸をBTSと同じく100％民間出資で行うことを承認した[40]。その後7月にサマックが新都知事に選出されると，BTSを北方のラムルークカー，南のテーパーラック，西のマハーチャイへと3方向にそれぞれ20km程度延伸すると表明した[41]。2001年4月には，バンコクの郊外に延長80km程度の環状鉄道を建設する構想も表明するなど，彼は都市鉄道整備

第 6 章　混迷する都市交通政策（2000 年代）

に積極的な姿勢を示した[42]。

一方で，タークシン橋駅附近からパーシーチャルーン運河までの区間でバンコク都が高架橋を 2000 年から建設していた。これは前ピチット知事の公約であった運河沿軌道計画（Khrongkan Rotrang Liap Khlong）の一環で建設され，当面自動車を走行させる予定であったが，この高架橋を BTS の延伸ルートに使用することが 2001 年 2 月に決まった[43]。そこで，都は同年 5 月に 100％民間出資での BTS 延伸事業者を募る公募要領（Term of Reference）の販売を行うが，関心を示した民間企業はなかったことから，バンコク大量輸送システム社に対して打診した[44]。しかしながら，バンコク大量輸送システム社は 9 月になってウォンウィアンヤイ線とサムローン線の延伸は関心があるものの，インフラ整備を都に任せたいとの回答を行った[45]。これによって，BTS と同じく 100％民間出資での延伸は事実上不可能となった。

以後バンコク都は上下分離方式での建設を指向し，政府に対して 2000 年の閣議決定の撤回を求めていくが，タックシン政権はあれこれと難癖をつけて非協力的な態度をとることになる。2002 年 1 月にはバンコク大量輸送システム社がラーマ 3 世通りへの延伸を北方のラッチャヨーティンへの延伸に代えて，3 線の延伸を上下分離方式で行いたいとの意向を示し，政府の大量輸送手段検討小委員会（Khana Anukammakan Chat Rabop Khonsong Khanat Yai）もこれを承認した[46]。都はタークシン線とサムローン線について入札のための公募要領を作成し，閣議承認を経た後に入札手続きを行うべく準備を進めたが，政府は一向にこれを認めなかった。業を煮やしたサマックは，ついに 2003 年 7 月 18 日から公募要領を発売し，10 月 3 日に入札を行った[47]。

これに対し，タックシンはバンコク大量輸送システム社の再建計画を持ち出し，債権者から資金調達の保証を得るまでバンコク大量輸送システム社に延伸区間の免許を公布するのを控えるようバンコク都に命じた[48]。都は開札日を 11 月 3 日としていたが，閣議決定の変更の承認が得られず開札は繰り返し延期されることとなる。バンコク大量輸送システム社側も債権者と交渉を進め，再建計画が認められたので障害はなくなったと主張したが，最終的な確定までには至らず政府は認めなかった。他方でこの年の年 9 月には建設中のパーシーチャルーン高架橋が BTS の高架橋とタークシン橋駅でつながり，タークシン線の土木工事は駅舎建

設を除きすべて完了した[49]。結局サマックはBTSの延伸事業に着手することなく，都知事の任期4年を全うすることとなった。

(4) 対立の先鋭化

2004年9月にバンコク都知事に就任したアピラックが野党民主党の出身であったことから，タックシンのBTS延伸に対する態度はますます消極的になり，最後は抵抗さえ試みることとなった。サマックからBTS延伸計画の実現を懇願されたアピラックであったが，最大の難関は閣議決定の変更であった。後述するようにBMTIPはバンコク大量輸送システム社の買収を含んでいたことから，政府は再建計画に加えて買収問題も根拠に加えて閣議決定の見直しを先延ばしした。この買収問題は進展せず，2005年1月に入ってタックシンは選挙対策の一環でバンコク大量輸送システム社の経営状況が健全ならば買収を強制はしないとし，再建計画が確定すれば延伸計画に反対しないと態度を軟化させたが，選挙後も事態は変わらなかった[50]。

そこで，アピラックは2005年4月27日に約1年半塩漬けになっていた2線の延伸工事の開札結果の公表に踏み切った[51]。買収から持ち株会社設立へと方針を変更した政府は，今度は持ち株会社の傘下に入らないとBTSの延伸線をマスタープランから外して代替ルートを作ると脅迫し，交通政策計画事務所は8月に代替ルート2線28kmを計400億バーツで整備する計画をまとめた[52]。BTSの延伸線に競合する路線を整備することでBTSの延伸可能性を引き下げて，会社側に要求を呑ませようという魂胆であったが，会社側も都側も政府の対応に不信感を抱き，両者の対立は激化することとなった。

ところが，2005年8月末からの都市鉄道計画の混乱の最中，アピラックはついにBTSのタークシン線の延伸を自力で行うことを決断する。彼はサマック時代から既に5回閣議に閣議決定変更を文書で要求しており，6回目の要求も10月18日の閣議で取り上げられなかったことを理由に，バンコク都が100％出資してタークシン通りまでの2.2kmを22億バーツで整備することを閣議の翌日に決断した[53]。これまで都は上下分離方式による民間との共同出資による整備を希望しており，かつインフラ整備には65％分の政府の支援を要求していたが，全額都が出資することで閣議決定の変更を逃れることができるとの判断であった。

第6章　混迷する都市交通政策（2000年代）

政府側は，これに対して厳しく批判した。タックシンは「バンコク都は自治国ではない」として，まず政府と話し合ってから決断すべきであると主張した[54]。政府は数kmの路線を建設しても収支は合わないとし，環境影響調査がまだ提出されていないなどの難癖をつけて抵抗した[55]。しかしながら，都議会もタイ愛国党（Phak Thai Rak Thai）の議員も含め全会一致で承認したこと，および都民の支持が予想以上であったことから，結局認めざるを得なくなった[56]。アピラックは1年間で完成させると都民に約束し，12月1日から土木工事に着手した[57]。

さらに，2006年に入って政府のメガプロジェクトが頓挫すると，アピラックは残る区間のバンコク都による延伸に踏み切ることとなった。4月にアピラックはモーチット～カセートサート大学間，オンヌット～ベーリン間，タークシン通り～バーンワー間の整備を同じく都の100％出資で行うことを決め，5月には都議会もこれを承認する[58]。オンヌット～ベーリン間はサムローン線の一部区間であり，ちょうどバンコク都の範囲内の路線であることから，都議会の承認を得やすかった[59]。実際の整備は入札を既に行っているこの線から開始することとなり，落札したイタリアン・タイ社（Italian-Thai Development Co. Ltd.）は当初は3年前の入札価格での請負を渋ったものの，結局承認して7月に契約に調印した[60]。この5.2kmの延伸線はタークシン線とは異なり，高架線の建設から始める必要があることから工期は3年間であり，2009年4月の開通を目指して8月26日から工事が開始された[61]。

このように，政府がBTSの延伸に非協力的であったことから，バンコク都は政府の許可を得ずに見切り発車する形でようやく2線の延伸工事を開始するに至った。政府はバンコク大量輸送システム社の経営状況や高い運賃設定を根拠に，延伸計画を先延ばししてきた。BTSの延伸は既に営業中の路線の延伸であることから，ゼロから新線を建設するのに比べてはるかに容易であり，土木工事がほぼ完了した区間も存在した。バンコク大量輸送システム社側の再建計画も遅れたとはいえ，当面タークシン線については運営設備への投資は可能であると明言していたことから，上下分離方式での整備を推進するために早い時期に閣議決定の取消しを認めてしかるべきであった。

最終的にBTS延伸線の整備を自ら行うことに決めたバンコク都にしてみれば，上下分離方式での整備よりも余計な費用負担が生じることとなった。また延伸区

間の運行事業は都が行うことになるので，バンコク大量輸送システム社との営業費用の負担や運賃収入の分配など煩雑な作業が増すことになる。このため，経営的観点から見れば，タックシンの主張するように都が直営で短区間の鉄道運営を行うことは，必ずしも得策とは言えなかった。そのような状況下においても都がこのような決断を下さざるを得なかったのは，政府の都市鉄道計画が一向に進展しなかったからに他ならない。そして，都民はこの決断を全面的に支持し，都議会も全会一致でこれを承認した。すなわち，都民は一刻も早い交通問題の解決と，そのためのBTSの延伸を望んでいたのであり，政府のポピュリスト的政策よりも都の行動力を支持したのである。政府の非協力姿勢は，結局都民の不信感を増大させただけであった。

第3節　バス事業の主導権争い

(1) バス事業移管の進展

　都市鉄道政策と同様に，タックシン政権時代のバス政策についてもバンコク都との確執という共通性が見られ，最終的にはポピュリスト的政策化の様相が色濃くなっていった。初期においては都市鉄道と同じく消極策で，1990年代後半に浮上した規模縮小計画の一環としての都へのバス移管問題がその中心であった。しかし，アピラック都知事が就任して都によるBRT計画が浮上すると，BTS延伸線と同様に政府はこれを抑制する態度を取り，都との対立構造がバス政策においても顕著となっていく。そして，最終的に政府は赤字体質の大量輸送公団の抜本的な改革として安価な冷房バスを大々的に導入することで，ポピュリスト的政策としてのバスサービスの改善を試みようとしたのであった。

　バス事業のバンコク都への移管問題は，大量輸送公団の規模縮小計画を遂行して直営バス比率を20％に削減することで一旦は後退していたが，2000年7月にサマックが都知事に就任すると，再び浮上してくることになった。彼は都知事に就任後直ちに大量輸送公団のバス事業を移管することを表明し，その条件として普通バス運賃3.5バーツの5バーツへの値上げと，公団の200億バーツに上る累積赤字を政府が引き受けることを提示した[62]。上述したようにサマックはBTS

の延伸計画も積極的に推進しており，バス路線を BTS のフィーダーとなるように変えることを想定していた。すなわち，都が都市鉄道とバスを管轄することで，都の都市交通への関与を強めようとしたのである。

これに対し，大量輸送公団はバンコク都への移管計画に反対し，冷房バスの運行機関として引き続き公団を存続させて黒字経営となるような運賃水準を維持するとともに，普通バスは政府の補助金を得て新たに設置する子会社に任せることを主張した[63]。この問題に対する政府側の明確な反応はなく，累積赤字問題もあったことから移管問題は進展しなかった。その後，2003 年に入って都は普通バスのみの移管を目指して再び動き出すことになった。大量輸送公団側の反対が根強いことから，冷房バスの運行は公団に任せ，普通バスのみ都が運行する方法へと傾いたのである。都は民間のコンサルタント会社とタマサート大学を雇ってバスの移管計画を調査させ，その結果に基づいて政策を具体化することとした[64]。

調査結果は 2003 年 7 月に出され，バンコク都の方針通り冷房バスはそのままとし，普通バスのみを都に移管すべきであると結論付けた[65]。従業員の反発を招くことから冷房バスの運行は大量輸送公団に任せるべきであるとして公団の廃止は盛り込まず，都民に対する基本的な交通サービスの提供という点からも都の管轄は普通バスに限るべきであるとした。バスの運行方法は基本的に民間委託とし，85％を民間委託とする案と，100％民間委託とする案の 2 つが提示された。都の普通バス事業は運賃を 4 バーツとすると年間 4 億 5,300 万バーツの黒字が見込め，十分に採算性があるとされた[66]。

この結果を受けて，サマックは運輸省と大蔵省に対して正式に普通バスの移管を承諾する回答を行った。バスの運行条件は調査結果を踏襲していたが，運賃を 5 バーツとしたうえで，実際の運行コストは乗客 1 人当たり 6 バーツとなることから，差額の 1 バーツを政府と都で半分ずつ補填するよう求めた[67]。調査結果では黒字が見込まれるとされていたが，サマックは実際には計算通りにはいかないとし，バンコク都が大きな利益を得ることはないであろうとの見通しを示していた。しかしながら，このサマックの提案に対しても政府側からの反応はなく，結局 BTS の延伸計画とともに，バス移管計画も彼の任期中には実現しなかった。

一方，大量輸送公団側もバス事業の改善のための調査を行っていた。大量輸送公団は 2001 年 10 月に経費削減のための調査を行うことを閣議で承認され，チュ

ラーロンコーン大学に調査を委託した[68]。その結果，普通バスの運行のための経費は乗客1人当たり6.33バーツで，累積債務を含むとその額は6.77バーツに膨らむとの結果が報告された[69]。これに対し，現状の運賃は3.5バーツであることから，報告では政府が公共サービス義務（Public Service Obligation: PSO）に当たる普通バスの運行経費年180億バーツの補助を行うよう提言した[70]。このため，大量輸送公団は政府に対して運賃引き上げを求めるとともに，もしそれが認められない場合は1人あたり1.5バーツの補助金の支出を求めた。しかし，この調査は同時にバスサービスに対する利用者の不満の存在も明らかにしたことから，大量輸送公団側の思惑通りに事は運ばなかった。

　他にも，大量輸送公団側も独自に収支改善への道を探っていた。収入増を図るために，大量輸送公団は2002年2月から1日乗車券などの前売券の発売を開始し，利用者の便宜を図るとともに運賃収入の事前確保を目指した［KSMK (2002): 35］[71]。例えば，普通バスの1日乗車券は10バーツに設定され，1乗車3.5バーツの普通バスに3回乗れば元が取れる料金体系となっていた。このため，バスを複数乗り継ぐ利用者にとってはむしろ格安となり，前売券の利用者は増加していった。しかし，前売券の利用者の増加は反対に普通乗車券の売り上げの減少をもたらし，2003年度には収入が前年度より5億バーツも減少するという事態に陥った［KSMK 2005: 12］[72]。このため，当初の目論見とは逆に前売券は大量輸送公団の収支をさらに悪化させることになり，結局2004年3月をもって一旦廃止された［KSMK (2004): 49］。

　なお，冷房バスの普通バス路線での運行が増えており，路線によっては普通バス路線でもすべて冷房バスで運行される路線も出現してきたことから，従来の冷房バスの系統番号を改め，新たに500番台の番号を付けることになった。2001年9月から従来の冷房バスの番号に500を加える形の系統番号が新たに付けられ，例えば冷房1系統は501系統となった［KSMK (2001): 22］[73]。これによって，冷房バスと普通バスの垣根はさらに低くなり，将来的な普通バスの冷房バスへの一元化も可能となった。それでも，先のPSOとしての普通バスの存在意義は依然大きく，大量輸送公団も普通バスの運行を維持し続けた。

(2) バス高速輸送システム (BRT) 計画の浮上

バンコクにBRT計画が浮上してきたのは2004年に入ってからのことであったが，実際に計画が動き始めたのは同年9月にアピラックがバンコク都知事に就任してからであった。BRTは市内軌道のように道路の中央にバス専用の走行路を整備してバスを運行するもので，バスと軌道系輸送手段の中間のような輸送手段であった。改札を備えた駅を設け，専用の走行路を有するところは都市鉄道と同じであるが，車両はバスを用いることから，都市鉄道と比べて建設費が安くなり，工期も短くなることがメリットであった。反面，道路の車線を独占的に使用することで一般車の使用できる車線数が減ることや，交差点では信号を通過しなければならないことなど課題もあった。BRTに似たものとして，バンコクではラートプラーオ通りとナラーティワート通りで道路中央にバス専用車線を設置したことがあったが，いずれも長続きしなかった[74]。

2004年1月にBRTを既に導入していたコロンビアのボゴタからの専門家がタイを訪れ，バンコクでのBRT導入に関する会議が開かれた[75]。これは運輸省主導で開かれたもので，交通政策計画事務所と大量輸送公団によるBRT導入計画を報告するためであった。計画では2009年までにバンコク市内に計198kmのBRT路線を設置するとしており，総工費は20億バーツと予想されていた[76]。この時点ではBRTの運行は大量輸送公団が管轄することとなっており，計画はあくまでも大量輸送公団のバス事業の改善策の1つであった。

しかし，アピラックがBRTの導入を公約に掲げ，都知事に就任後直ちにBRTの導入計画を披露すると，バンコク都がBRT計画の推進役になった[77]。彼は図6-2に示したような計10路線を都内に導入する計画を披露し，まず第1期線としてモーチット～ナワミン通り間14kmとチョンノンシー～バンコク橋間13kmの計2線を建設し，1年以内に完成させると表明した[78]。どちらもBTSへのフィーダー路線としての役割を持っており，前者は途中のカセートサート大学からナワミン通りまでの区間が，後者はチョンノンシーからラーマ3世通りまでの区間が新たに開通した道路であることから，道路幅にも余裕があった。

これに対しニコーン (Nikon Chamnong) 運輸副大臣は，前者のモーチット～カセートサート大学の間は道幅が狭いとし，BRTはカセートサート大学起点としてモーチットからカセートサート大学までのBTSの延伸線を建設すべきである

図 6-2　バンコク都の BRT 計画（2004 年）

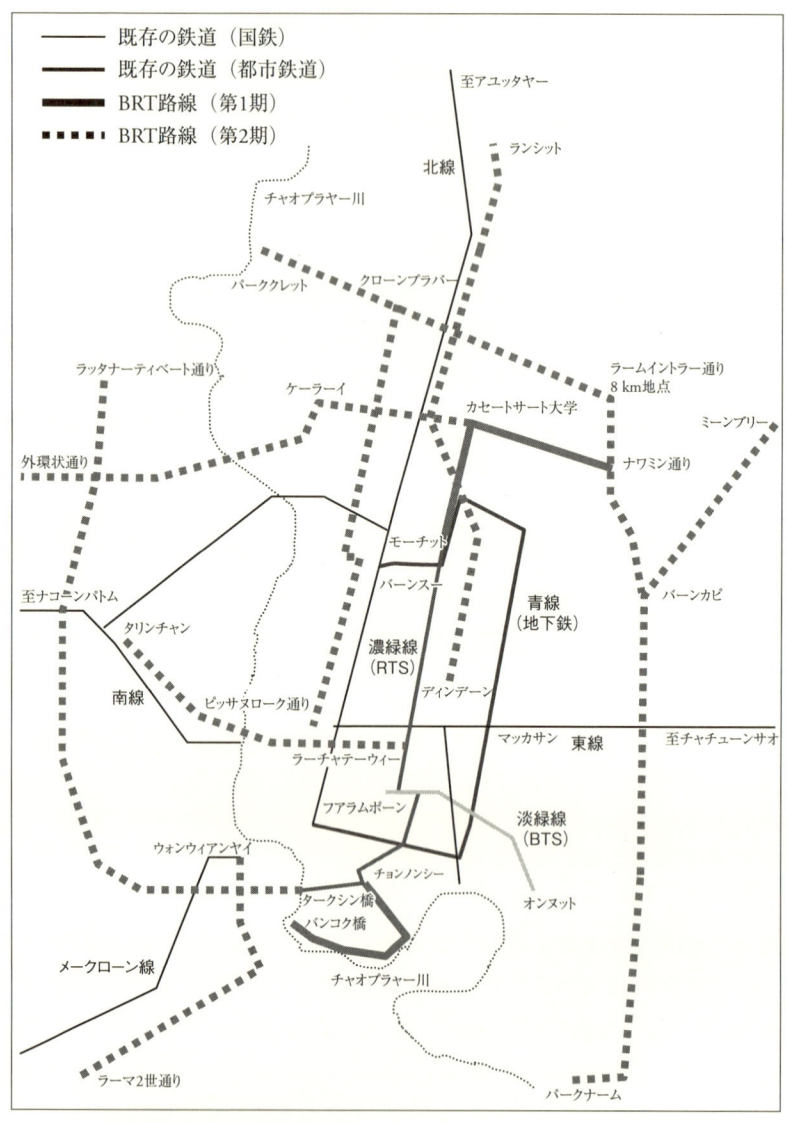

出所：DN (OE) 2004/09/14 より筆者作成

第6章　混迷する都市交通政策（2000年代）

とした[79]。この間はパホンヨーティン通りを経由することになっており，片側3車線のこの道路は交通量も多く，BRTに2車線を奪われると渋滞が悪化することが予想された。また，カセートサート大学〜ナワミン通り間は道路局が道路を管轄しており，中央分離帯には将来高速道路公団が建設する高速道路用の橋脚の一部が建設されていることから，これらの機関との調整が難航することが予想された。一方，チョンノンシー〜バンコク橋間については，バンコク橋でのバスの折り返しの問題から，バンコク橋に並行して建設されたラーマ3世橋を渡ってトンブリー側のラーチャプルック通りまでの区間に延伸された[80]。

タックシン政権は，BTSの延伸線計画と同様にバンコク都のBRT計画を妨害しようとした。1983年の閣議で，バンコク都内と近郊でのバス運行は大量輸送公団のみに行わせることが決まっていたため，都がBRTを運行するためにはこの閣議決定の例外とすることを閣議で決めてもらう必要があった。このため，都は2005年9月に内務省に対してこの閣議決定の例外とするよう依頼をしたが，内務省側はこの議題を閣議に提出しないとの対抗策を講じた[81]。これは，BTSの延伸線を100％民間出資により建設すると定めた閣議決定の見直しを都が求めた際に，タックシン政権がそれに対して非協力的な態度を取ったのと全く同じ対応であった。

バンコク都は2006年半ばの開業を目指して，2005年9月に公募要領の販売を開始していた[82]。政府の閣議決定の見直しが一向に進まないために入札は先延ばしされたが，BTSの延伸線の建設を自力で行うことに決めたことから，11月に入って開札を行った[83]。しかし，政府側は一向に協力する姿勢を見せなかったことから，落札業者との契約も先延ばしされ，着工の目途も立たなかった。この間に都は入札を行った2線のうち，当初から問題があると指摘されていたモーチット〜ナワミン通り（8km地点）間の建設を当面中止し，政府側の許可を引き出そうとした[84]。さらに，内務省経由で閣議決定の見直しを求める方針を改め，大量輸送公団にバス運行許可を求めることで，閣議決定変更のハードルを回避しようとした[85]。これらの尽力にもかかわらず，タックシン政権はついに都のBRT計画へのゴーサインを出さずに終わってしまい，計画は塩漬けにされてしまった。

327

(3) バンコク大量輸送公団の復権構想

バンコク都の BRT 計画に対抗するために，政府は大量輸送公団を復権させて安価な冷房バスサービスを提供するというポピュリスト的政策へと舵を切ることになった。1990 年代末の大量輸送公団の規模縮小計画に従って民間委託バスの比率を高めてきたが，民間委託バスは必ずしも利用者の支持を得られなかった。2002 年 9 月に行った利用者への調査によると，回答者の 40％しか民間委託バスを支持せず，同じ時期に行われた別の調査でも，78％が公共輸送サービスを政府が行うことを望んでいると回答していた[86]。大量輸送公団から払い下げを受けたバスの車台を利用して建造された民間委託バスは，黒煙をまき散らして走行するなど整備状況が悪く，従業員の態度も決して良くはなかった。このため，民間委託バスの事故が起こるたびに公団直営バスへの支持が高まり，民間委託バスのイメージは低下していった。

実際に，1990 年代末から進んできた民間委託の推進は，2000 年代に入って停滞していた。図 6-3 は 2001 年以降のバス台数の推移を示しており，これを見ると公団直営バスの台数が 3,500 台前後で推移していることが分かる。一方で，民間バスの台数は徐々に増加し，2006 年には 3,500 台に到達し，2008 年に公団直営バスの台数を上回っていた。バンバスの台数も増加していることから，バス台数に占める直営バスの比率は 2001 年の時点の 25％から 2009 年には 20％へと低下した。この間に公団直営バスの台数の減少は 150 台ほどでしかなかったことから，民間バスの台数の増加が公団直営バスの比率低下を促し，最終的に 1990 年代末に決めた公団直営バスの比率を 20％にするという規模縮小計画がようやく実現したことになった。図 6-4 の路線数を見ても，公団直営バスの路線数は 100 系統ほどでほぼ一定しており，民間委託バスの路線数が若干増加して公団直営バスとほぼ同数となり，その後も同じ状況が続いていたことが分かる。

このため，利用者の公団直営バスへの支持を背景に，政府は一旦規模を縮小させてきた大量輸送公団を復権させ，バンコクの庶民向けのポピュリズム的政策の担い手として積極的に活用することに方針を変更した。2005 年 12 月に，政府は大量輸送公団が提案した事業改善計画を許可した[87]。その骨子は冷房 NGV バス 2,000 台の購入であり，最終的には 4,000 台まで増強して大量輸送公団の直営バスを一新するものであった。このバスは天然ガスを燃料とすることで燃料費を削

第 6 章　混迷する都市交通政策（2000 年代）

図 6-3　バス台数の推移（2001〜2011 年）（単位：台）

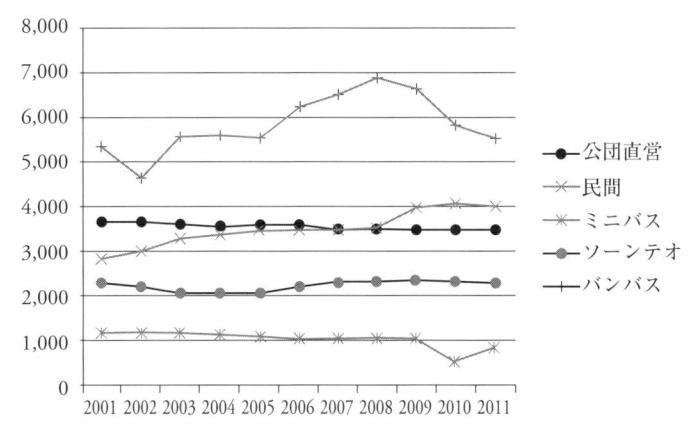

注 1：原則として年度末（9 月末）時点の数値であるが，2005 年のみ 7 月末の数値である。
注 2：マイクロバスを除く。
出所：附表 9 より筆者作成

図 6-4　バス路線数の推移（2001〜2011 年）（単位：路線）

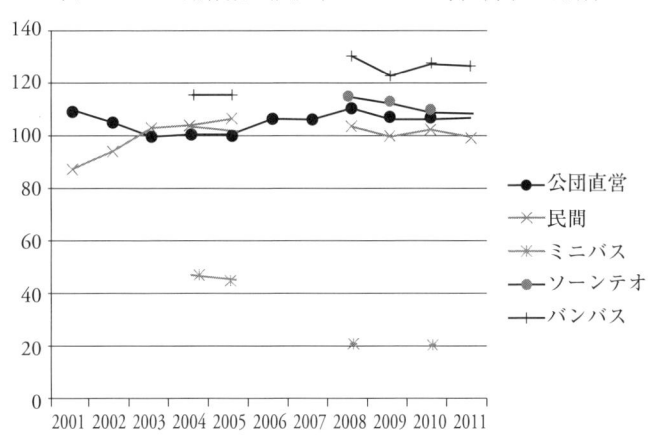

注 1：原則として年度末（9 月末）時点の数値であるが，2005 年のみ 7 月末の数値である。
注 2：マイクロバスを除く。
出所：附表 10 より筆者作成

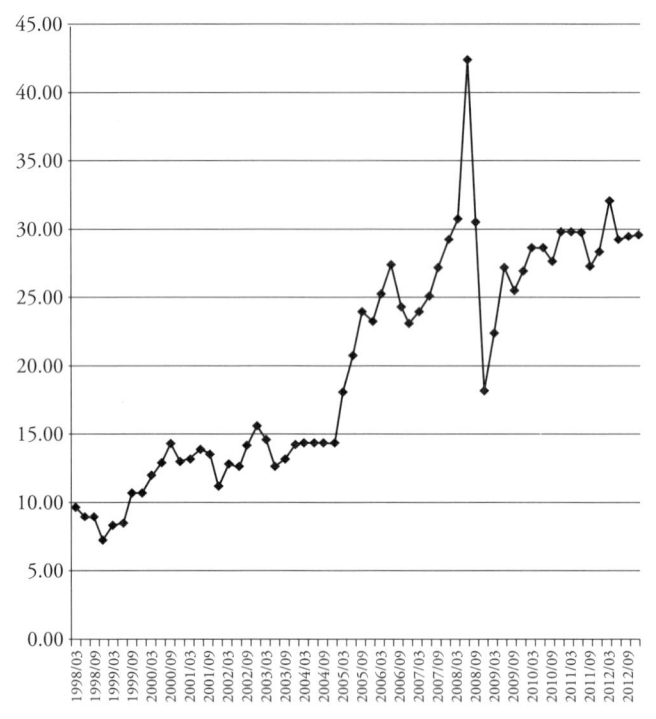

図6-5　ディーゼル油価格の推移（1998～2012年）（単位：バーツ/ℓ）

出所：PTTホームページ（http://www.pttplc.com/th/news-energy-fact-oil-price-bangkok.aspx?, http://www.pttplc.com/th/Media-Center/Oil-Price/Pages/Bangkok-Oil-Price.aspx）より筆者作成

減するのみならず，スマートカード（ICカード）を利用することで車掌を省略し，人件費の削減も目論んでいた[88]。運賃は現状の冷房バスよりも安く10バーツ均一料金とし，乗り継ぎも可能であるとした[89]。

　この計画は，当時急速に値上がりしていた石油価格と，それに伴い相次いで普通バス運賃が改定されていたことが背景にあった。図6-5のように，バンコクにおけるディーゼル油の小売価格は2005年に入って急騰し，2004年中は1ℓあたりほぼ15バーツで維持されていたディーゼル油の価格がわずか半年で25バーツまで上昇したことが分かる。このため，民間委託バスからの運賃値上げの要求が相次ぎ，普通バス運賃は急速に上昇していった。表6-3を見ると，2004年に

第 6 章　混迷する都市交通政策（2000 年代）

表 6-3　バス運賃の推移（2001～2012 年）

年月日	運賃設定	運賃（バーツ）	備考	出所
2004/02/01	均一制	4.00, 5.00		KSMK (2004): 49
2005/05/02	均一制	5.00, 6.00		KSMK (2005): 40
2005/07/08	均一制	6.00, 7.00		KSMK (2005): 40
2006/02/14	均一制	7.00, 8.00	公団バスは 4 月 19 日から値上げ	KSMK (2006): 49
2007/10/15	均一制	7.50, 8.50	民間バスのみ	PCK (OE) 2007/10/12
2008/05/25	均一制	9.00, 10.00	民間バスのみ	DN (OE) 2008/05/24
2008/05/28	均一制	7.50, 8.50	民間バスのみ	KT (OE) 2008/05/27
2008/09/02	均一制	9.00, 10.00		KSMK (2008): 48
2008/10/28	均一制	7.50, 8.50		BP (OE) 2008/10/22
2008/12/22	均一制	7.00, 8.00		DN (OE) 2008/12/18
2011/08/29	均一制	6.50, 7.50	公団直営バスのみ	PCK (OE) 2011/08/29

注 1：運賃は普通バス（非冷房）の運賃を示す。
注 2：バスの種類（左：赤バス，右：白バス）によって運賃は異なる。

　最低 4 バーツであった普通バスの運賃が，2005 年中に 2 回値上げされて 6 バーツに達し，さらに 2006 年に入って 7 バーツまで高騰したことが分かる。2004 年 2 月までの運賃は 3.5 バーツであったことから，わずか 2 年間で普通バス運賃は倍増していたのである。さらに，タックシン政権後も石油価格の高騰に伴って運賃値上げが行われ，2008 年には 9 バーツと過去最高の水準に達した。
　このため，大量輸送公団は燃費の安い NGV バスを導入して燃料費を削減する計画を立て，政府に提案したのであった[90]。これに対して，政府側は大量輸送公団に対して 10 バーツ均一運賃とすることを条件とし，その計画を認めたのである[91]。すなわち，大量輸送公団の経営改善計画を利用して，冷房バスにもかかわらず安価な冷房バスサービスを庶民に提供し，ポピュリスト的政策にすることを画策したのであった。普通バス運賃が 7 バーツまで上昇したことから，普通バスを廃止しても 10 バーツ均一の冷房バスの導入は利用者の支持を得られるであろうと考えたのである。また，IC カードの導入によって車掌の人件費もかからなくなることから，燃料費の削減とともに NGV バスの運行経費は大幅に低下し，その結果 10 バーツの運賃でも大量輸送公団の採算性は確保されると見積もったのである。この時期はちょうど都市鉄道政策が混迷し，新たな「夢を売る」政策が必要であったことから，この NGV バス導入計画はまさに政府側の巻き返しの

チャンスであった。

　もしこの計画が実現すれば，1990年代後半から行われてきた大量輸送公団の規模縮小計画が抜本的に見直され，公団が再び役割を増加することを意味した。新たに導入されるバスは公団直営バスであることから，たとえ一部の旧型バスを代替するとはいえ，公団直営バスの比率が増加することは確実であった。2005年時点の大量輸送公団の直営バスの台数は約3,600台であったことから，最終的に調達するとされた4,000台のバスのみで，当時の公団直営バスの台数を上回っていた。このため，この計画は実質的に大量輸送公団の復権を意味するものであった。政府のポピュリスト的政策を遂行させるためにも，運賃引き上げ要求を連呼する民間委託バスではなく，大量輸送公団が直営でバスを運行するほうが都合はよかった。

　2006年2月の閣議でこの計画は承認され，大量輸送公団は同年末からの運行を予定した[92]。その後，反タックシン運動の拡大と国会解散のために大量輸送公団は入札を遅らせていた。8月に入ると，中国企業がNGVバス8,000台を大量輸送公団に売却し，代金は天然ガス価格に上乗せする形で回収する計画をタイ側に提案したとの話が，ポンサック運輸大臣によって披露された[93]。この計画ではタイ側はあらかじめバス購入のための予算を捻出する必要がないことから，政府は関心を示した。タックシンもNGVバス計画を来る選挙のために利用し，NGVバスの運行で生じる燃料費の差額20バーツのうち，12バーツをバス購入費の返済に充てたとしても依然として8バーツの残額があり，これを利用してさらなる運賃引き下げを行ったり，従業員の待遇向上にも利用したりすることもできると「夢」を売った[94]。

　このNGVバス導入計画もタックシン政権の崩壊とともに頓挫し，バンコク都のBRT計画とともに次政権への課題として引き継がれることになった。タックシン政権時代にはバス事業を巡っても政府とバンコク都の間で対立が浮上し，都市鉄道と同様にバスも徐々にポピュリスト的政策への様相を強めたものの，結局抜本的な改善は行われなかった。

第6章　混迷する都市交通政策（2000年代）

第4節　クーデター後の都市交通政策

(1) 対立の緩和と再燃 —— スラユット・サマック・ソムチャーイ政権 ——

　タックシン政権崩壊後，都市交通政策は対立から抜け出すかに見えた。しかし，2007年の総選挙を経て親タックシン派の政権が成立すると，再び対立構造が顕著となり，計画の進展は遅れた。さらに，2008年末に成立した反タックシン政権の下でも対立が継続し，都市交通の整備は遅々として進まなかった。

　スラユット（Surayut Chulanon）政権は，タックシン政権時代に頓挫していた都市鉄道整備計画を再び前進させることになり，2006年11月には閣議で都市鉄道5線計118kmの建設計画を決定した[95]。この5線とは，紫線バーンスー～バーンヤイ間23km，青線バーンスー～タープラ間，フアラムポーン～バーンケー間27km，赤線タリンチャン～バーンスー～ランシット間41km，濃緑線モーチット～サパーンマイ間13km，淡緑線ベーリン～パークナーム間14kmであった。建設方式はタックシン政権時代に一時指向されたターンキー方式を改め，地下区間以外は詳細設計方式，地下区間のみは設計・建設方式とされた[96]。また，住民の同意を得るために環境調査や公聴会も行うこととし，少なくとも2007年中にも最初の路線を着工することにしていた。

　この計画の最大の特徴は，バンコク都が管轄する濃緑線と淡緑線が含まれたことであった。タックシン政権時代は都の管轄するこの2路線の延伸に対して政府は協力的ではなかったが，新政権は既に建設への準備が進展していたこれらの路線を計画に盛り込んだのである。これによって，濃緑線と淡緑線の延伸にも国家予算が充当されることになった。暫定政権とはいえスラユット政権は反タックシン派の支持によって成立した政権であったことから，もはや民主党のアピラック都知事が率いる都と不毛な確執を継続する必要はなくなったのである。この時点ではバンコク都がBTSの延伸線である淡緑線オンヌット～ベーリン間，濃緑線タークシン橋～ウォンウィアンヤイ間の建設を独自に開始していたことから，それ以外のBTSの延伸線の建設が国家予算で行われることを意味した。

　一方，タックシン政権時代に塩漬けにされていたバンコク都のBRT計画についても，スラユット政権下でようやく動き出すことになった。2007年1月の閣

333

議でバンコク都にBRTの運行許可を出すことが了承されたことで、バンコク都はようやく閣議決定の変更というハードルを越えることができた[97]。これによって都は直ちに土木工事の落札業者と調印を行い、2008年2月の開業を目指すことになり、バスの運行はバンコク都の配下にあるクルンテープ・タナーコム社（Krungthep Thanakhom Co. Ltd.）に任せることになった[98]。コンサルタント会社の提案により起点をスラウォン通りからサートーン通り南側に移したうえで、2007年5月に着工した[99]。

しかし、バスの調達を巡って問題が発生した。2007年11月にバンコク都はBRTに用いるNGVバス45台の入札を行ったものの、応札者が存在しなかった[100]。このため、都は改めて同年12月に入札を行い、今回は2社の応札を獲得した[101]。ところが、この入札に対して元バンコク都助役のナッタノン（Natthanon Thawisin）が不正があったと特別捜査局（Krom Sopsuan Khadi Phiset）に訴えたことから、計画は遅れることになった[102]。さらに、捜査の過程で落札した業者と落選した業者の株式保有者の中に同一人物がいたことから、談合の疑いも指摘され、計画は完全に頓挫してしまった[103]。

このように、一旦は緩和された政府とバンコクとの間の対立も、2007年末の総選挙で親タックシン派の大衆の力党（Phak Phalang Prachachon）が第1党の座を確保し、以前バンコク都知事を務めたサマックが首相の座に就くと、再び顕在化することになった。サマックは就任直後の2008年2月に新たな都市鉄道計画を打ち出し、総額5,000億バーツに上る都市鉄道9線建設計画を披露した[104]。基本的にはこれまでの計画を踏襲したものであるが、この計画では郊外への路線の延伸を重視しており、濃緑線をサパーンマイからラムルークカーへ、紫線をサイノーイへ、淡緑線をバーンプーへと延伸していた。さらに、青線をタープラからチャオプラヤー川沿いに延伸して既存のフアラムポーン～バーンスー間に接続して総延長40kmの環状線を構築するとともに、黄線も西側に延伸して延長100kmの環状線とすることで、9つの放射線と2つの環状線からなる都市鉄道網を構築する計画となっていた[105]。この郊外への都市鉄道の延伸と環状線の建設は、彼が都知事時代に打ち出したものであり、彼の主張がそのまま盛り込まれたものであった。この計画は3月の閣議で了承され、新たな都市鉄道計画として定められた［SNK 2010: 3-13］。

第6章 混迷する都市交通政策（2000年代）

　しかし，この計画にはタックシン時代に浮上したバンコク大量輸送システム社の買収計画が含まれていた。彼はかつてBTSの延伸線の建設を推進し，今回も濃緑線と淡緑線の延伸を重視したが，政府がBTSの既存線も含めて直接営業することを条件としていた。このため，政府はバンコク大量輸送システム社を買収するとともに，免許の交付者もバンコク都から政府に変えることを目論んだ[106]。都が自ら建設している2つの延伸線の建設費も政府が支払うとともに，新たに建設する区間の調査と設計は交通政策計画事務所と都市鉄道公団に任せることにした[107]。

　さらに，バンコク大量輸送システム社の買収交渉がうまくいかなかった場合は，濃緑線と淡緑線の延伸線は既存のBTSの路線と接続させないことになるとして，濃緑線のモーチットでの接続は1km北の青線のパホンヨーティンとし，淡緑線のベーリンでの接続は黄線のルートを変更する形で対応すると，バンコク大量輸送システム社側に圧力をかけた[108]。すなわち，タックシン時代と同じく都市鉄道計画が再びポピュリスト的政策化の道を歩み始め，安価な運賃でのサービス提供の前提となるバンコク大量輸送システム社の買収問題が再浮上したのである。

　こうして政府とバンコク都との対立が再び顕著となったが，サマックが2008年9月に失職したことで彼の都市鉄道政策も終焉を迎えた。サマックを継いだ親タックシン派のソムチャーイ（Somchai Wongsawat）政権も同年12月に失職してしまうことから，都市鉄道政策についての大きな変更はなかった。しかし，彼が失職する直前の11月27日に閣議で濃緑線モーチット～サパーンマイ間と淡緑線ベーリン～パークナーム間の建設を都市鉄道公団に任せることが決まったことから，バンコク都が既に都議会の承認を得ていた前者の建設を推進するためには，閣議決定の変更が必須条件となってしまった[109]。

　一方，タックシン時代末期に大量輸送公団の復権のために出現したNGVバスの導入計画も，サマック政権下で再び脚光を浴びることになった。この計画は安価な冷房バスサービスを供給するというポピュリスト的政策の側面を持ち，タックシン政権の都市交通のポピュリスト的政策化の一例であった。

　スラユット暫定政権の下でNGVバス導入計画は見直されることになり，2007年3月にこの計画は一旦白紙に戻された[110]。ところが，翌年サマック政権が成立すると，6月の閣議で大量輸送公団が6,000台のNGV冷房バスの賃借するこ

335

とを運輸省は提案した[111]。この計画は大量輸送公団の再建計画として出されたもので，旧型バスはこれらのNGVバスで一掃され，庶民の足であった公団直営の普通バスも全廃されることになっていた。運賃は1乗車15バーツと普通バスよりはるかに高くなっていたが，1日30バーツの1日乗車券を販売することで，何回も乗り換える場合は普通バスよりも安くなるとしていた[112]。

　これに対し，普通バス廃止に反対する意見が出たことから，サマックは一旦閣議の議題からこの計画を外し，自ら検討すると表明した[113]。その後，計画はこの問題のために設置された特別委員会で検討され，2007年9月にサマックが失職する直前に4,000台に縮小されたNGVバスの調達計画が閣議で了承された[114]。これによって大量輸送公団は12月末の入札を目指したが，次のアピシット政権の成立によって一時停止することになる。

　NGVバスによる低廉な冷房バスサービスもタックシン政権時代の「売夢政策」として出現したものであったが，この時期にはさらにポピュリスト的要素の強い政策が現れた。これが，2008年8月にサマック政権が導入した無料バス（Rot Me Fri）である。急騰する石油価格による物価高を軽減するために，サマック政権が生活費低減策として導入した政策の1つであり，公団直営の普通バス800台が対象となった[115]。かつてクックリット政権が同様の政策を行った際には学生と貧困者を対象としていたが，今回は誰でも無料バスに乗車できる点に特徴があった。しかし，全体の半数を占めた民間委託路線はその対象とはならず，民間委託バスからは収入減になるとの反発も見られた。

　このように，サマック政権はタックシン政権時代に浮上したNGVバス導入計画の復活のみならず，新たに無料バスの運行も始めてバスサービスのポピュリスト的政策化を推進した。ただし，スラユット政権時代に動き始めたバンコク都のBRT計画に対しては，入札を巡る不正問題が取り沙汰されて計画が頓挫している状況であったことから，サマックが直接圧力をかけたことはなかった。

(2) 対立の継続 ── アピシット政権 ──

　政府とバンコク都との対立は，2008年12月のソムチャーイの失職に伴って組閣に成功したアピシット（Aphisit Wetchachiwa）率いる反タックシン派の民主党が主導する政権下で解消されるものと思われた。しかし，実際には対立は解消され

第6章　混迷する都市交通政策（2000年代）

ず，アピシット政権下でも両者間の対立は継続していた。

　2008年10月のバンコク都知事選で再選を果たしたアピラックも，汚職疑惑ですぐに辞任した彼に代わって2009年1月に新たな都知事となった民主党のスクムパン (Sukhumphan Boriphat) も，BTSの延伸線整備を推進しようとした[116]。しかし，運輸省のポストは元タイ愛国党の系列であるプームチャイタイ党 (Phak Phumchai Thai) が握り，運輸大臣ソーポン (Sophon Saram) は閣議決定の変更を拒んだ[117]。このため，反タックシン政権になったにもかかわらず，都と運輸省の確執は続くこととなった。アピシット首相は運輸省と都の間でこの問題を決着させるよう求め，2009年8月に建設は都市鉄道公団が管轄するものの，運行は都と協議して決めることで一旦は合意した[118]。

　その後，バンコク都は都市鉄道公団が進めていた濃緑線モーチット〜サパーンマイ間の建設計画を利用して，BTSの延伸線整備を完全に取り返そうとした。この間の設計は既に交通政策計画事務所が行っていたが，それによると途中のラックシー・ロータリー付近でバンコク都のバーンケーン区役所の敷地にパーク・アンド・ライド用の駐車場を設置し，一部の橋脚も敷地内に建設することになっていた。これに対し，バンコク都は2009年9月に区役所の敷地の使用を許可しない方針を示した[119]。バンコク都側は，これによって都市鉄道公団が主導する濃緑線の建設計画を頓挫させ，既に建設準備ができていると主張する都に計画が戻ってくることを期待したのである。

　バンコク都はこの作戦によって一時的に濃緑線計画の進行を妨げ，改めてスクムパンは2009年12月にアピシットに対してBTS延伸線の管轄をバンコク都に戻すよう陳情した[120]。しかしながら，結局首相は2010年1月に閣議決定通りに運輸省，すなわちプームチャイタイ党がBTSの延伸線2線を管轄することを認めた[121]。連立政権を維持するためには，プームチャイタイ党の意向を尊重せざるを得なかったのであった。

　この結果，濃緑線の建設計画はさらに遅れることになった。2007年以降淡緑線ベーリン〜パークナーム間と濃緑線モーチット〜サパーンマイ間の整備計画は同時進行で進んできたが，この問題によって前者を先行させることになった。前者の土木工事の入札は2011年6月に公示され，同年12月末にチョー・カーンチャン社 (Cho Kan Chang Co. Ltd.) と契約に調印した[122]。その後2012年3月に着工さ

337

れ,2017年初めの開業を目指して建設が始まった[123]。他方で,後者はラックシー・ロータリー問題のみならず,車庫問題やサパーンマイ〜クーコット間の同時着工問題にも直面し,2012年中の入札開始も達成できなかった[124]。

さらに,バンコク都は淡緑線の延伸区間である国立競技場〜プラーンノック間の建設計画も失うことになった。交通政策計画事務所は2009年末で期間が切れるバンコク都市鉄道実行計画に代わる新たなマスタープランとして,バンコク首都圏都市鉄道マスタープラン(Mass Rapid Transit Master Plan in Bangkok Metropolitan Region)を策定した [SNK 2010: 1-1]。この計画は表6-4のように計500kmもの都市鉄道網を今後20年間で整備することを目指しており,路線数も過去の都市鉄道整備計画より増えて12線となっていた。タックシン政権時代の都市鉄道計画である2004年のBMTIPと比較すると,淡緑線の国立競技場〜プラーンノック間の延伸計画がなくなり,代わりに赤線との接続駅となるヨッセーまでの1kmの区間のみ延伸されることになっていた[125]。この間の代替線として橙線が一部ルートを変更してトンブリー側を結ぶことになっていた(図6-6参照)。

この変更について,交通政策計画事務所側は淡緑線のルートが悪いことや,ラーマ1世通りの車線を2車線失うことなどを根拠にしていた[126]。しかしながら,2009年3月に交通政策計画事務所がこのマスタープラン案を最初に披露した際には,この淡緑線の国立競技場〜プラーンノック間は計画に含まれており,淡緑線のルート変更が最初に報じられたのが同年8月であったことから,この変更が短期間に行われたことは間違いない[127]。スクムパンもこの延伸線を推進しようとしていたことから,何らかの政治的思惑が働いたことが疑われる[128]。

BTSの延伸計画を阻まれたバンコク都は,フィーダー線としてのモノレール整備に傾倒することになった。モノレールについては,2004年末にバンコク都市鉄道実行計画に追加された黄線と桃線が採用する予定となっており,これらは都市鉄道公団が管轄することになっていた。また,2010年のマスタープランにもバンコク都が管轄するモノレールとして,新たに灰線と水色線の2線が追加されていた。これとは別に,2009年に就任したスクムパン知事はBTSのフィーダー線としてモノレールを建設する計画を立て,当初はバーンナー〜スワンナプーム空港間18km,バンコク都第2庁舎〜ヨムマラート間15km,サイアム環状線5kmの3つのモノレールの路線を検討していた[129]。その後,再優先とされ

第 6 章　混迷する都市交通政策（2000 年代）

表 6-4　バンコク都市鉄道マスタープラン（2010 年）

線名	区間	距離(km)	管轄	開通予定年	備考
濃赤	タムマサート大学～バーンスー	36.3	国鉄	2014	2013 年 4 月着工（ランシット～バーンスー間）
	バーンスー～フアラムポーン	6.5	国鉄	2016	
	フアラムポーン～バーンボーン	18.0	国鉄	2016	
	バーンボーン～マハーチャイ	20.0	国鉄	2020	
	計	80.8			
淡赤	サーラーヤー～タリンチャン	14.0	国鉄	2016	
	タリンチャン～バーンスー	15.0	国鉄	2013	2012 年 12 月仮開業（ディーゼルカー運行）
	バーンスー～マッカサン	9.0	国鉄	2016	
	バーンバムル～マッカサン	10.5	国鉄	2025	地下別線
	マッカサン～フアマーク	10.0	国鉄	2016	
	計	58.5			
エアポート・レールリンク	ドームアン～パヤータイ	21.8	国鉄	2016	
	パヤータイ～スワンナプーム空港	28.5	国鉄	2010	2010 年 8 月開業
	計	50.3			
濃緑	ラムルークカー～クーコット	6.5	都市鉄道公団＋バンコク都	2024	
	クーコット～サパーンマイ	7.0	都市鉄道公団＋バンコク都	2015	入札準備中
	サパーンマイ～モーチット	11.4	都市鉄道公団＋バンコク都	2014	入札準備中
	モーチット～オンヌット	16.5	バンコク都	開業済	
	オンヌット～ベーリン	5.3	バンコク都	2011	2011 年 8 月開業
	ベーリン～パークナーム	12.8	都市鉄道公団＋バンコク都	2014	2012 年 3 月着工
	パークナーム～バーンプー	7.0	都市鉄道公団＋バンコク都	2029	
	計	66.5			
淡緑	ヨッセー～国立競技場	1.0	バンコク都	2015	
	国立競技場～ウォンウィアンヤイ	9.2	バンコク都	開業済	
	ウォンウィアンヤイ～バーンワー	5.3	バンコク都	2011	2013 年 12 月仮開業
	計	15.5			

339

青	バーンスー〜フアラムポーン	20.0	都市鉄道公団	開業済	
	フアラムポーン〜バーンケー	14.0	都市鉄道公団	2016	一部地下区間, 2011年4月着工
	バーンケー〜プッタモントン4	8.0	都市鉄道公団	2021	
	バーンスー〜タープラ	13.0	都市鉄道公団	2016	2011年4月着工
	計	55.0			
紫	バーンヤイ〜バーンスー	23.0	都市鉄道公団	2014	2009年11月着工
	バーンスー〜ラートプーラナ	19.8	都市鉄道公団	2019	一部地下区間
	計	42.8			
橙	タリンチャン〜文化センター	17.5	都市鉄道公団	2017	一部地下区間
	文化センター〜バーンカピ	9.0	都市鉄道公団	2017	一部地下区間
	バーンカピ〜ミーンブリー	11.0	都市鉄道公団	2017	
	計	37.5			
桃	ケーラーイ〜ミーンブリー	36.0	都市鉄道公団	2015	モノレール
黄	ラートプラーオ〜パッタナーカーン	12.6	都市鉄道公団	2020	モノレール
	パッタナーカーン〜サムローン	17.8	都市鉄道公団	2024	モノレール
	計	30.4			
灰色	ワッチャラポン〜ラートプラーオ	8.0	バンコク都	2028	モノレール
	ラートプラーオ〜ラーマ9世橋	18.0	バンコク都	2026	モノレール
	計	26.0			
水色	ディンデーン〜サートーン	9.5	バンコク都	2023	モノレール
総計		508.8			

注：表6-2のURMAPやBMTIPでは濃緑線がサパーンマイ〜バーンワー間、淡緑線がプラーンノック〜パークナーム間となっていたが、このマスタープランでは濃緑線がラムルークカー〜バーンプー間、淡緑線がヨッセー〜バーンワー間に変更された。
出所：SNK［2010］: 9-16 - 9-19 より筆者作成

たサイアム環状線については沿線のチュラーロンコーン大学と協議を行い、2009年末にはパヤータイ通り沿いにサイアムからサームヤーンまでの1.5kmの区間を最初に建設することで合意し、2010年末の開業を目指すことになった[130]。

しかし、ここでもバンコク都は民主党とプームチャイタイ党の対立に巻き込まれ、モノレール計画も軌道に乗らなかった。バンコク都がこの計画を進めるためには閣議の許可が必要であったが、都を管轄する内務省はアピシット政権最後の閣議までこの議題を議案に載せなかった[131]。これはチャワラット（Chawarat Chanwirakun）内務大臣もプームチャイタイ党出身であり、当時次に述べるNGVバス計画などで民主党とプームチャイタイ党が対立している中で、実質的に民主

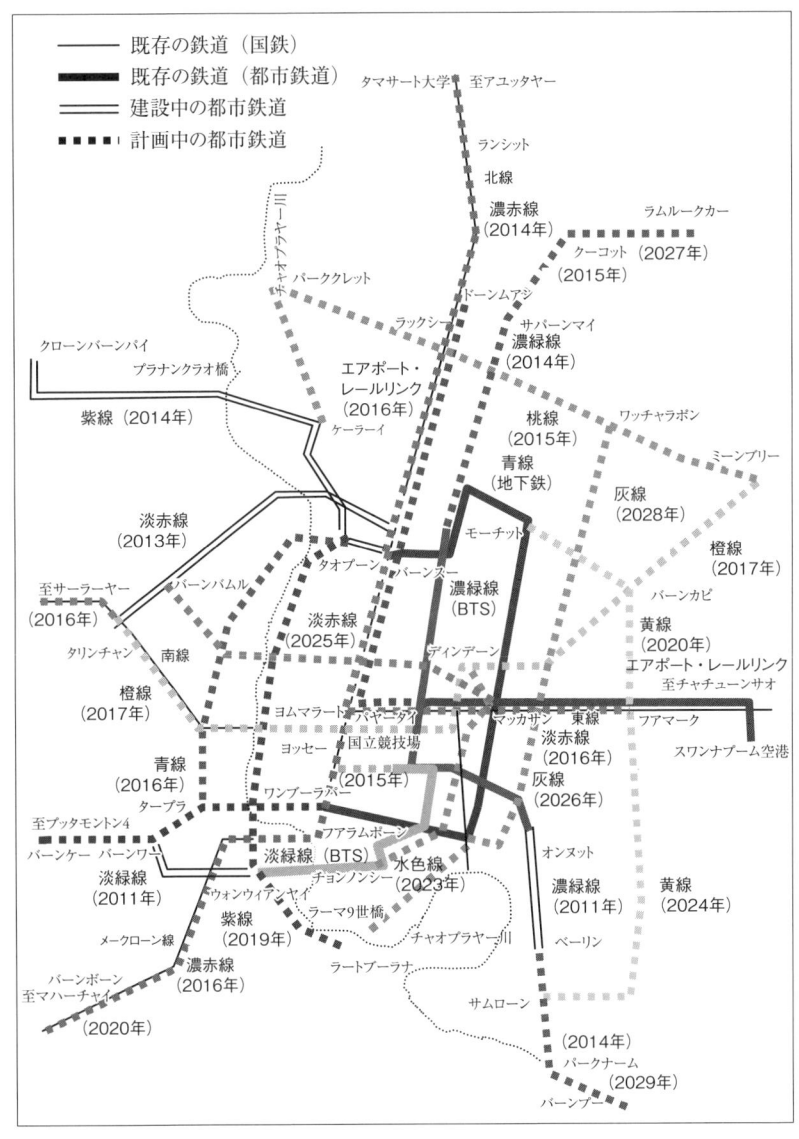

第 6 章　混迷する都市交通政策（2000 年代）

図 6-6　バンコク都市鉄道マスタープラン（2010 年）

注：括弧内の数値は開通予定年度である。
出所：表 6-4 より筆者作成

党が握っているとの計画を阻害していたものと思われる。同様の構図はタックシン政権時代に都がBRT計画を勧めようとした際にも見られたが，それと全く同じ手法で内務省は都の計画を妨害したのである。結局，都のモノレール計画はアピシット政権下では計画段階を脱することはできなかった。

BTS延伸線計画と同様に，NGVバス計画も同じ対立に巻き込まれた。運輸省側ではNGVバス導入計画を推進しようと試みた。しかし，世論はこの計画は不正の温床であるとの見方が強く，民主党側もこれまでこの計画を批判してきたことから，その遂行には慎重であった。このため，この計画をめぐって政府内で対立が生じ，計画の遂行を妨害した。

大量輸送公団は公募要領を10回変更して2009年5月の閣議に提出したが，基本了承は得たものの，1日1台当たりの賃借料4,780バーツを見直すよう求められた[132]。その後，大量輸送公団は賃借料を4,442バーツに引き下げて再提出したが，同年7月の閣議で賃借計画のメリットとデメリットを国家経済社会開発庁に検討させてから決断することを決めた[133]。これは賃借よりも購入のほうが望ましいとの反対意見が出たためであったが，国家経済社会開発庁の検討の結果，賃借のほうが財政負担は少ないことが確認された。これを受けて，同年10月の閣議でようやく賃借計画は了承された[134]。

しかしながら，この閣議決定には条件が付いており，実際には賃借計画は即座に進められなかった。その主なものは，従業員7,009人の早期退職の実施，公団所有の車庫とガススタンドの整備などであり，そう簡単に解決する問題ではなかった。2010年8月の閣議で再びこの問題が取り上げられた際には，従業員の早期退職者が2,000人ほどしか決まっていないことや，車庫やガススタンドの整備のための予算の確保が必要であるとして，新たなワーキンググループを設置することに決定した[135]。民主党とプームチャイタイ党との間の政争の材料となったこのNGVバス計画は，閣議の了承を得られたものの，何の具体的な動きも見られなかったのである。なお，民間委託バスへの新型冷房NGVバスの導入は2007年から始まり，2009年にその数は急増していた[136]。違法ソーンテオを起源とするミニバスも2010年2月をもってすべてNGVバスに代替され，車歴の高い緑色の旧型車はすべて追放された[137]。大量輸送公団のNGVバス計画は進まなかったが，高騰する石油の使用を回避するためのNGVバスの増加は着実に進ん

第 6 章　混迷する都市交通政策（2000 年代）

写真 6-2　民間委託の NGV バス（クローンサーン・2012 年）

出所：筆者撮影

でいたのである。

　他方で，再び頓挫していたBRTについては，この時期にようやく開業に漕ぎ着けることになった。バンコク都は新たな民間事業者と契約してBRT運行を委託することで，この問題を乗り越えようとした[138]。入札が談合であるかを認定するためには時間がかかることから，都は当面契約を解消しないままにしておき，新たに別の業者にバスの調達と運行を任せることにしたのである。最終的に，2010年1月に入札を行ったところ，バンコク大量輸送システム社しか応札した事業者はなく，結局同社がBRTのバス調達と運行を担当することになった[139]。2010年5月15日に仮開業の予定であったが，バンコク都内の騒乱のために開業日は5月29日に延期となった[140]。本来の運賃は区間制で12～20バーツであったが，当初は運賃を無料としており，同年9月1日から10バーツの均一運賃とし，2011年1月から区間制の運賃とすることになっていた[141]。

　こうしてようやくサートーン（チョンノンシー）～ラーチャプルック間15.9kmで開通したBRTであったが，一般車線が減ったことでBRTの通る道路では渋滞が発生し，道路利用者の評判は芳しくなかった[142]。また，陸橋やチャオプラヤー川を渡るラーマ3世橋などでは一般車と車線を共有することから，BRTの所要時間も当初の予定を上回り，ラッシュ時には通常30分の所要時間が1時間以上もかかる場合もあった。当初は1日3万人と見積もられた利用者数も低迷し，平日の利用者数は無料期間には1日1.9万人であったが，有料化してからは1.3万人に減少した[143]。このため，同年11月からは学生の運賃を半額にしたほか，2011年1月からの区間制運賃の導入も先延ばしされた。新たな都市交通として期待されたBRTであったが，自家用車が路面を占拠するバンコクではその機能を発揮することはできなかった。

(3) 対立の激化 ── インラック政権 ──

　2011年7月の総選挙の結果，親タックシン派のタイ貢献党（Phak Phua Thai）が民主党に勝利し，タックシンの妹のインラック（Yinglak Chinnawat）を首相とする親タックシン政権が成立した。これにより，アピシット政権下でも引き継がれていた政府とバンコク都の対立がそのまま継続されたのみならず，タックシン政権やサマック政権下で顕著となった都市交通のポピュリスト的政策化が再燃するこ

第 6 章 混迷する都市交通政策（2000 年代）

とになった。

　タイ貢献党は選挙戦において，かつてタックシン政権が掲げた公約と同じく，都市鉄道 10 線の早期建設と 20 バーツ均一運賃を公約に掲げた[144]。路線については，2010 年のマスタープランからバンコク都が建設を担当するモノレール 2 線（灰線，水色線）を除いたものであり，10 年以内で完成させるとしていた。前述したように，タックシン政権の都市鉄道政策は二転三転するが，2004 年以降は一貫して全線 15～20 バーツの均一運賃を掲げていた。タイ貢献党の公約は，実際のところタックシン政権の公約と全く同じものであった。このため，この公約を実現するためには，既に営業している BTS，都市鉄道公団の地下鉄，エアポート・レールリンクの運賃引き下げを行う必要があった。

　インラック政権が 2011 年 8 月に成立すると，運輸省は直ちにこの問題に取り組むこととなった。最初は運輸省が管轄している地下鉄とエアポート・レールリンクの運賃を強制的に 20 バーツに引き下げるか，あるいは BTS と地下鉄に対して補助金を支給して 20 バーツの運賃を実現させることが検討された[145]。エアポート・レールリンクについては国鉄の子会社が運営していることから政府が強制的に運賃を引き下げさせることは難しくなかったが，地下鉄は運行会社のバンコク・メトロ社が免許を受けて運行しているため，引き下げを求めると運賃収入の減収分を何らかの形で補填しないと会社の同意は得られそうになかった。このため，補助金の支給が検討されたのであるが，運輸省の試算ではその額は年 12 億バーツに上ることが判明した[146]。

　このため，20 バーツ均一運賃の公約は，その後早くもトーンダウンすることになった。スカムポン (Sukamphon Suwannathat) 運輸大臣は，20 バーツ均一運賃の実現について，公約では 10 線の完成後に 20 バーツの均一運賃とすると謳っているので，それまでに実現できなくても公約違反にはならないとの認識を 2011 年 9 月に示した[147]。その後，2012 年 1 月の内閣改造で運輸大臣に就任したチャールポン (Charuphon Ruangsuwan) も同様に，20 バーツ均一運賃は 10 線の完成後に行うというのが公約であったとしながらも，都市鉄道公団に対し 2015 年に開通する紫線から適用する方法を検討するように命じたと述べていた[148]。その後 2012 年 8 月に入って，都市鉄道公団とバンコク・メトロ社の交渉が行われ，現在の地下鉄の輸送力増強用の電車購入費用を公団側が負担することで，地下鉄

345

の運賃を 2013 年末から 20 バーツ均一にするとの報道がなされたが,結局同年中にこの問題は決着しなかった[149]。20 バーツ均一運賃政策は,実質的に先送りされたのであった。

　一方,もう 1 つの公約であった都市鉄道 10 線の早期完成も,タックシン政権時代と同じように政治家が計画の見直しを主張し,それによる遅延が発生していた。インラック政権が成立した時点では,BTS の延伸線以外には淡赤線タリンチャン～バーンスー間 15km,紫線バーンヤイ～バーンスー間 23km,青線フアラムポーン～バーンケー間,バーンスー～タープラ間計 27km の区間が建設中であり [Kakizaki 2012: 198-199],残る区間も 2015 年までに順次着工することになっていた。

　しかし,政権発足直後から計画の円滑な進捗は妨げられた。桃線ケーラーイ～ミーンブリー間 36km については,マスタープランでは 2015 年に開通予定となっており,既に都市鉄道公団が入札書類を完成させていたことから,2011 年中に閣議に入札許可を求める予定となっていた[150]。ところが,同年 9 月に入ってスカムポン運輸大臣が輸送力の増強を理由にこの間の建設をモノレールではなく普通鉄道に変更するよう求めたことから,どちらを採用するかを検討するべく再調査を行う必要が生じた[151]。再調査の結果,当初の計画通りモノレール方式で建設すべきであるとの報告が 2012 年 4 月に出され,駅数が当初の 24 駅から 30 駅に増えたものの,それ以外は当初の計画を踏襲することで決着した[152]。

　これによって障害はなくなり,同年 9 月の時点では 10 月に閣議決定を行い,2013 年 3 月に入札,翌年 4 月に着工というタイムスケジュールも固まった[153]。しかしながら,今度はこの路線の一部ルート変更を求める意見が出て,計画はさらに遅れることになった。2012 年 10 月に入って,タイ貢献党のバンコク選出議員がこの路線の終点を当初のミーンブリーからより東に移転すべきであると意見を表明し,一部区間のルート変更を求めた[154]。彼は現在市街地がより東方に拡大しているので,ルートを変更したほうがより多くの住民にとって利益となると主張したが,結局このような政治的な圧力が計画のさらなる遅延を招くことになった。

　また,後述する濃赤線バーンスー～ランシット間についても,政治家の横やりが入って計画が見直される危機が生じていた。この間の入札は後述するように

第 6 章　混迷する都市交通政策（2000 年代）

写真 6-3　バンコク初の BRT（サートーン・2010 年）

出所：筆者撮影

347

2010年末にようやく行われたが，第1契約でシノタイ社らの企業体が提示した最低価格が閣議で認められた上限の271.7億バーツを上回っていたことから，契約の調印が遅れていた[155]。その後，会社側が価格を298.3億バーツまで下げたことから，2012年7月の閣議で最低価格をこの額まで引き上げることが認められ，調印がようやく実現する可能性が高まった。

　ところが，同年6月に政府が急遽，格安航空会社（Low Cost Carrier）のドームアン空港への移転を決めたことから，スワンナプーム空港とドームアン空港の間のアクセスを改善するために，後述するエアポート・レールリンクをドームアンまで延伸する必要性に迫られた[156]。このため，チャット（Chat Kundilok）運輸副大臣が濃赤線の建設を中止してエアポート・レールリンクのドームアン延伸で代替するよう主張し，チャールポン運輸大臣との間で意見が対立した[157]。この問題は最終的にチャールポン運輸大臣の主張が通り，予定通りに濃赤線の建設を進めることで決着したが，大蔵省が第1契約のみの調印に難色を示したことで結局2012年中の調印には至らなかった[158]。すなわち，濃赤線の建設は入札の段階で2年も費やしたことになる。

　インラック政権という親タックシン政権の成立は，バンコク都にとっても大きな影響を与えた。アピシット政権下で成立したマスタープランでバンコク都は淡緑線の国立競技場～プラーンノック間を奪われたものの，濃緑線のラムルーカー～モーチット間，ベーリン～バーンプー間の2つの区間については運行を担当する可能性が残されていた。しかし，インラック政権の20バーツ均一運賃政策を実現するためには，都市鉄道の管轄を都市鉄道公団に一元化したほうが望ましく，政府側もその意向を示した。このため，2011年8月にはバンコク都のティーラチョン（Thirachon Manomaiphibun）副知事がBTSの都市鉄道公団への移管構想について反論し，免許期間が終了すれば資産はすべてバンコク都のものになるとして移管する意思のないことを示した[159]。

　その後，バンコク都は2012年5月にバンコク大量輸送システム社との間でBTSの30年間運行契約を結んだ[160]。これは2042年までの30年間にバンコク都が建設した延伸線2区間の運行を委託するとともに，2029年に免許が切れる会社が独自に建設した23.5kmの区間の運行をその後13年間委託するというもので，30年間の委託費用は計1,900億バーツに上った。都の説明では長期契約の

第 6 章　混迷する都市交通政策（2000 年代）

ほうが安上がりになるというものであり，この間に 1,100 億バーツの利益が見込まれると主張したが，実際にはバンコク都にとっては都市鉄道公団への移管を阻止する目的が，バンコク大量輸送システム社にとっては契約期間を長期化することで設備投資を容易にする目的があったものと思われる[161]。

　ところが，これに対して政府側がバンコク都の対応を批判した。チャールポン運輸大臣はバンコク都の契約は民間資本を活用した公共事業を規定した 1992 年の共同出資法（Phraratchaban-yat Waduai Kan Hai Ekkachon Khaoruam Ngan rw Damnoenkan nai Kitchakan Khong Rat）に違反するとし，バンコク都を管轄する内務省に対して BTS の監督権をバンコク都から接収し，運輸省に移管するよう求めると主張した[162]。バンコク大量輸送システム社が今後 30 年間の運行契約を結ぶことで 20 バーツ均一運賃政策の実現がさらに遅れることが懸念されたことから，政府側はバンコク都の方針に反発したのである。政府側はこの問題を特別捜査局に訴え，最終的に 2012 年 10 月に特別捜査局がこの訴えを認めて捜査を開始するに至った[163]。BTS をめぐるバンコク都と政府側の対立は，ついに司法レベルに達したのである。

　このような対立の激化の中で，ついにバンコク都は BTS 延伸線の管轄権を完全に失うことになった。2012 年 11 月の陸上交通管理委員会で上述した濃緑線の 2 区間の運行も既に建設を担当している都市鉄道公団に任せることで合意した[164]。これによって，アピシット政権がバンコク都の運行に含みを持たせた 2009 年の合意は完全に反故となり，バンコク都が管轄する都市鉄道はバンコク大量輸送システム社が建設した区間と，その後都が自力に建設した区間の計 36.3km に限定されることになった。なお，都のモノレール計画については，インラック政権後の成立後も計画を進めようとしたが，2011 年末の大洪水からの復興財源を確保するために凍結となった[165]。

（4）遅れる都市交通の整備

　タックシン政権時代から続いている政府とバンコク都の対立以外にも，都市交通整備を遅延させる要因は数多く存在し，結果として都市鉄道網の拡充は遅々としたものであった。表 6-5 から分かるように，2006 年のタックシン政権崩壊後から 2013 年末までに開通した路線は BTS 延伸線の 4 区間計 12.8km, エアポート・

349

表 6-5　都市鉄道開通年月日（1999〜2013 年）

管轄	線名	区間	距離(km)	開通年月日	備考	出所
バンコク都	濃緑線	モーチット〜オンヌット	17.0	1999/12/05		RKMK [2008]: 54
		オンヌット〜ベーリン	5.3	2011/08/12		DN (OE) 2011/8/12
	淡緑線	国立競技場〜タークシン橋	6.5	1999/12/05		RKMK [2008]: 54
		タークシン橋〜ウォンウィアンヤイ	2.2	2009/05/15	本開業は2009/08/23	KTM [2009]: 116
		ウォンウィアンヤイ〜タラートプルー	1.5	2013/02/14	仮開業	DN (OE) 2013/02/13
		タラートプルー〜バーンワー	3.8	2013/12/05	仮開業	BP (OE) 2013/12/05
都市鉄道公団	青線	フアラムポーン〜バーンスー	20.0	2004/07/03		RFMT [2004]: 14-20
国鉄	エアポート・レールリンク	パヤータイ〜スワンナプーム空港	28.5	2010/08/23		PCK 2010/08/23
	淡赤線	バーンソン〜タリンチャン	13.0	2012/12/05	仮開業（ディーゼルカー）	KPS 2012/12/03
計			97.8			

注1：淡緑線ウォンウィアンヤイ〜タラートプルー間，タラートプルー〜バーンワー間，淡赤線バーンソン〜タリンチャン間の距離は推定値である．
注2：線名は表6-4の線名に基づく．

レールリンクの 28.5km，そして淡赤線の 13km に過ぎず，淡緑線ウォンウィアンヤイ〜タラートプルー間と淡赤線を除けば，タックシン政権時代に着工されたものであった．

　タックシン政権時代にバンコク都が着工した BTS の延伸線については，もはや政府とバンコク都の対立に巻き込まれることなく無事に開業に漕ぎ着けるはず

第6章　混迷する都市交通政策（2000年代）

写真6-4　BTS延伸線のチャオプラヤー川橋梁を渡る電車（タークシン橋・2012年）

出所：筆者撮影

であった。ところが，信号設備の更新という新たな問題が発生し，当初は2006年末に開業するはずであったタークシン橋～ウォンウィアンヤイ間の開業は3年遅れの2009年となった。

　当初バンコク都はBTSの信号設備を納入したシーメンス社との随意契約を行おうと交渉を進めたが，都の予定価格は12.9億バーツであったのに対し，シーメンス側の提示した価格は18億バーツであった[166]。このため，競争入札を行うことになり，2006年6月にシーメンス社とフランスのアルカテル社（Alcatel Co. Ltd.）による入札が行われた[167]。結果はアルカテル社のほうが安かったものの，依然として予定価格を上回っており，さらなる交渉が不可欠となった。この時点で，開通予定は半年ほど延期され，2007年半ばとなった。

　ところが，2006年10月に入ると，バンコク大量輸送システム社が信号システムをシーメンス社の軌道回路方式からコミュニケーションベース列車制御（Communication Based Train Control: CBCT）方式に変更するとして，公募要領を作り直す必要が生じた[168]。バンコク大量輸送システム社は信号システムの変更と延伸に備えて電車12編成の導入を計画し，同年12月に破産裁判所でこれらの投資計画が認められた[169]。このため，バンコク都もバンコク大量輸送システム社が採用する予定のアルカテル社と交渉を開始したが，2007年3月に入ってバンコク大量輸送システム社側がカナダのボンバルディア社のシステムを採用することにしたことから，都も改めてボンバルディア社と交渉を行うことになった[170]。この後，ボンバルディア社との契約を巡って都の方針は二転三転し，結局信号設備と他の電力設備などを切り離して入札を行うことになった。最終的にボンバルディア社との契約は2008年2月に調印され，その他の設備一式の契約調印は同年4月となった［KTM 2009: 116］。

　こうして，当初の予定から2年以上遅れて，2009年5月15日に仮営業を開始し，同年8月23日に本開業に至ったのである。バンコク都はBRTと同じくクルンテープ・タナーコム社にこの延伸線の運行を任せ，クルンテープ・タナーコム社がバンコク大量輸送システム社に電車運行を委託するという形態をとった［Ibid.］。バンコク大量輸送システム社はこのために新たに4両編成の電車12編成を中国から購入し，延伸線も含めたシーロム線で運行することにした。本開業後の9月1日の利用者数は計4万2,682人で，当初目標の1日5万人には及ばな

かったものの，トンブリー側へ到達した初の都市鉄道は利用者から歓迎された[171]。ただし，タークシン橋駅の単線構造がシーロム線の運行間隔を引き延ばすこととなり，旧区間の信号システムと新線区間の信号システムの切り替えのために時間がかかるなど，列車運行面では問題を抱えていた[172]。

一方，同じくタックシン政権時代に着工したオンヌット～ベーリン間については，ウォンウィアンヤイ線の延伸よりは順調に進んだものの，開通は当初予定の2009年4月から2年遅れとなった。土木工事自体の終了が2009年末であったことから，その段階でバンコク都は新たな開業予定を2011年5月と定めた[173]。そして2010年初めには信号設備や電気設備の一括調達の入札を行ったが，資格審査を通過した3社のうちの1社であるイタリアン・タイ社が，他の1社について十分な資格はないと異議を唱えた[174]。最終的にイタリアン・タイ社が価格を引き下げたことでこの問題は解決し，同社が落札の上で同年7月から工事を開始した[175]。これによって，2011年5月15日の開業予定は2011年8月12日へと伸びたものの，それ以上遅延することはなかった[176]。

ウォンウィアンヤイからバーンワーまでの区間については，4.5kmの区間は既に高架橋が完成していたので，駅舎の建設と残る800mの区間の高架橋の建設が残されていた。オンヌット～ベーリン間に次いでこの間の建設が行われることになっており，2008年初めの段階では2009年までに開通させる予定であった[177]。その後2008年中は具体的な動きがなかったが，スクムパン知事が同年末のバンコク都知事選で2年後の完成を目指すと表明した[178]。しかし，彼が都知事となったにもかかわらず直ちに入札には至らず，オンヌット～ベーリン間の信号設備などの入札にやや遅れる形で準備が進められ，2011年末の開通へと1年先送りとなった[179]。その後，2010年に入って公募要領が公開されたが，5月に入って都が期待していた政府の「タイ強化計画（Khrongkan Thai Khemkhaeng）」に採用されず，当てにしていた政府予算が得られなくなったことが判明した[180]。このため，都は急遽クルンテープ・タナーコム社が銀行から借款を得て建設資金を捻出する形に変更した[181]。ようやく2010年12月に建設が始まり，2012年末の開業を目指していたが，終点バーンワーでの青線との接続地点の工事が遅れ，2013年2月に途中のタラートプルーまで開通し，同年12月にようやく全区間が開通した[182]。

バンコク都のBTS延伸線以外でも，新たな都市鉄道の整備はやはり遅々としていた。スラユット政権が2006年に決めた都市鉄道5線の整備計画のうち，2012年までに着工に至ったのは紫線，青線，赤線の一部（淡赤線），淡緑線（現濃緑線ベーリン～パークナーム間）であり，いずれも着工に至るまで長期間を要した。淡緑線については既に述べたことから，以下紫線，青線，赤線の事例について考察する。

　紫線は都市鉄道公団が管轄しており，開業している青線をバーンスーからタオプーンまで1駅延伸した上で，既存の道路上を高架で進み，チャオプラヤー川西岸のノンタブリー県バーンヤイ郡のクローンバーンパイへ至るものであった。2005年にタックシン政権が入札を行いながらも，結局中止した路線であったことから，本来であればすぐにでも着工できる状況であった。しかし，都市鉄道公団は詳細設計を行った上で公聴会も開き，慎重に手続きを進めていった。さらに，借款を申請していた日本の国際協力銀行の承認が遅れたことも，計画の遅れにつながった。

　このため，2007年10月に政府は中国からの借款も検討するとしたうえで，資金源を保留したまま紫線の建設を閣議決定した[183]。タイ側が切った中国カードは日本側の決断を促すこととなり，同年12月に日本側が正式に借款を承認した[184]。これを受けて入札の準備が行われ，2008年8月に入札を行った[185]。その結果，2009年8月に落札者が確定し，3契約のうち第1工区の契約が同月中に調印された［RFMT (2009): 86］。ただし，2008年の石油価格の高騰の影響で，総工費は当初の310億バーツから410億バーツへと引き上げられた[186]。建設は同年11月から始まり，当初は2014年の開業を目指してほぼ予定通りに進展していた。しかし，2011年末の大洪水の影響により，2012年末の時点では2015年末の開業予定へと1年遅れとなっている[187]。

　一方，青線も都市鉄道公団が管轄するもので，既存のフアラムポーン～バーンスー間に接続する路線であり，バーンスーからチャオプラヤー川を越えてトンブリー側を南下してタープラに至る13kmの区間と，フアラムポーンから西に進んでチャオプラヤー川を潜ってタープラに至り，さらに西進してバーンケーまで至る14kmの区間から構成された[188]。このうち，フアラムポーンからタープラまでの区間が地下区間となり，残りは高架線となっていた。2006年の時点での総

第 6 章　混迷する都市交通政策（2000 年代）

工費は 526 億バーツと見込まれており，地下区間があることから紫線よりも大幅に高くなっていた[189]。

このため，青線の建設も紫線と赤線と同様に当初は国際協力銀行の借款を利用する計画であった。2008 年 7 月にサマック政権のサンティ（Santi Phromphat）運輸大臣が日本を訪問した際には，国際協力銀行側は赤線と青線への借款の供与を了承した[190]。しかし，その後タイ側は国債による資金調達に計画を改め，2009 年 7 月に正式に決定した[191]。この時期には濃赤線の公募要領の変更で日本側と交渉が続いており，入札の開始も大幅に遅れていた。このため，タイ企業が落札できる可能性を高めるとともに，日本側の手続きを待たずに迅速に着工したいとするタイ側の意向が，最終的に円借款の使用を中止させたものと思われる[192]。これを受けて，都市鉄道公団は 2010 年 1 月に入札を告示し，4 月に入札を行った上で 6 月から 7 月にかけて開札した[193]。その後入札の際の不正が指摘されたことから，請負業者との契約調印が遅れた[194]。最終的に 2011 年 2 月に 5 つの契約すべてに調印し，同年 4 月に着工した［KK (2011): 127-128］。

赤線についても，紫線や青線と同様に詳細設計を行うことになり，先に完了した淡赤線バーンスー～タリンチャン間の着工が 2007 年 5 月に閣議で了承された[195]。総工費は 87 億バーツと紫線よりも安かったことから，資金は大蔵省が保証して国鉄が国内で調達することとし，同年 10 月に入札を告示した[196]。ただし，この入札に対して国鉄は後述するエアポート・レールリンクの反省から国鉄用地内の不法居住者からの土地回収作業を請負業者の任務としたことから，イタリアン・タイ社などの大手業者は入札に参加せず，2 社しか応札しなかった[197]。しかも，うち 1 社は資格審査を通らなかったことから，国鉄は残る 1 社と交渉を行うことになった。この間入札のやり直しを検討したり，資格審査を通らなかった業者が訴えたりしたことから契約まで時間がかかり，最終的に 2008 年 12 月に調印を行い，翌月着工となった[198]。このため，当初の 2008 年 5 月着工，2011 年 6 月完成の予定は半年遅れ，2011 年末の完成を目指すことになった。最終的に建設は 2012 年 5 月末に終了し，国鉄側に引き渡された[199]。

同じく国鉄が管轄する濃赤線のバーンスー～ランシット間は，総工費が 599 億バーツと高額であったことから国際協力銀行の借款を利用する方向で日本側と交渉を進め，2007 年 12 月に閣議で建設が了承された[200]。この時点では 2008 年

355

5月に入札を行い，10月に着工する予定であった。しかし，その後2008年に入ってタイ側の政情が安定しないこともあって国際協力銀行側の承認が遅れ，結局2009年2月のアピシット首相の訪日まで待たねばならなかった[201]。同年3月に借款の調印を行ったものの，国鉄側が契約を当初の3つから5つに増やしたいとして公募要領の変更を求めたのに対し，日本側がそれを了承しなかったことから，入札も大幅に遅れた[202]。タイ企業の落札の可能性を高めたいタイ側は，契約数の変更がうまくいかないと，今度は合弁事業体の中でのタイ企業の比率を高めることを条件に盛り込むよう要求し，日本側も了承した[203]。最終的に入札が行われたのは，2010年12月のことであった[204]。ところが，上述のように最低価格の問題から落札者を決定できず，第1契約の調印も2012年中には実現しなかった。

　このように，クーデター後に始動した都市鉄道計画の進展も非常に緩慢としており，都市鉄道公団管轄の路線では2012年までにようやく紫線，青線，濃緑線が着工されたに過ぎなかった。このような都市鉄道計画の遅延は，これまで見てきた政府とバンコク都と対立や都市交通政策の政治化という政治的要因のみならず，建設資金の調達や，請負業者決定の手続きなどの行政的要因の存在も示している。BTS延伸線の事例は，バンコク都の行政能力不足やバンコク大量輸送システム社との調整不足が遅延の主要な要因であり，都市鉄道公団や国鉄の管轄路線の事例は資金源の決定や入札を巡る問題が計画の遅延を招いていた。とくに，国際協力銀行の借款を利用した紫線や濃赤線の遅延が顕著であり，タイ側が国債発行による建設に切り替える重要な要因となっている。スラユット政権は従来のターンキー方式から詳細設計方式へと変更し，資金源も主として国際協力銀行の借款を使用する形に改めたが，この汚職防止のための一連の政策変更が請負業者の確定までの所要時間を引き伸ばし，結果的に計画の遅延の一因となっている点もまた否定できないのである。

第5節 「売夢政策」の限界

(1) 建設方法と資金源

　タックシン政権の都市鉄道政策が頻繁に変更され，かつほとんどが実際の着工まで至らなかった最大の理由は，対象路線網の迅速な拡張と廉価な運賃設定というポピュリスト的政策と，限られた財政状況との間の矛盾の存在であった。政府は支持拡大のために計画を前倒ししつつ対象路線を拡大させ，他方で廉価な運賃設定を主張していったが，肝心の資金源の問題は結局最後まで解決しなかった。このため，建設方法と運営方法をめぐり，方針が二転三転することとなったのである。

　先の表6-1を見ると，建設方法は詳細設計，ターンキー，設計・建設方式と変化してきたことが分かる。いずれの方式でも政府は何らかの支出を求められるが，ターンキー方式の場合は完成までは請負業者の責任で資金調達を行い，政府は完成後に長期返済すれば良いので，問題を先送りすることが可能であった。反面，ターンキー方式は民間が建設資金をすべて賄う必要があることから金利が高くなり，最終的な建設費も高くつく懸念があった。また，次に述べる運営方式との関係からも，民間共同出資となる上下分離方式を用いれば運営設備の調達は民間資本で賄うことが可能であるが，政府機関の運営となるとそれも政府が調達する必要が生じた。

　BMTIPでは建設期間を6年間に繰り上げ，全線をほぼ同時に整備することになったことから，BMTIP報告書では民間資金の利用は難しいとされ，政府に国家予算以外に都市鉄道整備基金(Mass Transit Development Fund)や既存のワユパック基金[205]の利用を提言した［TPP 2004: 8-2 - 8-3］[206]。このため，建設方式は通常の詳細設計に基づく入札方式と規定された。都市鉄道基金については2003年10月にタックシンが構想を発表し，3％の利率を保障して民間から資金調達するとしていたが，ワユパック基金の使用は大蔵省が反対の意向を示していた[207]。他にも燃料税や自動車登録料を引き上げて，その分を都市鉄道整備基金に積み立てるなどの案も出たが，5,000億バーツもの巨額をこれらの施策のみで調達するのは無理であり，構想は具体化しなかった。

このため，ターンキー方式とバーター方式が浮上することとなった。タックシン政権下で唯一の新規着工例となったエアポート・レールリンクの建設は，このターンキー方式を採用した。ポンサックの計画縮小を受けた第1期都市鉄道整備計画もターンキー方式に変更されたが，同時にバーター方式による建設も模索された。これは，農産物と交換する形で都市鉄道整備を行うもので，タックシンは2005年12月3日のラジオ番組「タックシン首相が国民に語る」で，タイは天然ゴムを栽培するだけで電車を手に入れることができると国民に説明した[208]。しかしながら，実際にはポンサックがバーター方式を何ヶ国かの外交官に打診したものの，色よい返事が出なかったことから，「タイ：発展のための協同」計画では必須条件ではなくなった[209]。

　さらに，暫定政権中に3線の建設を先行させる計画を立てた際にもターンキー方式は継続されたが，選考過程が不透明になり不正を引き起こす恐れがあるとして国家経済社会顧問会議 (Sapha Thi Pruksa Setthakit lae Sangkhom haeng Chat) などが反対を唱え，結局政府が事前に資金源を確保する方式に戻った[210]。ただし，建設を迅速に行うために設計と建設を同時に行う設計・建設方式を採用し，バーター方式も選択肢の1つとして残していた。そして，肝心の資金源は最初の青線 (地下鉄) 建設時と同じく日本の借款に依存するのが妥当との結論に至り，国際協力銀行と交渉を開始した。タックシンはかつてタイが被援助国を卒業したと述べたが，低利かつ長期返済が可能な国際協力銀行の借款よりも有利な資金源はなかったのである。

　しかしながら，日本からの円借款は手続きに時間がかかることと，タイ企業の受注可能性が低くなることから，タックシン政権後は国債で建設費を賄う事例も出現してきた。濃赤線の計画で，タイ側がタイ企業に有利となるように公募要領の変更を求めたものの日本側との交渉に時間を費やしたことから，地下区間があるので建設費が高いにもかかわらず，タイ側は青線の延伸区間の建設には円借款に代えて国債による資金調達を採用した。当然ながらこのような配慮は政治的要請に基づくものであり，タイの建設業界への利益誘導と捉えられた。その成果もあって，青線の5つの契約の落札者は1つの合弁事業体を除きすべてタイ企業であった[211]。

(2) 運営方法と運賃設定

　資金調達と並んで問題となったのは，運営方法と運賃設定であった。URMAPは上下分離方式による民間への免許付与での運営を想定し，それを実現させるために需要の多い区間から着工し，かつ整備期間も長期に設定した。ところが，BMTIPは短期間に全線を整備することにしたことから，運営主体も政府機関とせざるを得ず，しかも安価な運賃水準を保つために運営機関を一元化することが求められた。この運営機関の一元化のために，BMTIPはバンコク大量輸送システム社とバンコク・メトロ社の免許買収も計画に含めており，そのための費用を750億バーツと見積もった [TPP 2004: 8-1]。

　この買収計画に意欲を示したのがスリヤであり，2004年に入るとバンコク・メトロ社に対しては株式の購入を，バンコク大量輸送システム社に対しては債権者からの債権買い取りを画策した。しかし，バンコク・メトロ社は1株3バーツでの売却にしか応ぜず，バンコク大量輸送システム社は反発して債権者との再建計画の交渉を進めた[212]。7月には特別の委員会を設置して免許買収交渉を推進するが，結局交渉は進まず，2005年初めに選挙対策でタックシンがバンコク大量輸送システム社買収にこだわらないと述べ，買収計画は頓挫した[213]。

　一方で大蔵省は代わりに持ち株会社の設置を構想し，2005年7月にはタックシンもこれを承認し，バンコク大量輸送システム社とバンコク・メトロ社に持ち株会社の傘下に入るよう求めた[214]。これは事業買収よりも緩やかな経営統合であり，会社側の反発も少ないと予想された。ところが，この構想も進展せず，10月にはさらに軟化して都市鉄道機構（Mass Transit Authority: MTA）を設置して事業者を統制する形で落ち着いた[215]。この都市鉄道機構はバスや船などバンコクの交通事業者すべてを統制して，運賃設定や配分の権限を持たせるものであった。都市鉄道機構の設置法は2006年3月にも成立させる予定であったが，結局実現しないまま現在に至っている。

　このように政府はバンコク大量輸送システム社やバンコク・メトロ社の買収に意欲を示し，都市鉄道の一元的な管理にこだわったが，その背景には運賃設定を安くしなければならないというポピュリスト的政策上の要請があった。BMTIPでは基本運賃10バーツに距離に応じて積み増す距離制の運賃を想定していたが，2004年12月に計画が拡大された際に，選挙対策で全線15～20バーツの均一運

賃に変更された。このため，バンコク大量輸送システム社とバンコク・メトロ社の買収は運賃引き下げのためにも必要であるとの言説が用いられるようになった。

　2013年末現在，バンコク大量輸送システム社の運賃は15〜42バーツ，バンコク・メトロ社は16〜40バーツであり，いずれも区間制を採用している[216]。バンコク・メトロ社は2004年7月の開通後1ヶ月間全線10バーツの特別運賃を適用していたが，それを距離制に変更した後に利用者が1日25万人から15万人に減った[217]。またバンコク大量輸送システム社とバンコク・メトロ社を乗り継ぐと運賃を二重に支払うこととなり，利用者の負担額はさらに高まる。このため，政府はすべての路線で均一運賃という方針を打ち出したのであった。これは都市鉄道の利用者を増やすことで，自家用車の利用を減らして交通渋滞を緩和し，かつ高騰する石油輸入を減らすと言う点では至極合理的な政策であり，単なるポピュリスト的政策と切り捨てることはできないとの意見もあろう。

　しかしながら，現実問題としてこのような廉価な運賃設定では民間事業者の参入は困難であること，運賃不足分を補填するには財源が必要なこと，そして何より国鉄や大量輸送公団が低運賃を強いられ累積赤字が大量に発生している現状においては，これは現実性を欠いた「夢」物語に過ぎない。政府はBTSの延伸を否定する際に，高い運賃を払わざるを得なくなるとの根拠を掲げていたが，BTSの運賃水準での迅速な整備と，安い運賃設定を謳いながら一向に整備が進まない状況とを比較するならば，前者を望む都民のほうが圧倒的に多いことは明らかであった。

　しかも，バンコク大量輸送システム社もバンコク・メトロ社も利用者を増やすために独自の割引制度を設定しており，利用者から一定の支持を受けている。とくに前者は2000年8月から割引率の高い30回パスを発売し，実質的に一乗車18バーツという低価格を売り物にして定期利用者を拡大させてきたことから，民間事業者による運営が必ずしも高い運賃を意味するものではない[218]。一方で短期間に多数の路線を建設し，全区間15バーツでどこまでも行かれるとの「夢」を売りながら，他方で資金調達の目処が立たず計画を二転三転させながら時間ばかりが過ぎていく状況は，明らかに矛盾している。入札告示まで行いながら，採算性がないとして突如中止された紫線の事例は，まさにこの矛盾が露呈したもの

であった[219]。

　タックシン政権後は，この運賃問題の解決のために官民パートナーシップ（Public Private Partnership: PPP）方式を利用することになった。紫線の電車運行方式を検討してきた政府は，2010年1月に総額PPP（PPP Gross Cost）方式で行うことを決定した[220]。これは，上下分離方式の一形態であり，政府が土木工事の費用を負担し，政府が委託する民間事業者が信号設備，電気設備，駅設備，電車の調達を行い，開業後の電車の運行と保守を担当するものである。現在の青線の場合は，民間の運行事業者が独自に運賃を設定して徴収し，都市鉄道公団に対して収入の一部を分配する形を取っているが，この方式では運賃設定は都市鉄道公団側が行い，徴収した運賃もすべて都市鉄道公団に収められた上で，都市鉄道公団が運行事業者に運行委託料を支払うもので，現在BTSの延伸線とBRTで行われている運行委託方式とほぼ同一である[221]。これによって運賃水準を政府側が決めることができるので，政策的に運賃レベルを引き下げることができると期待されている。しかし，運賃水準が低すぎる場合は，都市鉄道公団が受け取る運賃収入よりも運行委託料のほうが高くなる場合もありうる。このため，やはり低廉な運賃設定を行う場合には，何らかの形で経費を補填するシステムが必要なのである。

(3) 妥協の産物エアポート・レールリンク

　ポピュリスト的政策と現実との矛盾の最中で，タックシン時代の都市鉄道整備は結果としてほとんど進まなかった。タックシン政権時代に新規着工されたのは，バンコク都によるBTSの延伸線2線計7.5kmと，国鉄のエアポート・レールリンク28.5kmのみであった。BTSの延伸線建設はバンコク都が独断で行ったものであることから，エアポート・レールリンクが事実上タックシン政権による唯一の都市鉄道の着工例であった。

　しかしながら，この計画は実は妥協の産物に過ぎなかった。当初タックシンは新空港への鉄道アクセスの整備には関心を示さなかったが，事態が急速に進展したのは新空港の開通を控えて空港アクセス鉄道の整備が必要であるとの認識が急速に高まったからに他ならない。アジアのハブ空港を目指すスワンナプーム空港であったが，近年開港した香港やクアラルンプールの新空港はいずれも都心とのアクセス鉄道を整備しており，今やアクセス鉄道の無い国際空港は時代遅れで

あった[222]。このため，決断が大幅に遅れたものの，近い将来何としてでもアクセス鉄道を実現させなければスワンナプーム空港が他のハブ空港との競合に勝てる見込みは無かった。

　しかしながら，実際に建設され始めたこのエアポート・レールリンクは，都市鉄道としては不十分であった。詳細設計や建設資金を調達する時間がなかったことから，最も手っ取り早いターンキー方式で入札が行われ，土木工事から運営設備まで一括した案件となったが，契約内容が民間に有利であると不正が指摘されている[223]。運営方法は当初は民間への免許方式の予定であったが，政府の運賃低減政策によりバンコク大量輸送システム社やバンコク・メトロ社のような問題を避けるために国鉄が運営することとなった[224]。しかも，建設費を極力抑えるために駅は最低限しか設けず，パヤータイ～スワンナプーム空港間28.5kmに途中駅は6駅しかなく，駅間距離は平均4kmとなった[225]。調達車両数も都市鉄道としては少なすぎ，最大でも15分間隔でしか運行できないものと思われた[226]。

　さらに，この計画ではエアポート・レールリンクの高架線のみを建設し，在来線の高架化は含まれていなかった。このため，ホープウェル計画が頓挫したパヤータイ～フアマーク間では，国鉄の東線は相変わらず単線のまま地平を走行することになり，途中の踏切は一切解消されない。これは，在来線の高架化を含めることで建設費が高騰するのを避けるのと，極力短期間で完成させることが要因としてあると思われるが，これまで行われてきたホープウェル見直し計画がいずれも市内の在来線の高架化による踏切除去を前提としていたことを考えると，大幅な後退を意味した[227]。

　2007年11月の開業を目指したエアポート・レールリンクの建設も大幅に遅延し，2006年9月に開港したスワンナプーム空港への鉄道によるアクセスの実現は先送りとなった。その主因は，国鉄による用地提供の遅れであった。国鉄は用地内のスラムを撤去し，90日以内に請負業者に提供することになっていた。しかし，その作業が大幅に遅れ，最終的にすべての用地を引き渡したのは2007年3月のことであった[228]。このため，業者側は建設期間の延長を求め，最終的に730日の延長が認められた[229]。これによって，業者の完工期限は2009年11月4日と予定より2年ほど遅れることとなり，開業予定は少なくともその90日後の2010年初めとなった[230]。

第 6 章　混迷する都市交通政策 (2000 年代)

しかし，国鉄側の運行事業者が定まらないことから，2009 年 11 月に工事が完了したにもかかわらず，開業のめどは立たなかった[231]。国鉄では子会社を設立してエアポート・レールリンクの運行を行わせる計画であったが，子会社の設立を含んだ国鉄の再建計画に従業員が反発してストライキを行ったことから，それが大幅に遅延していた。このため，国鉄では運行準備のためのコンサルタントとして雇用していたドイツ鉄道インターナショナル社 (DB International GmbH: DBI) 社に運行を委託することとし，2010 年 5 月に調印した[232]。これによってようやくエアポート・レールリンクは開業することとなり，予定から約 3 年遅れの同年 8 月に営業を開始した[233]。

開業後も，問題は山積していた。マッカサンに作られた市内ターミナルの内部工事が終わらなかったことから，市内ターミナルでの搭乗手続きは 2011 年 1 月まで実施されなかった。BTS のパヤータイ駅との乗換設備は完成したが，都市鉄道公団の青線のペッブリー駅とマッカサンターミナルの間の乗換が不便であり，マッカサン駅の利用者は予想以上に少なかった。2010 年中は各駅停車，急行電車とも特別運賃を適用したが，その間の利用者はそれぞれ 1 日 4 万 2,000 人と 800 人であり，とくに急行電車の利用者が目標の 2,200 人を大きく下回った[234]。2011 年から始まったマッカサンターミナルでの搭乗手続きと手荷物の預入も利用者が非常に少なく，ターミナルは完全に閑古鳥が鳴いている状況である[235]。

このように，エアポート・レールリンクは完成が大幅に遅延したのみならず，当初重視された空港へのアクセス鉄道としての機能よりも通勤・通学客などを運ぶための都市鉄道としての機能が圧倒的に高かった。すなわち，需要と供給が完全にミスマッチな状況が出現したのである。タックシン政権時代に唯一着工されたエアポート・レールリンクも，実際には急場しのぎの中途半端な妥協の産物でしかなかった。

(4) 都市鉄道時代のバス

1990 年代末からバンコクに登場した都市鉄道も，度重なる政策の変更によってその整備過程は遅々としていた。このため，バスは依然として都市交通の主役であり続けた。しかし，実際には利用者の減少傾向は 2000 年代に顕著となり，

363

図 6-7 バンコクのバス路線網（2008 年）

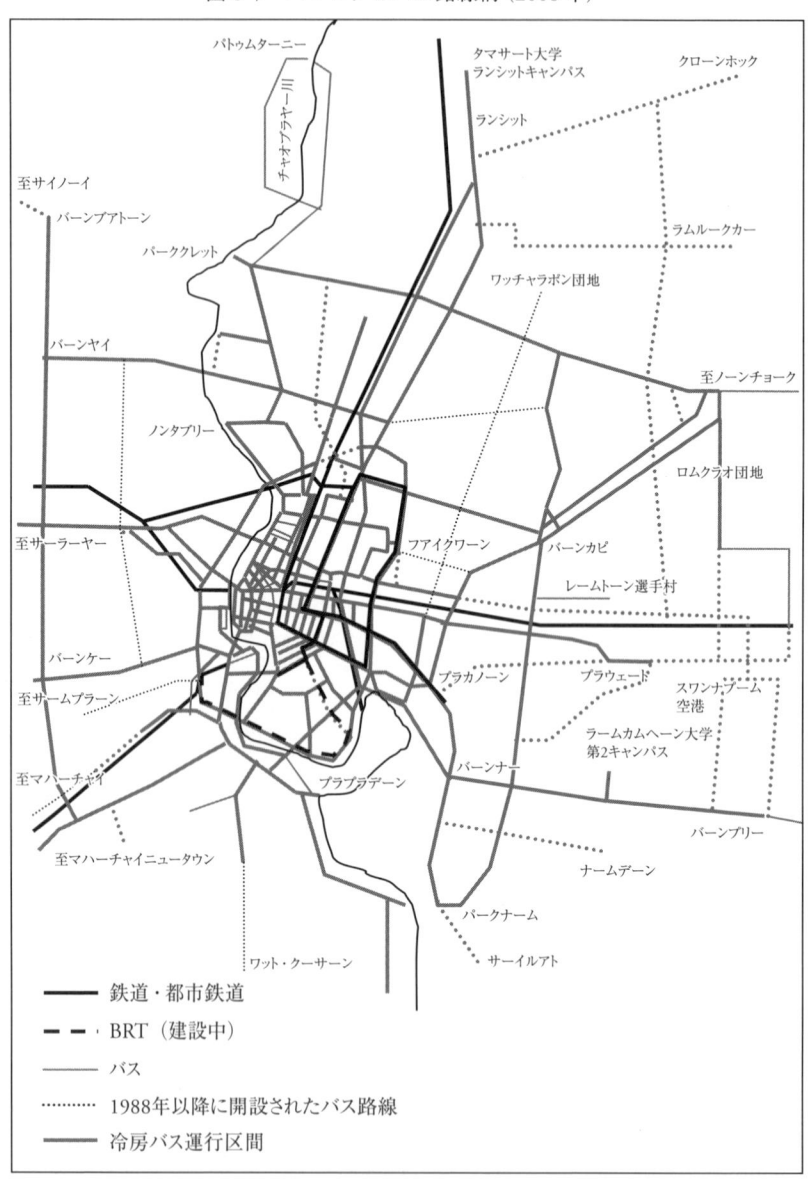

凡例：
- 鉄道・都市鉄道
- - - BRT（建設中）
- バス
- ･･････ 1988年以降に開設されたバス路線
- 冷房バス運行区間

注：第4種（県内バス）のバス路線は含まない。
出所：附表7より筆者作成

364

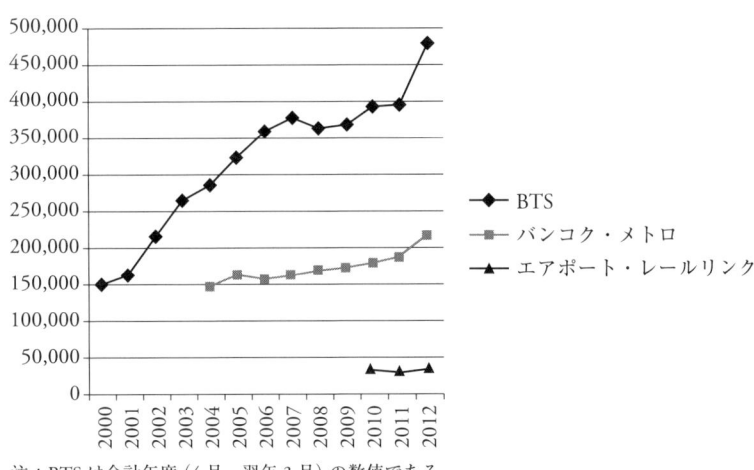

第6章　混迷する都市交通政策（2000年代）

図6-8　都市鉄道の1日平均利用者数の推移（2000〜2012年）（単位：人）

注：BTSは会計年度（4月〜翌年3月）の数値である。
出所：附表12より筆者作成

都市鉄道の利用者が増加する中でバスの役割の変化が求められていた。

図6-7のように，バンコクのバス路線網は1988年以降さらに拡大していた。新道路の開通に伴って開設された路線もあれば，市街地の拡張に伴って新たにバス路線が開設された区間も存在した。また，2006年に開港したスワンナプーム空港へのアクセス路線として新設されたものも少なからず存在した。さらに，先の図5-4の1988年の時点と比べて冷房バスの運行区間も大幅に増加し，大半の道路で冷房バスが運行されている状況が確認できる。バス路線数は2008年の時点で計220となっており，民間バスへの委託路線は計98系統存在し，冷房バスの運行路線も123系統と過半数を越えていた（附表7参照）。終夜バスや高速道路経由のバスも増加し，サービスも多様化した。

それでも，都市鉄道の定時性と迅速性が評価されることで都市鉄道の利用者の増加していったのに対し，バス利用者は減少していくことになった。図6-8のように，1日当たりの都市鉄道の利用者数は2000年の約15万人から2012年の約70万人へと4倍以上の増加を見せており，エアポート・レールリンクを含めれば2012年の数値は少なくとも74万人に達していたはずである。とくに，BTSの輸送量の増加は顕著であり，2011年の延伸線オンヌット〜ベーリン間の開通

365

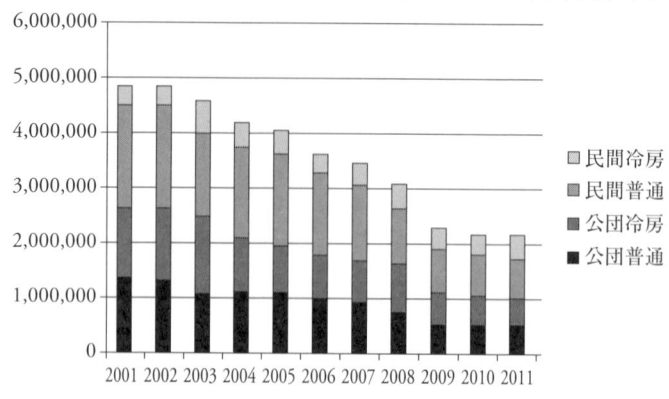

図 6-9 バスの 1 日平均利用者数の推移（2001〜2011 年）（単位：人）

注 1：民間バスの利用者数は，公団直営バスの利用者数を基準に，附表 9 の公団直営バスと民間バスの台数比から算出したものである。
注 2：2008 年 8 月からの無料バス利用者は含まない。

の成果が如実に表れている。エアポート・レールリンクを除けば，この間の都市鉄道の総延長はほぼ倍増した状況であったことから，路線長の増加率の 2 倍の利用者の伸びが見られたことになる。

これに対し，図 6-9 のようにバスの 1 日平均利用者数は大幅に減少していた。2000 年には 1 日平均 484 万人が利用していたが，2011 年には 220 万人へと半減した。この数値には無料バスの利用者数が反映されていないが，2011 年の無料バスの利用者は 1 日約 41 万人であり，これを加えると合計値は 261 万人に増えることになる［KSMK (2011): 71］。それでも，バスの利用者数は明らかに減少傾向にあり，都市鉄道の利用者数の増加と対照的な状況にある。そして，都市鉄道の利用者数の増加よりもバス利用者数の減少幅のほうが大きいことから，バス利用者の減少は単に都市鉄道への転移のみが理由でないことも分かる。

都市鉄道網が拡大する過程で，バスの役割は徐々に都市鉄道のフィーダーへと変化していくはずであるが，実際にはバンコクのバス路線網は都市鉄道が開通してもほとんど変化はなかった。郊外への路線網の拡張が進む一方で，都市鉄道が開通した市内の路線網はそのまま維持された。都市鉄道のフィーダーとしてのバス路線の開設もほとんどなく，唯一ともいえる事例は BTS によるシャトルバスの運行とバンコク都の BRT であった[236]。旧来のバス停の位置を都市鉄道の駅に

第 6 章　混迷する都市交通政策（2000 年代）

近接させた事例も若干存在するが，都市鉄道とバスの乗換を考慮したターミナルの建設は皆無であった[237]。このため，都市鉄道のフィーダーとしてのバスの機能は低いままで推移し，都市鉄道の利用者はバンバスやバイクタクシーなど他の輸送手段で駅を目指すことになった[238]。

「売夢政策」の下で指向された NGV バスの導入計画や無料バスは，都市鉄道のフィーダーとしてのバスの役割を変化させるためには不十分であった。単に低廉なバスサービスを提供するだけではなく，都市鉄道との連携のとれたバスサービスを提供することが重要であった。大量輸送公団も NGV バス導入計画に合わせてバス路線を 155 路線に改編する計画を立てていたが，都市鉄道のフィーダーとしてのバスの役割向上への効果は限定的であった[239]。バスが唯一の大量輸送手段の時代から都市鉄道が主役となる時代へと変化しているにもかかわらず，バスサービスは基本的に旧態を継承したものであり，時代の変化に対応した施策は「売夢政策」には盛り込まれなかった。これが，バスの利用者数が大きく減少していった主要な要因であろう。

小　括

2000 年代のバンコクの都市交通整備の停滞は，タックシン政権時代に都市交通政策がポピュリスト的政策と化したことと，政治的対立が顕著となったことに起因した。タックシンは都市の住人を対象にしたポピュリスト的政策として，安価な運賃による都市鉄道網の急速な整備を打ち出したが，莫大な建設費の調達が足かせとなって，結局計画が二転三転するのみで「夢」は一向に実現しなかった。他方で，政府との対立の中で都市鉄道網の延伸を阻まれていたバンコク都は，政府の都市鉄道政策が混乱する中で独自に延伸に着手し，同じく政府の許可を得られずに進展しなかった BRT 計画も，タックシン政権の崩壊後に進展することになった。しかし，どちらも様々な障害に直面し，開通までには非常に長い時間を費やすことになった。さらに，2006 年のクーデター後も政府とバンコク都の対立の構図は解消せず，資金源の確保や入札を巡る問題などの行政的要因も加えて，都市鉄道計画の進展は遅れていた。

バスについては，当初は1990年代末から進められてきた大量輸送公団の規模縮小計画を継承し，バンコク都へのバス事業の移管も計画されたものの，都市鉄道計画のポピュリスト的政策化とともにバスもその対象に組み込まれ，大量の冷房NGVバスを購入して安価な運賃の公団直営バスとして運行する計画が浮上した。この計画はタックシン政権後も引き継がれたが，汚職の温床であるとの世論の反発が続く中で，反タックシン政権である民主党政権内の政治的対立から計画は進展せず，閣議で計画が承認されながらもその実施は先延ばしされた。他方で，2008年からはポピュリスト的政策の一環として一部普通バスの無料化政策も行われており，大量輸送公団の存在感は再び高められることとなった。

　都市交通問題はバンコク市民の日常生活に密接にかかわる問題だけに，政治家が自らの支持層の拡大のためにこれを利用することは，既に1960年代から見られたものであった。しかし，タックシン政権時代には都市鉄道という大規模な投資が必要なサービスにまで対象が拡大したことで，「売夢政策」を実現するための費用をどこから捻出するかを明らかにすることが，過去にも増して重要になった。とくに，安価なサービスを提供するためには，建設費のみならず運営費も何らかの形で財政負担を行わねばならなかった。その財源が確保できなかったことで計画は一向に進まず，ターンキー方式やバーター方式など極力財政負担の少ないと思われる方法を模索したものの，結局うまくいかなかった。そして，タックシン政権が唯一ゴーサインを出したターンキー方式のエアポート・レールリンクも，様々な問題をはらんだ妥協の産物でしかなかったのである。

コラム6

暫定開業した淡赤線

　2012年12月5日に淡赤線バーンソン～タリンチャン間13kmが暫定開業した。この線は2006年のクーデター後にスラユット政権が建設を決めた5つの都市鉄道の中の1つであり、クーデター後に着工された路線の中では最初に完成した区間であった。線路は国鉄の南線に並行して建設され、国鉄の在来線の列車も走行するために軌間はメートル軌を採用した。

　しかしながら、この淡赤線は本来濃赤線バーンスー～ランシット間と同時に完成させることになっていたため、淡赤線のみが完成しても無意味であった。起点のバーンスー駅の工事は濃赤線の建設計画に含まれており、淡赤線の線路はバーンスー駅北方の濃赤線との分岐点から先のみが建設された。また、この間の電化工事と電車の調達も濃赤線の建設計画に含まれており、高架橋と駅舎が完成し、レールも敷かれたものの、電気設備も電車もない状態であった。既に述べたように濃赤線の工事は大幅に遅延して2013年にようやく着工されたことから、本開業できるのはまだ先のこととなる。

　このため、国鉄では設備維持のために在来線のディーゼルカーをこの間で暫定的に運行することにし、2012年末から途中のバーンソンとタリンチャンとの間で運行を開始した。ただし、1日6往復しか運行されないのと、他の都市鉄道と全く接続していないことから、利用者は

真新しい淡赤線の高架線を走る国鉄のディーゼルカー（バーンソン・2013年）
上を交差する高架線は建設中の紫線

出所：筆者撮影

非常に少ないものと思われる。実際に、筆者が2013年3月の平日の夕方に乗車した際には、2両編成のディーゼルカーの利用者は片道10～15人程度であり、子供連れで往復しているような「試乗」客のほうが多かった。バーンソンで接続する紫線が開通すればもう少し利用者が増えるものと思われるが、現状ではたとえ本数を増やしたとしても大幅な利用者の増加は期待できないであろう。

そもそも、このバーンスー～タリンチャン間は、わざわざ高架の新線を建設しなくても、既存の在来線を改良すれば近郊鉄道化は容易であった。他の在来線よりも交差する道路は少なく、跨線橋を4～5ヶ所設置すれば踏切を全廃することができた。また、この間は2003年に在来線の複線化が完了したばかりであるが、近郊列車の増発は全くなされなかった。

実際に、在来線を使ってバーンスー～タリンチャン間で近郊列車を運行すれば、地下鉄のフィーダー線として利用者ははるかに多くなるはずである。単にディーゼルカーを運行するのであれば、新たな高架線を建設せずとも、既存の設備で十分対応可能であった。バーンスー駅の工事が完成するまでは在来線の列車は依然として高架線の南側を並行する在来線の線路を走っており、この間は現在複々線になっている。このような最も必要性の乏しい区間が最も早く完成するとは、何とも皮肉なことである。

第7章
都市交通史が語るもの
── 統制の強化と政治化 ──

本章ではこれまで見てきたバンコクの都市交通の史的展開と都市交通政策の変遷を踏まえて，序章で述べた政府の統制と都市交通の政治化という2つの分析視角からこれまでの議論を総括することを目的とする。バンコクの都市交通の「通史」をまとめることが分析の上での前提であったことから，最初にバンコクにおける輸送手段の変遷を総括することとする。その際に主として東南アジアの他都市との比較を行うことで，バンコクにおける輸送手段の変遷の普遍性と特殊性を明らかにする。そして，非先進国の都市交通研究で強調されてきたパラトランジットとBRTの有効性について，現状を踏まえた上でバンコクでのこの議論の有効性について再検討を行う。

　その上で，政府の統制と都市交通の政治化という2つの分析視角に基づいて，バンコクの都市交通政策史の特徴を分析していくことになる。政府の統制の強化については，バンコクにおける統制の強化の過程はどのようになされてきたのか，その背景には何が存在したのかを確認していく。その際に，序章で述べた公共交通供給サイクルの議論とも比較を行いながら，やはりバンコクの歩んだ道の普遍性と特殊性に注目していく。そして，バンコクにおける統制の強化の過程で出現する公営化がもたらす問題点についても分析を行う。さらに，政府主導の国営化と市や都が主導する市営（都営）化の2つの傾向が見られたことから，国営と市営の関係性にも注目していく必要がある。

　都市交通の政治化の問題については，その過程と理由の解明が重要となる。ここでは政治化の過程として，管轄機関の対立，利権の拡大，ポピュリスト的政策化の3つの側面を取り上げ，それぞれの側面がどのように顕著となっていったのかを明らかにするとともに，その理由を分析していく。とくに，なぜ都市交通が政治化の道を辿ったのかという疑問に迫ることが本章で最も重要な論点となり，それが最終的に筆者の抱いた疑問点への答えになるのである。

　以下，第1節でバンコクの都市交通における輸送手段の変遷を解明し，バンコクにおけるパラトランジットとBRTの有効性について再検討を行う。そして，第2節で統制の強化，第3節で都市交通の政治化の論点からそれぞれ分析を行い，最終的にバンコクにおける都市交通の整備が遅れた背景を解明する。

第1節　輸送手段の変遷

(1) 市内軌道と近郊鉄道

　バンコクに最初に導入された近代的都市交通手段が市内軌道であったことは，一般的な非先進国の都市における都市交通の発展段階とも一致していた。バンコクでの最初の市内軌道の開通は1888年であったが，これは東南アジアの他都市と比べれば遅い方であった。上述のように東南アジアで最も早く市内軌道を導入したのは1869年のバタビアであり，バンコクに最初の市内軌道が開通するまでに，既にバタビア以外にも，マニラ，サイゴン，ラングーン，シンガポール，ペナンに市内軌道が出現していた［Dick & Rimmer 2003: 68, Dick 2003: 348, Doling 2012: 3-4］[1]。その後スラバヤ，ハノイ，マンダレーにも市内軌道が開通し，東南アジアの主要都市にはいずれも市内軌道が出現したことが分かる[2]。

　市内軌道は一般的に馬力，蒸気力，電力の順に進化してきたが，バンコクは馬力から蒸気力を経ずに電力に移行した。都市によってこの順番に移行した都市と蒸気動力から始まった都市に分かれ，ジャカルタとマニラはいずれも馬力から蒸気力へと移行し，さらに電力に変わっていたが，それ以外の都市は蒸気動力で開業し，その後電力へと移行した[3]。バンコクの電化がアジアで最も早いものであったことは既に述べたが，バンコクの先進性はウェステンホルツという外国人技師に依存するものであり，あくまでも民間事業者の経営判断であった。この結果，蒸気動力の使用を経ずに，バンコクの市内軌道は馬力から電力へと技術的発展を遂げたのであった。

　しかし，問題はやはり市内軌道の構造的な問題であった。電車の導入がアジアで最も早かったとはいえ，道路の片側に単線の線路を敷いた軌道は1960年代に廃止されるまで変化がなかった。すべての都市の情報が得られるわけではないが，他都市においては複線区間も少なからず存在していた。例えば，ラングーンでは1900年代末の時点で総延長22kmのうち17kmが複線区間であり，ビルマ第2の都市マンダレーの市内軌道約10kmも全線複線であった［Wright, Cartwright & Breakspear ed. 1910: 301, 374］。ペナンも市内の一部が複線化されており，街路の中央に線路が敷設されていた［Francis & Ganley 2006: 24］。バンコクの軌道の構

造的な問題が市内軌道の発展を妨げていたことは上述した通りであるが，他都市と比較しても総延長 50km の市内軌道網がすべて単線であったというのは異例であると言えよう。これは運営する民間事業者の方針というよりも，街路への軌道の敷設を許可する政府や市側の問題であった。

　このような構造的問題を抱えていたバンコクの市内軌道ではあったが，意外にも東南アジアにおいては生き永らえたほうであった。最初に市内軌道を廃止したのはシンガポールであり，1926 年のことであった [Dick & Rimmer 2003: 238]。シンガポールの場合はトロリーバスへの代替による廃止であり，同様にペナンでもトロリーバス化によって 1936 年までに市内軌道が全廃された [Francis & Ganley 2006: 23]。バンコクでも 1920 年代末からトロリーバス化の話が浮上していたが，これはシンガポールなどの経験を受けてのことであった。その後，第 2 次世界大戦による旧市街地の破壊によってマニラの市内軌道も廃止となり，戦後復活はしなかった [Dick & Rimmer 2003: 270]。ラングーンとマンダレーの市内軌道も第 2 次世界大戦中に破壊され，同じく戦後も復活しなかった [太田 1967: 216-217]。戦後まで生き永らえたその他の都市についても，サイゴンが 1957 年に，ジャカルタが 1960 年に，スラバヤが 1965 年に市内軌道を廃止し，バンコクの市内軌道は相対的に廃止が遅いほうであった [Ibid.: 70, Doling 2012: 85, Dick 2003: 382][4]。最終的に，1989 年に最後まで残ったハノイの市内軌道が全廃されたことで，東南アジアの都市から市内軌道はすべて消滅してしまった [Doling 2012: 93]。

　一方，近郊鉄道については先進国ではそれなりに出現したものの，非先進国では限定されていた[5]。東南アジアではバンコク以外には実質的にジャカルタに出現したに過ぎず，バンコクはむしろ例外的であった[6]。ジャカルタでは国鉄が 1927 年に中心部の環状線を電化して電車を 15 分間隔で運行したもので，バンコクよりも都市交通としての機能は高かった [Dick & Rimmer 2003: 279][7]。それでも，バンコクのほうが都市鉄道化の動きは早く，その点ではパークナーム鉄道は東南アジアで最初の都市内輸送の機能を有した近郊鉄道であったといえる。そして，市内軌道への電車の導入と同じく，これも外国人の民間事業者がビジネスの一環として行った施策であった。

(2) バス

　バンコクにおけるバスの出現と発展の過程も，他の非先進国の都市における都市交通の発展過程とほぼ一致していた。バンコクのバスは1910年ころに出現したが，これは東南アジアの他の都市と比べるとやや早かった。バスの運行開始年に関する情報は少ないが，シンガポールは1920年に，ラングーンでは1926年に定期バスが運行を開始したとされている [Ibid.: 237, 300]。マニラでも1927年以降市内軌道を運行していたマニラ電気鉄道 (Manila Electric Railway and Light Co.) がバス網の拡張を始め，1941年までに市内軌道の輸送量をバスが上回るまでに成長していた [Ibid.: 266]。このように，1920年代以降バスの運行が本格化した都市が多く，バンコクにおいても市内軌道とバスの競合が本格化するのは1920年代後半からのことであった。

　一方で，バンコクのソーンテオのようないわゆるパラトランジットも，これらの都市においても同様に出現してきた。そもそもバンコクのバスはソーンテオ型のトラック改造バスから始まっており，1950年代に箱形のバスが導入されるまでは事実上すべてのバスはパラトランジット型であったが，その中でも正規に運行許可を得て走っているものと，非合法なものが存在していた。シンガポールではこのソーンテオ型のバスをモスキトー・バスと呼んでおり，1920年に運行を開始した市による路線バスが1年で廃業した後は，このようなモスキトー・バスがそれを代替していった [Ibid.: 237-238]。マニラでは第2次世界大戦後ジープニーと呼ばれるパラトランジットが出現し，急速にその数を増やしていった [Ibid.: 270]。

　都市によっては，これらのパラトランジットが「伝統的」なバスを駆逐していったり，逆に「伝統的」なバスに取り込んでいったりした。最初に述べたように，スラバヤやバンドゥンではパラトランジットとの競合で路線バスが消滅していた。マニラでも1948年にマニラ電気鉄道がバスの運行を廃止した後は，ジープニーの天下となった [Ibid.: 269-270]。他方で，シンガポールでは多数の中国人事業者からなるモスキトー・バスの運行を1935年に市が11の事業者に統合し，やがてこれらの事業者がシンガポールのバス事業を一手に担うことになった [Ibid.: 239]。バンコクでは一部のパラトランジットを正規の路線バスに取り込みながら，「伝統的」バスとパラトランジットが併存する状況が続いたが，全体的

には「伝統的」バスが優位な状況が続いた。

そして，バンコクでようやく1970年代半ばに実現したバス事業者の統合問題も，実は多くの都市が経験していた。シンガポールではモスキトー・バス事業者を11社に統合した形でその後のバス事業が行われてきたが，これらの事業者が1973年に1社に統合された [Leinbach & Chia 1989: 199]。マニラに120存在したバス事業者も，1981年に統合されている [Ibid.]。このように，バンコクと同様に多数の事業者が乱立する状況が各地で見られたことから，バンコクと同じような時期に事業者の統合が行われていたのである。すなわち，バス事業が民間事業者によって開始されてから，パラトランジットの取り込みを経て最終的に事業者が1社に統合されるまでの道のりは，東南アジアの他都市においてもおおむね共通したものであった。

しかし，統合後の運営形態が公営とされた点が，東南アジアにおいてはバンコク独自のものであった。シンガポールにおいてもマニラにおいても，統合された事業者は民間事業者であり，それ以外の都市についても民間事業者によるバスの運行が大半を占めている。この公営化が様々な問題を引き起こしたのは上述した通りであり，公営化直後のバス不足による違法ソーンテオの発生や，その後のバンバスの出現など，パラトランジットの台頭をもたらす要因ともなった。もちろん，公営化の背景にはポピュリスト的政策の実現という政治的要請が存在したわけであるが，このような都市交通の政治化の度合がバンコクの場合は周辺国より高かった可能性もあろう。

(3) 都市鉄道

市内軌道と近郊鉄道から始まった都市交通が，やがて後発のバスによって代替され，軌道系輸送手段が一時消滅したのちに都市鉄道が出現するという過程は，やはり非先進国が経験した都市交通史と共通している。しかし，バンコクにおける大きな特徴は，都市鉄道計画が出現してからそれが実現するまでに30年近く要した点であろう。例えば，シンガポールにおいては都市鉄道計画が浮上したのが1971年であり，建設を決定したのが1976年，着工したのが1983年で，最終的に最初の区間が開通したのが1987年であった [Dick & Rimmer 2003: 247]。バンコクにおいて最初に計画が浮上したのは1970年代初めであり，建設を決定し

たのも 1979 年であったが，その後の進展が非常に遅く，着工はホープウェル計画の 1993 年が最も早く，開通は 1999 年末の BTS であった[8]。

そして，バンコクにおける都市鉄道の整備は，複数の事業者が独自に行っている点も特徴であった。BTS はバンコク都，地下鉄は都市鉄道公団，エアポート・レールリンクは国鉄と管轄する機関も異なるばかりでなく，運営会社もそれぞれ独自の事業者が担っている。シンガポールは上下分離方式を採用し，陸上交通庁 (Land Transport Authority) が土木工事を行い，公企業のシンガポール都市鉄道 (Singapore Mass Rapid Transit Co. Ltd.) が電車の運行を行う形を採用してきたが，2003 年以降は民間事業者も新規に開通した路線の電車運行に参入している [Yeung 2007: 48]。香港では 2007 年まで公企業体である地下鉄路公司 (Mass Transit Railway Co. Ltd.) が 1970 年代以降整備されてきた都市鉄道を，九広鉄路 (Kowloon-Canton Railway Co. Ltd.) が在来線の運営を担当し，その後両者が統合された [Ibid.: 3]。

もっとも，バンコクの事例は非先進国においては必ずしも珍しいことではなく，路線ごとに事業者が異なる事例は他の都市においても見られる。シンガポールでも新たに民間事業者が運行に参入してからは，複数の事業者が存在する状況である。クアラルンプールはバンコクと同じく路線ごとに事業者が異なる状況であり，在来線を改良したマラヤ鉄道の近郊電車 (KTM Komuter)，スターとプトラと呼ばれる LRT2 線，クアラルンプール国際空港へのアクセス鉄道，そしてモノレールと，計 5 つの事業者が存在した [King 2008: 119-120][9]。ソウルでは地下鉄建設と運営は地下鉄公社と都市鉄道公社が長らく担ってきたが，1990 年代末からは上下分離方式による BOT 方式が採用され，民間事業者が運営を担当している [藤田 2012: 238-240]。多数の事業者が存在する場合は，路線間の接続が問題となる場合が多く，乗換駅での移動距離が多かったり，乗り換えるたびに運賃を支払わなければならなかったりなどの問題が発生する[10]。このため，バンコクでもタックシン政権時代に均一運賃の実現に向けたバンコク大量輸送システム社の買収問題が浮上したのであった。

しかしながら，都市鉄道の事業者数が多いことは事業者間の調整などの問題を引き起こすが，反面迅速な都市鉄道整備を実現させる可能性もある。すなわち，複数の事業者が都市鉄道計画を同時進行させることで，単一事業者による計画の

遂行よりも迅速に都市鉄道整備を進めることが可能となる。これは先進国における民間事業者による都市鉄道や近郊鉄道の建設の事例を見れば明らかであり，例えば日本の東京圏や関西圏における急速な鉄道網の発展に民間事業者が果たした役割が典型例である。東京の地下鉄は東京都と帝都高速度交通営団（現東京メトロ）の2社によって建設され，別々の運賃体系が批判の対象ともなっているが，他方で2社による地下鉄整備が迅速な路線網の拡大に貢献したのもまた事実である[11]。このため，複数事業者による都市鉄道整備の優位性も存在するのである。

　建設と運営方法についても，バンコクの場合は3つの事業者によって異なっていた。BTSはBOT方式で建設され，100％民間出資で建設された世界で最初の事例であるとされていた。もっとも，BTSの延伸線についてはもはや土木工事から自力で行う余裕はなく，バンコク都が建設を行いバンコク大量輸送システム社に運行を委託するという形態をとった。都市鉄道公団はシンガポールと同じ上下分離方式を採用し，バンコク・メトロ社が運行を担当している。エアポート・レールリンクはターンキー方式で建設を行い，当初は国鉄が自ら運営を行う予定であったが，最終的に子会社を設立して運行を任せることになった。クアラルンプールもバンコクと同様に多様な建設方法を取っており，その点でもバンコクに近似している。

　技術的な側面から見ると，バンコクの都市鉄道はいずれも新たに建設されたものであった。都市鉄道の導入の際には，旧来から存在する在来線を都市鉄道にする場合と，従来鉄道が存在しなかったルートに新たに都市鉄道を整備する場合があり，バンコクではいずれも前者を採用した。このため，在来線が軌間1,000mmの非電化なのに対し，都市鉄道はいずれも軌間1,435mmの標準軌の電化線となっている[12]。エアポート・レールリンクは国鉄が管轄しており，ルートの大半は在来線に並行しているものの，規格も運行システムも全く異なっている。非先進国においてはこのように在来線とは別個に新たな都市鉄道を建設する場合が多いが，クアラルンプールのKTM Komuterやジャカルタの通勤電車のように，在来線を利用して都市鉄道の機能を付与する場合も見られる。タイにおいても本来は在来線を活用する方策を行うことは可能であったものの，ホープウェル計画の出現やその失敗によって依然として在来線は都市内輸送にほとんど関与していない状況にある[13]。

第 7 章　都市交通史が語るもの

　このように多様なシステムが混在するバンコクの都市鉄道ではあるが，利用者数を見る限りはそれなりに定着していると言えよう。東南アジアの他都市の都市鉄道利用者と比較すると，シンガポールが 2010 年に計 145km の路線網（2012 年時点）で 1 日平均 189 万人を輸送し，マニラでは 2009 年に計 46km の路線網で同じく 100 万人を輸送している [Kakizaki 2012: 177]。2012 年のバンコクの都市鉄道の総延長はエアポート・レールリンクと淡赤線を除いて 51km，1 日の利用者数が 70 万人であったことから，マニラとシンガポールのレベルには達していなかったことが分かる。しかし，クアラルンプールでは 2010 年の時点で KTM Komuter を除き 121km の路線長に対して 1 日の利用者数は約 37 万人であったことから [Ibid.: 179]，クアラルンプールよりは輸送量が多いことが分かる[14]。もっともクアラルンプールよりバンコクのほうが都市規模は大きいことから，輸送密度が高いことはある意味当然ではあるが，バンコクの都市鉄道の利用者数は相対的に見ても決して少なくないことは確認できる。

(4) パラトランジットと BRT

　先行研究において，非先進国の都市交通におけるパラトランジットと BRT の有効性が指摘されてきたが，バンコクにおいてはこの 2 つの輸送手段はどのように捉えられるのであろうか。

　パラトランジットについては，上述のように黎明期から存在しており，当初はすべてのバスがソーンテオ形式のトラック改造バスであった。バスの形態としてはソーンテオ型から「伝統的」な箱形のバスへと変化してきたが，他方で非合法のソーンテオも常に存在した。そして 1970 年代半ばのバス事業統合に伴う混乱の中でバス不足が顕著となったことからソーンテオが急増し，最終的に公団はソーンテオを合法化して管轄下に置き，箱形のミニバスへと改造させた。さらに，1990 年代後半から新たなパラトランジットとしてバンバスが出現し，公団はこれも合法化して管轄下に置くことにした。すなわち，バンコクにおいては需要の発生に乗じてパラトランジットが自然発生し，その存在が無視できなくなると合法化して公的機関が管轄するという対応がとられてきた。本書では扱わなかったが，同じくパラトランジットの一形態であるバイクタクシーに対しても全く同じ対応がなされてきた。

379

現在バンコクにおいて運行されているパラトランジットは，バイクタクシーを除けばバンバス，ミニバスとソーンテオの3種が存在する。ソーンテオの一部はシーローと呼ばれる非合法のものが存在し，バンバスも依然として一部が未登録であるが，それらを除けばすべて大量輸送公団の管轄下に置かれている[15]。いずれも需要が存在するから発生したものであり，一定の利用者が存在して何らかの利益が得られるからこそ，現在でも運行を続けているのである。このため，これらのパラトランジットをより有効に機能させることは不可能ではない。

　しかし，問題は公的機関がどこまで十分な統制を行うことができるかである。ミニバスにせよバンバスにせよ，安全面やサービス面に問題があるとする苦情が頻繁に寄せられている。2000年から大量輸送公団によるバンバスの管轄が始まったにもかかわらず，依然として非合法のバンバスも少なからず存在している。公団の年次報告書にも，毎年のように公団の収入が当初の目標に達しなかった要因として，非合法のソーンテオやバンバスによる競合が挙げられている［KSMK (2009): 60］。2010年12月末には高速道路上でバンバスが乗用車に追突されて乗客ら9人が死亡するという事故も発生し，バンバスの安全性が問題となった[16]。また，バンバスがたとえ公団の管轄下に置かれたとしても，依然としてブローカーが暗躍していることも多く，抜本的な対策がなされない場合もある。「伝統的」バスのサービスが不十分なためにパラトランジットが発生したのは事実ではあり，その存在は利用者の一定の支持によって成立している。しかし，現状ではバンコクでのパラトランジットの統制は不十分であり，成功例とされるクアラルンプールや香港のような統制が可能とは思われない[17]。

　他方で，BRTもバンコクにおいては十分にその機能を発揮しているとは言い難い。2010年にようやく仮開業したBRTであったが，1日の利用者は目標の3万人を大幅に下回っており，利用者数は低迷している。その最大の要因は都市鉄道に比べて信頼性に欠ける点であり，信号待ちや道路混雑によって所要時間が伸びる場合が少なくない。本来はバス優先信号が利用可能なのであるが，道路混雑の悪化を恐れる警官が優先信号を使わないことから，一般車両と同じように信号待ちを強いられる。さらに，車線を削減されたとして自家用車利用者の反発も強く，2011年2月にはラッシュ時に一部区間でBRT専用車線への一般車の乗り入れを認めた[18]。このように，利用者の支持も伸びず，自家用車利用者からの反発

第 7 章　都市交通史が語るもの

も強いことから，バンコクにおける BRT の活用は容易ではないものと思われる。
　バニスターは非先進国における BRT を活用した都市交通サービスの改善を主張し，安易な都市鉄道整備への警鐘を鳴らしたのであったが，バンコクの場合は先に都市鉄道が存在していたことが BRT への不支持を拡大したものと思われる。都市鉄道が存在しない状況において BRT が開通すれば，従来のバスに比べて信頼性が高く所要時間も短縮されるとして，それなりの評価が得られたはずである[19]。在来線を利用した通勤電車しかないジャカルタでは，BRT は最も近代的な都市交通として支持されており，中止された都市鉄道計画を BRT に代替するという話も存在する[20]。このため，バンコクの場合は順番が逆であり，BRT は公共交通の利用者からも自家用車の利用者からも支持されなかったのである。
　さらに，バンコクの都市規模を考慮すれば，既に BRT で賄うことのできる段階を越えていたとも言えよう。やや古い議論ではあるが，トムソンらは都市鉄道が財政的に成功するための条件として，最低の人口規模は 500 万人で，バスが 1 時間当たり片道 1.5 万人を輸送するような回廊が存在していることを挙げていた [Thomson, Allport & Fouracre 1990: 36-37][21]。バンコクの人口は 1980 年の時点で既に 500 万人に近づいていたことから，その時点で当初の計画通りに都市鉄道を建設しても，十分採算性はあったことを示している。より人口規模の小さいチェンマイなどの地方都市においては BRT も有効に機能する可能性はあるが，少なくともバンコクにおいては BRT を活用する段階を越えたものと言えよう[22]。
　このように，バンコクのような公的機関の統制が十分に機能しない都市においては，パラトランジットの有効性は低くなり，メリットよりもむしろデメリットが表面化する可能性がある。そして，BRT もバンコクほどの都市規模ではもはや都市鉄道の代替としては機能せず，基幹交通手段としての利用は期待できないのである。

第 2 節　統制の強化

(1) 民営から公営へ
　パラトランジットの統制が依然として不十分なことからも分かるように，バン

コクにおける都市交通の統制は依然として不十分な側面が存在する。それでも，市内軌道，近郊鉄道，バス，都市鉄道のいずれをとっても，統制は徐々に強化される傾向にあった。共通するベクトルは，民営から公営へという動きであった。

　市内軌道と近郊鉄道は，いずれも外国人資本家が設立した民間事業者がビジネスとして始めたものであった。市内軌道においてはタイ人資本家が対抗して新会社を設立したが，結局外国企業に統合されてしまった。免許の条件を見ても，最初のパークナーム鉄道とバンコク軌道の条件が一番緩く，後発の路線ほど条件は厳しくなった。また，市内軌道の場合は道路使用料という手数料を政府が徴収するようになり，利益配分も求められるようになった。そして，市内軌道は路線網の拡張，近郊鉄道は電化による都市鉄道化を模索したものの，どちらも定められた免許期間の終了という足かせを外すことはできず，最終的に1930年代から1940年代に公営化された。市内軌道については，東南アジアの他都市においてもやはり当初は民間事業者によって事業が開始されているが，その後公営化される前に廃業した都市が大半であった。

　バスについては，タイ人や中国人が担い手であったが，やはり民間事業者が開始したという点においては同様であった。その後1930年代にバンコク市と輸送社（旧航空輸送社）が，さらに1950年代に通運公団が新たに参入する形で，公営事業者も出現した。バスの統制も徐々に制度化され，当初自治土木局が特別許可を出していたものが1954年の運輸法の施行により運輸省の統制に変わり，5年間の免許が交付されるようになった。実際の統制は運輸統制委員会が行い，路線の廃止や免許の剥奪をかなり強権的に行った時期も存在した。バス事業の統合計画も1930年代から何度も浮上したが，運賃値上げを回避するための施策として1970年代に入って改めて検討され，最終的に1975年に公企業という形でバス事業者の統合と公営化が行われ，翌年公団に継承されたのであった。上述のように，東南アジアの他都市でもバス事業はやはり民間事業者によって開始され，多数の業者がやがて統合されたのも類似しているが，統合された事業者が公営であったのはバンコクの特徴であった。

　一方で，より複雑な動きを見せたのは，都市鉄道であった。都市鉄道計画が浮上したのは1970年代であり，莫大な投資額からもはや純粋な民営事業としては成立しないと思われた。政府は当初国家予算による建設を計画したが，予算不足

に伴い100％民間出資型のBOT方式による建設に変えた。しかしながら，それがうまくいかなかったことから，高速道路公団が25％を上限に出資することを決め，ようやくラワリン社への免許交付に至った。ここまでの過程を見る限り，公営から民営を経て，再び公営の方向にベクトルが向いたことが分かる。

　その後，経済ブームの中で100％民間出資型のBOT計画であるホープウェル計画とBTS計画が出現し，民間事業者のビジネスとしての都市鉄道の可能性が高まった。ホープウェル計画は失敗したもののBTSは成功したことから，民営による都市鉄道が一応成立したことになる。しかし，同じく100％民間出資型のBOTを模索した首都電鉄公団は路線の地下化によってこれを諦め，上下分離方式での建設を採用した。バンコク大量輸送システム社も自己資金による延伸を諦め，バンコク都が建設する延伸線での運行のみを担当する形に変わった。そして，タックシン政権時代のポピュリスト的政策によって低廉な運賃水準を実現する必要が生じたことから，政府はバンコク大量輸送システム社やバンコク・メトロ社を買収してこれを実現しようとした。このため，1990年代以降の流れを見ると，やはり民営から公営への方向にベクトルが向いていたことになる。

　これらの過程を序章で言及した公共交通供給サイクルと比べてみると，共通点と相違点が見えてくる。ゴメズ＝イバンズとメイヤーの公共交通供給サイクルは，当初民間企業による起業によって開始された交通事業が，やがて政府の統制による収益性の悪化に伴い公営化されるものの，効率低下と経費上昇に伴うサービス低下のジレンマに陥り，最終的に民営回帰するというサイクルであった［Vasconcellos 2001: 133-134］。市内軌道，近郊鉄道，バスのいずれも民営から公営へと変化していることから，このサイクルの前半部，すなわち民営から公営化までのプロセスはバンコクでも当てはまることになる。バスの場合は，政府の統制の強化によるバス台数の増加や運賃値上げの抑制などが事業者の収益性の悪化へとつながり，それがバスサービスの低下へとつながっていった。都市鉄道の場合はまだ公営化までは至っていないが，政府の統制による収益性の悪化をタックシン政権時代に浮上した低廉な運賃水準の実現と捉えれば，このサイクルの前半に一致する。

　しかし，市内軌道と近郊鉄道については，外国企業であるという理由から公営化に至るプロセスが若干異なっていた。政府の統制の強化は確かに存在し，それ

による収益性の悪化も見られた[23]。それでも，それが直ちにサービスの低下に結び付いたのではなく，むしろパークナーム鉄道の全線電化や，サイアム電力の路線網拡張など，さらなる事業の拡大を目指していた。ところが，政府が免許期間の延長を頑として認めなかったことから，各社とも公営化という運命を受け入れざるを得ず，最終段階において新規投資が抑制されたのであった。すなわち，市内軌道と近郊鉄道の場合は外国企業の利権を剥奪するための公営化であり，それがバスの事例とは根本的に異なっていた。そして，このような目的のための都市交通の公営化は，世界でも稀有のものであったものと思われる[24]。

なお，バンコクにおける都市交通の公営化の潮流は，タイの交通政策全体の中でも強いものであった。陸上の旅客輸送に限定すれば，地域間交通の担い手は鉄道かバスであり，鉄道についてはバンコクの近郊鉄道が国営化されてからは一貫して国鉄が運行を担当していた。一方のバスは，「開発」の時代に輸送社によるバンコク発着の地方バスの統合がなされたが，その後はバンコクと地方を結ぶ路線（第2種）の免許を輸送社が独占するにとどまり，第3種以下の地方バスは基本的に民間事業者の手にゆだねられた[25]。さらに，輸送社の免許区間で運行されている民間バスのほうが輸送社の直営バスよりはるかに多く，輸送社の直営バスの比率は非常に低い[26]。このため，地方バスについては民間事業者による運行が中心であり，少なくとも大量輸送公団が路線をすべて管轄しているバンコクの状況とは大きく異なっている。

(2) 公営化の問題

都市鉄道を除いていずれの輸送手段も最終的に公営化されたが，公営化がすべての問題解決策ではなかったことはこれまで見てきた通りである。市内軌道と近郊鉄道については，公営化された後にその資産を積極的に活用しようという態度が見られず，最終的にどちらも公営事業のまま廃止された。その理由としては，市内軌道にせよ，近郊鉄道にせよ，新たに管轄する機関にとっての主要な事業ではなかったことから，積極的な事業展開を行わなかったことを既に指摘した。もちろんバスとの競合によりどちらも存在意義を低下させていたのではあったが，公営化したことが最終的にこれらの輸送手段を廃止へと導いたことは事実であろう。他の都市においても市内軌道は廃止される運命にあったことから，構造的欠

陥を持つバンコクの市内軌道が消滅したことはやむを得ない側面もあったが，近郊鉄道についてはより積極的に活用し，都市鉄道化を実現させることが可能であったのではないかと悔やまれる。

　バスについては，公営化が新たな問題を引き起こしていた。輸送力不足による非合法のソーンテオの流入もその1つであるが，やはり最大の問題は公営化に伴う赤字経営であった。それまで民間事業者がバス事業を行っていた時代には，政府が直接バス事業の赤字を補填する必要はなかったが，公営化したことで多額の負担を強いられることになった。さらに，公営化に伴う人件費の高騰や，満足に動かない民間バスの買収など，公団の運営面でも効率低下と経費上昇が見られた。赤字経営を強いられることで新規事業が抑制され，バンコクのバスサービスは相対的に低下していった。民間のマイクロバスを利用した新たなサービスも打ち出したものの，結局は公団のバスのみで新たに発生する需要をすべて賄うことができず，違法なバンバスの出現を招くことになる。

　このような公営化が引き起こした問題を解決するために，バンコクのバス事業は再び民営化の方向に向かったのである。その点では，公共交通供給サイクルの後半部分と同じであり，ヴァスコンセロスの「公営企業」サイクルともほぼ一致する [Ibid.: 135-136][27]。ただし，バンコクの場合は完全な民営化の段階までには到達せず，民間委託の拡大による大量輸送公団の直営事業の縮小にとどまっていた。非合法のソーンテオやそれを継承したミニバス，そして新たに出現したバンバスも同じように公団の下に管轄されたことから，公団直営バスの比率もこれらのバス全体の2割にまで低下した。つまり，公団はバスの運行事業者としての機能よりもむしろ管轄者としての機能を高めたのであり，公団の事業改善のためには最終的に完全な管轄機関に変化させるという計画も存在していた。

　しかし，結果としてそのような管轄機能を強めた大量輸送公団であっても，満足な統制ができていないことは上述の通りである。かつて1950年代末に輸送社が地方バスの免許を独占した時に，「寝そべって食う虎」との批判が出たことがあったが，公団が現状のまま管轄機関に変化しても，おそらく同様の事態が出現することになろう。現状においても民間委託バスや上述したパラトランジットへの利用者の不満は多いことから，その状況を改善できない限り，公団の管轄機関化は利用者の支持を得られないであろう。

そして，近年の都市交通の政治化が，大量輸送公団の管轄機関化を抑制している側面もある。そもそも，バンコクのバス事業の公営化はクックリット政権の無料バス計画を実現させるための手段であった。さらに，タックシン政権時代に出現したNGVバス計画も，安価な冷房バスサービスを都民に提供することを目的としており，これまで縮小傾向にあった公団の復活策でもあった。さらに，2008年にサマック政権が始めた無料バスも公団直営バスが対象となっており，民間委託バスでは簡単には実現しない施策であった[28]。このようなポピュリスト的政策の受け皿としての公団の役割が重視される傾向にあることから，現状ではバンコクのバス事業は再び公営化の方向へと変わりつつあるように思われる。

(3) 国営と市営

　バンコクのバス事業は最終的に政府の公団という形で統合されたが，その過程では市による統合計画も浮上していた。すなわち，公営化には国営と市営という選択肢が存在し，どちらを選択するかで駆け引きが繰り広げられていたのである。
　1930年代に最初に浮上した統合案は，バス事業の市営化であった。これはバンコク市の設立を契機に出現したもので，市内の交通事業は市に任せるべきであるという理念に基づいたものであった。実際には新規路線を市営のみにして徐々に民間事業者の比重を減らしていくという漸進的な市営化を目指したが，結局は戦争による市営バス事業の疲弊によって失敗に終わった。その後1950年代には国営による統合が指向され，今度は通運公団による漸進的な統合を目指した。しかし，これもピブーン首相の緩和政策の下で再び止まってしまった。その後，「開発」の時代に入ると再びバス事業の市営化が浮上したが，これも再び失敗に終わり，民間事業者による統合に計画が変わった。そして，最終的に1970年代半ばに国営という形での統合が実現したのである。
　大量輸送公団の成立した後も，バス事業の市営（都営）化の動きが出現していた。公団の慢性的な赤字が続く中で，早くも1980年代初めに公団の都への移管計画が浮上していた。その後しばらくは下火となったが，1990年代後半に再び都への移管計画が現れた。公団の規模縮小計画の出現でこれも立ち消えとなったが，今度は2000年代に入りサマックが都知事に就任すると移管計画が再浮上した。サマックは普通バスのみの移管を求めたが，政府側からの反応はなく，結局

第 7 章　都市交通史が語るもの

これも失敗に終わった。しかし，次のアピラック都知事の下で浮上した BRT 計画が最終的に認められたことから，2010 年に都はバス事業への参入を果たしたのである。

　このような国営化と市営化の問題は，結局のところ都市交通の管轄を政府が行うのか，地方自治体（市，都）が行うのかという選択の問題なのである。都市交通はある特定の都市の住民のためのサービスであることから，政府ではなく地方自治体が担当すべきであるという議論が存在する一方で，地方自治体の能力不足を理由に政府がこれを担当すべきであるとの意見も根強い。BTS の延伸計画が政府に支持されなかったり，延伸線の建設を都市鉄道公団の管轄に閣議決定されたりした際には，バンコク都側は都市交通を地方自治体の管轄にすべきであるとして，政府側に反発を示していた。他方で，政府側は都市鉄道の管轄の一元化を目論んでおり，最終的には BTS の管轄も都から移管したいと考えている。実際に，インラック政権下で BTS 延伸線の建設と運営は都市鉄道公団にゆだねることを最終的に決定し，バンコク都による都市鉄道整備はフィーダー線となるモノレールしか可能性がなくなった。バンコクの都市交通においては，政府がその管轄権を着実に強めており，地方自治体が劣勢となってきているのが現状である。

　確かに，都市交通の管轄機関を一元化することは，利用者の利便性の向上につながる。しかし，その管轄機関を政府機関とすることは，先進国の事例から見ると逆行している。先進国においては都市交通を各都市に存在する地方自治体が担当することが一般的であり，政府からの補助金の提供はあっても，政府機関が直接都市交通を運営することは少ない。地方自治体の能力強化については，都市の徴税権を強化して歳入を増やすことが重要であるとの指摘もある［Rimmer & Dick 2009: 272-273］。1960 年代にバンコク市によるバス統合計画が浮上した際には，市の能力を疑問視する市民の意見も出たものの，現在のバンコク都は自力で BTS の延伸線や BRT の建設を行っており，バンコク市内の都市交通を担当する能力は十分存在するはずである[29]。政府側が自らの管轄にこだわり続けることは，都市交通の管轄に何らかの利権が存在する可能性を想起させるものである。

第3節　都市交通の政治化

(1) 管轄機関の対立

　バンコクの都市交通の史的展開を紐解くと，統制の強化とともに都市交通の政治化という問題が浮上する。すなわち，都市交通が政治家にとって重要な意味を持つようになり，それを自分に都合よく利用することである。その結果，都市交通政策が歪められ，様々な弊害が露呈することになる。香港では地下鉄を政治家の「おもちゃ」にしないような制度設計がなされたが，バンコクでは完全に「おもちゃ」になってしまったのである。

　都市交通の政治化の最初の兆候は，管轄機関の対立であった。図7-1のように，バンコクの都市交通の管轄機関をめぐる最初の変化は，1954年の運輸法の施行に基づく内務省から運輸省へのバス事業の管轄の移管であった。路線バスの運行許可は1930年の自動車法に基づいて自治土木局が発行していたことから，この局を管轄した内務省がバス事業を押さえていたことになる。その後，運輸省側が巻き返しを図り，1954年の運輸法の施行によってバスの管轄が内務省から運輸省へと変更された。市も内務省の配下に置かれていることから，市営化計画も内務省側が推進したものであったが，運輸省側が市営化計画に反発し，配下の公企業によるバス事業者の統合を進めようとしたり，民間事業者を後押しして民間主導の統合を進めようとした。最終的に1976年に設立された大量輸送公団は運輸省下に置かれたことから，この運輸省と内務省のバスをめぐる確執は最終的に運輸省が勝利した。

　都市鉄道をめぐっても，管轄機関の確執が見られた。バンコク市内の高速道路と都市鉄道を担当するために1972年に設置された高速道路公団が運輸省ではなく内務省下に置かれたことから，内務省は新たに都市鉄道の管轄を確保することになった。しかし，高速道路公団による都市鉄道整備は結局失敗し，1992年に首都電鉄公団が新たに設立され，都市鉄道計画はこちらに移管された。この首都電鉄公団は内務省下ではなく総理府下に置かれたことから，交通関係の機関を管轄する省庁がさらに増えた。最終的に2002年の省庁再編で高速道路公団も首都電鉄公団を改称した都市鉄道公団も運輸省の配下に移り，交通関係の機関はすべ

第 7 章 都市交通史が語るもの

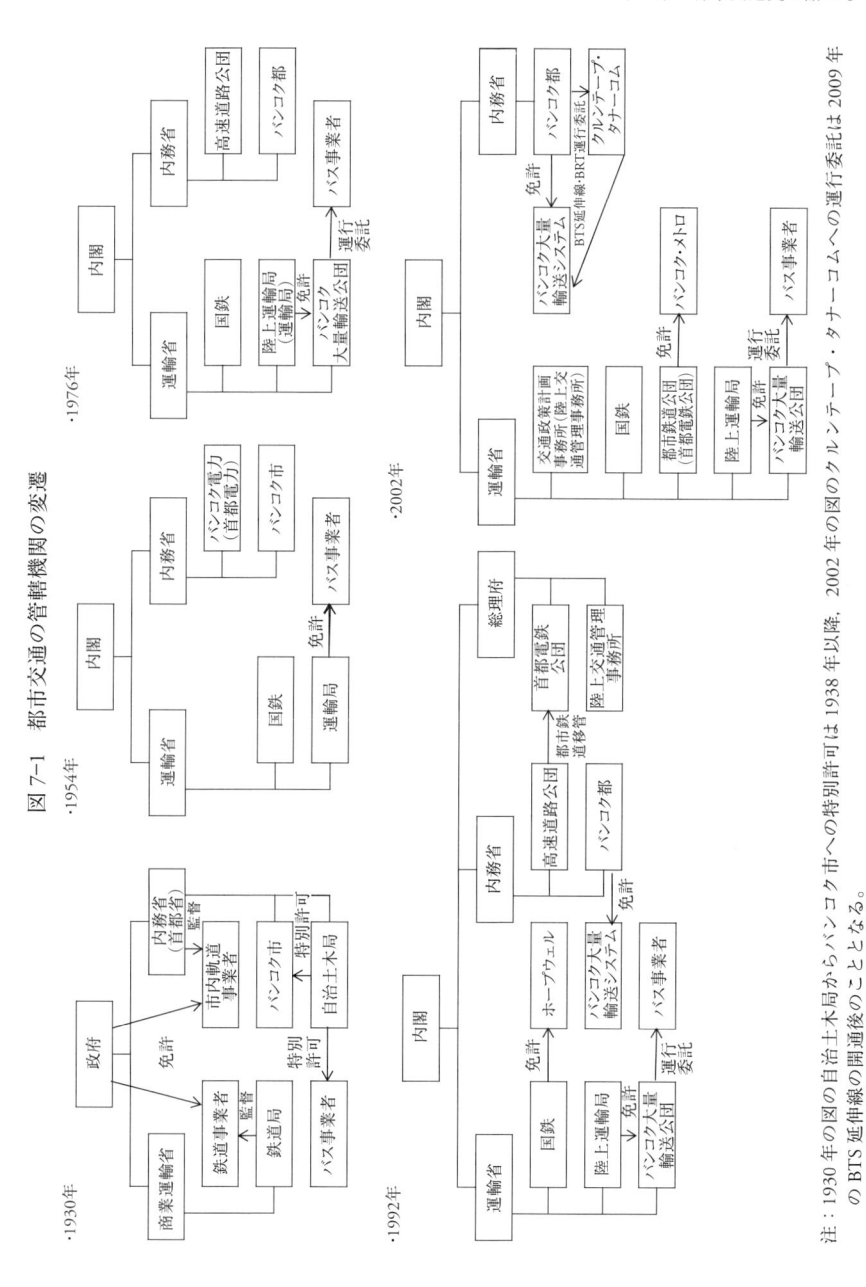

図 7-1 都市交通の管轄機関の変遷

・1930年
・1954年
・1976年
・1992年
・2002年

注：1930年の図の自治土木局からバンコク市への特別許可は1938年以降、2002年の図のクルンテープ・ターナコムへの運行委託は2009年のBTS延伸線の開通後のこととなる。
出所：筆者作成

て運輸省の下に一元化された。こうして，都市交通をめぐる管轄省庁間の確執に一応終止符が打たれたのである。

　しかしながら，省庁間の確執の解消と引き換えに，今度は政府とバンコク都の対立が顕著となっていった。そもそも，都市鉄道の管轄は高速道路公団が掌握することになっていたが，タイの経済ブームの中で国鉄とバンコク都が自らの所有する土地（鉄道用地，都道）上に建設する都市鉄道の免許をそれぞれ民間事業者に交付したことで，都市鉄道の管轄機関が複数になっていた。タックシン政権の成立までは政府と都の対立はなかったが，2000年にサマック都知事が就任して翌年タックシン政権が成立すると，BTSの延伸線問題に関する対立が発生した。

　この対立は次のアピラック都知事時代にさらに激化し，都が推進するBTSの延伸線計画とBRT計画に対して政府が異議を唱える状況となった。最終的にBTSの延伸線の建設は都側が見切り発車の形で開始し，BRT計画はタックシン政権の崩壊後に政府の許可を獲得するに至った。この対立はタックシン政権後に解消するかに見えたが，実際にはその後も継続し，親タックシン政権下での濃緑線と淡緑線の建設をバンコク都ではなく都市鉄道公団の管轄とするという閣議決定や，反タックシン派のアピシット政権下でのこの問題をめぐる運輸省側とバンコク都の確執が見られた。このような政治的対立がBTSの延伸線計画とBRT計画の遅れを招いたことは，上述した通りである。

　このような対立の背景は，政争と利権の側面から説明できるであろう。タックシン政権時代の政府とバンコク都の対立は，政争の側面が強かったと考えられる。バンコク都の都市鉄道計画やBRT計画が進展することで都民の支持が都知事を出していた民主党側に向かうことを恐れたタックシンが，都の計画を妨害するために政府側の持っている許認可権を利用したのである。BTSの延伸線では，最終的に都側が政府の許可を得ない形での着工に踏み切ったが，BRT計画は逃げ道がなく，タックシン政権の崩壊後まで待たされることになった。このような不毛な政争が，結果として都市交通の整備を遅延させる要因の1つとなっていたのである。

(2) 利権の拡大

　管轄機関の対立が拡大した背景には，政争と並んで都市交通をめぐる利権の存

第7章　都市交通史が語るもの

在が影響していたものと考えられる。もちろん，民間事業者を管轄することによって得られる利益は公式のものと非公式のものが存在し，例えば輸送社が地方バスを統合することによって得られる手数料は前者である。しかし，実際には管轄機関から許可を求めるため，あるいは違反を見逃してもらうために，非公式に便宜を供与することもありうる。いわゆるレントシーキングも，管轄機関にとっては非公式な利益となる。当初は自由放任主義であった市内軌道事業からの利益分配を政府が要求するようになったのも，この利権の拡大と捉えられるし，バス事業の管轄をめぐる内務省と運輸省の対立も，バス事業者から得られる利権をめぐる対立と捉えることができる。1967年のバス運賃の一時値上げの際に，運輸省の高官がバス会社の株式を保有していたことを暴露する記事があった。このように事業者側と管轄する機関との間に何らかの関係が存在していたことが，省庁間の対立につながったものと思われる。

　しかし，都市交通事業から得られる利権が大きく拡大したのは，都市鉄道計画が浮上した1970年代以降のことであった。これは，都市交通の中でインフラ整備の比重が増した点が大きく影響しているものと思われる。市内軌道と近郊鉄道は事業者が線路の敷設というインフラ整備を行う必要があったが，その後発展したバスは基本的にインフラ部分を公的機関が整備する道路に依存し，事業者はバスの調達のみを行えばよかった。いわゆる上下分離方式と同じであり，下部のインフラ整備は都市交通整備の枠組みとは別個に行われていた。

　ところが，都市鉄道は新たに高架線やトンネルの建設を必要とし，バス事業に比べ投資額も莫大なものとなった。都市鉄道整備はダム建設や道路建設と同じようにインフラ整備の側面が強くなり，大規模な建設業者に建設を発注する必要が生じたのである。ここで都市鉄道工事の発注をめぐるレントシーキングが行われる可能性が発生し，都市交通をめぐる利権の拡大をもたらしたのである。

　このような視点から見れば，1972年に設立された高速道路公団が内務省下に置かれたことは，どちらも大規模なインフラ整備事業である高速道路と都市鉄道の建設がもたらす利権を内務省が確保したことを意味していた。内務省はバスの管轄という権益を既に失っていたが，バス事業よりはるかに大きな権益をこの時点で確保したことになる。1992年に新たに設置された首都電鉄公団が総理府の下に置かれたことも，内務省の権益を剥奪する意味があったものと思われる。

さらに，反タックシン派のアピシット政権下での運輸省とバンコク都の対立も，この都市鉄道がもたらす利権をめぐる確執であったと捉えられる。アピシットもバンコク都知事のスクムパンも同じ民主党出身であり，内輪同士で利権獲得の対立をする必要性はなかった。しかしながら，運輸省をプームチャイタイ党が握っていたことから，プームチャイタイ党が一旦手に入れた利権をバンコク都へ返すことに反対したのである。このため，反タックシン派の政権ができたにもかかわらず，タックシン政権時代から続いている政府とバンコク都のBTS延伸線をめぐる確執は解消しなかったのである。この事例も，都市鉄道がいかに大きな利権をもたらすかを示唆しているものと言えよう。

バスをめぐる利権も，依然として存在している。タックシン政権時代に出現したNGVバスの導入計画は，その後のタックシン派政権下でも継続されたものの，不正の温床であるとの世論が強く，野党の民主党もこれに強く反発していた。ところが，アピシット政権の成立後は運輸省を押さえたプームチャイタイ党がこの継続を強く求め，民主党側と対立を深めることになった。閣議で計画が承認されたものの，アピシットは何度も運輸省に対して計画の再検討を求め，結局彼の首相在任中にはこの計画は全く進展しなかった[30]。これもBTS延伸線をめぐる確執と全く同じものであり，NGVバス導入計画という利権を失うことにプームチャイタイ党が反対した結果であったと捉えられよう。

都市交通をめぐる利権の拡大は，一方では都市交通計画を促進する可能性もある。例えば，1990年代に突如国鉄のホープウェル計画とバンコク都の高架鉄道計画という2つの都市鉄道計画が浮上した背景には，利権を期待する政治家の後押しが存在していたものと考えるのが妥当であろう。当時はタイの経済ブームが進展していた時期であり，とくに前者のホープウェル計画の免許が交付された時期は，閣僚の座に就いた政治家が規制緩和や大規模な投資計画がもたらす利権に漁りつくことで「ビュッフェ内閣」と揶揄されたチャートチャーイ政権期であった[31]。その直後のバンコク都による高架鉄道計画も含め，この時期に出現したBOT方式の都市鉄道計画において公布された免許は具体的な計画内容が全く記載されておらず，拙速に免許を交付した感が強い。その点では，これらの計画は都市交通の政治化が生み出した計画であるといっても過言ではなかろう。

ただし，都市鉄道をめぐる利権の拡大は，実際の迅速な都市交通整備には結び

つかなかった。ホープウェル計画とBTS計画の出現は先発の高速道路公団による都市鉄道計画を遅らせる結果となり，きわめて杜撰な計画であったホープウェル計画は最終的に失敗した。BTS計画にしても，免許の時点では具体的な中身は一切決まっていなかったために車庫用地をめぐる問題に直面し，最終的に路線の変更を余儀なくされ，それが計画の遅延につながっていた。このように，都市鉄道がもたらす利権の存在は，結果的にバンコクの都市鉄道整備の促進にはつながらなかったのである。

　新たな都市交通の主役となった都市鉄道が大規模なインフラ整備を必要としたことで，都市交通の政治化はさらに深化し，利権をめぐる対立もより深刻化したのである。これらの利権は決して表には出てこないが，実際にはごく普通に存在するかのごとく新聞などで報道されている[32]。都市交通が利権の温床と見なされている限り，これをめぐる確執が続き，最終的にその整備を遅らせることになる。都市交通をめぐる利権の拡大も，バンコクの都市交通の整備を遅らせるもう1つの要因であった。

(3) ポピュリスト的政策の限界

　都市交通は庶民の日常生活になくてはならないものであり，とくに数の上ではマジョリティーを占める低所得者層にとっては欠かせない「足」であったことから，庶民の受けを狙った政治家がこれを「おもちゃ」として利用することになった。すなわち，都市交通がポピュリスト的政策の対象となり，政治家の都市交通政策への圧力が高まることとなったのである。

　都市交通がポピュリスト的政策の対象となる場合，具体的には低廉な運賃が最も重要な施策であった[33]。すなわち，低所得者層でも負担可能な運賃水準を維持することで彼らの支持を獲得しようとするものであり，都市交通事業の採算性は度外視されていた。これを最初に実行したのは，1960年代後半のタノーム政権であった。1968年の運賃値上げの撤回が具体的な施策であり，一旦は認めたバス運賃の50％値上げを撤回して元に戻したものであった。この背景には運賃値上げに対する利用者の大規模な反発があり，来る総選挙を考慮して有権者の反発を押さえようとの判断から行われたものであった。次いで，1975年に首相に就任したクックリット首相が掲げた貧困者のためのバス無料化政策も同じくポピュ

リスト的政策の側面を持っており，これが最終的にバス事業の国営による統合をもたらしたのであった。このように，政治的思惑からバス運賃を低廉なままに維持あるいは無料化しようとする試みが，バンコクの都市交通におけるポピュリスト的政策の始まりであった。

　このバス運賃の問題は，その1980年代に入っても引き継がれていたが，都市交通を本格的にポピュリスト的政策の対象としたのはタックシン政権であった。ここでは都市鉄道整備がその主たる対象となり，安価な運賃設定と迅速な整備を2つの柱としてバンコクの住民に対して「夢」を売ったのである[34]。都市鉄道のポピュリスト的政策化はとくに2005年の総選挙前から顕著となり，選挙戦の中で6年間に計354kmもの都市鉄道網を完成させ，全線15〜20バーツの均一運賃という形にマスタープランが改編されていった。その後も，さらに建設期間を3年間に圧縮したり，ターンキー方式によって迅速な整備を行おうとしたが，結局彼が描いた壮大な「夢」は，何一つ実現しなかったのである。

　都市交通がポピュリスト的政策の対象となった背景には，バンコクの都市規模の拡大と，それに伴う都市交通の利用者の増加が存在した。1950年代まではバンコクの人口規模もそれほど大きくはなく，都市交通問題が政治的に取り上げられることもほとんどなかった。ところが，「開発」の時代に入ってからバンコクの都市規模は急速に拡大し，都市交通の利用者も増加した。そのような中で，都市の住民向けのポピュリスト的政策としてバス運賃問題が浮上し，これを政治的に利用しようという動きが顕著となったのである。タックシン政権時代も同様で，都市部での支持の伸び悩みを打開すべく，従来都市交通の整備には決して積極的でなかったタックシンが，2005年の選挙に向けて都市の住民に対して「夢」を売ったものであった。

　都市交通のポピュリスト的政策化は，短期的には都市の住民のメリットになるかもしれない。安いバス運賃の維持は，住民の生活費の低減につながるし，可処分所得の増加をもたらすかもしれない。バンコク大量輸送システム社やバンコク・メトロ社の相対的に高い運賃と比べれば，都市鉄道の全区間を15〜20バーツで乗車できることは極めて魅力的である。そして，長年交通渋滞に悩まされている人々にとっては，できるだけ短期間に都市鉄道が整備されることに越したことはない。このため，都市交通をポピュリスト的政策の対象とすることは，一面

的には都市の住民の生活の質を向上させるための重要なステップになりうるかのように見えるのである。

しかし，問題はこれらの政策の実現可能性である。低廉な運賃の維持にせよ，迅速な都市鉄道の整備にせよ，それを実現するための費用をどこから捻出するかが問題となる。タノーム政権時代のバス運賃値上げの撤回は，直接的には民間のバス事業者にしわ寄せが向かい，政府は間接的にしかその費用を負わなかった。しかし，ククリット政権の無料バス化以降は，運賃の無料化や低廉な運賃の維持はそのまま政府に費用がのしかかり，大量輸送公団の累積赤字の拡大という形でそのつけが拡大していった。2008年から始まった無料バスも，政府が公団に運行費用を支払う形で続けられている。

都市鉄道については結局実行には移されなかったが，2005年の総選挙後の頻繁な政策変更を見ると，やはり選挙戦で掲げた「夢」の実現のためには，費用の捻出が問題となったことが確認できる。着工間近の紫線の入札を突然中止したのは，採算面で問題があることが判明したためであった。採算面で問題があることが明らかになると，当然ながら建設のための資金調達が難しくなる。そこで，タックシン政権は採算面の問題を先送りしようと，ターンキー方式での建設に代えていくのであった。2005年10月の第1期都市鉄道整備計画から従来の詳細設計方式がターンキー方式による建設へと変更されていたのは，まさにそのことを裏付けている。そして，同年12月に打ち出した「タイ：発展のための協同」計画でもターンキー方式は維持されたばかりでなく，さらに天然ゴムとのバーター方式の導入まで浮上したのである。これらの変更は，都市鉄道整備を行うための資金調達に行き詰まった結果と捉えるのが妥当であろう。

都市交通の運賃を低く抑えることは，必ずしも不可能なことではない[35]。補助金の支出によって赤字経営を解消することはできるし，むしろ非先進国でも積極的に補助金を支出して公共交通としての都市交通サービスを維持すべきであるという意見も存在する[36]。実際に，ソウルでは近年上下分離のBOT方式での都市鉄道の整備が進められており，民間事業者が運行するそのような路線も運賃体系は共通とすることで，乗り継ぐ場合の運賃の高騰を抑えているが，それを可能としているのは多額の補助金である［藤田 2012: 240］[37]。しかし，タイで行われてきた一連のポピュリスト的都市交通政策は，いずれもそのような点を熟慮するこ

となく，政治的思惑に基づいて唐突に出現していた。このため，実際にそれを実行に移す段階で問題が生じ，結局は計画が一向に進まないという状況に陥ったのである。都市交通がポピュリスト的政策の対象とされたこともまた，都市交通の発展を遅延させる要因であった。

小　括

　バンコクの都市交通の史的展開を総括すると，市内軌道・近郊鉄道，バス，都市鉄道と輸送手段が変遷しており，これは非先進国の都市が歩んだ軌跡に近似していた。市内軌道の廃止や，バス事業の統合は他都市においても見られ，都市鉄道の事業主体が多様であることも決して珍しいことではなかった。他方で，近郊鉄道の出現やその都市鉄道化への模索，公営事業としてのバス事業の統合，都市鉄道の実現までの期間の長さはバンコク独自のものであった。そして，非先進国の都市交通論の中で重視されているパラトランジットとBRTについては，現在のバンコクではどちらも都市交通問題の解決の切り札になりえないことが確認された。

　都市交通の統制の強化については，都市鉄道以外の輸送手段については民営事業として始まり，やがて統制が強化されて最終的に公営に至るという共通性が見られた。都市鉄道については公営化と民営化の指向が交互に現れ，最終的にはBTSが民営で実現に至ったが，その後は再び公営化の傾向にあった。しかし，公営化が必ずしも問題を解決するわけではなく，バス事業のように新たな問題を浮上させることもあった。そして，公営化の形態としても国営化と市営化の2つの方法が存在し，バンコクの都市交通の管轄をめぐって政府とバンコク都が対立する状況が出現していた。

　バンコクにおける都市交通の統制の強化を紐解くと，そこには都市交通政策の政治化という問題が内在していることが確認された。バスや都市鉄道の管轄をめぐって管轄機関が対立する構図が1950年代から見られたが，これは政争と利権の存在に起因していた。とくに，都市交通をめぐる利権は大規模なインフラ整備を伴う都市鉄道の導入によって大きく拡大し，その利権の奪い合いが管轄機関の

第7章 都市交通史が語るもの

対立の引き金となっていたものと考えられる。さらに，低廉な運賃の維持や，迅速な都市交通網の整備を謳う政治家の出現によって，都市交通がポピュリスト的政策の対象となり，バンコクにおける支持基盤拡大のための切り札とされた。しかし，実現させるための具体的な裏付けがなかったことから，政治家によって売られた「夢」は結局実現されることはなく，計画は二転三転するにとどまった。

　このように，バンコクにおける都市交通の統制の強化は，都市交通の政治化，すなわち都市交通をめぐる利権の拡大とポピュリスト的政策化に起因するものであった。そして，都市交通の政治化は都市交通をめぐる利権の奪い合いや都市交通を利用したポピュリスト的政策によって推進された。これが都市交通の整備を遅延させる主要な要因となり，バンコクの都市交通問題の解決にとって大きな足かせとなっていたのである。

コラム7

「歩く」ようになった バンコクの人々

　バンコクの人は「歩く」のがあまり好きではない。高温多湿な気候がその最大の要因と思われ，人々は短距離でも何らかの乗り物に頼りたがる。大通りから奥に入る小路（ソーイ）の入口にはたいていパラトランジットの一形態であるバイクタクシーの乗り場があり，多くの人がバイクタクシーに乗って小路に入っていく。距離にして500メートルほどでも，バイクタクシーに乗ることになる。チャオプラヤー川のタークシン橋の真下にも，川を渡る渡船がある。歩いてこの橋を渡ることもできるのだが，渡船を利用する人のほうが圧倒的に多い。このような歩かないバンコクの人々の存在が，多様な交通手段の需要を生み出してきたこ とは間違いない。

　それでも，都市鉄道の開通によって，バンコクの人々も「歩かされる」ようになってきた。都市鉄道の定時性と迅速性を重視してマイカー通勤から電車通勤に代えた人は，家から駅まで，駅からオフィスまでの間を歩くようになった。もっとも，バイクタクシーがその間で使われる可能性も高いが，少なくともマイカー通勤をしていた時代に比べれば，確実に歩く距離は増している。また，都市鉄道間の乗継の便も考慮されておらず，乗換の際に「長距離」を歩かされる可能性も高い。例えばエアポート・レールリンクのマッカサン駅と最寄りの地下鉄のペッブリー駅を乗り継ぐ場合は，双方の駅が

サイアム〜チットロム間のスカイウォーク（2013年）

出所：筆者撮影

　300 m くらい離れているのみならず，2013年8月に連絡通路が完成するまでは一旦道路に出て交差点を渡り，さらに踏切を越える必要があった。都市鉄道という新たな都市交通手段が，バンコクの人々をより長く歩かせるようになったのである。

　さらに，バンコク都が建設した「スカイウォーク」という高架の歩道も，車優先の街バンコクを「歩く街」に変えていく重要な契機となった。繁華街の1つであるラーチャプラソン交差点付近へのアクセスを向上させるために，バンコク都は2005年にBTSのサイアム〜チットロム駅間に高架の歩道を完成させ，途中のショッピングモールへの連絡橋も設けた。これはBTSの高架橋の下に設置した歩道であり，直射日光や雨に邪魔されることなく歩くことができる。道路脇の歩道のように屋台が出ることも，バイクが乗り上げてくることもない。駅とショッピングモールの間を歩く人も多く，バンコク都はさらなるスカイウォークの建設を検討している。また，単線で隘路となっているタークシン橋駅を廃止して，隣のスラサック駅からスカイウォークを建設する計画もある。元はBTSの利用者を増やすために建設されたスカイウォークではあったが，結果としてバンコクの人々をさらに歩かせることになった。「歩く街」バンコクの到来も，そう遠い将来のことではないかもしれない。

終章

総括と課題

(1) 総括

　1880年代の市内軌道の導入に始まったバンコクの都市交通の発展は，その後近郊鉄道，バス，都市鉄道と新たな輸送手段を加え，現在では非先進国のメガシティーとしては他の都市と比較可能なレベルにまで到達した。しかし，その過程は非常に遅々としており，現在でも様々な問題を抱えている。本書はこのバンコクにおける都市交通の史的展開を解明した上で，それがどのような政策の下で行われてきたのかを，都市交通の統制の強化と政治化という点から分析することを目的とした。

　都市交通の整備が始まったラーマ5世王の時代は，市内軌道と近郊鉄道が出現した時代であった。1887年の市内軌道7線の免許公布を皮切りとする市内軌道整備は，当初は外国企業によるビジネスとして始まり，アジアでは最も早く1893年には電車も導入した。その後タイ人が市内軌道事業に参入し，外国企業であるウェステンホルツの率いるサイアム電力と新たな市内軌道免許の獲得をめぐって競い合った。その結果，ナラーティップ親王のタイ軌道が免許を獲得したが，競合の結果高騰した政府への利益分配の負担が大きく，最終的にタイ軌道はサイアム電力の傘下に買収されることとなった。

　一方，近郊鉄道の整備も1880年代半ばから民営鉄道としての計画が浮上し，先行したブーラパー鉄道計画が進展しない中で，より距離の短いパークナームへの鉄道がようやく1893年に開通して，タイで最初の鉄道となった。政府の官営鉄道主義の影響で以後の民営鉄道の建設は制限されるが，バンコクからターチーンを経てメークローンに至るメークローン鉄道も1907年までに全通した。当初はどちらも都市間鉄道としての機能しか持っていなかったが，都市間輸送の需要をすべて取り込むと，やがて新たな収入源を求めて都市内輸送への参入を模索することになる。

　次のラーマ6世王期から第2次世界大戦までの時期には，軌道系輸送手段とバスとの競合が発生した。1910年代半ばから一時停滞した市内軌道事業も再び成長し，開業以来不振の続いたタイ軌道もようやく利益を生み出すようになった。1920年代に入るとバスとの競合対策として郊外への新線の建設を行い，1927年にはようやくタイ軌道がサイアム電力に統合された。しかし，バス路線との重複によるバス事業者からの反発もあったことから，これ以上の路線網の拡大は実現

終　章　総括と課題

しなかった。一方，近郊鉄道の都市鉄道化はパークナーム鉄道から始まり，1912年から市内での電車の頻繁運行を開始した。その後，電化区間の延伸を経て1920年代に全線電化を計画したが，免許期間の問題から結局自力での全線電化をあきらめ，サイアム電力による設備投資でようやくそれを実現させた。メークローン鉄道も1920年代に市内区間の一部電化を行って電車の運行を開始したが，世界恐慌の影響もあってそれ以上の進展は見られなかった。どちらも免許の失効を控えて新規投資に消極的となり，最終的にそれぞれ1936年，1945年をもって国営化された。

　バスの運行は1910年頃から民間事業者によって始まり，やがて路線網は拡張していった。当初は市内軌道が到達していない郊外への路線が中心であったが，やがて市内軌道との競合が発生することになり，サイアム電力は政府に便宜供与を行う代わりに競合するバス路線の新設を認めないように求めた。これに対して，民間事業者はタイ人の職業としてのバス事業を育成するよう求めたが，政府は新たに設置したバンコク市にバス事業を順次任せていく市営主義を採用し，最終的に市営バス以外の路線開設は認めないとの方針を取った。そして，バスとの競合が激化する中でサイアム電力側も政府との協定を破棄し，バンコク市が市内軌道バーンコーレーム線と完全に並行するバス路線を開設したことで市内軌道とバスの競合は本格化したのである。

　戦時中から戦後復興期にかけては，軌道系輸送手段の停滞とバスの拡大が顕著な時期であった。それまでバンコクの都市交通の主役の座を維持してきた軌道系輸送手段は，戦時中にバスの競争力が低下したことから一時的にその地位を向上させた。しかし，戦後市内軌道が国営化されると，市内軌道にも近郊鉄道にも積極的な投資はなされず，現状維持の状態が続いた。その結果，軌道系輸送手段の発展は見られず，相対的にその地位を低下させることになった。

　他方で，バス事業の市営化は戦争によって頓挫し，戦後は民間事業者の新規参入が活発化した。このため，内務省はバス事業の国営化による統合を計画したが，主導権を奪った運輸省は最終的に通運公団による統合を模索し，新たに通運公団がバンコクのバス事業に参入した。しかし，ピブーンが政治的思惑から民間事業者への緩和政策をとることになり，通運公団によるバス統合計画は中止され，逆に民間事業者の利益を代弁する政策を採用した。ピブーンはそれによって選挙戦

403

を有利にしようと考えたのであったが，結果は逆でさらなるバスサービスの低下は利用者の不満を高めただけであった。

その後，「開発」の時代から「民主化」の時代にかけては，軌道系輸送手段が消滅し，唯一の都市交通手段となったバス事業が統合されるという転機があった。サリットが軌道系輸送手段はバンコクの「美観」を損ねていると認識したことから，近郊鉄道と市内軌道は窮地に立たされることになり，その大半が廃止されることになった。パークナーム線の全線とメークローン線の一部区間が廃止され，一時は約50kmの路線長を有した市内軌道も1968年までに全廃された。これによってバンコク市内から軌道系輸送手段はほぼ消え去り，バンコクの大量輸送手段は事実上バスのみとなったのである。

一方，大量輸送手段の主役となったバスは，再び統合問題に直面することになった。当初はピブーン政権時代の民営主義を修正する形で浮上したもので，バンコク市による統合計画が一時注目を集めたものの，運輸省が押す民間事業者による自主的な統合案が陽の目を見た。その後，バス運賃値上げ問題によって再びバス事業の統合の必要性が高まり，政府は1975年の免許更新をデッドラインにバス事業の統合を実現させることに決めた。しかし，具体的な統合方法については最後まで確定せず，急遽決まった国営企業による統合が1975年に実現した。その後，国営企業は新たに設置された大量輸送公団へと移管され，バス事業の国営化による統合が完成したのである。

次の1970年代半ばから1990年代末までは，都市鉄道計画が浮上する時代であったが，その実現までにはかなりの時間を要した。都市鉄道計画はバンコクの交通問題の解決策として浮上したが，政府が莫大な建設費を負担することに躊躇したことから，民間によるBOT方式での建設を目指した。民間企業側の反応は鈍く，結局政府が25%の負担を認めたうえで再入札を行い，カナダのラワリン社が最終的に免許を獲得した。しかし，結局1992年の暴虐の5月の影響でこれも失敗した。その後，経済ブームの中で1990年代に入って新たなBOT方式の都市鉄道計画として，国鉄の管轄するホープウェル計画とバンコク都が管轄するBTS計画が動き出した。高速道路公団の都市鉄道計画を引き継いだ首都電鉄公団も同じ方式を採用し，路線を変更した上で再び入札を行った。ホープウェル計画は頓挫し，首都電鉄公団の計画は上下分離方式の地下鉄としてようやく着工に

至り，経済危機の影響を受けながらもBTS計画はどうにか1999年末の開業に漕ぎ着けた。

　一方，大量輸送公団のバスについては，統合後のバスサービスの立て直しが急務となっていた。民間会社から買い上げたバスの大半は状態が悪く，公団は多数のバスを購入したり賃借したりして台数を増やした。また，バス統合の過程で発生したバス不足によって多数の違法ソーンテオが流入していたが，これを公団の管轄のもとで運行させることで違法状態から脱却させ，最終的にミニバスに改造させたうえで営業を継続させた。しかし，公団は設立当初から赤字経営を強いられ，安い運賃体系を維持せざるを得なかったことから，公団の累積赤字は徐々に拡大していった。これを解消するために，民間委託バスの増加による公団の規模縮小計画が策定されたが，これは結果としてバス事業統合前の状態への逆戻りであった。

　2000年代のバンコクの都市交通整備の停滞は，タックシン政権時代に都市交通政策がポピュリスト的政策と化したことと，政治的対立が顕著となったことに起因した。タックシンは都市の住人を対象にしたポピュリスト的政策として，安価な運賃による都市鉄道網の急速な整備を打ち出したが，莫大な建設費の調達が足かせとなって，結局計画が二転三転するのみで「夢」は一向に実現しなかった。他方で，政府との対立の中で都市鉄道網の延伸を阻まれていたバンコク都は，政府の都市鉄道政策が混乱する中で独自に延伸に着手し，同じく政府の許可を得られずに進展しなかったBRT計画も，タックシン政権の崩壊後に進展することになった。しかし，どちらも様々な障害に直面し，開通までには非常に長い時間を費やすことになった。そして，政府とバンコク都の対立の構図はタックシン政権後も解消せず，資金源の確保や入札の手続きなど行政的要因も含め，都市鉄道整備の進展への阻害要因となっている。

　バスについては，当初は1990年代末から進められてきた大量輸送公団の規模縮小計画を継承し，バンコク都へのバス事業の移管も計画されたものの，都市鉄道計画のポピュリスト的政策化とともにバスもその対象に組み込まれ，大量の冷房NGVバスを購入して安価な運賃の公団直営バスとして運行する計画が浮上した。この計画はタックシン政権後も引き継がれたが，汚職の温床であるとの世論の反発が続く中で，反タックシン政権である民主党政権内の政治的対立から計画

は進展せず，閣議で計画が承認されながらもその実施は先延ばしされた。他方で，2008年からはポピュリスト的政策の一環として一部普通バスの無料化政策も行われており，大量輸送公団の存在感は再び高められることとなった。

　バンコクの都市交通の輸送手段の変遷を総括すると，市内軌道・近郊鉄道，バス，都市鉄道の順に新たな輸送手段が出現しており，多くの非先進国の都市が歩んだ軌跡に近似していた。それでも，近郊鉄道の出現やその都市鉄道化への模索，公営事業としてのバス事業の統合，都市鉄道の実現までの期間の長さはバンコク独自のものであった。また，非先進国の都市交通論の中で重視されているパラトランジットとBRTについては，現在のバンコクではどちらも都市交通問題の解決の切り札になりえないことが確認された。

　都市交通の統制の強化については，民間によるビジネスとして始まった事業が統制の強化を経て最終的に公営に至るという傾向が見られた。都市鉄道についてはやや複雑な動きをした上で，最終的にはBTSが民営で実現に至ったが，その後は再び公営化の傾向にあった。そして，このような都市交通の統制の強化を紐解くと，そこには都市交通政策の政治化という問題が内在していることが確認された。管轄機関の対立は1950年代から存在し，それは政争と利権の存在に起因していた。とくに，大規模なインフラ整備を伴う都市鉄道の導入によって利権は大きく拡大し，管轄機関の対立に拍車をかけた。さらに，低廉な運賃の維持や，迅速な都市交通網の整備を謳う政治家の出現によって，都市交通がポピュリスト的政策の対象となった。しかし，具体的な裏付けがなかったことから，これらの「夢」は結局実現されることはなく，計画は二転三転するのみで一向に進展しなかった。

　このように，バンコクにおける都市交通の統制の強化は，都市交通の政治化に起因するものであった。そして，都市交通の政治化は都市交通をめぐる利権の奪い合いや都市交通を利用したポピュリスト政策によって深化した。これが都市交通の整備を遅延させる主要な要因となったのである。

(2) 今後の課題

　本書はバンコクの都市交通の史的展開を解明し，都市交通の政治化がもたらした影響について分析してきた。このため，ここでは研究上の今後の課題と，バン

終　章　総括と課題

コクの都市交通政策における今後の課題について触れることとする。

　研究上の課題については，まず本書では触れられなかった水運の役割に関する研究が挙げられる。バンコクは「東洋のベニス」と呼ばれたほど水運に依存した都市であり，都市交通としての定期船も古くから存在した[1]。また，第1章で述べたように，市内軌道と水運を接続させる形での交通ネットワークの構築もなされていたし，パークラット軌道のようにバンコク市内と水運で接続されるような輸送手段も存在した。そして，1932年に開通したプット橋を通るバスが出現するまでは，チャオプラヤー川の両岸の往来もすべて渡船に依存せざるを得なかった。バンコク市内の道路網の拡充によって，一時は市内軌道に接続していた定期船は廃止されたものと思われるが，1960年代末からチャオプラヤー川での急行船の運行が新たに始まり，これは現在に至るまで継承されている。これらの水運に関する資料は，少なくとも国立公文書館にはほとんど存在していないことは既に確認済みである。しかし，他の資料源を探せば，ある程度都市交通としてのバンコクの水運の歴史を解明することができるかもしれない[2]。

　同じく本書では触れなかったが，タクシーなどの賃貸車両についても研究が必要であろう。本書で扱ったものは決められた路線で定期運行を行う輸送手段のみであったが，いわゆる公共交通手段の中にはこれらの賃貸車両も含まれる。その歴史も古く，起源は19世紀末に出現した人力車にまでさかのぼる。その後三輪自転車や自動三輪車を利用したサームローが出現し，やがて現在バンコクの名物とも言われているトゥックトゥックと呼ばれる自動三輪車が出現した。他方でセダン型タクシーも急速に増加し，現在ではバンコク市内でも様々な色に塗られたタクシーを多数目にする。さらに，1980年代からはバイクタクシーも出現し，現在では市民の最も身近な足として定着している。タクシー以外はいずれもパラトランジットの形態に入るものであり，これらの賃貸車両についての研究も進められるべきである[3]。

　また，本書で解明してきた都市交通政策の変遷についても，今後利用可能な文書が拡大するはずの公文書資料によって再確認する必要がある。現在タイ国立公文書館で公開されている資料は1960～1970年代までの資料となっており，それ以降については年報や新聞などを用いて都市交通の史的展開を紐解いてきた。本書で示した歴史的事実の大枠は変わらないものの，個別の政策が出現した経緯や，

政府内での検討過程などが今後公開されると思われる公文書館資料から明らかになる可能性がある[4]。このため，新たな資料が利用可能になった暁には，本書の内容がさらに深みを増すものと期待される。

さらに，バンコクの事例を相対化するためにも，他都市の都市交通の発展や都市交通政策の変遷との比較も重要である。本書でも東南アジアの他都市を中心に若干の比較は試みたが，十分な相対化はできなかった。本書においてもバンコクの都市交通政策の普遍性や独自性はある程度確認できたが，より深く比較を行うことでその特徴をさらに浮き上がらせることが可能となろう。ただし，そのためには他都市の都市交通に関する研究がさらに進み，より深い比較を可能とするだけの十分な情報が入手できるようになることが不可欠である。これは筆者の能力を超えているので，都市交通研究のさらなる発展を期待しなければならない。

一方，バンコクの都市交通政策における今後の課題については，迅速な都市鉄道網の拡充と，輸送手段間の連携の強化の2点に集約されるであろう。前者については，ようやく軌道に乗り出した都市鉄道網の建設を今後も推進し，マスタープランに基づいて路線網を拡張することが求められる。第6章で見たように，2000年代末からようやく新規路線の建設が始まり，2013年末の時点で淡赤線の建設は一応完成し，紫線，青線，濃緑線（BTS延伸線）が建設中で，桃線，橙線，黄線の建設が続くはずである。マスタープランのタイムスケジュール通りにこれらの路線が開通するとは思えないが，大幅に遅延することなく整備を進めることが不可欠である。

そのためには，政治の介入を極力少なくすることが必須である。バンコクの都市交通は既に政治家の「おもちゃ」になっており，これを手放させることは至難の業であるが，香港の例などを見習いながら何らかの対策を講じていく必要がある。とくに，インラック政権はタックシン政権と同じような都市鉄道の全線20バーツ均一運賃というポピュリスト的政策を公約に掲げていたことから，この公約の実行次第ではようやく動き始めた都市鉄道の延伸計画に再び水を差す可能性もある。これまでの経緯を踏まえれば，将来的な事業者の統合や補助金を用いた運賃の低廉化は目指しても構わないものの，当面はそちらに重点を置かずに路線網の拡充に専念すべきである。

これまで頻繁に行われてきたような計画の変更も，極力避けるべきである。タ

イのように政権が頻繁に変わる国では，そのたびに都市交通の整備計画が変わると，計画の実現が不必要に遅れることになる。そのためにも，一度決めたマスタープランの見直しを避け，これを順守する姿勢が求められる。例えば，上述したようにインラック政権のスカムポン運輸大臣が桃線を普通鉄道として建設すべきであると主張したことで再調査が行われたものの，結局は原案通りモノレールとして建設することで決着した。これにより再調査のための費用が掛かったばかりでなく，計画の進行も遅延することになり，マスタープランに謳われた2015年の開業は困難となった。このような突然の政策変更は迅速な都市鉄道の整備の足かせになるばかりでなく，予算の無駄遣いにもつながることから，やはり避けるに越したことはない。

　輸送手段間の連携の強化については，都市鉄道を主，バスを従とするような形で都市鉄道とバスの乗継の便を向上させることが重要である。現在バンコクの都市鉄道網は85kmに達したものの，大量輸送公団のバス路線を都市鉄道に対応させるような施策はほとんどなされていない。このため，都市鉄道とバスの乗継が非常に不便で，現状ではBTSのモーチット駅や戦勝記念塔駅くらいしか都市鉄道とバスとの乗換点として機能していない[5]。また，これらの駅でも既存のバス停をそのまま利用しており，新たに駅前にバスターミナルを設けた例は存在しない[6]。新たに整備されたBRTは都市鉄道のフィーダーとしての機能を担うために乗換の便も考慮されているが，今後はバス網の抜本的な改編を行って都市鉄道との連携を強化させる必要がある。

　都市鉄道のフィーダーの確保という点では，パラトランジットの活用も考えられよう。既に述べたように，現状ではパラトランジットの統制は不十分であるが，もしこの問題が克服されればパラトランジットは都市鉄道のフィーダーとして活用することができる。既に，上述の2つの駅では都市鉄道とバンバスを乗り継ぐ利用者が少なからず存在している。駅前にバイクタクシー乗り場が出現している場所も多く，都市鉄道の利用者が自宅や仕事場と駅との間のアクセスに利用している。都市鉄道の駅を起点とする合法的なパラトランジットの路線網が構築されれば，大型バスが入ることのできない小路を含めたきめ細かなサービスが可能となる。その際には，自家用車を持つ中間層でも抵抗なく利用できるレベルのサービスがパラトランジット側にも求められ，それを担保するだけの統制力が大量輸

送公団などの管轄機関に存在しなければならない。

　これまで見てきたように，バンコクの都市交通政策には様々な欠陥が存在した。それを克服してより良い都市交通サービスを提供することが，バンコクの交通問題の解決に向けて重要な意味を持っていることは言うまでもない。過去の教訓をどれだけ生かすことができるかが，バンコクの都市交通の将来を決めることになるのである。

附　表

附　表

附表1　市内軌道会社の経営状

年	営業収入（バーツ）									純益		
	バンコク軌道			サイアム電力			タイ軌道			バンコク軌道		
	上半期	下半期	年計	バーンコーレーム線	サームセーン線	年計	上半期	下半期	年計	上半期	下半期	年計
1889	29,186	38,968	68,154							15,898	12,000	27,898
1890	N.A.	N.A.	N.A.							N.A.	N.A.	N.A.
1891	59,779	59,367	119,146							24,277	16,120	40,397
1892	58,752	57,866	116,618							20,265	17,661	37,926
1893	N.A.	65,412	N.A.							N.A	23,844	N.A.
1894	66,469	N.A.	N.A.							17,403	N.A.	N.A.
1895	73,020	69,806	142,826							21,107	17,228	38,335
1896	74,527	75,578	150,105							19,600	19,600	39,200
1897	83,953	86,547	170,500							23,800	N.A.	N.A.
1898	96,671	88,901	185,572							16,800	16,000	32,800
1899	101,475	N.A.	N.A.	190,057		190,057				16,178	N.A.	N.A.
1900	114,975	133,008	247,983	247,983		247,983				47,872	50,760	98,632
1901	130,958			275,268		275,268				43,531		
1902				305,786	256,054	561,840						
1903				404,051	303,013	707,064						
1904				449,312	315,431	764,743						
1905				513,256	337,155	850,411		197,556	197,556			
1906				581,586	324,870	906,456	243,688	248,072	491,760			
1907				568,036	322,996	891,032	207,028	207,771	414,799			
1908				572,692	354,207	926,899	318,651		318,651			
1909				529,144	308,887	838,031	207,460	204,244	411,704			
1910				N.A.	N.A.	N.A.	208,410	173,444	381,854			

注1：サイアム電力は軌道事業収入のみを示す。
注2：タイ軌道の会計年度は1907年までは仏暦基準（4月～翌年3月）となり，1908年は4月から12月まで．
注3：配当率にはボーナス分を含む。
注4：サイアム電力の株式はポンド単位であり，ボーナスはバーツ支払いであることからボーナス分は実
出所：バンコク軌道：1889年：BT 1889/09/04, BT 1890/02/26, 1891年：BT 1891/08/15, BT 1894/08/18, 1895年：BT 1895/08/05, BT 1896/02/04, 1896年：BT 1896/08/05, BT 1897/01/19, 1900年：BTWM 1900/07/28, BTWM 1901/02/26, 1901年：BTWM 1901/09/02 より筆者作成
サイアム電力：（営業収入）1899～1907年：Wright & Breakspear [1994]: 191, 1908年：BTWM 7 Pho. 12. 1/7, （配当率）1900年：BTWM 1900/09/22, BTWM 1901/04/26, 1901年：BTWM 1905/02/27, 1905年：BTWM 1905/09/01, 1906年：BTWM 1906/03/01, 1906年：BTWM 1906/09/01, BTWM 1909/02/26, 1909年：BTWM 1909/08/29, BTWM 1910/02/26, 1910年：BTWM
タイ軌道：1905年：NA Ro. 5 No. 21/74, 1906年：BTWM 1907/01/05, BTWM 1907/07/29, 1909/09/30, BTWM 1910/03/30, 1910年：BTWM 1910/10/01, BTWM 1911/03/25 より筆者作成

附表

況の推移（1889～1910年）

(バーツ)				配当率（％）								
サイアム電力	タイ軌道			バンコク軌道			サイアム電力			タイ軌道		
	上半期	下半期	年計	上半期	下半期	年計	上半期	下半期	年計	上半期	下半期	年計
				8.00	N. A.	N. A.						
				N. A.	N. A.	N. A.						
				7.50	−	7.50						
				7.00	3.00	10.00						
				8.50	8.50	17.00						
				6.00	N. A.	N. A.						
				7.50	−	7.50						
				6.00	6.00	12.00						
				8.50	6.00	14.50						
				6.00	6.00	12.00						
				6.00	6.00	12.00						
189,231				10.00	9.50	19.50	4.00	4.00	8.00			
189,231				10.00				4.00	4.00			
248,034							N. A.	N. A.	N. A.			
426,493							5.00	6.00	11.00			
521,711							6.00	9.00	15.00			
592,909		25,554	25,554				6.00	6.00 + 11.5b	12.00 + 11.5b	−	−	−
666,884	12,875	13,077	25,952				6.00 + 5b	6.00 + 14b	12.00 + 19b	2.00	2.00	4.00
650,362	12,500	12,811	25,311				6.00	6.00 + 12.5b	12.00 + 12.5b	2.00	−	2.00
601,933	46,064		46,064				6.00	6.00 + 4b	12.00 + 4b	−		−
394,575	30,460	1,280	31,740				6.00	6.00 + 4b	12.00 + 4b	−	−	−
622,611	40,344	22,075	62,419				6.00	6.00 + 6b	12.00 + 6b	−	−	−

以後は西暦基準となる。

数で示してある。ただしbはバーツの略である。
1892/02/17，1892 年：BT 1892/08/06，BT 1893/03/01，1893 年：BT 1894/02/17，1894 年：BT 1897 年：BT 1897/08/27，BTWM 1898/02/28，1898 年：BTWM 1898/07/29，1899 年：BT 1899/08/28，

1909/02/26，1909 年：BTWM 1910/02/26，（純益）1900 年：BTWM 1901/04/26，1901～10 年：NA Ro. 1902/03/01，1903 年：BTWM 1903/09/01，1904 年：BTWM 1904/03/01，1904 年：BTWM 1904/09/01，BTWM BTWM 1907/02/28，1907 年：BTWM 1907/08/28，BTWM 1908/02/28，1908 年：BTWM 1908/09/01，1910/09/01，BTWM 1911/03/01 より筆者作成
1907 年：BTWM 1908/01/15，BTWM 1908/05/06，1908 年：BTWM 1909/03/30，1909 年：BTWM

附　表

附表 2　市内軌道会社の経営状況の推移（1911〜1941 年）

年	純益（バーツ）		配当率（%）	
	サイアム電力	タイ軌道	サイアム電力	タイ軌道
1911	824,954	28,376	12.00 + 8.5b	3.00
1912	638,008	3,176	12.00 + 6b	−
1913	822,588	11,643	12.00 + 11b	−
1914	952,291	35,858	12.00 + 13b	3.50
1915	1,186,441	48,395	12.00 + 17b	5.00
1916	1,249,785	80,893	12.00 + 19b	9.00
1917	1,581,401	89,920	15.00 + 5b	10.00
1918	1,459,537	114,187	10.00 + 6b	14.00
1919	1,720,771	182,668	9.00 + 8b	20.00
1920	1,806,856	183,576	12.00 + 11b	24.00
1921	2,109,373	206,351	15.00 + 10b	25.00
1922	2,097,744	201,057	15.00	25.00
1923	2,144,363	174,448	15.00 + 12b	24.00
1924	2,125,156	163,882	15.00 + 12b	23.00
1925	2,274,244	161,282	15.00 + 12b	21.00
1926	2,449,380	178,532	15.00 + 12b	21.00
1927	2,832,768		10.00	
1928	2,903,170		10.00	
1929	2,743,901		9.00	
1930	2,666,901		9.00	
1931	2,323,062		7.50	
1932	1,968,190		7.00	
1933	1,702,359		6.00	
1934	1,580,070		5.50	
1935	1,509,253		5.50b	
1936	1,358,511		5.25b	
1937	1,424,920		5.00b	
1938	1,483,663		5.00b	
1939	1,388,835		5.50b	
1940	1,739,833		6.00b	
1941	1,934,395		4.50b	

附　表

注1：タイ軌道の配当率にはボーナス分を含む。
注2：サイアム電力の株式はポンド単位であり，ボーナスはバーツ支払いであることからボーナス分は実数で示してある。ただしbはバーツの略である。なお1935年以降の配当はバーツで支払われている。
注3：サイアム電力の1922年度はボーナス分は不明である。
出所：サイアム電力：（純益）1911〜29年：NA Ro. 7 Pho. 12. 1/7，1930年：BTWM 1931/03/09，1931年：BTWM 1932/03/17，1932年：BTWM 1933/03/11，1933〜34年：BTWM 1935/03/02，1935年：BTWM 1936/03/06，1936年：BTWM 1937/03/15，1937年：BTWM 1938/03/04，1938〜39年：BTWM 1940/03/15，1940年：BTWM 1941/03/21，1941年：BT 1942/03/07，（配当率）1911年：BTWM 1912/02/27，1912年：BTWM 1913/02/28，1913年：BTWM 1914/04/02，1914年：BTWM 1915/04/08，1915年：BTWM 1916/03/14，1916年：BTWM 1917/03/27，1917年：BTWM 1918/03/25，1918年：BTWM 1919/03/12，1919年：BTWM 1920/05/12，1920年：BTWM 1921/05/06，1921年：BTWM 1922/06/06，1922年：NA Ro. 7 Pho. 12. 1/7，1923年：BTWM 1924/06/17，1924年：BTWM 1925/04/30，1925年：BTWM 1926/05/03，1926年：BTWM 1927/05/04，1927年：BTWM 1928/03/05，1928年：BTWM 1929/03/06，1929年：BTWM 1930/03/07，1930年以降：純益に同じ，より筆者作成
　　タイ軌道：1911年：BTWM 1912/03/28，1912年：BTWM 1913/03/22，1913年：BTWM 1914/03/28，1914年：BTWM 1915/06/15，1915年：BTWM 1916/03/20，1916年：BTWM 1917/03/27，1917年：BTWM 1918/03/26，1918年：BTWM 1919/03/08，1919年：BTWM 1920/03/04，1920年：BTWM 1920/03/04，1921年：BTWM 1921/03/14，1922年：BTWM 1923/03/26，1923年：BTWM 1924/03/19，1924年：BTWM 1925/02/28，1925年：BTWM 1926/03/03，1926年：BTWM 1927/03/10より筆者作成

附　表

附表3　近郊鉄道会社の経営

年	営業収入（バーツ）							純益		
	パークナーム			ターチーン			メークローン	パークナーム		
	上半期	下半期	年計	上半期	下半期	年計		上半期	下半期	年計
1893	18,552	26,576	45,128					9,472	13,672	23,144
1894	34,466	24,150	58,616					16,213	13,048	29,261
1895	N. A.	27,951	N. A.					18,466	14,487	32,953
1896	N. A.	35,030	N. A.					N. A.	14,000	N. A.
1897	43,919	N. A.	N. A.					18,000	N. A.	N. A.
1898	43,806	38,084	81,890					21,366	12,858	34,224
1899	52,022	48,755	100,777					22,965	17,207	40,172
1900	N. A.	46,361	N. A.					N. A.	17,879	N. A.
1901	56,854	49,658	106,512					24,655	19,256	43,911
1902	58,118	58,445	116,563					25,831	21,566	47,397
1903	73,258	62,770	136,028					36,551	28,366	64,917
1904	73,829	67,185	141,014					29,950	28,000	57,950
1905	74,511	67,888	142,399	45,692	64,047	109,739		35,488	24,000	59,488
1906	83,237	N. A.	N. A.	64,648	85,573	150,221		27,900	N. A.	N. A.
1907	87,497	86,389	173,886	82,449		82,449	141,720	52,797	24,000	76,797
1908	95,043	79,102	174,145				311,935	32,211	24,439	56,650
1909	90,901	78,661	169,562				314,308	41,328	42,101	83,429
1910	91,839	73,970	165,809				310,761	50,687	37,378	88,065

出所：パークナーム鉄道：1893年：BT 1893/08/19，BT 1894/02/14，1894年：BT 1894/08/01，BT
　　　BT 1897/08/12，BTWM 1898/02/04，1898年：BTWM 1898/07/20，BTWM 1899/02/15，1899
　　　BTWM 1902/02/14，1902年：BTWM 1902/08/12，BTWM 1903/02/11，1903年：BTWM
　　　1905/08/21，BTWM 1906/02/28，1906年：BTWM 1906/08/31，BTWM 1907/02/26，1907年：
　　　BTWM 1909/08/12，BTWM 1910/02/11，1910年：BTWM 1910/08/08，BTWM 1911/02/11 より
　　　メークローン鉄道：1905年：BTWM 1905/08/03，BTWM 1906/02/01，1906年：BTWM 1906/08/17，
　　　1909年：BTWM 1910/03/01，1910年：BTWM 1911/02/10 より筆者作成

附　表

状況の推移（1893～1910 年）

(バーツ)				配当率（%）						
ターチーン			メークローン	パークナーム			ターチーン			メークローン
上半期	下半期	年計		上半期	下半期	年計	上半期	下半期	年計	
				2.00	2.50	4.50				
				7.50	3.75	11.25				
				6.00	2.50	8.50				
				6.00	3.00	9.00				
				4.00	4.00	8.00				
				4.50	3.00	7.50				
				5.00	3.00	8.00				
				5.00	4.00	9.00				
				5.00	5.00	10.00				
				5.00	6.00	11.00				
				6.00	7.00	13.00				
				6.00	7.00	13.00				
9,671	29,000	38,671		7.00	6.00	13.00	−	3.50	3.50	
41,783	36,195	77,978		6.00	8.00	14.00	2.00	3.50	5.50	
46,200		46,200	70,092	8.00	6.00	14.00	5.25		5.25	2.50
			123,233	7.00	1.00	8.00				5.00
			127,596	12.00	10.00	22.00				5.00
			137,254	9.00	6.00	15.00				5.00

1895/02/14，1895 年：BT 1895/08/13，BT 1896/02/20，1896 年：BT 1896/08/14，BT 1897/02/04，1897 年：
年：BT 1899/08/23，BTWM 1900/02/17，1900 年：BTWM 1901/02/17，1901 年：BTWM 1901/08/13，
1903/08/07，BTWM 1904/02/01，1904 年：BTWM 1904/08/23，BTWM 1905/02/14，1905 年：BTWM
BTWM 1907/08/24，BTWM 1908/02/27，1908 年：BTWM 1908/08/22，BTWM 1909/02/27，1909 年：
筆者作成
BTWM 1907/02/18，1907 年：BTWM 1907/09/19，BTWM 1908/03/13，1908 年：BTWM 1909/03/19，

附表

附表 4 近郊鉄道会社の経営状況の推移 (1911〜1941 年)

年	営業収入 (バーツ)				純益 (バーツ)				配当率 (%)			
	バーンナーム		年計	メークローン	バーンナーム		年計	メークローン	バーンナーム		年計	メークローン
	上半期	下半期			上半期	下半期			上半期	下半期		
1911	82,662	68,968	151,630	333,281	50,680	34,219	84,899	143,152	9.00	5.00	14.00	5.00
1912	78,359	71,934	150,293	292,557	44,664	40,384	85,048	118,574	7.50	6.00	13.50	5.00
1913	N.A.	87,851	N.A.	300,356	64,308	51,838	116,146	132,578	9.50	9.00	18.50	5.00
1914	100,346	86,163	186,509	306,340	63,216	48,279	111,495	134,600	10.00	7.50	17.50	5.00
1915	N.A.	N.A.	N.A.	284,961	N.A.	N.A.	N.A.	137,706	6.00	12.00	18.00	5.00
1916	N.A.	N.A.	N.A.	247,284	N.A.	N.A.	N.A.	81,386	N.A.	N.A.	N.A.	3.00
1917	111,523	N.A.	N.A.	213,476	N.A.	N.A.	N.A.	N.A.	N.A.	N.A.	N.A.	4.00
1918	119,453	N.A.	N.A.	242,357	81,138	N.A.	N.A.	108,461	12.00	N.A.	N.A.	5.00
1919	N.A.	N.A.	N.A.	288,875	N.A.	N.A.	N.A.	138,471	N.A.	13.00	N.A.	7.00
1920	140,783	124,682	265,465	303,526	87,142	77,566	164,708	154,889	13.00	14.00	27.00	7.50
1921	N.A.	125,193	N.A.	294,246	N.A.	79,455	N.A.	142,971	14.00	14.00	28.00	7.00
1922	141,234	124,420	265,654	304,686	109,448	74,021	183,469	172,624	15.00	13.00	28.00	8.00
1923	154,206	126,696	280,902	305,290	103,136	76,854	179,990	177,146	15.00	14.00	29.00	8.50
1924	N.A.	122,345	N.A.	327,608	N.A.	66,585	N.A.	187,227	N.A.	13.00	N.A.	9.00
1925	N.A.	N.A.	N.A.	348,948	N.A.	N.A.	N.A.	224,887	15.00	13.50	28.50	10.00
1926	N.A.	N.A.	N.A.	N.A.	91,373	80,684	172,057	198,125	16.00	16.00	32.00	10.50
1927	N.A.	N.A.	N.A.	377,526	93,015	89,370	182,385	214,478	16.00	17.00	33.00	10.00
1928	N.A.	N.A.	N.A.	375,491	88,101	89,591	177,692	208,817	17.00	16.50	33.50	10.00
1929	N.A.	N.A.	N.A.	N.A.	92,561	91,427	N.A.	192,779	17.00	17.00	34.00	10.00
1930	N.A.	N.A.	N.A.	298,405	N.A.	N.A.	N.A.	162,294	17.00	N.A.	N.A.	8.00
1931	N.A.	N.A.	N.A.	267,920	N.A.	89,367	N.A.	157,934	17.00	17.00	34.00	6.50
1932	N.A.	N.A.	N.A.	243,690	93,236	N.A.	N.A.	158,007	N.A.	N.A.	N.A.	7.50
1933	N.A.	N.A.	N.A.	231,690	73,563	87,068	160,631	96,933	15.00	16.00	31.00	4.50

附表

1934	N.A.	N.A.	204,690	87,933	N.A.	80,974	14.00	14.00	28.00	3.00
1935	N.A.	N.A.	197,226	86,972	85,529	77,680	14.00	14.00	28.00	3.00
1936	N.A.	N.A.	203,458	89,466	172,501	80,344	17.00		17.00	2.50
1937			N.A.		89,466	80,379				2.50
1938			N.A.			75,765				2.50
1939			N.A.			77,497				2.50
1940			N.A.			167,383				2.50
1941			300,460			197,433				2.50

注1：バーナーム鉄道の1936年は免許期間終了までの数値である。
注2：斜字は配当可能額である。
出所：バークナーム鉄道：1911年：BTWM 1911/08/12, BTWM 1912/02/15, 1912年：BTWM 1912/07/27, BTWM 1913/02/15, 1913年：BTWM 1913/08/13, BTWM 1914/02/14, 1914年：BTWM 1914/08/05, 1919年：BTWM 1915/02/12, 1915年：BTWM 1916/02/19, 1917年：BTWM 1918/08/16, 1918年：BTWM 1918/08/05, 1919年：BTWM 1920/02/18, 1920年：BTWM 1920/08/17, BTWM 1921/02/10, 1921年：BTWM 1922/02/18, 1922年：BTWM 1922/08/19, BTWM 1923/02/24, 1923年：BTWM 1923/08/07, BTWM 1924/02/14, 1924年：BTWM 1925/02/14, 1925年：BTWM 1925/08/15, BTWM 1926/02/17, 1926年：BTWM 1926/07/31, BTWM 1927/02/12, 1927年：BTWM 1927/08/20, BTWM 1928/02/27, 1928年：BTWM 1928/08/14, BTWM 1929/02/15, 1929年：BTWM 1929/08/10, BTWM 1930/02/28, 1930年：BTWM 1930/08/09, 1931年：BTWM 1931/08/20, BTWM 1932/02/12, 1932年：BTWM 1932/08/12, 1933年：BTWM 1933/08/12, BTWM 1934/02/22, 1934年：BTWM 1934/08/28, BTWM 1935/02/14, 1935年：BTWM 1935/08/17, BTWM 1936/02/22, 1936年：BTWM 1936/08/07 より筆者作成

メークローン鉄道：1911年：BTWM 1912/02/16, 1912年：BTWM 1913/02/14, 1913年：BTWM 1914/02/16, 1914年：BTWM 1915/03/04, 1915年：BTWM 1916/02/17, 1916年：BTWM 1917/02/19, 1917年：BTWM 1918/03/21, 1918年：BTWM 1919/03/06, 1919年：BTWM 1920/02/23, 1920年：BTWM 1921/02/19, 1921年：BTWM 1922/02/28, 1922年：BTWM 1923/02/15, 1923年：BTWM 1924/02/27, 1924年：BTWM 1925/02/16, 1925年：BTWM 1926/02/09, 1926年：BTWM 1927/02/23, 1927年：BTWM 1928/02/24, 1928年：BTWM 1929/02/20, 1929年：BTWM 1930/02/20, 1930年：BTWM 1931/02/23, 1931年：BTWM 1932/02/23, 1932年：BTWM 1933/03/07, 1933年：BTWM 1934/03/07, 1934年：BTWM 1935/03/02, 1935年：BTWM 1936/03/11, 1936年：BTWM 1937/03/16, 1937年：BTWM 1938/03/08, 1938年：BTWM 1939/03/18, 1939年：BTWM 1940/03/12, 1940年：BTWM 1941/03/18, 1941年：BT 1942/03/26 より筆者作成

419

附 表

附表5　近郊鉄道の国有化後の営業状況

年	パークナーム線				
	収入			支出	収支
	旅客	貨物	総計		
1946	896,855	40,917	944,443	274,591	669,852
1947	769,307	47,349	834,140	234,149	599,991
1950	669,652	48,464	739,573	475,374	264,199
1951	1,028,765	72,671	1,120,323	838,152	282,171
1952	1,211,373	71,979	1,314,067	1,411,134	-97,067
1953	1,317,117	73,022	1,420,521	1,501,245	-80,724
1954	1,504,021	72,452	1,617,994	1,728,449	-110,455
1955	1,338,028	88,702	1,464,353	1,837,679	-373,326
1956	1,164,495	130,504	1,332,937	1,753,160	-420,223
1957	1,028,854	129,187	1,191,960	1,916,453	-724,493
1958	943,667	130,643	1,112,675	1,817,793	-705,118
1959	716,195	85,495	838,115	1,577,165	-739,050
1960					
1961					
1962					
1963					
1964					
1965					
1966					
1967					
1968					
1969					
1970					
1971					
1972					
1973					
1974					
1975					

注：1961年は1月から9月まで，1962年以降は前年10月から当年9月までの期間となる。
出所：パークナーム線：1946〜47年：RSRS (1947): 12-13, 1950〜51年：RFT (1951): 57, 1952〜53年：(1959): 83 より筆者作成
　　メークローン線：1951〜52年：RFT (1952): 107, 1953〜54年：RFT (1954): 113, 1955〜56年：1962年：RFT (1962): 101, 1963年：RFT (1963): 109, 1964年：RFT (1964): 35, 1965年：RFT RFT (1969): 59, 1970年：RFT (1970): 65, 1971年：RFT (1971): 71, 1972年：RFT (1972): 75,

附表

（1946〜1975 年）（単位：バーツ）

メークローン線			支出	収支
収入				
旅客	貨物	総計		
N.A.	N.A.	N.A.	N.A.	N.A.
N.A.	N.A.	N.A.	N.A.	N.A.
N.A.	N.A.	N.A.	N.A.	N.A.
3,241,433	421,304	3,795,640	2,834,993	960,647
3,277,838	391,599	3,815,098	3,430,236	384,862
3,501,119	398,075	4,059,042	3,610,970	448,072
3,661,374	533,232	4,431,495	3,730,133	701,362
3,843,761	453,809	4,500,524	4,441,865	58,659
4,489,366	378,719	5,301,362	5,078,146	223,216
4,712,715	335,572	5,286,894	5,899,477	−612,583
5,525,100	309,869	6,086,291	5,812,768	273,523
5,646,625	263,513	6,154,960	5,685,274	469,686
7,021,059	255,599	7,551,959	6,425,933	1,126,026
5,321,349	175,677	5,648,633	5,013,283	635,350
7,430,781	244,919	7,942,364	7,396,564	545,800
7,869,513	249,794	8,295,278	7,641,296	653,982
8,553,382	222,548	9,031,967	8,383,196	648,771
9,160,053	212,555	9,754,110	8,835,524	918,586
9,995,618	228,744	10,686,823	10,329,789	357,034
11,113,275	217,303	11,922,098	9,161,338	2,760,760
11,935,544	237,630	12,579,878	10,666,991	1,912,887
12,646,665	245,733	13,420,990	11,314,066	2,106,924
13,525,754	264,898	14,289,781	12,017,461	2,272,320
14,774,355	287,320	15,439,733	13,518,218	1,921,515
16,896,488	227,841	17,580,115	14,531,258	3,048,857
11,424,903	219,032	12,418,214	15,287,735	−2,869,521
5,810,643	224,951	6,673,078	15,778,467	−9,105,389
5,714,580	276,079	6,625,545	16,364,751	−9,739,206

RFT (1953): 117-118，1954〜55 年：RFT (1955): 94，1956〜57 年：RFT (1957): 77，1958〜59 年：RFT

RFT (1956): 84，1957〜58 年：RFT (1958): 87，1959〜60 年：RFT (1960): 82，1961 年：RFT (1961): 89，(1965): 41，1966 年：RFT (1966): 45，1967 年：RFT (1967): 51，1968 年：RFT (1968): 47，1969 年：1973 年：RFT (1973): 65，1974 年：RFT (1974): 75，1975 年：RFT (1975): 83 より筆者作成

421

附　表

附表6　首都電力の市内軌道の営業状況（1958～1968年）（単位：バーツ）

年	バンコク			ロップリー			計		
	収入	支出	収支	収入	支出	収支	収入	支出	収支
1958	18,212,878	N.A.	N.A.	710,696	N.A.	N.A.	18,923,574	N.A.	N.A.
1959	16,689,424	16,272,175	417,249	677,142	809,988	-132,846	17,366,566	17,082,163	284,403
1960	17,685,076	16,910,978	774,098	622,892	848,191	-225,299	18,307,968	17,759,169	548,799
1961	11,566,454	N.A.	N.A.	406,931	N.A.	N.A.	11,973,385	17,083,948	-5,110,563
1962	14,588,993	N.A.	N.A.	475,557	N.A.	N.A.	15,064,550	19,443,714	-4,379,164
1963	9,159,896	N.A.	N.A.	70,379	N.A.	N.A.	9,230,275	N.A.	N.A.
1964	3,822,536	N.A.	N.A.				3,822,536	N.A.	N.A.
1965	639,256	N.A.	N.A.				639,256	N.A.	N.A.
1966	957,369	1,179,524	-222,155				957,369	1,179,524	-222,155
1967	952,999	1,260,211	-307,212				952,999	1,260,211	-307,212
1968	853,601	1,411,410	-557,809				853,601	1,411,410	-557,809

注1：1960年までは暦通り，1961年は1月から9月まで，1962年以降は前年10月から9月までの期間となる。
注2：1963～1965年の収入は，運賃，広告収入のみの数値である。
出所：1958～1959年：FN (1959): 59-62，1960年：FN (1960): 82，1961年：FN (1961): 5, 59，1962年：FN (1962): 82, 85，1963年：FN (1963): 90，1964年：FN (1964): 110，1965年：FN (1966): 120，1966～1967年：FN (1967): 51-53，1968年：FN (1968): 31-34 より筆者作成

附 表

附表7　バンコクのバス路線（1960～2008年）

① 1960年10月1日改編

路線番号	路線	事業者
1	タノントック～ターティアン	通運公団
2	バーンナー～パーククロンタラート	ナーイ・ルート
3	ウォンウィアンヤイ～モーチット	シーナコーン
4	タラートプルー～ワット・トライミット	通運公団
5	バンスー～チャックラワット	シーナコーン
6	ブッカロー～バーンクンプロム	プラナコーントンブリー輸送
7	クローンクワーン～ノッパウォン	バーンケー輸送
8	ラートプラーオ～プット橋	ナーイ・ルート
9	パーシーチャルーン～サームセーン	トンブリー自動車
10	ワット・ナーンノーン～ラーチャダムヌーン・スタジアム	トンナコーン輸送
11	マッカサン～ワット・ポー	ナーイ・ルート
12	フアイクワーン～経済省	赤バス
13	クロントゥーイ～ディンデーン	クロントゥーイ商事
14	シーヤーン～クロントゥーイ	シーナコーン
15	バーンマイ～バーンラムプー	ブンポン
16	バーンクラブー～スラウォン	ピーラ・バス
17	ワット・ラーチャシンコーン～ターチャーン	ヤーンヨン保険商事
18	バーンプラット～シープラヤー	タイターウォーン
19	トンブリー駅～テーウェート	トンブリー連合輸送
20	クロントゥーイ～ワット・トライミット	通運公団
21	サムレー～チュラーロンコーン大学	シールアン
23	テーウェート環状線（右回り）	赤バス
24	テーウェート環状線（左回り）	タイプラディット
26	ノーンチョーク～サパーンカーオ	ミーンブリー輸送
27	バーンカピ～クロントゥーイ	テーパニラミット
29	ターチャーン～ドーンムアン	輸送社
30	ターチャーン～ノンタブリー	輸送社
31	ターチャーン～パーククレット	輸送社
32	パーククレット～王宮前広場	ノンタブリー市
33	パトゥムターニー～王宮前広場	バーンブアトーン輸送
34	ランシット～フアラムポーン	輸送社
35	チョンノンシー～ウィッタユ	チョンノンシー輸送
36	バーンソン～ワット・パトゥムコンカー	シリミット
37	ウォンウィアンヤイ～マハーナーク	シールアン
39	ドームアン～王宮前広場	サハーイヨン輸送
41	クルトン橋～バーンラムプー	輸送社
42	シリラート～ワンブーラパー	ニヨム輸送

423

附表

路線番号	路線	事業者
43	バーンクンティアン～王宮前広場	ワッチャナクン
44	モーチット～王宮前広場	シーナコーン
46	プラカノーン～サームヤーン	シーナコーン
47	サパーンダム～土地局	ヤーンヨン保険商事
48	プラカノーン～ワット・ポー	ナーイ・ルート
50	ポム・プラチュンラチョームクラオ～ウォンウィアンヤイ	トンナコーン輸送
51	ターチャーン～パークナーム	輸送社
52	サームイェーク～パークナーム	サムットプラーカーン輸送
特別1	チャン通り	
特別2	南線バスターミナル～エーカマイ	
特別3	南線バスターミナル～北線バスターミナル	
特別4	北線バスターミナル～エーカマイ	

出所：NA Kho Kho 0202.3.4/7，Kho Kho 0202.3.5/189 より筆者作成

② 1965年10月1日改編

路線番号	路線	路線番号	路線
1	タノントック～ターティアン	23	テーウェート環状線（右回り）
2	パーククローンタラート～サムローン	24	テーウェート環状線（左回り）
3	モーチット～クローンサーン	25	ターチャーン～パークナーム
4	タラートプルー～クローントゥーイ	26	サパーンカーオ～ミーンブリー
5	バンスー～チャックラワット	27	バーンカピ～クローントゥーイ
6	ブッカロー～バーンラムプー	28	北線バスターミナル～南線バスターミナル
7	ノッパウォン～クローンクワーン	29	ドーンムアン～フアラムポーン
8	プット橋～ラートプラーオ	30	ノンタブリー～ターチャーン
9	シーヤーン～タラートプルー	31	パトゥムターニー～ターチャーン
10	ワット・ナーンローン～ナーンルーン競馬場	32	パーククレット～王宮前広場
11	マッカサン～プット橋	33	パトゥムターニー～王宮前広場
12	フアイクワーン～経済省	34	ランシット～フアラムポーン
13	フアイクワーン～クローントゥーイ	35	スアンマリ～サートゥプラディット
14	シーヤーン～関税局	36	ブッタモントン4～バーンケー
15	バーンラムプー～バンコク橋	37	ダーオカノーン～マハーナーク
16	スラウォン～タオプーン	38	北線バスターミナル～エーカマイ
17	バンコク橋～ターチャーン	39	王宮前広場～ドーンムアン
18	ラーマ6世橋～シープラヤー	40	エーカマイ～南線バスターミナル
19	テーウェート～バンコクノーイ	41	王宮前広場～セータキット住宅
20	ターディンデーン～ポム・プラチュンラチョームクラオ	42	シリラート～サオチンチャー
21	チュラーロンコーン大学～バーンパコーク	43	バーンクンティアン～王宮前広場
22	タノントック～クルアイナムタイ	44	モーチット～ターティアン

附表

路線番号	路線	路線番号	路線
45	サームイェーク～パークナーム	77	シーロム～プラトゥーナーム
46	バーンチャーク～ローンムアン	78	サートーン～ターチャーン
47	土地局～関税局	79	クロントゥーイ～ワット・トライミット
48	バーンチャーク～ワット・ポー	80	バーンケー～パーフラット
49	バーンラムプー環状線（左回り）	81	バーンワー～シリラート
50	バーンラムプー環状線（右回り）	82	プラプラデーン～プット橋
51	シーサオ環状線（左回り）	83	プラプラデーン～プラサムット仏塔
52	シーサオ環状線（右回り）	84	トンブリー工科短大～サオチンチャー
53	ファイクワーン環状線（左回り）	85	ラートブーラナ～プット橋
54	ファイクワーン環状線（右回り）	86	プラプラデーン～バーンラムプー
55	バーンソン環状線（左回り）	87	ナーンルーン競馬場～ダーオカノーン
56	バーンソン環状線（右回り）	88	タラートプルー～ワット・トライミット
57	クルントン橋環状線（左回り）	89	ワット・ディードゥアット～トンブリー商科短大
58	クルントン橋環状線（右回り）	90	バーンプーン～王宮前広場
59	トンブリー環状線（左回り）	91	ターチャーン～パーククレット
60	トンブリー環状線（右回り）	92	パーククレット～ドームアン
61	チョンノンシー環状線（左回り）	93	バーンケーン～サナームビンナーム
62	チョンノンシー環状線（右回り）	94	ノンタブリー～サナームビンナーム
63	ノンタブリー～王宮前広場	95	ランシット～バーンプーン
64	ノンタブリー～王宮前広場	96	ミーンブリー～ノーンチョーク
65	バーンソン～王宮前広場	97	ターチャーン～エーカマイ
66	バーンスー～タラートプルー	98	パークナーム～バーンプー
67	バーンスー～トゥンマハーメーク	99	パークナーム～ハートアマラー
68	シーヤーン～サーラーデーン	100	プラプラデーン～サムローン
69	バーンケーン～王宮前広場	101	バンコクノーイ～タリンチャン
70	マッカサン～バーンカピ	102	ラートブーラナ～バーンモット
71	クローンチャン～ワット・ポー	103	サムローン～バーンプリー
72	クルアイナムタイ～テーウェート	104	ミーンブリー～クローンルアンペン
73	ディンデーン～プット橋	105	ラーマ6世橋～クルントン橋
74	ファイクワーン～クロントゥーイ	106	戦勝記念塔～シープラヤー
75	ダーオカノーン～ターティアン	107	ファイクワーン～バーンクンプロム
76	サートーン～バーンラムプー	108	ナーナー～ターチャーン

出所：NA Kho Kho 0202. 3. 4. 1/61 より筆者作成

附表

③ 1970年11月改編

路線番号	路線	距離(km)	運行規定台数(台)	事業者	路線番号	路線	距離(km)	運行規定台数(台)	事業者
1	ダンヌトック～ターティアン	12.0	55	通運公団	50	バーンソン～サーミヤーン	15.3	25	シリミット
2	バーンククローンタラート～サトロー	24.0	80	ナーイ・ルート	51	バーンタクバレット～ターサトロー	25.0	25	輸送社
3	モーチット～クローンサーン	16.0	60	シーナコーン	52	シーサオ環状線	9.8	10	ナーイ・ルート
4	タラートプルー～クローントゥーイ	15.0	90	通運公団	53	テーウェート環状線	12.0	35	赤バス
5	バーンスー～チャックラワット	10.0	40	シーナコーン	54	テーウェート環状線	12.0	35	タイプラティット
6	マッカロー～バーンプー	8.0	25	プラナコーントンブリー輸送	54	ファイクワーン環状線	15.0	20	赤バス
7	ノンバウォン～クローンクワーオ	23.0	40	バーンケーン輸送	55	アムヌアイクラーム環状線	20.0	25	シリミット
8	ワット橋～ラートプラーオ	16.3	60	ナーイ・ルート	55	アムヌアイクラーム環状線	20.0	25	タイプラティット
9	シーヤー～タラートプルー	14.0	55	トンブリー自動車	56	クルントン環状線	18.7	45	輸送社
10	ワット・クローン・ナールーン～競馬場	12.6	20	トンナコーン輸送	56	クルントン環状線	18.7	45	連合輸送
11	マッカサン～ワット橋	11.0	25	ナーイ・ルート	57	トンブリー環状線	15.2	20	ニヨム輸送
12	ファイクワーン～経済省	13.0	45	赤バス	58	ターワーターチャーン	15.2	25	ヤーンヨン保険商事
13	ファイクワーン～クロークトゥーイ	13.4	45	クロークトゥーイ・バス	59	ドンムアン～王宮前広場	18.0	40	サハーイ・ルート
14	シーヤー～クロークサーン	12.0	35	シーナコーン	60	ファマーバーンクロークタラート	30.0	25	ナーイ・ルート
15	バーンラムプー～バンコク橋	20.3	50	ブンポン	61	チョムノンシー～ウイックタエ	20.0	10	チョンノンシー
16	スラウォン橋～ターオプーン	14.8	60	ピーラ・バス	62	サートゥラディット～ディンデーン住宅	6.0	15	タイターウォーン
17	バンコク橋～ターチャーン	21.3	60	ヤーンヨン保険商事	63	ラーマ6世橋～ディンデーン広場	10.0	15	シリミット
18	ラーマ6世橋～シープラヤー	17.0	50	タイターウォーン・バス	64	ノンタブリー～王宮前広場	11.5	60	シーナコーン
19	テーウェート～ロンコーン、プラチャーソンクローム	10.0	50	トンブリー連合輸送	65	バーンソン～サーミヤート	12.0	25	シリミット
20	チュラーロンコーン大学～バーンパコー	29.0	15	トンナコーン輸送	66	バーンスー～タラートプルー	12.3	55	シーナコーン
21	ターディーンデーン～王宮前広場	14.0	60	ナコーンルアン輸送	67	バーンスー～マッハーネーク	23.0	50	シーナコーン
22	タンヌトック～ウルアイナムタイ	14.5	45	通運公団	68	シーヤー～サーデーン	14.0	15	サハーイヨン
23	スッティサーン～経済省	14.0	30	赤バス	69	マッカサーン～王宮前広場	9.0	20	テーバラミット輸送
24	マッカサン～ファラムポーン	13.0	15	輸送社	70	マッカラーチャン～クローンチャン	13.0	30	テーバラミット輸送
25	ターチャーン～バーンターム	30.0	75	輸送社	71	クローンチャン～ワット・ポー	20.5	40	ナーイ・ルート
26	サバーンカーオ～ミーンブリー	45.0	35	ミーンブリー輸送			25.0		
27	クローンチャン～クロークトゥーイ	27.0	40	テーバラミット輸送					
28	北線バスターミナル～南線バスターミナル	16.0	25	輸送社					

附表

路線番号	路線	距離(km)	運行規定台数(台)	事業者	路線番号	路線	距離(km)	運行規定台数(台)	事業者
29	ランシット～ファラムポーン	30.0	35	輸送社	72	クルアイナムタイ～デーウェート	15.0	50	ナーイ・ルート
30	ノンタブリー～ターチャーン	15.0	30	輸送社	73	ディンデーン～ワット橋	13.0	30	ナーイ・ルート
31	バちゃムスターニー～ターチャーン	47.5	15	輸送社	74	ファイクワーン～クロントゥーイ橋	13.0	40	デーパニラミット輸送
32	ノンタブリー～王宮前広場	28.5	25	ノンタブリー市	75	ダーオカノーン～ターティアン	13.5	65	通運公団
33	バトゥクワレット～王宮前広場	47.0	15	ナーイ・ルート	76	シーロム～パーンラムプー	13.5	20	アンポン
34	ランシット～ファラムポーン	33.0	35	輸送社	77	シーロム～戦勝記念塔	6.5	15	アンポン
35	サオチンチャー～サートゥプラディット	12.0	35	輸送社	78	サートーン～ターチャーン	15.5	25	ヤーニョン保険商事
36	戦勝記念塔～シーブラヤー	6.0	10	タイターウォーン・バス	79	エーカマイ～ターチャーン	14.0	50	輸送社
37	ダーオカノーン～マハーナーク	10.0	50	シールアン	80	バンケー～パーンラート	13.5	35	バーンケー輸送
38	北線バスターミナル～エーカマイ	14.0	35	輸送社	81	バンケー～シリラート	10.0	20	ニヨム輸送
39	王宮前広場～ドーンムアン	32.0	40	サハーイヨン	82	プララチャダー～ワット橋	19.5	20	トンブリー輸送
40	エーカマイ～南線バスターミナル	18.0	45	サハーイヨン	83	タリンチャン～バンコクノーイ	4.7	10	トンブリー連合輸送
41	王宮前広場～セーオチャンチャット住宅	22.6	45	バーンケー輸送	84	バーンモット～サオチンチャー	17.6	40	トンコーン輸送
42	シラート～サオチンチャー	10.0	40	ニヨム輸送	85	ラートプラーオ～ワット橋	10.6	10	トンコーン輸送
43	ワットシン～王宮前広場	13.0	75	ワッチャナヨン	86	プララチャダー～パーンオカノーン	18.0	35	プラトーントンブリー輸送
44	モーチット～ターチャーン	13.0	50	シーナーコーン	87	ナーンルーア競馬場～ダーオカノーン	11.6	35	トンコーン輸送
45	サートーンイェーク～バーンケームアン	29.0	80	サハットプラーカーン輸送	88	バンモット～クロンサーン	10.0	15	プラトーントンブリー輸送
46	バンケーチャー～クロントゥーイ	12.5	45	ナーイ・ルート	89	バンケー～シリラート	7.0	10	ニヨム輸送
47	土地局～クロントゥーイ	12.0	50	ヤーニョン保険商事	90	バーンプーン～王宮前広場	48.0	15	ナーイ・ルート
48	バンケーチャー～ワット・ボー	16.0	50	ナーイ・ルート			921.3	2,115	
49	バーンソン～サーミイェーク	14.0	25	シリミット					

出所：NA [1] Ko Kho. 1. 4/53 より筆者作成

427

附表

④ 1976〜1977年告示

路線番号	路線
1	ダンントゥクローン〜ターディアン
2	バーククローンタラート〜サムローン
3	国鉄官舎 (11km地点)〜クローンサーン
4	バーンチャーク船着場〜クローントゥーイ港
5	バーンスー〜チャックラブワット
6	ブッカローデーウェート
7	ノンパウォン〜クロークワーン
8	プット橋〜ラートプラーオ
9	シーヤーン〜バーンシーチャルーン船着場
10	ワット・シンナーンルーン
11	ディンデーン〜プット橋
12	ファイクワーン〜商務省
13	ファイクワーン〜クローントゥーイ港
14	シーヤーン〜クロークローン〜バンコク橋
15	バーンラムプー〜タオプーン
16	スラウォン橋〜タオプーン
17	バンコク橋〜シープラヤー
18	ラーマ6世橋〜シープラヤー
19	デーウェート〜バンコクノーイ駅
20	タラーディンデーンポム・プラチェンチョームクラオ
21	チュラーロンコン大学〜トンブリーロム公園
22	タンントゥクローン〜クローントゥーイ港
23	オンヌットウェー〜テーウェー
24	プラチャーニウェート2住宅〜戦勝記念塔
25	ターチャーン〜バーケナーム
26	サパーンカーオ〜ミーンブリー
27	クロークナーム〜クローントゥーイ港
28	北線バスターミナル〜南線バスターミナル

路線番号	路線
56	クルエント環状線
57	トンブリー環状線
58	ラームカムヘン大学〜バンコクノーイ駅
59	ドームアン〜王宮前広場
60	クロークローン〜バーククロータラート
61	ラームカムヘン大学〜戦勝記念塔
62	サートゥプラディット〜戦勝記念塔
63	ノンタブリー〜王宮前広場
64	ノンタブリー〜王宮前広場
65	ラーマ6世橋〜ターディアン
66	プラチャーニウェート1住宅〜バーンシーチャルーン工科短大
67	プラチャーニウェート1住宅〜バンコク工科短大
68	バンプースターオ〜バーンラムプー
69	サナームピン〜北線バスターミナル
70	プラチャーニウェート2住宅〜王宮前広場
71	クロークローン〜ワット・ボー
72	クロークトゥーイ港〜テーウェー
73	ディンデーン〜プット橋
74	ファイクワーン〜クロートゥーイ港
75	トンブリーロム公園〜ターディアン
76	ワット・ラオールビニー公園
77	シーロム〜戦勝記念塔
78	サートゥーン〜バーケナーム
79	タリンチャン〜サオチンチャー
80	ノーンケー〜王宮前広場
81	バーンケー〜シリラート
82	プラブラデーン〜バンコクノーイ駅
83	タリンチャン〜バンコクノーイ駅

428

附　表

路線番号	路線	路線番号	路線
29	ランシット～ファラムポーン	84	オムノーイ～クローンサーン
30	ノンタブリー～南線バスターミナル	85	ワット・チェーンローン～王宮前広場
31	パトゥムターニー～チャーン	86	プラプラデーン～パーンラムアー
32	パークナムターン～パーンバコーク	87	サーニーン競馬場～トンブリーロム公園
33	パトゥムターニー～王宮前広場	88	ワット・トゥンクルー～クローンコク工科短大
34	ランシット～ファラムポーン	89	王宮前広場～バンコク工科短大
35	サオチンチャー～サードサプラディット	90	バンケーン～王宮前広場
36	サパーンポーンケーナールーン	91	セータキット住宅～王宮前広場
37	バーンパコーンナールーン	92	ラームカムヘーン大学～戦勝記念塔
38	北線バスターミナル～ドーンムアン	93	レームチャバーン選手村住宅～シーラチャヤー
39	王宮前広場～ドーンムアン	94	ミーンブリー～王宮前広場
40	エーカマイ～南線バスターミナル	95	ドーンムアン～クローンサーンルーン
41	サオチンチャー～セータキット住宅	96	クローンチャンナーンサーナイ港
42	シリラート～サオチンチャー環状線	201	戦勝記念塔～王宮前広場
43	ワット・ジンバパーンターム	202	チュラーロンコン大学～王宮前広場
44	モーチットターディアン	203	ノンタブリー～王宮前広場
45	バーンクラブーンルムピニー公園	冷房1	クローンチャン～パークタクロークラート
46	バーンナーンーファラムポーン	冷房2	クローンチャンシーロム
47	土地局～クローントゥーイ港	冷房3	ドーンムアンピンクラオ才橋
48	サムローン～ワット・ポー	冷房4	ドーンムアンクローントゥーイ港
49	バーンソンサーインーヤーク	冷房5	パークタクレットルムピニー公園
50	ラーマ6世橋サーインヤーク	冷房6	ノンタブリー土地局
51	パークタクレット王宮前広場	冷房7	バーンケーナーデーウェート
52	パークタクレット戦勝記念塔	冷房8	パークナームナーターラート
53	デーウェート環状線	冷房9	デーウェート環状線
54	ファイクワーン環状線	冷房10	クルーンチャットクラー環状線
55	アヌヌアインクラー環状線		

注：各路線は1976～1977年に官報で告示されたものであり、冷房バス路線の中には実際の運行が1977年中に開始されなかったものも含む。
出所：RKB Vol. 93-51: 3-5、Vol. 93-148: 3542-3544、Vol. 93-157: 4037-4043、Vol. 94-68: 3030-3102 より筆者作成

附　表

⑤ 1988年現在

路線番号	路線	備考
1	タノントック〜ターティアン	
2	パーククローントゥーン〜サムローン	終夜
3	国鉄官舎 (11km 地点)〜クローンサーン	高速
4	パンジーチャー菊院〜チャックラワート	終夜
5	バムラートナラードゥーン〜クロントゥーイ港	
6	マッカローン〜バンケンタンプロム	
7	ノンバチョン〜クローンタウン	
7/1	パンケッター〜パーブラット	
8	ワット橋〜ハッピーランド市場	
9	シーヤーンチャーン〜ルーン船着場・サーンルーン	
10	パージーチャールート〜ルーン船着場〜ワット橋	
11	マッカサン〜パースック住宅	
11K		
12	フアイクワーン〜商務省	
13	ラーマ 6 世通〜シープラヤー	
14	バンコクノーイ〜パーシランプラチューコウクラヤ	
15	サーディンデーンポムプラチェンケーントチョーロム公園	
16	チュラーロンコーン大学〜トンブリーロムロ公園	
17	タノントック〜ラームカムヘーン大学	
18	サムローン〜デーウェート	
19	タープラー〜シープラヤー	
20	プラブラデーン〜パーンコーク王宮前広場	
21	チュラーロンコーン大学〜ラームカムヘーン大学	高速
22	タノントック〜サムローン	
23	サムローン〜デーウェート	
24	サムローン〜デーウェート	
25	パークナーム〜パーンクローン戦勝記念塔	
26	戦勝記念塔〜ミーンブリー	
27	ミーンブリー〜戦勝記念塔	終夜

路線番号	路線	備考
57	トンブリー環状線	
58	ミーンブリー〜プラトゥーナーム	
58	ハッピーランド〜パンコクノーイ駅	
59	ランシット〜王宮前広場	
60	パットトゥーパーククローンタラート	
61	ラームカムヘーン大学〜パーククローンタラート	終夜
62	サートゥプラディウ〜戦勝記念塔	
63	ノンバプリー〜戦勝記念塔	
64	ノンタブリー〜王宮前広場	終夜
65	ワット・パーククナーム〜戦勝記念塔	
66	プラチャーニウェート 1 住宅〜チョンノンシー	
67	サナームパオ〜パーシームアー	
68	パーンパターンナーム〜ラームターラーウェー	
69	サナームパオビンナーム〜戦勝記念塔	
70	トンブリーニウェート 3 住宅〜王宮前広場	
71	チョーラーチャーパーワット・タートトーン	
72	ワルアイムスタイターウェート	
73	タイ通信公団〜ワット橋	
74	フアイクワーン〜クローントゥーイ港	高速
75	ワット・アッタブーン〜王宮前広場	
76	トンブリー団地〜ホポンコクラビニー公園	
77	シーロム〜ラーチョーラーティーン操車場	
79	タリンデーン〜ワット・タートトーン	
80	ノーンケーム〜王宮前広場	
81	パーンケー〜シリラート	
82	プラプラデーン〜ワット橋	
82K		
83	パーンスー〜パコーク王宮前広場	
84	オムヤイ〜クローンサーン	終夜

路線番号	路線	備考
114	ノンタブリー〜ラムルークサ三又路	
115	クローンチャン〜シーロム	
116	サムローン〜サーケーオ	
117	ワット・マイ〜フアイクワーン	
119	パークナーム〜サムイェーク	
120	ピントーン市場〜クローンサーン	
121	サートゥーサーン〜戦勝記念塔	
122	ラームカムヘーン大学〜ホチョーラーティーン操車場	
124	マヒドン大学〜サーラーヤー〜キャンパスアルクレントーン	
125	マヒドン大学サーラーヤー〜キャンパス〜ラームカムヘーン大学	
126	ケーイーラーム〜パースーンサイ	
127	クレントン橋〜バーンサイ	
128	カセーサート大学〜サムローン	高速
129	ハッピーランド〜ミーンブリー	
130	ミーンブリー〜ノーンチョック	
131	バーンチャーク〜パーンソンブリー団地	
132	クローンタン〜パーンブリー団地	
133	パーンショーンクローントゥーイ港	
134	パーンショーンディーン操車場〜パーンシーオ港	高速
136	ハッピーチャック公園〜関税局	
137	ラームカムヘーン〜ラッチャダーピセーク環状線	
138	チャットゥチャック公園〜プラチャラーティーン大学	高速
140	戦勝記念塔〜トンブリー団地	高速
141	パークラブティー〜チョーラロンコーン大学	高速
142	ワット・ラオ〜パークナーム	
145	チャットゥチャック公園〜パークサーム	
146	ラッチャダーピセーク外環状道路環状線	
148	パーンスー駅〜ルムピニー公園	
149	パーンコクノーイ駅〜クローントゥーイ	

430

附　表

路線番号	路線	備考	路線番号	路線	備考	路線番号	路線	備考
28	ラッチャダーピセーク〜ターブラ		85	ワット・チューンローン〜バーンプラット		150	パークレット〜ラームカムヘーン大学	
29	ランシット〜ファラムポーン		86	プラプラデーン〜バーンプーマー		201	戦勝記念塔〜王宮前広場	
30	ノンタブリー〜ターブラ		88	ノンタブリー〜ターブラ		203	ノンタブリー〜王宮前広場	
32	パークナムレット〜王宮前広場		89	サオチンチャー〜バンコク工科短大		204	ワット・ラオ〜クローントゥーイ船着場	
33	パトゥムターニー〜王宮前広場		90	サヌームーン〜ホンヨーティン操車場		205	ファイクワーン〜チャルンナコーン船着場	
34	ランシット〜サートーン	終夜	91	セーカキット住宅〜王宮前広場		206	カセサート大学〜ラームカムヘーン大学第2キャンパス	
35	サオチンチャー〜サートゥチャック環状線		92	クローンターン〜王宮前広場		207	クローンターン〜王宮前広場バス	
36	ファイクワーン〜サートゥチャック環状線		93	レームカビン選手村住宅〜シーナカリン大学		冷房1	ハッピーランド〜シーロム	
37	ランローク〜ワラムポーン		95	ランシット〜ラームカムヘーン大学		冷房2	ハッピーランド〜シーロム	
38	チャーンカセー師範学校〜エーカマイ		95	ハッピーランド〜クローントゥーイ港		冷房3	ランシット〜ピンクラオ橋	
39	王宮前広場〜タマサート大学ランシットキャンパスバス		96	バットウィコーン住宅〜サオチンチャー		冷房4	ノンタブリー〜トンブリーロー公園	
40	エーカマイ〜ワット・チャイオー		97	ノンタブリー〜ソンプラ病院		冷房5	パークナムレット〜ウォンウィアンヤイ	
42	ターブラ〜サオチンチャー環状線		98	ファイクワーン〜クルアイナムタイ		冷房6	パークタレット〜プラプラーデーン	
43	ピントー市場〜バーンラムプー	高速	99	ラームカムヘーン大学〜テーウェート		冷房7	サムローン〜ターブラ	
44	サムローン〜ターティアン		101	ワット・ムアン〜ボート〜市場		冷房8	パークナーム〜パーパーオ	
45	ハッピーランド〜ピンクラオ橋		102	パークナーム〜チョンノンシー		冷房9	ノンタブリー〜パーパーオ	
46	ターウィ〜関税局		103	ターミナル〜プルー〜パヤータイ	高速	冷房10	ランシット〜ピンクラオ橋	
47	土地局〜関税局		104	サオチンチャー〜戦勝記念塔		冷房11	サムナーティ〜操車場〜バーンクローンクラーオ	
48	ラームカムヘーン大学第2キャンパス〜ワット・ポー		105	サヌームルーンチャークーン市場		冷房12	ボンヨーク〜チャルンナコーン市場	
49	バーンシン〜サートーン		106	ラードヤー〜ルムピニー公園		冷房13	ランシット〜オーチャードミンプラーオ	高速
50	ラーマ6世橋〜サートーン		107	パークソリー〜クローントゥーイ		冷房14	ランシット〜クローントゥーイ	
51	パークタレット〜ワット・ポー		108	パークナーム〜ノンタブリー		冷房29	タマサート大学ランシットキャンパス〜王宮前広場	
52	パークタレット〜バーンスー駅		109	ラームカムヘーン〜ファラムポーン		冷房39	ハッピーランド〜ターティアン	
53	ターウェート環状線		110	ラーマ6世橋〜テーウェート		冷房44	ノンタブリー〜サムロン	
54	ファイクワーン環状線		111	パークタレット〜バーンスー環状線	終夜	冷房126	ノンタブリー〜サムロン	高速
55	アヌサワイアチャイ環状線	終夜	112	タラートプルー〜ブッカロー環状線		冷房138	チャトゥチャック公園〜プラプラーデーン	高速
56	クルントン環状線		113	ミーンブリー〜ファラムポーン				

注：備考欄の終夜は終夜運転を、高速は高速道路経由を示す。ただし、全便が高速道路を経由する場合と、一部のみが高速道路経由となる場合がある。
出所：Bangkok Guide [1988] より筆者作成

附表

ⓒ 2008年現在

路線番号	路線	運行形態 民間バス	運行形態 冷房バス	運行形態 終夜バス	高速経由
1	ダンドットクワーターディアン				
2	バークワクローチャートーサムローン	○	○○		
3	新モーチット競馬場~クロートーイ港				
4	バーンチャー~チャックラウォット~クロートーイ港		○○		
5	新モーチット~チャックラウォット				
6	プラブラム6世~チャックラウォット	○			
7	プラム・ポー~スアンソーン~クロークワー学校		○○		
7K	プラム・ポー~スアンソーン~クロークワー		○		
8	ハッピーランド~サパーンプット市場		○○	○	
9	ソーイ・ガムナンソーイペー~新モーチット				
10	ワット・トゥンセートー~新モーチット		○○		
11	シーナカリン車庫~ローイプラ~クローン				
12	ファイクワン~クロートーイ港		○○		
13	旧経済省				
14	シーロム~クロートーイ港				
15	サムラムプーム~ターコン	○	○○		○
16	スラウォン~チャナソンクラーム車庫				
17	ラーマ2世通り~戦勝記念塔		○○		○
18	アヌット車庫~戦勝記念塔				○
19	ブンカーブロイ・ブラティナム~タラートユオット~オ		○○		○
20	サートロンコート~ディット車庫~トックプリ九団地				
21	サムローン~デュワェー		○○		
22	タミローン~デュワェー				
23	サンチャーニーウェー3住宅~戦勝記念塔		○○		
24	ターミナル~トンブリー				
25	戦勝記念塔~ミーンブリー	○	○○		
26	タップチャーヨー~新南線バスターミナル				
27	タウーラート大学ランシットキャンパス~アランポート		○○		
28	バンナー~ターミナル~新南線バス				
29	ラムカムヘン~クロートーイ港前広場		○○		
30	パトムロンコート・プラティナム~トックル九団地				
32	ラーマ5世~ワット・ポー	○			
33	サンセラン・プラチナーム~プラプーム		○○		
34	ポートウー車庫~戦勝記念塔				
35	ワット・チューローマハート~ワット		○○		
36	ファイクワローラチャテーウィ天国				
36K	ファイクワロー~ラチャテーウィ		○		
37	チャトロセール~ラーチャダーピクラー大学		○○		
38	ラームカヘン大学第2キャンパス	○			

路線番号	路線	運行形態 民間バス	運行形態 冷房バス	運行形態 終夜バス	高速経由
74	ファイクワー~クロートーイ港	○			
75	ワット・ブッタブチャー~サナームルアン		○○○		
76	サムーダム団地~ブルーンディアン				
77	ラーマ3世通り~新モーチット		○○○		
79	ワット世通り~ラーチャクラブント				
80	プラブラム~シーユー~ラーチャ~王宮前広場		○		
80K	ウォートポー~スアンソーン11住宅クワラ峰				
81	オムノーイ~ビンクラウォ峰	○	○		
82	プラブラム~シーユー~パーンプリア				
84	サパーンタクシーン~クローンサーン				
84K	オムヤイ~新モーチット		○		
85	サパーンブラブラム5世~住宅~ラーチャテーウィ				
88	ワット・チューロー~ラーチャテーウィ				
89	ハッピーランド~トゥールトドトー		○○		○
90	タラープルー~第3農産物市場				○
91	バトゥムカン警察署~バンコク工科大		○		○○
91K	第2王宮前広場~ターブラ				○
92	セータキット住宅~王宮前広場		○○		○
93	ロムクラブ選手村~戦勝記念塔				
95	レーム~トーンチャン~ターンモン~バーンカピ	○	○○○		
95K	ランシット~スアンモーン~バーンカピ				
96	スアンソーン~新モーチット				
97	ファイクワーン~オヌサワット有院	○	○○○		
98	パンクラブー~交差点~ラーマ3世通り				
99	ラムカムヘン~オヌサーサーバー駐車場	○			
101	バークナー~タラート3世通り		○○○		
102	バークナー~ラレット~ニュータウンクローンサーン				
105	ミーンブリー~クロートーイ港	○	○○○		
107	バンコクヨーチャヨー~ラーチャテーウィ				
108	ランシット~バーモー~ポーラン~バーンカピ	○	○○○		
109	ラーカムヘン~ラーモー~モー~バーンカピ				
110	ランシット~世陰~王宮前広場		○○		
111	タラートブルー~ブラブラム6~ポーラ				
113	ミーンブリー~バラブリム		○○○		
114	第3農産市場~ラムカカ三天路				
115	ミーンブリー~サムローン		○○		
116	ワット・チューローマデー~サーサー				
117	ナンダブリー~第2バンコク都		○		

路線番号	路線	運行形態 民間バス	運行形態 冷房バス	運行形態 終夜バス	高速経由
162	クロートーイ~クロートーイ港				
163	ブラモンドクー~フアイクワーン	○	○○		
164	マヒドーン大学サラーキャンパス~戦勝記念塔	○	○○		
165	フットボートーン~パンコクヤイ区役所		○		
166	ムアンドーン~ラーナー~バーンポー		○○		
167	クロトーン~戦勝記念塔	○	○		
168	スアンソーン~戦勝記念塔		○		
169	オムヤイ~ラチャテーウィ運林住宅		○		
170	オムヤイ~クロートーイ港		○		
171	フットドリー団地~ラーバッドーインクビット				
172	ハッピーランド~ラートー~モーチット		○○		
173	ハッピーランド~ドーモーパーン				
174	ワット・トゥンクラーラー~チャー	○			
175	タラーブル~第3農産物市場~戦勝記念塔		○		
177	スコンタサーマ~バンコク工造大	○			○
178	スコンタサワット環状線				
179	クローマ7世橋~戦勝記念塔	○	○		
180	バンブリー~ラーカムペー~バンコク工造大	○			○
182	ラーマ5世~ラーカムペー~バンコク工造大		○		○
183	オムライ~ラーチャテーウィ				
185	クローマ7世~戦勝記念塔		○		
187	クローマ3世~フリー				
188	戦勝記念塔~ターリンチャン~クローイ6	○			
201	バンコク警察2份~ラーチャダーキエ駐車場				
203	バンコク警察~ダーリニキチャン		○		○
204	クロートーイ~王宮前広場				
205	関税局~ターミナル		○		○
206	カセートサート大学~プラブラマ				
207	カセートサート大学~ラームカヘンキャンパス		○		
501	ミーンブリー~フアラムポート	○	○○		
502	ミーンブリー~戦勝記念塔				
503	ミーンブリー~タイ~戦勝記念塔	○	○		
504	ランシット~フアラムポート広場				
505	バーククレット~ラーエビュー~公園		○○		
507	タラート~プリー~ラーモー~ターミナル				
508	バークナー~新南線バスターミナル	○	○○		
509	新モーチット~戦勝記念塔				
510	バンプリー~タイ~戦勝記念塔		○○		
511	パーク~ナーチャット~新南線				
512	新モーチット~パークワクローン		○		

432

附表

路線番号	路線	民間	冷房バス	終夜バス	高速経由
39	王宮前広場～タラートタイ	○			
40	ラーマ9世通り～新南線バスターミナル	○	○		
42	ターマラーサートチャン環状線	○			
43	ビクトリー市場～デーウェー	○			
44	クローントゥーイ2宇給～クローン駅着場	○			
45	クローンチャン団地～ターティア	○			
46	サムローン～シーブラヤー	○	○		
47	土地局～クローントゥーイ港				○
48	ラーカムヘーン大学(ミンブリーキャンパス)～ボー	○			
49	新モーチット～バーンブアトーン	○			
50	ラーマ7世橋～クルムビー二一公園	○			
51	新モーチット～ムムビー・ポー	○	○		
52	タークラレット～バーンプラット・駅	○			
53	デーウェー環状線	○			
54	ファイクワーン環状線	○	○		
56	クルレット環状線	○			
57	トンブリー環状線	○			
58	ミーンブリー～ナートトゥーナー	○			
59	ランシット～王宮前広場	○			○
60	サートゥパディット～戦勝記念塔	○	○		
62	第3 農産物市場～戦勝記念塔	○			
63	ノンタブリー～王宮前広場	○			
64	ノンタブリー～王宮前国立劇場	○			
65	ブラチャートット住宅～青南線バスターミナル	○			
66	サミットポン・シティ～ブンノンシー	○			
67	サミットポン～戦勝記念塔	○	○		
68	ターイット～ターチナークラブムアー	○			
69	タラートレート7～ブラトゥエー	○	○		
71	クローントゥーイ住宅～王宮前広場	○			
72	ファイクワーン～ブット・ターウェー	○			
73	ボーサーオ車庫～ブット・ポー	○			

路線番号	路線	民間	冷房バス	終夜バス	高速経由
120	マハーチャイ～クローンサーン	○	○		
122	ファイクワーン～新南線	○	○		
123	オームヤイ～モーチャン環状線	○			
124	マヒドン大学サーラーヤーキャンパス～アルンアマリン駅	○			
125	マヒドン大学サーラーヤーキャンパス～カムヘーンムーン大学	○	○		
126	バーンケーンチ団地～カムヘーン大学	○			
127	アルンアマリン橋～バーンブアトーン	○			
129	サムローン～シープラヤー				
131	ミーンブリー～ノースチョーク	○			
132	バーンケーンチ～バーンプリー団地	○	○		
133	ブラカノン～バーンブアトーン	○			○
134	新モーチット～バーンブアトーン	○	○		○
134K	クローンチャン団地～関税局				○
136	新モーチット～関税局	○	○		○
137	ラーヤセート環状線	○			○
138	新モーチット～ブラブラテーン	○	○		○
139	ラームカムヘーン大学(ミンキャンパス)～戦勝記念塔				
140	ビクトリー市場～サミットダム事車	○			○
142	ハッピーランド～バーンケーン	○			
143	トンブリー園地～バーンブアトーン	○			
145	ハッピーランド～ティアーサーバン	○	○		
146	バーンケーン～外環状道路環状線	○			
147	タオカエ～ラームカムヘーン大学	○			
149	タンタブリー～外環状道路環状線	○			
150	ハッピーランド～戦勝記念塔	○	○		
151	バーケナット1 2車庫エーカーイ	○			
152	ハッピーランド～クローンケーブ	○			
153	オームヤイ～ミーンブリー	○			
156	サトーラボン団地～ラームイントリー	○			
157	ブッタモントン2号線～ラームイクワン	○			
158	オーチット～新モーチャット	○			
159	ブッタモントン2～モーチャット	○			

路線番号	路線	民間	冷房バス	終夜バス	高速経由
513	ランシット～サムローン		○		○
514	ミーンブリー～シーロム				
515	サーラーヤー～戦勝記念塔		○		
516	デーウェー～ブット・モーチャット団地		○		
517	新モーチット～ラーマ2クラウイット車庫				
519	スアンサイチ大学～ザ・モール・ブラディット車庫		○		
520	タンヤブリー～バーンパーッケート				○
522	ラーヤトドナー～戦勝記念塔				
523	ラートプラーオ～王宮前広場		○		○
524	バーンケーン～王宮前広場	○	○		
528	サイパリー～ラーマ9世通り				
529	サムーダム～新モーチット		○		○
536	クローンチャン～新モーチット				
537	戦勝記念塔～バーンケーン		○		
538	ラートチャモンコン工科大学キャンパス～キャンパスシーシナカリンター通り		○		
539	オームヤイ～ンアヌーチ		○		○
542	ピンクラオ～戦勝記念塔環状線		○		○
543	第3 農産物市場～バーンケーン事車				
544	サムーダム事車～チュラーンガーマーン				○
545	ノンタブリー～サムローム				○
547	マヒドン大学サーラーヤーキャンパスバス～戦勝記念塔		○		○
549	クローンチャン～スワンナブーム空港		○		○
550	ハッピーランド～スワンナブーム空港		○		○
551	スワンナブーム空港～バーンケーン		○		○
552	スワンナブーム空港～戦勝記念塔		○		○
552A	スワンナブーム空港～バーンケーン		○		○
553	スワンナブーム空港～バーンケーン		○		○
554	スワンナブーム空港～ランシット		○		○
555	スワンナブーム空港～ランシット		○		○
556	スワンナブーム空港～新南線ラーマイクワリー		○		○
558	スワンナブーム空港～新南鉄ケーナル		○		○
559	スワンナブーム空港～ランシット		○		○
計		98	123	45	42

注：高速道路経由は、全便が高速道路を経由する場合と、一部のみが高速道路経由となる場合がある。
出所：KSMK [n.d.] より筆者作成

附　表

附表 8　バンコク大量輸送公団の営業状況（1977〜2011 年）（単位：千バーツ）

年度	収入	支出	収支
1977	622,923	870,633	-247,710
1978	1,058,229	1,438,311	-380,082
1979	1,421,256	1,898,256	-477,000
1980	1,777,383	2,523,348	-745,965
1981	2,524,497	3,344,300	-819,803
1982	2,965,012	3,939,781	-974,769
1983	3,137,775	4,214,242	-1,076,467
1984	3,064,176	4,303,742	-1,239,566
1985	3,458,237	4,558,071	-1,099,834
1986	3,142,717	4,368,748	-1,226,031
1987	3,216,900	4,129,800	-912,900
1988	3,397,739	4,164,840	-767,101
1989	3,839,862	4,723,434	-883,572
1990	4,069,886	5,039,161	-969,275
1991	5,029,460	5,254,223	-224,763
1992	6,402,827	6,341,237	61,590
1993	6,363,202	6,962,823	-599,621
1994	6,198,353	7,097,117	-898,764
1995	6,395,298	8,222,111	-1,826,813
1996	6,473,178	8,599,889	-2,126,711
1997	6,682,385	9,153,212	-2,470,827
1998	6,816,858	9,548,676	-2,731,818
1999	7,103,040	9,795,586	-2,692,546
2000	7,054,938	9,944,113	-2,889,175
2001	7,081,884	10,802,742	-3,720,858
2002	6,984,448	10,484,010	-3,499,562
2003	6,458,475	10,917,260	-4,458,785
2004	5,965,771	10,654,860	-4,689,089
2005	6,216,864	11,549,369	-5,332,505
2006	6,993,920	13,351,209	-6,357,289
2007	6,972,052	13,095,374	-6,123,322
2008	6,802,226	14,218,400	-7,416,174
2009	7,394,607	9,468,091	-2,073,484
2010	7,166,005	10,630,035	-3,464,030
2011	7,631,374	10,592,663	-2,960,929

出所：1977〜2004 年：KSMK [2005]: 12，2005〜2006 年：KSMK (2006): 66，2007〜2008 年：KSMK (2008): 60，2009〜2010 年：KSMK (2010): 78，2011 年：KSMK (2011): 88 より筆者作成

附　表

附表 9　バス台数の推移（1986～2011 年）（単位：台）

年度	公団直営			民間			ミニバス	ソーンテオ	バンバス	計
	普通	冷房	計	普通	冷房	計				
1986	3,765	218	3,983	734	240	974	N. A.	N. A.		4,957
1988	3,990	444	4,434	1,093	239	1,332	2,151	3,514		11,431
1990	4,368	464	4,832	1,313	239	1,552	2,113	2,701		11,198
1991	4,831	456	5,287	1,326	249	1,575	2,056	2,414		11,332
1992	3,939	486	4,425	1,460	269	1,729	2,043	2,603		10,800
1993	3,925	900	4,825	1,460	269	1,729	2,016	2,551		11,121
1994	3,914	922	4,836	1,471	269	1,740	1,838	2,516		10,930
1995	3,588	1,164	4,752	1,474	319	1,793	1,770	2,497		10,812
1996	3,460	1,164	4,624	1,474	349	1,823	1,703	2,454		10,604
1997	3,041	1,194	4,235	1,506	359	1,865	1,622	2,448		10,170
1998	2,563	1,535	4,098	1,537	436	1,973	1,518	2,376		9,965
1999	2,279	1,988	4,267	1,655	535	2,190	1,390	2,202		10,049
2000	1,808	1,988	3,796	1,864	603	2,467	1,117	2,239		9,619
2001	1,683	1,987	3,670	2,188	632	2,820	1,180	2,269	5,337	15,276
2002	1,674	1,981	3,655	2,348	662	3,010	1,179	2,208	4,610	14,662
2003	1,670	1,936	3,606	2,423	870	3,293	1,175	2,072	5,531	15,677
2004	1,673	1,905	3,578	2,428	932	3,360	1,157	2,060	5,570	15,725
2005	1,674	1,905	3,579	2,502	960	3,462	1,118	2,080	5,522	15,761
2006	1,674	1,905	3,579	2,556	944	3,500	1,078	2,215	6,217	16,589
2007	1,674	1,861	3,535	2,559	932	3,491	1,069	2,304	6,510	16,909
2008	1,665	1,861	3,526	2,554	981	3,535	1,067	2,325	6,919	17,372
2009	1,663	1,855	3,518	2,674	1,327	4,001	1,054	2,365	6,647	17,585
2010	1,659	1,874	3,533	2,706	1,376	4,082	594	2,323	5,816	16,321
2011	1,659	1,874	3,533	2,586	1,430	4,016	844	2,312	5,528	16,206

注 1：原則として年度末（9 月末）時点の数値であるが，2005 年のみ 7 月末の数値である。
注 2：マイクロバスは除く。
出所：1986 年：KSMK (1986): 8，1988 年：KSMK (1988): 26-27，1990 年：KSMK (1990): 23，1991 年：KSMK (1991): 30，1992 年：KSMK (1992): 27，1993 年：KSMK (1993): 27，1994 年：KSMK (1994): 26，1995 年：KSMK (1995): 29，1996 年：KSMK (1996): 30，1997 年：KSMK (1997): 37，1998 年：KSMK (1998): 26，1999 年：KSMK (1999): 26，2000 年：KSMK (2000): 20，2001 年：KSMK (2001): 20，2002 年：KSMK (2002): 27，2003 年：KSMK (2003): 35，2004 年：KSMK (2004): 35，2005 年：KSMK [2005]: 3，2006 年：KSMK (2006): 34，2007 年：KSMK (2007): 27，2008 年：KSMK (2008): 52，2009 年：KSMK (2009): 34，2010 年：KSMK (2010): 46，2011 年：KSMK (2011): 57 より筆者作成

附　表

附表 10　バス路線数の推移（1986～2011 年）（単位：路線）

年度	公団直営			民間			ミニバス	ソーンテオ	バンバス	計
	普通	冷房	計	普通	冷房	計				
1986	111	10	121	21	7	28	N.A.	N.A.		149
1988	112	11	123	29	8	37	N.A.	N.A.		160
1990	109	11	120	35	8	43	58	174		395
1991	111	11	122	46	10	56	71	128		377
1992	109	9	118	37	8	45	58	123		344
1993	109	25	134	37	8	45	57	124		360
1994	109	26	135	37	8	45	59	118		357
1995	121	30	151	37	11	48	59	116		374
1996	122	33	155	37	12	49	58	111		373
1997	114	23	137	36	8	44	58	113		352
1998	N.A.	N.A.	139	N.A.	N.A.	44	N.A.	N.A.		183
1999	N.A.	N.A.	130	N.A.	N.A.	60	N.A.	N.A.		190
2000	N.A.	N.A.	113	N.A.	N.A.	76	N.A.	N.A.		189
2001	N.A.	N.A.	111	N.A.	N.A.	88	N.A.	N.A.	N.A.	199
2002	N.A.	N.A.	106	N.A.	N.A.	95	N.A.	N.A.	N.A.	201
2003	N.A.	N.A.	102	N.A.	N.A.	103	N.A.	N.A.	N.A.	205
2004	N.A.	N.A.	102	N.A.	N.A.	104	48	104	116	474
2005	82	20	102	79	28	107	47	102	116	474
2006	N.A.	N.A.	108	N.A.	N.A.	N.A.	N.A.	N.A.	N.A.	108
2007	N.A.	N.A.	108	N.A.	N.A.	N.A.	N.A.	N.A.	N.A.	108
2008	N.A.	N.A.	112	N.A.	N.A.	105	22	115	131	485
2009	N.A.	N.A.	108	N.A.	N.A.	101	N.A.	113	123	445
2010	N.A.	N.A.	108	N.A.	N.A.	103	21	110	128	470
2011	N.A.	N.A.	108	N.A.	N.A.	101	N.A.	109	127	445

注 1：原則として年度末（9 月末）時点の数値であるが，2005 年のみ 7 月末の数値である。
注 2：マイクロバスを除く。
出所：1986 年：KSMK (1986): 8-9，1988 年：KSMK (1988): 26-27，1990 年：KSMK (1990): 23，1991 年：KSMK (1991): 30，1992 年：KSMK (1992): 27，1993 年：KSMK (1993): 27，1994 年：KSMK (1994): 26，1995 年：KSMK (1995): 29，1996 年：KSMK (1996): 30，1997 年：KSMK (1997): 37，1998 年：KSMK (1998): 26，KSMK (1999): 42，1999 年：KSMK (1999): 26，KSMK (2000) p. 35，2000 年：KSMK (2000): 20, 35，2001 年：KSMK (2001): 20，KSMK (2002): 37，2002 年：KSMK (2002): 27, 37，2003 年：KSMK (2003): 35, 41，2004 年：SC (2003): 117，2005 年：KSMK [2005]: 3，2006 年：KSMK (2006): 46，2007 年：KSMK (2007): 37，2008 年：SC (2008): 122，2009 年：SC (2009): 110，2010 年：SC (2010): 112，2011 年：KSMK (2011): 48 より筆者作成

附　表

附表 11　バスの 1 日平均利用者数の推移（1990～2011 年）（単位：人）

年度	公団直営			民間			計		
	普通	冷房	計	普通	冷房	計	普通	冷房	計
1990	3,735,058	209,283	3,944,341	1,122,741	107,799	1,230,539	4,857,799	317,082	5,174,880
1991	3,847,064	207,220	4,054,284	1,055,932	113,153	1,169,085	4,902,996	320,373	5,223,369
1992	3,820,278	253,605	4,073,883	1,415,995	140,370	1,556,365	5,236,273	393,975	5,630,248
1993	3,360,663	426,440	3,787,103	1,250,081	127,458	1,377,539	4,610,744	553,898	5,164,642
1994	3,022,395	483,860	3,506,255	1,135,908	141,170	1,277,077	4,158,303	625,030	4,783,332
1995	2,831,131	548,453	3,379,584	1,163,068	150,306	1,313,374	3,994,199	698,759	4,692,958
1996	2,743,496	581,856	3,325,352	1,168,761	174,457	1,343,218	3,912,257	756,313	4,668,570
1997	2,664,412	688,142	3,352,554	1,319,502	206,904	1,526,405	3,983,914	895,046	4,878,959
1998	2,366,444	814,182	3,180,626	1,419,128	231,260	1,650,387	3,785,572	1,045,442	4,831,013
1999	1,805,892	1,123,083	2,928,975	1,311,431	302,238	1,613,669	3,117,323	1,425,321	4,542,644
2000	1,596,357	1,215,083	2,811,440	1,645,802	368,559	2,014,361	3,242,159	1,583,642	4,825,801
2001	1,480,557	1,090,099	2,570,656	1,924,812	346,725	2,271,537	3,405,369	1,436,824	4,842,193
2002	1,401,931	1,123,242	2,525,173	1,966,388	375,359	2,341,747	3,368,319	1,498,601	4,866,920
2003	1,125,213	1,261,399	2,386,612	1,632,570	566,848	2,199,417	2,757,783	1,828,247	4,586,029
2004	1,164,862	900,460	2,065,322	1,690,547	440,540	2,131,087	2,855,409	1,341,000	4,196,409
2005	1,124,346	830,793	1,955,139	1,680,474	418,667	2,099,141	2,804,820	1,249,460	4,054,280
2006	999,846	766,545	1,766,391	1,526,647	379,852	1,906,499	2,526,493	1,146,397	3,672,890
2007	932,947	747,805	1,680,752	1,426,172	374,505	1,800,677	2,359,119	1,122,310	3,481,429
2008	706,306	892,491	1,598,797	1,083,427	470,464	1,553,891	1,789,733	1,362,955	3,152,688
2009	505,639	607,784	1,113,423	813,036	434,787	1,247,823	1,318,675	1,042,571	2,361,246
2010	480,353	568,089	1,048,442	783,505	417,124	1,200,629	1,263,858	985,213	2,249,071
2011	482,655	544,484	1,027,139	752,348	421,555	1,173,903	1,235,003	966,039	2,201,042

注：民間バスの利用者数は，公団直営バスの利用者数を基準に，附表 9 の公団直営バスと民間バスの台数比から算出したものである。
出所：1990～1991 年：KSMK (1993): 30，1992～2011 年：SC (2011): 112 より筆者作成

附 表

附表12 都市鉄道の1日平均利用者数の推移（2000～2012年）（単位：人）

年	BTS	バンコク・メトロ（地下鉄）	エアポート・レールリンク	計
2000	148,641			148,641
2001	161,146			161,146
2002	217,133			217,133
2003	264,360			264,360
2004	287,140	147,458		434,598
2005	324,561	163,403		487,964
2006	361,335	158,196		519,531
2007	379,610	164,507		544,117
2008	363,737	169,813		533,550
2009	372,438	174,657		547,095
2010	395,820	181,870	36,645	614,335
2011	397,808	189,310	34,032	621,150
2012	483,192	220,225	39,430	703,417

注：BTSは会計年度（4月～翌年3月）の数値である。
出所：BTS：2000～2010年：BTSG (2009/2010): 52，2011～2012年：BTSG (2011/12): 35，バンコク・メトロ：2004～2005年：BMCL (2008): 4，2006～2012年：BMCL (2012): 6，エアポート・レールリンク：SC (2012): 107 より筆者作成

注

序章

1) 都市交通という用語には都市内で用いられる数々の輸送手段が含まれるが，本書では自家用車などの私的交通手段（Private Transport）は除く。詳細については後述する。
2) メガシティーは通常1,000万人以上の人口規模を有する都市のことを指すが，バンコク都の人口は約650万人でしかないものの，周辺県を合わせたバンコク首都圏の人口は1,000万人規模となる。
3) BTSは運行会社名であるが，一般的には高架鉄道の電車の通称として用いられている。詳細は第5章第3節を参照のこと。
4) 他に2012年12月に仮開業をした淡赤線バーンソン～タリンチャン間15kmがあるが，この区間ではディーゼルカーが1日6往復しているに過ぎず，都市鉄道の機能を果たしていないので除外してある。
5) 2012年の平日の利用者数は，BTSが約60万人，地下鉄が約25万人であった［BTSG (2011/12): 30, BMCL (2012): 6］。他に，エアポート・レールリンクの利用者が1日約4万人存在する。
6) ホープウェル計画の名は，国鉄から免許を交付された会社の名前を用いた通称である。詳しくは第5章第3節を参照。
7) 「売夢政策」なる言葉は，後述するメガプロジェクト構想を揶揄する形で2006年以降新聞紙上などで散見されるようになった。すなわち，大規模なポピュリスト的インフラ整備計画を発表して国民に「夢」を与えるものの，それが一向に実現しないような政策のことを指す。
8) 交通経済学（及び一部の交通地理学）の場合は計量分析の視点から，交通工学の場合は技術的な視点からそれぞれ交通を対象に研究を行っている事例が多いことから，ここではこれらの先行研究は除く。なお，日本における都市交通研究の系譜については，三木［2010］序章を参照。
9) 通常先進国に対応して発展途上国という名称が用いられるが，マレーシアやタイのように中進国と呼ばれるレベルまで経済成長を遂げた国もあることから，ここでは先進国以外の総称として非先進国という語を用いる。
10) 非先進国の場合は，近郊鉄道が出現した事例は少なく，東南アジアでは他にジャカルタのみしか存在しない。その点では，バンコクはやや例外的なケースである。
11) ここでいう「伝統的」公共交通とは，先進国で一般的に見られる公共交通手段であり，大型車両を用いた路線バス，セダン型タクシー，電車などが該当する。
12) 本書では，公営という語は国家や地方自治体など公的機関による運営を意味し，民営の反対語として用いる。このため，公営の下位区分として，国営，都営，市営などの運営形態が存在することになる。

注（序章）

13) ブラジルのクリチーバはバス高速輸送システム（Bus Rapid Transit: BRT）を世界で最初に導入した都市として知られ，BRTと既存のバスを組み合わせたバス網の構築によって公共交通の利便性を高めた［Banister 2005: 198-199］。
14) ゴメズ＝イバンズとメイヤーの公共交通供給サイクルは，当初民間企業による起業によって開始された交通事業が，やがて政府の統制による収益性の悪化に伴い公営化されるものの，効率低下と経費上昇に伴うサービス低下のジレンマに陥り，最終的に民営回帰するというサイクルである。これに対し，ヴァスコンセロスの「過酷サイクル」は民間企業による起業から始まるものの，収益性の悪化に伴ってそれを回避するための集団化と新規参入排除を行い，さらに独占状態を経てマフィアが権益を分割するというものであり，最後は統制の強化か公営化となる。「公営企業」サイクルは，公営企業を設置したものの政治的圧力などによる効率低下から赤字経営へと至り，最終的に民営化されるものである。そして，「無責任サイクル」は公権力が条件を設定して民間による事業が開始されるものの，事業者が利益を追求しすぎサービスが低下することによって，パラトランジットのような違法事業者が発生するというものである。
15) 藤田によると，韓国には通勤手当がなく，通勤費用が自己負担である上に定期券も存在しないことから，毎日の交通費の負担増への抵抗感が大きいという［藤田 2012: 240］。このため，近年出現している民間事業者が運営する都市鉄道においても共通運賃が適用され，他事業者の路線との乗継も自由に行うことができる。
16) 他にも，バンコクの首位都市化を扱ったポーパン（Porphant Ouyyanont）も市内軌道については2ページしか記述しておらず，1920年代の路線網の拡張までしか触れていない［Porphant 1994］。市内軌道の運営事業者であったサイアム電力を扱ったウィパーラト（Wipharat Di-ong）も，その一部門である市内軌道については若干しか触れていない［Wipharat 1991］。
17) 1910年代以降で触れられているのは，1930年代末にサイアム電力がタイ電力と改称した事実のみである。
18) タイ鉄道史の先駆的研究であるホルム（David Frederich Holm）とソムチャーイ（Somchai Phairotthirarat）も，近郊鉄道2線の開通については触れているものの，その後これらの鉄道が電化して都市鉄道化への道を歩み始めたという点は全く言及されていない［Holm 1977, Somchai 1974］。筆者のタイの鉄道建設と経済的統合に関する研究でも，同様に近郊鉄道の開業については触れたものの，その後の状況については全く言及していない［柿崎 2000, Kakizaki 2005］。そして，いずれの研究も市内軌道と同じく近郊鉄道の開通時のみに焦点を当てており，その後の状況については筆者が若干言及した研究が唯一の存在である［柿崎 2009］。なお，学術的な研究ではないが，鉄道愛好家によるタイの鉄道に関する2冊の本が，これらの近郊鉄道のその後の状況について概説している［Ramaer 2009, Whyte 2010］。筆者によるタイの鉄道史の概説書でも，近郊鉄道の都市鉄道化の話を簡単に紹介している［柿崎 2010, Kakizaki 2012］。
19) 個別のプロジェクトについては，ポンパン（Phongphan Channgoen）が新空港へのアクセス鉄道について，ウィッタヤー（Witthaya Aphinyanon）が頓挫したホープウェル計画

注（序章）

の復活について論じている［Phongphan 1999, Witthaya 2001］。

20) 他にも，都市鉄道整備の環境への影響を扱ったベロ（Walder Bello）らは，環境問題を憂慮する市民の圧力によって，高架鉄道の地下鉄化への動きが推進されていったことを積極的に捉えている［Bello, Shea & Li 1998］。

21) クリアンサックはタックシンが打ち出した「メガプロジェクト」としての都市鉄道整備計画を批判し，後述する「タイ：発展のための協同」計画やバーター方式による都市鉄道整備の抱える問題点を追及している。一方サーマートは，バンコク都の副知事を務めた経験から自ら担当したBTSの延伸線の問題について言及し，その遅れはタックシン政権側の対応に起因すると述べている。

22) この公団の正式名称を見る限り，バス事業を管轄する事業体というよりもむしろ都市鉄道を管轄する主体と捉えられるが，実際にはこの時点で別に高速道路と都市鉄道を管轄する機関が設置していたことから，バス以外の都市交通の管轄は想定していなかったものと思われる。

23) アネーク（Anek Laothammathat）は，タイにおけるポピュリズム（プラチャーニヨム）の始まりは2001年に成立したタックシン政権によるものであり，それまでの政治的指導者はポピュリズムではなかったとしている［Anek 2006: 83-102］。一方，玉田によると，タックシンは必ずしもポピュリストではなく，むしろ反タックシン派が彼を批判するためにポピュリズムの烙印を押したとしている［玉田 2009b: 79-87］。バス運賃の無料化などの施策はポピュリズム政策とも捉えられるが，実際には玉田が指摘している「顔の見える指導者，周縁化を託つ人民への訴えかけ，既存のエリートへの挑戦，単純明快な対立図式による支持動員［Ibid.: 79］」というポピュリズムの条件をすべて満たしているわけではない。このため，本書では「ポピュリズム的政策」という語を用いる。

24) タイには地方行政体とい地方自治体が別個に存在しており，地方行政体は内務省を頂点に全国を県，郡，区（タムボン），村に区分する垂直的な機構である。

25) 正確には，1971年にプラナコーン県とトンブリー県が合併されてバンコク・トンブリー首都（Nakhon Luang Krungthep - Thonburi）となり，翌年バンコク都に改称され，この時点で従来の県と市を統合する形の特別県が成立し，1975年に知事の公選制が導入されて地方自治体となった。しかしながら，翌年のクーデターによって1985年まで任命制に逆戻りしていた。

26) 2011年の時点で，バンコクにおける定期船の利用者は1日平均約25万人に及び，内訳はチャオプラヤー川の渡船13.5万人，チャオプラヤー川の急行船3.6万人，セーンセーブ運河の急行船5.2万人であった［SC (2011): 115-117］。急行船は交通渋滞によるバスのサービス低下を補完する目的で始まったもので，前者は1969年，後者は1990年に運行を開始した［SN 1969/05/17 "Doen Rua Duan Liap Fang Chaophraya Mi Phu Doisan Sonchai Pho Somkhwan.", SRSW 1990/04/14 "Ko Tho Mo. Cho Wela Su Adit."］。なお，チャオプラヤー川急行船は当初後述する通運公団が政府の要請を受けて運行を開始したが，経営状況が悪く2年後に民営化された。

27) さらに，公文書館資料の中でも，次に述べる王室官房文書と内閣官房文書の利用が圧倒

441

注（第 1 章）

的に多く，それ以外の文書を利用する研究は非常に少なくなる。
28） 1993 年までの省庁の改編については，玉田［1996］を参照のこと。
29） これまでの歴史研究で最も重視されてきたのがこの 2 つの文書であることから，それ以外の文書は利用されにくい傾向にある。
30） 別に内務省文書（Mo.）も存在するが，市内軌道に関する資料は含まれていない。
31） 少ないながらも存在している公的機関の年次報告書ではあるが，実際にはこれらを利用した都市交通に関する研究は，ほとんど存在しない。
32） 首都電気鉄道公団は，2002 年にタイ都市鉄道公団に改称された。
33） 例えば，バンコク大量輸送公団の年次報告書は，現在残っている最も古いものでも 1986 年版であり，1990 年以降についてのみ毎年分揃っている状態である。タイの公的機関の年次報告書は，部内で保管せずにすべて配布してしまう場合もあったので，発行元にも残っていないことが多い。
34） 市内軌道や近郊鉄道を運営する民間事業者の年次報告書には，財務指標は掲載されているものの，それ以外の統計はほとんど掲載されていない。
35） ただし，これは公団直営バスの利用者数（正確には切符販売枚数）であり，民間委託バスの利用者数に関する統計は存在しない。

第 1 章

1） 1880 年代に入ると，イギリスやフランスがタイ領内を通過する鉄道計画を浮上させ，政府も対応に追われることとなった。詳細は，柿崎［2000］: 108-112 を参照。
2） NA Ko To. 5/1 "Phra Darunrak Krap Thun Krommamun Thewawong. 1886/03/26"
3） NA Ro. 5 No. 21/1 "Tramway Concession, Bangkok. 1887/05/05"
4） チャルーンクルン通りは王宮の南よりチャオプラヤー川に並行して東から南に向きを変えて延びる約 9km の道路で，1864 年に開通したバンコクで最も長い道路であった。外国人はこの道路をニューロードと呼んでいた。
5） BTWM 1902/09/24 "The Siam Electricity Co., Ltd." クアクーンは市内軌道開通後の 1892 年にバンコク軌道へと事業が譲渡されたと書いており，サグアンも譲渡年は書いていないが市内軌道事業が不振に陥り譲渡されたとしているが，正確には免許後 1 ヶ月の時点でバンコク軌道に事業が譲渡された［Kuakun 1977: 173, Sa-nguan 1986: 81］。クアクーンのいう 1892 年とは，当初のイギリス籍の会社がデンマーク籍に変更した年である。
6） BTWM 1909/04/19 "Mr. Aage Westenholz." 先行研究では全区間がこの日に開通したように書かれているが，『バンコクタイムズ』紙に掲載されている会社の株主総会に関する記事を見る限り，1888 年の段階では約半分の距離が開通したに過ぎなかった［BT 1891/12/02 "Bangkok Tramways Company Limited."］。
7） BT 1891/12/02 "Bangkok Tramways Company Limited." によると，バンコクドック～バンコーレーム間は開通してまだ 1 年しか経っておらず収支も赤字とあると書かれていることから，この間の開通は 1890 年末のことと推測される。

注（第1章）

8) BTWM 1891/08/15 "The Bangkok Tramways Company Limited."
9) これはスプレーグ式電車と呼ばれるものであり，1887年にアメリカ人フランク・スプレーグ（Frank Sprague）がリッチモンドで営業運転を開始した市内電気軌道であった［野田他編 1986: 90-91］。1891年にはアメリカ，ヨーロッパ，オーストラリアなどで計350線の電気軌道が出現していたという［BT 1891/12/09 "The Proposed Electric Tramway."］。
10) BTWM 1909/04/19 "Mr. Aage Westenholz."
11) BT 1892/02/17 "The Bangkok Tramways Co. Ltd."
12) BT 1892/09/17 "The Proposed Electric Tramway."
13) BTWM 1909/04/19 "Mr. Aage Westenholz."
14) 先行研究を見る限り全線で電車運行が開始されたかのように思われるが，実際には当初の電化区間は馬車軌道の新規開業区間であった。
15) 日本では1890年に上野公園で開かれた第3回内国勧業博覧会でスプレーグ式電車が試験運行されたが，営業用の最初の電気軌道は1895年に開通した京都電気鉄道であった［野田他編 1986: 90-91］。東南アジアではバンコクに次いで1899年にバタビア，1904年にマンダレー，1905年にシンガポール，ペナンで導入された。
16) BT 1893/05/31 "The Bangkok Tramways Company Meeting."
17) BT 1894/08/18 "The Bangkok Tramways Company, Limited." によると，1894年上半期に電車の運行が全区間に拡大されたと記載されている。
18) NA Ro 5. No. 21/3 には，この会社の国籍変更に関する文書が所蔵されている。ここではタイ国籍になることが決まったように見受けられるが，実際にはデンマーク資本が多数を占めるとのことでデンマーク国籍へ変更された。
19) NA Ro 5. No. 21/8 "Phraya Chonlayut-yothin Thawai Krommamun Naret. 1893/12/11"
20) NA Ro 5. No. 21/11 "Krommamun Phitthayalap Bangkhom Thun Phrabatsomdetphra Chaoyuhua. 1895/07/12"
21) Ibid. ヤオワラート通りの建設に関わる土木局布告は，1892年2月に出された［Kanokwali 2001: 255-259］。
22) NA Ro 5. No. 21/11 "Phrabatsomdetphra Chaoyuhua Thung Krommaluang Naret."
23) Ibid. "Phraratchakrasae. 1900/01/20"
24) ヤオワラート通りの建設については，住民の土地収用が進まずに大幅に遅れ，1899年に最後の区間がようやく開通した［Kanokwali 2001: 255-259, NA Ro 5. No. 5. 5/4 "Raingan Sukhaphiban Thang Puang Pracham Pi Rattanakosin Sok 118."］。このため，この道路を通る市内軌道建設についての検討も遅れたものと思われる。
25) 具体的な比率は，免許後最初の10年間は2.5％であり，以後10年ごとに0.5％ずつ引き上げ，最後の10年間は4％となるものであった。
26) NA Ro 5. No. 21/11 "Phraratchakrasae. 1900/01/20"
27) BTWM 1909/04/19 "Mr. Aage Westenholz." バンコク～ペップリー間鉄道は，タイで第3番目に免許を公布された民営鉄道計画であったが，資金調達に失敗してウェステンホ

443

注（第 1 章）

ルツは結局免許を手放し，その後ナラーティップ親王を始め何人かの間で免許が譲渡された後に，最終的に政府が自ら建設することとなった．詳しくは，柿崎［2000］: 125-126 を参照．バンコクにおける配電事業は 1888 年に王族や貴族により設立されたサイアム電力（旧会社）が始めたが，事業は不振に陥り 1897 年に外国人に譲渡され，1898 年にデンマーク籍のサイアム電力に事業が継承された．詳しくは，Wipharat［1992］: 30-76 を参照．

28) NA Ro 5. No. 21/11 "Raingan Prachum Senabodi Sapha. 1901/09/24" 電気鉄道や市内軌道は大口の電力消費者であったことから，電力会社の経営安定化のために鉄道や市内軌道会社を統合して電化する事例は，戦前の日本でも見られた．

29) BTWM 1902/09/14 "The Siam Electricity Co., Ltd."

30) ナラーティップ親王の大蔵副大臣時代の背任行為については，田坂・西澤［2003］: 51-58 を参照．

31) NA Ro. 5 Yo Tho. 5. 5/11 "Krommamun Phitthayalap Krap Bangkhom Thun Phrabatsomdetphra Chaoyuhua. 1896/09/26" 彼は政府にルート変更を申し出たものの認められず，結局翌年に免許を手放した．プラバート軌道は 1903 年 2 月から運行を開始したが，官営鉄道の北線から分岐する局地軌道であり，プラバート大祭（2 月）時の参拝客輸送以外には利用者は少なかった．

32) NA Ro 5. No. 21/36 "Krommaluang Sanphasat lae Unun Krap Bangkhom Thun Phrabatsomdetphra Chaoyuhua. 1903/04/02" ナラーティップ親王もサンパサート親王も，当時経済活動に従事した王族の代表例であった．

33) Ibid. "Krommaluang Naret Krap Bangkhom Thun Phrabatsomdetphra Chaoyuhua. 1903/01/12" ウェステンホルツは 1900 年にも城壁線の一部となるプラヤーシー〜ターティアン〜バーンラムプー間，フアラムポーン線のサオチンチャーまで，チャックラワット線の建設を申請していた［NA Ro 5. No. 21/26 "Aage Westenholz to Krom Luang Nares Vorariddhi. 1900/10/09"］．

34) 1903 年 4 月 23 日の大臣会議で，王はより条件の良いほうを選ぶことを決めた［NA Ro 5. No. 21/36 "Raingan Senabodi Sapha. 1903/04/23"］．

35) NA Ro 5. No. 21/36 "Krommaluang Naret Krap Bangkhom Thun Phrabatsomdetphra Chaoyuhua. 1903/06/17"

36) ダムロン親王は後に，利用者のためにも市内軌道事業は 1 社が独占すべきではなく，複数の会社が従事すべきであると主張した［NA Ro 5. No. 21/36 "Khwam nai Raingan Prachum Senabodi Sapha. 1904/03/07"］．

37) NA Ro 5. No. 21/52 "Agreement between the Siamese Tramway Co. Ltd. and the Siam Electricity Co. Ltd."

38) BTWM 1905/10/02 "The Ode to the New Tramways."

39) BTWM 1898/08/18 "A New Tramway."

40) NA Ro 5. No. 21/38 "Phraya Nonthaburi lae Phraya Rutthiwong Krap Bangkhom Thun Phrabatsomdetphra Chaoyuhua. 1902/11/28" 将来はさらにタラートプルーからパーシー

チャルーン運河沿いに西に延伸してターチーン川に至る計画であった。
41) Ibid. "Raingan Prachum Senabodi. 1904/05/24"
42) Ibid. その後，ワット・カンラヤーンミット～タパーンホック間は計画から外されたようである。
43) BTWM 1904/09/10 "Tramway Extensions in Bangkok."
44) BTWM 1905/02/24 "The Siamese Tramway Co. Ltd."
45) NA Ro 5. No. 21/38 "Chaophraya Surasakmontri Krap Bangkhom Thun Somdet Phraboromma Orasathirat. 1907/06/05"
46) Ibid. "Raingan Prachum Senabodi Sapha. 1907/06/06"
47) NA Ro 5. No. 21/52 "Krommamun Narathip Krap Bangkhom Thun Phrabatsomdetphra Chaoyuhua. 1904/05/03"
48) BTWM 1905/02/24 "The Siamese Tramway Co. Ltd."
49) NA Ro 5. No. 21/52 "Krommaluang Naret Chaeng Khwam Ma yang Mr. Edward H. Strobel. 1905/11/14" サームセーン通りは当時市内軌道の終点であるバーンクラブーまでで途切れていたが，免許にはもしこの通りが将来バーンケーン，ドームアン方面へ延伸されればサームセーン線の延伸を認めると書かれていた。パーククレットはチャオプラヤー川東岸に位置しており，より東側のタイ軌道が通るドゥアンダーオ（現ラーチャシーマー）通りを延伸するよりも川沿いのサームセーン通りを延伸するほうが自然であった。
50) Ibid. "Memorandum on the Question whether an Extension on the Siamese Tramway Line, as Prayed for by Prince Nara Would Conflict with the Concession of the Siam Electricity Co., Ltd. 1905/12/06"
51) NA Ro 5. No. 21/78 "Chotmai Khokhwam Ruang Phrachaonongyathoe Krommamun Narathip Praphanphong Kho Phraratchathan Phraboromrachanuyat Sang Rot Rang Pak Klet. 1906/06/26"
52) Ibid. ドゥシット延伸線の一部とは，末端区間のドゥアンドゥアン（現スコータイ）通りからサームセーン運河口間である。
53) BTWM 1906/07/20 "More Tramways for Bangkok." この軌道を建設する会社は，ムアンノン軌道とされており，路線はパトゥムターニー対岸でランシット運河口付近のバーンマイまでと記されていた。
54) NA Ro 5. No. 21/100 "Krommaluang Naret Thun Krommakhun Sommot Amonphan. 1906/10/12"
55) 当時バンコクの道路網は完全に孤立しており，バンコクから市外へ延びる道路が本格的に建設され始めるのは 1932 年の立憲革命以降となる。
56) 例えば，サグアンは会社が建設資金を調達できず何年も中断したので，ラーマ 5 世が不足分を貸し付けることでようやく着工に至ったと述べている [Sa-nguan 1986: 129]。ホルムはラーマ 5 世が会社の資本金 40 万バーツの半額を出資したのは，会社を統制すると共に鉄道建設や運営方法を学ばせる意図があったと述べている [Holm 1977: 55]。

注（第1章）

57) NA Ro. 7 Pho. 1/19 "Krommaluang Thewawong Krap Bangkhom Thun Phrabatsomdetphra Chaoyuhua. 1886/08/02"
58) NA Ro. 5 Yo Tho. 5. 4/2 "Kampani Rotfai Burapha Limitet." によると，バンコク〜バーンマイ間免許も1886年9月13日に交付されたとされている。
59) BT 1889/09/21 "Meeting of Subscribers to the New Railway." ブーラパーとは「東方」の意味である。
60) NA Ro. 5 Yo Tho. 5. 4/2 "Krommakhun Narit Krap Bangkhom Thun Phrabatsomdetphra Chaoyuhua. 1889/11/02"
61) BT 1891/05/02 "The Paknam Railway Company, Limited."
62) 道路といっても，バンコク〜クロントゥーイ間約6kmは車両の通行が可能な道路であったものの，その先は電信線敷設時に作った若干の盛土を施した歩道であった。
63) BTWM 1929/01/19 "Other Days in Bangkok."
64) 彼らはパークナーム鉄道のプラカノーンから分岐してチャチューンサオに至る鉄道建設を計画し，旧免許が失効したことから再申請となった。しかし，バンコク〜チャチューンサオ間には他に競合する申請者が存在しており，1899年の大臣会議では予算と資金状況を報告させることが決まったものの，その後の状況は不明であった［柿崎 2000: 129-130］。
65) 正式名称はサムットサーコーンであり，現在では通称マハーチャイと呼ばれている。
66) NA Ro. 5 Yo Tho. 5. 2/13 "Phrabatsomdetphra Chaoyuhua Thung Krommamun Phitthayalap. 1897/03/15"
67) NA Ro. 5 Yo Tho. 5. 8/4 "Nangsu San-ya Anuyat Tham Thang Rotfai Tae Krungthep Mahanakhon Pai Ban Mahachai."
68) BTWM 1903/02/12 "Tachin Railway Company."
69) BTWM 1904/08/29 "The Tachin Railway."
70) BTWM 1905/01/04 "Opening of the Tachin Railway."
71) NA Ro. 5 Yo Tho. 5. 8/6 "Prospectus Tachin Railway Company Limited." によると，当初の資本金額は100万バーツであった。
72) NA Ro. 5 Yo Tho. 5. 8/7 "Krommakhun Narit Krap Bangkhom Thun Phrabatsomdetphra Chaoyuhua. 1904/09/19"
73) NA Ro. 5 Yo Tho. 5. 8/7 "Raingan Prachum Senabodi Sapha. 1905/04/24"
74) NA Ro. 5 Yo Tho. 5. 8/2 "Nangsu San-ya Anuyat Tham Thang Rotfai Tae Thachin Pai Maeklong."
75) BTWM 1908/03/13 "Meklong Railway Co."
76) NA Ro. 5 Yo Tho. 5. 8/9 "Phraya Sisahathep Krap Bangkhom Thun Phrabatsomdetphra Chaoyuhua. 1908/10/05"
77) NA Ko To. 5. 3/3 "Borisat Rotfai Paknam Prakat Riak Hun lae Chichaeng Ngoppraman Kha Kosang." この旅客数は，当時船でバンコク〜パークナーム間を往来する人数と同程度であったという。

78) BT 1893/08/19 "Paknam Railway." なお，NA Ko To. 5. 3/3 "Borisat Rotfai Paknam Prakat Riak Hun lae Chichaeng Ngoppraman Kha Kosang." によると，趣意書ではバンコク～パークナーム間の3等旅客運賃を0.5バーツに設定しており，1920年代にもこの水準は変わらなかった。2等は倍額，1等は3等の3倍であったが，それぞれの利用者数は収支の試算には含まれていなかった。

79) NA Ko To. 5. 3/3 "Borisat Rotfai Paknam Prakat Riak Hun lae Chichaeng Ngoppraman Kha Kosang."

80) BT 1896/02/20 "The Paknam Railway Company, Limited."

81) NA Ko To. 5. 15/12 "Paknam Railway Company, Limited. Directors' Report for the Half-year ended 30th, June. 1923."

82) NA Ro. 5 Yo Tho. 5. 8/8 "Report of the Board of Directors for Presentation to the Shareholders of the Tachin Railway Company, Limited."

83) NA Ro. 5 Yo Tho. 5. 8/6 "Prospectus Tachin Railway Company Limited."

84) NA Ko To. 5. 15/10 "Meklong Railway Company, Limited. Report of the Board of Directors for Presentation to the Shareholders at the 15th Ordinary General Meeting."

85) メークローン鉄道の株主総会では，貨物収入の減少は常に漁獲高の減少のためであると説明されていた。

86) NA Ro 5. No. 21/88 "Aage Westenholz to Krom Luang Nares Vorariddhi. 1906/03/17"

87) BTWM 1904/03/01 "Siam Electricity Co., Ltd."

88) BTWM 1908/01/15 "Siam Tramway Co. Ltd.", BTWM 1908/05/06 "Siamese Tramway Company Limited." 1907年の道路使用料は，サームセーン線は営業収入の2.5%で8,075バーツであったのに対し，タイ軌道は定額制でその額は4万7,600バーツに上った［NA Ro 5. No. 21/90 "James S. Smyth to Phra Norasart. 1906/08/09"］。

89) NA Ro 5. No. 21/109 "Krommamun Narathip Praphanphong Krap Bangkhom Thun Somdet Phraboromma Orasathirat Makutrachakuman. 1907/08/07"

90) Ibid. "Khat chak Raingan Prachum Senabodi Sapha. 1907/08/08"

91) 最終的にサイアム電力が取得した株式数は，半数より1株多い3,126株であった［BTWM 1907/09/02 "Siam Electricity Company Limited."］。

92) NA Ro 5. No. 21/36 "Khwam nai Raingan Prachum Senabodi Sapha. 1904/03/07"

93) BTWM 1908/01/15 "Siam Tramway Co. Ltd.", BTWM 1907/08/22 "The Tramway Combine."

94) ドゥシット延伸線は，ドゥシット庭園の拡大に伴う新城壁の建設の障害となることから政府に撤去を求められ，1910年に1.6kmの区間が廃止された。政府は代わりにドゥシット延伸線をバイポーン（現ウートーンナイ）通り経由でサームセーン線に接続することを認めたため，ドゥシット線の末端部分のルートを変更し，ドゥアンダーオ（現ラーチャシーマー）通りからバイポーン通りに左折し，サームセーン通りに出て南下し，右折して発電所に至る路線に一本化し，コースア（現ピッサヌローク）通りを直進するルートを廃止したものと思われる。ドゥシット延伸線のうち末端部のサームセーン通り～サー

注（第 1 章）

ムセーン運河口間は，タイ軌道の他線とは切り離されてしまうことから，その後サイアム電力に移管されたものと考えられる。しかし，NA Ro. 6 No. 13/3 "Prince Narathip to His Most Gracious Majesty the King. 1913/04/09." を見る限り，1913 年 4 月の時点では依然としてタイ軌道が営業していたことが確認される。

95) NA Ro 5. No. 21/97 "A. Westenholz to Krom Luang Damrong. 1909/01/18" なお，サイアム電力はその後ベルギー籍に変更され，1927 年にようやくタイ籍に変わり，タイ軌道との合併が実現することになる。
96) NA Ro 5. No. 5. 10/26 "Krommaluang Naret Krap Bangkhom Thun Phrabatsomdetphra Chaoyuhua. 1906/04/09"
97) Ibid. この 2 線はターティアンとバーンモーの船着場への延伸線であった。
98) BTWM 1907/02/28 "Siam Electricity Co. Ltd."
99) BTWM 1907/09/02 "Siam Electricity Company Limited."
100) NA Ro 5. No. 21/82 "Aage Westenholz to Krom Luang Nares Vorariddhi. 1905/11/15" サイアム電力では 1902 年にも同様の延伸を行って新車庫を建設する計画を立てたが，用地が調達できず見送っていた [NA Ro. 5 No. 21/35 "Aage Westenholz to Krom Luang Nares Vorariddhi. 1902/02/17"]。
101) BTWM 1903/07/02 "The Bangkok Tramways."
102) 1912 年の時点でパーククレット行は 1 日 10 往復，パークラット行は朝 6 時 20 分から 19 時 20 分まで 25 分間隔で運行されていた [Siam Directory 1912: 48]。
103) BTWM 1909/04/29 "Menam Motor Boat Co." モーター輸送社は 1906 年に設立された外国資本による会社であり，1907 年にはメーナーム・モーターボート社との間で路線の競合を防ぐ協定を結び，バンコクヤイ運河の航路はモーター輸送社の独占権が認められていた [BTWM 1906/05/02 "A New Bangkok Company.", BTWM 1907/11/26 "Motor Boats in Siam."]。しかし，業績不振により 1909 年に 2 万バーツでこの権利をメーナーム・モーターボート社に譲渡した。
104) NA Ro 5. No. 21/106 "Aage Westenholz to Krom Luang Nares Vorariddhi. 1906/08/18"
105) パークラット運河はチャオプラヤー川の湾曲部分を短絡する運河であり，アユッタヤー時代の 1722 年に掘削されたものの，上流に塩水が流入したことから 1784 年には埋め戻され，1815 年により西側に現在の運河が掘削された。
106) Ibid. "Raingan Senabodi Sapha. 1907/03/28"
107) Ibid. "Phraya Sukhumnaiwinit Krap Rian Krommakhun Sommot. 1908/05/20"
108) タイで最初に内燃動車を導入したのは，1906 年にターチーン鉄道が購入したモータートロリーであるが，これは数人乗りの小型車両で一般営業用ではなかったものと思われる [BTWM 1906/04/18 "Motor Trolleys in Siam."]。1908 年にはパークナーム鉄道にもより大型のモータートロリーが導入され，バンコク～クローントゥーイ間の区間運行に用いられたという [BTWM 1909/02/27 "Paknam Railway Co. Ltd."]。
109) BTWM 1898/07/28 "Improvements in the Tramways."
110) BTWM 1905/08/01 "The Double Tram Cars."

注（第 1 章）

111) NA Ro 5. No. 21/49 "L. R. de la Mahotière to His Excellency Chow Phya Devesrwongsevivat. 1906/02/01"
112) NA Ro 5. No. 21/56 "Krommaluang Naret Krap Bangkhom Thun Phrabatsomdetphra Chaoyuhua. 1906/02/22"
113) Ibid. "Raingan Senabodi Sapha. 1906/02/22"
114) NA Ro 5. No. 21/95 "Krommaluang Naret Thung Monsieur F. Didier. 1906/07/09"
115) 牛肉輸送はバーンコーレームにあった屠殺場から食肉を輸送するもので，当初は人力車で輸送していたが，1903 年 9 月から電車で輸送するようになった［BTWM 1903/08/13 "An Improvement in Transport."］。
116) NA Ro 5. No. 21/111 "Phraya Sukhumnaiwinit Krap Bangkhom Thun Phrabatsomdetphra Chaoyuhua. 1908/02/21"
117) NA Ro 5. No. 21/95 "Aage Westenholz to L. R. de la Mahotière. 1907/01/24"
118) BTWM 1908/03/01 "Siam Electricity Co. Ltd."
119) NA Ro 5. No. 21/95 "Aage Westenholz to Krom Luang Damrong. 1908/02/25"
120) BTWM 1908/09/02 "Siam Electricity Co. Ltd."
121) NA Ro 5. No. 21/90 "James S. Smyth to H. R. H. Prince Naret. 1906/10/19"
122) NA Ro. 5 No. 21/1 "Tramway Concession, Bangkok. 1887/05/05"
123) NA Ro 5. No. 10/37 "Aage Westenholz to Chao Phya Yomaraj. 1909/02/15"　馬車は 4 種に分かれており，第 1 種馬車とは 2 頭立てで乗客 4 人以上の大型馬車である。
124) NA Ro 5. No. 21/97 "Chaophraya Yommarat Krap Bangkhom Thun Phrabatsomdetphra Chaoyuhua. 1909/09/29""
125) BTWM 1899/05/13 "The Tramways."
126) 当時の鉄道政策については，柿崎［2000］第 3 章を参照。
127) 鉄道を用いた非公式帝国主義については，Davis & Wilburn［1991］を参照。
128) ダムロン親王は 1906 年 5 月の大臣会議で，民営鉄道はすべて禁止すべきであると発言し，以後タイで民営鉄道が出現する可能性はなくなった［柿崎 2000: 131］。
129) 当初政府は中国の事例を引き合いに出しながら，鉄道沿線での利権の獲得がタイの主権を侵害する恐れがあるとして，土地使用権や開発権を含む鉄道計画をすべて却下していたが，後にそのような条件が含まれなくても配当率の保証を問題視するようになった。詳しくは柿崎［2007a］を参照。なお，配当率の保証は民間による鉄道建設を推奨した国々で取り入れられていた奨励策であり，鉄道事業による純益が満足に得られず規定の配当率に達しない場合に，政府が不足分を補填する制度であった。
130) BTWM 1901/01/04 "The Tramway."　この数字は 1900 年 10 月のある 3 日間に 7 時から 17 時までにチャルーンクルン通りの 4 地点を通過した人の数を平均したものと説明されているが，読者の投稿記事であり，誰が調査したのかは分からない。

注（第 2 章）

第 2 章

1) バーンブアトーン鉄道は 1911 年にプラヤー・ウォーラポンピパット（Phraya Woraphong Phiphat）がチャオプラヤー川西岸のバーンイーカンからバーンブアトーンまでの建設を申請し，免許を交付されないまま建設したもので，1923 年に鉄道局が事後的に免許を交付した。その後 1929 年までにバーンブアトーンからさらに北のワット・ラヘーンまで延伸し，最終的にバーンヤイ，ノンタブリーへの 2 つの支線を含め，計 42km の路線網を構築した。この鉄道は軌間 750mm の軽便鉄道であり，蒸気機関車とガソリン機関車，およびガソリンカーを使用していたと思われる。詳しい列車の運行状況は不明であるが，1937 年の時点では途中のバーンブアトーンまで 1 日 6 往復，ワット・ラヘーンまでは 1 日 4 往復が運行されていたという。その後，この鉄道は 1942 年に全線廃止された。この鉄道の概略は，Whyte［2010］: 97-99 を参照。
2) BTWM 1911/02/25 "Siam Electricity Company, Limited."
3) 1906 年の時点で，政府が将来新たな発電所を建設した際には，バーンラムプー，マハーナーク運河以北の配電権を返納することを会社側は認めていた。実際に政府が発電所の建設に乗り出すのは 1911 年のことであり，1914 年から操業を開始した。詳しくは，Wipharat［1992］: 134-191 を参照。
4) BTWM 1912/09/02 "Siam Electricity Co., Ltd."
5) BTWM 1912/10/11 "The Bangkok Tramways."
6) BTWM 1912/12/05 "Siam Electricity Co., Limited."
7) BTWM 1913/03/01 "The Siam Electricity Co."
8) BTWM 1916/03/18 "S. E. C."
9) BTWM 1913/03/22 "Siamese Tramway Company."
10) タイ軌道には優先株が発行されており，純益は優先株の配当に優先的に廻されたことから，普通株が無配となる状態が続いていた。
11) NA Ro. 6 No. 13/3 "Prince Narathip et al. to His Most Gracious Majesty the King. 1913/04/09"
12) Ibid.
13) BTWM 1920/02/17 "Siamese Tramway Co."
14) これは BTWM 1920/02/17 "Siamese Tramway Co." に記載された 1919 年の道路使用料から計算した数値である。
15) BTWM 1920/02/17 "Siamese Tramway Co."
16) 3 環濠内とは，チャオプラヤー川とパドゥンクルンカセーム運河に囲まれた地域である。王宮を取り囲むように建設された 3 本の運河の最も外側に位置するのがこのパドゥンクルンカセーム運河であり，19 世紀後半にチャルーンクルン通りやトゥロン（ラーマ 4 世）通りがそれぞれ南方と東方に向けて建設されるまでは，この 3 環濠内にバンコクの市街地は構築されていった。
17) プラカノーン郡は元来プラプラデーン県に所属していたが，1931 年に同県が廃止され

てプラナコーン県に移された。

18) NA Ro 6. No. 13/6 "Chaophraya Yommarat Krap Bangkhom Thun Phrabatsomdetphra Chaoyuhua. 1925/06/05"
19) BTWM 1925/09/03 "Electric Transaction in Bangkok and Its Environs."
20) NA Ro 6. No. 13/6 "Chaophraya Yommarat Krap Bangkhom Thun Phrabatsomdetphra Chaoyuhua. 1925/09/14"
21) NA Ro. 6 No. 8. 4/11 "Banchi Rotyon Rapchang Banthuk Khon Doisan Pracham Thanon nai Changwat Phranakhon."
22) 両社の免許は1949年末で失効することとされており，新たに建設する市内軌道の免許期限も同一であった。道路使用料も従来と変わらず，サイアム電力は1マイルあたり3,000バーツ，タイ軌道は収入の7.5％であった。なお，この時期にはタイ軌道の収入の7.5％のほうが政府の取り分は多くなっており，今回の延伸線の建設に際して政府はサイアム電力にも同じ条件とすることを打診したが，会社側は負担増を理由に拒否した [NA Ro 6. No. 13/6 "Chaophraya Yommarat Rian Chaophraya Mahithon. 1925/07/03"]。
23) NA Ro 5. No. 21/96 "Aage Westenholz to Krom Luang Naret. 1906/08/15" なお，会社はこの路線が却下されたので，代わりにバーンラックからシーロム通りを東に進み，コーンヴェント通りを右折してサートーン通りを横切り，その先パークナーム鉄道の約500m南側を東に進んでクロントゥーイへ至るルートで再度申請した。
24) NA Ro. 7 Pho. 12/2 "Raingan Prachum Senabodi Sapha. 1927/01/05"
25) Ibid. "Raingan Prachum Senabodi Sapha. 1927/03/07"
26) 株式の交換比率は，タイ軌道株1株につき新会社株2.5株，旧サイアム電力株1株につき新会社株3株であった [BTWM 1927/03/31 "Siamese Tramways."]。
27) 当初サイアム電力の電車が何色に塗られていたかは不明であるが，BTWM 1909/08/05 "Bangkok Trams." によると会社が電車の色を明るい色に変えて利用者の意見を聞きながら最終的な塗装の色を決めると書かれているので，おそらくこの時点でそれまでの茶色系から黄色の塗装に変えたものと思われる。なお，タイ軌道は開業当初から赤い塗装を採用していた。
28) BTWM 1928/05/23 "Proposed New Tram Routes."
29) NA Ro. 7 Pho. 12. 1/7 "Krom Phraya Nakhon Sawan Krap Bangkhom Thun Phrabatsomdetphra Chaoyuhua. 1930/05/08"
30) Ibid. "W. L. Grut to the Prince of Nagara Svarga. 1930/03/27"
31) 正確には，プット橋よりさらに上流に建設されて1927年に開通したラーマ6世橋がチャオプラヤー川の両岸を結ぶ最初の橋であった。しかし，当時はまだ周囲は市街地化されておらず，道路を設置するスペースも準備されてはいたものの，接続する道路が存在しなかったことから当初は鉄道のみが使用していた。
32) BTWM 1929/09/13 "The Memorial Bridge."
33) NA Ro. 7 Pho. 12. 1/7 "Krom Phraya Nakhon Sawan Krap Bangkhom Thun Phrabatsomdetphra Chaoyuhua. 1930/05/08"

注（第 2 章）

34) BTWM 1928/05/23 "Proposed New Tram Routes."
35) NA Ro. 7 Pho. 12. 1/5 "Krommaluang Lopburi Chaeng Ma Yang Chaophraya Mahithon. 1927/12/28", BTWM 1929/01/15 "Rajawongs Road." ドゥシット延伸線は，ドゥシット離宮地区の美観を損ねるとしてウートーンナイ通り経由のルートをピッサヌロック通り経由に変更させることとなった。ラーチャウォン支線は，沿線の商人からの寄付で市内軌道の撤去作業を行うことに合意したとの報道があることから，住民の要請で廃止になったものと思われる。なお，最初に市内軌道が廃止された事例は，1910年にドゥシット離宮の拡張のために一部区間が廃止されたドゥシット延伸線であった。
36) BTWM 1903/08/07 "Paknam Railway Company."，BTWM 1904/02/01 "The Paknam Railway Company."
37) BTWM 1907/02/26 "Paknam Railway Co. Ltd."
38) BTWM 1907/03/28 "Paknam Railway Co." によると，パークナーム鉄道が新たに発注した内燃動車はあと4ヶ月で到着するとのことであった。また，BTWM 1908/09/02 "Motor VS. Trolley." から，9月1日夜にこの内燃動車が自動車と衝突事故を起こしたことが分かる。
39) BTWM 1907/03/28 "Paknam Railway Co." では，フアラムポーン～クロントゥーイ間を20分おきに運行する予定と報じられていたが，1両しかないことから実際には40分間隔での運行であったものと考えられる。
40) NA Ro. 7 Pho. 1/19 "Maioe Rian Chao Krom Rotfai. 1909/02/19" 危険な理由は，軸間の距離が車両の総延長の半分以下しかないことと，エンジンが床上に設置されているため重心のバランスが悪いとのことであった。
41) BTWM 1911/09/29 "Paknam Railway."
42) BTWM 1912/01/22 "Paknam Railway Co. Ltd."
43) BTWM 1913/02/15 "Paknam Railway Company."
44) BTWM 1918/02/16 "Paknam Railway Co., Ltd."
45) NA Ro. 7 Pho. 1/19 "T. Heyward Hays to His Most Gracious Majesty the King. 1921/07/29" 鉄道委員会は1921/22年鉄道・道路法に基づいて設置されたもので，民営鉄道を管轄する役割を担う組織であった。
46) Ibid. "Krommamun Kamphaengphet Krap Bangkhom Thun Phrabatsomdetphra Chaoyuhua. 1922/05/23"
47) Ibid. "Krommamun Kamphaengphet Krap Bangkhom Thun Phrabatsomdetphra Chaoyuhua. 1925/08/10"
48) Ibid.
49) パークナームまでの60分間隔での運行は，後述のバンコク～パークナーム間道路の開通に伴うバスとの競合に対応して始まった可能性が高い。
50) サイアム電力のもう1つの目的は，パークナーム鉄道の架線を経由してパークナームでの配電事業を開始することであった。
51) この申請に対して，鉄道委員会はサイアム電力がパークナーム鉄道の免許失効の際にこ

れを継承することを狙っているのではとの意見が出て，結局認めなかった[NA Ro. 7 Pho. 1/19 "Krommamun Kamphaengphet Krap Bangkhom Thun Phrabatsomdetphra Chaoyuhua. 1926/01/22"]．

52) NA Ko To. 5. 15/10 "T. Heyward Hays to His Royal Highness Prince Purachatra."
53) NA Ro. 5 Yo Tho. 5. 8/6 "Prospectus Tachin Railway Company Limited."
54) 趣意書によると，バンコク市内軌道の年平均収入5万バーツ/マイルの25％の収入を見込んでいた．なお，1912年の数値ではあるが，この区間にある2つの区（ブッパーラーム，ラーチャカルハ）の人口は約2.7万人であり，パークナーム鉄道の電車運行区間の2区（パトゥムワン，バーンラック）の人口2.4万人よりも多かった[NA Ro. 6 No. 27/3 "Banchi Chamnuan Phonlamuang nai Khet 25 Tambon."]．
55) BTWM 1905/08/03 "Tachin Railway Co., Ltd."
56) BTWM 1906/04/18 "Motor Trolleys in Siam."
57) NA Ro. 7 Pho. 1/1 "W. B. Grut to H. R. H. the Prince of Kambaeng Bajra. 1925/02/28"
58) BTWM 1926/02/12 "A New Tram Service."
59) NA Ro. 7 Pho. 1/1 "Krommaluang Kamphaengphet Krap Bangkhom Thun Phrabatsomdetphra Chaoyuhua. 1927/06/03"
60) Ibid. "Krommaluang Kamphaengphet Krap Bangkhom Thun Phrabatsomdetphra Chaoyuhua. 1931/04/17" ワット・シン〜バーンボーン間はその後電線の盗難が多発し，免許失効前に電車の運行を取りやめたという．
61) BTWM 1934/03/07 "Meklong Railway."
62) NA [3] So Ro. 0201. 39. 1. 1/5 "Ratthamontri Wa Kan Krasuang Setthakan thung Nayok Ratthamontri. 1935/10/15"
63) Ibid. "Ratthamontri Wa Kan Krasuang Setthakan Thung Nayok Ratthamontri. 1936/01/20" バンコク〜パークナーム間道路（現スクムウィット通り）は1927年頃から整備が始まったが，用地取得に難航して工事は進まなかった．1933年に土地収用法が出されたのと，ボーウォーラデート親王の反乱によって道路の軍事的重要性が高まったことから，建設が本格化した．
64) Ibid. "Raingan Prachum Khana Ratthamontri. 1936/01/29"
65) Ibid. "Raingan Kan Prachum Khana Kammakan Phicharana Ruang Sampathan Borisat Rotfai Paknam Chamkat Khrang thi 4. 1936/02/25"
66) Ibid. "Raingan Prachum Khana Ratthamontri. 1936/03/11"
67) BTWM 1936/09/08 "The Paknam Railway." 会社側の提示した資産額は，サイアム電力の電車関係を除いて42万7,177バーツであったが，検討委員会はこれを15万6,993バーツとしか見積もらなかった[NA [3] So Ro. 0201. 39. 1. 1/5 "Raingan Kan Prachum Khana Kammakan Phicharana Ruang Sampathan Borisat Rotfai Paknam Chamkat Khrang thi 5. 1936/04/10"]．なお，免許では期間終了後に政府が買取を望む場合は双方が合意した価格で買取するとしか書かれていなかった．
68) NA [3] So Ro. 0201. 39. 1. 1/5 "Raingan Prachum Khana Ratthamontri. 1936/08/19"

注（第 2 章）

69) NA [2] So Ro. 0201. 68. 2. 1/5 "Ratthamontri Wa Kan Krasuang Setthakan Thung Nayok Ratthamontri. 1938/05/30"
70) BTWM 1936/08/28 "New Bus Route."
71) BTWM 1936/09/08 "The Paknam Railway."
72) BTWM 1936/09/14 "The Paknam Railway."
73) BTWM 1940/03/12 "Meklong Railway."
74) NA [2] So Ro. 0201. 66. 2/1 "Ratthamontri Wa Kan Krasuang Setthakan Thung Nayok Ratthamontri. 1940/08/16"
75) Ibid. "Ratthamontri Wa Kan Krasuang Setthakan Thung Nayok Ratthamontri. 1941/01/14"
76) Ibid. "Prathan Kammakan Kan Phicharana Damnoenkan Cheracha Su Rotfai Sai Maeklong Thung Lekhathikan Khana Ratthamontri. 1941/02/25" 免許の条文には政府が購入すべきものとして建物，機械などが挙げられていたが，レール，枕木，橋梁は明記されていなかったことから，これらの線路の構成物を接収可能な「線路」と判断した。
77) Ibid. "Ratthamontri Wa Kan Krasuang Setthakan Thung Lekhathikan Khana Ratthamontri. 1941/05/05"
78) Ibid. "Ratthamontri Wa Kan Krasuang Khamanakhom Thung Lekhathikan Khana Ratthamontri. 1942/10/29"
79) Ibid. "Ratthamontri Wa Kan Krasuang Khamanakhom Thung Lekhathikan Khana Ratthamontri. 1942/12/07"
80) NA [2] So Ro. 0201. 66. 2/4 "Ratthamontri Wa Kan Krasuang Khamanakhom Thung Lekhathikan Khana Ratthamontri. 1945/08/13"
81) Ibid. "Lekhathikan Khana Ratthamontri Thung Ratthamontri Wa Kan Krasuang Khamanakhom. 1945/11/13"
82) プラバート軌道は，その後ずさんな運営状況が露呈したことから免許を剥奪され，1930年に新たに設立されたタールア鉄道に事業を継承された。両線とも1942年7月に廃止を許可されていることから，間もなく廃止されたものと思われる。どちらも当時高騰していた鉄道資材を売却して利益を得る目的であったものと思われる。
83) プラヤー・パックディーノーラセートは1893年にミシン輸入業に参入し，何度か事業を変えた後に製氷業に参入して成功を収めた。彼の略歴については，Suehiro [1989]: 359-360 を参照。
84) NA Ro 5. No. 21/56 "Krommaluang Naret Krap Bangkhom Thun Phrabatsomdetphra Chaoyuhua. 1906/04/06" このバスは，電気バスであった。
85) NA Ro 5. No. 21/81 "C. L. Groundwater to H. R. H. Prince Naret, 1905/11/24"
86) Ibid. "Draft Reply to Mr. Groundwater."
87) NA [2] So Ro. 0201. 68. 2. 2/4 "Ratthamontri Wa Kan Krasuang Mahatthai Thung Lekhathikan Khana Ratthamontri. 1941/10/31"
88) NA [2] So Ro. 0201. 66. 3/5 "Samnao Raingan Prachum Khana Ratthamontri. 1938/11/25"
89) 管見の限り，この委員会の議事録は第1/2478回の分しか残存していないが，この委員

注 (第 2 章)

会においてバス路線の新設や改編の申請が一括して審議されていた [NA [2] So Ro. 0201. 63. 2/8 "Raingan Kan Prachum Kammakan Phicharana Ruangrao lae Kham Kho Doen Rotyon Satharana Pracham Thang Khrang thi 1/2478. 1935/05/08"]。委員は警察局長，自治土木局長，プラナコーン県知事，同事務官の 4 人であった。なお，自治土木局が 1933 年に設置されるまでは首都局がその役割を担っていたものと思われる。

90) BTWM 1936/08 "Aerial Transport." によると，会社の提案したドーンムアン，パークナームへのバス運行はいずれも却下されたと報告されていた。

91) PCC 1936/09/11 "Kha Doisan Rotyon Pracham Thang Krungthep-Samut Prakan. （広告）" パークナーム鉄道の運行本数は，電化直後にはその前と変わらず 1 日 4 往復のみであったが，1930 年代末の段階では 1 時間に 1 本に増えていた。運行本数の増加がいつから行われたのかは判別しないが，おそらくバスの頻繁運行の開始を受けて始まったものと思われる。

92) ドーンムアンへの道路はパヤータイ通りを北へ延伸する形で建設され，1936 年 8 月 1 日に開通した [PCC 1936/08/01 "Krungthep-Don Muang"]。

93) NA [2] So Ro. 0201. 66/11 "Ratthamontri wa Kan Krasuang Setthakan Thung Nayok Ratthamontri. 1938/10/13"

94) NA Ro. 7 Mo. 17/11 "Senabodi Krasuang Mahatthai Krap Bangkhom Thun Phrabatsomdetphra Chaoyuhua. 1930/02/07"

95) BTWM 1939/11/02 "A New Road." 第 1 次道路建設 5 年計画は，1936 年に策定された道路建設 18 年計画の最初の下位計画であった。詳しくは，柿崎 [2009]: 28-33 を参照。

96) タークシン王像の建設計画は人民革命後の 1934 年に浮上したが，その後戦争の影響などで実現せず，結局戦後ピブーン政権時代の 1954 年に完成した [Phaibun 1997: 702]。

97) NA [2] So Ro. 0201. 63. 2/8 "Raingan Kan Prachum Kammakan Phicharana Ruangrao lae Kham Kho Doen Rotyon Satharana Pracham Thang Khrang thi 1/2478. 1935/05/08" によると，1935 年 5 月の時点でバーンラムプー〜ウォンウィアンヤイ間のバスが既に運行していたことが確認される。この会議ではウォンウィアンヤイのバスの終点をメークローン鉄道の駅まで延伸することが許可されたが，その申請者はチュリン（Chulin Lamsam）であったことから，ナコーントン社は後のタイ農民銀行グループを形成するラムサム家の一事業であったことが分かる。

98) BTWM 1927/08/06 "Cheaper Transit." これはサームイェーク〜ウィッタユ間の 2 等運賃であり，1 等はこの倍であった。

99) NA Ro. 7 Pho. 12/6 "Krommaphra Nakhon Sawan Chaeng Khwam Ma Yang Chaophraya Mahithon. 1931/07/02"

100) NA Ro 6. No. 13/6 "Chaophraya Yommarat Krap Bangkhom Thun Phrabatsomdetphra Chaoyuhua. 1925/06/05"

101) NA [2] So Ro. 0201. 63. 2/8 "Sanoe Kammakan Phicharana Ruang Rao Doen Rot."

102) NA [2] So Ro. 0201. 66. 3/1 "Phraya Thepphahatsadin kap Phuak Rian Phraya Manopakon. 1932/07/15"

455

注（第2章）

103) NA [2] So Ro. 0201. 63. 2/8 "Raingan Prachum Khana Ratthamontri. 1935/06/12"
104) Ibid. "Raingan Prachum Khana Ratthamontri. 1937/03/12"
105) Ibid. "Ratthamontri Wa Kan Krasuang Mahatthai Thung Lekhathikan Khana Ratthamontri. 1937/05/17"
106) BTWM 1937/03/19 "Company Meeting.", BTWM 1937/03/23 "Mosquito Buses." バスが合法的に許可されたものかは不明であるが，10～20台のバスが市内軌道の一部区間と競合する形で運行を開始したという。おそらくこれらのバスは，後述する無許可のソーンテオであったものと思われる。このモスキトー・バスという名称はシンガポールでも用いられており，零細事業者による7人乗りのバスであった [Dick & Rimmer 2003: 238]。
107) NA Ro. 7 Pho. 12. 1/7 "W. L. Grut to the Prince of Nagara Svarga. 1930/03/27"
108) BTWM 1937/03/17 "Company Meeting."
109) NA [2] So Ro. 0201. 63. 2/10 "J. Knudtzon to Phra Boribhandh Yuddhakich. 1937/05/07"
110) BTWM 1939/05/11 "Bangkok Tramways." によると，サイアム電力は近い将来トロリーバスを導入することに決めたという記事がタイ字紙に掲載されたという。
111) BTWM 1938/08/30 "Proposed Bus Service."
112) BTWM 1939/02/06 "Bangkok Tramways."
113) 例えば，BTWM 1938/09/15 "Bus Services." では，投稿者の意見として市はバスの運行ではなく市内軌道の撤去とトロリーバスへの代替を行うべきであるとの見解が示されていた。
114) PCC 1939/06/02 "Rot Rang Sai Bang Kholaem Lot Rakha Thanthi Tae Wan Rot Thetsaban Ok Doen Talot Thang 6 Satang."
115) 人力車の車夫によるストライキについては，Phanni [1999]: 102-106 を参照。
116) BTWM 1921/02/10 "Tramway Strike." なお，NA Ro. 6 No. 13/4 "Phraya Sithammathirat Rian Phraya Chakkrapani. 1921/02/16" によると，集会を行ったのは64人で，会社側は従業員が蜂起したと警察に通報したものの，警察は彼らが悪事を働いたわけではないとして説得して職場へ戻らせたとのことであった。
117) NA Ro. 6 No. 13/4 "Chaophraya Yommarat Rian Chaophraya Mahithon. 1923/01/17"
118) BTWM 1923/01/15 "The Tramway Strike."
119) NA Ro. 6 No. 13/4 "Chaophraya Yommarat Rian Chaophraya Mahithon. 1923/01/17"
120) BTWM 1923/01/18 "The Strike."
121) BTWM 1933/04/11 "Bangkok Tramways."
122) トンプソンは1897年にこの協会が設立されて，1932年10月に政府の要請を受けて正式に登録されたとしているが [Thompson 1967: 615]，1897年の段階でどの程度組織化されたものが存在していたのかどうかは不明である。
123) 当時浮上した民営鉄道計画については，柿崎 [2000]: 122-123 を参照。
124) 詳細については，柿崎 [2000]: 127-132 を参照。
125) NA [2] So Ro. 0201. 66. 2/4 "Lekhathikan Khana Kammakan Kritsadika Thung Palat Krasuang

注（第 2 章）

Khamanakhom. 1945/05/17"
126) 立憲革命を起こした人民党は 6 つの原則を掲げており，その中の経済的独立や経済活動の保障という原則が，経済ナショナリズムを正当化するものとなっていた．詳しくは Suehiro [1989]，Nambara [1998] などを参照．
127) 1920 年代から主としてタイ人によるバンコク市内のバス事業者が出現すると，サイアム電力の軌道との競合が起こるようになり，サイアム電力の軌道事業がタイ人の生業機会を奪っているとの反発も見られるようになった．例えば，BTWM 1928/05/23 "Proposed New Tram Routes." などを参照．なお，当時の一般的認識としての外国企業は，外国で登記されているかタイで登記されているかどうかにかかわらず，外国人の出資比率が高く，代表取締役をはじめ役員の大半が外国人である企業を指す．
128) 免許期間終了によるものではないが，新たに制定された法律によりタイ資本の比率が 65％以上であることをタイ国内の水運会社に課したことから，1940 年に沿岸水運と河川水運に従事していた外国企業 2 社（Thai Steam Navigation，Siam Steam Packet）が相次いで廃業し，政府に事業を継承された．
129) パークナーム鉄道の建設費は約 40 万バーツであったのに対し，メークローン鉄道は当初のターチーン鉄道区間でも約 100 万バーツ，全線で 200 万バーツかかっており，これが事実上資本金額を決めていた．このため，たとえ営業収入ではメークローン鉄道がパークナーム鉄道を上回っていたとしても，減価償却費などを考慮すれば純益の差はより少なくなることとなり，またたとえ両者の純益が同程度であったとしても，資本金額の少ない，言い換えれば発行株式数の少ないパークナーム鉄道のほうがはるかに高い配当率を実現できることとなる．Suehiro [1989]: 95 には，鉄道会社も含めた当時の特許会社（Chartered Company）の配当率が表示されているが，これを見てもパークナーム鉄道の配当率は格段に高かったことが理解される．
130) パークナーム鉄道を賃借したサイアム電力の配当率は，世界恐慌後やはり大幅に下がっていた．
131) BTWM 1912/10/11 "The Bangkok Tramways."
132) NA [2] So Ro. 0201. 63. 2/10 "J. Knudtzon to Phra Boribhandh Yuddhakich. 1937/05/07"
133) NA [2] So Ro. 0201. 63. 2/11 "Banthuk Ruang Borisat Faifa Sayam Khoporechan Chamkat Lot Thun Laeo Mai Khun Thun." ただし，3 回目の 20 バーツ削減の際には，それまでとは異なり株主に削減分の資本金が返還されなかったことから，王族の株式を管理している王室財産管理局が会社を訴えることを検討していた．
134) BTWM 1936/09/08 "The Paknam Railway."
135) NA [2] So Ro. 0201. 63. 2/10 "Raingan Prachum Khana Ratthamontri. 1939/09/22" 1939 年末に最後の減資を行い，資本金額は 1,128 万バーツと減資開始前の半分となった [BTWM 1940/03/15 "Thai Electric Meeting."]．
136) ソーンテオ（2 つの列）は，当時のバスの一般的な姿であったものと思われる．ルート・セータブットが最初に運行したバスもフォード製のトラックの荷台に座席を 2 列に並べたものであり，定員は 10 人程度であったという [Sa-nguan 1986: 67]．概観はほとんど

457

注（第 3 章）

　　同じであったとしても，正式に特別許可を受けて運行している路線バス（Rot Pracham Thang）とソーンテオは区別されており，ソーンテオという語には許可を受けていない非合法の民間バスというニュアンスがあったものと思われる．現在も，バンコクの小路や農村部において，ソーンテオは合法的なバスとして運行されている．

137) PCC 1937/02/25 "Sapha Khan Lakkan Pho Ro Bo Rotyon Kwa Khrung."
138) PCC 1937/04/10 "Ham Rotyon 2 Thaeo Doen Thang Rot Pracham Thang."
139) NA [2] So Ro. 0201. 66. 3/5 "Ratthamontri Wa Kan Krasuang Mahatthai Thung Nayok Ratthamontri. 1938/09/23" この申請は，結局却下された．

第 3 章

1) BTWM 1940/11/09 "Rajadamri Road Trams." この間は 1950 年に事業がバンコク電力に継承された後に復活したものと思われる．
2) 1942 年の株主総会で，ラーチャウォン，アッサダーン，シーロム線一部区間の資産が償還されていたことから，この時点までにアッサダーン支線も廃止されたはずである［BT 1942/03/07 "Generosity of Thai Electric Corporation Ltd."］．
3) BTWM 1940/03/15 "Thai Electric Meeting."
4) TM 1943/11/23 "Kham Thalaeng khong Borisat Faifa Thai Khoporechan Chamkat."
5) NA [2] So Ro. 0201. 63. 2/5 "Phu Chatkan Thuapai Borisat Faifa Thai Khoporechan Chamkat Thung Phana Ratthamontri Wa Kan Krasuang Mahatthai. 1945/05/30"
6) 1945 年 5 月始めにバーンコーレーム線での電車の試運転を開始したが，電圧不足で満足な電車の運行はできなかった［SK 1945/05/04 "Rot Rang cha Dai Doen Nae."］．なお，発電所は 1945 年 6 月 18 日に復旧した［FN 1988: 22］．
7) NA [2] So Ro. 0201. 63. 2/15 "Phu Chatkan Thuapai Borisat Faifa Thai Khoporechan Chamkat Thung Phana Ratthamontri Wa Kan Krasuang Mahatthai. 1945/04/19"
8) NA [3] So Ro. 0201. 39. 1. 1/7 "Rotfai Sai Paknam Banchi Sadaeng Ngoen Rairap Raichai lae Kamrai nai Kan Doen Rot."
9) BTWM 1941/02/03 "The Bang Pu Resort." によると，バンコク～パークナーム間には航空輸送社のバスのほかにソーンテオ（Mosquito Bus）も利用可能であるとしている．
10) PCC 1942/11/07 "Poet Doen Rotfai Sai Paknam."
11) PCC 1942/11/22 "Poet Kan Doen Rot Sai Paknam Tam Prokkati."
12) PCC 1943/02/25 "Krom Rotfai cha Dai Chat Doen Rot Rang rawang Hua Lamphong Khlong Toei Phrakhanong."
13) NA Bo Ko. Sung Sut 1. 7/2 "Huana Kong Chat Kan Doen Rot Khet 1 (Khram Chittalan) Rian O. Tho. Ro. 1942/02/07"
14) 航空輸送社は，会社の事業が多様化してバス事業も重要な柱となったとして，1939 年に社名を輸送会社と改称した［BTWM 1939/05/30 "Siamese Company."］．
15) 1941 年 11 月の時点では，シンブリー（ロップリー）線が 1 日 10 台，プラーチーンブリー

注（第 3 章）

線が 1 日 7 台の運行となっており，バスがそれぞれ 1 日 1 往復ずつ運行したものと思われる［NA [2] So Ro. 0201. 68. 2. 2/5 "Kan Doen Rotyon Borisat Khonsong Chamkat."］．

16) NA [2] So Ro. 0201. 68. 2. 2/5 "Kan Doen Rotyon Borisat Khonsong Chamkat."
17) Ibid. "Ratthamontri Wa Kan Krasuang Khamanakhom Thung Lekhathikan Khana Ratthamontri. 1942/03/05
18) NA [2] So Ro. 0201. 66. 3/7 "Banchi Rot Pracham Thang nai Phranakhon lae Thonburi."
19) Ibid. "Ratthamontri Wa Kan Krasuang Mahatthai Thung Lekhathikan Khana Ratthamontri. 1943/06/29"
20) Ibid. "Lekhathikan Nayok Ratthamontri Thung Ratthamontri Wa Kan Krasuang Mahatthai. 1943/08/11"
21) Ibid. "Ratthamontri Wa Kan Kasuang Mahatthai Thung Lekhathikan Nayok Ratthamontri. 1943/08/13" 4つの路線とは，ラーチャウォン船着場～ナーンルーン間，ワット・ケーオファー（キアッカーイ）船着場～ラーチャプラソン間，ラーチャウィティー船着場～戦勝記念塔，サームセーン市場～サオチンチャー間であった．
22) Ibid. "Lekhanukan thi Prachum Palat Kasuang Thung Palat Kasuang Mahatthai. 1943/09/06"
23) Ibid. "Palat Kasuang Mahatthai Thung Lekhanukan thi Prachum Palat Kasuang. 1944/01/04""
24) Ibid. "Lekhanukan thi Prachum Palat Kasuang Thung Palat Kasuang Kalahom lae Khamanakhom. 1944/01/12"
25) Ibid. "Palat Kasuang Khamanakhom Thung Lekhanukan thi Prachum Palat Kasuang. 1944/01/24"
26) Ibid.
27) NA [2] So Ro. 0201. 68. 2. 2/5 "Ratthamontri Wa Kan Krasuang Khamanakhom Thung Nayok Ratthamontri. 1945/05/01"
28) 終戦後に運輸局が日本軍のトラックを連合軍から多数払い下げを受けたとして，国防省は以前提供したトラックを返還するよう求めていた［NA [2] So Ro. 0201. 68. 2. 2/5 "Ratthamontri Wa Kan Krasuang Kalahom Thung Lekhathikan Khana Ratthamontri. 1945/10/18"］．
29) NA [2] So Ro. 0201. 63. 2/17 "Phu Chatkan Thuapai Kan Faifa Krungthep Rian Lekhathikan Khana Ratthamontri. 1950/08/01" によると，1950 年度のバンコク電力の予算は約 1,800 万バーツで，うち 1,128 万 1,600 バーツがタイ電力からの事業買収費であった．
30) NA [2] So Ro. 0201. 63. 2/20 "Ratthamontri Wa Kan Krasuang Mahatthai Rian Lekhathikan Khana Ratthamontri. 1951/08/13" 8 線の内訳は，1：ラーチャダムヌーン線 3.3km，2：パーンファー～プラトゥーナーム線 3.8km，3：ヨムマラート～バーンスー駅線 6.6km，4：オーディアン～テーウェート線 4.3km，5：シープラヤー～サパーンクワーイ線 8.7km，6：プラトゥーナーム～サームセーン発電所線 6.6km，7：ダーオカノーン～バーンラムプー線 8.2km，8：タラートプルー～オーディアン線 7.1km であった．
31) Ibid.
32) PCC 1940/08/08 "Rot Rang Sai Hua Lamphong cha Plian Thang Doen Chak Hua Lamphong

459

注（第 3 章）

Ma Yut thi Choeng Saphan Yotse."

33) 当時スクムウィット通りのバスが2系統運行されていたものの輸送力が不足していたことから，プラカノーンへの市内軌道の延伸は1951年12月19日の閣議で許可されていた [NA [2] So Ro. 0201. 63. 2/19 "Lekhathikan Khana Ratthamontri Rian Ratthamontri Wa Kan Krasuang Mahatthai. 1951/12/21"]。

34) NA [2] So Ro. 0201. 63. 2/20 "Ratthamontri Wa Kan Krasuang Mahatthai Rian Lekhathikan Khana Ratthamontri. 1951/08/13"

35) Ibid. "Lekhathikan Khana Ratthamontri Rian Ratthamontri Wa Kan Krasuang Mahatthai. 1951/12/24"

36) その後1955年にも再びトロリーバスの導入計画が新聞で報道されたが，具体的な動きはなかった [SN 1955/04/10 "Kan Faifa cha Pathirup Rot Rang."]。

37) NA Kho Kho. 0202. 2. 13/3 "Thailand, General & Scientific Aspects. Communications." によると，1951年にプルーンチット線が開通したことになっているが，実際に営業された痕跡はほとんどない。管見の限り，この線が運行していたことを示す唯一の資料は，1956年に憲法記念行事がルムピニー公園で行われる際に，会場周辺の交通混雑の緩和のためこの線の電車運行は18時以降運休すべきだと記した文書のみであった [NA Kho Kho. 0202. 3. 5/062 "Banthuk. 1956"]。1958年の首都電力公団の年次報告書の地図にはこの間は含まれていないことから，1958年の時点では既に廃止されていたものと思われる。

38) 鉄道と鉄道の平面交差はパークナーム鉄道とメーナーム支線，バーンブアトーン鉄道と南線の2つの先例が存在するが，いずれも官営鉄道が後から建設されたものであり，逆の事例は存在しなかった。ただし，1955年に開業したロップブリーの市内軌道は国鉄の北線と平面交差をしていた。

39) NA Kho Kho. 0202. 2. 13/3 "Thailand, General & Scientific Aspects. Communications."

40) NA [2] So Ro. 0201. 63. 2/19 "Lekhathikan Khana Ratthamontri Rian Ratthamontri Wa Kan Krasuang Mahatthai. 1951/12/21"

41) SRWR 1955/03/04 "Trams in Lopburi Derailed Almost Everyday."

42) SN 1953/01/23 "Doen Rot Rang Thua Anachak."

43) NA Kho Kho. 0202. 9. 5/4 "Banthuk Raingan Kan Prachum Khrang thi 1 khong Khana Kammakan Sakha Setthakit Kan Khamanakhom. 1954/11/12"

44) NA Kho Kho. 0202. 2/39 "Banthuk Raingan Kan Prachum Khrang thi 1/2498 khong Khana Kammakan Sakha Setthakit Kan Khamanakhom. 1955/01/30"

45) NA Kho Kho. 0202. 9. 5. 7/66 "Banthuk Raingan Kan Prachum Khana Kammakan Rotfai haeng Prathet Thai Khrang thi 18/2502. 1959/07/09" しかしながら，計画の検討段階でパークナーム線の全線廃止が決まったので，ディーゼルカーの投入計画も立ち消えとなった。

46) NA [3] So Ro. 0201. 39. 1. 1/13 "Ratthamontri Wa Kan Krasuang Khamanakhom Rian Lekhathikan Khana Ratthamontri. 1942/05/31"

注（第 3 章）

47) SN 1953/09/13 "Rotfai Sai Mai Kan Kamphaeng."
48) NA Kho Kho. 0202. 9. 5. 7/6 "Banthuk Raingan Kan Prachum Khana Kammakan Rotfai haeng Prathet Thai Khrang thi 23/95. 1952/06/21"
49) この道路（セータッキット通り）はサムットサーコーンから北上してバンコク〜ナコーンパトム間道路（ペットカセーム通り）へ至るものであり，バンコクまでの所要距離は40km 程度であった。
50) NA [2] So Ro. 0201. 66. 2/4 "Palat Krasuang Khamanakhom Rian Palat Krasuang Kan Khlang. 1950/05/12" 当初の計画では，カーンチャナブリーの滝を利用した水力発電かバンコク電力のワット・リアブの発電所の増強によって電力供給を増やして，クローンサーン〜マハーチャイ間の蒸気列車を電車 2 編成で代替する予定であったが，どちらも実現可能性が低いとして計画を変更した。
51) SN 1953/08/08 "Su Rot Chak Mai Sia Ik Nung Bat."
52) NA Kho Kho. 0202. 9. 2/2 "Prakat Rotfai Lem thi 13 Chabap thi 52. 1959/12/28"
53) この内燃動車については詳細が分からないが，日本軍が持ち込んだモーターカーのようなものであったものと思われる。NA Ko Kho. 0301. 8. 2/273 "Mae Klong Railway Improvement Project 1956" によると，この車両は日本のディーゼルトラック（Japanese Diesel Rail Truck）とされ，2 両の付随車を牽引していた。なお，メークローン線には 1952 年当時からディーゼル車（Rot Disen）と書かれたモーターカーらしき車両が 3 両在籍していたが，こちらも詳細は不明である。
54) NA Kho Kho. 0202. 9. 7/19 "Khrongkan Prapprung Thang Rotfai Sai Mae Klong. 1963/11/08"
55) 1945 年 10 月には，運輸局が旧日本軍のトラックを多数購入したことから，以前貸し付けた国防省のトラックを返却するよう国防省が要請していた［NA [2] So Ro. 0201. 68. 2. 2/5 "Ratthamontri Wa Kan Krasuang Kalahom Thung Lekhathikan Khana Ratthamontri. 1945/10/18"］。
56) NA [2] So Ro. 0201. 66. 3/10 "Banthuk Ruang Kan Chat Tang Ongkan Borikan Doen Rotyon Doisan."
57) SN 1947/09/30 "Cha Doen Rot Than Samai Sai Charoen Krung."
58) NA [2] So Ro. 0201. 66. 3/10 "Banthuk Ruang Kan Chat Tang Ongkan Borikan Doen Rotyon Doisan."
59) SN 1947/09/30 "Cha Doen Rot Than Samai Sai Charoen Krung."
60) NA Kho Kho. 0202. 3. 5/10 "Bamrung Tothong Krap Rian Than Phu Banchakan thi Khaorop. 1954/11"
61) SN 1969/05/13 "Rotme khong Khon Chon 2."
62) NA [2] So Ro. 0201. 66. 3/10 "Ratthamontri Wa Kan Krasuang Mahatthai Rian Lekhathikan Khana Ratthamontri. 1952/03/15"
63) Ibid. "Ratthamontri Chuai Wa Kan Krasuang Khamanakhom Rian Lekhathikan Khana Ratthamontri. 1952/08/26"
64) なお，通運公団はタックシン政権下の 2006 年 2 月に業務不振を理由に廃止された。

注（第 3 章）

65) NA Kho Kho. 0202. 11. 4/1 "Raingan Pracham Pi Tae Roemtang Thung 31 Thanwakhom 2495." 通運公団の当初の設立目的は，それまで中国人業者の寡占状態であった駅での貨物積み降ろし業務をタイ人の手に取り戻すことであった。

66) NA [2] So Ro. 0201. 68. 2. 1/12 "Ratthamontri Wa Kan Krasuang Khamanakhom Rian Lekhathikan Khana Ratthamontri. 1948/06/21" 1947 年 3 月に新設された航空輸送社 (Borisat Doen Akat Chamkat) に航空輸送が移管された。一方，タイ船舶は外国人が設立した旧サイアム郵船 (Siam Steam Packet Co. Ltd.) で，1940 年に政府に買収された。

67) NA [2] So Ro. 0201. 66. 3/11 "Lekhathikan Khana Ratthamontri Rian Ratthamontri Khamanakhom, Khlang, Phu Amnuaikan Ro So Pho, Phu Chatkan Borisat Khonsong Chamkat. 1953/01/12"

68) NA Kho Kho. 0202. 13. 1/11 "Panha An Phung Tong Chichaeng To Phu Thu Hun nai Khrao Prachum Yai Saman Pracham Pi khong Borisat Khonsong Chamkat. 1948/05/10"

69) 1950 年度は粗利益こそ 95 万バーツの黒字となったものの最終損益は約 6 万バーツの赤字であり，1951 年度にようやく 40 万バーツの純益を計上した。

70) NA [2] So Ro. 0201. 66/28 "Ratthamontri Wa Kan Krasuang Khamanakhom Rian Lekhathikan Khana Ratthamontri. 1953/06/08"

71) NA Kho Kho. 0202. 11. 1/4 "Banthuk Kan Prachum Khana Kammakan Ongkan Rapsong Sinkha lae Phatsaduphan Khrang thi 2/2496. 1953/02/03"

72) Ibid. "Banthuk Kan Prachum Khana Kammakan Ongkan Rapsong Sinkha lae Phatsaduphan Khrang thi 7/2496. 1953/06/26"

73) Ibid. "Banthuk Kan Prachum Khana Kammakan Ongkan Rapsong Sinkha lae Phatsaduphan Khrang thi 8/2496. 1953/07/24"

74) NA Kho Kho. 0202. 11. 1/5 "Banthuk Kan Prachum Khana Kammakan Ongkan Rapsong Sinkha lae Phatsaduphan Khrang thi 5/2497. 1954/05/28"

75) タラートプルー〜クロトゥーイ線は途中のワット・トライミットで系統が分かれており，2 つの系統となっていた。

76) NA Kho Kho. 0202. 11. 4/2 "Raingan Pracham Pi Tangtae 1 Mesayon 2497 Thung 31 Minakhom 2498." ローソーポーは通運公団のタイ語の略称であった。

77) NA Kho Kho. 0202. 11. 4/4 "Raingan Pracham Pi Tangtae 1 Mesayon 2498 Thung 31 Minakhom 2499."

78) NA Kho Kho. 0202. 3. 5/45 "Phon Kan Phicharana Klaiklia Hai Borisat Phranakhon Thonburi Khonsong Chamkat kap Borisat Ro So Pho Nakhon Thon Chamkat Ruam Khao pen Borisat Diao Kan." プラナコーントンブリー社は 1953 年に設立されたが，バス所有者の寄り合い所帯で当初から内部で二分していたという。

79) Ibid.

80) NA Kho Kho. 0202. 3. 5/74 "Sathit Prichasin Krap Rian Phana Than Palat Krasuang Khamanakhom. 1956/05/24"

81) Ibid. "Sathit Prichasin Krap Rian Phana Phon Rua Ek Luang Chamnan Atthayut. 1956/06/19"

82) NA Kho Kho. 0202. 3. 5/72 "Palat Krasuang Khamanakhom Rian Lekhathikan Khana Ratthamontri. 1956/07/27"
83) NA Kho Kho. 0202. 11. 1/6 "Banthuk Kan Prachum Khana Kammakan Ongkan Rapsong Sinkha lae Phatsaduphan Khrang thi 7/2498. 1958/08/26"
84) この閣議決定に対し，通運公団の役員会ではバス事業の拡大を禁止しているのは通運公団の直営事業のみで，通運公団の合弁会社は含まれないことと，規制の対象はバンコクのバスのみで地方のバスは含まれないとの解釈を確認していた［NA Kho Kho. 0202. 11. 1/6 "Banthuk Kan Prachum Khana Kammakan Ongkan Rapsong Sinkha lae Phatsaduphan Khrang thi 7/2498. 1955/08/26"］。
85) バス運行申請検討委員会は，その後バス運行検討委員会へ改称された。
86) NA Kho Kho. 0202. 3. 5/4 "Prathan Khana Kammakan Phicharana Kan Doen Rot Pracham Thang Sanoe Than O To Ro lae Ro Mo Cho Mo. 1954/07/09"
87) Ibid.
88) ここでいう規格とは，従来用いられてきたトラックを改造したソーンテオ型のものではなく，西洋諸国で用いられている箱型のものにすることであった。
89) NA Kho Kho. 0202. 3. 5/4 "Prathan Khana Kammakan Phicharana Kan Doen Rot Pracham Thang Sanoe Than O To Ro lae Ro Mo Cho Mo. 1954/07/09"
90) NA [2] So Ro. 0201. 66/28 "Ratthamontri Wa Kan Krasuang Khamanakhom Rian Lekhathikan Khana Ratthamontri. 1953/06/08"
91) NA Kho Kho. 0202. 3/42 "Athibodi Krom Kan Khonsong Kho Prathan Sanoe Than Ratthamontri Chuai Wa Kan Krasuang Khamanakhom. 1954/07/09"
92) ただし，副委員長には内務大臣が就任することになっていた。
93) NA Kho Kho. 0202. 3. 5/10 "Banthuk Kan Prachum Phu Chatkan Rot Pracham Thang nai Changwat Phranakhon lae Thonburi. 1954/05/28"
94) NA Kho Kho. 0202. 3. 5/5 "Huana Kong Khonsong Thang Bok Kho Prathan Sanoe Than Ratthamontri Chuai Wa Kan Krasuang Khamanakhom. 1954/10/21"
95) NA Kho Kho. 0202. 3. 5/60 "Wichai Wanitchathat Kho Prathan Krap Rian Than Prathan Khana Kammakan Khuapkhum Kan Khonsong. 1956/11/15"
96) NA Kho Kho. 0202. 3. 5/10 "Banthuk Kan Prachum Phu Chatkan Rot Pracham Thang nai Changwat Phranakhon lae Thonburi. 1954/05/28"
97) NA Kho Kho. 0202. 3. 5/37 "Ratthamontri Chuai Wa Kan Krasuang Khamanakhom Rian Lekhathikan Khana Ratthamontri Fai Kan Muang. 1955/02/21"
98) 運輸法でバス路線の改編は官報で告示するよう定められたことから，運輸統制委員会告示（Prakat Khana Kammakan Khuapkhum Kan Khonsong）として1955年3月に官報に新たな路線が告示された。以後，個別の路線の改廃や新設の場合にも随時官報での告示が行われた。
99) NA Kho Kho. 0202. 3. 4. 1/7 "Raingan Kan Prachum Khana Kammakan Khuapkhum Kan Khonsong Khrang thi 7/2498. 1955/07/21"

463

注（第 3 章）

100) NA Kho Kho. 0202. 11. 1/5 "Banthuk Kan Prachum Khana Kammakan Ongkan Rapsong Sinkha lae Phatsaduphan Khrang thi 10/2497. 1954/10/22"
101) NA Kho Kho. 0202. 3. 5/12 "Thoem Khamkhachon Krap Rian Than Ratthamontri Chuai Wa Kan Krasuang Khamanakhom. 1955/06/29"
102) NA Kho Kho. 0202. 3. 5/57 "Athibodi Krom Kan Khonsong Kho Prathan Sanoe Than Ratthamontri Chuai Wa Kan Krasuang Khamanakhom. 1955/10/07"
103) NA Kho Kho. 0202. 3. 5/39 "Krongthip Sunthonket Krap Rian Khana Kammakan Khuapkhum Kan Khonsong. 1955/07/14"
104) NA Kho Kho. 0202. 3. 5/46 "Sanoe Thawisuk Krap Rian Phana Ratthamontri Chuai Wa Kan Krasuang Khamanakhom. 1955/07/19"
105) NA Kho Kho. 0202. 3. 4. 1/9 "Raingan Kan Prachum Khana Kammakan Khuapkhum Kan Khonsong Khrang thi 9/2498. 1955/09/05"
106) ラーマ 6 世橋は 1927 年に開通した最初のチャオプラヤー川を跨ぐ橋であったが，道路を設置するスペースはあったものの当初は鉄道のみが通過していた。戦争による被災によって再建された際に初めて道路も通ることになり，バンコクとトンブリーを結ぶ 2 番目の道路橋として機能するようになった。
107) NA Kho Kho. 0202. 3. 5/21 "Athibodi Krom Kan Khonsong Kho Prathan Sanoe Than Ratthamontri Chuai Wa Kan Krasuang Khamanakhom. 1955/11/12"
108) NA Kho Kho. 0202. 3. 4. 1/9 "Raingan Kan Prachum Khana Kammakan Khuapkhum Kan Khonsong Khrang thi 9/2498. 1955/09/05"
109) NA Kho Kho. 0202. 3. 4. 1/23 "Raingan Kan Prachum Khana Kammakan Khuapkhum Kan Khonsong Khrang thi 2/2500. 1957/03/14"
110) NA Kho Kho. 0202. 3. 4. 1/24 "Raingan Kan Prachum Khana Kammakan Khuapkhum Kan Khonsong Khrang thi 3/2500. 1957/06/07" この 20 線のうち，3 線（50〜52 系統）は路線の新設であった。
111) NA Kho Kho. 0202. 3/134 "A. Sunanonta to Andre J. Jacobs. 1960/11/17"
112) 1960 年の数値は同年 11 月の時点で報告されていた数値であり，正確には何年のものかは判別しないが，次章で見るようにバンコクの市内軌道の本格的な廃止は同年末から始まることから，この間の路線長はほぼ 50km で変わらなかったことになる。
113) NA Kho Kho. 0202. 3. 5/39 "Lekhathikan Nayok Ratthamontri Rian Palat Krasuang Khamanakhom. 1955/09/30"
114) NA Kho Kho. 0202. 3. 5/57 "Ratthamontri Chuai Wa Kan Krasuang Khamanakhom Rian Lekhathikan Nayok Ratthamontri. 1956/07/16"
115) NA Kho Kho. 0202. 3. 5/116 "Athibodi Krom Kan Khonsong Kho Prathan Sanoe Than Ratthamontri Wa Kan Krasuang Khamanakhom. 1957/06/21"
116) NA Kho Kho. 0202. 3. 5/81 "Huana Kong Theknik Sanoe Than Palat Krasuang Khamanakhom. 1956/09/14"
117) NA Kho Kho. 0202. 3. 4. 1/20 "Banthuk Raingan Kan Prachum Anukammakan Phicharana

Senthang Doen Rot Khrang thi 3/2499. 1956/12/21"
118) NA Kho Kho. 0202. 3. 5/30 "Kha Ratchakan Krom Sapphasamit Kho Prathan Krap Rian Than Athibodi Krom Truat Ratchakan Phaendin. 1955/06/29"
119) SN 1955/06/28 "Karani Rot Mae Phit Nguankhai."
120) NA Kho Kho. 0202. 3/81 "Palat Krasuang Khamanakhom Rian Athibodi Krom Truat Ratchakan Phaendin. 1956/02/07"
121) 37系統をマッカサン自動車が獲得したことに対して，44系統を申請して落選したシールアン社（Borisat Si Luang Chamkat）が苦情を首相に訴えていた［NA Kho Kho. 0202. 3. 5/77 "Salai Siphirom Krap Kho Prathan Krap Rian Phana Than Nayok Ratthamontri. 1956/03/22"]。
122) SN 1957/10/21 "Rotme thi Chop Ham."
123) SN 1953/10/07 "Kan Doisan Rotme Yang Khluk Khlak." なお，それ以前の運賃水準については判別しないが，戦争末期にチャルーンクルン通りで運行されたトラックが50サタン～1バーツを徴収していたことから，戦後運賃水準が下がって最低20サタンになったものと推測される。

第4章

1) サリットは「国の掃除」と称して，様々な「美観」回復のための政策を打ち出した。バンコク市内では，サームローの廃止がその筆頭に挙げられる。
2) NA Kho Kho. 0202. 9. 5/4 "Banthuk Raingan Kan Prachum Khrang thi 1 khong Khana Kammakan Sakha Setthakit Kan Khamanakhom. 1954/11/12"
3) NA Kho Kho. 0202. 9. 5. 7/56 "Banthuk Raingan Kan Prachum Khana Kammakan Rotfai haeng Prathet Thai Khrang thi 10/2502. 1959/03/31"
4) ヒギンズによると，1959年の時点でパークナーム線の時刻表には上下10本の列車が記載されていたが，うち2本は消されていたという［ヒギンズ 2006: 75］。
5) Ibid.
6) NA Kho Kho. 0202. 9. 5. 3/1 "Banthuk Raingan Kan Prachum Dan Doen Rot lae Khonsong Khrang thi 14/2502. 1959/06/16"
7) サリットの「美観」政策によるバンコク市内の鉄道廃止計画は，パークナーム線と次に述べるメークローン線のみならず，フアラムポーン～バーンスー間の本線にも及んだ。詳しくは，柿崎［2009］: 129-131 を参照。
8) NA Kho Kho. 0202. 9. 5. 3/24 "Banthuk Raingan Kan Prachum Dan Doen Rot lae Khonsong Khrang thi 39/2502. 1959/12/11"
9) NA Kho Kho. 0202. 9. 5. 7/169 "Banthuk Raingan Kan Prachum Khana Kammakan Rotfai haeng Prathet Thai Khrang thi 11/2505. 1962/03/21" 当初はメークローン線に転用しようと考えたが，こちらも廃止計画が浮上したことから取りやめとなり，最終的に連結器の高さが異なるとして他線での使用は取りやめて廃車となった。バンコクの市内軌道用に

注（第 4 章）

使用できないかとも打診したが，車両の規格が異なるために断られた．
10) 例えば，1966 年にもサムローンに新たな製鉄所の建設が計画されていることから，パークナーム線の復活が検討されていた［NA Kho Kho. 0202. 9. 5. 7/281 "Banthuk Raingan Kan Prachum Khana Kammakan Rotfai haeng Prathet Thai Khrang thi 19/2509. 1966/06/29"］．
11) この新たな連絡線は，南線のタリンチャンから市内区間列車の終点であったワット・シンまでを結ぶものであった．
12) クローンサーン～ウォンウィアンヤイ間の線路は，チャルーンラット通りへと転用され，3 車線道路の中央に線路が残され，工場に入場する回送車両のみが運行していた．
13) NA Kho Kho. 0202. 9. 7/19 "Khrongkan Prapprung Thang Rotfai Sai Maeklong. 1963/11/08"．
14) NA Kho Kho. 0202. 9. 5/54 "Banthuk Raingan Prachum Ruang Khrongkan Prapprung Rotfai Sai Maeklong. 1965/02/18"．
15) NA O Ko. 0201. 2. 2. 6/1 "Phu Wa Kan Rotfai haeng Prathet Thai Rian Palat Krasuang Khamanakhom. 1968/05/07"．
16) 当初はフアラムポーン～クローンサーン間の新線は単線で計画されていたが，将来の都市交通としての機能を考慮してこの間は複線に計画変更された．フアラムポーンからの高架線は，ウォンウィアンヤイの先で地平に下りて従来のメークローン線のタラートプルー駅に入る計画となっており，フアラムポーン～ウォンウィアンヤイ間には交通渋滞の元凶となる踏切は存在しなかった．
17) NA [1] Ko Kho. 1. 3. 3. 2. 1/50 "S. C. Hardy to Mr. Chaleo Vajrabukka. 1970/04/16"．
18) TIC 21678 "Thonburi-Paktho Highway. 1973/04"．
19) フレンドシップ・ハイウェーによる東北線の貨物輸送が受けた影響については，柿崎［2009］：311-316 を参照．
20) ウォンウィアンヤイ～マハーチャイ間の道路開通前の数値は，RFT (1974): 57 に記載された 1974 年のものであるが，前年の道路開通を受けて列車本数が削減されたという記述がないことから，おそらく道路開通前と同じ本数であったものと思われる．バーンレーム～メークローン間では 1973 年に本数が削減されたとの記述があるが，それ以前の本数が不明なため，1966 年 10 月のダイヤ改正後の運行本数を使用した［NA Kho Kho. 0202. 9. 1/103 "Prakat Kan Rotfai haeng Prathet Thai. 1966/09/20"］．ワット・シンまでの区間列車の本数は，1971 年の数値である［RFT (1971): 55］．なお，どちらの区間にも急行列車が設定されていたが，1977 年までに廃止された．
21) この火災の原因は，守衛による失火であったと推測されていた［SN 1958/09/02 "Mai Rot Rang 51 Khan."］．
22) SN 1955/04/10 "Kan Faifa cha Pathirup Rot Rang."　これは，以前の計画とは異なり既存の市内軌道をトロリーバス化する計画であった．
23) SN 1960/11/12 "Doen Rot Throli Bat."．
24) 前者は並行するロート運河に蓋をして駐車場とするための工事に支障を来すとして，後者は自動信号システムの導入で事故の可能性が高まるとして，それぞれ廃止を求められ

25) 1965年からはさらに9両に減らされ，ターチャーン～サームヨート間3両，志願兵像～メーンシー間6両の運行となっていた．
26) SN 1963/10/26 "Thap Senthang Phahana Un."
27) 『サヤームニコーン』紙では，廃止直後の1966年10月2日に市内軌道の全廃を記念する大きな記事が出たが，それ以外には前後の期間も含め何の報道もなされていなかった［SN 1968/10/02 "Dae Rot Rang."］．
28) 例えば，シーロム線の廃止については，限られた路面を有効に使うためには市内軌道を撤去したほうが望ましいとして，賛成する社説が『サヤームニコーン』紙に掲載されていた［SN 1960/08/25 "Loek Rot Rang."］．
29) SRWR 1962/09/13 "Abolition of Operation of Trams." 市内軌道の廃止は道路混雑の解消のためであり，わざわざ法律で規定して「保存」を義務化することは，将来市内軌道が邪魔になって撤去する際に問題となると指摘していた．
30) NA Kho Kho. 0202. 3. 4. 1/26 "Raingan Kan Prachum Khana Kammakan Khuapkhum Kan Khonsong Khrang thi 5/2500. 1957/10/22"
31) Ibid.
32) NA Kho Kho. 0202. 3. 4. 1/27 "Raingan Kan Prachum Khana Kammakan Khuapkhum Kan Khonsong Khrang thi 5/2500. 1957/12/07" 表3-4の時点では28系統はシントゥミット社以外に2社が運行していたが，その後各社ごとに路線を振り分け，28系統はシントゥミット社のみの運行となっていた．
33) NA Kho Kho. 0202. 3. 4. 1/28 "Raingan Kan Prachum Khana Kammakan Khuapkhum Kan Khonsong Khrang thi 1/2501. 1958/01/30" タイターウォーン社はこの決定を不服として抗議しており，おそらくは別会社を組織の上で同じ路線の免許を再獲得したものと思われる．シーボーリカーン社も同様に旧運行者が別会社を組織して免許を得ているが，こちらは社名が変更となっていた．
34) NA Kho Kho. 0202. 3. 4. 1/30 "Raingan Kan Prachum Khana Kammakan Khuapkhum Kan Khonsong Khrang thi 3/2501. 1958/05/16"
35) このうち，22系統と49系統はそれぞれ免許を保持する通運公団と輸送社から廃止申請が出されたものであった．
36) NA Ko Tho Mo. 1. 4. 5/6 "Phon Waiwingrop Krap Rian Phana Phon Ek Praphat Charusathian. 1962/01/16"
37) SN 1960/07/02 "Wa Dairap Kham Rong Chak Chaokhong Rot." 会社側によると，運輸局は6月9日の会議で，1：会社に全てのバスを統合すること，2：車庫用地を自ら獲得すること，3：従業員の福祉を向上すること，の3つの条件を90日以内で解決するよう求めたという．
38) NA Kho Kho. 0202. 13. 1/91 "Athibodi Krom Kan Khonsong Kho Prathan Sanoe Than Palat Krasuang Khamanakhom. 1958/05/14"
39) SRWR 1960/04/21 "Concessions for Operating of Buses." では，運輸統制委員会が輸送社に

467

注（第4章）

バンコクのバス事業を統合させるべきであるとの報告書を運輸省に提出したと報じていた。

40) 実際には輸送社は49系統を廃止し，民間から引き継いだ2つの路線を新規に担当した。
41) 次に述べるように輸送社がバンコク周辺25県のバス運行免許を獲得したことから，バンコク市内に3ヶ所のバスターミナルを設置させることになった。エーカマイは東線バスターミナルの立地場所であり，特別2〜4系統はいずれもバスターミナル間の路線である。
42) これらのバス路線が廃止された道路上においても，無許可で運行するソーンテオは運行していた。バスの場合は既定された台数を運行しなければならず，需要が少なく運行本数を勝手に減らせば免許取り消しの恐れが出るが，ソーンテオは基本的に自由な運行であるため，最低限の乗客が集まらない限り発車しなくてもよかった。このため，ソーンテオのほうが採算ラインははるかに低くなり，たとえバス路線がなくとも，自動車が運行可能な道路と最低限の需要があれば，ソーンテオが勝手に運行を始めていた。
43) NA Kho Kho. 0202. 3/116 "Lak Kan lae Withi Kan Khuapkhum Kan Khonsong duai Rot Pracham Thang nai Khet 25 Changwat. 1959/08/17" 北線はバンコクからナコーンサワンまで，東北・中部線はコーラート，アーントーンまで，東線はプラーチーンブリーまで，東南線はトラートまで，南線はチュムポーン，カーンチャナブリー，スパンブリーまでであった。なお，これらの路線数の中にはバンコクを発着しない路線も含む。
44) フレンドシップ・ハイウェーの開通により，バンコクから東北部のコーラート以遠へ至るバスも運行されていたが，コーラートから先の道路はまだ未整備であったことから当面コーラートまでを対象とした。
45) NA Kho Kho. 0202. 3/116 "Lak Kan lae Withi Kan Khuapkhum Kan Khonsong duai Rot Pracham Thang nai Khet 25 Changwat. 1959/08/17"
46) NA Kho Kho. 0202. 3. 4. 1/47 "Charun Chaloemtian Rian Prathan Kammakan Khana Kammakan Khuapkhum Kan Khonsong. 1959/09/24"
47) Ibid. "Banthuk Kan Prachum Khana Kammakan Khuapkhum Kan Khonsong Khrang thi 9/2502. 1959/09/28"
48) NA Kho Kho 0202. 2/6 "Sathanakan Setthakit khong Prathet Thai Kan Khamanakhom lae Kan Khonsong. 1960" 水運事業は民間との競合で収支が悪化し，1958年8月限りで全廃となった
49) NA Kho Kho. 0202. 13. 1/106 "Raingan Kan Prachum Kammakan Khrang thi 205."
50) 輸送社が免許を得た路線は，バンコクと地方を結ぶ幹線道路のみならず，当時路線バスが運行していた村道など幹線道路から分岐するフィーダー道路がすべて含まれていた。このため，村へ至るようなローカル・ソーンテオの路線も輸送社の配下に入ることになったのである。
51) NA Kho Kho. 0202. 3. 6/8 "Chao Khong Rot Doisan Tang Changwat Phu Dairap Khwam Duatron 70 Khon Rian Than Ratthamontri Wa Kan Krasuang Mahat Thai. 1961"
52) NA Kho Kho. 0202. 3. 6/4 "Kitti Bunprasit Rian Phana Than Chom Phon Sarit Thanarat.

1963/08/01"

53) SN 1959/11/18 "Borisat Khonsong."
54) 輸送社の運賃は100kmまで1kmあたり10サタンであり，101〜400kmまで1kmあたり6サタン，401km以上で1kmあたり4サタンとなっていた［KSB 1960: 81］。
55) この「寝そべって食う虎」というフレーズは，この後も輸送社を揶揄するたとえとして新聞紙上を賑わしていくことになる。
56) NA Ko Tho Mo. 1. 4. 5/2 "Banthuk Ruang Kan Doen Rot Pracham Thang nai Khet Thetsaban Nakhon Krungthep."
57) Ibid. "Chamnan Yuabun Kho Prathan Sanoe Phana Ratthamontri Wa Kan Krasuang Mahat Thai. 1961/02/10"
58) Ibid. "Banthuk Ruang Kan Doen Rot Pracham Thang nai Khet Thetsaban Nakhon Krungthep."
59) Ibid.
60) NA Ko Tho Mo. 1. 4. 5/7 "Mati Khana Ratthamontri Kiaokap Ruang Doen Rot Pracham Thang."
61) NA [2] Ko Kho. 1. 3. 16/2 "A Technical Assistance and Equipment Program for a Unified Municipal Bus System Bangkok, Thailand. 1961/10/12"
62) NA Ko Tho Mo. 1. 4. 5/2 "Chamnan Yuabun Kho Prathan Sanoe Phana Ratthamontri Wa Kan Krasuang Mahat Thai. 1962/03/19"
63) NA Ko Tho Mo. 1. 4. 5/5 には，この市のバス計画に対する新聞記事が多数保管されており，その大半が批判的な内容であった。
64) NA Ko Tho Mo. 1. 4. 5/7 "Mati Khana Ratthamontri Kiaokap Ruang Doen Rot Pracham Thang."
65) NA Ko Tho Mo. 1. 4. 5/2 "Sunthon Honglatdarom Krap Rian Phana Nayok Ratthamontri. 1962/06/25" サプライヤーズ・クレジットの金利は年7.5〜7.75％と輸出入銀行の金利より1.75〜2％高かった。また，輸出入銀行からの借款にしても，アメリカ車を購入しなければならないことから結局高くつくことになると指摘されていた。
66) Ibid. "Chamnan Yuwabun Rian Huana Kong Setthakit Samnakngan Palat Krasuang Kan Khlang. 1962/05/16
67) Ibid. "Raingan Kan Prachum Kammakan Phicharana Panha Kiaokap Kan Prapprung Kan Satharanupaphok lae Kan Charachon Ruam Thang Kan Ruam Rot Pracham Thang nai Changwat Phranakhon lae Thonburi Khrang thi 1. 1962/08/03"
68) NA Ko Tho Mo. 1. 4. 5/7 "Khrongkan Ruang Kan Ruam Kitchakan Rotyon Doisan Pracham Thang nai Nakhon Luang Krungthep Thonburi. 1963/01/01"
69) NA Ko Tho Mo. 1. 4. 5/5 "Phu Chatkan Borisat Rotme Thai Thawon Mai Ruam kap Borisat Nakhon Luang Khonsong. 1962/06/17", SN 1962/07/07 "Ang Phit Nguankhai Sampathan."
70) NA Ko Tho Mo. 1. 4. 5/7 "Khrongkan Ruang Kan Ruam Kitchakan Rotyon Doisan Pracham Thang nai Nakhon Luang Krungthep Thonburi. 1963/01/01"
71) NA Kho Kho. 0202. 3. 4. 1/55 "Banthuk Kan Prachum Khana Kammakan Khuapkhum Kan

注（第4章）

Khonsong Khrang thi 1/2506. 1963/07/12"

72) SN 1963/03/05 "Baeng Rot Doisan 2 Praphet Klai-Klai Hai Prachachon Dairap Khwam Saduak Khun."
73) NA Kho Kho. 0202. 2. 10/21 "Ratthamontri Wa Kan Krasuang Khamanakhom Krap Rian Phana Than Nayok Ratthamontri. 1964/01/13"
74) NA Kho Kho. 0202. 11. 1/12 "Banthuk Kan Prachum Khana Kammakan Ongkan Rap Song Sinkha lae Phatsaduphan Khrang thi 5/06. 1963/06/28"
75) NA Kho Kho. 0202. 13. 1/120 "Banthuk Raingan Kan Prachum Khana Kammakan Borisat Khonsong Chamkat Khrang thi 1/2507. 1964/01/10"
76) SN 1963/11/09 "Khrongkan Ruam Rot Pracham Thang."
77) NA Kho Kho. 0202. 3. 4. 1/56 "Banthuk Kan Prachum Khana Kammakan Khuapkhum Kan Khonsong Khrang thi 1/2507. 1964/04/30"
78) NA Kho Kho. 0202. 2. 10/21 "Ratthamontri Wa Kan Krasuang Khamanakhom Krap Rian Phana Than Nayok Ratthamontri. 1964/01/13"
79) SN 1964/02/02 "Hai Thuk Borisat Phoem Chamnuan Rot Mak Khun." 運輸局は1963年に航空輸送部門を切り離して陸上運輸局と改称された［KTB 1991: 24］。
80) SN 1964/03/12 "Phoem Rotme Ruan Roi."
81) SN 1964/02/20 "Prap Borikan Rotme Ik."
82) SN 1964/05/09 "Hai 4 Cho Wo Ruam Mu Chat Senthang Rotme Mai."
83) SN 1964/06/17 "Phop Uppasak Samruat Rotme."
84) NA Kho Kho. 0202. 3. 4. 1/61 "Banthuk Kan Prachum Khana Kammakan Khuapkhum Kan Khonsong Khrang thi 3/2508. 1963/08/23" 例えば，従来20系統ターディンデーン〜ポム・プラチュンラチョームクラオ間では途中のプラプラデーン止まりのバスも運行されていたことから，この区間便を新たに82系統として独立させていた。
85) これは官報に告示されている今回のバス路線が「市内（プラナコーン，トンブリー，ノンタブリー，パトゥムターニー，サムットプラーカーン）バス路線」とされており，それまでの「プラナコーン・トンブリー県内バス路線」と異なっていたことからも明らかである［RKB Vol. 82-83: 9-55］。
86) SN 1965/10/02 "Khon Khun Rot Phit."
87) NA Kho Kho. 0202. 3. 4. 1/61 "Banthuk Kan Prachum Khana Kammakan Khuapkhum Kan Khonsong Khrang thi 1/2509. 1966/02/17"
88) この変更で9線が従来の区間制から50サタン均一に変更した［NA Kho Kho. 0202. 3. 6/7 "Banthuk Kan Prachum Khana Kammakan Khuapkhum Kan Khonsong Khrang thi 12/2502. 1959/12/30"］。
89) SN 1967/08/17 "Tae Rat cha Chuai Dan Namman lae Khai Uppakon Rakha Thuk."
90) SN 1967/10/29 "Rotme Roem Sa-nguan Thathi."
91) SN 1968/01/11 "Thatsana Bukkhon Tang Achip Karani Rotme Ruam Hua Khun Rakha."
92) SN 1968/05/02 "Rotme Tongkan Khaengkhan Borikan."

注（第4章）

93) SN 1968/04/26 "Ro Mo To Phong Khun Kha Doisan Rotme cha Tong Khun To Pai nai Aanakhot Khangna." 実際には月給以外の手当てや報酬もあり，月の手取りは1,000バーツほどであった．内務省側は給与全体の引き上げのみならず，月給部分の最低60％の引き上げを求めていた．
94) 25サタンの値上げとなったのは，当時流通していた最小額の硬貨が25サタンであったためであった．
95) SN 1968/05/02 "Rat Fang Khwam Hen Rotme Fai Diao Mai Fang Siang Prachachon Chuathu Mai Dai."
96) SN 1968/05/19 "Ro Mo To Phong Asai Witthayu Kae Khong Chai Rotme Khun Rakha."
97) SN 1968/05/22 "Nayok yang Mai Tatsinchai Rotme Khun Rakha."
98) SN 1968/05/31 "Khana Ko Ko Hai Khwam Manchai Prachachon." この委員会は値上げ前にも設置されていたが，批判が高まっていたことから改めて委員会を設置したものである．委員長は国家経済開発庁の副長官とし，国税局や統計局など運輸省以外からも委員を集めて公平性を確保しようとした．
99) SN 1968/05/30 "Roem Bangkhap Saphap Rotme."
100) SN 1968/06/29 "Phon Tam Ma khong Kan Khun Kha Doisan Rotme."
101) SN 1968/06/29 "Sopsuan Raidai Rotme Set."
102) SN 1968/07/05 "Hai Kho Ro Mo Winitchai Detkhat Ik Khrang."
103) 当時バンコクの豚肉供給はサーマッキー家畜販売会社の半独占状態となっており，バンコク市内で屠殺された豚しか市内では販売できず，規定頭数の屠殺を会社が独占していた．しかし，バンコクの豚肉価格が高騰してこの政策が批判されたことから，結局自由化したのであった．詳しくは，柿崎［2009］：194-196を参照．
104) SN 1968/07/07 "Ang Tham Tam Thana Kan Ngoen Patchuban."
105) SN 1968/07/05 "Hai Kho Ro Mo Winitchai Detkhat Ik Khrang."
106) NA [2] Ko Kho. 1. 4/67 "Thaloeng Thamrongnawasawat Kho Prathan Sanoe Phana Nayok Ratthamontri. 1968/09/17" 委員会が同意したのは，1：石油税の減額，2：バス登録更新料の100バーツへの引き下げ，3：バス事業者に対する低利貸付基金の設置，4：免許期間の10年への延長，5：路線変更の柔軟化，6：官公庁と学校の始業時間の変更，7：第三者に対する損害保険の軽減，8：投資奨励法の適用，9：一部輸送社の免許のシリミット社への移管，10：警察局による違法ソーンテオの取締強化，11：長距離路線2線の区間制運賃への変更，12：陸上運輸局によるバス事業の長期計画の策定，であった．
107) Ibid.
108) SN 1969/01/31 "Pho Cho Ko Rotme Wa Krom Khonsong Thang Bok Mai Dai Kaekhai Phawa Rotme Hai Di Khun."
109) SN 1969/03/19 "Prachachon Champen Tong Phung Borikan."
110) SN 1969/05/11 "Rotme khong Khon Chon 1."
111) 陸上運輸局では全国のバス路線を第1種：市内バス，第2種：バンコク発着県間バス，第3種：県間バス，第4種：県内バスの4種に分け，1964年から順次バス路線を設定

471

注（第 4 章）

して免許事業者を選定してきた。バンコクのバスは第 1 種に区分されており，今回設定を外された路線は新たに第 3 種か第 4 種のバス路線として設定された。

112) NA [2] Ko Kho. 1. 4/67 "Ratthamontri Chuai Wa Kan Krasuang Khamanakhom Rian Phana Ratthamontri Wa Kan Krasuang Khamanakhom. 1970/03"
113) Ibid.
114) SRSW 1984/10/21 "Ongkan Khonsong Muanchon Krungthep Panha Ruarang lae Naeothang Kaekhai." 西ドイツの交通問題調査については，次章を参照のこと。
115) Ibid.
116) SRSW 1981/04/12 "Khonsong Muanchon Krungthep cha Yuti kan Yangrai?"
117) Ibid.
118) SRSW 1974/04/28 "Chotmaihet khong Nai Ramkhan."
119) SRSW 1974/09/29 "Ruang khong Rotme Krungthep."
120) 1973 年の政変後，その立役者であった学生の間での対立が発生し，職業学校の学生が対立抗争を繰り返すようになったが，1974 年 7 月には多くのバスが職業学校の学生らの襲撃に遭い，バスが破壊されたり運転手や車掌が襲われたりした。
121) SRSW 1974/09/29 "Ruang khong Rotme Krungthep."
122) SRSW 1974/09/29 "Sayam Rat Sapda Wichan Samphat."
123) 1968 年から順次バンコク市内や近隣県での第 4 種の地方バスの路線が設定され，路線ごとに運行事業者を決めていったことから，第 1 種に指定されたバス路線の事業者が 3 社減った一方で，新たにバス路線が設定された支道においてバス運行を行う事業者が 17 社増加したのである。
124) SR 1975/05/19 "Rotme Fri khong Ratthaban Rao Tham Dai."
125) 学生専用の通学バスの運行は 1953 年に開始され，その後も断続的に運行されてきた。
126) SR 1975/05/19 "Rotme Fri khong Ratthaban Rao Tham Dai."
127) SRSW 1984/10/21 "Ongkan Khonsong Muanchon Krungthep Panha Ruarang lae Naeothang Kaekhai."
128) Ibid. バス事業者協会はかつてナコーンルアン輸送による統合が推進された際にこの会社の設立に関わった事業者が加入しているもので，中小規模の事業者が中心であった。
129) SR 1975/08/25 "Rotme Khao Sanapsanun Ruam Rotme Sanoe Hai Tang Borisat Mahachon."
130) バス事業者協会の案でも，長期的にはパブリックカンパニーへ移行することを想定していた。
131) SR 1975/08/30 "Cha Ruam Rotme Phua Arai lae Phua Prayot khong Khrai Nae."
132) SRSW 1984/10/21 "Ongkan Khonsong Muanchon Krungthep Panha Ruarang lae Naeothang Kaekhai."
133) SR 1975/08/30 "Me Khao Phoei Yinyom Long Nam Ruam."
134) SRSW 1984/10/21 "Ongkan Khonsong Muanchon Krungthep Panha Ruarang lae Naeothang Kaekhai."
135) Ibid.

136) SR 1975/11/12 "Rotme kap Kan Muang."
137) SRSW 1975/11/23 "Ti Rakha Rotme cha Set nai Sam Duan."
138) SR 1975/11/28 "Chaokhong Rotme Rong Nayok."
139) SRSW 1976/03/14 "Rotme Si Nakhon Chi Phon Di Rat Chat Rotme Yom Khat Thun Phua Chuai Phu Doisan Nae."
140) SRSW 1978/04/02 "Mai Mi Wan Rao cha Phrak Chak Kan."
141) Ibid. 当時株式会社を設立する際には，資本金の70％を民間が出資することと定められていた。
142) SRSW 1976/05/16 "Rotme Raboet Wela Luk Kao."
143) Ibid. "Wa Borisat Mahanakhon Khonsong Damnoen Ngan Phitphlat Su Rot Chai Ngan Dai Khae 65% cha Khat Thun Kwa 100 Lan."
144) Ibid. "Rotme Raboet Wela Luk Kao."
145) SRSW 1984/10/21 "Ongkan Khonsong Muanchon Krungthep Panha Ruarang lae Naeothang Kaekhai."
146) Ibid.
147) NA Kho Kho. 0202. 9. 5. 3/24 "Banthuk Raingan Kan Prachum Dan Doen Rot lae Khonsong Khlang thi 38, 39/02. 1959/12/11"
148) サリットは本線ともいえる北線のフアラムポーン～バーンスー間の廃止も目論んだが，当時国道建設の設計を行っていたアメリカのコンサルタント会社は，この間を廃止すればその代替として24車線分の道路を整備する必要があるとし，鉄道は残すべきであると提言した［柿崎2009: 131］。ちなみに，この時点のフアラムポーン駅の利用者は，1日1万人程度であった。
149) 逆に言えば，道幅が狭くて軌道敷への自動車の乗り入れを禁止できないような場合は市内軌道の定時性が損なわれ，利用者の減少に見舞われて最終的に廃止されてしまったことになる。自動車交通への規制が多いヨーロッパの都市では，狭い街路に市内軌道が通る区間で自動車の通行を禁止する場合もあるが，日本の場合はそのような区間を通る市内軌道はほとんど廃止され，現在残るものは専用軌道を持つ場合か，軌道敷内の自動車乗り入れを禁止しているような路線にほぼ限られる。
150) SN 1969/05/11 "Rotme khong Khon Chon 1." それでも全国では76議席を獲得し，第1党の座を確保して連立政権を樹立できた［加藤1996: 162-163］。
151) 1975年1月の総選挙でも民主党が第1党であり党首のセーニーが組閣を行ったが，連立工作がうまくいかず施政方針演説を国会で否決され退陣し，クックリットの社会行動党（Phak Kit Sangkhom）が連立政権を樹立させたという経緯があった［加藤1996: 178-180］。なお，貧困者向けの無料バスも政権交代後の1976年5月末をもって廃止された［Samrit n.d.: Vol. 1 65］。
152) NA Kho Kho. 0202. 13/26 "Ruang thi Prathan Chaeng Hai thi Prachum Phua Sap lae Phua Phicharana. 1965/01/11"
153) NA [2] Ko Kho. 1. 3. 16/2 "A Technical Assistance and Equipment Program for a Unified

注（第 5 章）

Municipal Bus System Bangkok, Thailand. 1961/10/12", NA [2] Ko Kho. 1. 1. 27/1 "Thang khong Thetsaban Nakhon Luang Pi 2516." ただし，1973 年の数値は旧バンコク市のみの数値である．
154) SN 1969/05/17 "Hen Khwan Yok Thang Rotfai Nua Thanon." ただし，この記事ではバンコクの道路面積は 15％ とされていた．

第 5 章

1) SN 1967/01/19 "Rot Rang Plaen Wing Tam Khlong."
2) SRSW 1970/06/21 "Panha Kan Charachon nai Nakhon Luang." 3 つの路線とはモーチット～パドゥンクルンカセーム運河間，プラカノーン～フアラムポーン間，サームヤーン～クロントゥーイ間で，前者 2 線を最初に建設する計画であった．
3) SRSW 1981/06/28 "Thang Duan Khong Mai Khon Krung."
4) 当初計画された 3 つの路線と図 5-1 の時点とでは，各路線の起点と終点が若干異なっている．
5) NA [2] Ko Kho. 1. 1. 27. 1/16 "Kan Thang Phiset haeng Prathet Thai." 総工費の見積もりは，鉄道の場合は 76 億バーツであったのに対し，バスの場合は 39 億バーツであった．なお，プラカノーン～バーンスー線のラーチャダムヌーン通りを横断する区間約 600m のみが地下構造とされた．
6) 2004 年に開業した首都電鉄公団第 1 期線（青線）のフアラムポーン～バーンスー間は，この計画のプラカノーン線とサートーン線の一部であり，当初計画の橙線はプット橋線とほぼ同じルートであった．
7) 道路局は 1963 年から 1972 年まで国家開発省下に置かれていた．
8) SRSW 1981/06/28 "Thang Duan Khong Mai Khon Krung."
9) NA [2] Ko Kho. 1. 1. 27. 3/2 "Ruang Kan Phicharana Borisat Wisawakon thi Pruksa Thang Dan Rabop Kan Khonsong Muanchon."
10) NA [2] Ko Kho. 1. 1. 27. 1/6 "Ratthamontri Wa Kan Krasuang Mahatthai Rian Lekhathikan Khana Ratthamontri. 1980/01/28"
11) Ibid.
12) SRSW 1981/06/28 "Thang Duan Khong Mai Khon Krung."
13) Ibid. ブンチューは実業家出身の政治家で，バンコク銀行の頭取を経て政界に入り，1980 年代から 1990 年代前半にかけて政財界に影響力を行使していた．高速道路公団も閣議決定の前に既に入札のための事前資格登録を始めていた [NA [2] Ko Kho. 1. 1. 27. 3. 1/6 "Raingan Kan Prachum Khana Anukammakan Khatluak Khun Thabian Borisat Phu Rapmao thi Mi Khunnasombat Mosom Phua Khao Ruam Pramun nai Khrongkan Kosang Rabop Rotfaifa Khonsong Muanchon Khrang thi 1/2523. 1980/06/30"]．
14) NA [2] Ko Kho. 1. 1. 27. 3/6 "Ruang Kan Damnoen Kan Rabop Khonsong Muanchon."
15) どちらも長らく放置されていたが，タークシン橋は BTS の延伸線に利用されることに

注（第 5 章）

なり，新たな橋梁が架けられて 2009 年から使用されている。一方プラポッククラオ橋はその後この区間が地下鉄で建設されることになったため，利用される見込みはない。

16) SRSW 1983/10/30 "Rotfaifa Thang Kae Panha Charachon Yang Ik Nan."
17) BOT 方式だけでなく，他にも BTO (Build-Transfer-Operate)，BOOT (Build-Own-Operate-Transfer) など，いくつか形態があるが，ここではいわゆる民活による社会資本整備という意味の総称として，BOT 方式という語を用いる。
18) なお，この資料の費用の総額は 127 億 8,000 万バーツとなっているが，土地収容費が 5 億 4,700 万バーツ含まれているので，これを除外すると 122 億 3,300 万バーツとなる。
19) SRSW 1983/10/30 "Rotfaifa Thang Kae Panha Charachon Yang Ik Nan."
20) UTDC システムは，カナダの UTDC 社が開発した無人自動運転が可能なリニアモーター駆動による LRT で，1985 年からデトロイトとバンクーバーで実用化された。なお，このシステムは 1992 年にカナダのボンバルディア社に買収された。
21) ラワリン社はカナダの建設会社であり，各地の社会基盤整備事業にも参入している。タイでも後述する首都電鉄公団第 1 期線の軌道・電力系統敷設事業に，タイ企業と共同で参加している。
22) SRSW 1989/07/30 "Chap Ta Rotfaifa." 以下各社の条件も，この資料による。
23) SRSW 1990/06/02 "Tong Ro Ik Nan Thaorai Krungthep Thung cha Mi Rotfaifa."
24) Ibid.
25) SRSW 1989/12/16 "Rotfaifa Khonsong Muanchon."
26) ボンバルディア社はカナダの輸送機器メーカーで，鉄道車両や航空機などを製造している。UTDC 方式は 1992 年 2 月にボンバルディア社が買収しており，クアラルンプールの LRT 計画などで採用されている。
27) この機関は，1978 年に設立された内務大臣を長として関係省庁の長で構成されていた陸上交通管理委員会 (Khana Kammakan Chat Rabop Kan Charachon Thang Bok) を，1992 年に総理府下の局レベルに格上げしたものである。委員会自体は，この後も存続しており，交通政策を決定する権限を有している。
28) SR 1977/07/29 "Loek Rotme Lek Mot Sin Pi Ni."
29) 1970 年には運輸統制委員会で冷房バスの運行が認められたが，実際の運行には至らなかった［SRSW 1970/02/01 "Phatthana Kan Khamanakhom Thang Bok nai Muang Luang duai Kan Hai Ratsadon Nang Rotme Yen."］。
30) 市内循環系統であった冷房 9 と冷房 10 系も後に路線が変更され，同じく郊外と市内を結ぶ路線となった。
31) SR 1977/11/30 "Ruang Rao chak Rot Prap Akat."
32) Ibid.
33) SRSW 1983/10/02 "Rotme Lek Yua khong Itthiphon nai Khruang Baep."
34) SRWR 1979/04/22 "Rotme Phit Kotmai Kae kan Chon Mi Thung Mun Khan."
35) SR 1978/03/20 "Panha Rotme Lek."
36) SRSW 1979/04/22 "Rotme Phit Kotmai Kae kan Chon Mi Thung Mun Khan."

注（第 5 章）

37）SRSW 1978/01/22 "Rotme Lek Lao Kao nai Kuat Kao Phon Tra Mai."
38）SRSW 1983/10/02 "Rotme Lek Yua khong Itthiphon nai Khruang Baep."
39）SRSW 1989/04/22 "Panha Minibat Nam Yok Ok Kho So Mo Ko."
40）Ibid.
41）ミニバスの運転手や車掌のマナーが悪いとして，大量輸送公団はミニバス 2 台を大型バス 1 台に代える形でミニバスを廃止していくことを希望した。
42）SRSW 1981/04/19 "Khonsong Muanchon Krungthep cha Yuti kan Yangrai? (Chop)."
43）Ibid.
44）SR 1978/03/09 "Khun Kha Rotme pen 1 Bat Raprong Wa cha Di Phit Hu Phit Ta."
45）SRSW 1979/07/01 "Nayobai Rotme cha Thopthuan kan Dai ru Yang."
46）SRSW 1981/02/22 "Khun Kha Doisan Rotme."
47）SRSW 1981/03/08 "Nak Suksa-Kammakon Rat Tong Thopthuan Kha Rotme."
48）SRSW 1981/03/15 "Prap Kha Rotme Khwam Tongkan khong Prachachon."
49）Ibid.
50）例えば市内から郊外のミーンブリーまでの運賃は，従来の 4.5 バーツから 2 バーツに下がった [SRSW 1985/03/03 "Phichet Sathitchawan Phu Amnuaikan Kho So Mo Ko."]。
51）この補助金は実際には政府系の貯蓄銀行（Thanakhan Omsin）からの融資の形で行われたが，返済は大蔵省の負担とされた。
52）なお，免許料は 1 年間が 3 億バーツであり，その後 15 年間は 1 年ごとに 5,000 万バーツ値上げされる。9 年目からは収入の一部も支払われ，最終的に国鉄はホープウェル社から総額 541 億 1,000 万バーツの利益を手に入れるという計算であった [KT 1997/10/01 "Chiu Mok Met Lom Hopwell."]。
53）KT (OE) 1999/11/23 "Dan Mut khong Rotfaifa BTS: San-ya thi Khon Krung Tong Rap Phara."
54）実質的にタナーヨン社がバンコク大量輸送システム社の経営権を握っていたため，BTS 計画は「タナーヨン電車計画」とも呼ばれた。
55）チョットチョーイは富裕な名士であり，バンコク銀行創設者のチン（Chin Sophonphanit）の娘である [Bello, Shea & Li. 1998: 114]。彼女は 2000 年 3 月の選挙で上院議員に当選した。
56）計画では 300 ライ（48 万平方メートル）の公園の敷地のうちの約 13%を利用する予定であった [BP (OE) 1999/11/15 "Risk of Losing at Last Hurdle."]。
57）なお，その後サンエステート社を選択する際の汚職問題が明らかとなり，経済停滞の影響もあり建設は開始されていない。このため，2000 年 5 月には大蔵省がサンエステート社との契約を取り消す方向にあることを表明している [BP (OE) 2000/05/03 "Sun Estate Project to be Ditched."]。
58）1993 年 10 月から 1995 年 9 月までのチョットチョーイらの活動については，Chotchoi et. al. [1995]: 6-13 を参照。
59）BPWR 1995/09/22 "Rapid Train to Go Underground."

注（第 5 章）

60) 「スカイトレイン」の名は，その後高架での建設が続行された BTS 計画に対して用いられるようになった。
61) なお，都が BTS 計画に関する情報をその後公開したとして，7 月に告訴は取り下げられた。
62) どちらも，事業者側が計画を一部変更する形で決着した。
63) NT (OE) 1997/03/26 "Hopewell Plans to Offer 9-Point Deal to Cabinet."
64) 詳細は次章を参照。ホープウェルの橋脚のうち，バーンスー〜ランシット間については一部の橋脚を在来線の高架化と都市鉄道の導入（赤線）に使用することが決まったが，ヨムマラート〜フアマーク間の橋脚はエアポート・レールリンク建設の際の障害になるとして，すべて撤去された。
65) 次章で述べるように，このマスタープランにおいて都市鉄道計画路線は色によって識別されることになった。ホープウェルの路線は赤線，BTS の路線は緑線と命名され，他に事業主体が未定のものとして紫線が存在した。なお，その後青線は国王吉祥慶賀線（Sai Chaloem Ratchamongkhon），緑線は国王 72 歳慶賀線（Sai Chaloem Phrakiat Phrachonmaphansa 6 Rop）と命名されているが，定着していない。
66) NT 1997/10/10 "Transport Plans Ordered on Hold."
67) 次章で述べるように，電車調達の遅れもあって実際には 2004 年 7 月に全区間同時開業となった。
68) NT (OE) 1999/03/01 "Sky Train on Track with IFC Support."
69) NT (OE) 1998/10/23 "Sky Train Has Successful Test-Run."
70) KT (OE) 1999/11/23 "Dan Mut khong Rotfaifa BTS."
71) NT (OE) 1999/04/29 "BTS Unveils Fare Structure for Services."
72) BP (OE) 1999/05/01 "Skytrain Fares Are Too High, Says City."
73) KT (OE) 1999/10/20 "Sarup Rotfaifa Kep 10–40 Bat."
74) KT (OE) 1999/11/23 "Dan Mut khong Rotfaifa BTS."
75) KT (OE) 1999/11/06 "C. S. First Yut Rotfaifa Thanayong."
76) NT (OE) 1999/12/02 "HK Group Provides Aid to Keeree."
77) TSK (OE) 1999/12/05–08 "Siemens Doen Kem Thurakit Rabop Khonsong Muanchon."
78) フィーダーバスについては，当初 BTS の開業と同時に導入される予定であったが，2000 年 8 月 1 日からようやく試験的に 7 つの路線で運行を開始した［KT (OE) 2000/08/02 "BTS Borikan Rot Rap Song Fri nai 7 Senthang Rop Krungthep."］。シャトルバスと称されたこのバスは，BTS の切符を提示すれば無料で利用できた。パーク・アンド・ライドはスクムウィット線の終点オンヌットのショッピングセンターを利用する形のものが 1ヶ所整備され，都も 2000 年 5 月にモーチット駅近くで供用を開始した。なお，1 日の乗客数は 2000 年に入って当初の 20 万人程度から 16 万人程度へと徐々に減少したため，会社では割引率の高い回数券や上述のシャトルバスによって，1 日 30 万人の利用者の獲得をとりあえずの目標とした［DN (OE) 2000/08/08 "Ha Thang Phoem Chamnuan Phu Chai Rotfaifa."］。

注（第 5 章）

79) SRSW 1983/12/04 "Baeng Khet Kho So Mo Ko Hai Ekkachon Kae Panha Prasa Samak." 委員会が提案したのは第 1 管区の民間委託であり，当時約 300 台のバスで計 11 系統を運行し，月に 500 万バーツの赤字を計上していた。
80) SRSW 1984/01/29 "Kae Panha Kho So Mo Ko Ru Khon Thai cha Rai Panya?"
81) SRSW 1989/04/22 "Panha Minibat Nam Yok Ok Kho So Mo Ko."
82) 1992 年 9 月 3 日に官報でマイクロバス用の特別冷房バス路線が告示されたのが最初であった［RKB Vol. 119-110: 9668-9675］。
83) 原則として途中無停車ではあるが，実際には途中での乗降を認めている路線も多い。
84) 1999 年 4 月から 2000 年 12 月までに計 117 のバンバスの路線が官報に告示された［RKB Vol. 116-117］。
85) NT (OE) 1998/01/31 "Ailing Micro Bus Operator Gets Strategic Partner."
86) BP (OE) 2001/07/22 "Cash-strapped Microbuses to Let Passengers Stand."
87) SRSW 1981/03/22 "Rotme On Pai Nai ko Mi Panha."
88) SRSW 1983/05/29 "On Kho So Mo Ko Hai Ko Tho Mo Ngai Koen Pai Samak."
89) 燃料費の未払い分については，本来 30 億バーツ程度あったものを利率の引き下げによって 27.63 億バーツに減額し，大蔵省が返済を負担する形で貯蓄銀行から貸し付けた。
90) 燃料費補助は 1991 年 1 月分から 1992 年 6 月分まで行われ，利子も含めた総額は計 93.84 億バーツであった［KSMK 2005: 12］。
91) NT 1997/03/14 "Panel Approves Transfer of Bus Service to BMA."
92) 融資は政府系のクルンタイ銀行から行うことになっていた。大量輸送公団に対しては政府が直接補助金を支給することはなく，政府系銀行からの融資の保証を大蔵省が行う形での資金提供が行われてきた。
93) プラカノーン線の西半分（フアラムポーン～バーンスー）間は陸上交通管理事務所の策定したマスタープランからは削除されたが，その路線の大部分は紫線（国立図書館～バーンプート間）に継承された。
94) ドーンムアン有料道路は，道路局の国道 31 号線（ウィパーワディーランシット通り）上に高架で建設された BOT 方式による高速道路で，1986 年頃から計画が構想され始め，1989 年に免許が交付されて，1994 年に開通している。高速道路公団の第 2 期高速道路計画は西ドイツ調査がその起源であり，同じく BOT 方式で 1988 年に免許が交付され，1993 年に最初の区間が開通した。
95) BP (OE) 2000/07/17 "Hopewell Railway Revival Proposed." タックシン政権時代には都市鉄道と在来線の共用へと計画がさらに縮小された。
96) 末廣によると，1979～1982 年は低成長期，その後 1982～84 年は世界不況と構造調整期であり，60 年代以降初めて深刻な経済不況に直面した［末廣・東編 1999: 3-5］。
97) 車両購入費も含め，BTS の総工費は約 550 億バーツ，首都電鉄公団の第 1 期線は約 1,100 億バーツとなっており，路線総延長はほぼ同じである。
98) 距離を比較すると高速道路は計 27km，都市鉄道は計 59km となり，1km 当たりの建設費は高速道路が約 3 億バーツ，都市鉄道が約 2 億バーツとなる。ただし，この都市鉄

道の数値は，後の計画と比較すると過小評価であるものと思われる。なお，高速道路第 1 期線の建設費が相対的に高いのは，チャオプラヤー川を超えるラーマ 9 世橋の建設費が含まれているためであろう。

99) なお，実際には土木建設費 6 億 7,000 万ドル，電車運行関係費用 6 億 5,000 万ドルであった。

100) 2000 年 2 月の状況は，収入が 1 日 500 万バーツなのに対し，支出は利息支払い分も含め 800 万バーツであった［KT (OE) 2000/02/03 "BTS Krachai Hun Traimat 2 Kho Khayai Senthang–Phoem Munlakha Hun."］。

101) 都は BTS の延長線の建設を BTS と同じく 100％民間出資による形で推進することを模索しており，2000 年 2 月に BTS の延長線 3 線の建設が閣議で認められた［KT (OE) 2000/03/01 "Kho Ro Mo. Fai Khiao Khayai Rotfaifa 3 Senthang."］。当初バンコク大量輸送システム社も延長線の建設に積極的であったが，その後は単独での建設は困難との態度を示した。詳しくは，次章を参照。

102) かつてチョットチョーイ女史らが，BTS の高架駅は下の道路を通行する車の排気ガスを溜めるために，大気汚染が心配されると訴えていたが，実際に一部の駅では大気汚染が発生しており，国家環境政策計画局は排気設備の設置をバンコク大量輸送システム社に求めていた［BP (OE) 2000/02/09 "BTS Neglected Clean Air Terms."］。このため，BTS の延長線については駅の規模を小さくして大気汚染を軽減することも検討されたが，結局大幅な変更はなされなかった。

103) 首都電鉄公団では青線の延長線のうち，フアラムポーン〜タープラ間 6.4km の建設を 2000 年 5 月に政府の大規模交通インフラ整備監視委員会に申請したが，400 億バーツの建設費が高すぎるとして見直しを求められた［BP (OE) 2000/05/22 "Proposal to Extend Subway Rejected."］。この間は 4.9km が地下式となり，チャオプラヤー川をトンネルで潜るために建設費が高くなっている。

104) 大量輸送公団のバスは日野，いすゞ，ボルボ，ベンツなどの日系や欧米の大手自動車会社から購入しており，民間事業者の間でよく見られた車台のみ購入して車体を自前で建造するバスよりも状態は良かった。

105) 2003 年の数値はバンコク都の管轄する道路総延長と道路面積であり，1973 年の時点と対象となる範囲や道路の種別が異なる可能性がある。

106) 1997 年の実質値上げは，従来 2.5 バーツの運賃を徴収していた旧型の青バスの廃止によるものであり，青バスと同じ運賃を徴収していたミニバスはその後もしばらく 2.5 バーツの運賃を維持していた。

第 6 章

1) 首都電鉄公団は 2000 年に改名されたが，略称は英語，タイ語とも変更はなかった。
2) KT (OE) 2000/08/02 "BMCL Doen Na Ha Phu Ruam Thun."
3) BP (OE) 2001/08/14 "Subway Train Extension Proposal Rejected." 陸上交通管理委員会は

注（第 6 章）

陸上交通管理事務所（後の交通政策計画事務所）に設置された委員会である．

4) 2000 年 8 月のバンコク・メトロ社への免許交付も政府内での意見対立で予定より半年程度遅れており，さらにバンコク・メトロ社の車両購入契約も 2001 年 12 月まで遅れたことから，当初予定の 2002 年末に部分開業，2003 年半ばに全線開業というスケジュールが困難となった．

5) DN (OE) 2002/07/04 "Khlang Brek Rot Taidin Ro Poet Suan Raek Kon."
6) BP (OE) 2000/07/17 "Hopewell Railway Revival Proposed."
7) BP (OE) 2001/09/28 "Hopewell Project on Scrap Head."
8) DN (OE) 2001/10/25 "Dai Kho Sarup Chai Sak Doem Hopewell Tham Yok Radap Don-Muang-Bang Su.", BP (OE) 2001/11/03 "New Look at Reviving Mass Transit Project."
9) PCT (OE) 2001/10/01 "Chotchoei 4 Phan Lan Pu Thang Rotfai Prae Rup."
10) 運行事業者の入札は 1997 年 12 月に行われ，1998 年 11 月までに免許が交付される予定であった [RFM (1998): 14]．バンコク・メトロ社による車両調達契約も，当初は最低価格を提示したアルストム・三菱連合と契約する予定であったが，交渉が長引いているうちに都市鉄道公団から 2001 年中の契約を迫られ，大幅な値下げを提示したシーメンス社と急遽合意することになった [PCT (OE) 2002/01/07 "Cho Kan Chang Phlik Kem Su Rabop Rotfaifa."]．
11) DN (OE) 2002/12/25 "Poet Chai Rot Taidin Reo Khun Chai 400 Lan."
12) BP (OE) 2003/04/16 "High-Speed Airport Link Plan Revived." スリヤは当初この計画に賛成ではなかったが，国鉄のマッカサン工場用地の再開発と連動させれば収支も見合うと判断して，国鉄に事業化調査を要求したとされている．
13) DN (OE) 2004/05/19 "Nayok Chi Khrongkan Thotthaen Hopewell."
14) ターンキー方式とは，請負業者が設計から建設までを自らの資金で行い，完成後に発注者から支払いを受ける方式である．発注者が事前に資金源を確保する必要がなく，また入札前の詳細設計も必要ないなどの利点もあるが，民間事業者が建設資金を調達することで金利負担が高くなり，結果として建設費の高騰を招いたり，落札者の決定が不透明になる可能性が高まるなどの欠点もある．
15) BP (OE) 2003/05/16 "Suriya Wants 100 km of Tracks in 10 Years.", BP (OE) 2003/07/05 "PM Orders Rail Link Extension."
16) PCT (OE) 2003/09/15 "Thaksin Ru Rabop Rang Khonsong Pu Phrom Satharanupaphok 4 Saen Lan."
17) PCK (OE) 2004/09/08 "Rotfaifa Ko Tho Mo 4 Pi Set Khon Khon Dai 4.5 Lan." 彼はこれまでの 4 年間を「問題解決の 4 年間」とし，次期の 4 年間は「将来のための投資の 4 年間」と称して，インフラ整備など大規模な投資を進めると表明した．他の 4 分野は，全国道路網の整備，全国水利システムの整備，教育制度開発，経済構造改革であった．なお，都市鉄道整備計画は 6 年計画であったが，公約上は 4 年間で整備すると主張されていた．
18) PCT (OE) 2004/12/20 "Thaksin Kae Charachon Tang Top Thaen Chaek Thaem Dung Khanaen Krung."

注（第 6 章）

19) NT (OE) 2005/06/14 "Infrastructure: Cabinet Set to Okay Mega-Project Plan."
20) 2004年1月の時点では交通政策計画事務所のカムロップラック所長はフアラムポーン〜タープラ間から延伸を行うとしていたが，3月にはバーンスー〜バーンヤイ間を優先するとの主張に変わった［KT (OE) 2004/01/09 "So No Kho Sanoe Tang Borisat Su Hun BTS Ro Fo Mo.", PCT (OE) 2004/03/15 "Ro Fo Mo Chut Phlu Son Tawan-tok."］。これは，後者のほうが全線高架で建設も容易であり，工期も短いためであると説明していた。
21) DN (OE) 2005/06/16 "Tit Prakat Wenkhun Thi Yan Bang Buathong-Bang Yai.", PCT (OE) 2005/08/29 "Ro Fo Mo Phikhiu Pramun Rotfaifa Si Muang."
22) BP (OE) 2005/08/27 "New Mass Transit Routes under Scrutiny."
23) 赤線の在来線の削減は，当初都市鉄道と長距離列車用の線路を双方高架化する予定であったものを，長距離列車のターミナルを郊外に移設し，都市鉄道の線路のみを対象として建設費を削減する構想であったが，従来の鉄道網を分断することから別に新線を建設する必要があるなど，必ずしも「節約」とは言えなかった。駅の削減は当初 1km 間隔に設置する予定の駅を 2km おきとすることで駅建設費を節約するもので，結局このような対症療法で建設費を抑え，何とか都市鉄道としての建設を打ち出さないと世論が納得しない状況に陥っていた。
24) PCK (OE) 2005/10/17 "Ratthaban Chuan Ngop Khrongkan Rotfaifa Lua 120,000 Lan Bat.", PCK (OE) 2005/11/30 "Thaksin On Tang Chat Ruam Pramun Rotfaifa 4 Senthang."
25) PCK (OE) 2005/12/15 "Thaksin Chak Maenam Thang Ha Klom Tang Chat Log Thun Mekaprochek."
26) PCK (OE) 2006/06/06 "Kho Ro Mo Anumat Kosang Rotfaifa 3 Senthang."
27) Nara［2004］: 70 によると，対象路線は計 263.5km とされている。なお，図 5-5 には緑線の新空港連絡線は記入されていない。
28) この変更について，BMTIP は旧来の路線は C の形状をしていたが，より相応しいルートとして都市を直線的に縦貫あるいは横断するルートに組み替えたとしている［TPP 2004: ch 3-2］。
29) 2009 年までの整備となっているものの，実際の運行開始は表 6-2 のように 2010 年にずれ込む区間も存在した。
30) PCK (OE) 2004/09/08 "Rotfaifa Ko Tho Mo 4 Pi Set Khon Khon Dai 4.5 Lan." アピラックもサマック前知事から引き継いだ BTS の延伸に意欲を示したほか，公約である BRT 計画を推進すると表明した。
31) PCT (OE) 2004/12/20 "Thaksin Kae Charachon Tang Top Thaen Chaek Thaem Dung Khanaen Krung." ドンムアン有料道路の通行料は当時 15〜53 バーツであったが，スリヤが 20 バーツに引き下げるよう交渉して会社側に合意させた。
32) BP (OE) 2006/08/28 "Democrats Target City Rail Travel."
33) PCK (OE) 2006/08/29 "Khamanakhom Rap Luk Suksa Kep Kha Doisan Rotfaifa 15 Bat."
34) BP (OE) 2005/08/27 "New Mass Transit Routes under Scrutiny." これは，都市鉄道運営のための持ち株会社設立のためのアドバイザーである MFC アセットマネジメント社

481

注（第 6 章）

（MFC Asset Managemant Co. Ltd.）が試算したものであった．
35) PCT (OE) 2005/07/14 "Rotfaifa Bang Yai Ngop Phung 5 Mun Lan."
36) PCT (OE) 2005/06/23 "Ro Fo Mo Moen Raeng Tan Rotfaifa."
37) PCT (OE) 2005/07/18 "Thaksin Luan Thok Rotfaifa 7 Sai Ton Thun Phung."
38) NT (OE) 2005/08/08 "Transport Center Fought." タークシン交通センターは濃緑線と濃赤線（現メークローン線）の交点付近に南部への長距離列車と長距離バスのターミナルを整備する構想であったが，1,700 世帯の住民が移転を強いられることが説明会で明らかにされると，住民が反対の声を上げ始めた．結局，この構想は大幅に規模を縮小させて濃緑線と濃赤線の駅のみを設置することになった．
39) Ibid. バーンケーンへのルート変更は，赤線のフィーダー線としての機能を強化するためと説明された．
40) DN (OE) 2000/03/02 "Kho Ro Mo Henchop Sang To Khayai Rotfaifa." 最初の 2 線は既設線の延伸区間であるが，最後の区間は既設線から分岐する支線であった．
41) PCT (OE) 2000/08/14 "Samak To Lom Haichai BTS."
42) PCK (OE) 2001/04/04 "Samak Triam Khayai Rotfaifa Rop Krung Chap Mu 4 Changwat Poet Senthang 80 Ko Mo."
43) BP (OE) 2001/02/07 "City Suggests Longer Route." 計画ではタークシン橋からパーシーチャルーン運河に至り，その先運河沿いに外環状道路（Thanon Wongwaen Ropnok）に至る予定であったが，歴史的な運河の景観が損なわれるとの反対運動が発生し，運河に到達する地点までしか建設できなかった．なお，2000 年に閣議承認されたチョンノンシー～ラーマ 3 世通り間もチョンノンシー運河沿いのルートであり，運河沿軌道計画の一環であった．
44) BP (OE) 2001/05/25 "Expansion Unlikely in Near Future.", DN (OE) 2001/06/06 "Hai Wela BTS 30 Wan Yan Sang Suan To Khayai."
45) BP (OE) 2001/08/14 "Subway Train Expansion Proposal Rejected."
46) BP (OE) 2002/01/04 "Firm Wants State to Help Shoulder Costs.", BP (OE) 2002/01/17 "Three Extended Skytrain Routes Approved."
47) BP (OE) 2003/07/18 "Contractors Invited to Extend Routes.", PCT (OE) 2003/10/09 "Talum Bon BTS Suan To Khayai."
48) BP (OE) 2003/09/11 "Sukhumvit Extension Halted." バンコク大量輸送システム社は開業前から資金繰りに苦心しており，多額の負債を抱えていた．
49) KT (OE) 2003/09/23 "BTS Ti kan Chao Ni Thu Hun Mai Koen 40％." 前章で見たようにタークシン橋の橋脚の基礎は既に道路橋と同時に建設してあったことから，チャオプラヤー川の架橋工事も早期に終了した．
50) PCK (OE) 2005/01/26 "Nayok Yunyan Mai Bangkhap Su Khun BTS Hak Borisat Mi Khwam Phrom."
51) BP (OE) 2005/04/30 "Apirak Wants Extension Okayed." これは，応札者の信用状（Letter of Credit）の期限の再延長が不可能となったことから開札に踏み切ったものと思われる．

注（第6章）

52) DN (OE) 2005/07/22 "Suan To Khayai Rotfaifa BTS 4 Sai Diang." 代替ルートはサムローン線の代替である青線のシリキット会議場からラーマ4世通り，旧パークナーム線通り経由でサムローンへ至る 18km と，淡緑線国立競技場～プラーンノック間の代替である赤線パヤータイ～プラーンノック間 10km であった。
53) PCT (OE) 2005/10/22 "Chap Ta Kem Chakyoe BTS."
54) BP (OE) 2005/10/22 "Train Row Escalates."
55) 政府は数 km の路線の運営のために車両を購入したり車庫を建設するのは不経済であるとしたが，都はバンコク大量輸送システム社の既存車庫を利用し，運行もバンコク大量輸送システム社に委託すると主張した。
56) PCK (OE) 2005/10/26 "Sapha Ko Tho Mo Thok Khem Kon Anumat Ngop Sang Suan To Khayai BTS.", BP (OE) 2005/11/05 "Govt Backtracks on BTS Extension."
57) PCK (OE) 2005/12/05 "Ko Tho Mo Long Mu Sang Suan To BTS Sai Sathon—Taksin Laeo."
58) PCK (OE) 2006/04/25 "Ko Tho Mo Reng San 3 Suan To Khayai Rotfaifa Kae Wikrit Namman Phaeng.", KT (OE) 2006/05/25 "Sapha Ko Tho Mo Hen Chop Long Thun Rotfaifa 3 Senthang 719 Lan Bat."
59) 2003 年の入札の際にも，この間とベーリン～サムローン間の2区間に分けて行っていたので，落札業者との交渉も容易であった。
60) PCK (OE) 2006/07/20 "Ko Tho Mo Long Nam Kosang BTS Suan To Khayai Sai Sukhumwit Laeo."
61) PCK (OE) 2006/08/21 "Ko Tho Mo Doen Na Sang BTS Pai Baering."
62) NT (OE) 2000/07/24 "Samak Plans Unwanted Gift for City." 3.5 バーツは当時の普通バス（赤バス）の最低運賃であった。
63) BP (OE) 2000/10/24 "Bus Agency Resists Transfer."
64) DN (OE) 2003/02/18 "Reng Suksa On Kho So Mo Ko Ma Khun Ko Tho Mo Pi 47."
65) BP (OE) 2003/07/03 "BMTA Likely to Keep Control of Air-conditioned Bus Services."
66) Ibid.
67) DN (OE) 2004/02/03 "Rotme Ron Samak Kep Kha Doisan 5 Bat."
68) PCK (OE) 2002/03/08 "Kho So Mo Ko Chang Chula Tham Wichai Lot Ton Thun."
69) Ibid.
70) BP (OE) 2002/05/09 "BMTA Plans Big Overhaul." PSO については，同じく赤字経営が続いていた国鉄も普通列車が該当すると主張し，政府からの補助金を獲得していた。
71) 前売券は1日乗車券，1週間乗車券，1ヶ月乗車券からなり，それぞれ普通バス用と冷房バス用が存在した。ただし，公団直営バス以外では使用できない。
72) 2002 年度の大量輸送公団の収入は約 698 億バーツであったが，翌年度は約 646 億バーツへと減少した。
73) 一部の路線では，下2桁の系統番号の変更も行われた。
74) ラートプラーオ通りでは 1995 年から下り車線の1車線を用いて，上りのバス専用レーンとして使用を開始した［KSMK (1995): 8-9］。また 1997 年に開通したナラーティワー

483

注（第 6 章）

ト通りは当初から道路の中央に LRT のための走行路を確保しており，とりあえずバス専用路として 1998 年から使用を開始した［NT (OE) 1997/12/01 "New Bus Route."］。しかし，前者は途中停留所に停車できないこと，後者は新設路線のために利用者が少ないことを理由に，いずれも 2001 年に廃止された［DN (OE) 2001/01/25 "Henduai Loek Rotme Ko Klang"］。これらのバスは，中央分離帯バス（Rotme Ko Klang）と呼ばれた。

75) PCT (OE) 2004/01/26 "Khamanakhom Thum 2 Phan Lan Kae Panha Charachon Ko Tho Mo."
76) BP (OE) 2004/02/02 "City Urged to Establish Rapid Bus Network."
77) BP (OE) 2004/09/09 "First Rapid Bus Route in One Year."
78) DN (OE) 2004/09/14 "Rotme Duan Phiset (BRT) Lao Kao nai Khuat Mai."
79) PCT (OE) 2004/09/14 "Nikon Pat Brek Aphilak Phap Phaen Rotme Duan Sai Kaset."
80) BP (OE) 2005/01/05 "New Rapid Bus Routes May Run Another 3km." ラーチャプルック通りには BTS の延伸線が通ることになっており，2013 年に BTS 延伸線がタラートプルーまで仮開業したことでこの路線は起点と終点の 2ヶ所で BTS に連絡することになった。
81) PCT (OE) 2005/10/13 "Ko Tho Mo Mun Rat Yu Phaen Kae Charachon BRT Sadut Sam Roi BTS."
82) DN (OE) 2005/10/04 "9 Borisat Yak Yai Son Sang Bangkok Samat We."
83) PCK (OE) 2005/11/15 "Ko Tho Mo Poet Song Pramun BRT Ko Mo 8—Mochit lae Chong Nonsi – Saphan Mai."
84) DN (OE) 2006/05/09 "Ko Tho Mo Nat Thok Bai Anuyat Wing Rot BRT." なお，この路線の終点は当初のナワミン通りからラームインタラー通り 8km 地点（コーモー 8）まで延伸されていた。
85) Ibid.
86) BP (OE) 2002/10/12 "More State Buses Likely as Private Service Lose Favour."
87) PCK (OE) 2005/12/15 "Ratthaban Fai Khiao Hai Kho So Mo Ko Su Rot Ae NGV 2,000 Khan."
88) PCK (OE) 2006/01/06 "Kho So Mo Ko Chat Senthang Doen Rot Rongrap Yuro NGV Mai 2,000 Khan."
89) この時点での冷房バスの運賃は区間制であり，最低運賃は 11～12 バーツであった。
90) 当時の天然ガスの小売価格は 1kg あたり 8.5 バーツで固定されており［PTT ホームページ（http://www.pttplc.com/th/news-energy-fact-oil-price-bangkok.aspx?)］，急速な石油製品の高騰に伴い天然ガスは相対的に安くなっていった。
91) PCK (OE) 2005/12/15 "Ratthaban Fai Khiao Hai Kho So Mo Ko Su Rot Ae NGV 2,000 Khan."
92) PCK (OE) 2006/02/14 "Kho Ro Mo Poet Thang Kho So Mo Ko Su Rot Ae NGV 2,000 Khan."
93) PCK (OE) 2006/08/01 "Ratthaban Sonchai Su Rotme NGV Chak Chin thi Sanoe Nguankhai Chamra Ngoen Chungchai." これは通常 1kg あたり 8.5 バーツの天然ガスを 20.5 バーツ

注（第6章）

94) PCK (OE) 2006/08/05 "Thaksin Wang Riak Khanaen Khon Krung." ここでいう差額とは，当時のディーゼル油の1リットル当たりの価格28〜29バーツと，天然ガスの1kg当たりの価格8.5バーツの差額であった。

で大量輸送公団が購入する代わりに，バス代金は差額の12バーツを利用して回収するという提案であった。

95) PCK (OE) 2006/11/07 "Thira Rabu Rotfaifa Poet Pramun lae Roem Kosang nai Pi 2550."

96) Ibid. 詳細設計方式は，コンサルタント会社に詳細設計を行わせて，それを元に入札を行うのであるが，設計・建設方式は基本設計のみで入札を行い，詳細は建設業者が決定していく方式である。一般に地下区間の場合はこの設計・建設方式が用いられ，最初の地下鉄である青線もこの方式を採用したが，不確定要素が増えて落札業者の選定過程が不透明となる懸念もある。

97) DN (OE) 2007/01/08 "Ik Mai Nan Koen Ro Bangkok BRT Sai Raek nai Muang Thai."

98) クルンテープ・タナーコム社は1955年にバンコク市内の家畜解体業務を行うために設立されたサハサーマッキー家畜販売会社（Borisat Saha Samakkhi Kha Sat Chamkat）を起源とするもので，バンコク都の傘下にある会社としてゴミ処理などを請負っていた。

99) PCK (OE) 2007/05/22 "Ko Tho Mo. Dai Ruk Wang Silaruk BRT Chong Nonsi—Ratchaphruk." スラウォン通りを起点とすると交通量の多いサートーン通りを横切る必要があるため，サートーン通りの南で折り返す形に路線を短縮し，BTSのチョンノンシー駅とは300mの連絡通路で結ぶことになった。

100) KT (OE) 2007/11/12 "BRT So Khao Wun." これは基準価格が低すぎること，納期が短すぎることと，違反した場合の罰金が高いことが原因であると考えられた。

101) PCK (OE) 2007/12/20 "Su Rot Duan Phiset BRT Chop."

102) PCK (OE) 2008/04/01 "Sang Palat Ko Tho Mo Ha Kho Thetching Rot BRT Phaeng Phainai 15 Wan." 彼女はバスの価格が1台約750万バーツであるのは高すぎると指摘した。

103) DN (OE) 2008/11/03 "Aphirak Haru DSI Yuti Panha Rot BRT Chao."

104) PCT (OE) 2008/02/11 "Pharakit Raek Ro Mo Wo Khon Mai Santi Phromphat Dan Rotfaifa 9 Sai 5 Saen Lan."

105) PCK (OE) 2008/02/10 "Mak Pradoem Sonthana Prasa Samak Fan Khayai Rotfaifa Su Phumiphak nai 3 Pi."

106) DN (OE) 2008/03/19 "Ko Tho Mo Ching Ratthaban Su Kitchakan Rotfaifa Khun Chak BTS."

107) DN (OE) 2008/03/10 "Kho Ro Mo Rap Luk Nayok Reng Su Rotfaifa Ko Tho Mo."

108) PCK (OE) 2008/03/14 "Santi Reng Phaen Rotfaifa Sai Si Khiao."

109) PCK (OE) 2009/02/24 "Ko Tho Mo Kho Kho Ro Mo Tham Suan To Khayai BTS 2 Sai Thaen Ro Fo Mo."

110) PCK (OE) 2007/03/12 "Rat Thang Taek."

111) BP (OE) 2008/06/11 "Cabinet Approved New Bus Fleet."

112) 石油価格の高騰により，この時点での普通バス運賃は公団直営の赤バスで7.5バーツ，民間の白バスで8.5バーツとなっていた。

485

注（第 6 章）

113) KT (OE) 2008/06/17 "Samak Sang Thon Wara NGV Kho So Mo Kho 6 Phan Khan."
114) PCT (OE) 2008/09/29 "Chap Ta Mekaprochek Saen Lan." 他にも民間バスへの IC 機器設置費などが削減され，当初の予算額 1,117 億バーツは 626 億バーツに圧縮された。
115) PCK (OE) 2008/08/01 "Prachaniyom Khong Fri Mat Chai Rakya Roem Laeo Wan Ni." バンコクの無料バス以外には，国鉄の 3 等普通列車の運賃無料化，水道料金と電気料金の規定量までの無料化が含まれていた。
116) アピラックは都の消防車・消防艇調達に関する疑惑を指摘され，再選からわずか 2 ヶ月で辞任した。
117) DN (OE) 2009/02/27 "Khamanakhom Dung Klap Rotfaifa Si Khiao." プームチャイタイ党は親タックシン派の大衆の力党から分裂したネーウィン（Newin Chitchop）派が結集した政党で，アピシット率いる民主党政権の成立に大きな役割を果たした［玉田 2009a: 46-47］。プームチャイタイ党は利権が大きいとされる内務省と運輸省という 2 つの重要な省庁に大臣を据えた。
118) PCK (OE) 2009/08/24 "BTS Sai Panha Baering – Samut Prakan, Mochit – Saphan Mai Long Tua."
119) DN (OE) 2009/09/24 "Sukhumphan Yoei Khamanakhom."
120) DN (OE) 2009/12/10 "Ko Tho Mo Tham Nangsu Thung Nayok Kho Sai Si Khiao Khun."
121) PCK (OE) 2010/01/22 "Khun Chai Haeo Ok Khayai Rotfaifa Sai Si Khiao."
122) PCT (OE) 2012/01/04 "Prochek Thing Thuan Rotfaifa Sai Si Khiao 1.4 Mun Lan."
123) PCK (OE) 2012/03/05 "Tok Khem Rotfaifa Si Khiao Baering –Samut Prakan."
124) 当初モーチット～サパーンマイ間の車庫はサパーンマイの空軍用地を使用する予定であったが，空軍が難色を示したことから新たな土地を探す必要が生じた。サマック政権が濃緑線の延伸区間をサパーンマイからクーコットに延伸することに決めたため，終点のクーコットに予定していた車庫を共用することになった［DN (OE) 2009/06/08 "Sai Si Khiao Ro Fo Mo Wun."］。これによってモーチット～クーコット間を一括して建設する必要が生じ，先行していたモーチット～サパーンマイ間の延伸計画も遅れることになった。さらに，ラックシー・ロータリーではバーンケーン区役所の敷地の代わりに反対側のワット・プラシーマハータートの土地を使用する計画を立てたが，寺院側がこれに反対を示したことから，この地点でのルートの確定をさらに遅らせることとなった［DN (OE) 2011/03/30 "Tham Thang Loifa Na Wat Phra Si Chotchoei Long Tomo."］。
125) この計画から従来の濃緑線と淡緑線の区間が変更になり，濃緑線が BTS のスクムウィット線とその延伸線，淡緑線がシーロム線とその延伸線とされた。
126) DN (OE) 2009/08/03 "Tat Sai Si Khiao Thung Khae Yotse ru Mai Hai Kho Cho Ro Tatsin." 交通政策計画事務所は淡緑線の起点と終点がトンブリー側となることで路線の線形が鉤状になり相応しくないことや，高架から地下に入るラーマ 1 世通りの区間で車線が 2 車線使用できなくなることを，淡緑線のルート変更の根拠に挙げていた。
127) DN (OE) 2009/03/30 "Prap Mai Phaen Maebot Rotfaifa Lok 10 Sai Lak."
128) PCK (OE) 2009/04/03 "Sukhumphan Dan Sang Rotfaifa BTS Thalu Taidin Ko Rattanakosin."

129) DN (OE) 2009/11/09 "Phut Monoren Sai Raek nai Thai." バーンナー～スワンナプーム空港間の路線は，その後 LRT に変更となった。
130) PCK (OE) 2009/12/16 "Chula Prap Lot Monoren Lua 3 Sathani."
131) DN (OE) 2011/07/22 "Chong Ratthaban Mai Fai Khiao Monoren Dak Kho Mo Tho Khon Mai cha Chai Kwang Mai Dong Ruang."
132) DN (OE) 2009/05/19 "Kho Ro Mo Ti Klap Chao Su Rotme NGV Phicharana Kha Chao Mai." これは修繕費込の価格であった。
133) PCT (OE) 2009/06/04 "Chao Rotme NGV 4 Phan Khan Prochek Wat Chai Po Cho Po-Phumchai Thai Yok Raek."
134) PCT (OE) 2009/10/05 "Sai nai Chao Rotme NGV 4 Phan Khan."
135) PCK (OE) 2010/08/10 "Mark Sang Brek Rotme NGV."
136) PCK (OE) 2007/10/01 "Rot Ruam Kho So Mo Ko Roem Hai Borikan Duai Rotme NGV Laeo." 新型冷房バスの導入以外にも，旧型バスの NGV バスへの改造も並行して行われた。
137) KT (OE) 2010/02/17 "Dide Wan Raek Mai Phop Rot Doisan Lek Si Khiao Wing Hai Borikan." NGV のミニバスはすべて新車が投入され，旧型車の改造は認められなかった。なお，NGV バスの導入を機に民間バスの NGV バスの塗装が変更となり，普通バスがピンク色，冷房バスが黄色，ミニバスがオレンジ色となった。
138) PCK (OE) 2009/02/02 "BRT Chong Nonsi – Ratchaphruk Poet Wing 5 Tho Kho Ni."
139) PCK (OE) 2010/01/27 "KT Sen Chang BTSC Chat Ha Rotme."
140) PCK (OE) 2010/05/29 "Khon Krung He."
141) Ibid.
142) NT (OE) 2010/06/01 "BRT off to a Sluggish Start Amid Heavy Traffic."
143) PCK (OE) 2010/12/27 "Khon Krung He."
144) KT (OE) 2011/05/18 "Yinglak Nang Hua To So Ko Phak Pho Tho Chu Rotfaifa."
145) PCT (OE) 2011/07/23 "Rotfaifa 20 Bat Talot Sai Aochai Pu."
146) KT (OE) 2011/08/08 "Rat Khwak Pi la 1.2 Phan Lo. Laek Kha Doisan Rotfaifa 20 Bo." 試算では BTS の平均利用者を1日51万人，平均運賃収入1人24バーツ，地下鉄がそれぞれ18万人，26バーツ，エアポート・レールリンクが3.7万人，31バーツと見積もった。
147) KT (OE) 2011/09/15 "Sukamphon Chi Rotfaifa 20 Bo. Tong Ro Sang Khrop 10 Senthang."
148) PCK (OE) 2012/03/23 "Ro Fo Mo Suksa Kep Kha Doisan 20 Bo. Talot Sai."
149) PCT (OE) 2012/08/11 "Ro Fo Mo Reng Thok Kha Tua Rotfaifa 20 Bat." これは20バーツ均一運賃にすることで利用者の増加が見込まれ，現行の車両数では対応できない見通しであることから，現在存在する3両編成の電車19編成に，新たに19両の車両を1両ずつ組み込んで4両編成にすることで対応し，その費用を公団側が負担するという提案であった。
150) DN (OE) 2011/07/25 "Poet Phaen Kosang Rotfaifa Cho Sanoe Ratthaban Mai."
151) KT (OE) 2011/09/26 "Khamanakhom Ru Phaen Sang Rotfaifa Si Chomphu."

注（第 6 章）

152) PCT (OE) 2012/04/19 "Ro Fo Mo Lat Khiu Sai Si Chomphu Pramun Sin Pi."
153) PCK (OE) 2012/09/25 "Ro Fo Mo Chong Kho Ro Mo Kho Rotfaifa Sai Si Chomphu To Kho Ni."
154) KT (OE) 2012/10/04 "Pho Tho Triam Yun Nayok Khayai Rotfaifa Sai Si Chomphu Pai Suwinthawong." これは桃線の終点を当初計画のミーンブリー市場から，ミーンブリーの市街地の北側のバイパスにあたるスウィンタウォン通り経由でラームカムヘーン通りとの交差点付近に変更するよう求めたものである。
155) PCK (OE) 2012/02/07 "Ro Fo Tho Pha Thang Tan Pramun Rotfaifa Sai Si Daeng."
156) 2006 年 9 月に開港したスワンナブーム空港は，当初バンコク唯一の空港として機能したが，新空港の欠陥から 2007 年 3 月に国内線が一部ドーンムアン空港に戻された。その後，2011 年末の大洪水でドーンムアン空港が閉鎖されたが，その復旧を契機にスワンナブーム空港の混雑緩和のために格安航空会社の発着便をドーンムアン空港に移すことが決まり，2012 年 10 月 1 日より格安航空会社最大手のエアアジアがドーンムアン発着に変更した。
157) PCK (OE) 2012/09/13 "Khamanakhom Chong Pu Khlia Kaolao Rotfai Si Daeng." これはタイの鉄道網を従来のメートル軌から標準軌（1,435mm）に変更しようという議論と関係しており，チャットはメートル軌での濃赤線の整備よりも標準軌のエアポート・レールリンクの導入のほうが望ましいとしていた。タイ貢献党は標準軌の高速鉄道の導入も公約に掲げていたことから，チャットは当時検討が進められていた国鉄の複線化計画についても反対を示し，その予算を高速鉄道の整備に廻すべきだと主張していた。このレール幅（軌間）の問題については，Kakizaki [2012]: 203-205 を参照。
158) PCK (OE) 2012/10/16 "Khlang Brek Ro Fo Tho Long Nam Sai Si Daeng." 大蔵省はさらなる建設費の高騰を憂慮し，1 契約ずつ調印するのではなく残る 2 契約の調印も同時に行うよう求めた。結局，大蔵省側も折れて，2013 年 1 月に第 1 契約の調印がなされた［PCK (OE) 2013/01/18 "Chatchat Sang Ro Fo Tho Nen Rabop Chuam To Sathani Bang Su Sai Si Daeng."］。
159) DN (OE) 2011/08/03 "Chuak Praphat Leng Ruap Rotfaifa Hai Ro Fo Mo Khum."
160) PCK (OE) 2012/05/03 "Ko Tho Mo Chang BTS 1.9 Saen Lan Doen Rot Thuk Khrongkhai Yao 30 Pi."
161) BTS の免許は期間 30 年と定められており，1999 年の開業から起算すると 2029 年に免許が失効することになっていた。BTS はいわゆる BOT 方式で建設されており，免許期間が終了すると資産はすべてバンコク都に無償譲渡されることになっていた。このため，残りの免許期間が近づくと会社は新規投資に消極的となるので，免許終了後に 13 年間の運行委託期間を設けることで，車両の増備など会社の新規投資が円滑に行われるのを支援する目的があったものと考えられる。
162) PCK (OE) 2012/05/09 "Phua Thai Poet Suk Ko Tho Mo Doen Kem Yut BTS."
163) KT (OE) 2012/10/10 "20 Siang Rap Sampathan Rotfaifa BTS pen Khadi Phiset."
164) DN (OE) 2012/1/26 "Ko Tho Mo Dai Khae Tham Monoren."

注（第 6 章）

165) KT (OE) 2011/12/14 "Ko Tho Mo Chalo 7 Khrongkan Yak Yok Ngop Kae Nam Thuam." 他にもバーンナー～スワンナプーム空港間の LRT 計画も凍結となった。
166) DN (OE) 2006/03/22 "Rotfaifa Pai Fang Thon So Khao Mai Than Chai Plai Pi."
167) DN (OE) 2006/06/16 "Alkhathel Sanoe Rakha Tam Kwa Simen."
168) PCT (OE) 2006/10/19 "BTS Fang Thon Tong Ro Plai Pi 50." CBTC は無線式列車制御とも呼ばれ，従来の車輪を用いて軌道を短絡する電流を検知することで列車の位置を把握するのではなく，無線で列車の位置を把握するものである。バンコク大量輸送システム社は当初シーメンス社の軌道回路方式を使用してきたが，シーメンスの信号システムは他のメーカーとの汎用性がないとして，列車の増発も目論んでバンコク大量輸送システム社が信号システムの更新を決めたものであった。
169) BP (OE) 2006/12/07 "BTS Gets Investment Nod." バンコク大量輸送システム社は 2006 年 2 月に経営再建計画を破産裁判所に提出して債務整理を行っており，新たな投資計画に破産裁判所の許可が必要であった。なお，バンコク大量輸送システム社の債務整理は 2008 年 10 月に完了した [DN (OE) 2008/10/30 "BTSC Tit Pik Triam Kho Ratthaban Long Thun Rotfaifa."]。
170) PCT (OE) 2007/03/29 "BTS Sen San-ya Bombadia Rabop Anat San-yan 3 Phan Lan."
171) PCK (OE) 2009/09/02 "Yot Khon Chai BTS Taksin-Wongwian Yai Lang Kep Khadoisan Mai Lot." 仮営業中は延伸区間の運賃は無料とし，本開業後に運賃徴収を開始した。
172) タークシン橋駅は仮駅として複線分の高架橋の半分をホームに使用しており，トンブリー方面へ延伸する際には撤去することになっていたが，チャオプラヤー川水運との結節点であることから利用者も多く，撤去することは難しくなった。このため，この駅の区間のみ単線となり，シーロム線の運行間隔も最低でも 4 分間隔に引き延ばされた。これによる輸送力不足を緩和するために，新たに導入された電車はこれまでより 1 両多い 4 両編成となった。また，BTS の CBCT への交換が遅れたことから，タークシン橋駅の 1 つ手前のスラサック駅で信号の切り替えが必要となり，この駅での停車時間が増加した。
173) KT (OE) 2010/01/05 "Ko Tho Mo Fan Thong Doen Rotfaifa Pai Baering 15 Pho Kho 54."
174) PCT (OE) 2010/03/22 "Rongrian Pramun Rabop BTS On Nut-Baering."
175) PCT (OE) 2010/06/07 "Luan Poet Suan To Khayai BTS 2 Sai."
176) DN (OE) 2011/08/12 "Poet Khabuan Rotfaifa To Sai Onnut-Baering." 8 月 12 日から 12 月 31 日までは延伸区間の運賃は無料とされていたが，後に 10～11 月の大洪水の救済支援策の一環のために無料期間を 2012 年 4 月末までに延期した。
177) PCT (OE) 2008/01/07 "Wat Duang Aephot Ling BTS BRT."
178) DN (OE) 2008/12/17 "Sukhumphan Karanti Rotfaifa 2 Pi Pai Thung Bang Wa."
179) KT (OE) 2010/01/05 "Ko Tho Mo Fan Thong Doen Rotfaifa Pai Baering 15 Pho Kho 54."
180) DN (OE) 2010/05/24 "Rotfaifa Pai Phetkasem Sadut." 「タイ強化計画」は，景気刺激策として 2010 年から 2012 年までに総額 1.56 兆バーツの投資を行うもので，雇用創出やインフラ整備などが含まれていた [Thai Khemkhaeng ホームページ (http://www.tkk2555.

注（第 6 章）

com/online/index.php?page_id=4，現在は削除）］。
181）PCT (OE) 2010/08/16 "Ko Tho Mo The Krungthep Thanakhom 1.3 Mun Lan."
182）RGI (OE) 2013/02/15 "BTS SkyTrain Expands.", BP (OE) 2013/12/05 "Free Trips between 2 New BTS Stations." 終点のバーンワーでは建設中の青線の線路が上を越えることから，この間の工事が終わらないと安全上の理由から運行ができないとされていた。
183）NT (OE) 2007/10/03 "Cabinet Go-ahead for Purple Line."
184）『朝日新聞』2007/12/05（朝刊）「タイの鉄道整備 624 億円を融資へ」
185）KT (OE) 2009/08/14 "Poet Ekkasan Prakuat Rakha Rotfaifa Sai Si Muang."
186）2006 年の時点での総工費は 312 億バーツと見積もられていたが，2008 年に入札を告示した時点では 361 億バーツに引き上げられていた［DN (OE) 2008/08/13 "Wan Pramun Rotfaifa Sai Si Muang Lom Het Ngop Noi."］。しかし，2008 年に石油価格が急騰したことからさらなる見直しが行われ，410 億バーツに改定された［PCT (OE) 2008/08/18 "Sai Si Muang Ngop Ban 5 Phan Lan."］。
187）PCT (OE) 2012/10/01 "Mekaprochek Rotfaifa Lak Si Ro Pramun 3 Saen Lan." 大洪水の影響で 2012 年 10 月時点での進捗率は 49％と 14％の遅れとなっている。
188）実際にはバーンスー〜タオプーン間の 1km の区間は紫線の建設計画に組み込まれて先行したため，建設区間はタオプーン〜タープラ間となる。
189）PCK (OE) 2006/11/07 "Thira Rabu Rotfaifa Poet Pramun lae Roem Kosang nai Pi 2550."
190）KT (OE) 2008/07/17 "JBIC Anumat Ploi Ku Khrongkan Rotfaifa."
191）BP (OE) 2009/07/02 "Finance Rejects Japan Loan."
192）円借款の場合は，公募要領の作成や落札者の確定の際に日本側の了解を必要としたことから，必要以上に手続きに時間がかかっていた。
193）PCT (OE) 2010/06/02 "Tan Khat Yunik Chino-Thai Khwa Ngan Rotfaifa Si Namngen.", KT (OE) 2010/07/01 "Cho Kan Chang Chana Pramun Sai Si Namngoen Sanya 1–2."
194）PCK (OE) 2010/10/15 "Rotfaifa Si Namngoen Klin Choi." これは国会の不正防止委員会（Kammathikan Pongkan lae Prappram Kan Thutcharit lae Praphrut Mi Chop）が，都市鉄道公団が入札直前に基準価格を引き上げたことを問題視したものである。結局，契約調印は 2011 年 2 月に行われた。
195）BP (OE) 2007/05/23 "Go-ahead Given for B13bn City Train Line."
196）DN (OE) 2007/10/02 "Rotfai Sai Bang Su – Taling Chan Klang Pi 54 Chai Dai."
197）PCT (OE) 2008/05/15 "Lun Pramun Sai Si Daeng."
198）PCT (OE) 2008/12/22 "Sai Si Daeng Bang Su – Taling Chan Pak Mut 15 Mo Kho 52 Thuk Khanap Yunik."
199）DN (OE) 2012/05/21 "Reng Doen Rotfai Thammada Khat Ta Thap Sai Si Daeng Ut."
200）PCK (OE) 2007/10/16 "Kho Ro Mo Anumat Kosang Rotfaifa Sai Si Daeng Chuang Bang Su – Rangsit." この時点では，ランシットから北に 10km 延伸してタムマサート大学ランシットキャンパスまで延伸することを認めていた。
201）PCK (OE) 2009/02/08 "Yipun Fai Khiao Thai Ku 6.3 Mun Lan Yen."

202) PCT (OE) 2009/12/17 "Pramun Rotfai Chanmuang Bang Su – Rangsit Sun-yakat 9 Duan bon Kem Phonprayot." タイ側が契約を増やそうとしたのは，国際入札によって中国企業が多数応札に応じるとタイ企業が受注できない可能性があるので，契約を増やしてタイ企業に仕事が回る可能性を高めるためであったと報道されている．
203) PCT (OE) 2010/01/04 "Chat Thaeo Rotfaifa Phumchai Thai Pi 53."
204) DN (OE) 2010/12/02 "Kan Rotfai Luan Pramun Sai Si Daeng 2 Sapda."
205) ワユパック基金は高い利率を謳って民間から資金を調達し，大蔵省が保有する公企業などの株式を購入するために設立されたものであったが，目標とされた1,000億バーツにはとうてい及ばなかった [Pasuk & Baker 2004: 112-113]．
206) ここでは，1：100％ワユパック基金，2：74.1％ワユパック基金，14.3％国家予算，14.3％都市鉄道基金，3：50％ワユパック基金，50％国家予算の3つの選択肢を提示していた．ただし，これらの基金が予定通り調達できるかは不確定であるとし，国家予算の充当が不可欠であると結論付けた．
207) NT (OE) 2003/10/30 "$5bn Transport Funds Trailed."，KT (OE) 2003/10/13 "Khlang Khao So No Kho Dung Ngoen Wayuphak Kae Panha Charachon."
208) PCK (OE) 2005/12/03 "Phongsak Yan Phoem Sai Thang Rotfai Top Sanong Kho Riakrong Prachachon." 彼の説明は，「例えば天然ゴムがほしいと言う国があれば，鉄道建設と同時に天然ゴムを植えると，完成と同時に樹液を抽出できるようになる．その後20年間にわたって天然ゴムを渡せば，一銭たりとも支出する必要はなく，20年経って樹液が出なくなった木は家具の材料にすればよく，電車はそのまま残る．」というものであった．
209) PCK (OE) 2005/10/28 "Khamanakhom Triam Choen Ekkachon Ruam Pramun Kosang Rotfaifa."
210) PCK (OE) 2006/07/04 "Sapha thi Pruksa Huang Pramun Rotfaifa Baep Turnkey At Mai Prongsai."
211) この共同企業体は，中国企業とタイ企業からなるものであった．
212) PCK (OE) 2004/04/01 "Suriya Ot Rakha Hun BMCL 3 Bat Nan Rap Maidai."，NT (OE) 2004/05/17 "Skytrain: BTSC Slams Move to Buy Creditors."
213) PCK (OE) 2004/07/01 "Suriya Sang Tang Kammakan Cheracha Su Khun Khrongkan Rotfaifa." MFCアセットマネジメント社が，2社の買収に750億バーツも支出するのは浪費であり，その分を新線整備に廻すべきであると主張したことも，この買収計画を中止させるもう1つの要因であった．
214) NT (OE) 2005/07/20 "Mass Transit: Alternative to New BTS Route Eyed."
215) PCK (OE) 2005/10/19 "Phongsak Song Chik Yup Kho So Mo Kho-Ro Fo Mo Ruam MTA Pi Na."
216) バンコク大量輸送システム社の運賃は当初10～40バーツで設定されていたが，2007年3月より15～40バーツに値上げされ，さらに2013年6月から15～42バーツに改定された．バンコク・メトロ社の運賃は当初12～31バーツで設定され，その後何回か改訂

注（第 6 章）

を経て 16～41 バーツとなったが，2010 年 7 月 3 日より 2 年間の期限で 1 バーツ値下げし，2012 年 7 月 3 日から 16～40 バーツの運賃を適用している．

217) DN (OE) 2004/09/13 "Khon Chai Rot Taidin Tam Kwa Pao."
218) バンコク大量輸送システム社は 2000 年 8 月から 30 回パスを発売しており，これを利用すると一乗車 18 バーツ（学生 12 バーツ）と極めて廉価に乗車できることから，利用客の順調な拡大に貢献した．なお，このパスは 2006 年 9 月より若干値上がりして，一乗車それぞれ 20 バーツ，15 バーツとなった．その後 2010 年 5 月からは回数を変更し，45 回パスの場合で一乗車それぞれ 20 バーツ，15 バーツとなり，2013 年 6 月からは 50 回パスで一乗車それぞれ 22 バーツ，16 バーツに値上げされた．バンコク・メトロ社は当初 IC カード利用者に対して 15％割引（学生 30％割引）を適用してきたが，2006 年 12 月からはバンコク大量輸送システム社に類似した 1ヶ月パス（1ヶ月間乗降自由）を 800 バーツで発売し始め，2013 年現在 1,400 バーツとなっている．
219) しかも，中止の契機となった収支試算結果は，BMTIP の想定した距離制の運賃を用いて行われたものであり，全線 15 バーツで計算すればさらに収支は悪化するはずである．
220) PCK (OE) 2010/01/07 "Lui Rotfaifa Sai Si Muang Chang Ekkachon Doen Rot." タイでは単なる PPP ではなく，PPP Gross Cost 方式と呼んでいる．
221) 従来の上下分離方式の場合は，運行事業者は運賃収入や広告収入などから投資額を回収する必要があったが，PPP 方式の場合は運行委託料から回収することになる．
222) 例えば 1998 年に開港した香港の新国際空港は，同年に都心との間の地下鉄が開通し，クアラルンプールでも 1998 年に新空港が開港した後 2002 年に都心との間の連絡鉄道が開通した［日本地下鉄協会編 2000: 75, Dick & Rimmer 2003: 336］．
223) この事業については，国鉄が民間の調達する借款の保証金手数料 16 億バーツを肩代わりしているとして不正が疑われており，クーデター後に発表された『クーデター白書』にも，タックシン政権時代の不正事業の一例とされている［PCK (OE) 2006/11/22 "Poet Thetching Pok Khao Chaeng Het Yut Amnat."］．
224) PCK (OE) 2006/05/08 "Rotfai Mai hai Sampathan Airport Link Reng Suksa Doen Rot Eng Kae Panha Tua Ruam."
225) URMAP では途中駅を 15 駅，BMTIP でも 10 ないし 11 駅設ける予定であった．
226) 調達車両数は，マッカサン～スワンナプーム間の急行用が 4 編成（1 編成 4 両），パヤータイ～スワンナプーム間各駅停車が 5 編成（1 編成 3 両）しかなく，各駅停車の所要時間を 30 分とすると最大でも各駅停車は 15 分間隔でしか運行できない［Cho. Bang Toei 2006: 4-5］．実際に，2010 年 8 月の開業後はラッシュ時の各駅停車（City Line）の運行間隔は 15 分間隔であるが，予備の電車を使用して途中のフアマーク折り返しの電車を数本運行して，利用者を救済したこともある．2013 年末現在は，ラッシュ時 12 分間隔，それ以外が 15 分間隔となっている．
227) 結局エアポート・レールリンクはマスタープランの淡赤線とは切り離されることになり，2010 年のマスタープランではパヤータイ～フアマーク間に在来線を高架化した近郊鉄道として淡赤線を別途建設することになった．

228）DN (OE) 2007/03/28 "Long Tomo Rotfai Suwannaphum Khrom Sathani Phayathai."
229）PCT (OE) 2009/01/29 "Samruat Khwam (Mai) Phrom Aephot Ling." 延長は3回に分けて認められ，内訳は水害による遅延180日分，用地引き渡しの遅延370日分，建設資材と石油価格高騰による遅延180日分であった．
230）契約では完工後90日間の試運転を経て開業することになっており，当初の完工期限は2007年8月7日であった．
231）DN (OE) 2009/11/10 "Rabop Phrom Tae Yang Mai Mi Khon Khap."
232）DBIホームページ（http://www.db-international.de/site/db__international/en/news/news__100517.html，現在は削除）．DBI社は1966年に設立されたドイツの交通コンサルタント会社を起源とし，現在はドイツ鉄道（Deutsche Barn）グループの国際事業部門を担っている．
233）RGI (OE) 2010/08/24 "Bangkok Suvarnabhumi Airport Rail Link Opens."
234）PCT (OE) 2010/01/03 "Ko Tit Mekaprochek Rotfaifa Pi Tho." 各駅停車は通常15～45バーツの区間制のところを15バーツ均一に，急行電車は150バーツのところを往復100バーツに割り引いていた．
235）マッカサンターミナルではタイ航空とバンコク航空の2社が搭乗カウンターを設置したが，急行電車に乗車しないと搭乗手続きができないこと，出発の3時間前までに搭乗手続きをしなければならないこと，そしてターミナルまでのアクセスがすこぶる不便であることから，タイ航空の搭乗手続き者は1日平均15人，バンコク航空に至っては1～2人しかなく，後者は早々と営業を中止した［PCK (OE) 2011/06/29 "Aephot Ling Khoma."］．このため，ようやく2011年に設立された国鉄の子会社ローフォートー電車会社（Borisat Rotfaifa Ro Fo Tho Chamkat）は同年6月からマッカサン～スワンナブーム空港間の急行電車を従来の15分間隔から40分間隔へと大幅に削減し，代わりにパヤータイ～スワンナブーム間に急行電車を30分間隔で運行し始め，運賃も片道90バーツ，往復150バーツへと引き下げた．なお，その後電車の故障により，2013年には急行電車はパヤータイ，マッカサン行とも各60分間隔となり，2013年末現在それぞれ60分間隔，45分間隔となっている．
236）BTSのシャトルバスについては，第5章の注78を参照．なお，BTSの利用者数が増加して当初の目的は果たしたとして，シャトルバスは2006年8月限りで廃止された．
237）地下鉄の青線建設の際にはパーク・アンド・ライド用の駐車場が建設されたが，バスとの接続のために駅前にバスターミナルを建設した事例はこれまで存在しなかった．BTSの戦勝記念塔駅やモーチット駅はバスとの結節点としてある程度機能しているが，いずれも都市鉄道の整備に伴って新たなバスターミナルを設置したものではない．
238）大量輸送公団の管轄下にあるバンバスは2011年の時点で約5,500台であり，1日1台100人を輸送すると仮定すると，利用者は1日55万人となる．すべての路線が都市鉄道の駅を起点としているわけではないが，戦勝記念塔駅やモーチット駅など駅を起点とする路線も少なからず存在する．
239）PCK (OE) 2010/07/13 "Brek Plian Boe Sai Rotme 155 Senthang." 2010年7月から新たな

注（第7章）

バスの系統番号を従来の系統番号に併記する形で表記したが，利用者が混乱したことからすぐに中止した。計画では一部の路線が短縮されて都市鉄道の駅を終点とする形に変更されているが，全体的には現状維持の側面が強く，単に系統番号を変えるだけの側面が強い。

第7章

1) バタビアとマニラ以外の市内軌道の開通年は，サイゴンが1881年，ラングーンが1884年，シンガポールが1885年であった。なお，ペナンについてはディックとリンマーは1893年に開業したと記述しているが，実際には1880年代前半には開通していた［Francis & Ganley 2006: 10］。
2) これらの都市の市内軌道の開通年は，スラバヤ1889年，サイゴン1889年，ハノイ1901年，マンダレー1904年であった［Dick & Rimmer 2003: 68, 300, Doling 2012: 85, Wright, Cartwright & Breakspear ed. 1910: 374］。
3) マンダレーについては，最初から電気軌道として開業した［Wright, Cartwright & Breakspear ed. 1910: 374］。
4) なお，ラングーンとマンダレーについては正確な廃止年が不明である。
5) 例えば，アメリカでは都市交通の発展過程を馬車軌道，電気軌道，都市間・近郊鉄道の順に区分し，都市間・近郊鉄道の時代は1900～1930年の間であった［Taaffe, Gauthier & O' Kelly 1996: 175］
6) マニラにもマニラ近郊鉄道（Manila Suburban Railways Co. Ltd.）という会社が郊外のパシグへ至る12kmの鉄道を1908年に建設したが［Dick & Rimmer 2003: 265］，これが近郊鉄道に該当するのか市内軌道の延伸線なのかは不明である。
7) 運行された電車も，バンコクのように市内軌道と同じ車両ではなく，より大型の車両であった。
8) 1979年の建設決定は，クリアンサック政権下で普通鉄道としての大量輸送手段の建設を決めたことを意味する。
9) クアラルンプールにおける都市鉄道の発展過程の概略については，柿崎［2010］: 308-313 を参照。現在の事業者数は3である。
10) ただし，ソウルでは異なる事業者の路線を乗り継ぐ際の運賃の二重払いに対する利用者の反発を考慮して，政策的に運賃体系を共通にしている［藤田 2012: 240］。
11) 実際には，東京の地下鉄は民営事業者2社によって開始されたが，1941年に帝都高速度交通営団に統合された。第2次世界大戦後，営団が地下鉄整備を進めていったが，より迅速な整備を行うために東京都が参入し，2つの事業者による路線網の拡張が進められた［和久田 2012: 318］。
12) 電力供給方式はBTSと都市鉄道公団が第3軌条による直流750V，エアポート・レールリンクが架線による交流25,000Vを採用している。
13) ただし，現在建設中の淡赤線と濃赤線は在来線の高架化して，長距離列車と同じ線路を

近郊電車が共用する計画となっており，これが完成すれば在来線を利用した都市鉄道の出現となる。
14) KTM Komuter の利用者は 1 日約 10 万人である。なお，総延長 121km のうち空港アクセス鉄道がその約半分を占めることから，LRT とモノレールに限定すれば輸送密度はさらに上がる。
15) シーローは軽トラックの荷台に座席を設置したもので，本来はサームローと同じく賃貸営業を行っていたが，最近は路線バスのようにルートを固定して不特定の乗客を輸送する形態が増え，民間委託バスが自らの利用者を奪っているとして政府に対して何度も取締りを要求している。
16) BP (OE) 2011/01/22 "Public Van Drivers Heed Safety Message."
17) 香港では 1969 年にミニバスの登録制が開始され，1972 年には路線と運賃を定めた免許制に移行した［Wang 1993: 22］。
18) PCK (OE) 2011/01/14 "Phu Chai Rot He."
19) 1970 年代に大量輸送手段の導入が計画された際に，フアラムポーン～クロントゥーイ間に高架線を建設して当面バスを運行させるという構想があったが，もしこれが実現していたらバンコク初の BRT となったはずである。
20) 『日本経済新聞』2011/09/26「ジャカルタ　バス専用高架道　渋滞緩和へ整備」ジャカルタの通勤電車は屋根まで乗客が乗るような状況であり，洗練された都市鉄道のイメージではない。しかし，近年日本から中古電車が大量に送られており，それらは冷房車として在来車よりも運賃設定を大幅に高くしていることから，混雑度は低くなる。
21) 他にも市民の 1 人あたり収入が 1,800 ドル以上，バスと同程度の運賃体系などの条件が挙げられていた。
22) もっとも，十分道幅のある郊外においては，都市鉄道のフィーダーとして BRT を導入する可能性は依然として存在する。
23) 例えば，ラーマ 5 世王期末期にタイ軌道との免許獲得合戦によって政府への利益配分を大きくせざるを得なくなったことが，収益性の低下の一例である。
24) 例えば，日本では明治から大正にかけて多くの都市において民営の市内軌道が公営化されたが，その理由は自治体の財源獲得の必要性，輸送力増強などの経済的必要性，廉価な運賃の維持などの公共性によるとされている［中西 2009: 347-351］。また，ヨーロッパで現在も市内軌道が残る都市の多くは，経営不振に陥った民間事業者を救済するために公営化されたものであり，やはり公共性を重視した結果である。なお，外国資本による鉄道建設が見られた中国や，旧植民地から独立した国においては，外国人の利権剥奪の目的で公営化が行われた例も存在するが，都市交通の事例は少なかったものと思われる。ただし，共産化した国においては民間事業者が必然的に公営化される運命にあり，例えば上海の市内軌道事業は 1952～1953 年に公営化された［山田 2012: 202-203］。
25) 2011 年の数字では，輸送社が保有する免許路線数はバンコク発着の地方バス（第 2 種）が 207 路線であったのに対し，県間バス（第 3 種）は 71 線，県内バス（第 4 種）は 11 線に過ぎなかった［KSB (2011): 32］

注（第7章）

26) 2011年の路線数を比較すると，輸送社の免許保有路線計295路線のうち，民間バスの単独運行が187路線であったのに対し，輸送社の直営路線は17路線に過ぎず，輸送社と民間バスの共同運行路線も91路線しかなかった。バスの台数についても，輸送社の管轄下に置かれた民間バスが計1万2,827台であったのに対し，直営バスの台数は854台と，直営バスの比率は全体のわずか6％に過ぎなかった［KSB (2011): 32-34］。

27) 「公営企業」サイクルは，公営企業を設置したものの政治的圧力などによる効率低下から赤字経営へと至り，最終的に民営化されるものである。

28) ただし，2011年にはインラック政権のスカムポン運輸大臣が無料バスと無料列車政策の見直しに言及していた［KT (OE) 2011/08/15 "Sukamphon Leng Thopthuan Rotme Fri – Rotfai Fri."］。

29) ただし，現在のバンコク首都圏はバンコク都の範囲を大きく超えていることから，近隣県も含めた首都圏を網羅するような機関を新たに設置し，そこが首都圏の都市交通を包括的に管轄したほうがより効果的であると思われる。

30) 2011年7月に成立したインラック政権はNGVバス導入計画を推進したが，2013年末の時点でもまだ入札には至っていない。

31) チャートチャーイ政権については，末廣［1993］: 101-107 を参照。

32) 例えば，PCC (OE) 2008/07/24 "Rotfaifa Si Muang Puan." では，紫線の建設工事の入札に関して，既に3契約について落札業者が決まっており，政界に契約額の15％が還流されることになっていると報じられていた。

33) いわゆるポピュリスト的政策という用語が使われるようになる以前から，庶民の足としての都市交通の運賃を政策的に低廉に維持することは先進国でも行われていた。例えば日本で明治から大正期にかけて行われた市内軌道の公営化の目的の1つは，低廉な運賃の維持であった。東京や名古屋では民間の市内軌道事業者の運賃値上げに庶民が反発し，低廉な運賃を実現するための公営化を主張していた［中西 2009: 350-351］。ただし，中西は一見すると社会運動の成果と捉えられるこのような公営化は，実は低廉な労働力の供給を望む産業資本の利益とも一致していたと主張している。

34) 末廣は，都市鉄道整備が含まれる「メガプロジェクト」について，初期に強調した草の根経済振興よりも大規模ビジネスや海外投資家に有利な国家プロジェクトを優先した結果と捉えたほうがよいとしている［末廣 2009: 175］。しかし，都市鉄道整備に関していえば，タックシンの目指していたものは単なる都市鉄道というインフラの整備のみではなく，全線均一の低廉な運賃や，短期間での整備という質的な側面も含んでいた。このため，筆者はこれを都市の住民向けのポピュリスト的政策の現れと捉えている。

35) ヨーロッパにおいては古くは1890年代から補助金を交付され，1920年代までに大半の都市鉄道が公営化されて補助金に依存した経営を行うようになり，長らく都市交通を民間事業者が維持してきたアメリカでも1970年代以降は同様に補助金が得られるようになった［Pucher 2004: 220-221］。このため，欧米では公共交通手段を運賃収入のみで運営することは不可能と考えられており，不足する運営費は補助金によって賄われている［日本地下鉄協会編 2000: 6-7］。

36) 例えば，ヴァスコンセロスは政府が補助金を支出してでも公共交通サービスは維持すべきであると主張しているし，トムソンらは非先進国での都市鉄道整備を成功させるための条件の1つとして，運賃をバスと競争できるレベルに設定し，そのために何らかの財政的支援が必要であると述べている [Vasconcellos 2001: 298, Thomson, Allport & Fouracre 1990: 37]。一方で，香港のように政府が直接補助金の支出を行わなくても，事業者に土地開発による利益確保を認めることで都市鉄道事業が商業ベースで軌道に乗っている事例も存在する [Yeung 2007: 51-56]。
37) 藤田によると，上下分離のBOT方式で建設された地下鉄9号線の場合，運営事業費は市の助成金が4,200億ウォンに対し，民間事業費は4,795億ウォンとそう大差ないものとなっている [藤田 2012: 240]。

終章

1) 管見の限り，バンコクにおける定期船の存在を示す最も古い資料は，BT 1888/09/01 に掲載されたメーナーム汽船（The Meinam Steam Flotilla Co. Ltd.）の広告であり，それによるとバーンコーレーム～サームセーン間で6時から18時まで2時間おきに運行していた。
2) 戦前については，サイアム電力やパークナーム鉄道と同じく，メーナーム・モーターボート社など水運会社の株主総会に関する新聞記事が見つかるが，戦後については皆無となる。
3) パラトランジットについては，輸送手段としての研究は皆無であるものの，従事者に関する研究については存在する。人力車の車夫については，パンニー（Phanni Bualek）の研究がその代表であり，バイクタクシーについては不二牧や遠藤のインフォーマル経済に関する研究の中で触れられている [Phanni 1999, 不二牧 2001, 遠藤 2011]。
4) 例えば，本研究でも重要な役割を果たした運輸省文書は1960年代末までの文書しか網羅していない。このため，その後の文書がいずれ公開されるはずであるが，現状では新たな文書の公開は非常に遅々としており，いつになるかは不明である。
5) たまたま都市鉄道の駅に隣接してバス停がある場合は他にも存在するが，都市鉄道に並行して運行する既存のバスが停車するのみで，フィーダーの役割を担う路線はほとんど存在しない。
6) 現在建設中の紫線では，終点のクローンバーンパイにバスターミナルを建設し，フィーダーバスを発着させる予定である。

引用資料

（1）タイ国立公文書館資料（National Archives of Thailand: NA）

運輸省文書（Ekkasan Krasuang Khamanakhom）（Kho Kho.）
王室官房文書ラーマ5世王期（Ekkasan Krom Ratchalekhathikan, Ratchakan thi 5）（Ro. 5）
　首都省ファイル（Krasuang Nakhonban）（Ro. 5 No.）
　土木省ファイル（Krasuang Yothathikan）（Ro. 5 Yo Tho.）
王室官房文書ラーマ6世王期（Ekkasan Krom Ratchalekhathikan, Ratchakan thi 6）（Ro. 6）
　首都省ファイル（Krasuang Nakhonban）（Ro. 6 No.）
王室官房文書ラーマ7世王期（Ekkasan Krom Ratchalekhathikan, Ratchakan thi 7）（Ro. 7）
　商業運輸省ファイル（Krasuang Phanit lae Khamanakhom）（Ro. 7 Pho.）
　内務省ファイル（Krasuang Mahatthai）（Ro. 7 Mo.）
大蔵省文書（Ekkasan Krasuang Kan Khlang）（[1] Ko Kho., [2] Ko Kho.）
外務省文書（Ekkasan Krasuang Kan Tangprathet）（Ko To.）
軍最高司令部文書（Ekkasan Kong Banchakan Thahan Sungsut）（Bo Ko. Sungsut）
工業省文書（Ekkasan Krasuang Utsahakam）（O Ko.）
内閣官房文書（Ekkasan Samnak Lekhathikan Khana Ratthamontri）（[2] So Ro., [3] So Ro.）
バンコク都文書（Ekkasan Krungthep Mahanakhon）（Ko Tho Mo.）

（2）英国議会資料（House of Commons Parliamentary Papers）

Diplomatic and Consular Reports on Trade and Finance, Siam. Trade and Commerce of the Consular District of Bangkok. (DCR)

（3）チュラーロンコーン大学タイ情報センター（Thai Information Center: TIC）

TIC 21678 "Thonburi-Paktho Highway. 1973/04"

（4）年次報告書・逐次刊行物

Bangkok Metro Public Company Limited (BMCL). *Annual Report.*
BTS Group Holdings Public Company Limited (BTSG). *Raingan Pracham Pi.* [Annual Report.]
Faifa Nakhon Luang, Kan (FN). *Raingan Pracham Pi Kan Faifa Nakhon Luang.* [Annual Report, Metropolitan Electricity Authority.]
Khamanakhom, Krasuang (KK). *Raingan Pracham Pi Krasuang Khamanakhom.* [Annual Report, Ministry of Communications.]

引用資料

Khonsong Chamkat, Borisat (KSB). *Raingan Pracham Pi Borisat Khonsong Chamkat.* [Annual Report, the Transport Co. Ltd.]

Khonsong Muanchon Krungthep, Ongkan (KSMK). *Raingan Pracham Pi Ongkan Khonsong Muanchon Krungthep.* [Annual Report, Bangkok Mass Transit Authority.]

Ratchakitchanubeksa. (RKB) [National Gazette.]

Rotfai haeng Prathet Thai, Kan (RFT). *Raingan Pracham Pi Kan Rotfai haeng Prathet Thai.* [Annual Report, the State Railways of Thailand.]

Rotfaifa Mahanakhon, Ongkan (RFM). *Raingan Pracham Pi Ongkan Rotfaifa Mahanakhon.* [Annual Report, the Metropolitan Rapid Transit Authority.]

Rotfaifa Khonsong Muanchon haeng Prathet Thai, Kan (RFMT). *Raingan Pracham Pi Kan Rotfaifa Khonsong Muanchon haeng Prathet Thai.* [Annual Report, the Mass Rapid Transit Authority of Thailand.]

Royal State Railways of Siam (RSRS). *Annual Report on the Administration of the Royal State Railways.*

Sathiti Charachon (SC). [Traffic Statistics.]

Statistical Yearbook of Thailand (SYB).

Thang Phiset haeng Prathet Thai, Kan (TPT). *Raingan Pracham Pi Kan Thang Phiset haeng Prathet Thai.* [Annual Report, the Expressway and Rapid Transit Authority of Thailand.]

Transport Statistics (TS).

(5) 新聞・雑誌

『朝日新聞』

Bangkok Post. (BP)

Bangkok Post Weekly Review. (BPWR)

Bangkok Post Year-End Economic Review. (BPYEER)

Bangkok Times. (BT)

Bangkok Times Weekly Mail. (BTWM)

Delinius. (DN)

Khao Pracha Samphan, Kan Rotfai haeng Prathet Thai. (KPS)

Krungthep Thurakit. (KT)

Nation, The. (NT)

『日本経済新聞』

Phuchatkan. (PCK)

Prachachat. (PCC)

Prachachat Thurakit. (PCT)

Railway Gazette International. (RGI)

Sayam Nikon. (SN)

Sayam Rat. (SR)

Sayam Rat Sapda Wichan. (SRSW)
Siam Rath Weekly Review. (SRWR)
Si Krung. (SK)
Thai Mai. (TM)
Than Setthakit. (TSK)

引用文献

(1) タイ語

Anaek Laothammathat [2006] *Thaksina-Prachaniyom.* Bangkok, Matichon. [Thaksin's Populist Policies.]

Bangkok Guide ed. [1988] *Krungthep Doenthang.* Bangkok, Bangkok Guide. [Bangkok Bus Guide.]

Castrol (Thailand) [1994] *Ratchayan Luang Boran haeng Sayam.* Bangkok, Carl Haartman & Sons. [Royal Automobile Stables of Siam.]

Chali Iamkrasin [1981] *Loet Samantao: Racha Rotme Khon Raek haeng Krung Sayam.* Bangkok, Ruangsin. [Loet Samantao.]

Charuni Khongkun [2006] *Kan Chat Rabop Khonsong Muanchon khong Ongkan Khonsong Muanchon Krungthep (Pho So 2519–2542).* Unpublished M. A. Thesis, Sinakharinwirot University. [Mass Transportation Management of Bangkok Mass Transit Authority, 1976–1999.]

Chittima Khuptanon et al. [1992] *Rattha Wisahakit nai Yuk Ratthaban Nai Anan Pan-yarachun: Rattha Wisahakit Dan Kan Khonsong lae Khamanakhom.* Bangkok, Khrongkan Samnak Wichai lae Wikhro Ngoppraman Fai Nitiban-yat. [Public Organizations during the Anan Government: Public Organizations in Transport Sector.]

Cho. Bang Toei [2006] "Rotfaifa Sai Duan Tha Akatsayan Suwannaphum. " in *Rotfai Samphan.* Vol. Mokkarakhom-Kumphaphan 2549. pp. 4–5. [Express Train to Suwannaphum Airport.]

Chotchoi Sophonphanit et al. [1995] *Samut Pok Khiao: Khomun Chak Khadi Prawattisat Khrongkan Rabop Khonsong Muanchon Krungthep Mahanakhon (Thanayong).* Bangkok. [Green Book: Data from the Historical Suit about Bangkok Mass Rapid Transit Program (Thanayong).]

Faifa Nakhon Luang, Kan (FN) [1988] *30 Pi Kan Faifa Nakhon Luang.* Bangkok, FN. [30th Anniversary of Metropolitan Electricity Authority.]

Faifa Nakhon Luang, Kan (FN) [1994] *36 Pi Kan Faifa Nakhon Luang.* Bangkok, FN. [36th Anniversary of Metropolitan Electricity Authority.]

Ikhon Nius (IN). [1993] *Ikhon Nius Chabap Phiset: 65 Ratthawisahakit Thai.* Bangkok, IN. [65 Thai Public Enterprises.]

Kan Khonsong Thang Bok, Krom (KTB) [1991] *50 Pi Krom Kan Khonsong Thang Bok.* Bangkok, KTB. [50th Anniversary of Department of Land Transportation.]

Kanokwali Chuchaiya [2001] *Photchananukrom Wisamanayam Thai: Wat Wang Thanon Saphan Pom.* Bangkok, Ratchabandittayasathan. [Encycropedia of Proper Noun: Temples, Palaces, Roads, Bridges and Forts.]

Khamanakhom, Krasuang (KK) [1987] *75 Pi Krasuang Khamanakhom.* Bangkok, KK. [75th Anniversary of Ministry of Communications.]

Khamroplak Suratsawadi [2000] *Kan Suksa lae Kan Wichai Phua Chi Nam lae Kamnot Krop Nayobai*

Kan Phatthana Muang: Krungthep Mahanakhon lae Parimonthon kap Kan Kae Panha Charachon. Bangkok, Bangkok Metropolitan Administration. [Study for Making Urban Development Policy: Greater Bangkok and Traffic Problems.]

Khonsong Chamkat, Borisat (KSB) [1960] *Sathapana Khrop Rop 30 Pi 13 Karakkadakhom 2503 Borisat Khonsong Chamkat.* Bangkok, KSB. [30th Anniversary of the Transport Co. Ltd.]

Khonsong Muanchon Krungthep, Ongkan (KSMK) [1985] *9 Pi Ongkan Khonsong Muanchon Krungthep.* Bangkok, KSMK. [9th Anniversary of Bangkok Mass Transit Authority.]

Khonsong Muanchon Krungthep, Ongkan (KSMK) [1998a] *Phaen Kan Prapprung lae Prap Lot Khanat khong Ongkan Khonsong Muanchon Krungthep.* Bangkok, KSMK. [Improvement and Downsizing Plan of Bangkok Mass Transit Authority.]

Khonsong Muanchon Krungthep, Ongkan (KSMK) [1998b] *Phaen Patibat Kan Phoem Botbat Phak Ekkachon khong Ongkan Khonsong Muanchon Krungthep.* Bangkok, KSMK. [Plan for Increasing Private Sector's Role of Bangkok Mass Transit Authority.]

Khonsong Muanchon Krungthep, Ongkan (KSMK) [2001] *25 Pi Ko Tang Ongkan Khonsong Muanchon Krungthep.* Bangkok, KSMK. [25th Anniversary of Bangkok Mass Transit Authority.]

Khonsong Muanchon Krungthep, Ongkan (KSMK) [2005] *Ongkan Khonsong Muanchon Krungthep.* Bangkok, KSMK. [Bangkok Mass Transit Authority.]

Khonsong Muanchon Krungthep, Ongkan (KSMK) [n. d.] *Senthang Doen Rot Doisan Pracham Thang nai Khet Krungthep lae Changwat Klaikhiang.* Bangkok, KSMK. [Bus Route Map in Bangkok and Its Vicinity.]

Kriangsak Charoenwongsak [2007] *Ti Phae Mekaprochek: Ruang Yai Klaiklai Tua.* Bangkok, Success Media. [Describing Mega Project.]

Krungthep Mahanakhon (KTM) [2009] *2.2 Ko Mo Muang Aphiwat: Senthang Rot Faifa Sai Prawattisat Kham Maenam Chaophraya.* Bangkok, KTM. [2.2km Rail Extension in Great City: Historical Railway across the Chaophraya.]

Krungthep Thurakit (KT) [1997] *Thotsawat Setthakit Fong Sabu.* Bangkok, The Nation. [The Decade of the Bubble Economy.]

Kuakun Yunyong-anan [1977] *Kan Phatthanakan Khamanakhom Thang Bok nai Ratchasamai Phrabatsomdetphra Chunlachomklao Chaoyuhua.* Bangkok, Unpublished M. A. Thesis, Sinakharinwirot University. [The Development of Inland Communication during the Reign of King Chulalongkon.]

Nara Khamnamun [2004] *Theknoloyi Kan Khonsong Satharana nai Muang: Rabop Khonsong Satharana nai Ko Tho Mo.* Bangkok, Sathaban Wichai Witthayasat lae Theknoloyi haeng Prathet Thai. [Technology of Urban Public Transport: Public Transport System in Bangkok.]

Nawaphon Ruangsakun ed. [2007] *100 Pi chak Book Club su Thai Phanit.* Bangkok, Thanakhan Thai Phanit. [From Book Club to Bank: 100 Years of Siam Commercial Bank.]

Phaibun Kanchanaphibun ed. [1997] *Anuson Khroprop 100 Pi Phana Chomphon Po Phibunsongkhram 14 Karakkadakhom 2540.* Lopburi, Sun Kan Thahan Pun Yai. [100th Anniversary of Marshal

引用文献

    Phibun Songkhram.]
Phanni Bualek [1999] *Kuli Lak Rot kap Prawattisat Raengngan Thai*. Bangkok, Muang Boran. [Rickshaw Coolie and History of Labor in Thailand.]
Phongphan Channgoen [1999] *Rotfai Phua Hai Borikan Tha Akatsayan Sakon Krungthep haeng thi 2*. Bangkok, Unpublished M. A. Thesis, Chulalongkon University. [Rail Service Serving Second Bangkok International Airport.]
Praman Adireksan [1997] *Chiwit Mua Phan Pai 84 Pi*. Bangkok. [84th Anniversary of Praman Adireksan]
Rangsan Thanaphonphan & Kanlaya Udomwithit ed. [1993]. *Mati Samkhan khong Khana Ratthamontri Wa Duai Setthakit Yuk Ratthaban Phon Ek Chatchai Chunhawan Singhakhom 2531–Kumphaphan 2534*. Bangkok, Samakhom Sangkhommasat haeng Prathet Thai. [Important Cabinet Approvals on Economy under the Chatchai Government.]
Rabop Khonsong Muanchon Krungthep Chamkat, Borisat (RKMK) [2008] *Rang Wiwat Phatthana Muang: Kan Khonsong Rabop Rang Phua Khunnaphap Chiwit khong Chao Krungthep Mahanakhon*. Bangkok, RKMK. [Evolution of the Rail: Development of the City.]
Rapsong Sinkha lae Phatsaduphan, Ongkan (RSP) [1987] *Chalong Khrop Rop 60 Pi Ro So Pho*. Bangkok, RSP. [60th Anniversary of the Express Transportation Organization.]
Rotfaifa Mahanakhon, Ongkan (RFM) [1993] *Khrongkan Rotfaifa Mahanakhon Raya thi 2*. Bangkok, RFM. [The Second Stage Metroplitan Rapid Transit Program.]
Rotfaifa Mahanakhon, Ongkan (RFM) [1998] *Sara Samkhan Khrongkan Rotfaifa Mahanakhon*. Bangkok, RFM. [The Brief of the Metroplitan Rapid Transit Program.]
Rotfaifa Khonsong Muanchon haeng Prathet Thai, Kan (RFMT) [2004] *Khrongkan Rotfaifa Mahanakhon Sai Chaloem Ratchamongkhon*. Bangkok, RFMT. [The M. R. T. Chaloem Ratchamongkhon Line.]
Rotfai haeng Prathet Thai, Kan (RFT) [1970] *Thi Raluk nai Wan Khlai Sathapana Kitchakan Rotfai Khrop Rop 72 Pi*. Bangkok, RFT [72th Anniversary of the State Railways of Thailand.]
Samat Ratchaphalasit [2007] *Poet Pom Rotfaifa thi Khon Krungthep Tong Ru*. Bangkok, Amarin Printing. [Revealing Mass Transit Problem that Bangkokian Must Know.]
Samnak Nayok Ratthamontri (SNR) [1992] *Ngan khong Ratthaban Anan Pan-yarachun*, Vol. 1. Bangkok, SNR. [The Results of the Anan Government.]
Samnakngan Nayobai lae Phaen Kan Khonsong lae Charachon (SNK) [2005] *3 Pi So No Kho*. Bangkok, SNK. [3 Years of Office of Transport and Policy and Planning.]
Samnakngan Nayobai lae Phaen Kan Khonsong lae Charachon (SNK) [2010] *Khrongkan Suksa Prap Phaen Maebot Rabop Khonsong Muanchon Thang Rang nai Khet Krungthep Mahanakhon lae Parimonthon*. Bangkok, SNK. [Mass Rapid Transit Master Plan in Bangkok Metropolitan Region: M-MAP.]
Samrit Miwong-ukhot ed. [n.d.] *Patithin Khao lae Hetkan nai Prathet Rop 10 Pi: Pho So 2519 Thung Pho So 2528*. 3 Vols. Bangkok, Sayamban. [News and Incidents during a decade: 1976–1985]

Sa-ngan Ankhong [1986] *Sing Raek nai Muang Thai. Lem 2.* Bangkok, Phraephitthaya. [First Things in Thailand. Vol. 2]

Sathaban Wichai Phua Kan Phatthana Prathet Thai (SWPT). [1994] *Samut Pok Khao TDRI: Panha Charachon nai Krungthep: Mi Thang Kaekhai ru Mai?* Bangkok, SWPT. [Traffic Problems in Bangkok.]

Sayam Rat (SR) [1992] *Sayam Rat Chabap Kiat Yot: Phlik Faem Khrongkan Mun Lan.* Bangkok, SR. [Reveal the Mega Projects.]

Somchai Phairotthirarat [1974] *Botbat khong Prathet Maha Amnat Tawan-tok nai Kan Sang Thang Rotfai khong Prathet Thai nai Ratchasamai Phrabatsomdetphra Chunlachomklao Chaoyuhua lae Phrabatsomdetphra Mongkutklao Chaoyuhua.* Bangkok, Unpublished M. A. Thesis, Chulalongkon University. [The Role of the Western Imperial Countries on Railway Construction of Thailand in the Reign of King Rama V and VI.]

Somsi Chatsakunwilai [1992] "Ongkan Khonsong Muanchon Krungthep." in Chittima et al. *Rattha Wisahakit nai Yuk Ratthaban Nai Anan Pan-yarachun: Rattha Wisahakit Dan Kan Khonsong lae Khamanakhom.* pp. 1–24 [Bangkok Mass Transit Authority.]

Thang Phiset haeng Prathet Thai, Kan (TPT) [1982] *Nangsu Thi Raluk Nuang nai Phithi Poet Thang Duan Sai Dindaeng‒Tharua 4 Mokkarakhom 2525.* Bangkok, TPT. [Anniversary Book of the Opening Ceremony for Dindaeng‒Tharua Expressway.]

Thang Phiset haeng Prathet Thai, Kan (TPT) [n. d.] *Khrongkan Rabop Rotfaifa Khonsong Muanchon Suan thi 1 Khan thi 1 nai Krungthep Mahanakhon.* Bangkok, TPT. [Mass Transit System Part I Stage I Program in Bangkok.]

Thawisin Supwatthana [1982] "Kan Long Thun Thang Setthakit khong Chaonai Thai." in *Ruam Botkhwam Prawattisat.* Vol. 5. pp. 54‒93 [Economic Investment of Royalties and Nobles in Thailand.]

Tho. Phuthao [1989] *Khong Kao Rao Lum: Rotfai‒Rua Me‒Thale‒Rotrang.* Bangkok, Phi Wathin. [Old Things that We have Forgotten.]

Uthai Hiranto [1980] *Kan Pokkhrong Thongthin.* Bangkok, Odien Store. [Local Administration.]

Wipharat Diong [1991] *Phatthanakan khong Kitchakan Faifa nai Prathet Thai rawang Pi Pho So 2427‒2488.* Unpublished M. A. Thesis, Thammasat University. [Development of Electricity Industry in Thailand, 1884‒1945]

Witthaya Aphin-yanon [2001] *Kan Suksa Khrongkan Rabop Kan Khonsong Thang Rotfai Chanmuang Doi Chai Khrongsang Thanon Yok Radap nai Krungthep Mahanakhon (Hopewell).* Bangkok, Unpublished M. A. Thesis, Kasetsat University. [The Analysis of Railways Transportation System Using the Structure of Hopewell Project.]

(2) 外国語

Armstrong-Wright, Alan [1993] *Public Transport in Third World Cities.* London, HMSO.

引用文献

Banister, David [2005] *Unsustainable Transport: City Transport in the New Country.* London, Routledge.
Barat, Josef [1990] "Institutional Frameworks for Planning Transport in Third World Cities." in Dimitriou ed. *Transport Planning for Third World Cities.* pp. 216-265
Bello, Walden, Shea Cunningham & Li Kheng Poh. [1998] *A Siamese Tragedy: Development & Disintegration in Modern Thailand.* London, Zed Books.
Carter, A. Cecil ed. [1988] (1904) *The Kingdom of Siam 1904.* Bangkok, The Siam Society (reprint).
Commission for the Management of Land Traffic, Office of the (CMLT) [2001] *URMAP: Urban Rail Transportation Master Plan (BMA and Surrounding Areas.).* Bangkok, CMLT.
Davis, Clarence B. & Kenneth E. Wilburn, Jr. ed. [1991] *Railway Imperialism.* New York, Greenwood Press.（原田勝正・多田博一訳『鉄路17万マイルの興亡—鉄道からみた帝国主義—』日本経済評論社）
Dick, Howard [2003] *Surabaya, City of Work: A Socioeconomic History, 1900-2000.* Singapore, Singapore University Press.
Dick, Howard & Peter J. Rimmer [2003] *Cities, Transport and Communications: The Integration of Southeast Asia since 1850.* Basingstoke, Palgrave MacMillan.
Dimitriou, Harry T. ed. [1990] *Transport Planning for Third World Cities.* London, Routledge.
Doling, Tim [2012] *The Railways and Tramways of Viet Nam.* Bangkok, White Lotus.
遠藤環［2011］『都市を生きる人々—バンコク・都市下層民のリスク対応—』京都大学学術出版会
Francis, Ric & Colin Ganley [2006] *Penang Trams, Trolleybuses & Railways: Municipal Transport History 1880s-1963.* Penang, Areca Books.
不二牧駿［2001］『路地の経済社会学—タイのインフォーマルセクターについて—』めこん
藤田崇義［2012］「ソウル」小池・和久田編『都市交通の世界史—出現するメトロポリスとバス・鉄道網の拡大—』pp. 218-247
Hanson, Susan & Genevieve Giuliano ed. [2004] *The Geography of Urban Transportation, Third Edition.* New York, The Guilford Press.
ヒギンズ，J. ウォーリー［2006］『発掘カラー写真—1950・1960年代鉄道原風景　海外編—』JTBパブリッシング
Hilling, David [1996] *Transport and Developing Countries.* London, Routledge.
Holm, David Frederich [1977] *The Role of the State Railways in Thai History, 1892-1932.* Unpublished Ph. D. Dissertation, Yale University.
Institution of Civil Engineers ed. [1990] *Rail Mass Transit for Developing Countries: Proceedings of the Conference Organized by the Institution of Civil Engineers, and Held in London on 9-10 October 1989.* London, Thomas Telford.
柿崎一郎［2000］『タイ経済と鉄道—1885～1935年—』日本経済評論社
Kakizaki, Ichiro [2005] *Laying the Tracks: the Thai Economy and Its Railways 1885-1935.* Kyoto, Kyoto University Press.

柿崎一郎［2007a］「タイにおける鉄道観の形成　1885～1910年—誰がどのように認識したのか—」『史潮』第62号　pp. 2-26
柿崎一郎［2007b］『物語　タイの歴史』中央公論新社
柿崎一郎［2009］『鉄道と道路の政治経済学—タイの交通政策と商品流通の変容　1935～1975年—』京都大学学術出版会
柿崎一郎［2010］『王国の鉄路—タイ鉄道の歴史—』京都大学学術出版会
Kakizaki, Ichiro [2012] *Rails of the Kingdom: The History of Thai Railways.* Bangkok, White Lotus.
加藤和英［1996］『タイ現代政治史—国王を元首とする民主主義—』弘文堂
King, Ross [2008] *Kuala Lumpur and Putrajaya: Negotiating Urban Space in Malaysia.* Singapore, NUS Press.
北河大次郎［2010］『近代都市パリの誕生—鉄道・メトロ時代の熱狂—』河出書房新社
小池滋・和久田康雄編［2012］『都市交通の世界史—出現するメトロポリスとバス・鉄道網の拡大—』悠書館
Leinbach, Thomas R. & Chia Lin Sien [1989] *South-East Asian Transport: Issues in Development.* Singapore, Oxford University Press.
Leung, C. K. [1993] "The Process of Transport Policy Making." in Wang & Yeh *Keep a City Moving.* pp. 31-41
McCargo, Duncan [1997] *Chamlong Srimuang and the New Thai Politics.* London, Hurst & Co.
三木理史［2010］『都市交通の成立』日本経済評論社
森杉壽芳・福田敦［1998］「交通問題」田坂編『アジアの大都市 [1] バンコク』pp. 213-233
永井史男［2003］「タイの地方自治制度改革—地方分権委員会を中心に—」作本・今泉編『アジアの民主化過程と法』pp. 273-310
中西健一［2009］『日本私有鉄道史研究　増補版—都市交通の発展とその構造—』ミネルヴァ書房
Nambara, Makoto [1998] *Economic Plan and the Evolution of Economic Nationalism in Siam in the 1930s.* Unpublished Ph. D. Dissertation, SOAS, University of London.
日本車輌株式会社［1997］『驀進100年　第1部—鉄道車両とともに—』日本車輌株式会社
日本地下鉄協会［2000］『世界の地下鉄—115都市の最新情報—』山海堂
野田正穂他編［1986］『日本の鉄道—成立と展開—』日本経済評論社
太田常蔵［1967］『ビルマにおける日本軍政史の研究』吉川弘文館
Pasuk Phongphaichit & Chris Baker [2004] *Thaksin: The Business of Politics in Thailand.* Chiang Mai, Silkworm Books.
Pendakur, V. Setty [1984] *Urban Transport in ASEAN.* Singapore, Institute of Southeast Asian Studies.
Porphant Ouyyanont [1994] *Bangkok and Thai Economic Development: Aspects of Change, 1820-1970.* Unpublished Ph. D. Dissertation, University of New England.
Pucher, John [2004] "Public Transport." in Hanson & Giuliano ed. *The Geography of Urban Transportation, Third Edition.* pp. 199-236

引用文献

Ramaer, R. [2009] *The Railways of Thailand*. Bangkok, White Lotus.
Rimmer, Peter J. & Howard Dick [2009] *The City in Southeast Asia: Patterns, Processes and Policy*. Singapore, NUS Press.
作本直行・今泉慎也編［2003］『アジアの民主化過程と法』アジア経済研究所
島田幸典・木村幹編［2009］『ポピュリズム・民主主義・政治指導―制度的変動期の比較政治学―』ミネルヴァ書房
Siam Directory 1912, The. [2005](1912) Bangkok, White Lotus (reprint).
Simon, David [1996] *Transport and Development in the Third World*. London, Routledge.
Sternstein, Larry [1982] *Portrait of Bangkok*. Bangkok, Bangkok Metropolitan Administration.
Suehiro, Akira [1989] *Capital Accumulation in Thailand 1855-1985*. Tokyo, The Center for East Asian Cultural Studies.
末廣昭［1993］『タイ　開発と民主主義』岩波書店
末廣昭編［1998］『タイの統計制度と主要経済・政治データ』アジア経済研究所
末廣昭［2009］『タイ　中進国の模索』岩波書店
末廣昭・東茂樹編［1999］『タイの経済政策―制度・組織・アクター―』アジア経済研究所
Taaffe, Edward J., Howard L. Gautheir & Morton E. O'Kelly [1996] *Geography of Transportation, Second Edition*. Upper Saddle River, Prentice-Hall.
高田隆雄［1952a］「タイ国の鉄道追憶　その1　メクロン鉄道」『鉄道ピクトリアル』第2巻第5号　pp. 6-8
高田隆雄［1952b］「タイ国の鉄道追憶　その4　パクナム電車」『鉄道ピクトリアル』第2巻第10号　pp. 40-44
田坂敏雄編［1998］『アジアの大都市 [1] バンコク』日本評論社
田坂敏雄・西澤希久男［2003］『バンコク土地所有史序説』日本評論社
玉田芳史［1996］『タイ行政組織史　1892〜1993年―局以上の組織の変遷―（科学研究費補助金研究成果報告書）』京都大学東南アジア研究センター
玉田芳史［2009a］「タイの政治家列伝　第5回―アピシット政権の立役者など―」『タイ国情報』第43巻第1号　pp. 46-49
玉田芳史［2009b］「タイのポピュリズムと民主化―タックシン政権の衆望と汚名―」島田・木村編『ポピュリズム・民主主義・政治指導―制度的変動期の比較政治学―』pp. 75-96
Thomson, J. M., R. J. Allport & P. R. Fouracre [1990] "Rail Mass Transit in Developing Cities: The Transport and Road Research Laboratory Study." in Institution of Civil Engineers ed. *Rail Mass Transit for Developing Countries*. pp. 21-39
Thompson, Virginia [1967] (1941) *Thailand: The New Siam*. New York, Paragon Book Reprint (reprint).
Transport and Policy and Planning, Office of (TPP) [2004] *Bangkok Mass Transit Implementation Plan*. Bangkok, TPP.
Unger, Danny [1998] *Building Social Capital in Thailand: Fibers, Finance and Infrastructure*.

Cambridge University Press.

Vasconcellos, Eduardo A. [2001] *Urban Transport, Environment and Equity: The Case for Developing Countries.* London, Earthscna Publications.

和久田康雄［2012］「東京の都市交通—1911～2011年—」小池・和久田編『都市交通の世界史—出現するメトロポリスとバス・鉄道網の拡大—』pp. 310-323

Wang, Liang Huew & Anthony Gar-on Yeh [1993] *Keep a City Moving: Urban Transport Management in Hong Kong.* Tokyo, Asian Productivity Organization.

Whyte, B. R. [2010] *The Railway Atlas of Thailand, Laos and Cambodia.* Bangkok, White Lotus.

Wilson, Constance M. [1983] *Thailand: A Handbook of Historical Statistics.* Boston, G. K. Hall.

Wright, Arnold, H. A. Carteright & O. Breakspear [1910] *Twentieth Century Impressions of Burma: Its History, People, Commerce, Industries, and Resources.* London, Lloyd's Greater Britain Publishing.

Wright, Arnold & Oliver T. Breakspear ed. [1994] (1903) *Twentieth Century Impressions of Siam: Its History, People, Commerce, Industries, and Resources.* Bangkok, White Lotus (reprint).

山田俊明［2012］「上海」小池・和久田編『都市交通の世界史—出現するメトロポリスとバス・鉄道網の拡大—』pp. 186-216

Yeung, Rikkie [2008] *Moving Millions: The Commercial Success and Political Controversies of Hong Kong's Railways.* Hong Kong, Hong Kong University Press.

引用ホームページ

DB International GmbH (DBI) (http://www.db-international.de/)
PTT Public Company Limited (PTT) (http://www.pttplc.com/)
Thai Khem Khaeng (http://www.tkk2555.com/)

あとがき

　本書は，筆者が2006年から本格的に取り組んできたバンコクの都市交通史に関する研究をまとめたものである。筆者にとっては前著『タイ経済と鉄道―1885〜1935年―』，『鉄道と道路の政治経済学―タイの交通政策と商品流通1935〜1975年―』に次ぐ学術書であり，過去15年にわたる横浜市立大学での奉職の中で2番目に取り組んだ研究を総括するものである。

　本書の冒頭でも述べたように，バンコクの都市交通に関する疑問は筆者が中学生のころから抱いていたものであり，いつの日かそれを解明したいと考えていたものであった。そもそも筆者がタイの交通研究を始めたのは，中学校3年間のバンコクでの生活と幼少期よりの鉄道好きがきっかけであったが，バンコクの都市交通史の解明は当初から筆者の研究計画の中での最終課題として常に頭の中にあった。もっとも，大学院の修士時代にはタイにおける道路整備と農村の変容を，博士時代は第2次世界大戦前におけるタイの交通網の発展と商品流通の変容を研究テーマとし，バンコクの都市交通に関する研究はあくまでも将来的な研究テーマに過ぎなかった。その後，本学着任後最初に取り組んだ研究テーマも戦後の交通政策と商品流通の変容というものであり，博士時代に取り組んだ研究の続編を優先させた。ただし，この間にも新聞や公文書館資料を収集する中で，バンコクの都市交通に関するものを見つけた際には資料を入手しており，資料の所在についてはおぼろげながらイメージは掴んでいた。

　2005年度末に戦後の交通政策と物流構造の変容に関する研究成果報告書を取りまとめてから，バンコクの都市交通史に関する研究はようやく筆者の中核的な研究テーマとなり，資料集めを本格的に進めることになった。これまでの研究テーマでは交通網の整備がタイの商品流通にどのような影響を与えたのかを解明することに主眼を置いており，中長距離の地域間の貨物輸送の手段として交通を捉えていた。しかし，バンコクの都市交通を扱う際には必然的に旅客輸送に焦点を当てることになり，これまでとは違った視点から交通を分析する必要があった。また，これまでの研究では鉄道局が作成した貨物輸送統計など，相対的に「豊富」な統計を利用した実証的な研究を行ってきたが，都市交通に関する統計は非常に

あとがき

少なく，最も基本的な各輸送手段別の利用者数でさえも，過去20年分くらいしか利用できないような状況であった。このため，これまでの研究よりもデータによる実証は少なく，交通政策面での変容に重点を置かざるを得なかった。

また，冒頭でも述べたようにバンコクの都市交通史に関する先行研究も非常に限定されており，筆者自身でまず都市交通の「通史」を解明する必要があった。例えば鉄道史については，路線建設の歴史など最低限の「通史」はすでに鉄道局（国鉄）自身や何人かの研究者の手によってある程度解明されていたため，筆者がゼロからそれを作り上げる必要はなかった。ところが，今回は黎明期の市内軌道の導入などごく一部の時代と分野を除いて「通史」が全く存在せず，筆者自身でそれを構築していく必要があった。このため，本書の主要な課題は都市交通史の解明となり，前述したような統計データの少なさも相まって，分析よりも記述に重点が置かれることになった。

資料についても当初は不安があったが，新聞資料については既に戦前の『バンコクタイムズ』と戦後の『サヤームニコーン』，『週刊サヤームラット』の悉皆調査を行った際にバンコクの都市交通に関する記事を集めておいたことから，これをデータベース化することでかなりの情報が集められた。また，大学着任後はオンライン版新聞の交通関係の記事を毎日確認して保存していたため，こちらも本研究には非常に有益であった。また公文書館資料についても，戦前の鉄道局関係と戦後の運輸省文書の国鉄関係の資料は既に入手していたので，主に戦前の市内軌道とバス，戦後のバス関係の文書を中心に資料収集を行えばよかった。これに1960年代後半から1970年代半ばの新聞記事を追加し，一応過去約130年間にわたる都市交通関係の資料を入手できた。ただし，多様な資料が使用可能であり，既に相当の蓄積のある日本の都市交通史研究と比べれば，集められた資料には雲泥の差があり，本書で解明できた事象も甚だ不完全であることは認めなければならない。

筆者自身が抱いた疑問点への答えを探すことが本研究の主要な課題であることから，ゼロから都市交通史を構築する作業は困難ではあったものの，筆者自身は非常に楽しく作業を進めることができた。そもそも先行研究がほとんど存在しないということは興味を持つ人がほとんど存在しないということであり，そのような事柄を解明して何の意味があるのかという叱咤の声が聞こえてきそうではある

が，筆者自身は本書で明らかにしたバンコクの都市交通史を一つの教訓として，今後のバンコク及びその他の都市における都市交通の発展の方向性を示唆できたのではないかと考えている。筆者の個人的興味から始まったこの研究が，少しでもタイ研究や交通研究に貢献できるところがあれば，望外の幸いである。

本研究は2006年から本格的な資料収集を開始し，2009年度から3年間，日本学術研究振興会の科学研究費補助金を受給できたことから，最終年度の2011年度末に研究成果報告書をまとめることで研究に一区切りをつけることにした。本書はこの研究成果報告書をベースとしたものであり，それまでに発表した以下の拙稿がその基礎となっている。

「バンコクの市内軌道整備　1888～1910年」『横浜市立大学論叢』第59巻人文科学系列第1・2号（2008年）：第1章（第3節以外）
「バンコクの民営鉄道　―都市鉄道化への模索と限界―」『アジア研究』第55巻第4号（2009年10月）：第1章第3節，第2章第2節，第3章第2節
「バンコクの市内軌道整備　1910～1940年　―発展から停滞へ―」『横浜市立大学論叢』第61巻人文科学系列第1号（2010年）：第2章第1，4節
「バンコクにおけるバス事業の発展　1910～1957年　―統制の強化とその限界―」『横浜市立大学論叢』第62巻人文科学系列第1号（2011年）：第2章第3節，第3章第3～5節
「バンコクにおける都市交通政策の変遷　1957～1976年　―バスサービスの政治問題化―」『東南アジア研究』第49巻第2号（2011年）：第4章（第1節以外）
「バンコクの都市鉄道整備史　―なぜ実現が遅れたのか―」『横浜市立大学論叢』第52巻人文科学系列第1・2号（2001年）：第5章第1，3節
「バンコクにおけるバス事業の変遷　1976～2006年　―統合後の期待と現実―」『横浜市立大学論叢』人文科学系列第63巻第1号（2012年）：第5章第2，4節，第6章第3節
「タックシン政権時代のバンコク都市交通政策　―「売夢政策」の限界―」『鉄道史学』第25号（2008年）：第6章第1，2節
「クーデター後のバンコクの都市交通政策　2006～2012年　―政府とバンコク都の政治的対立―」『年報タイ研究』第13号（2013年）：第6章第4節

また，第1章第3節，第2章第2節，第3章第2節の内容に関する発表を鉄道史学会（2008年）にて報告し，いただいた有益なご教示を参考にさせていただいた。

本書をこのような形で出版するにあたっては，多くの方々のお世話になった。毎回のことで恐縮ではあるが，筆者が学生時代にお世話になった東京外国語大学

あとがき

名誉教授の斉藤照子先生，同大学元学長で名誉教授の池端雪浦先生，東京大学社会科学研究所の末廣昭先生の三人の先生方のお名前は挙げさせていただかねばならない。とくに上述した『バンコクタイムズ』などの新聞資料は，東京大学社会科学研究所でマイクロ資料として保管されているものを，筆者が学生時代に末廣先生の仕事を手伝った際に入手させていただいたものである。先生の仕事と称しながら集めた資料であるが，実は私のほうがはるかに活用させていただいたことを白状せねばならない。

バンコクでの資料収集の際には，タイ国立公文書館の方々にも大変お世話になった。筆者はもはや同館での「常連」となっており，現在も年2回，計2ヶ月弱の資料収集を毎年のように続けている。このような継続的な調査を可能としているのは，勤務先の横浜市立大学，同僚の先生方や学生諸君，そして妻の千代と二人の子供の理解があるからに他ならない。お世話になったすべての方々のお名前を挙げることはとてもできないが，この場を借りて御礼申し上げたい。

また，大変残念なことであるが，本書の完成を間近にして，タイ研究の大家で常に筆者を叱咤激励して下さった神戸大学名誉教授の北原淳先生がご逝去された。先生は筆者のつたない研究をいつも高く評価して下さり，拙著の書評を書いて下さったこともある。そして近年はタイ国立公文書館での資料収集をご一緒させていただくことも多く，先生が熱心に公文書を読んでおられたのがつい先日のことのように思い出される。先生に本書の読者になっていただけなかったことが，何よりも心残りである。

なお，本書の元となった研究に対しては，日本学術研究振興会の平成21～23年度科学研究費補助金（若手研究(B)「バンコクの都市交通の史的展開に関する研究」）を，本書の刊行にあたっては横浜学術教育振興財団の平成25年度出版刊行費助成をそれぞれいただくことができた。ここに謝意を表したい。最後に，出版事情の厳しい中で本書の出版を進めてくださった京都大学学術出版会の鈴木哲也氏と，実質的な編集作業を一手に引き受けて本書を魅力的に仕上げてくださった桃夭舎の高瀬桃子氏に深く御礼申し上げたい。

2013年12月

柿崎　一郎

事項索引

アジアゲーム 274
アジアユーロ連合 250
アルカテル社 352
イギリス人 31, 96
意見表明会 174
イタリアン・タイ社 321, 353, 355
運河沿軌道計画 319, 482
運輸局 13, 138, 158, 160-161, 167, 172-174, 202, 205-206, 211-212, 252, 256-257, 459, 461, 467, 470
運輸省 12-13, 138, 146, 154-155, 159-160, 166, 172, 175, 208, 211-212, 216-217, 221, 232, 246, 258, 262, 289, 306, 323, 325, 336-337, 342, 345, 349, 382, 388, 390-392, 468, 471, 486, 497
運輸統制委員会 159-161, 164, 167-168, 172-173, 200, 202, 205, 210, 212, 216, 233, 382, 463, 467, 475
運輸法 160-161, 205-206, 382, 388, 463
衛生局 60, 64, 73, 139, 192
オイルショック 222, 248, 290
大蔵省 13, 142, 144, 154, 209, 286, 303-304, 323, 348, 355, 357, 359, 476, 478, 488, 491

海外経済協力基金 272, 276
外国資本 65-66, 448, 495
「開発」の時代 16, 184, 232-233, 237, 384, 386, 394
貨物輸送 21, 23, 52, 154, 192, 466
官営主義 65
管財局 270
官報 164, 167, 200, 254, 463, 470, 478
官民パートナーシップ（PPP） 361, 492

軌道系輸送手段 3-4, 7, 15-16, 29, 62, 139, 148, 169-171, 185, 198, 228-229, 231, 241, 243, 325, 376
客車 34, 147
急行船 18, 69, 125, 407, 441
共同出資法 349
近郊鉄道
　営業収入 52, 54, 86-88, 91-92, 147, 457
　電化 19-20, 81-82, 85-88, 90-92, 113-114, 116, 118-119, 132, 134, 147-148, 231, 239, 374, 382, 384, 440, 455
　電車 19, 81, 85-89, 90-92, 131-132, 134, 144-148, 185-186, 374, 453, 461, 494
　複線 466
　免許 46-47, 49-50, 88, 92-95, 113-114, 116, 382, 384, 446, 450, 452-454
近郊鉄道（事業者）
　ターチーン鉄道 42, 49-52, 91, 93-94, 113, 448, 457
　パークナーム鉄道 19, 38, 46-47, 49-50, 52, 58, 65, 68, 77-78, 81-82, 85-95, 101, 113-114, 116, 118-119, 132, 134, 139-140, 147, 229, 231, 374, 382, 384, 446, 448, 451-453, 455, 457, 460, 497
　バーンブアトーン鉄道 19, 72, 95, 102, 450, 460
　メークローン鉄道 19, 49-50, 52-53, 65, 86, 91, 93, 95, 113-114, 116, 139, 146-147, 170, 231, 447, 457
近郊鉄道（路線）
　パークナーム線 81, 131-132, 134, 144-148, 169-171, 185-186, 188-189, 192, 228-229, 231, 239-240, 248, 460, 465, 483
　メークローン線 19, 134, 146-148,

事項索引

　　　169-171, 185-192, 198, 228-229, 231,
　　　243, 461, 465-466, 482
空港
　スワンナプーム空港　2, 304, 306, 338,
　　　348, 361-362, 365, 487-489
　ドーンムアン空港　348, 488
クーデター　155, 200, 251, 310, 333, 356,
　　　369, 441, 492
クルンテープ・タナーコム社　334, 352-
　　　353, 485
クレジット・スイス・ファースト・ボストン
　　　社　277
経済危機　272, 274, 276, 284, 310
経済省　93, 132
経済ブーム　383, 390, 392
建設・運営・譲渡（BOT）方式　249, 251,
　　　266, 268-269, 272, 377-378, 383, 392,
　　　395, 475, 478, 488, 497
公営化　8, 10-11, 15, 376, 382-386, 440,
　　　495-496
高架化　3, 243, 288-289, 291, 362, 477, 481,
　　　492, 494
公共交通供給サイクル　7, 10, 383, 385, 440
公共交通手段　2, 5, 7, 11, 21, 62, 407, 439,
　　　496
公共サービス義務（PSO）　324, 483
公共サービス交通問題解決検討委員会　209
公共サービス統制委員会　159
航空輸送社　93, 101-102, 106, 120, 122, 131,
　　　135, 382, 458, 462
高速道路　14, 26, 232, 239-240, 244, 246,
　　　248-251, 264, 266, 268-269, 288-295,
　　　304, 327, 365, 380, 383, 388, 390-391,
　　　393, 441, 474, 478-479
高速道路・都市鉄道公団（高速道路公団）
　　　14, 239-240, 246, 248-251, 266, 268-
　　　269, 288-295, 327, 383, 388, 390-391,
　　　393, 474, 478

交通政策計画事務所　306, 317, 320, 325,
　　　335, 337-338, 480-481, 486
交通統計　15
国営化　9, 14, 88, 92-93, 95, 131-132, 134,
　　　145-147, 149, 170, 230, 232, 236-238,
　　　296-297, 384, 387, 396
国際協力機構（JICA）　272, 310
国際金融公社　276
国際通貨基金　272
国鉄　2-3, 13-14, 142, 144-148, 170-171,
　　　185-186, 188-189, 191, 243, 246, 258,
　　　266-267, 274, 288-289, 293, 299-300,
　　　304, 306, 310, 345, 355-356, 360-363,
　　　369-370, 374, 377-378, 384, 390, 392,
　　　439, 460, 476, 480, 483, 486, 488,
　　　492-493
国防省　138, 459, 461
国家経済開発庁（国家経済社会開発庁）
　　　191, 218, 248-249, 276, 278, 286, 291,
　　　342, 471
コミュニケーションベース列車制御
　　　（CBCT）　352, 489

サームロー（自動三輪車）　5, 21, 109-110,
　　　407, 465, 495
サイアム商業銀行　277
サイアムセメント社　78
サンエステート社　270, 476
散水　58, 61, 63, 66
三輪自転車　5, 407
シーメンス社　306, 352, 489
自家用車　5, 11, 25, 160, 237, 254, 283,
　　　294-296, 344, 360, 380-381, 409
自治土木局　99, 108, 120, 139, 155, 159, 192,
　　　382, 388-389, 455
私的交通手段　5, 11, 439
自動車　18, 21, 93, 95-96, 102, 109, 118, 120,

516

事項索引

　　122, 137-138, 146, 148-149, 154, 159,
　　192, 206, 230, 236, 295, 319, 357, 452,
　　468, 473, 479
自動車法　99, 120, 122, 138, 159, 388
市内軌道
　営業収入　34, 36, 38, 41, 56-57, 62, 74, 76,
　　130, 447
　蒸気軌道　18, 34, 44
　続行運転　60-61, 64
　単線　31, 60-61, 73, 118, 230, 373-374,
　　466,
　電化　34-36, 39, 369, 373, 443
　電気軌道　18, 35-36, 38, 42, 85, 443, 494
　電車　18, 35-36, 60-61, 63-65, 69, 82-84,
　　118, 140, 142, 192-193, 196, 373, 443,
　　449, 451, 458, 460
　道路使用料　32, 38, 41-42, 56, 58, 60,
　　62-63, 65, 67, 73, 76, 107-110, 382,
　　447, 450-451
　馬車軌道　18, 30, 33-34, 443, 494
　複線　73-74, 83-84, 109, 118, 170, 230,
　　370, 373
　免許　31-32, 36, 38, 40-42, 44-46, 56, 58,
　　60-65, 73, 76, 79, 81-82, 84, 109,
　　118-119, 131, 139-140, 382, 384,
　　442-445, 451
市内軌道（事業者）
　サイアム電気鉄道　32, 38, 40
　サイアム電力　9, 32, 34-35, 37-38, 40-41,
　　44-45, 54-64, 73-79, 81-83, 85, 88,
　　90-93, 95-96, 104, 106-114, 116-120,
　　122, 129-132, 138-140, 144, 170, 192,
　　196, 239, 384, 440, 444, 447, 451-453,
　　456-457, 459, 497
　タイ軌道　40-42, 44-46, 54, 56-58, 62-63,
　　66, 73-74, 76, 78-79, 82-84, 111, 142,
　　196, 445, 447-448, 450-451
　タラートプルー軌道　42, 44, 91

パーククレット軌道　32, 44-46
パークラット軌道　32, 60, 68, 407
バンコク軌道　31, 34-36, 40, 63, 382, 442
マニラ電気鉄道　375
市内軌道（路線）
　アッサダーン線　58, 60, 68, 129, 458
　ウォーラチャック線　41
　環状線　163, 176, 196, 198-199, 212, 219
　サームセーン線　32, 34, 36, 38, 40-41, 45,
　　54-58, 62-63, 66, 68, 72, 74, 77, 79,
　　81, 107, 111, 142-143, 185, 195-196,
　　445, 447
　シーロム線　79, 129, 140, 142, 193, 458,
　　467
　城壁線　38, 41-42, 55, 58, 196, 444
　ドゥシット延伸線　42, 44-45, 57, 74, 76,
　　84, 142, 445, 447, 452
　ドゥシット線　42, 57, 110, 193, 196, 447
　バーンコーレーム線　3, 34, 36, 38, 40, 56,
　　58, 60, 62, 64-65, 68, 77, 83, 96, 99,
　　109-111, 193, 196, 230, 458
　バーンスー線　79, 140, 142, 193, 196, 230
　パトゥムワン線　79, 140, 193
　フアラムポーン線　41-42, 83, 108, 110,
　　140, 142, 196, 444
　プルーンチット線　140, 142, 195, 460
　ラーチャウォン線　58, 60, 68, 84, 452
　ラーチャプラーロップ線　142, 458
市内軌道7線　31-32, 36, 66, 402
市内軌道労働者協会　112
シノタイ社　306, 348
車掌　23-24, 125-126, 330-331, 472, 476
借款　191, 207-209, 246, 248, 272, 276,
　　353-356, 358, 469, 490, 492
10月14日事件　222
週刊サヤームラット　14
主計局　286
首相書記官事務局　172

517

事項索引

首都局　84, 109, 455
首都省　12, 60, 64, 111
首都電気鉄道公団（首都電鉄公団）　14, 268-269, 271-272, 274, 276, 288-293, 303, 383, 388, 391, 442, 474-475, 478-479
首都電力　14-15, 192-193, 196, 198, 460
商業運輸省　12
上下分離方式　272, 290, 292-293, 303, 319-321, 357, 359, 361, 377-378, 383, 391, 492
詳細設計　248, 317, 333, 354-357, 362, 395, 480, 485
消防　32, 58-59, 61, 63, 66, 486
将来のための投資の4年間　307, 316, 480
人口　77-78, 91, 99, 231, 236, 295, 381, 394, 439, 453
新聞　3, 12-14, 45, 64, 73, 158, 167, 172, 193, 198, 206, 208, 217, 270, 393, 407, 439, 460, 469, 490, 495, 497
　週刊バンコクタイムズ　14
　サヤームニコーン　14, 175, 206, 467
人力車　5, 21, 58, 65, 76, 111-112, 407, 449, 456, 497
水運（水上交通）　2, 12, 15, 38, 58, 60, 68, 96, 101-102, 114, 142, 154-155, 205, 407, 457, 468, 489, 497
スカイウォーク　399
スカイトレイン　20, 244, 250, 272, 477
ストライキ　111-112, 164, 226-227, 363, 456
政党
　人民党　15, 108, 117, 457
　タイ愛国党　307, 316, 321, 337
　タイ貢献党　344-346, 488
　タイ国民連合党　234
　大衆の力党　334, 486
　プームチャイタイ党　337, 340, 342, 392, 486
　マナンカシラー党　175
　民主党　234, 316-317, 320, 333, 336-337, 340, 342, 344, 390, 392, 473, 486
石油　22, 129, 218, 222, 286, 330-331, 336, 342, 354, 360, 471, 484-485, 490, 493
設計・建設方式　268, 333, 357-358, 485

タークシン交通センター　317, 482
ターンキー方式　306-307, 309, 333, 356-358, 362, 368, 378, 394-395, 480
タイ：発展のための協同　309, 316, 318, 358, 395, 441
大学
　タマサート大学　323
　カセートサート大学　167, 176, 321, 325, 327
　チュラーロンコーン大学　176, 323, 340
タイ強化計画　353, 489
タイ国立公文書館　12, 96, 407
タイ石油公団　286
タイ船舶社　154
タイヤ　84, 129, 137-138
大量輸送手段検討小委員会　319
タクシー　5, 11, 21, 160, 283, 367, 379-380, 398, 407, 409, 439, 497
タナーヨン社　268, 277-278, 476
地方自治体
　トンブリー市　106-107, 150, 164
　ノンタブリー市　102, 106, 163-164, 171, 210
　バンコク市（都）　11, 13, 77, 101, 106-108, 110, 114, 117, 119-120, 132, 134, 137, 149-150, 207-209, 232-233, 243, 266, 268-270, 285-286, 289, 299, 303, 306-307, 309-310, 316, 318-323, 325-328, 332-341, 344-345, 348-350,

518

事項索引

352-354, 356, 361, 366, 377-378, 383, 386-390, 392, 399, 407, 441, 453, 457, 465, 472, 474, 479, 485, 488, 496
中間層　25, 237, 254, 283-284, 294-295, 409
徴税請負制度　63
チョー・カーンチャン社　337
賃貸自動車　122
通運公団　13-14, 22, 121, 154-159, 163, 166, 172, 174-176, 202-203, 210, 232, 236, 254, 382, 386, 441, 461-463, 467
通行料金徴収機関設置準備小委員会　246
ディーゼル機関車　147
帝国主義　65, 449
鉄道
　官営鉄道　19, 45, 47, 50, 64-65, 101-102, 112-113, 147, 444, 460
　空港アクセス鉄道　2, 20, 304, 306, 361
　軽便鉄道　19, 42, 72, 95, 450
　軽量鉄道 (LRT)　6, 244, 249-250, 268, 377, 475, 484, 487, 489, 495
　地下鉄　2-5, 8, 20, 240, 270, 272, 303-306, 345, 358, 370, 377-378, 388, 398, 439, 441, 475, 485, 487, 492-494, 496-497
　普通鉄道　244, 248-249, 346, 409, 494
　民営鉄道　46, 49-50, 63-65, 93, 95, 112-114, 116, 443, 449, 452, 456
　モノレール　3, 20, 243, 338, 340, 342, 345-346, 349, 377, 387, 409, 495
鉄道 (事業者)
　ブーラパー鉄道　47, 67, 402
　プラバート軌道　41, 95, 444, 454
鉄道 (路線)
　東線　47, 77, 99, 203, 288, 299-300, 304, 362, 468
　南線　188, 191, 203, 299, 369, 460, 466, 468
　北線　45, 77, 101, 192, 203, 266, 270, 299-300, 304, 444, 460, 466, 468, 473

　メーナーム支線　77, 99, 140, 142, 288, 460
鉄道委員会　88, 91-92, 94, 452
鉄道局　13, 47, 49, 64-65, 85, 93-95, 112, 132, 139, 144, 147, 450
デンマーク人　31, 35
ドイツ鉄道インターナショナル社　363
ドゥシットターニーホテル　272, 276
道路 (路線)
　アッサダーン通り　57-58
　ウィパーワディーランシット通り　212, 478
　ガームウォンワーン通り　167
　旧パークナーム線通り　186, 483
　クルンカセーム通り　83
　サートーン通り　77, 334, 451, 485
　サームセーン通り　45, 74, 99, 445, 447
　シーロム通り　2, 79, 193, 236, 451
　スクムウィット通り (バンコク～パークナーム間道路)　2, 4, 92-93, 131, 134, 140, 180, 186, 239-240, 289, 452-453, 460
　スラウォン通り　334, 485
　ソンワート通り　83
　タークシン通り　188, 318, 320-321
　チェンワッタナ通り　212
　チャランサニッタウォン通り　167, 203
　チャルーンクルン通り　31, 65, 68, 77, 83-84, 96, 106, 109-110, 118, 120, 122, 129, 149, 154, 156, 158, 172, 180, 188, 201, 229, 442, 449-450, 465
　チャン通り　202
　ティワーノン通り　150
　ドームアン有料道路　289, 316, 478, 481
　トンブリー～パークトー間道路　191
　ナラーティワート通り　325
　ナワミン通り　325, 327, 484
　バイポーン (ウートーンナイ) 通り　74,

519

事項索引

　　　447
　パホンヨーティン通り　327
　バムルンムアン通り　41
　パヤータイ通り　340, 455
　ピッサヌローク通り　300, 452
　プラチャーティポック通り　83
　プルーンチット通り　140, 272
　フレンドシップ・ハイウェー　192, 203, 466, 468
　ペットカセーム通り　150, 461
　ペップリー・タットマイ通り　212
　ヤオワラート通り　36, 38, 83, 143, 443
　ラーチャウォン通り　57-58
　ラーチャプルック通り　327
　ラートプラーオ通り　325, 483
　ラーマ1世通り　79, 338
　ラーマ3世通り　318-319, 325
　ラーマ4世通り　68, 81, 90, 132, 185-186, 229, 236, 239, 271-272
　ラーマ5世通り　78
　ラーンルアン通り　300
　ラッチャダーピセーク通り　264
道路交通　2-3, 69, 118, 140, 184, 196, 231, 243, 278
道路面積　118, 236, 295, 474, 479
特別捜査局　334, 349
都市鉄道
　単線　353, 399, 489
　地下化　242, 269-272, 290-294, 297, 317, 383
　電車　2, 20, 240, 249, 272, 276, 292-293, 345, 352, 358, 361, 363, 369, 377-378, 381, 398, 476-477, 479, 487, 489, 491-493, 495
　免許　249-251, 266, 268-269, 271-272, 274, 277, 289-292, 303, 306, 319, 335, 345, 348, 359, 362, 383, 390, 392-393, 476, 480, 488

都市鉄道（計画）
　都市鉄道第1期線　244-246, 248-250, 288, 292
　都市鉄道第1期第1次線　250-251, 266, 269, 288
　都市鉄道輸送マスタープラン（URMAP）　311, 340, 359, 492
　バンコク首都圏都市鉄道マスタープラン　338
　バンコク都市鉄道実行計画（BMTIP）　307, 310-311, 314, 316, 318, 320, 338, 340, 357, 359, 481, 492
　ホープウェル計画　3, 266, 268-269, 274, 288-291, 300, 304, 310, 362, 378, 383, 392-393, 439-440
　マスタープラン　244, 251, 271, 274, 307, 310-311, 320, 338-341, 345-346, 348, 394, 408-409, 477-478, 492
都市鉄道（事業者）
　九広鉄路　377
　シンガポール都市鉄道　377
　地下鉄路公司　377
　バンコク大量輸送システム社　2, 268, 270, 272, 277, 319-322, 335, 344, 348-349, 352, 356, 359-360, 362, 377-378, 383, 394, 476, 479, 482-483, 489, 491-492
　バンコク・メトロ社　303, 306, 345, 359-360, 362, 378, 383, 394, 480, 491-492
　ホープウェル社　266, 273, 289, 476
　ムアントーン大量輸送　269, 271-272, 290, 292
都市鉄道（路線）
　青線　274, 276, 288-289, 303, 307, 310-311, 314, 333-335, 346, 353-356, 358, 361, 363, 408, 474, 477, 479, 483, 485, 490, 493
　赤線（濃赤線, 淡赤線）　309-311, 333,

事項索引

338, 346, 348, 350, 354-356, 358, 369-370, 379, 408, 439, 477, 481-483, 488, 492, 494
エアポート・レールリンク　2, 20, 300, 306-307, 345, 348, 355, 358, 361-363, 365-366, 368, 377-379, 398, 439, 477, 487, 492, 494
黄線　311, 316, 334-335, 338, 408
橙線　274, 276, 288, 310-311, 318, 338, 408, 474
茶線　316
バンコク大量輸送システム（BTS，緑線，濃緑線，淡緑線）　2-3, 20, 25, 27, 69, 239-240, 266, 269-272, 275-276, 278, 284, 288-293, 303, 309-311, 316, 318-323, 325, 327, 333-335, 337-338, 340, 342, 345-346, 348-352, 354, 356, 360-361, 363, 365-366, 377-378, 383, 387, 389-390, 392-393, 399, 408-409, 439, 441, 474, 476-479, 481-491, 493-494
灰線　338, 345
水色線　338, 345
桃線　316, 338, 346, 408-409, 488
紫線　307, 309-311, 317, 333-334, 345-346, 354-356, 360-361, 370, 395, 408, 477-478, 490, 496-497
都市鉄道機構　312, 359
都市鉄道公団　14, 246, 303-304, 306-307, 310, 335, 337-338, 345-346, 348-349, 354-356, 361, 363, 377-378, 387-388, 390, 442, 480, 494
都市鉄道整備基金　357
都市内輸送　15, 20, 54, 67, 72, 85, 171, 191, 239, 299, 374, 378, 402
渡船　50, 188, 192, 229, 398, 407, 441
土木局　64, 99, 108, 120, 139, 155, 159, 192, 249, 382, 388-389, 443, 455

土木省　12, 64
トラック　2, 23-24, 121, 138, 149, 154, 156, 160, 257, 375, 379, 457, 459, 461, 463, 465, 495

内燃動車　60, 85, 91, 123, 148, 448, 452, 461
　ガソリンカー　18, 60, 450
　ディーゼルカー　19, 145-148, 187, 369-370, 439, 460
年次報告書　12-15, 380, 442, 460
燃料　16, 128-129, 137-138, 171, 216, 221-223, 264, 286, 328, 331-332, 357, 478

パーク・アンド・ライド　278, 337, 493
パークナーム鉄道免許検討委員会　92
バーター方式　358, 368, 395, 441
バイクタクシー　5, 367, 379-380, 398, 407, 409, 497
配電　40, 57-58, 61, 66, 73-74, 85, 114, 139, 171, 192, 444, 450, 452
配当率　14, 34-35, 52, 56, 63, 65, 75-76, 109, 116, 449, 457
売夢政策　3, 302-303, 336, 357, 367-368, 439
橋
　カサットスック橋　79, 96, 137-138, 193
　クルントン橋　203
　タークシン橋　23, 69, 249, 318-319, 333, 351-353, 398-399, 474, 482, 489
　ティッパヤサティアン橋　83
　ノンタブリー橋　203
　バンコク橋　203, 325, 327
　プット橋　83-84, 102, 104, 163, 188, 244, 249, 279, 288, 407, 451, 474
　プラナンクラオ橋　274, 311

521

事項索引

プラポッククラオ橋　247, 249, 475
ラーマ 3 世橋　27, 327, 344
ラーマ 6 世橋　167, 176
馬車　18, 30, 33-34, 58, 64-65, 96, 443, 449, 494
バス
　運賃値上げ　168, 175, 206, 211, 214, 216-218, 221-222, 233-234, 260, 262-263, 296, 330-331, 382-383, 393, 395
　NGV バス　22, 24, 27, 126, 328, 331-332, 334-336, 340, 342-343, 386, 392
　学生専用バス　223
　公団直営バス　22, 280-282, 284-285, 287, 296, 328, 332, 366, 368, 385-386, 442, 483
　深夜バス　264
　ソーンテオ　2, 5, 18, 22-24, 26, 120-122, 125, 128, 131, 138, 149-150, 154, 156, 164, 167, 171, 181, 205, 219, 228, 254, 256-259, 261, 280, 283-284, 287, 294, 342, 375-376, 379-380, 385, 457-458, 463, 468, 471
　特別許可　99, 102, 106, 108, 120-121, 134, 138, 149-150, 155, 159-160, 382, 458
　トロリーバス　84, 109-110, 118, 139-140, 142, 170, 193, 374, 456, 460, 466
　バス高速輸送システム（BRT）　7-8, 17, 27, 126, 309, 317, 322, 325-328, 332-334, 336, 342, 344, 347, 352, 361, 366, 379-381, 387, 390, 409, 440, 481, 484-485, 487, 489, 495
　パンバス　23, 25-26, 125, 181, 282-284, 328, 376, 379-380, 385, 409, 478, 493
　フィーダーバス　25, 96, 278, 284, 477
　普通バス　22, 254, 257, 262, 264, 287, 296, 322-324, 330-331, 336, 386, 483, 485, 487
　マイクロバス（特別冷房バス）　25-26, 242, 281-284, 385, 478
　ミニバス　2, 5-6, 23-24, 125, 257-258, 261, 280, 287, 294, 342, 379-380, 385, 476, 479, 487, 495
　民間委託バス　22, 125, 254, 257, 278-281, 284, 287, 328, 330, 332, 336, 342, 385-386, 495
　無料バス　223, 226, 233, 263, 296, 336, 366-367, 386, 395, 473, 486, 496
　メトロバス　25
　免許　99, 122, 158, 160-161, 164, 166-167, 173, 175, 200, 202-203, 205-211, 217-219, 221-224, 226-227, 233-234, 254, 257-258, 283-284, 385, 467-468, 471-472, 495-496
　モスキトー・バス　109, 120, 375-376, 456
　冷房バス　2, 22, 25, 27, 252, 254, 257, 264, 282-284, 287, 294, 322-324, 328, 330-331, 335-336, 365, 386, 475, 478, 484, 487
バス（事業者）
　サーマッキータム社　166-167, 174
　サイアム自動車　102
　サハワッタナキット社　174, 202
　シーナコーン社　104, 167, 173-174
　シーボーリカーン社　200, 467
　シールアン社　209-210
　シントゥミット社　200
　タイ自動車　104
　タイターウォーン社　173-174, 200, 210, 467
　タイバムルン輸送　163, 166-167, 172-174, 176, 200
　DC トランジット社　207-209
　東部ローソーポー自動車運行社　156
　トンナコーン輸送　203
　ナーイ・ルート社　96, 166, 173-174,

事項索引

222-226
ナコーントン社　104, 120, 158, 455
ナコーンルアン輸送　209-211, 221, 224, 232, 234, 472
バンコク・マハーナコーン輸送　278
バンコク・ラッタナコーシン自動車　258
バンコクマイクロバス社　283
バンコク輸送　224
ピーラ・バス　150
プラナコーントンブリー輸送　158
ブンポン社　150
マッカサン自動車　166-167, 172-173, 465
マハーナコーン輸送　224, 226-228, 233, 252, 256, 258, 278, 294
ミットソンスーム商会　161, 163, 200
ムアン・ノンタブリー自動車　163, 166, 168
ヤートミット社　174, 200
ローソーポー・ナコーントン社　158
ローソーポー自動車運行社　156
ワッチャナクン社　174
バス運行申請検討委員会　99, 159-160, 463
バス事業改良ワーキンググループ　221
バス事業者会計調査委員会　217
バス事業者協会　223-224, 472
バス問題解決委員会　222
発電所　35, 38, 42, 57-58, 73-74, 82, 130-131, 138-139, 144-145, 185, 192, 447, 450, 458-459, 461
パラトランジット　5-8, 12, 17, 120, 123, 284, 372, 375-376, 379-381, 385, 396, 398, 406-407, 409, 497
バンコク・トンブリーバス検討ワーキンググループ　221
バンコク・トンブリーバス事業者運営状況事実調査委員会　218
バンコク自動車設備社　283
バンコク電力　139, 142, 144-145, 170-171,

178, 185, 192-193, 458-459
バンコク大量輸送公団（大量輸送公団）　9, 14-15, 22, 24-26, 125-126, 226-228, 252-254, 256-260, 262-264, 278, 280-287, 293-294, 296, 322-325, 327-328, 331-332, 335-336, 342, 360, 367-368, 380, 384-386, 388, 395, 409, 442, 476, 478-479, 483, 485, 493
　規模縮小計画　281, 285-286, 322, 328, 332, 386,
　民間の役割増加計画　286-287
バンコクドック　33, 442
バンコクバス運行改良委員会　223
バンコクバスサービス改良検討委員会　221
バンコクランド社　269
標準軌　20, 47, 378, 488
仏日連合　250
船着場　38, 57-58, 69, 83, 142, 448, 459
フランス人　60
暴虐の5月　251, 297, 404
法制委員会　94
ポピュリスト的政策　11, 223, 233-234, 237, 263, 296, 311, 316, 318, 322, 328, 331-332, 335-336, 344, 357, 359-361, 376, 383, 386, 393-394, 408, 496
ボンバルディア社　251, 352, 475

マジック・アイ　270
マターデイ女学校　272
マッカサン工場　145, 186, 188, 480
民営化　7-8, 297, 385, 396, 440-441, 496
「民主化」の時代　16, 184, 233, 237, 404
メートル軌　19-20, 47, 369, 488
メーナーム・モーターボート社　58, 60, 448
メガプロジェクト　302, 307, 309-310, 316-318, 321, 439, 441, 496

523

事項索引

UTDC　250-251, 475
輸出入銀行　207-209, 469
輸送社　13-14, 60, 93, 101-102, 106, 120, 122, 131, 135, 137, 154-155, 158, 163, 167, 169, 174-175, 202-203, 205-208, 210, 224, 232, 236, 254, 382, 384-385, 391, 448, 458, 462, 467-469, 471, 495-496

ラワリン社　249-251, 272, 290, 383, 475

陸上運輸局　211-212, 252, 256-257, 470-471
陸上交通管理委員会　303, 306, 349, 475, 479
陸上交通管理事務所　251, 271, 274, 288, 290, 304, 306, 310-311, 478, 480
陸上交通問題解決委員会　278
陸上交通問題究明計画策定委員会　243
立憲革命　15, 102, 106, 108, 111-112, 114, 117, 120, 445, 457
旅客輸送　23, 52-53, 129, 154, 384
労働運動　111-112

人名索引

アーナン 251, 264, 286
アピシット 336-337, 340, 342, 344, 348-349, 356, 390, 392, 486
アピラック 316, 320-322, 325, 333, 337, 387, 390, 481, 486
アムヌアイ 269
アモーン 263
アレグリ 64
アンガー 9-10, 290
インラック 344-346, 348-349, 387, 408-409, 496
ヴァスコンセロス 6-7, 10, 385, 440, 497
ウィーラ 249
ウェステンホルツ 35-38, 40-41, 44-45, 54, 56-58, 60-64, 73-74, 96, 373, 444

カムペーンペット親王 82
カムロップラック 9, 317, 481
北河大次郎 8
クアクーン 9, 30, 442
ククリット 223-224, 227, 233-234, 263, 296, 336, 386, 393, 395, 473
グランドウォーター 96
クリアンサック 9-10, 248, 441, 494
ゴメス゠イバンズ 7, 383, 440

サーマート 9-10, 441
サグアン 9, 30, 95-96, 104, 442, 445
ザビエル 49
サマック 278, 285, 318-320, 322-323, 333-336, 344, 355, 386, 390, 481, 486
サリット 16, 21, 185-186, 188, 192, 196, 206, 211, 217, 228-232, 465, 473

サンティ 355
サンパサート親王 41, 444
サンヤー 222, 246
シッグ 31
ジョンソン 31
スカムポン 345-346, 409, 496
スクムパン 337-338, 353, 392
ストローベル 45
スラサックモントリー，チャオプラヤー 44, 95
スラユット 333, 335-336, 354, 356, 369
スリヤ 303, 306-307, 309, 359, 480
セーニー 227, 234, 473
ソーポン 337
ソムチャーイ 333, 335-336, 440

タウィー 219
タウィット 227
高田隆雄 144
タックシン 3, 9-10, 126, 288, 300, 303-304, 306-307, 309-312, 316, 318-322, 327, 331-338, 344-346, 348-350, 353-354, 357-359, 361, 363, 377, 383, 386, 390, 392, 394-395, 408, 441, 461, 478, 486, 492, 496
ダムロン親王 41-42, 44, 47, 56, 61, 65, 113, 444, 449
ダルンラック，プラ 31
チア 5
チャートチャーイ 251, 392, 496
チャーリー 96
チャールニー 10
チャールポン 345, 348-349
チャオワラット 285

525

人名索引

チャット　348, 488
チャムナーン　207
チャムローン　268, 270
チャワラット　340
チャワリット　286
チュアン　269, 318
チョットチョーイ　270-271, 476, 479
チョンラックノーラシン，プラヤー　99
ティーラチョン　348
ディック　4, 494
テーパハッサディン，プラヤー　108
テーワウォン親王　31, 41, 47
トムソン　6, 381, 497

ナッタノン　334
ナラ　9
ナラーティップ親王　40-42, 44-46, 54, 56, 58, 62-63, 76, 444
ナレート親王　38, 41, 45, 64, 96
ニコーン　14, 175, 206, 325, 467
ノンタブリー，プラヤー　42

パックディーノーラセート，プラ　96, 104
バニスター　7, 381
バラット　4, 7
梁（C.K. Leung）　7
バンハーン　286
ピチット　286, 319
ピチャイ　276
ピッタヤラープ親王　38
ピブーン　16, 128, 137, 142, 146, 155, 159, 172-173, 175-176, 200, 211, 232, 238, 386, 455
ヒリング　6
藤田崇義　8
プラパート　198, 246
プラマーン　155, 158
プレーム　248, 251, 278, 285
ブンチュー　248, 474
ボーウォーラデート親王　101, 453
ポン　202, 216-217
ポンサック　303, 309, 316-317, 332, 358

マノーパコーン，プラヤー　108
マホティエール　60-61, 64
メイヤー　7, 383, 440
モントリー　44, 95, 266

ヤコブセン　56
楊（Rikkie Yeung）　8
ヨムマラート，チャオプラヤー　108

ラーチャブリー親王　82, 95
ラーマ5世　9, 12-13, 15, 30, 40, 46-47, 49-50, 65, 68, 95
ラーマ6世　12, 15, 73, 76, 270
ラーマ7世　12, 15
リシュリュー　31-32, 36, 46-47
リンマー　4, 494
ルーサック　222
ルッティウォン，プラヤー　42, 44
レインバック　5
ロフトス　31-32, 46-47

地名索引

アジア　36, 361
アメリカ　34-35, 207-208, 232, 443, 469, 473, 494, 496
アユッタヤー　4, 448
インド　38
インドネシア　6
ウィッタユ　79, 81-82, 90, 132, 144, 167, 169, 250, 455
ウォンウィアン7・22　166
ウォンウィアンヤイ　102, 104, 181, 187-189, 191, 229, 243-244, 318, 333, 350, 352-353, 455, 466
ウボン　47
王宮前広場　33, 96, 174, 210
オンヌット　240, 257, 318, 321, 333, 353, 365, 477

カナダ　249-251, 297, 352, 404, 475
クーコット　338, 486
クリチーバ　6-7, 440
クローンクワーン　203
クローンサーン　52, 91, 93-95, 134, 146-148, 188, 191-192, 229, 466
クローンタン　244, 300
クローンバーンパイ　354, 497
ケーラーイ　317, 346
コーラート　47, 203, 205, 468
国立競技場　338, 348, 483
コペンハーゲン　35
コロンビア　325

サームイェーク　195-196, 455
サームセーン　36, 38, 74, 139

サームセーン運河　77, 445
サームセーン運河口　142, 445
サームヤーン　240, 340, 474
サームヨート　196, 467
サーラーデーン　79, 85-86, 129, 140, 240
サイアム　268, 277, 338, 340, 399
サイゴン　373-374, 494
サイノーイ　334
サナームビンナーム　167
サパーンクワーイ　140, 459
サパーンデーン　140
サパーンマイ　333-335, 337-338, 340, 486
サパーンルアン　58, 77, 79, 81, 192
サムットサーコーン（ターチーン，マハーチャイ）　49-50, 52, 93-95, 134, 146-148, 191-192, 318, 446, 461, 466
サムットソンクラーム　50, 189
サムットプラーカーン（パークナーム）　4, 19, 31, 46-47, 50, 52, 85, 88, 90, 92-93, 101-102, 104, 106, 122, 131-132, 134-135, 137, 140, 146, 150, 154, 180, 185-186, 212, 214, 239-240, 254, 333, 335, 337, 340, 354, 446, 455, 458
サムローン　180, 186, 214, 274, 316, 318, 466, 483
サンパウロ　4, 7
シープラヤー　156, 173, 459
シエムリアップ　47
志願兵像　196, 467
ジャカルタ　33, 373-374, 378, 381, 439, 495
シンガポール　4, 34, 373-379, 443, 456, 494
ジンバブエ　5
シンブリー　135, 458
スコータイ離宮　142
ストックホルム　31

527

地名索引

スラウォン　150, 334, 485
スラサック　268, 399, 489
スラバヤ　6, 34, 373-375, 494
センーセープ運河　69
戦勝記念塔　140, 151, 193, 268, 270, 409, 459, 493
ソウル　8, 377, 395, 494
ソンクラー　50, 144, 189

ダーオカノーン　102, 140, 244, 459
ダーオカノーン運河　102
ターチーン川　49-50, 189, 191-192, 445
ターチャーン　110, 167, 196, 467
ターティアン　31, 137, 180, 448
タープラ　333-334, 346, 354, 479, 481, 490
ターワースックリー　156, 163
タオプーン　354, 490
タラートプルー　42, 44, 60, 77, 83, 91, 138, 140, 150, 156, 188, 350, 353, 444, 459, 462, 484
タリンチャン　189, 266, 333, 346, 350, 355, 369-370, 439, 466
チエンマイ　144, 381
チットロム　272, 399
チャオプラヤー・ラッタナボーディン邸　42
チャオプラヤー川　11, 19, 27, 31, 38, 42, 44, 46, 52, 58, 68-69, 77, 83, 91, 99, 101-102, 125, 142, 188, 191, 203, 229, 243, 249, 266, 334, 344, 351, 354, 398, 407, 441-442, 448, 450, 464, 479, 489
チャチューンサオ　31, 46, 446
チャンタブリー　146
チュムポーン　205, 468
チョンノンシー　318, 325, 327, 344, 482, 485
チョンブリー　146, 185

ディンデーン　244, 470
テーウェート　83, 138, 150, 196, 459
テーパーラック　318
デンマーク　40, 45, 57, 82, 442-444
ドイツ　221, 243-244, 246, 248-250, 274, 288, 363, 472, 478, 493
東京　378, 494, 496
ドゥシット　41-42, 57, 74, 77, 79, 447, 452
東南アジア　4, 21, 33-34, 36, 372-376, 379, 382, 408, 439, 443
ドーンムアン　101-102, 104, 135, 137, 140, 163, 176, 254, 289, 304, 316, 348, 445, 455, 481, 488
トラート　122, 205, 468
トンブリー　11, 42, 44, 68, 77-78, 83, 91, 101-102, 106-107, 140, 150, 158, 164, 167, 191, 212, 218, 221, 231, 257, 317, 327, 338, 353-354, 441, 462, 464, 470, 486

ナコーンサワン　205, 468
日本　2, 19, 21-22, 27, 36, 47, 106, 133, 148-149, 193, 250, 272, 310, 354-356, 358, 378, 439, 443-444, 459, 461, 473, 490, 492, 495-496
ノーンチョーク　203
ノンタブリー　102, 106, 138, 150, 212, 214, 354, 450

パーククレット　32, 44-46, 58, 150, 164, 212, 254, 316, 445, 448
パーククローンタラート　180
パークトー　191
パークラット運河　60, 448
パーシーチャルーン運河　319
ハートアマラー　214

地名索引

バーンイールア　77
バーンカピ　164, 166, 212, 254, 274, 316
バーンクラブー　38, 45, 58, 68, 79, 99, 138, 142, 166, 195-196, 445
バーンクルアイ　191
バーンクワーン　102
バーンクンティアン　203
バーンケー　150, 254, 274, 307, 333, 346, 354
バーンケーン　289, 317, 337, 445, 482, 486
バーンコーレーム（タノントック）　31, 33-34, 36, 58, 61, 68, 110, 137-138, 180, 449, 497
バーンスー　78-79, 99, 140, 188, 243-244, 248, 269, 274, 276, 289, 303-304, 307, 309-310, 317, 333-334, 346, 354-355, 369-370, 459, 465, 473-474, 477-478, 481, 490
バーンソン　350, 369-370, 439
バーンタワーイ　77
バーンチャーク　90, 240
バーンナー　19, 87-88, 90, 240, 244, 264, 338, 487, 489
バーンブアトーン　264, 450
バーンプー　146, 185, 214, 334, 340, 348, 478
バーンプリー　214, 264
バーンボーン　92, 134, 453
バーンヤイ　307, 309, 311, 317, 346, 354, 450, 481
バーンラック　65, 77, 79, 96, 451, 453
バーンラムプー　99, 104, 137, 150, 195, 444, 450, 455
バーンラムプー運河　57
バーンレーム　50, 86, 93-95, 146-147, 191-192
バーンワー　303, 321, 340, 350, 353, 490
バッタンバン　47

パトゥムターニー　163, 203, 445, 470
パトゥムワン　77, 140, 453
パドゥンクルンカセーム運河　58, 83, 99, 450, 474
パドゥンクルンカセーム運河口　42
ハノイ　373-374, 494
パホンヨーティン　327, 335
パヤータイ　2, 340, 362-363, 455, 483, 492-493
ハラレ　5
パリ　8
バンクーバー　250, 475
バンコクヤイ運河　42, 448
バンドゥン　6, 375
ビルマ　47, 373
ファイクワーン　203
フアマーク　266, 274, 299, 362, 477, 492
フアラムポーン　19, 36, 38, 41-42, 50, 57-58, 77, 81-83, 85-87, 90, 132, 138, 140, 144, 156, 161, 164, 185-186, 188, 191, 231, 239-240, 243, 248, 266, 269, 273-274, 276, 289, 299-300, 303, 307, 310, 333-334, 346, 354, 444, 452, 465-466, 473-474, 478-479, 481, 495
フアラムポーン運河　186
プラーチーンブリー　135, 458, 468
プラーンノック　176, 338, 340, 348, 483
プラカノーン　78, 132, 134, 137-138, 140, 142, 167, 180, 212, 239-240, 244, 248, 268, 289, 446, 450, 460, 474, 478
ブラジル　4, 6-7, 440
プラチャーニウェート住宅　257
プラトゥーナーム　79, 96, 142, 166, 459
プラプラデーン　18, 58, 60, 68, 203, 214, 254, 450, 470
フランス　31, 95, 193, 243, 250, 352, 442
ブリュッセル　73
ペップリー　40-41, 206, 363, 398, 443

529

地名索引

ペナン　373-374, 443, 494
ベルギー　73-74, 82-83, 118, 448
ポーニミット　266
ボゴタ　7, 325
ポム・プラチュンラチョームクラオ　203
香港　7-8, 11, 266, 277, 361, 377, 380, 388, 408, 492, 495, 497

マッカサン　137, 142, 145, 186, 188, 363, 398, 480, 492-493
マニラ　4, 6, 33, 373-376, 379, 494
マハーナーク運河　57
マハープルッターラーム　83, 196
マンダレー　373-374, 443, 494
ミーンブリー　163-164, 274, 316, 346, 476, 488
メークローン　49-50, 52, 93-95, 147, 189, 191-192, 466
メークローン川　50
メーナーム　77, 99, 140, 142, 188, 266
メーンシー　196, 467
モーチット　270, 321, 325, 327, 333, 335, 337, 348, 409, 477, 486, 493

ヨーロッパ　34, 76, 95, 118, 443, 473, 496
ヨッセー　79, 83, 96, 140, 193, 338, 340
ヨムマラート　108, 266, 274, 300, 338, 459, 477
ラーチャウィティー　173, 459
ラートブーラナ　274
ラートプラーオ　166, 212, 244, 250, 316, 325, 483
ラックシー　337-338, 486
ラックムアン　33, 138
ラッチャヨーティン　319
ラムパーン　144
ラムルークカー　318, 334, 340, 348
ラングーン　34, 373-375, 494
ランシット　138, 161, 164, 266, 274, 299, 333, 346, 355, 369, 477-478, 490
ランシット運河　40, 445
ルムピニー公園　210, 270-271, 275, 460
レームトーン選手村　257

ワシントン　207
ワッタナー　140, 166-167
ワット・カンラヤーンミット　42, 445
ワット・サイ　91-92
ワット・サケート　111
ワット・シン　91-92, 134, 148, 189, 192, 453, 466
ワット・テーワラートクンチョーン　42
ワット・ヤーンナーワー　33

【著者紹介】
柿崎一郎（かきざき　いちろう）
横浜市立大学国際総合科学部准教授
1971 年生まれ。1999 年，東京外国語大学大学院地域文化研究科博士後期課程修了。横浜市立大学国際文化学部専任講師，同助教授を経て，2005 年より現職。博士（学術）。『タイ経済と鉄道　1885～1935 年』で第 17 回大平正芳記念賞，『鉄道と道路の政治経済学　タイの交通政策と商品流通　1935～1975 年』で第 2 回鉄道史学会住田奨励賞を受賞。

主要著書
『タイ経済と鉄道　1885～1935 年』（日本経済評論社，2000 年），Laying the Tracks: The Thai Economy and its Railways, 1885-1935（Kyoto University Press（京都大学学術出版会），2005 年），『物語　タイの歴史』（中公新書，2007 年），『鉄道と道路の政治経済学　タイの交通政策と商品流通　1935～1975 年』（京都大学学術出版会，2009 年），『王国の鉄路　タイ鉄道の歴史』（学術選書，京都大学学術出版会，2010 年）など。

都市交通のポリティクス
——バンコク 1886～2012 年　　　　　　　　　　　© Ichiro Kakizaki 2014

2014 年 2 月 5 日　初版第一刷発行

著　者　　柿　崎　一　郎
発行人　　檜　山　爲次郎

発行所　京都大学学術出版会
京都市左京区吉田近衛町 69 番地
京都大学吉田南構内（〒606-8315）
電話（075）761-6182
FAX（075）761-6190
URL　http://www.kyoto-up.or.jp
振替　01000-8-64677

ISBN 978-4-87698-377-3　　　印刷・製本　㈱クイックス
Printed in Japan　　　　　　　定価はカバーに表示してあります

本書のコピー，スキャン，デジタル化等の無断複製は著作権法上での例外を除き禁じられています。本書を代行業者等の第三者に依頼してスキャンやデジタル化することは，たとえ個人や家庭内での利用でも著作権法違反です。